1682 J.B.METZLER

Herausgegeben in Verbindung mit
der Heinrich-Heine-Gesellschaft

Heine-Jahrbuch 2008

47. Jahrgang

Herausgegeben von Joseph A. Kruse
Heinrich-Heine-Institut
der Landeshauptstadt Düsseldorf

Verlag J. B. Metzler
Stuttgart · Weimar

Anschrift des Herausgebers:
Joseph A. Kruse
Heinrich-Heine-Institut
Bilker Straße 12–14, 40213 Düsseldorf

Redaktion: Karin Füllner und Marianne Tilch

Bibliografische Information Der Deutschen Nationalbibliothek
Die Deutsche Nationalbibliothek verzeichnet diese Publikation in der Deutschen Nationalbibliografie; detaillierte bibliografische Daten sind im Internet über <http://dnb.d-nb.de> abrufbar.

ISBN: 978-3-476-02279-0
ISBN 978-3-476-00360-7 (eBook)
DOI 10.1007/978-3-476-00360-7
ISSN: 0073-1692

Ursprünglich erschienen bei J. B. Metzler'sche Verlagsbuchhandlung und Carl Ernst Poeschel Verlag GmbH in Stuttgart 2008
www.metzlerverlag.de
info@metzlerverlag.de

Inhalt

Siglen

1. H. Heine: Werke und Briefe

B	=	Heinrich Heine: Sämtliche Schriften. Hrsg. von Klaus Briegleb. München: Hanser 1968–1976, 6 Bände (6, II = Register)
DHA	=	Heinrich Heine: Historisch-kritische Gesamtausgabe der Werke. In Verbindung mit dem Heinrich-Heine-Institut hrsg. von Manfred Windfuhr. Hamburg: Hoffmann und Campe 1973–1997, 16 Bände
HSA	=	Heinrich Heine: Werke, Briefwechsel, Lebenszeugnisse. Säkularausgabe. Hrsg. von den Nationalen Forschungs- und Gedenkstätten der klassischen deutschen Literatur in Weimar (seit 1991: Stiftung Weimarer Klassik) und dem Centre National de la Recherche Scientifique in Paris. Berlin und Paris: Akademie und Editions du CNRS 1970 ff.

2. Weitere Abkürzungen

Galley/Estermann	=	Eberhard Galley und Alfred Estermann (Hrsg.): Heinrich Heines Werk im Urteil seiner Zeitgenossen. Hamburg: Hoffmann und Campe 1981–1992, 6 Bände.
auf der Horst/Singh	=	Christoph auf der Horst und Sikander Singh (Hrsg.): Heinrich Heine im Urteil seiner Zeitgenossen. Begründet von Eberhard Galley und Alfred Estermann. Stuttgart/Weimar: Metzler 2002–2006, 6 Bände.
HJb	=	Heine-Jahrbuch. Hrsg. vom Heinrich-Heine-Institut Düsseldorf. Hamburg: Hoffmann und Campe 1962–1994; Stuttgart: Metzler 1995 ff.
Höhn	=	Gerhard Höhn: Heine-Handbuch. Zeit, Person, Werk, Stuttgart: Metzler [1]1987, [2]1997, [3]2004
Mende	=	Fritz Mende: Heinrich Heine. Chronik seines Lebens und Werkes. Berlin: Akademie [1]1970; [2]1981
Seifert	=	Siegfried Seifert: Heine-Bibliographie 1954–1964. Berlin und Weimar: Aufbau 1968
Seifert/Volgina	=	Siegfried Seifert und Albina A. Volgina: Heine-Bibliographie 1965–1982. Berlin und Weimar: Aufbau 1986
Werner	=	Michael Werner (Hrsg.): Begegnungen mit Heine. Berichte der Zeitgenossen. Hamburg: Hoffmann und Campe 1973, 2 Bände
Wilamowitz	=	Erdmann von Wilamowitz-Moellendorff und Günther Mühlpfordt (†): Heine-Bibliographie 1983–1995. Stuttgart und Weimar: Metzler 1998
Wilhelm/Galley	=	Gottfried Wilhelm und Eberhard Galley: Heine-Bibliographie [bis 1953]. Weimar: Arion 1960, 2 Bände

Aufsätze

I.

»Denn die Republik ist eine Idee ...« Zur programmatischen Bedeutung des Artikels IX der »Französischen Zustände«

Von Bodo Morawe, Paris

Es gibt bestimmte Heine-Texte, die bis heute nicht die Beachtung gefunden haben, die sie verdienen. Zu diesen Texten gehört zweifellos auch der Artikel IX der »Französischen Zustände«, wobei der ebenso brisante wie fulminante, ja subversive Zeitungsartikel, der die Züge einer politischen Grundsatzerklärung trägt, aber auch die Merkmale eines geschliffenen Sprachkunstwerks aufweist, in programmatischer Hinsicht gleich vierfach konnotiert ist. Man kann ihn angemessen nur verstehen, wenn man ihn erstens auf die Sprache und das Denken der Hambacher, zweitens auf das ›programme républicain‹ der radikalen französischen Linken (und in diesem Zusammenhang auch auf Büchner), drittens auf den Subtext des Pariser Werks von den »Französischen Zuständen« über das »Wintermährchen« bis zu den späten Lazarusgedichten und viertens auf Heines prägnante Aussagen über das Wesen, den Charakter und den Verlauf der deutschen Geschichte bezieht.

Erst unter diesem Blickwinkel erschließt sich die über das Werk von Heine hinausweisende Bedeutung des Artikels, der nicht nur ein herausragendes Dokument der deutschen Zensur-, Medien-, Mentalitäts-, Politik- und Theoriegeschichte ist, sondern vor allem auch als ein früher Schlüsseltext in der bisher ungeschriebenen intellectual history des deutschen Republikanismus gelesen werden muss. Er gehört insofern in einen Zusammenhang, der einerseits durch Kants Schrift »Zum ewigen Frieden« und andererseits durch den von Kant angeregten »Versuch über den Begriff des Republikanismus« von Friedrich Schlegel bestimmt ist – ganz abgesehen von der Vielzahl literarischer und publizistischer Texte, die bereits in den Jahren 1775 bis 1795 von deutscher Republik gehandelt haben.[1]

I. Mit Blitzen in den Krallen

Als Heine im Herbst 1832 seine im gleichen Jahr in der Augsburger »Allgemeinen Zeitung« erschienenen Frankreich-Berichte zusammengestellt und unter dem Titel »Französische Zustände« in Buchform veröffentlicht hat, hat er sich nicht darauf beschränkt, lediglich, wie von seinem Verleger beklagt, die »alten Zeitungsartikel« (HSA XXIV, 152) zu reproduzieren, sondern hat die Aufsehen erregende Artikelserie, die schon gleich im Frühjahr »wie ein Feuerbrand«[2] gewirkt hatte, zusätzlich dadurch profiliert, dass er ihr zwei grundlegende, bis dato unbekannte Texte beigegeben hat, die zu den markantesten Heine-Texten überhaupt gehören. Das ist zum einen die berühmte Vorrede vom 18. Oktober 1832 und zum andern der von der »AZ«-Redaktion nach dem Hambacher Fest zurückgewiesene, de facto unterdrückte Artikel IX, den Heine der Zeitung Ende Juni 1832 in einer ersten Fassung zugeleitet hatte, der anschließend von der Redaktion – nach dem vergeblichen Versuch von Kolb, den Artikel zu redigieren – abgelehnt worden war[3] und den der Schriftsteller dann im Herbst überarbeitet hat, indem er ihn beim Nachdenken über den »Typus des ächten Republikanismus« (HSA VII, 302) durch Selbstzensur entschärft, aber gleichzeitig mit einem emphatischen Hambach-Kommentar politisch pointiert, historisch präzisiert und programmatisch auf den Punkt gebracht hat. Der für das Denken von Heine aufschlussreiche Vorgang verdient es, im einzelnen dargelegt zu werden.

> Es ist leicht vorauszusehen, daß die Idee einer Republik, wie sie jetzt viele deutsche Geister erfaßt, keineswegs eine vorübergehende Grille ist und daß sie den gegenwärtigen Regierungen viel Bekümmerniß bereiten wird. Denn es ist eine Idee, und noch nie haben die Deutschen eine Idee aufgegeben, ohne sie bis in allen ihren Folgerungen durchdiskutirt zu haben. (HSA VII, 300)[4]

So hatte der Schriftsteller in der ersten Fassung vom 25. Juni 1832 geschrieben, ohne zunächst überhaupt das Hambacher Fest oder (abgesehen von Wirth) einen der Festredner zu erwähnen, bevor er seine Textmonade über die »Idee einer Republik« vier Monate später zu einem direkten und vehementen Plädoyer für die »Hambacher«[5] ausgeweitet hat, um in der Buchfassung vom Herbst 1832, also nach dem Konterschlag der Restauration[6], über den ursprünglichen Text hinaus, aber von ihm ausgehend und ihn fortschreibend ganz ungeschützt und unumwunden die geschichtliche Brisanz des Republik-Gedankens zu betonen und den Zeitgenossen auch schon seine politische Durchschlagskraft vor Augen zu führen.

> Es ist leicht vorauszusehen, daß die Idee einer Republik, wie sie jetzt viele deutsche Geister erfaßt, keineswegs eine vorübergehende Grille ist. Den Doktor Wirth und den Siebenpfeiffer und Herrn Scharpff und Georg Fein aus Braunschweig und Grosse, und Schüler und Savoye, man kann sie festsetzen, und man wird sie festsetzen; aber ihre Gedanken bleiben frey und

> schweben frey, wie Vögel, in den Lüften. Wie Vögel, nisten sie in den Wipfeln deutscher Eichen, und vielleicht ein halb Jahrhundert lang sieht man und hört man nichts von ihnen, bis sie eines schönen Sommermorgens auf dem öffentlichen Markte zum Vorschein kommen, großgewachsen, gleich dem Adler des obersten Gottes, und mit Blitzen in den Krallen. Was ist denn ein halb oder gar ein ganzes Jahrhundert? Die Völker haben Zeit genug, sie sind ewig; nur die Könige sind sterblich. (DHA XII, 177 f.)

So kategorisch sich Heine im Artikel IX (und zwar in der Handschrift ebenso wie in der Buchfassung) zur »Idee einer Republik« bekannt und so unbeirrt er die Auffassung vertreten hat, dass sie »keineswegs eine vorübergehende Grille« ist, so elastisch sind für ihn von vornherein die Zeitvorstellungen gewesen, die er mit dem Gedanken ihrer praktischen Verwirklichung, der realen constitutio libertatis, verbunden hat – auch wenn bei der historischen Prognose das Moment der taktischen Beschwichtigung[7] zweifellos mitgespielt hat. Tatsächlich sind bereits die »Französischen Zustände« von 1832 mit ihrer ›höllischen Reklame‹ für die Republik genauso wie die »AZ«-Artikel der frühen vierziger Jahre (und dann auch die »Lutezia« der fünfziger Jahre)[8] wesentlich durch die textimmanente Dialektik von Beschwichtigung und Beunruhigung, taktischem Entgegenkommen und strategischem Widerspruch, scheinbarem Einverständnis und grundsätzlichem Nichteinverständnis bestimmt gewesen. Mit dem ihm eigenen rhetorischen Know how hat Heine, der »Klassiker der Selbstzensur«,[9] das ebenso provokante wie subversive republikanische Bekenntnis[10] abgefedert, während er gleichzeitig zielstrebig zur entscheidenden politischen Pointe angesetzt hat.

> Ich glaube nicht sobald an eine deutsche Revoluzion, und noch viel weniger an eine deutsche Republik; letztere erlebe ich auf keinen Fall; aber ich bin überzeugt, wenn wir längst ruhig in unseren Gräbern vermodert sind, kämpft man in Deutschland mit Wort und Schwert für die Republik. Denn die Republik ist eine Idee, und noch nie haben die Deutschen eine Idee aufgegeben, ohne sie bis in allen ihren Consequenzen durchgefochten zu haben. Wir Deutschen, die wir in unserer Kunstzeit die kleinste ästhetische Streitfrage, z. B. über das Sonett, gründlichst ausgestritten, wir sollten jetzt, wo unsere politische Periode beginnt, jene wichtigere Frage unerörtert lassen? (DHA XII, 178)

Prägnanter noch hatte der Schriftsteller in der Handschrift vom 25. Juni den Aspekt der politischen Praxis betont: »Wir Deutschen, die wir, in unserer Kunstperiode, die kleinste Streitfrage, z. B. die über das Sonett, gründlichst ausgestritten, wir sollten jetzt im Beginn unserer jetzigen politischen Periode nicht die Frage von der Republik aufs tapferste erörtern?« (HSA VII, 300)

An der programmatischen Feststellung, die Heine im Zentrum der Buchfassung des Artikels IX getroffen hat, ist zweierlei bemerkenswert: Nicht nur hat sich der Frankreich-›Reporter‹ unverhohlen zur »Idee einer Republik« bekannt und sie in den »Französischen Zuständen« zum textstrategischen (und kompositorischen) Fluchtpunkt, aber auch zum gedanklichen Gravitationszentrum der ganzen Artikelserie gemacht. Gleichzeitig hat der Literat als ein »in jeder Hinsicht politischer Schriftsteller« (DHA XVI, 227) diese »Idee«, indem er sie ausdrücklich mit dem theoriegeschichtlich bedeutsamen »Konsequenz«-Gedanken[11] verknüpft hat, im Sinne dieses Gedankens zur Grundlage und zum Maßstab des politischen Denkens und Handelns schlechthin gemacht. Wer a sagt, muss auch b sagen. Anders ausgedrückt: Wer sich auf die Republik als »Idee« einlässt, ist auch gezwungen, sich zu »allen ihren Consequenzen« zu bekennen. Auf das gleiche Denkmuster wird Heine noch in der französischen »Lutezia«-Vorrede vom 30. März 1855 zurückgreifen, in der er im Sinne der ›gauche républicaine‹ (im Sinne eines Blanqui oder Daumier) die auf das »droit de manger« bezogene Auffassung vertreten hat: »[…] et si je ne puis réfuter cette prémisse: ›que les hommes ont tous le droit de manger,‹ je suis forcé de me soumettre aussi à toutes ses conséquences.« (DHA XIII, 167) Den »Konsequenz«-Gedanken hat Heine überall dort seinem Pariser Werk eingeschrieben, wo er sich mit den Grundfragen seines politischen Denkens, den Menschenrechten, der Eigentumsfrage, dem Revolutionsbegriff und eben auch der »Idee einer Republik«, beschäftigt hat.

II. Die Idee ergreift uns

Welche Bedeutung das Wort »Idee« grundsätzlich für ihn gehabt hat, hat der Schriftsteller bereits in der Epoche der »Reisebilder« zum Ausdruck gebracht, in der er seine Lebensauffassung bewusst von der Haltung Goethes abgegrenzt und das »egoistisch behagliche Leben« des Weimarers, seinen ›Indifferentismus‹, mit einer Einstellung konfrontiert hat, die »bis zur Aufopfrung begeistert für die Idee« eintritt (HSA XX, 205). Entsprechend hat Heine »sich selbst stets als Dichter der ›Idee‹«[12] betrachtet und schon im Brief an Ludwig Robert vom 27. November 1823 betont, »wie [s]ein ganzes trübes, drangvolles Leben in das Uneigennützigste, in die Idee übergeht.« (HSA XX, 124) Entschiedener noch als in den Briefen der zwanziger Jahre hat der Schriftsteller in der Vorrede zum ersten Band des »Salon« vom 17. Oktober 1833, also nur ein Jahr nach dem Hambach-Exkurs im Artikel IX, die lebensbestimmende Kraft der Idee hervorgehoben und mit ihr sein politisches »Sprechamt« begründet.

> Die Leute glauben, unser Thun und Schaffen sey eitel Wahl, aus dem Vorrath der neuen Ideen griffen wir eine heraus für die wir sprechen und wirken, streiten und leiden wollten, wie etwa sonst ein Philolog sich seinen Klassiker auswählte, mit dessen Commentirung er sich sein ganzes Leben hindurch beschäftigte – nein, wir ergreifen keine Idee, sondern die Idee ergreift uns, und knechtet uns, und peitscht uns in die Arena hinein, daß wir, wie gezwungene Gladiatoren, für sie kämpfen. (DHA V, 369 f.)

Desgleichen sind die Merkmale, die Heine im Vorwort zu den Novellen von Alexander Weill vom Karfreitag 1847 genannt hat, auf ihn selbst zu beziehen. Auch er kann in Anspruch nehmen, dass er »für die große Sache unserer Gegenwart aufs löblich Tollste Parthey« ergriffen hat und, da er die alte »Weltordnung nicht mehr zu ertragen weiß«, »hinausgaloppirt in die Zukunft, auf dem Rücken einer Idee ...«

> Ja, solche Menschen sind nicht allein die Träger einer Idee, sondern sie werden selbst davon getragen, und zwar als gezwungene Reiter ohne Sattel und Zügel: sie sind gleichsam mit ihrem nackten Leibe festgebunden an die Idee [...] – sie werden davon fortgeschleift, durch alle fürchterliche Consequenzen, durch alle Steppen und Einöden, über Stock und Stein – das Dornengestrüppe zerfleischt ihre Glieder – die Waldesbestien schnappen nach ihnen im Vorüberjagen – ihre Wunden bluten – Wo werden sie zuletzt anlangen? (DHA X, 283 f.)

So entschieden Heine die bezwingende Macht der »Idee« im »Salon« I am illustren Beispiel von Amos, Luther und Robespierre (DHA V, 370) dargelegt und so nachdrücklich er sie noch in der Weill-Vorrede bezogen auf den befreundeten Schriftstellerkollegen akzentuiert hat, so klar und deutlich hat sie der begnadete Spötter, der sich in dieser Hinsicht ansonsten niemals einen Zwang auferlegt hat, in der Vorrede zum »Atta Troll« vom Dezember 1846 vor der eigenen Persiflage in Schutz genommen.

> Aber du lügst, Brutus, du lügst, Cassius, und auch du lügst, Asinius, wenn Ihr behauptet, mein Spott träfe jene Ideen, die eine kostbare Errungenschaft der Menschheit sind und für die ich selber so viel gestritten und gelitten habe. Nein, eben weil dem Dichter jene Ideen in herrlichster Klarheit und Größe beständig vorschweben, ergreift ihn desto unwiderstehlicher die Lachlust, wenn er sieht wie roh, plump und täppisch von der beschränkten Zeitgenossenschaft jene Ideen aufgefaßt werden können. Er scherzt dann gleichsam über ihre temporelle Bärenhaut. Es giebt Spiegel, welche so verschoben geschliffen sind, daß selbst ein Apollo sich darin als eine Karikatur abspiegeln muß und uns zum Lachen reitzt. Wir lachen aber alsdann nur über das Zerrbild, nicht über den Gott. (DHA IV, 11)

Muss das zweifellos auch auf die »Idee einer Republik« bezogen werden, die Heine im »Jessika«-Kapitel seiner Schrift »Shakspeares Mädchen und Frauen« von 1839 mit dem »moderne[n] Prinzip« (DHA X, 125) identifiziert hat, und hat der Schriftsteller nur ein Jahr später in der Börne-Denkschrift von 1840 das Hambacher Fest als den historischen Augenblick bezeichnet, in dem »die moderne Zeit ihre Sonnenaufgangslieder« gejubelt und sich damit vom »obscuren Rabengesang« (DHA XI, 83) der Vergangenheit auf der Wartburg verabschiedet hat, so gewinnt die zweifache Berufung auf die Moderne, die die »moderne Zeit« einerseits mit dem »moderne[n] Prinzip« andererseits verknüpft und beide auf die ›causa republicana‹, die »Idee einer Republik«, bezieht, zusätzlich dadurch an Gewicht, dass Heine das »moderne Prinzip«, den »Republikanismus« (DHA X, 126), zuerst im Hambach-Exkurs des Artikels IX vom Herbst 1832 und dann noch einmal in der Prophezeiung einer bevorstehenden politischen Revolution in Deutschland im dritten Buch der Philosophie-Schrift vom Herbst 1834 mit seinem »Konsequenz«-Gedanken amalgamiert hat. Auch dieser Text gehört bekanntlich zu den wesentlichen programmatischen Aussagen des Pariser Heine.

> Die deutsche Philosophie ist eine wichtige, das ganze Menschengeschlecht betreffende Angelegenheit, und erst die spätesten Enkel werden darüber entscheiden können, ob wir dafür zu tadeln oder zu loben sind, daß wir erst unsere Philosophie und hernach unsere Revoluzion ausarbeiteten. Mich dünkt, ein methodisches Volk wie wir, mußte mit der Reformazion beginnen, konnte erst hierauf sich mit der Philosophie beschäftigen, und durfte nur nach deren Vollendung zur politischen Revoluzion übergehen. (DHA VIII, 117)

III. Die moderne Zeit – das moderne Prinzip

So sehr sich die Heine-Forschung im Bann hergebrachter Denkmuster immer noch gegen die Einsicht sträubt, dass sich der Schriftsteller in der Philosophie-Schrift, seinem opus magnum, gleich dreimal – und zwar jedes Mal in programmatischer Absicht – zur »politischen Revoluzion« (DHA VIII, 40, 61 und 117) bekannt hat, und so gering ihr Verständnis dafür ist, dass es sich bei einer »politischen Revoluzion« per definitionem und wesentlich (und also auch im Heine-Text!) um den Akt der Republikgründung als ›constitutio libertatis‹[13] handelt, so minimal ist das Interesse, das der fulminante Hambach-Passus des Artikels IX bisher bei der communis doctorum opinio gefunden hat. Gleichwohl ist das offene Bekenntnis zu den Hambachern und die unverhohlene Parteinahme für die »Idee einer Republik« auch für den Schriftsteller selbst »keineswegs eine vorübergehende Grille« gewesen, wie sich den klaren Einschätzungen entnehmen lässt, die Heine acht Jahre nach den »Französischen Zuständen« in der Börne-Denkschrift vorgenommen hat, in der er sich nicht nur in der Nachschrift zu den ›Helgoländer Briefen‹ am Ende des zweiten Buchs das ›programme républicain‹ der Selbstbefreiung des Volkes – »diesmal kämpft es für sich selber« (DHA XI, 56) – zu eigen gemacht, sondern am Anfang des vierten Buchs auch die freimütigen Feststellungen über die »Sonnenaufgangslieder« der ›Moderne‹ getroffen hat, die in ihrem politischen Gehalt, was den Vergleich zwischen der Wartburg und Hambach betrifft, noch heute als zeitdiagnostisch musterhaft angesehen werden dürfen. Dort in Hambach, hat Heine geschrieben, »ward die Vernunft selber anerkannt als jene höchste Autorität, die da bindet und löset und den Gesetzen ihre Gesetze vorschreibt«, um im gleichen Zusammenhang zu bemerken:

> Der Geist, der sich auf Hambach aussprach, ist grundverschieden von dem Geiste, oder vielmehr von dem Gespenste, das auf der Wartburg seinen Spuk trieb. Dort, auf Hambach, jubelte die moderne Zeit ihre Sonnenaufgangslieder und mit der ganzen Menschheit ward Brüderschaft

getrunken; hier aber, auf der Wartburg, krächzte die Vergangenheit ihren obscuren Rabengesang, und bei Fackellicht wurden Dummheiten gesagt und gethan, die des blödsinnigsten Mittelalters würdig waren! (DHA XI, 83)

Der Gegensatz zwischen der Wartburg-Feier und dem Hambacher Fest ist für den Schriftsteller der Gegensatz zwischen »zwey grundverschiedenen Partheyen«, zwischen den »Repräsentanten der Nazionalität« und den »Repräsentanten des Cosmopolitismus« gewesen. Den gleichen Gegensatz hat er noch in der französischen »Lutezia«-Vorrede, seinem politischen Testament (DHA XIII, 295), thematisiert. »Vaterland, Deutschland, Glauben der Väter, usw.« haben die einen gesagt, »Menschheit, Weltbürgerthum, Vernunft der Söhne, Wahrheit …!« die anderen. Der Schriftsteller hat dies als eine »Differenz« betrachtet, die ihm als »unausgleichbar« erschienen ist und die letztlich nur »durch die *ultima ratio populorum*«, nämlich »die welsche Falle«, zu schlichten gewesen wäre (DHA XI, 84 f.). Es kann nicht den geringsten Zweifel geben, welcher der beiden »grundverschiedenen Partheyen« sich der Dichter in seiner ganzen Pariser Zeit zugerechnet hat.

Die ebenso luziden wie prägnanten Bemerkungen, mit denen Heine das Hambacher Fest (die »erste politische Massendemonstration in Deutschland mit mehr als 20.000 Teilnehmern«[14]) in der Börne-Denkschrift nicht nur zur verpassten Gelegenheit – ›occasione‹ im Sinne Machiavellis – der »Freyheit« (DHA XI, 78) erklärt, sondern mit dem Hinweis auf die »moderne Zeit« auch zum genuinen Gründungsdatum der politischen Moderne in Deutschland gemacht hat, sind unverkennbar auf den ›geschichtsphilosophischen‹ Kommentar zu beziehen, in dem der Schriftsteller nur ein Jahr vor der Denkschrift im »Jessika«-Abschnitt seiner Schrift »Shakspeares Mädchen und Frauen« am Beispiel der Juden und mit dem Hinweis auf die »innige Wahlverwandtschaft zwischen den beiden Völkern der Sittlichkeit, den Juden und Germanen,« den »Republikanismus« in Zusammenhang mit dem »Cosmopolitismus«, aber auch das »Gesetz« und den »abstrakten Gedanken« als das »moderne Prinzip« bestimmt hat. Der »modernen Zeit« (DHA XI, 83) in der Börne-Denkschrift von 1840 korrespondiert das »moderne Prinzip« im Shakespeare-Kommentar von 1839.[15] Der angesichts der Zensurverhältnisse im Shakespeare-Buch versteckte, aber nichtsdestoweniger fundamentale und für das gesamte Pariser Werk signifikante Gedanke, der als ein kulturhistorischer, sozialpsychologischer und politiktheoretischer Grundgedanke zur Theorie der Moderne gelesen werden sollte, verdient es, der Vergessenheit entrissen und hier in extenso zitiert zu werden.

Aber nicht bloß Deutschland trägt die Physiognomie Palestinas, sondern auch das übrige Europa erhebt sich zu den Juden. Ich sage erhebt sich, denn die Juden trugen schon im Beginne *das moderne Prinzip* in sich, welches sich heute erst bey den europäischen Völkern sichtbar entfaltet. Griechen und Römer hingen begeistert an dem Boden, an dem Vaterlande. Die spätern nordischen Einwanderer in die Römer- und Griechenwelt *hingen an der Person ihrer Häuptlinge,*

> und an die Stelle des antiken Patriotismus trat im *Mittelalter* die *Vasallentreue,* die *Anhänglichkeit an die Fürsten.* Die Juden aber, von jeher, *hingen nur an dem Gesetz, an dem abstrakten Gedanken,* wie unsere neueren *kosmopolitischen Republikaner,* die *weder das Geburtsland noch die Person der Fürsten*, sondern *die Gesetze als das Höchste achten.* Ja, der *Cosmopolitismus* ist ganz eigentlich dem Boden Judäas entsprossen, und Christus, der [...] ein wirklicher Jude war, hat ganz eigentlich eine *Propaganda des Weltbürgerthums* gestiftet. Was den *Republikanismus* der Juden betrifft, so erinnere ich mich im Josephus gelesen zu haben, daß es zu Jerusalem *Republikaner* gab, die sich den königlichgesinnten Herodianern entgegensetzten, am muthigsten fochten, niemanden den Namen »Herr« gaben, und den römischen *Absolutismus* aufs ingrimmigste haßten; Freyheit und Gleichheit war ihre Religion. (DHA X, 125 f.)[16]

Die »Idee einer Republik« zum einen und das »moderne Prinzip« zum andern bestimmen in der Sicht des Schriftstellers die globale Zeitenwende oder – wie es im Artikel IX heißt – den Beginn einer neuen »Weltperiode« (DHA XII, 185), die Heine im Hambach-Exkurs dadurch konturiert hat, dass er sie mit dem Ende der »Kunstperiode« und dem Beginn einer neuen, einer »politischen Periode« (DHA XII, 178) verknüpft hat, um damit zugleich den intertextuellen Zusammenhang im frühen Pariser Werk zu betonen, in dem der Artikel IX der »Französischen Zustände« einerseits den »Shakspeare«-Text über das Prinzip der Moderne präfiguriert, aber andererseits auch die Ankündigung einer »neuen Zeit« in den emphatischen Schlusssätzen der »Französischen Maler« kommentiert. »Meine alte Prophezeyung von dem Ende der Kunstperiode, die bey der Wiege Goethes anfing und bey seinem Sarge aufhören wird,« so hat Heine in seinem Bericht über die Pariser Gemäldeausstellung von 1831 geschrieben, »scheint ihrer Erfüllung nahe zu seyn. Die jetzige Kunst muß zu Grunde gehen, weil ihr Prinzip noch im abgelebten, alten Regime, in der heiligen römischen Reichsvergangenheit wurzelt.« (DHA XII, 47) Genauso hat Heine bereits in der Menzel-Rezension von 1828 betont, dass die »neue Zeit« auch eines »neuen Prinzips« bedarf. Denn: »Das Prinzip der Goetheschen Zeit, die Kunstidee, entweicht, und eine neue Zeit mit einem neuen Prinzipe« steigt auf (DHA X, 247). Gerade zwei Monate nach dem Tod Goethes hat das Hambacher Fest stattgefunden.

IV. Die Sprache und das Denken der Hambacher

Das nicht nur eindringliche, sondern auch gewagte Memento, mit dem der Schriftsteller auf dem Höhepunkt der Verfolgungs- und Strafmaßnahmen des deutschen Bundes, als die Hambacher bereits allenthalben »im Geruch des Hochverrats«[17] standen, für die Veranstalter und Redner des Festes Partei ergriffen hat, hat die Heine-Forschung nicht besonders beeindruckt. Lediglich Gerhard Weiß hat in einem kleinen Aufsatz, der an abgelegener Stelle erschienen ist und den niemand beachtet hat, den Artikel IX zutreffend als Heines »Hambach-Artikel« bezeichnet, wobei er die Haltung des Schriftstellers als »bekenntnishaft und solidarisch« beschrieben und aus der Parteinahme für die Hambacher auch bereits die »Töne« herausgehört hat, »die schon die des ›Wintermärchens‹ (1844) anklingen lassen.«[18]

Bekenntnishaft und solidarisch: das ist in der Tat die Haltung gewesen, die der Schriftsteller unmittelbar unter dem Eindruck des Festes im Krisenjahr 1832 angenommen hat, wobei es den Autor der »Französischen Zustände« charakterisiert, dass er nicht nur im Artikel IX mit den südwestdeutschen Republikanern sympathisiert hat, sondern die gesamte Artikelserie vom Artikel I bis zum Artikel IX einschließlich der Vorrede dadurch gekennzeichnet ist, dass sie mit der Sprache und dem Denken der Hambacher in den entscheidenden programmatischen Punkten übereinstimmt. Das wiederum ist nicht im Sinne einer positivistischen Quellenforschung zu verstehen, die davon ausgehen würde, dass Heine die Hambacher oder die Hambacher Heine ›beeinflusst‹ hätten, sondern bezeichnet den republikanischen Diskurs[19] der Epoche.

Was in diskurspolitischer und politiktheoretischer Hinsicht für die Hambacher auch und gerade im Unterschied zu den badischen Kammerliberalen im Zentrum gestanden hat, ist der Rousseau'sche Gedanke der Volkssouveränität – in der Sprache der Festredner: die »Volkshoheit«.[20] »Es lebe jedes Volk, das seine Ketten bricht und mit uns den Bund der Freiheit schwört! Vaterland – Volkshoheit – Völkerbund hoch!«[21], hat Siebenpfeiffer in seiner Rede ausgerufen und sich als Gegner der konstitutionellen Monarchie mit einem eingängigen Diminutiv gegen die bestehenden Landesverfassungen, die »Constitutiönchen«[22], gewandt, während Wirth die Volkssouveränität (»Volkshoheit«) und das Gottesgnadentum (»Königthum des göttlichen Rechts«) grundsätzlich als »unvereinbarliche Principien« bezeichnet hat, um im gleichen Zusammenhang den Gegensatz zwischen dem Volk und den Königen hervorzuheben. Unter diesem Blickwinkel hat er sich auf den Augenblick bezogen,

> wo die öffentlichen Angelegenheiten nicht mehr nach dem despotischen Willen eines Einzigen, nicht mehr nach den Interessen einer über ganz Europa verzweigten Aristokraten-Familie, sondern nach dem Willen der Gesellschaft selbst und nach den Bedürfnissen des Volkes geleitet werden. In dem Augenblicke, wo die deutsche Volkshoheit in ihr gutes Recht eingesetzt seyn wird, in dem Augenblicke ist der innigste Völkerbund geschlossen, denn das Volk *liebt,* wo die Könige *hassen,* das Volk *vertheidigt,* wo die Könige *verfolgen,* das Volk gönnt das, was es selbst mit seinem Herzblut zu erringen trachtet, und, was ihm das Theuerste ist, die *Freiheit, Aufklärung, Nationalität* und *Volkshoheit,* auch dem Brudervolke: das deutsche Volk gönnt daher diese hohen, unschätzbaren Güter auch seinen Brüdern in Polen, Ungarn, Italien und Spanien.[23]

Den Ruf nach der Volkssouveränität haben auch andere Redner, so der Rechtsanwalt Hallbauer, erhoben. »Weg mit den Konstitutionen, nur der Volkswille herrsche!«[24], war sein Einwurf. Genauso entschieden hat Scharpf zum »Kampfe der

Freiheit gegen den Absolutismus, der Volkssouveränität gegen die Souveränität der Könige«[25] aufgerufen. Nicht anders ist das polnische Nationalkomitee in seiner Adresse an die Hambacher für das demokratische, die Volksherrschaft begründende Prinzip eingetreten.[26] Konsequent hat sich Wirth zu »Freiheit, Volkshoheit und Völkerglück« bekannt und seine Rede mit dem republikanischen Hochruf beendet: »Hoch! dreimal hoch leben die vereinigten Freistaaten Deutschlands! Hoch! Dreimal hoch das conföderirte republikanische Europa!«[27]

Das Bekenntnis zur Volksouveränität ist für Heine ebenso grundlegend wie für die Hambacher gewesen, wie sich nicht erst dem Artikel I der »Französischen Zustände« vom 31. Dezember 1831 entnehmen lässt, in dem er das »Prinzip der Volkssouverainetät« (DHA XII, 82) von vornherein seiner politischen Frankreich-Berichterstattung zugrunde gelegt hat. Schon im »Schlußwort« des vierten Bandes der »Reisebilder« vom 29. November 1830 hat sich der Schriftsteller in der Rolle des Kunz von der Rosen zum Sprecher des Volkes und dem Anwalt seiner Souveränität gemacht.

> Denn du, mein Volk, bist der wahre Kaiser, der wahre Herr der Lande – dein Wille ist souverain und viel legitimer als jenes purpurne *Tel est notre plaisir,* das sich auf ein göttliches Recht beruft, ohne alle andre Gewähr als die Salbadereyen geschorener Gaukler – dein Wille, mein Volk, ist die alleinig rechtmäßige Quelle aller Macht. (DHA VII, 272)

Nicht anders hat sich Heine noch am Ende seiner Pariser Zeit, in den »Geständnissen«, auf das »souveraine Volk«, den »armen König in Lumpen« (DHA XV, 31), bezogen und gleich dreimal seine »legitime Souverainität« betont, die »längst proklamirt worden« (DHA XV, 30) ist, um so im Spätwerk erneut die Kontinuität und Kohärenz seines Denkens, die »stricte unité de pensée« (DHA XIII, 165), zu betonen, die die gesamte Pariser Zeit umfasst und bereits in der Epoche der »Reisebilder«, wenn nicht schon seit dem Schwellenjahr 1823[28], nicht nur angelegt, sondern auch geprägt und ausgebildet gewesen ist.

Bezeichnet der Grundsatz der Volkssouveränität im Sinne der Theorie des politischen Radikalismus und vor dem Hintergrund einer auf den »Contrat social« zurückgehenden gesamteuropäischen Tradition[29] den emanzipatorischen Gegenbegriff zum Prinzip der monarchischen Souveränität, so macht die Souveränitätsfrage, die allem politischen Denken zugrunde liegt, die Republik zwangsläufig zum politischen Antagonisten, zum historischen Gegenmodell und zur politiktheoretischen Antithese der Monarchie – und das selbst dann, wenn sich die Monarchie zu den von Siebenpfeiffer auf dem Hambacher Fest karikierten »Constitutiönchen« bequemt, also die Form der konstitutionellen Monarchie annimmt.[30] »Da der Radikalismus«, hat dazu Ernst Rudolf Huber in der »Deutschen Verfassungsgeschichte« bemerkt, »die gesamte Staatsgewalt nach Ursprung, Besitz und Ausübung ausschließlich dem Volk zusprach, bekannte er sich ohne Vorbehalt zur Staatsform der *Republik.* Er verwarf die Monarchie nicht nur in ihren überlieferten und überlebten Erscheinungsformen, er verwarf sie als Institution schlechthin.«[31]

Grundsätzlich betont die Geschichtsschreibung[32] den Widerspruch, der darin bestanden hat, dass die Festredner zwar für das Ziel der Republik eingetreten sind, es aber aus Furcht, Ratlosigkeit oder Realismus vermieden haben, die dafür notwendigen praktischen Entscheidungen zu treffen und sich beispielsweise, wie auf dem Schießhaustreffen am 28. Mai 1832 diskutiert, als Nationalkonvent zu konstituieren und eine provisorische Gegenregierung zum Frankfurter Bundestag zu bilden, obwohl sich die Pfalz zu diesem Zeitpunkt de facto in einer »quasirevolutionären Situation«[33] befunden hat. In dieser Hinsicht lässt sich schwerlich bestreiten, dass Heine die politische Lage im Krisenjahr 1832 sowie den Charakter und den Verlauf des Hambacher Festes durchaus zutreffend eingeschätzt hat, als er im dritten Buch der Denkschrift festgestellt hat:

> Jene Hambacher Tage waren der letzte Termin den die Göttinn der Freyheit uns gewährte; die Sterne waren günstig; seitdem erlosch jede Möglichkeit des Gelingens. Dort waren sehr viele Männer der That versammelt, die selber von ernstem Willen glühten und auf die sicherste Hülfe rechnen konnten. Jeder sah ein, es sey der rechte Moment zu dem großen Wagniß, und die meisten setzten gerne Glück und Leben aufs Spiel ... (DHA XI, 78)

Genauso ist die sarkastische »Competenz«-Satire, die sich in der Denkschrift findet und die der Schriftsteller gleich dreimal mit dem Ausruf »O Schilda, mein Vaterland!« (DHA XI, 78 f.) pointiert hat, nicht die übermütige, aberwitzige und surrealistische Erzählung, als die sie sich heute liest. Vielmehr entspricht sie dem realen historischen Sachverhalt, wie man den detaillierten Untersuchungen von Hubert Freilinger über die »Beinahe-Revolution von 1832«,[34] aber auch dem immer noch grundlegenden Standardwerk von Veit Valentin entnehmen kann: »Heinrich Heines berühmte Erzählung dieser Vorgänge im dritten Buche seiner Schrift ›Ludwig Börne‹ beruht auf den Angaben Jakob Venedeys und wird in allen wesentlichen Punkten durch die Akten bestätigt.«[35]

V. Das getäuschte Volk und die Hochverräter an der Menschheit

Vergleicht man die Sprache und das Denken der Hambacher mit der politischen Rede des frühen Pariser Heine, dann ist man überrascht, wie stark der Heine-Diskurs mit der lexikalischen Wertskala der Hambacher übereinstimmt. Das gilt für das Prinzip der Volkssouveränität, die Idee einer Republik, die Kritik an der Fürstenherrschaft, den Kampf gegen die »Clerisey« (DHA XII, 173), die Polemik gegen das Bündnis von Thron und Altar, die Ausfälle gegen die »feudalistische Gottstatthalterschaft« (Siebenpfeiffer)[36], das Bekenntnis zur Vernunft, das Eintreten für die Pressefreiheit, die Verteidigung der Menschenrechte, die Ablehnung der »stehenden Heere von vielen hunderttausend Mördern« (DHA XII, 65), das Ziel einer ›heiligen Allianz‹ der Völker, das Verlangen nach »Wohlstand und Freyheit« (DHA XII, 65), die Parteinahme für die Pauper, den Protest gegen die Verelendung der »Volksmassen« sowie in diesem Zusammenhang auch schon für die Anklage gegen »das ungeheure Übel der Abhängigkeit der Massen von der Geldaristokratie«.[37]

Hatte Heine im Brief an Varnhagen vom 19. November 1830 erklärt, »daß die Revoluzion alle sozialen Interessen umfaßt, und Adel und Kirche nicht ihre einzigen Feinde sind«, und war von ihm bei der gleichen Gelegenheit hinzugefügt worden: »Ich selbst hasse die aristocratie bourgeoise noch weit mehr« (HSA XX, 422), so hat Wirth in seiner unter dem Titel »Die Rechte des deutschen Volkes« gedruckten Verteidigungsrede vor den Assisen in Landau die Konzentration des Nationalreichtums in den Händen einer »sehr kleinen Zahl von Staatsbürgern« zum Ausgangspunkt und Gegenstand einer radikalen Sozialkritik gemacht.

> Dadurch werden nun die eigentlichen Volksmassen auch bei blühendem Handel und Verkehr noch ärmer und elender als zuvor: denn sie können nun kein freies selbständiges Gewerbe mehr ausüben, finden vielmehr nur bei der Geldmacht Arbeit und Verdienst und fallen somit in völlige Abhängigkeit von einer neuen privilegierten Kaste –
>
> der Geldaristokratie.
>
> Diese Abhängigkeit ist noch viel drückender und gefährlicher als die Unterjochung unter die Staatsaristokratie, weil man ihr niemals durch bloße äußerliche Umwälzungen und Reformen, also auch niemals schon durch Verfassungen und freisinnige Institutionen abhelfen kann. Da hilft für sich allein keine Pressfreiheit, keine Volksrepräsentation, keine Parlamentsreform, keine Ausdehnung der Wahlrechte, selbst nicht die unumschränkte Wahlfreiheit, ja nicht einmal die reinste Volkssouveränität und die ausgedehnteste demokratische Republik. Ohne organische Verknüpfung der gesamten Kräfte der Gesellschaft und, mit einem Worte, ohne innere Organisation der Staaten wird auch unter allen äußeren Formen und Einrichtungen das ungeheure Übel der Abhängigkeit der Massen von der Geldaristokratie immer wieder zum Vorschein kommen.[38]

Die Parteinahme Heines für Wirth, diesen »tapfere[n] Ritter der Freyheit, wie Deutschland deren wenige gesehen, seit den Tagen Ulrichs von Hutten« (DHA XII, 177), ist insofern kein Zufall gewesen. Sie wird vollends verständlich, wenn man bedenkt, dass selbst die vehementesten und virulentesten Passagen der Vorrede zu den »Französischen Zuständen«, die als das Eigenste vom Eigenen des Schriftstellers gelten, in Wirklichkeit klassischer Hambach-Diskurs sind. Das betrifft vor allem zwei Themen: die auf List, Betrug und Täuschung beruhende Politik der Restauration und damit in Zusammenhang die These über den Hochverrat der Fürsten am deutschen Volk.

Dass das »Volk« erneut »von seinen Machthabern« getäuscht und verhöhnt, düpiert und übertölpelt, belogen und überlistet worden ist, hat Heine aufreizend und aufrüttelnd zur zentralen Aussage seiner Vorrede vom 18. Oktober 1832 gemacht:

> Ja, wir sind wieder Düpes geworden, und wir müssen eingestehen daß die Lüge wieder einen großen Triumph erfochten […]. In der That, wir sind die Besiegten […]. Armes, unglückliches Vaterland! welche Schande steht dir bevor wenn du sie erträgst, diese Schmach! Welche Schmerzen, wenn du sie nicht erträgst! (DHA XII, 66)

Die gleiche »Schmach« und die gleichen »Schmerzen« sind auch das Thema der Hambacher gewesen, die mit der größten Entschiedenheit die Täuschungs- und Betrugsmanöver der deutschen Fürsten bloßgestellt und gebrandmarkt haben. »In der That, es giebt kein Volk das bitterer getäuscht worden wäre, als das deutsche Volk«[39], heißt es gleich einleitend im Festbericht der Veranstalter. Während die Straßburger Volksfreunde (»Amis du peuple«) in ihrer Grußadresse auf dem Fest die »bittersten Täuschungen«[40] herausgestellt haben, hat Siebenpfeiffer in seiner Rede nicht nur die »Schmach der politischen Knechtschaft«[41] gegeißelt, sondern auch den »Meineid« der Fürsten denunziert. »[Das Volk] sieht sich getäuscht, darum schüttelt es zürnend die Locken und drohet dem Meineid. Die Natur der Herrschenden ist Unterdrückung, der Völker Streben ist Freiheit.«[42] Genauso hat Scharpff die »Schmach und politische Ohnmacht« der Deutschen thematisiert und im Sinne der späteren Vorrede zu den »Französischen Zuständen« die »Heuchelei der Machthaber« angegriffen, denen es »wiederum« gelungen sei, »die Völker zu betrügen«.[43]

Hat sich Heine bei seinem Angriff auf das »heuchlerische, scheinheilige Preußen«, den »Tartüff unter den Staaten« (DHA XII, 68), also in voller und nahtloser Übereinstimmung mit den Hambachern befunden, so ist auch seine gezielte Attacke auf den »Meineid« Friedrich Wilhelms III. (DHA XII, 73) und erst recht die schonungslose Klimax der Vorrede, die entfesselte ›Rede‹ über den »Hochverrath« der Fürsten »am deutschen Volke«, in der sich Heine auf seine dreifache Legitimation als Doktor beider Rechte, als Bürger und öffentlicher Sprecher berufen hat, als eine Hambach-Rede par excellence zu betrachten.

> […] und klage sie an des gemißbrauchten Volksvertrauens, ich klage sie an der beleidigten Volksmajestät, ich klage sie an des Hochverraths am deutschen Volke, ich klage sie an! (DHA XII, 72)

Was heutigen Lesern wie eine besondere Kühnheit des Verfassers der »Französischen Zustände« erscheinen mag, reproduziert in Wirklichkeit die rhetorischen Topoi der Hambacher, wie schon eine flüchtige Durchsicht der auf dem Fest gehaltenen Reden ergibt. »Der beste Fürst von Gottes-Gnaden ist ein geborner Hochverräther an der menschlichen Gesellschaft«, hat Scharpff[44] auf dem Fest erklärt, während Wirth die gleiche Anklage zum Höhepunkt seiner Hambach-Rede gemacht hat, dem dann zwingend am Ende der Rede der Hochruf auf die Republik gefolgt ist.

> Wahrlich, ich sage euch, giebt es irgend Verräther an den Völkern und an dem gesammten Menschengeschlechte, giebt es irgend Hochverräther, so wären es die Könige, welche der Eitelkeit, der Herrschsucht und der Wollust willen die Bevölkerung eines ganzen Welttheils elend machen und dieselbe durch empörende Unterdrückung Jahrhunderte hindurch hindern, zu dem ihr von Natur bestimmten Zustande von materieller Wohlfahrt und geistiger Vollendung sich aufzuschwingen. Fluch, ewigen Fluch darum allen solchen Verräthern![45]

Genauso hat Pistor in seiner Rede, die, wie Valentin bemerkt hat, »rhetorisch vielleicht die wirksamste« war und als »die erste ausgesprochen sozialrevolutionäre Rede« in Deutschland anzusehen ist, die Souveräne expressis verbis als »geborene Hochverräter an der Menschheit«[46] bezeichnet, während Lohbauer den König Wilhelm von Württemberg gezielt des Hochverrats am deutschen Volk beschuldigt hat, worauf die Hambacher Festteilnehmer spontan mit dem Ruf reagiert haben: »Nieder mit diesem König!«[47]

VI. »Ich selber bin Volk«: Heines Versuch über den Begriff des Republikanismus

Kennzeichnet es die »Französischen Zustände«, dass die von Heine vertretenen Auffassungen bis hin zur spektakulären These über den Hochverrat der Fürsten am Volk mit denen der Hambacher übereinstimmen, so lässt sich doch nicht übersehen, dass sie ihre politische Brisanz, ihre historische Tiefenschärfe und ihre publizistische Durchschlagskraft, vor allem aber auch ihre soziale ›energia‹[48] dem direkten Kontakt und der intensiven Begegnung mit der damals avanciertesten politischen Bewegung in Europa, der radikaldemokratischen (und sozialrevolutionären) Pariser Linken[49] verdanken. Diese ›gauche républicaine‹: das ist die im Schnittpunkt von jakobinischer Menschenrechtsprogrammatik, saint-simonistischer Gesellschaftskritik und babouvistisch-neobabouvistischer Revolutionstheorie in den Pariser Volksgesellschaften, der Gesellschaft der Volksfreunde und der Gesellschaft der Menschenrechte, angesiedelte Protestbewegung der ›neuen‹ Republikaner, die sich im Zeichen der »Jakobinismus-Renaissance«[50] der frühen dreißiger Jahre wesentlich auf die Rechteerklärung von Robespierre als ihren politischen Programmtext bezogen hat, aber unter dem bestimmenden Eindruck der Herrschaft der Geldaristokratie auch bereits von den gesellschaftsanalytischen Einsichten über die ›exploitation de l'homme par l'homme‹ und dem sozialrevolutionären Konzept eines Krieges der Armen gegen die Reichen geprägt gewesen ist.

»Ja, meine Herren, dies ist der Krieg zwischen Reichen und Armen«, hat der »Citoyen Blanqui« (DHA XII, 98) am 12. Januar 1832 in seiner Verteidigungsrede den Pariser Geschworenen im Prozess der Fünfzehn entgegengeschleudert, um bei dieser Gelegenheit auch schon den Aufstand der Seidenweber in Lyon vom November 1831 in die politische Waagschale zu werfen. »Die Reichen haben es so gewollt, denn sie sind die Angreifer. Nur finden sie es schlecht, dass die Armen Widerstand leisten. Und über das Volk würden sie gerne sagen: ›Dieses Tier ist so wild, dass es sich verteidigt, wenn man es angreift.‹«[51] Genauso emphatisch hat sich der junge Blanqui gleich eingangs auf die Rechteerklärung von Robespierre bezogen und sich das von ihr im Sinne der ›Lumières‹ als Höchstwert postulierte »Recht zu leben« (das klassische Recht der ›conservatio sui‹) zu eigen gemacht. »Meine Herren Geschworenen, ich bin angeklagt, zu dreißig Millionen Franzosen, Proletariern wie ich, gesagt zu haben, sie hätten das Recht zu leben.«[52] Nicht anders hat »das zunächst zu verfechtende Menschenrecht, das Recht zu leben« (DHA X, 302), dem Pariser Heine, der hierin der Rechteerklärung von Robespierre ebenso wie der Verteidigungsrede von Blanqui gefolgt ist, in der »Verschiedenartigen Geschichtsauffassung«, aber auch noch im Lazarus-Prolog des »Romanzero« (DHA III, 105) als programmatische Richtschnur gedient.

Das entscheidende Thema des Artikels IX ist nicht das Hambacher Fest, sondern der Pariser Republikaner-Aufstand gewesen, in dem sich eklatant der republikanische Kairos des Frühjahrs 1832 dargestellt hat.[53] Seine politische Substanz hat der Artikel nicht durch den Bezug auf die rückständigen, im Sinne Plessners[54] verspäteten Deutschen gewonnen, die »noch an Personen« glauben. Sie »glauben an Autoritäten, an eine hohe Obrigkeit, an die Polizey, an die heilige Dreyfaltigkeit, an die hallesche Literaturzeitung, an Löschpapier und Packpapier, am meisten aber an Pergament. Armer Wirth! du hast die Rechnung ohne die Gäste gemacht!« (DHA XII, 181) Seine grundlegenden Aussagen haben sich vielmehr auf das politische Modell Frankreich bezogen, das »seinem Wesen nach republikanisch« (DHA XII, 179) und dadurch bestimmt gewesen ist, dass es, wie Heine in programmatisch-pädagogischer Absicht idealtypisch verdichtend mit Blick auf die zurückgebliebenen, autoritätsverhafteten Deutschen bemerkt hat, »keine Autoritäten« mehr anerkannt und akzeptiert hat.

> Von den allerhöchsten Personen bis zu den allerniedrigsten giebt es hier keine Autoritäten mehr. Von Ludwig Philipp I. bis zu Alexander, *Chef des claqueurs,* vom großen Talleyrand bis zu Vidocq, von Gaspard Debürau, dem berühmten Pierrot des Fünambülen-Theaters, bis hinab auf Hyazinth de Quelen, Erzbischof von Paris, von Monsieur Staub, *maître tailleur,* bis zu De-la-Martine, dem frommen Böcklein, von Guizot bis Paul de Kock, von Cherubini bis Biffi, von Rossini bis zum kleinsten Maulaffi – keiner, von welchem Gewerbe er auch sey, hat hier ein unbestrittenes Ansehen. Aber nicht bloß der Glaube an Personen ist hier vernichtet, sondern auch

der Glaube an alles was existirt. Ja, in den meisten Fällen zweifelt man nicht einmal; denn der Zweifel selbst setzt ja einen Glauben voraus. Es giebt hier keine Atheisten; man hat für den lieben Gott nicht einmal so viel Achtung übrig, daß man sich die Mühe gäbe, ihn zu läugnen. (DHA XII, 180 f.)

Das gleiche idealtypische Muster wird Heine im gleichfalls unterdrückten, von der »AZ«-Redaktion abgelehnten programmatischen Artikel I der »Lutezia« vom 25. Februar 1840 veranlassen, von den Franzosen als von »dreyzig Millionen Unruhestiftern und Gottesläugnern« (DHA XIII, 303) zu sprechen. So wie der Schriftsteller den theologisch-politischen Komplex, das Bündnis von Thron und Altar, im Artikel IX – aber nicht nur dort – einer an die Wurzel gehenden Kritik unterzogen hat, so hat er die unbotmäßigen und aufrührerischen Franzosen als das Volk charakterisiert, das »auf dem Tische, den man Altar nennt, die heiligen Puppen zerschlägt, und von dem Stuhl, den man Thron nennt, den rothen Sammet abreißt« (DHA XII, 181). Dem atheistischen Pattern auf der einen Seite entspricht das republikanische auf der anderen. Die Religionskritik korrespondiert mit der politischen Theorie et vice versa.[55] In beiden Fällen hat Heine die Franzosen im Sinne von Rahel als das »Vorvolk«[56] betrachtet, die das Modell gewesen sind und den anderen Völkern ein Beispiel gegeben haben. »Dort müssen Sie schreiben, für hier.« (HSA XXIV, 128) So hat deshalb die Vorgabe gelautet, die Rahel dem Schriftsteller im Brief vom 5. Juni 1832 gegeben und die gerade auch die Schreibstrategie des Artikels IX wie überhaupt das Schreibmuster der »Französischen Zustände« (und der späteren »Lutezia«) bestimmt hat. Wie herausfordernd dieses Konzept gewesen ist, wird schnell deutlich, wenn man sich nur klar macht, dass das ›revolutionäre‹ Frankreich, das Heine im Artikel IX als die »rothe Erde der Freyheit« (DHA XII, 185) dargestellt hat, seit den neunziger Jahren des 18. Jahrhunderts das unbewältigte »Trauma der deutschen Konservativen«[57] gewesen ist.

Heines Radikalismus deckt sich mit dem Radikalismus der Hambacher, geht aber im Zeichen und unter dem prägenden, ja lebens- und werkbestimmenden Einfluss des ›neuen‹ Republikanismus bereits in den »Französischen Zuständen« mit den Hambachern über die Hambacher hinaus, wobei es dem Schriftsteller gelungen ist, den entscheidenden politischen und theoretischen Lernprozess mitzuvollziehen, den die Pariser Linke auf ihrem Weg vom republikanischen Kairos des Jahres 1832 zu den republikanisch-frühkommunistischen Banketten des Jahres 1840 absolviert hat, und insofern auch den für die politische Theoriebildung ausschlaggebenden Schritt zu gehen, dem sich die epochemachende ›french theory‹ der frühen vierziger Jahre verdankt: eben jene »neue Doktrin«, von der Heine im Artikel IV der »Lutezia« vom 30. April 1840 gesagt hat, dass sie »alle socialen Fragen von einem höheren Gesichtspunkt betrachtet« (DHA XIII, 32). In diesem Sinne hat Heine im Artikel XX vom 1. Oktober 1840 registriert: »Der Republikanismus macht in Frankreich täglich bedeutendere Fortschritte, und Robespierre und Marat sind vollständig rehabilitirt.« (DHA XIII, 89) Die gleichen »Fortschritte des Republikanismus« (DHA XI, 217) hat der Schriftsteller auch schon am Ende der dreißiger Jahre in einer Textmonade thematisiert, die ursprünglich die Börne-Denkschrift abschließen sollte.[58] Mit diesen Fortschritten ist erstens die quantitative Ausbreitung der »republikanischen Lehre« (DHA XIII, 32), zweitens ihre qualitative Vertiefung zur »neuen Doktrin« und drittens das politisch-praktische Programm der ›constitutio libertatis‹, der realen Gründung einer »Republik der Gleichen« gemeint, die darauf abzielt, mit der »Gleichheit der Rechte« auch die zuerst von den Pariser Sansculotten verfochtene »Gleichheit der Genüsse« (égalité des jouissances) zu verwirklichen – und dies im Sinne des Artikels 1 der »Analyse der Lehre Babeufs«: »Die Natur hat jedem Menschen ein gleiches Recht auf den Genuss aller Güter gegeben.«[59]

Dass Heine die »französischen Republikaner« vor Ort »sowohl in Schriften als im Leben« ›studiert‹ hat (DHA XII, 180), belegt der Artikel IX. Über das Ergebnis dieses Studiums – mit Studium ist auch in diesem Fall eine systematische, kontinuierliche und nicht bloß punktuelle Beschäftigung mit dem Gegenstand gemeint gewesen – hat sich der Schriftsteller im gleichen Textzusammenhang geäußert, in dem er den Republikanismus nicht nur grundsätzlich vom Royalismus abgegrenzt, sondern auch zugleich seine Auffassung über den »Typus des ächten Republikanismus« (HSA VII, 302) dargelegt und diese Auffassung ausdrücklich auf Robespierre, den jakobinischen Vordenker des »neuen« Republikanismus[60], bezogen hat. Das ist in einer dreifachen, sich steigernden (und durch den zweifachen Superlativ akzentuierten) Denkbewegung geschehen, bei der sich der Schriftsteller zunächst mit der »republikanischsten Einrichtung« beschäftigt, dann über den »ächtesten Republikaner« erklärt und schließlich den »Typus des ächten Republikanismus« bestimmt hat.[61] »Robespierre mit seinem großen Grundsatz ›daß man den Gewalthabern immer mißtrauen müsse!‹ gilt mir ebenfalls als Typus des ächten Republikanismus […].« (HSA VII, 302; DHA XII, 712) Der Schriftsteller ist also im Zentrum seiner Darlegung mit Bedacht von der Institution (Ostrazismus) über die Person (ein bestimmter, namentlich nicht bekannter Athener) zum Wesen der Sache (dem Typus) vorgestoßen. Grundlegend ist dabei die Begriffsbestimmung, in der Heine ebenso wie bei der Unterscheidung zwischen den Repräsentanten der Nationalität und des Kosmopolitismus idealtypisch von zwei grundverschiedenen Erscheinungen ausgegangen ist.

> Der Royalismus eines Volks besteht, dem Wesen nach, darin: daß es Autoritäten achtet, daß es an die Personen glaubt, die jene Autoritäten repräsentiren, daß es in dieser Zuversicht auch der Person selbst anhängt. Der Republikanismus eines Volks besteht, dem Wesen nach, darin: daß der Republikaner an keine Autorität glaubt, daß er nur die Gesetze hochachtet, daß er von den

> Vertretern derselben beständig Rechenschaft verlangt, sie mit Mißtrauen beobachtet, sie kontrolirt, daß er also nie den Personen anhängt, und diese vielmehr, je höher sie aus dem Volke hervorragen, desto emsiger mit Widerspruch, Argwohn, Spott und Verfolgung niederzuhalten sucht. (DHA XII, 180)

Schon ein flüchtiger Blick lässt das Wesen der Sache, die gedankliche Substanz der Aussage, erkennen. Wenn Heine im Artikel IX vom Republikanismus des Volkes spricht, ist nicht von einer *politischen Meinung* (der Meinung über die Staatsform), sondern einer *sozialen Haltung* (der Haltung des Republikaners) die Rede. Eben dies kennzeichnet den vom Autor der »Französischen Zustände« bereits im Sinne der modernen Kulturwissenschaften vollzogenen cultural turn[62] und unterstreicht die programmatische Bedeutung des von der »AZ«-Redaktion unterdrückten, von der Heine-Forschung[63] eskamotierten und auch von der politischen Wissenschaft (und der politischen Geschichtsschreibung)[64] niemals zur Kenntnis genommenen Heine-Theorems. Der Schriftsteller bewegt sich nicht im Rahmen einer konventionellen politischen Formenlehre, die seit der Antike zwischen den verschiedenen Staats- und Regierungsformen unterscheidet, sondern unterscheidet in mentalitätsgeschichtlicher, sozialpsychologischer und politiktheoretischer Absicht zwischen zwei Verhaltensmustern, die das Handeln der Menschen in der Gesellschaft bestimmen, insbesondere ihre Einstellung zum (und ihren Umgang mit dem) Phänomen der Macht betreffen und unter diesem Blickwinkel den sozialen Habitus, die politische Mentalität und den personalen Charakter kennzeichnen.

Heines Definition hat es insofern mit dem Substrat der politischen Kultur (und einer jeden politischen Kulturgeschichte) zu tun. Sie präzisiert die sozial- und mentalitätsgeschichtlichen Kriterien der Moderne, gründet sich auf die spezifischen Voraussetzungen des neuzeitlichen Gesetzesrechts und nimmt auch schon den politischen und philosophischen Impetus der kritischen Theorie vorweg. Tatsächlich gehört es zu den Wesensmerkmalen der Begriffsbestimmung, dass sie zwei Charaktere ausweist. Dem autoritären Charakter, dem Charakter des *Untertans*, auf der einen Seite steht der antiautoritäre Charakter, der Charakter des *Citoyen,* auf der anderen gegenüber.[65] Hier der in ständigem Gehorsam geübte »Royalist«, der die Autoritäten achtet und an Personen glaubt – dort der jederzeit zum zivilen Ungehorsam bereite »Republikaner«, der an keine Autorität glaubt und nur die Gesetze hochachtet. Der erste setzt – rousseauistisch gesprochen – eine an Personen gebundene Form der Herrschaft voraus, der zweite eine sie überwindende Herrschaft der »volonté générale«, die, da sie sich in den Gesetzen ausdrückt, die Herrschaft von Menschen über Menschen ausschließt[66] und insofern gewährleistet, dass jeder Bürger (»chaque Citoyen«) allen anderen gegenüber vollständig unabhängig ist (»soit dans une parfaite indépendance de tous les autres«).[67] Im gleichen Sinne definiert der von der Gesellschaft der Menschenrechte veröffentliche »Kleine republikanische

Katechismus«: »Was ist die Republik? Die Republik ist ein Staat, in dem, welches auch immer die Form der Regierung sein mag, das Gesetz das Organ und der freie Ausdruck der ›volonté générale‹ ist.«[68] Die Republik bestimmt sich danach nicht durch die Form der Regierung, sondern durch das Gesetz, das auf der Grundlage der Volkssouveränität der freie Ausdruck der »volonté générale« ist und deshalb allein die Hochachtung des Republikaners verdient. Die Definition stammt aus dem Zentrum der republikanischen Bewegung.

Der Republikaner im Sinne des Artikels IX: Das ist das Pattern des aufrechten Gangs, das Paradigma des selbstbestimmten Denkens und Handelns, das Profil des Citoyen im Sinne des Citoyen-Ideals der Französischen Revolution[69], dem sich das naturrechtliche Denken der radikalen Aufklärung ebenso wie die politische Theorie von Rousseau eingeschrieben hat. Ist es Rousseau gewesen, der zuerst den »revolutionären Begriff des ›citoyen‹« geprägt hat, indem er ihn als das »Subjekt der staatlichen Souveränität«[70] bestimmt hat, so hat er zugleich seine »liberté morale« hervorgehoben, die den Menschen zum Herren seiner selbst (»maitre de lui«) macht und sich wesentlich im Gehorsam gegenüber dem Gesetz (»l'obéissance à la loi«) ausdrückt.[71] Nicht anders hat die radikale Aufklärung die im Naturrecht begründete Auffassung vertreten, dass jeder blinde Gehorsam, die »obéissance aveugle«[72], den Menschen zur Knechtschaft verurteilt und es zum Wesen der Menschenwürde gehört, sich nicht dem Willen anderer Menschen zu unterwerfen, sondern allein den Gesetzen zu gehorchen – mit den Worten von Mably: »que l'homme n'est pas fait pour obéir aux volontez d'un autre homme, mais aux seules lois, dont le magistrat, quel que soit son nom, quelle que soit sa préeminence, ne peut être que l'organe et le ministre.«[73]

Das ist im Sinne der ›Lumières radicales‹ die »première vérité«, »d'où découlent toutes les autres«[74] – eine Wahrheit, die noch dem Artikel IX der »Französischen Zustände« zugrunde gelegen hat und von der auch die Hambacher überzeugt gewesen sind, die für eine Gesellschaft gekämpft haben, in der »der Bürger [sprich: der Citoyen] nicht in höriger Unterthänigkeit den Launen des Herrschers und seiner knechtischen Diener, sondern dem Gesetz gehorcht, und auf den Tafeln des Gesetzes den eigenen Willen liest [...].«[75] Aus dieser ›ersten Wahrheit‹ folgt der »Typus des ächten Republikanismus«, den Heine nicht zufällig mit dem Namen von Robespierre verknüpft hat und der besagt, »daß man den Gewalthabern immer mißtrauen müsse!« (DHA XII, 712) Grundlegend sind dabei die souveränitäts- und demokratietheoretischen Auffassungen, die Rousseau bei seinen Darlegungen über das Volk, das als Kollektiv, als ›corps politique‹, aus den vielen selbstbestimmten, selbstdenkenden und selbsthandelnden Citoyens besteht (beide sind insofern der Träger der Souveränität[76]), erörtert hat und die auch die zentralen Bestimmungen der Rechteerklärung von Robespierre geprägt haben, die in den Artikeln 14 bis 19 enthalten sind.

Art. 14: *Le peuple est le souverain;* le gouvernement est son ouvrage et sa propriété; les fonctionnaires publics sont ses commis. Le peuple peut, quand il lui plait, changer son gouvernement et révoquer ses mandataires.

Art. 15: La loi est l'expression libre et solennelle du peuple.

Art. 16: La loi doit être égale pour tous.

Art. 17: La loi ne peut défendre que ce qui est nuisible à la société; elle ne peut ordonner que ce qui lui est utile.

Art. 18: Toute loi qui viole les droits imprescriptibles de l'homme, est essentiellement injuste et tyrannique; elle n'est point une loi.

Art. 19: Dans tout état libre, la loi doit surtout défendre la liberté publique et individuelle contre l'autorité de ceux qui gouvernent.[77]

Die zuerst von Buonarroti 1828 in der »Verschwörung für die Gleichheit« wieder zugänglich gemachte Rechteerklärung, die Robespierre am 24. April 1793 dem Konvent vorgelegt hatte, dann aber vom Konvent nicht angenommen worden war, ist nach der Julirevolution der herausragende Programm-, Theorie- und Kulttext der ›neuen‹ Republikaner gewesen, der auch für den Pariser Heine eine programmatische Bedeutung gehabt hat. Das verdeutlicht die »Verschiedenartige Geschichtsauffassung«, in der sich der Schriftsteller auf den naturrechtlichen Höchstwert, das im Artikel 2 der Rechteerklärung formulierte »Recht zu leben« (»le droit de pourvoir à la conservation de l'existence«)[78], ganz im Sinne der Systematik der Erklärung als das »zunächst zu verfechtende Menschenrecht« berufen hat, um es zugleich in der Form eines plakativen jakobinischen Doppelzitats mit dem »Recht zu essen« von Saint-Just zu verbinden (DHA X, 302). Das zeigen aber auch bereits die »Französischen Zustände«, in denen Heine nicht nur den »Typus des ächten Republikanismus« zum programmatischen Subtext seiner politiktheoretischen Darlegungen gemacht, sondern sich mit einer emphatischen Aufstands-Berichterstattung, die den Fluchtpunkt der ganzen Artikelserie bildet, »entschieden auf die Seite der äußersten Linken«[79] gestellt hat. Der ebenso passionierten wie militanten Reportage über die »première insurrection franchement républicaine«[80] im Artikel IX liegen dabei unverkennbar die naturrechtlichen Auffassungen zugrunde, die Robespierre in den Artikeln 27 bis 29 seiner Rechteerklärung vertreten hat und die das unveräußerliche Recht zum Widerstand gegen die Unterdrückung und das Recht zum Aufstand als die »Konsequenz aller anderen Menschen- und Bürgerrechte« bestimmen.

Art. 27: La résistance à l'oppression est la conséquence des autres droits de l'homme et du citoyen.

Art. 28: Il y a oppression contre le corps social, lorsqu'un seul de ses membres est oppprimé. Il y a oppression contre chaque membre du corps social, lorsque le corps social est opprimé.

Art. 29 Lorsque le gouvernement viole les droits du peuple, l'insurrection est pour le peuple et pour chaque portion du peuple, le plus sacré des droits et le plus indispensable des devoirs.[81]

Erst diesen Artikeln lässt sich die politik- und demokratietheoretische Begründung dafür entnehmen, dass sich Heine im Artikel IX so vorbehaltlos und nachdrücklich, so unerschrocken und herausfordernd zum Aufstand der Pariser Republikaner als einem epochemachenden »Vorpostengefecht« (DHA XII, 206) bekannt hat.

VII. Heine und die ›causa republicana‹

Hätte es der Schriftsteller bei einem persönlichen Bekenntnis zum gescheiterten Aufstand belassen, wäre der Artikel IX provokant genug gewesen. »Une insurrection qui réussit,« hat Armand Marrast am 20. Juni 1832 in der Pariser »Tribune« geschrieben, »s'appelle révolution; elle a ses flatteurs, elle distribue des couronnes. Une insurrection vaincue se nomme révolte; elle ne rencontre que les injures prodiguées à l'impuissance.«[82]

Heine hat sich jedoch nicht darauf beschränkt, die geschlagenen Protagonisten der »insurrection vaincue« zu rühmen, sondern hat den spontanen Aufstand, über den er als ›rasender Reporter‹ »Angesichts der Begebenheiten, im Geräusch des Partheykampfs und zwar immer kurz vor Abgang der Post, so schleunig als möglich, damit die Correspondenten des siegenden Juste-milieu nicht den Vorsprung gewönnen« (DHA XII, 193), in der seinerzeit größten deutschen Tageszeitung berichtet hat, unmittelbar zum Anlass genommen, um seine herausfordernden Darlegungen über die französischen Zustände (und das Wesen des Republikanismus) grundsätzlich und epochemachend mit seiner Theorie der Moderne als einer neuen »Weltperiode« zu verbinden, in der nicht mehr »die Thaten der Einzelnen« bestimmend sind und sich stattdessen »die Völker, die Partheyen, die Massen selber«[83] als die eigentlichen Akteure erweisen. Das zeitdiagnostische Theorem, das gleichzeitig als ein ›geschichtsphilosophisches‹ Aperçu ersten Ranges gelesen werden muss, schließt nahtlos an den ereignisbegleitenden Bericht über die namenlosen Kombattanten der spontanen Volkserhebung an, wenn Heine am Ende seiner Aufstands-Analyse bemerkt:

> Ueberhaupt scheint die Weltperiode vorbey zu seyn, wo die Thaten der Einzelnen hervorragen; die Völker, die Partheyen, die Massen selber sind die Helden der neuern Zeit; die moderne Tragödie unterscheidet sich von der antiquen dadurch, daß jetzt die Chöre agiren und die eigentlichen Hauptrollen spielen, während die Götter, Heroen, und Tyrannen, die früherhin die handelnden Personen waren, jetzt zu mäßigen Repräsentanten des Partheywillens und der Volksthat herabsinken, und zur schwatzenden Betrachtung hingestellt sind, als Thronredner, als Gastmahlpräsidenten, Landtagsabgeordnete, Minister, Tribune u. s. w. Die Tafelrunde des großen Ludwig Philipp, die ganze Opposizion mit ihren *comptes-rendus*, mit ihren Deputazionen, die Herren Odilon-Barrot, Laffitte und Arago, wie passiv und geringselig erscheinen diese abgedroschenen renommirten Leute, diese scheinbaren Notabilitäten, wenn man sie mit den

Helden der Rüe Saint-Martin vergleicht, deren Namen niemand kennt, die gleichsam anonym gestorben sind. (DHA XII, 185)

Ist Heine als Autor des Artikels IX im Hambach-Kontext von der zunächst noch unbestimmten »Idee einer Republik« ausgegangen, um anschließend seinen mentalitätsgeschichtlich, sozialpsychologisch und politiktheoretisch fundierten Begriff des Republikanismus zu entwickeln, so charakterisiert es den Verfasser der »Französischen Zustände«, für den »Französische (= Republikanische) Zustände«[84] gewesen sind, dass er seine Überlegungen über die ›causa republicana‹ schon in der Artikelserie – und nicht erst im »Jessika«-Kapitel der Schrift »Shakspeares Mädchen und Frauen« – auf das engste mit seiner Theorie der Moderne verknüpft hat. Auch hier bestätigt sich erneut die strukturanalytische Beobachtung, dass der Schriftsteller seine wesentlichen programmatischen Aussagen im Pariser Werk immer zweimal gemacht hat.[85] Die Darlegungen des Artikels IX sind insofern direkt auf die Erörterungen des »Jessika«-Kapitels zu beziehen und die Ausführungen der Shakespeare-Schrift auf die Analysen der »Französischen Zustände«. Sie besagen, dass die ›neue Zeit‹ auch eines ›neuen Prinzips‹ bedarf, und verbinden die Moderne als Epoche, dem Wesen nach, mit der ›causa republicana‹ als der ›cause du peuple‹, die für Heine in einem emphatischen Sinne auch immer schon die »Sache der europäischen Freyheit« (DHA X, 274) und die »Sache der Menschheit« (DHA XIII, 293) gewesen ist. Erst damit erschließt sich letztlich die programmatische Bedeutung des Artikels IX der »Französischen Zustände«: »Denn die Republik ist eine Idee ...«

Anmerkungen

1 Immanuel Kant: Politische Schriften. Hrsg. v. Otto Heinrich von der Gablentz. Köln 1965, S. 104–150. Die andere Romantik. Hrsg. v. Helmut Schanze. Frankfurt a. M. 1967, S. 39–58. Von deutscher Republik. 1775–1795. I: Aktuelle Provokationen. II: Theoretische Grundlagen. 2 Bde. Hrsg. v. Jost Hermand. Frankfurt a. M. 1968.

2 Gentz im Brief an Cotta, 21. April 1832. Friedrich von Gentz: Ungedruckte Denkschriften, Tagebücher und Briefe. Hrsg. v. Gustav Schlesier. Mannheim 1840, S. 213.

3 Gerd Heinemann: Heine und Cotta. Zu Problemen des freien Schriftstellers in der Restaurationszeit. – In: Heinrich Heine. Artistik und Engagement. Hrsg. v. Wolfgang Kuttenkeuler. Stuttgart 1977, S. 256–266.

4 Elster und die HSA drucken die erste Fassung in extenso, die DHA verzettelt sie nur im Lesartenapparat. Heinrich Heine: Sämtliche Werke. Hrsg. v. Ernst Elster. 7 Bde. Leipzig [1887–1890], Bd. V, S. 506–521. HSA VII, 293–308. DHA XII, 705–719.

5 Veit Valentin: Das Hambacher Nationalfest [zuerst 1932]. Frankfurt a. M. 1982. Das Hambacher Fest. 27. Mai 1832. Männer und Ideen. Hrsg. v. Kurt Baumann. Speyer 1957. Hubert Freilinger: »Die Hambacher«. Beteiligte und Sympathisanten der Beinahe-Revolution von 1832. – In: Zeitschrift für Bayerische Landesgeschichte 41, 1978, S. 701–736.

[6] Das betraf die so genannten Bundesmaßnahmen zur Erhaltung der Sicherheit und Ordnung: die »Sechs Artikel« vom 28. Juni 1832 und die »Zehn Artikel« vom 5. Juli 1832. Dokumente zur deutschen Verfassungsgeschichte. Hrsg. v. Ernst Rudolf Huber. Bd. 1. 3. Aufl. Stuttgart 1978, S. 132–135.

[7] So auch Jean-René Derré (DHA XII, 916).

[8] Bodo Morawe: Heines »Französische Zustände«. Über die Fortschritte des Republikanismus und die anmarschierende Weltliteratur. Heidelberg 1997, S. 12–39. Ders.: Höllische Reklame für die Republik. Zur Form-Inhalt-Dialektik der »Lutezia«. – In: Zu Heinrich Heines Spätwerk »Lutezia«. Kunstcharakter und europäischer Kontext. Hrsg. v. Arnold Pistiak und Julia Rintz. Berlin 2007, S. 53–75.

[9] Klaus Briegleb (B IV, 649).

[10] Die Republik-Idee ist gerade auch in Deutschland (und zwar für die feudalaristokratische Machtelite ebenso wie für das oppositionelle Bürgertum) ein politischer »Angstbegriff« gewesen. Norbert Deuchert: Vom Hambacher Fest zur badischen Revolution. Politische Presse und Anfänge deutscher Demokratie 1832–1848/49. Stuttgart 1983, S. 25.

[11] Der »Konsequenz«-Gedanke hat grundlegend den Radikalismus und die linke Hegelschule bestimmt. Der politische Radikalismus ist nach Auffassung von Karl Nauwerck das »System der Konsequenz« gewesen. Entsprechend gilt: »Wenn ›Vermittlung‹ und ›Aufhebung‹ die Zauberworte der Hegelschen Philosophie sind, so ist das junghegelianische Zauberwort ›Konsequenz‹.« Wolfgang Eßbach: Die Junghegelianer. Soziologie einer Intellektuellengruppe. München 1998, S. 169.

[12] Jost Hermand (DHA VI, 797–800, hier 797). Ewald A. Boucke: Heine im Dienste der »Idee«. – In: Euphorion 16, 1909, S. 116–131, 434–460.

[13] Hannah Arendt: Über die Revolution. München 1963, S. 183.

[14] Manfred Botzenhart: Reform, Restauration, Krise. Deutschland 1789–1847. Frankfurt a. M. 1985 (Neue Historische Bibliothek), S. 122.

[15] Dass auch der Begriff der ›Modernität‹ (›modernité‹) nicht erst von Baudelaire, sondern bereits von Heine 1826 in der »Nordsee III« (DHA VI, 161) verwandt worden ist, hat Peters betont. Paul Peters: Heine und Baudelaire oder: Die alchimistische Formel der Modernität. – In: Baudelaire und Deutschland. Deutschland und Baudelaire. Hrsg. v. Bernd Kortländer und Hans T. Siepe. Tübingen 2005, S. 15–51. Es ist hier nicht der Ort, die sehr unterschiedlichen geschichts-, sozial- und literaturwissenschaftlichen Begriffe der Moderne zu diskutieren.

[16] Hervorhebungen BM. Sie sind darauf gerichtet, den systematischen Zusammenhang zwischen dem Artikel IX und dem »Jessika«-Abschnitt deutlich zu machen. Der abschließende Einwurf »Welcher Wahn!« (DHA X, 126) gehört offensichtlich zur List beim Schreiben der Wahrheit, ist der Dialektik von »persecution and the art of writing« im Sinne von Leo Strauß zuzurechnen. Er dient der Beschwichtigung der Zensur und muss das subversive Theorem abfedern.

[17] Valentin [Anm. 5], S. 7.

[18] Gerhard Weiß: Heinrich Heines »Hambach-Artikel« aus den »Französischen Zuständen« (1832). Geschichtliche Aktion und literarische Reaktion. – In: Jahrbuch zur Geschichte von Stadt und Landkreis Kaiserslautern 18/19 (1980/81) S. 597–606, hier S. 601.

[19] Bodo Morawe: Republikanischer Diskurs. Ein Paralipomenon zu Heines Philosophie-Schrift und zur Metropolenforschung. – In: Zwischen Zentrum und Peripherie. Die Metropole als kultureller und ästhetischer Erfahrungsraum. Hrsg. v. Christian Moser u. a. Bielefeld 2005, S. 199–231.

[20] Zur Idee der Volkssouveränität: »Contrat social« II, 1–12. Jean-Jacques Rousseau: Œuvres complètes. III: Du Contrat social. Ecrits politiques. Edition publiée sous la direction de Bernard Gagnebin et Marcel Raymond. Paris 1964 (Pléiade), S. 368–394. Zum Hambacher Fest: Wilhelm Herzberg: Geschichte der revolutionären Bestrebungen in Rheinbayern um das Jahr 1832 [zuerst

1908]. Köln 1982. Adam Sahrmann: Beiträge zur Geschichte des Hambacher Festes 1832. Landau 1930. Johannes Bühler: Das Hambacher Fest. Deutsche Sehnsucht vor hundert Jahren. Ludwigshafen 1932. Hellmut G. Haasis: Volksfest, sozialer Protest und Verschwörung. 150 Jahre Hambacher Fest. Heidelberg 1981. Hambach 1832. Anstöße und Folgen. Hrsg. v. Alois Gerlich. Wiesbaden 1984.

21 Das Nationalfest der Deutschen zu Hambach. Erstes und zweites Heft. Unter Mitwirkung eines Redaktions-Ausschusses beschrieben von J. G. A. Wirth (Nachdruck der Originalausgabe von 1832). Neustadt 1981, S. 41.

22 Ebd., S. 38.

23 Ebd., S. 42. Auf Wirths Haltung zu Frankreich (und die Debatten, die sie auf dem Fest ausgelöst hat) muss hier nicht eingegangen werden. Sie ist offenbar für Heine in diesem Zusammenhang nicht von Bedeutung gewesen.

24 Zitiert nach Ernst Rudolf Huber: Deutsche Verfassungsgeschichte seit 1789. Bd. II: Der Kampf um Einheit und Freiheit 1830 bis 1850. 2. Aufl. Stuttgart 1975, S. 144.

25 Wirth [Anm. 21], S. 71.

26 Ebd., S. 24.

27 Ebd., S. 48.

28 Das Schwellenjahr 1823 ist der Augenblick, in dem Heine als linker Hegel-Schüler das Berliner »Philosophie-auditorium« verlassen, den »Cyrkus des Welttreibens« betreten und sich in der Lage gesehen hat, »[s]ein eignes Leben philosophisch konstruiren« zu können. (Brief an Wohlwill, 7. April 1823; HSA XX, 73).

29 Die Heine-Forschung ist, was die Begriffe Republik, Volk und Volkssouveränität und den mit ihnen konnotierten Begriff des Citoyen betrifft, nicht auf der Höhe der einschlägigen Standardwerke zur Verfassungs-, Gesellschafts-, Theorie- und Begriffsgeschichte. Das Stichwort ›Volkssouveränität‹ kommt in den Sachregistern der Heine-Literatur nicht vor. Bezeichnenderweise hat sich bisher noch kein Heine-Forscher monographisch an das brisante Thema ›Heine und Rousseau‹ herangewagt. Für das Verständnis der epochalen Zusammenhänge grundlegend: Huber [Anm. 24], S. 402–409. Hans-Ulrich Wehler: Deutsche Gesellschaftsgeschichte. Bd. II. München 1987, S. 431–440. Reinhart Koselleck: Historische Kriterien des neuzeitlichen Revolutionsbegriffs. – In: Ders.: Vergangene Zukunft. Zur Semantik geschichtlicher Zeiten. Frankfurt a. M. 1989, S. 67–86. Geschichtliche Grundbegriffe. Historisches Lexikon zur politisch-sozialen Sprache in Deutschland. Hrsg. v. Otto Brunner, Werner Conze und Reinhart Koselleck. 8 Bde. Stuttgart 1972–1997.

30 Entsprechend hat Heine die konstitutionelle Monarchie genauso wie Rahel bestenfalls als eine unvermeidliche Übergangsform angesehen. Werner I, 449. Zu Rahel: Sie saßen und tranken am Teetisch. Anfänge und Blütezeit der Berliner Salons 1789–1871. Hrsg. v. Rolf Strube. München 1991, S. 213.

31 Huber [Anm. 24], S. 406.

32 Botzenhart [Anm. 14], S. 122. Wolfgang Hardtwig: Vormärz. Der monarchische Staat und das Bürgertum. München 1985, S. 150–153. Thomas Nipperdey: Deutsche Geschichte 1800–1866. Bürgerwelt und starker Staat. München 1983, S. 369–373.

33 Freilinger [Anm. 5], S. 730. Zum Schießhaustreffen vgl. Herzberg [Anm. 20], S. 131–133; Sahrmann [Anm. 20], S. 78–83; Valentin [Anm. 5], S. 51–55; Bühler [Anm. 20], S. 117–121. Im Zivilkabinett des preußischen Königs wurde das Fest mit der Julirevolution verglichen. Wehler [Anm. 29], S. 365 f.

34 Freilinger [Anm. 5], hier S. 724–735. Ders.: Die vorletzte Weisheit des Volkes. Der politische Aktionismus der Hambacher Bewegung und seine Grenzen. – In: Hambach 1832. Anstöße und Folgen [Anm. 20], S. 33–59.

[35] Valentin [Anm. 5], S. 198. Genauso Freilinger [Anm. 5], S. 734. Entsprechend Huber [Anm. 24], S. 146.

[36] Wirth [Anm. 21], S. 38.

[37] So Wirth in seiner »Vertheidigungsrede vor den Assisen zu Landau«. Nach: Restauration und Frühliberalismus 1814–1840. Hrsg. v. Hartwig Brandt. Darmstadt 1979 (Quellen zum politischen Denken der Deutschen im 19. und 20. Jahrhundert, 3), S. 428–436, hier S. 435.

[38] Ebd., S. 435. Das Zitat reproduziert das Druckbild des Originals.

[39] Wirth [Anm. 21], S. 2.

[40] Ebd., S. 26.

[41] Ebd., S. 35.

[42] Ebd., S. 39. Desgleichen hat Grosse nach einem Konfidentenbericht über das Hambacher Fest die »meineidigen Unterdrücker der Völker« angegriffen. Freilinger [Anm. 34], S. 55.

[43] Wirth [Anm. 21], S. 68 f.

[44] Ebd., S. 70.

[45] Ebd., S. 43.

[46] Valentin [Anm. 5], S. 47.

[47] Ebd., S. 48.

[48] Stephen Greenblatt: Verhandlungen über Shakespeare. Innenansichten der englischen Renaissance. Frankfurt a. M. 1993, S. 15, 210. Moritz Baßler: Einleitung. – In: New Historicism. Literaturgeschichte als Poetik der Kultur. Hrsg. v. Moritz Baßler. Frankfurt a. M. 1995, S. 16. Im Sinne des ›neuen Historismus‹ und seiner ›Poetik der Kultur‹ ist es auch für das Pariser Werk von Heine ein Desiderat, »den literarischen Text wieder mit einem Teil der ›sozialen Energie‹ aufzuladen, mit der er zu seiner Zeit reichlich ausgestattet war.« (Baßler) Das hat die Heine-Forschung, der die ›cultural turns‹ der letzten zwei Jahrzehnte weitgehend fremd geblieben sind, bisher unterlassen. *New Historicism,* Diskursanalyse, ›medial turn‹ und dichte Beschreibung (thick description) sind ihr, wie es scheint, nicht vertraut.

[49] Um dem ›neuen Republikanismus‹ in sozial-, kultur- und mentalitätsgeschichtlicher Hinsicht gerecht zu werden, muss man ihn erstens als eine spontane Protestbewegung, zweitens als eine antidynastische Fundamentalopposition und drittens als eine in Clubs, Ausschüssen, Zeitungsredaktionen, Bildungsvereinen, Lesezirkeln und Hilfskomitees informell organisierte Gegen-Gesellschaft mit einer eigenen (im Sinne von Habermas: ›plebejischen‹) Gegen-Öffentlichkeit verstehen. Jürgen Habermas: Strukturwandel der Öffentlichkeit. 2. Aufl. Neuwied 1965, S. 8. Werner Giesselmann: »Die Manie der Revolte«. Protest unter der Französischen Julimonarchie (1830–1848). 2 Bde. München 1993, Bd. I, S. 326–348. Pamela M. Pilbeam: Republicanism in Nineteenth-Century France, 1814–1871. London 1995, S. 95–128. Jeanne Gilmore: La République clandestine. 1818–1848. Paris 1997, S. 133–246.

[50] Waltraud Seidel-Höppner: Die Französische Revolution im deutschen Frühsozialismus der 1830er und 1840er Jahre. – In: Deutscher Idealismus und Französische Revolution. Trier 1988, S. 193–216, hier S. 197–201. Ich setze hier und im folgenden meine Untersuchungen über Heine und den ›neuen‹ Republikanismus voraus. Zuletzt: Eine andere Politik: Heines Republikanismus. – In: Entstehen des Öffentlichen – Eine andere Politik. Hrsg. v. Lars Lambrecht. Frankfurt a. M. 2007, S. 53–75.

[51] Louis-Auguste Blanqui: Schriften zur Revolution, Nationalökonomie und Sozialkritik. Hrsg. v. Arno Münster. Hamburg 1971, S. 41. Ders.: Œuvres I. Des origines à la Révolution de 1848. Textes rassemblés et présentés par Dominique Le Nuz. Nancy 1993, S. 190.

[52] Ed. Münster [Anm. 51], S. 40. Ed. Le Nuz [Anm. 51], S. 189.

[53] Bodo Morawe: Daumiers »Sujets«, Blanquis Rede und der Citoyen Heine. Republikanischer Kairos und intermediales ›crossover‹ im Krisenjahr 1832. – In: Textprofile intermedial. Hrsg. v. Dagmar von Hoff und Bernhard Spies. München 2008, S. 63–91.

[54] Helmuth Plessner: Die verspätete Nation. Über die politische Verführbarkeit bürgerlichen Geistes (zuerst 1935). Frankfurt a. M. 1974.

[55] Zur Kritik am theologisch-politischen Komplex vgl. Bodo Morawe: »Sehet, alle Gottheiten sind entflohen ...« Heinrich Heine und die radikale Aufklärung. – In: »Aber der Tod ist nicht poetischer als das Leben«. Heinrich Heines 18. Jahrhundert. Hrsg. v. Sikander Singh. Bielefeld 2006, S. 73–120. Ders.: Heinrich Heine und die Strategie der radikalen Aufklärung. Tolands »Pantheisticon«, Mesliers »Mémoire«, Holbachs »System der Natur«. – In: DVjs. 81, 2007, S. 546–583.

[56] Rahel: »Allen Franzosen – lehrt sie mich nicht kennen! – liegt die *Republik* in den Gliedern, und Republik werden sie werden. [...] Wie für uns Konstitution, ist für die Franzosen, die ja immer voraus sind – mein Vorvolk, wie ich sie nenne, – Republik *unvermeidlich.* Der frühere Versuch war zu kurz, um durch sein Mißlingen etwas zu entscheiden, aber stark genug, um zu immer neuen Versuchen anzureizen, *bis einer gelingt.*« Sie saßen und tranken am Teetisch [Anm. 30], S. 213.

[57] Günter Lottes: Das revolutionäre Frankreich als Trauma der deutschen Konservativen. Zur Verschränkung von Wahrnehmungsprozessen und politiktheoretischen Diskursen in der ersten Hälfte des 19. Jahrhunderts. – In: Feindbild und Faszination. Vermittlerfiguren und Wahrnehmungsprozesse in den deutsch-französischen Kulturbeziehungen (1789–1983). Hrsg. v. Hans-Jürgen Lüsebrink und Janos Riesz. Frankfurt a. M. 1984, S. 13–24.

[58] Michael Werner: Ein unbekanntes Paralipomenon zu »Ludwig Börne« und seine Wiederverwendung in »Lutezia«. – In: HJb 21 (1982) S. 200–205.

[59] Ph. Buonarroti: Conspiration pour l'égalité dite de Babeuf. 2 Bde. Brüssel 1828 (Pariser Titelauflage: 1830), Bd. II, S. 137. Die frühen Sozialisten. Hrsg. v. Frits Kool und Werner Krause. 2 Bde. München 1972, Bd. I, S. 126.

[60] Diese ›Vordenker‹-Rolle ist von Heine wiederholt – teils explizit, teils implizit – markiert worden. Die Einzelnachweise in Bodo Morawe: »Ich selber bin Volk, je suis peuple moi-même«. Heines Philosophie-Schrift als Palimpsest und die Republik der Gleichen. – In: Palimpseste. Zur Erinnerung an Norbert Altenhofer. Hrsg. v. Joachim Jacob und Pascal Nicklas. Heidelberg 2004, S. 63–114, hier S. 65–83.

[61] Man muss diese zentrale Darlegung, um den Zusammenhang zu verstehen, in der Handschrift vom 25. Juni 1832 lesen. Die DHA verzettelt die erste Fassung [Anm. 4] und macht sie damit praktisch ›unlesbar‹. Elster V, 513 f., HSA VII, 300.

[62] Doris Bachmann-Medick: Cultural Turns. Neuorientierungen in den Kulturwissenschaften. Hamburg 2006. Konzepte der Kulturwissenschaften. Hrsg. v. Ansgar Nünning und Vera Nünning. Stuttgart 2003. Aleida Assmann: Einführung in die Kulturwissenschaften. Grundbegriffe, Themen, Fragestellungen. Berlin 2006.

[63] Keine der einschlägigen Heine-Darstellungen geht, wenn ich recht sehe, auf die Begriffskombination ein. Die einzige Ausnahme macht Pistiak, der in einem scharfsinnigen Kommentar ihre »Weit- und Hellsichtigkeit« betont hat. Arnold Pistiak: »Seine Magd weiß es besser«. Vorläufige Anmerkungen zu Heines letzter Gedichtsammlung. – In: »Dichter unbekannt«. Heine lesen heute. Hrsg. v. Dolf Oehler und Karin Hempel-Soos. Bonn 1998, S. 109–124, hier S. 120.

[64] Auch Deinet lässt das Heine-Theorem unbeachtet. Der Historiker glaubt, dass Heine die Aufständischen »missbilligt« hat, wobei der Furet-Schüler die Geschichte der französischen Linken im 19. Jahrhundert grundsätzlich als eine Geschichte der »Verseuchung« durch die Revolutionsideen betrachtet. Ein angemessenes oder auch nur diskutables Heine-Verständnis lässt sich von

dieser Position aus nicht gewinnen. Klaus Deinet: Heinrich Heine und Frankreich – eine Neueinordnung. – In: IASL 32 (2007) S. 112–152, hier S. 145. Ders.: Die mimetische Revolution oder die französische Linke und die Re-Inszenierung der Französischen Revolution im 19. Jahrhundert (1848–1871). Stuttgart 2001, S. 61.

65 Zum Gegensatz Citoyen – Untertan (»Sujet«) vgl. Michael Stolleis: Untertan – Bürger – Staatsbürger. Bemerkungen zur juristischen Terminologie im späten 18. Jahrhundert. – In: Ders.: Staat und Staatsräson in der frühen Neuzeit. Studien zur Geschichte des öffentlichen Rechts. Frankfurt a. M. 1990, S. 298–339.

66 Mit anderen Worten: In dem Maße, wie sich die volonté générale im Gesetz ausdrückt, kann und soll sich, so Grawert, »Herrschaft in Selbstbestimmung auflösen«. Rolf Grawert: Historische Entwicklungslinien des neuzeitlichen Gesetzesrechts. – In: Studien zum Beginn der modernen Welt. Hrsg. v. Reinhart Koselleck. Stuttgart 1977, S. 218–240, hier S. 237.

67 Rousseau [Anm. 20], S. 394. Iring Fetscher: Rousseaus politische Philosophie. Zur Geschichte des demokratischen Freiheitsbegriffs. 2. Aufl. Neuwied 1968, S. 111–140. Hella Mandt: Tyrannislehre und Widerstandsrecht. Studien zur politischen Theorie des 19. Jahrhunderts. Darmstadt 1974, S. 92 f.

68 Petit Catéchisme républicain. Par un membre de la Société des Droits de l'Homme. Paris, chez Rouannet et chez Prévot, 1832, S. 5. Auf diese Definition bezieht sich auch Pilbeam [Anm. 49], S. 106.

69 Pierre Rétat: Citoyen-Sujet, Civisme. – In: Handbuch politisch-sozialer Grundbegriffe in Frankreich 1680–1820. Hrsg. v. Rolf Reichardt und Eberhard Schmitt. Heft 9, München 1988, S. 75–105.

70 Joachim Herrgen: Die Sprache der Mainzer Republik (1792/93). Historisch-semantische Untersuchungen zur politischen Kommunikation. Tübingen 2000, S. 210.

71 Rousseau [Anm. 20], S. 365.

72 Gabriel Bonnot de Mably: Des Droits et des Devoirs du Citoyen. Edition critique avec introduction et notes par Jean-Louis Lecercle. Paris 1972, S. 98. Desgleichen Rousseau [Anm. 20], S. 369: »Si donc le peuple promet simplement d'obéir, il se dissout par cet acte, il perd sa qualité de peuple; à l'instant qu'il y a un maitre il n'y a plus de Souverain, et dès lors le corps politique est détruit.«

73 Mably [Anm. 72], S. 126 f. Heine spricht deshalb in seiner Definition von den »Vertretern« der Gesetze und in der ersten Fassung an der gleichen Stelle sogar nur von ihren »Verwaltern« (HSA VII, 302; DHA XII, 712). Entsprechend sagt Mably über den Republikaner: »Un Républicain assez fier de sa dignité pour ne vouloir obéir qu'aux lois, a naturellement l'ame droite, juste, élevée et courageuse. Qui s'accomode de la domination des hommes, doit être prêt à respecter des caprices, des injustices et des folies. Son jugement y perd.« (S. 103)

74 Ebd., S. 126.

75 So Siebenpfeiffer. Wirth [Anm. 21], S. 38. Genauso der deutsche Jakobiner Johann Benjamin Erhard: »Zum freien Bürger gehört Selbsttätigkeit bei der Gesetzgebung, die Gesetze müssen seine eigenen sein, und dann erst lebt ein freies Volk in einer *freien Verfassung*. Dies ist aber vor seiner Mündigkeit nicht möglich […].« Johann Benjamin Erhard: Über das Recht des Volks zu einer Revolution und andere Schriften. Hrsg. v. Hellmut G. Haasis. München 1970, S. 90.

76 Rousseau [Anm. 20], S. 362. Insofern wird auch verständlich, warum Heine zwar einerseits den einzelnen ›Republikaner‹ definiert, aber andrerseits vom ›Republikanismus des Volkes‹ spricht. Der Citoyen ist der Nukleus des Volkes.

77 Buonarroti [Anm. 59], Bd. I, S. 28 f. Déclaration des Droits de l'Homme et du Citoyen. Avec des Commentaires par le Citoyen Laponneraye; publié par la Société des Droits de l'Homme. [Flugschrift, Paris 1833, Überschrift: »23 tirages depuis aout 1830.«]

[78] Buonarroti [Anm. 59], Bd. 1, S. 27.

[79] Dies ist jedenfalls die Kritik gewesen, die das bayerische Innenministerium an der Aufstands-Berichterstattung von Heine geübt hat. Günter Müchler: »Wie ein treuer Spiegel«. Die Geschichte der Cotta'schen Allgemeinen Zeitung. Darmstadt 1998, S. 112.

[80] Georges Weill: Histoire du Parti républicain en France (1814–1870). Paris 1928, S. 70.

[81] Buonarroti [Anm. 59], Bd. I, S. 30f.

[82] Nach: Weill [Anm. 80], S. 71.

[83] Diese Auffassung geht auf den Diskurs der Pariser Linken zurück und deckt sich mit den Ansichten des Straßburger Studenten Georg Büchner. Während sich Blanqui in seiner Rede vom 2. Februar 1832, die Heine auf der Versammlung der Gesellschaft der Menschenrechte gehört und über die er im Artikel III der »Französischen Zustände« (DHA XII, 98) berichtet hat, gleich eingangs zur »Partei der Massen« bekannt hat, hat Cavaignac in seiner Verteidigungsrede im Prozess der Neunzehn die selbsthandelnden Massen beschrieben, die sich von niemandem bestimmen/dirigieren/manipulieren lassen: »la place publique est seule assez grande pour ces masses qui n'agissent au gré de personne, pour ces masses qu'on ne soulève pas plus qu'on ne leur résiste.« Die zentrale Unterscheidung, die Heine im Artikel IX zwischen den »Einzelnen« und den »Massen« getroffen hat, findet sich bei Büchner im Brief an die Familie vom Juni 1833: »Ich werde zwar immer meinen Grundsätzen gemäß handeln, habe aber in *neuerer* Zeit gelernt, daß nur das notwendige Bedürfnis der großen Masse Umänderungen herbeiführen kann, daß alles Bewegen und Schreien der *Einzelnen* vergebliches Torenwerk ist.« Das gleiche Denkmuster begegnet im »Fatalismus«-Brief an die Braut vom Januar 1834: »Der Einzelne nur Schaum auf der Welle, die Größe ein bloßer Zufall, die Herrschaft des Genies ein Puppenspiel, ein lächerliches Ringen gegen ein ehernes Gesetz, es zu erkennen das Höchste, es zu beherrschen unmöglich.« (Georg Büchner: Sämtliche Werke, Briefe und Dokumente. 2 Bde. Hrsg. v. Henri Poschmann. Frankfurt a. M. 2002, Bd. II, S. 369, 377.) Zum merkwürdigsten Parallelismus zwischen Heine und Büchner vgl. Bodo Morawe: Heine und Holbach. Zur Religionskritik der radikalen Aufklärung und über zwei zentrale Probleme der Büchner-Forschung. – In: Georg Büchner Jahrbuch 11 (2008) [im Druck]. Blanqui: Œuvres I [Anm. 51], S. 207. Défense de l'accusé Cavaignac. – In: Procès politique des dix-neuf Patriotes, accusés de complot à remplacer le gouvernement royal par la République. Paris, Prévot, libraire-éditeur, 1831, S. 215.

[84] Thomas Lange: Zwischen Gott und Teufel. Das Frankreichbild deutscher Schriftsteller im französischen Exil. – In: Fiktion des Fremden. Erkundung kultureller Grenzen in Literatur und Publizistik. Hrsg. v. Dietrich Harth. Frankfurt a. M. 1994, S. 83–112, hier S. 85.

[85] Bodo Morawe: Citoyen Heine. Zur Poetik, Programmatik und Hermeneutik des Pariser Werks [in Vorbereitung].

»ich gebe vielmehr den Körpern ihren Geist zurück« Die Tanz-Inszenierung in Heines »Florentinischen Nächten« und die Ästhetik des Performativen

Von Simon Wortmann, Berlin

Wenn Heine den Tanz in seine literarischen Texte aufnimmt, scheint er sich auf eine paradoxe Beziehung einzulassen. Denn der Tanz kann nur über die sprachlichen Zeichen des Textes vermittelt werden, sodass die lebendige Darstellung des Tanzes zur literarischen Herausforderung wird. Der gegenwärtige Zuschauer erlebt kraft seiner direkten Wahrnehmung eine Faszination für die tänzerischen Bewegungen des Körpers, die im Medium des Textes ihre sinnliche Unmittelbarkeit verlieren. Lucia Ruprecht ist zuzustimmen, wenn sie dieses Darstellungsproblem folgendermaßen formuliert: »language shows dance as much as hiding it.«[1] Indessen ist der prominente Stellenwert des Tanzes in Heines Texten unbestritten.[2] Heines auffälliges Interesse für den Tanz konvergiert in dessen zentralen literarischen Inszenierungen mit einer bemerkenswerten Sensibilität für die unerhörte Wirkung, die der tanzende Akteur für einen wirklich gegenwärtigen Zuschauer entfalten kann.

In Heines Texten kann sich der Zuschauer der wirkungsvollen Dynamik des Tanzes nur schwer entziehen. Ist die ungeteilte Aufmerksamkeit dieses Zuschauers für den Tanz gewonnen, dann ist er schon an ihm beteiligt und selbst zu einem lebendigen und gegenwärtigen Element der Inszenierung geworden. Ungeschoren kommt der Betrachter nicht immer davon, wie Heine in den »Elementargeistern« am Beispiel der »Willis« hervorhebt:

> Die Willis sind Bräute, die vor der Hochzeit gestorben sind. Die armen jungen Geschöpfe können nicht im Grabe ruhig liegen, in ihren todten Herzen, in ihren todten Füßen blieb noch jene Tanzlust, die sie im Leben nicht befriedigen konnten, und um Mitternacht steigen sie hervor, versammeln sich truppenweis an den Heerstraßen, und Wehe! dem jungen Menschen, der ihnen begegnet. Er muß mit ihnen tanzen, sie umschlingen ihn mit ungezügelter Tobsucht, und er tanzt mit ihnen, ohne Ruh und Rast, bis er todt niederfällt. (DHA IX, 19)

In den Blick gerät der unwiderstehliche Zwang, mit dem die Willis durch ihren Tanz ihren Betrachter buchstäblich auf ihre Seite zu ziehen vermögen. Michael

Hofmann macht diese dämonische Wirkung der tanzenden Willis als einen Schlüssel für das Verständnis vieler Tanz-Inszenierungen Heines plausibel.[3] Was Heines Texte zeigen, ist die Dämonie ihrer leiblichen Präsenz[4], die »diese todten Bacchantinnen [...] unwiderstehlich [macht].« »[D]em jungen Menschen« bleibt wiederum nichts übrig, als die Rolle des Zuschauers mit einer leiblichen Präsenz zu erfüllen, die ekstatisch mit den Tänzerinnen zusammenstimmt, um sich selber als Grenzgänger zwischen Leben und Tod in Szene zu setzen. Die leibliche Präsenz interagierender Ko-Subjekte macht den Tanz zum Ereignis.

Ausgehend von diesem Ereignischarakter des Tanz-Bildes soll im Folgenden die theaterwissenschaftliche »Ästhetik des Performativen«[5] von Erika Fischer-Lichte für die Analyse der literarischen Tanz-Inszenierung in den »Florentinischen Nächten« produktiv gemacht werden. Der Begriff der Aufführung wird in dieser Ästhetik als Ereignis der leiblichen Ko-Präsenz von Akteur und Zuschauer aufgefasst, der ausdrücklich als Analyserahmen jeder möglichen Form von Aufführung verstanden wird.[6] In diesem Aufsatz wird zum einen mit Blick auf die Begriffe des Ereignisses, der Inszenierung und der ästhetischen Erfahrung das »konzeptuelle Grundgerüst«[7] der Ästhetik des Performativen konkret auf die »Florentinischen Nächte« bezogen. Zum anderen geht es darum, die narrativen Strategien der Inszenierung des Tanzes zu untersuchen, um der Literarizität des Darstellungsmediums gerecht zu werden. Abschließend wird versucht, die ästhetische Nähe Nietzsches zu Heine durch ihr Interesse für ästhetische Performativität neu zu beleuchten.

I.

Heine lässt in seinem Novellenfragment »Florentinische Nächte« Geschichten am Schwellenort eines Krankenzimmers entstehen. Die Hauptfigur Maximilian wird beim Besuch seiner Freundin Maria nicht ohne den therapeutischen Rat des stets in Eile befindlichen Arztes ins Zimmer der Todkranken eingelassen, seine Patientin durch das Erzählen »allerley närrische[r] Geschichten« (DHA V, 199) ruhig zu stellen, sie zu unterhalten, aber »bey Leibe nicht reden« zu lassen.[8] »Sie muß ruhig liegen, darf sich nicht rühren, nicht im mindesten regen, darf nicht reden, und nur geistige Bewegung ist ihr heilsam.« Für die prekäre leibliche Erregbarkeit seiner künftigen Zuhörerin sensibilisiert, beobachtet Maximilian die schlafende Maria auf ihrem Krankenlager; er erinnert sich, eine verwandte Erscheinung in seiner Kindheit betrachtet zu haben. Von der erwachten Maria nach dieser Erinnerung befragt, schildert er, wie er während einer Reise als zwölfjähriger Junge bei der Ankunft auf dem alten Gut seiner Mutter von einer im Gras liegenden Göttinnenstatue aus Marmor so fasziniert gewesen sei, dass er nachts in den Garten geschlichen sei, um sie zu küssen:

> Ich hielt den Athem zurück als ich mich über sie hinbeugte, um die schönen Gesichtszüge zu betrachten; eine schauerliche Beängstigung stieß mich von ihr ab, eine knabenhafte Lüsternheit zog mich wieder zu ihr hin, mein Herz pochte, als wollte ich eine *Mordthat* begehen, und endlich küßte ich die schöne Göttinn mit einer Inbrunst, mit einer Zärtlichkeit, mit einer Verzweiflung, wie ich *nie mehr geküßt* habe in diesem Leben. Auch *nie* habe ich diese grauenhaft süße Empfindung vergessen können, die meine Seele durchflutete, als die beseligende Kälte jener Marmorlippen meinen Mund berührte … (DHA V, 202 f.; Hervorhebungen von mir)

Die eigene Wahrnehmung erlebt Maximilian als einen Zustand der Krise, die seinen Status als Betrachter selbst grundsätzlich betrifft. Von der Marmorstatue zugleich angezogen und abgestoßen, befindet sich Maximilian in einem Zustand des Übergangs, indem er die Schwelle zur Handlung erlebt, mit der er die Grenze zwischen Betrachter und Betrachtetem übertreten würde. Wenn er einerseits den Moment *vor* dem Kuss in der Weise erlebt, als ob er eine »Mordthat« in seinem Herzen trüge, wird andererseits der Kuss des Marmors selbst nicht als Lösung der Krise empfunden, insofern der Kuss eine »grauenhaft süße Empfindung« auslöst.

Der Zustand der Krise, den der Betrachter der Marmorstatue erfährt, geht mit dessen nach seinem nächtlichen Kuss einsetzender »wunderbare[r] Leidenschaft für marmorne Statuen« (ebd.) Hand in Hand. Diese Krise ist grundsätzlich dadurch gekennzeichnet, dass in der individuellen Perspektive der Hauptfigur der *Gegensatz von Kunst und Leben* zu oszillieren beginnt und als ein Übergang erfahren wird. *Es ist gerade dieser Übergang, der Maximilian erzählerisch produktiv werden lässt.* Die für die gesamten »Florentinischen Nächte« leitmotivische Leidenschaft des Ich-Erzählers für Marmorstatuen lässt die nächtliche Begegnung mit der antiken Göttin zur Initiation werden, die für seine Rolle nicht unerheblich ist. Denn dieses Initiationserlebnis des Kusses bedeutet zugleich die Verwandlung des Protagonisten in einen Künstler[9], der aus der sinnlichen Erfahrung erotischer Marmorbilder die Kunst zu erzählen schöpft. Der Erzähler Maximilian unterhält Maria mit Geschichten, die in seiner Perspektive des Augenzeugen ihren Dreh- und Angelpunkt haben. Die krisenhafte Qualität seiner Wahrnehmung wird durch die »hinreißende Gewalt« (ebd.) verdeutlicht, die nicht nur durch Marmorstatuen und tote Frauen, sondern auch durch das Violinspiel Paganinis auf den Augen- und Ohrenzeugen der Kunst ausgeübt wird.[10] Die Kunst scheint Maximilian aus dem Leben zu drängen und ihn mit aller Gewalt auf ihre Seite ziehen zu wollen. Für die Erzählsituation in der Rahmenhandlung ist Maximilians Selbstdarstellung als Betrachter innerhalb der Binnenerzählung von Beginn an bedeutsam. Ist es doch der Anblick der künftigen Zuhörerin Maria im Schlaf, der ihn den Anfang des Erzählens machen lässt und ein intimes Verhältnis zwischen Erzähler und Publikum entspinnt:

> Und sehen Sie, Maria, als ich eben vor Ihnen stand und ich Sie, in Ihrem weißen Musselinkleide auf dem grünen Sopha liegen sah, da mahnte mich Ihr Anblick an das weiße Marmorbild im grünen

> Grase. Hätten Sie länger geschlafen, meine Lippen würden nicht widerstanden haben … Max! Max! – schrie das Weib aus der Tiefe ihrer Seele – Entsetzlich! Sie wissen, daß ein Kuß von Ihrem Munde … (ebd.)

Maximilian und Maria sind voneinander hingerissen und ziehen sich wechselseitig in ihren Bann. Das erotische Spannungsverhältnis zwischen dem todkranken Mädchen und ihrem Unterhalter, der »das Todtenhafte und das Marmorne lieb[t]« (DHA V, 212), verknüpft die Rahmen- und die Binnenerzählungen der Novelle miteinander, indem *im Medium des mündlichen Erzählens* die erotisch inspirierte Wandlung des Zuschauers in einen Küssenden die Zuhörerin in der Rahmenhandlung zum Handeln aktiviert. Maria unterbricht den Erzähler und eröffnet mit ihrem plötzlichen Aufschrei einen Dialog, der sie umso stärker bedroht, je mehr sie durch ihre intensive emotionale Beteiligung leiblich erregt wird. Mit der an der Schwelle des Todes stehenden Maria gewinnt Maximilian ein ihm auf den Leib geschneidertes Publikum, um seine Erzählkunst zu erproben, die er selbst aus der Erfahrung der Krise schöpft.[11] Dieses Interesse für die Schwelle vermittelt der experimentierende Erzähl-Künstler nun nirgendwo deutlicher und drastischer als in der zweiten Nacht, wenn er von dem Tanz der Laurence erzählt.

II.

Bereits in der ersten Nacht spricht Maximilian das rätselhafte Phänomen an, das für die zweite und letzte Zusammenkunft im Krankenzimmer bestimmend sein wird. Nach dem synoptischen Erzählen seiner vergangenen Liebesgeschichten wird die Gestalt der Laurence auf die Frage Marias hin von ihm so eingeführt, dass in der Erfahrung mit der Tänzerin alle bisherigen Liebesverhältnisse eigenartig zusammengefasst werden und zu kulminieren scheinen. »Aber sagen Sie mir, war Mademoiselle Laurence eine Marmorstatue oder ein Gemälde? eine Todte oder ein Traum? Vielleicht alles dieses zusammen, antwortete Maximilian sehr ernsthaft.« (DHA V, 207) Es ist bemerkenswert, wie der Protagonist den in der Frage implizierten Übergang zwischen der Materialität und der Medialität von Laurence durch seine unerhörte Antwort bestätigt. Er *kann* Marias Fragen nicht eindeutig beantworten, weil seine Wahrnehmung von Laurence untrennbar mit der Unerklärlichkeit seines Zustandes beim Akt der Wahrnehmung verknüpft ist. Für den Protagonisten verkörpert Laurence die *Erfahrung eines Zwischenraumes*, die für ihn in der Rolle als Zuschauer durch die Erfahrung ihrer Körperlichkeit eröffnet worden ist. So trifft Maria trotz der ironischen Wirkung ihrer Worte mit ihrer Vermutung ins Schwarze: »Ich könnte mirs vorstellen, theurer Freund, daß diese Geliebte von sehr zweifelhaftem Fleische seyn mußte.« (ebd.)

Angesichts der oben erwähnten Erfahrung des Übergangs zwischen Kunst und Leben stellt die Tänzerin Laurence den Inbegriff der Möglichkeit dar, diesen Gegensatz oszillieren zu lassen: Sie verkörpert die Erfahrung der Schwelle par excellence. In der Ästhetik des Performativen ist die Schwellenerfahrung grundlegendes Kennzeichen der Kategorie der ästhetischen Erfahrung.[12] Die Erfahrung eines Zwischenraumes beruht auf der Interaktion zwischen Akteur und Zuschauer während einer Aufführung und birgt in sich ein transformatorisches Potenzial. »In einer Ästhetik des Performativen ist Erzeugung von Gefühlen und Herbeiführen eines liminalen Zustandes nicht losgelöst voneinander zu denken.«[13] Was Maximilian seiner Zuhörerin vermitteln will, wenn er die Episode mit Laurence erzählt, ist die von ihm durchlaufene Schwellenerfahrung und der damit verbundene Zustand der Krise. Angesichts des Versprechens, das er seiner Zuhörerin gibt, wird der Tanz der »Geliebte[n] von sehr zweifelhaftem Fleische« zur großen Herausforderung für den Erzähler: »[...] ich will Ihnen alles sagen, alles was ich denke, was ich empfinde, ja was ich nicht einmal selber weiß!« (DHA V, 200)

Maximilian kann sich während verschiedener Aufführungen in der Oper und im Konzert der leiblichen Ko-Präsenz von Zuschauern und Akteuren nicht entziehen. Auf Laurence trifft er auf offener Straße in London. Ihr Tanz ist das Ereignis einer Aufführung, die der Zuschauer Maximilian narrativ inszeniert. Der Begriff der Inszenierung wird als ein Erzählverfahren Maximilians verstanden, die ästhetische Erfahrung einer Aufführung *als* gegenwärtig zu präsentieren.[14] Ausgehend von der von ihm als Zuschauer durchlaufenen Schwellenerfahrung will der Erzähler diese selber durch *sprachliche Präsenzeffekte* vermitteln, *die er durch unterschiedliche narrative Strategien erzeugt.* In der folgenden Analyse sollen sich die Rolle des Zuschauers und die Rolle des Erzählers wechselseitig erhellen, um die literarische Inszenierungsstrategie nachzuvollziehen.[15]

Zunächst setzt sich der Erzähler dadurch in Beziehung zum Ereignis des Tanzes, dass er die Erregung und Lenkung seiner Aufmerksamkeit als Zuschauer beim Wahrnehmen des Tanzes aufzeigt. In London, wo ihm die »Menschen wie Maschinen« (DHA V, 227) vorkommen, trifft er auf eine vierköpfige französische Gauklertruppe. Der Tanz der Laurence hält Maximilian vom ersten Moment an gefangen: »Tanz und Tänzerinn nahmen fast gewaltsam meine ganze Aufmerksamkeit in Anspruch.« (DHA V, 230) Was sich in der Wahrnehmung Maximilians zeigt, wird von ihm als außergewöhnlich und unbeschreiblich zugleich wahrgenommen. Tanz und Tänzerin provozieren sogleich auf unerhörte Weise seine intensive Anteilnahme. Seine Aufmerksamkeit wird vor allem auf die Art und Weise konzentriert, *wie* Laurence tanzt:

> [...] sie tanzte wie die Natur den Menschen zu tanzen gebiethet: ihr ganzes Wesen war im Einklang mit ihren Pas, nicht bloß ihre Füße, sondern *ihr ganzer Leib tanzte, ihr Gesicht tanzte* ...

> sie wurde manchmal blaß, fast todtenblaß, ihre Augen öffneten sich gespenstisch weit, um ihre Lippen zuckten Begier und Schmerz, und ihre schwarzen Haare, die in glatten Ovalen ihre Schläfen umschlossen, bewegten sich wie zwey flatternde Rabenflügel. (DHA V, 231; Hervorhebungen von mir)

Maximilian nimmt die Tänzerin in ihrer individuellen Präsenz wahr. Indem er genau spürt, wie ihr ganzer Leib und sogar ihr Gesicht tanzt, gerät er in den Bann unmittelbarer Sinnlichkeit. Das ideal-schöne und zugleich totenblasse Mädchen Laurence bringt ihren Leib als Agent der Aufführung hervor. Was sie darstellt, ist für den Betrachter nicht oder noch nicht zu begreifen, weil sie für ihn keine bestimmte Figur verkörpert. Was Laurence mit ihrem leiblichen Ausdruck zeigt, ist die Eigendynamik des Leibes selbst. Der *Prozess der Verkörperung* selber ist damit ganz ins Zentrum der Aufmerksamkeit des Betrachters geraten. *Das Tanz-Ereignis der Laurence sensibilisiert somit den Betrachter für die Eigendynamik eines performativen Aktes.*

Ihre Tanz-Kunst enthält ein Anstiftungspotenzial, das in die narrative Strategie des Erzählers übergeht. Seiner Rolle des Augenzeugen entspricht ein Stil der Mündlichkeit, den Nils Björn Schulz grundsätzlich bei Heine in großer Affinität zu Nietzsche plausibel aufzeigt.[16] Sprache kann hier als Sprache des Augenzeugen ihre suggestive Kraft entfalten, indem sich die »Mündlichkeit des Erzählens«[17] für die Zeit des Ereignismoments öffnet. Die parataktische Reihung bewirkt einen Rhythmus der sprachlichen Darstellung, der die Prozessuralität einer einmalig erfahrenen Gegenwart suggeriert. Was in der Dynamik eines mündlichen Sprachflusses parataktisch sich äußert, kann einen unerwarteten Augenblick suggestiv vermitteln, der gewaltsam den Zuschauer involviert. Narrativ wird durch den sprachlichen Rhythmus ein Präsenzeffekt mittels der Musikalität der Sprache erzeugt. Dem Spracherweiterungskonzept Adornos entsprechend kann Sprache durch den parataktischen Stil ihr musikalisches Potenzial freisetzen, denn »das ›Gemeinte‹ scheint in den Zwischenräumen auf, folgt eher dem rhythmisch-musikalischen als dem buchstäblich-bedeutungshaften Verlauf. Seine Formgebung weigert sich, Einheit herzustellen.«[18] Rhythmus wird zu einer Schlüsselkategorie der Tanz-Inszenierung der »Florentinischen Nächte«, indem er das, was der Zuschauer des Tanzes wahrnimmt, mit der Art und Weise zusammenschließen kann, wie es der Erzähler inszeniert.

Dem inhaltlichen Aspekt folgend, weist zum einen der Tanz der Laurence die rhythmische Wiederholung ähnlicher Körperbewegungen auf. Indem die Musik für sie nahezu in den Hintergrund tritt, folgt sie ihrem eigenen Rhythmus. Zum anderen zielt die narrative Strategie Maximilians auf einen sprachlichen Rhythmus der Tanz-Darstellung ab, die wiederum in rhythmisch organisierten Einheiten wiederholt wird.

Die immer wieder unternommenen Anläufe Maximilians, seine Erfahrung des Tanzes zu inszenieren, markieren einen Rhythmus des Erzählens, der stets von eigenen Reflexionen, biographischen Berichten und unzähligen Assoziationen unterbrochen wird. Rhythmus ist somit ein dynamisches Ordnungsprinzip des Erzählens, das »*unterwegs* ist und bleibt: immer mit Herstellung und Darstellung bestimmter Verhältnisse beschäftigt und immer auch in der Lage, diese Verhältnisse wieder neu zu entwerfen.«[19] So setzt Maximilian narrativ in dem Moment erneut an, die Aufführung des Tanzes zu vergegenwärtigen, nachdem der Auftritt der Gauklertruppe gerade beendet ist:

> Manchmal beugte sich das Mädchen zur Erde, wie mit lauerndem Ohre, als hörte sie eine Stimme, die zu ihr heraufspräche … sie zitterte dann wie Espenlaub, bog rasch nach einer anderen Seite, entlud sich dort ihrer tollsten, ausgelassensten Sprünge, beugte dann wieder das Ohr zur Erde, horchte noch ängstlicher als zuvor, nickte mit dem Kopfe, ward roth, ward blaß, schauderte, blieb eine Weile kerzengrade stehen, wie erstarrt, und machte endlich eine Bewegung wie jemand der sich die Hände wäscht. (DHA V, 232)

In dieser Sequenz erzeugt die asyndetische Reihung einen Rhythmus, der durch die Beschleunigung der sprachlichen Darstellung geprägt ist. In deutlicher Steigerung zur ersten Darstellung des Tanzes, bei der vor allem die leibliche Erscheinung der Tänzerin detailliert hervortritt, scheinen hier die zahlreich gehäuften Prädikate Kürze und Länge der vielen Satzteile vorzugeben, um die Wahrnehmung der Aktivität beim Tanz durch die Dynamisierung des Sprachtempos zu zeigen. Obschon der Erzähler die narrative Strategie *variiert*, mit der die Musikalität der Sprache evoziert wird, fallen in beiden Erzählsequenzen die eingesetzten Auslassungszeichen auf. Heines Auslassungszeichen sind nach Olaf Briese »[…] Scharniere, mit denen der Text sich interaktiv öffnet, Gravitationszentren, deren Sog man nur bedingt entgeht.«[20] Die damit gesetzte Pause intensiviert als Unterbrechung des Sprachflusses den rhythmischen Effekt. Denn zum Rhythmus als »einer Kategorie des Performativen par excellence«[21] gehört gerade auch der Bruch: »Der Begriff [Rhythmus] impliziert also nicht nur Regelmäßigkeit, sondern auch Störung, Bruch, Pause, Differenz und Diskontinuität, und zwar im Wechselspiel, in der gegenseitigen Bezugnahme.«[22] Die *Irritation des Zuschauers* wird in diesem Sinne durch einen Sprachrhythmus gezeigt, der als narrative Strategie selbst irritierend wirkt. Der Erzähler vermittelt auf diese Weise die Irritation einer Wahrnehmung, die sich auf die Sehgewohnheiten im Horizont des klassischen Balletts nicht länger stützen kann.

Die Eigendynamik der leiblichen Präsenz erfährt der Zuschauer gleich zu Beginn der Tanz-Performance als signifikanten Kontrast zu konventionellen Tanzchoreographien, nämlich dem Ballett der großen Oper:

> Das war nicht das klassische Tanzen, das wir noch in unseren großen Balleten finden, wo, eben so wie in der klassischen Tragödie, nur gespreitzte Einheiten und Künstlichkeiten herrschen; das waren nicht jene getanzten Alexandriner, jene deklamatorischen Sprünge, jene

antithetischen Entrechats, jene edle Leidenschaft, die so wirbelnd auf einem Fuße herumpirouettirt, daß man nichts sieht als Himmel und Trikot, nichts als Idealität und Lüge! (DHA V, 230)

Dass sich dieser komplex gebaute Satz direkt an die Worte anschließt, die den Zuschauer »fast gewaltsam« gebannt der Tänzerin gegenüberstehen lassen, ist hinsichtlich seiner Rhetorizität aufschlussreich.[23] Nicht nur liegt hiermit eine komplexe Variante vor, durch den sprachlichen Rhythmus einen Präsenzeffekt zu erzeugen. Der syntaktische Parallelismus der Sätze realisiert in einem bestimmten Grad die Figur des Isokolons und weist insbesondere durch den häufigen Einsatz der Anapher eine signifikante Steigerung bis schließlich zum Ausrufungszeichen auf. Darüber hinaus scheint die Hauptfigur in dieser mündlichen Gesprächssituation der Novelle einen persuasiven Zweck zu verfolgen. Maximilian sucht seine Zuhörerin dazu zu überreden, die Erwartungshaltung klassischer Sehgewohnheiten aufzugeben zugunsten eines unerhörten Modus' der Wahrnehmung, um das »getanzte Räthsel« (DHA V, 231) der Laurence zu empfangen. Rhetorisch schürt er Marias Aufmerksamkeit für die leibliche Erscheinung der Laurence und bahnt sich auf diese Weise den Weg, seine Erfahrung der Schwelle nun auch konkret anzusprechen.

Das traditionelle Ballett ist für Maximilian ein Tanzen im Zustand der Herrschaft rhetorischer Regeln.[24] Beim Ballett sollen Tanzbewegungen als getanzte Alexandriner einen Text durchbuchstabieren, um »Idealität und Lüge« einer fiktiven Welt darzustellen. Dagegen wird der Tanz bei Laurence nicht von »Himmel und Trikot« vereinnahmt, weil ihre Leiblichkeit nicht bloß als Zeichenträger im Dienst von »Idealität und Lüge« steht. Was auch immer Laurence für Maximilian als Figur verkörpern mag, er nimmt ihren Tanz nicht nur als Repräsentation eines abwesenden Textes wahr, sondern er erlebt ihre leibliche Präsenz als *unaussprechliches Ereignis*.[25] Indem der Tanz als Prozess einer Verkörperung wahrgenommen wird, kommt die *Leiblichkeit selbst als Quelle von Zeichenbildungen* in den Blick.[26] Die Ästhetik des Performativen versteht den Begriff der Verkörperung als eine »methodische Korrekturinstanz«[27] gegenüber den Erklärungsansprüchen von Begriffen wie Text oder Repräsentation. Was Maximilian in seinen ästhetischen Bann zieht, ist der begeisterte Körper: die Präsentation des Leibes. Diese Begeisterung ist es, die auf ihn als Betrachter übergreift und auf ihn *wirkt* als auf jemanden, der selber leibliche Präsenz zeigt.

Im Zusammenspiel der Tänzerin Laurence mit Maximilian verorte ich vor diesem Hintergrund das so genannte »radikale Konzept von Präsenz«.[28] Das radikale Konzept von Präsenz ist mit dem Begriff der Verkörperung eng verbunden. Nach diesem Konzept erfährt der Zuschauer bei der Aufführung den Darsteller und zugleich sich selbst als verkörperten Geist, als »embodied mind«. Körperliches wird dabei selbst als etwas Geistiges in Szene gesetzt, d. h. leibliche Vollzüge rufen *kraft ihres Vollzugs* Bedeutungen für den Zuschauer hervor. Kraft dieses leiblichen Vollzugs erfährt der Zuschauer selber seine Gegenwärtigkeit als geistig und körperlich zugleich. Um das Konzept der radikalen Präsenz anzuwenden, muss es in Maximilians Tanz-Wahrnehmung Anhaltspunkte dafür geben, dass die Tänzerin auf besonders intensive Weise auf ihn wirkt, nämlich *energetisch*. Das konkret-sinnliche Erspüren einer energetischen Wirkung kann das Schwellenmoment seiner Erfahrung exponieren.

Während des Tanzes erlebt Maximilian die Darstellerin Laurence und sich selbst auf besonders intensive Weise als gegenwärtig. Laurence beherrscht den Spielraum ihrer Aufführung; sie erregt Aufmerksamkeit und nimmt den Betrachter gefangen. Was ihn aber buchstäblich *ansteckt*, ist ihr Blick am Ende der Performance:

> Sie warf dabey seitwärts einen Blick, der so bittend, so flehend, so seelenschmelzend ... und dieser Blick fiel zufällig auf mich. Die ganze folgende Nacht dachte ich an diesen Blick, an diesen Tanz, an das abentheuerliche Accompagnement [...]. Ich hatte endlich in London etwas gefunden, wofür ich mich interessirte, und ich wanderte nicht mehr zwecklos einher in seinen gähnenden Straßen. (DHA V, 232)

Maximilians Begeisterung ist sichtbar geworden. Durch den ansteckenden Blickwechsel werden Tänzerin und Betrachter zu Komplizen der Aufführung. Die außergewöhnliche Erfahrung des Tanzes wird zum Sinn stiftenden Lebensinhalt des Londoner Aufenthalts und beansprucht täglich aufs Neue das ungeteilte Interesse Maximilians. Bald ist er von Laurence »wie verzaubert« (DHA V, 233), der Zuschauer glaubt an die eigene Verzauberung durch ihren Tanz. *Die Hauptfigur erlebt existenziell am eigenen Leib, wie der Gegensatz zwischen Kunst und Leben oszilliert.* So ist er tief enttäuscht, als er sich mit dem Verschwinden der vierköpfigen Gauklertruppe abfinden muss. Gerade in dieser transformatorischen Kraft der Verzauberung besteht die Schwellenerfahrung: Das radikale Konzept von Präsenz kann hier bestätigt werden.

Was die Schwellenerfahrung aber besagt, bleibt Maximilian ein Rätsel:

> Was aber sagte dieser Tanz? Ich konnte es nicht verstehen, so leidenschaftlich auch diese Sprache sich gebärdete. Ich ahnte nur manchmal, dass von etwas grauenhaft Schmerzlichem die Rede war. Ich der sonst die Signatur aller Erscheinungen so leicht begreift, ich konnte dennoch dieses getanzte Räthsel nicht lösen [...]. (DHA V, 231)

Laurence versetzt den Zuschauer in den subjektiven Zustand eines Noch-nicht-Verstehens; für ihn verkörpert sie ein getanztes Rätsel, er erwartet eine Mitteilung. Seine Ansteckung durch die Tänzerin geht mit der Krise des Signaturenlesers Hand in Hand. Der Bericht der Tänzerin Jahre nach ihrer Performance kann dieses Problem einer Krise des Lesens verdeutlichen. Nach ihrer Wiederbegegnung in einem Pariser Salon berichtet Laurence ihrem einstmaligen Zuschauer, dass man sie früher Totenkind nannte, weil ihre nur scheintote Mutter sie in einem Grab geboren habe. Diebe hätten sie mitgenommen und einem Bauchredner übergeben; dieser Bauchredner hätte, um sie in Furcht zu versetzen, die Stimme der Mutter aus dem Grab *simuliert* und die ihm bekannten schrecklichen Geschichten von der Mutter erzählt. Aufgrund des Berichts kann nun der motivierte Ablauf des Tanzes nachvollzogen werden. Weil Laurence die Stimme ihrer Mutter aus dem Boden zu hören meint, neigt sie sich während ihres Tanzes zum Boden und lauscht. Daraufhin vollzieht sie tänzerische Gesten, mit denen sie auf die simulierten Lebensgeschichten ihrer Mutter reagiert. Worin besteht jedoch die Mitteilung des Tanzes? Ob nach der biographischen Lösung des Rätsels der Tanz als entschlüsselter Text vorliegt, kann Laurence beantworten.

> [...] Ja, *wenn ich tanzte*, ergriff mich immer eine sonderbare Erinnerung, ich vergaß meiner selbst und kam mir vor als sey ich eine ganz andere Person, und als quälten mich alle Qualen und Geheimnisse dieser Person ... und sobald ich aufhörte zu tanzen, erlosch wieder alles in meinem Gedächtniß. (DHA V, 247; Hervorhebungen von mir)

Die Tänzerin erinnert sich nur im Vollzug des Tanzes an die Geheimnisse, die ihren Tanz so entscheidend beeinflussen.[29] Der Tanz bedeutet vor diesem Hintergrund genau das Ereignis, das sich in den Augen des Betrachters vollzieht: Er stellt eine existenzielle Bewältigung durch die Tänzerin dar. In diesem Befreiungsprozess ohne Lösung ist der Leib der begeisterte Agent: Der Tanz als Ereignis ist somit die Mitteilung selbst.

Indem Maximilian als Zuschauer durch das Tanz-Ereignis angesteckt wird, erlebt er den Gegensatz zwischen Kunst und Leben als einen Übergang. Nichts kann diese einflussreiche Ansteckung durch die Kunst deutlicher aufzeigen als sein Versuch als Erzähler, die beim Tanz durchlaufene Schwellenerfahrung ins Leben seiner todkranken Zuhörerin zu tragen. Der sprachliche Rhythmus einzelner Erzählsequenzen erzeugt in unterschiedlicher Variation sinnliche Präsenzeffekte, die gerade aufgrund von Unterbrechungen und unregelmäßigen Wiederholungen intensiviert werden. Im Spannungsverhältnis von Erwartung und Überraschung intensiviert wiederum die rhythmische Ordnung des Erzählens die Erfahrung eines Zwischenraums, den Laurence wie keine andere verkörpert. So spannt Maximilian seine Zuhörerin regelrecht auf die Folter, wenn die Inszenierung, in einzelne Bruchstücke zerfallend, ein Rätsel bleiben muss:

> Und das ist die ganze Geschichte? schrie auf einmal Maria, indem sie sich leidenschaftlich emporrichtete. Maximilian aber drückte sie wieder sanft nieder, legte bedeutungsvoll den Zeigefinger auf seinen Mund und flüsterte: Still! still! nur kein Wort gesprochen, liegen Sie wieder

> hübsch ruhig, und ich werde Ihnen den Schwanz der Geschichte erzählen. Nur bey Leibe unterbrechen Sie mich nicht. (DHA V, 234)

Indem sich Maria hier aktiv in Szene setzt, zeigt sie ihre eigene Ansteckung durch das »getanzte Räthsel«. Gerade durch den Entzug einer kohärenten Bedeutung des Tanzes können die rhythmisch organisierten Erzählversuche Maximilians ihre Verführungskraft entfalten.[30] Wenn schon nach der Sitzung der ersten Nacht Maria von ihm unbemerkt in einen Schlaf gefallen ist, der »ihrem Antlitz schon ganz den Charakter des Todes« verleiht (DHA V, 222), können in diesem Fall die leidenschaftliche Anteilnahme und leibliche Erregung sie ihrem Tod ein Stück näher bringen. Ob Maria am Ende der Novelle tot ist, bleibt offen. »Als Maximilian diese Erzählung vollendet, erfaßte er rasch seinen Hut und schlüpfte aus dem Zimmer.« (DHA V, 250) Diese Flucht kommt einer Flucht vor dem Ende einer Verzauberung gleich, die den Übergang zwischen Kunst und Leben realisiert. Der Regisseur der Tanz-Inszenierung verlässt die Bühne des Erzählens, noch bevor sie endgültig ihre Eigenschaft verlieren kann ein Schwellenort zu sein.

III.

Der Erzähler und die Tänzerin wirken auf unterschiedliche Weise jeweils unwiderstehlich auf ihr Publikum. Die dämonische Wirkung der Willis geistert durch den Tanz der Laurence und evoziert eine Ansteckung, die der Erzähler durch seine narrativen Strategien auf sein Publikum überträgt. Indem Zuschauer und Akteur komplizenhaft sich aufeinander beziehen, ereignet sich die dämonische Wirkung des Tanzes im Prozess der Aufführung. Nietzsche teilt die Aufmerksamkeit Heines für das, was sich im Vollzug der Aufführung ereignet, wenn er zur Bestimmung des Dionysischen die Position des Zuschauers mit einbezieht. Die Unfähigkeit des Zuschauers in der Schwellenerfahrung zu widerstehen, versteht Nietzsche in seinen Gedanken zur »Physiologie der Kunst« aus der »Götzen-Dämmerung« als konstitutives Element des dionysischen Zustandes:

> Im dionysischen Zustande ist [...] das gesammte Affekt-System erregt und gesteigert: so dass es alle seine Mittel des Ausdrucks mit einem Male entladet und die Kraft des Darstellens, Nachbildens, Transfigurirens, Verwandelns, alle Art Mimik und Schauspielerei zugleich heraustreibt. Das Wesentliche bleibt die Leichtigkeit der Metamorphose, die Unfähigkeit, n i c h t zu reagiren [...].[31]

Nietzsches Rede von der »Unfähigkeit, nicht zu reagiren« scheint meines Erachtens auf dasselbe Phänomen abzuzielen wie die unwiderstehliche und dämonische Wirkung der Tanz-Inszenierung Heines: auf die leibliche Präsenz des Zuschauers angesichts eines performativen Aktes. Dass Nietzsche hier »alle Art Mimik und Schauspielerei« der Zuschauerrolle zuerkennt, exponiert den Ereignischarakter der Aufführung, an dem der Zuschauer als gegenwärtiges Element teilhat. Auch wenn in der idealtypischen Form des dionysischen Zustandes der Zuschauer mit dem Akteur einen Rollenwechsel vollständig vollzieht, wesentlich bleibt die »Leichtigkeit der Metamorphose«, mit der das transformatorische Potenzial der ästhetischen Erfahrung auf den Punkt gebracht wird. Auch die Ästhetik des Performativen Fischer-Lichtes erkennt in Nietzsche einen Ahnen bei der Bewusstwerdung performativer Kulturmomente.[32] Heine führt durch die Tanz-Inszenierung in den »Florentinischen Nächten« deutlich vor Augen, dass er sich dieser performativen Momente gleichfalls bewusst ist und in seine Schreibweise einfließen lässt. Programmatisch pointiert Heine seine Sensibilität für ästhetische Performativität im Vorbericht »Zur Geschichte der neueren schönen Literatur in Deutschland« von 1833 mit den Worten: »ich gebe vielmehr den Körpern ihren Geist zurück« (DHA VIII, 494). Diese Aussage ist wegweisend, wenn »Heines Leib [...] in allen seinen Schriften als sprechendes oder besprochenes Organ der Rede gegenwärtig [ist].«[33] Die Möglichkeit des Lesers, diesen Leib in seinen Texten so zu erfahren, als ob er gegenwärtig sei, ist an die Qualität seiner sprachlichen Inszenierung geknüpft. Nietzsche scheint auch für Heine zu sprechen, wenn er ausführt, wie die Lebendigkeit des Stils erzeugt werden kann.

> Das Erste, was noth thut, ist Leben: der Stil soll leben. Der Stil soll jedes Mal dir angemessen sein in Hinsicht auf eine ganz bestimmte Person, der du dich mittheilen willst. Man muß erst genau wissen: »so und so würde ich dies sprechen und vortragen« – bevor man schreiben darf. Schreiben soll nur Nachahmung sein. [...] Der Reichthum an Leben verräth sich durch Reichthum an Gebärden. Man muß Alles, Länge Kürze der Sätze, die Interpunktionen, die Wahl der Worte, die Pausen, die Reihenfolge der Argumente – als Gebärden empfinden lernen.[34]

Der rhetorisch versierte Sprecher, der das Individuelle seiner eigenen Präsenz auf seinesgleichen übertragen kann, wird zum Vorbild des Autors, der sich lebendig im Text mitzuteilen versucht. Die Unterstellung eines leibhaftigen Gegenübers leitet den Versuch des Autors ein, sich selbst als lebendig im Text in Szene zu setzen. Wie bei einem Schauspieler gilt es, den »Reichthum an Gebärden« in eigener Gestalt zu verkörpern, ihn empfinden zu lernen und wortreich an das Publikum abzugeben.

Dem Regisseur der Tanz-Inszenierung in den »Florentinischen Nächten« scheint diese Überlegung zum lebendigen Stil sehr geläufig zu sein. Maximilians Mitteilungsform resultiert aus seinem existenziellen Verhältnis zur Kunst, das die Produktivität der Krise narrativ auszuspielen weiß. Indem er sich als Zuschauer des Tanzes selbst darstellt, verfolgt er die Strategie der Selbst-Inszenierung angesichts eines Ereignisses, das sprachlich unmittelbar nicht darzustellen ist. Dass der Erzähler darauf aus ist, seine Erfahrung der Schwelle auf das Publikum zu übertragen, stellt eine kreative Lösung des Problems dar, das Ereignis durch das Textmedium nicht einholen zu können. Die Grenze der Inszenierung wird auf diese Weise zu ihrer heimlichen Voraussetzung, zu ihrem Impuls, der das Publikum diesseits und jenseits des Textes mit einbegreift, wie Martin Seel hervorhebt: »Weder die, die inszenieren, noch die, für die inszeniert wird, können sich jemals ganz sicher sein, wann eine Inszenierung anfängt und wann sie zuende ist.«[35] Heine und Nietzsche treten in ihren Texten über den Tanz hinaus als Regisseure unterschiedlicher Körper-Inszenierungen hervor, die aus der eigenen Erfahrung der Krise heraus für das lesende Publikum ihre lebendigen Mitteilungen inszenieren.[36]

Anmerkungen

1 Lucia Ruprecht: Dances of the Self in Heinrich von Kleist, E. T. A. Hoffmann and Heinrich Heine. Aldershot 2006, S. 138.

2 Von den zahlreichen Beiträgen zum thematischen Komplex des Tanzes bei Heine können im Rahmen dieses Aufsatzes nur die für die eigene spezifische Fragestellung relevanten Texte herangezogen werden. Im Hinblick auf das Verhältnis von Sprache und Tanz stellt Benno von Wiese Heines Tanzdarstellungen nicht antizipatorisch in den Horizont der um 1900 aufkommenden Sprachskepsis, sondern integriert die Ausdrucksform des Tanzes mittels des »Signatur«-Begriffs innerhalb von sprachlichen Kapazitäten. Die besondere Zeichensprache des Tanzes sei demzufolge eine Signatur, die sprachlich enträtselt werden könne. Vgl. Benno von Wiese: Das tanzende Universum. – In: Ders.: Signaturen. Zu Heinrich Heine und seinem Werk. Berlin 1976, S. 67–134, hier S. 129 ff.; Roger W. Müller-Farguell geht in der Richtung von Wieses weiter und untersucht die Lesbarkeit des Tanzes in einer tropologischen Perspektive: »Das Rätsel der bewegten Signatur liegt in seiner figurativen Vermittlungsfunktion.« Roger W. Müller-Farguell: Heine. – In: Ders.: Tanz-Figuren. Zur metaphorischen Konstitution von Bewegung in Texten. Schiller – Kleist – Heine – Nietzsche. München 1995, S. 177–267, hier S. 257. Ruprecht kritisiert die überwiegende Nichtbeachtung von Heines Sensibilität für die Körperlichkeit der Tanzbewegungen und greift den roten Faden des problematischen Verhältnisses von Sprache und Tanz unter umgekehrten Vorzeichen auf. Die besondere Zeichensprache des Tanzes ist bei ihr eine Körpersprache eigenen Rechts, die noch vor der verbalen Sprache dazu privilegiert sei, das Phänomen einer traumatischen Identität auszudrücken. Vgl. Lucia Ruprecht: Heinrich Heine and the New Language of the Body. – In: Dies. [Anm. 1], S. 97–137, hier S. 127 ff.

3 Vgl. Michael Hofmann: Veranschaulichung von Ambivalenz in Bildern des Tanzes. Dichotomien der Aufklärung und ihre poetische Bearbeitung bei Heine und Wieland. – In: Aufklärung und Skepsis. Internationaler Heine-Kongreß 1997 zum 200. Geburtstag. Hrsg. von Joseph A. Kruse, Bernd Witte und Karin Füllner. Stuttgart, Weimar 1999, S. 102–117, hier S. 104.

4 Im Folgenden unterscheide ich die phänomenale Sinnlichkeit des *Leibes* von dem physiologischen *Körper* als Objekt, die beide unter dem Oberbegriff Körperlichkeit subsumiert werden. Vgl. Yvonne Hardt: Artikel »Körperlichkeit«. – In: Metzler-Lexikon Theatertheorie. Hrsg. v. Erika Fischer-Lichte, Doris Kolesch und Matthias Warstat. Stuttgart, Weimar 2005. S. 178.

5 Erika Fischer-Lichte: Ästhetik des Performativen. Frankfurt a. M. 2004. Diese Ästhetik ist aus dem »Projektbereich B: Performativität in der Moderne« des interdisziplinären Sonderforschungs-

bereichs »Kulturen des Performativen« (DFG 447) an der Freien Universität zu Berlin hervorgegangen.

[6] Vgl. ebd., S. 316.

[7] Ebd., S. 318.

[8] Ralph Martin hat auf die Mehrdeutigkeit dieser ärztlichen Unterweisung hingewiesen. Für den Erzähler ist die sensible Körperlichkeit seiner todkranken Zuhörerin ein entscheidendes Kriterium der Erzählsituation. Vgl. Ralph Martin: Die Wiederkehr der Götter Griechenlands. Zur Entstehung des »Hellenismus«-Gedankens bei Heinrich Heine. Sigmaringen 1999, S. 210.

[9] »Die Begegnung mit der Venus ›Libitina‹ hat aus Maximilian einen romantischen Schwärmer gemacht. Mehr noch: sie verwandelte ihn in einen romantischen Künstler [...].« Martin [Anm. 8], S. 150.

[10] Den Augenzeugen begreife ich hier in seiner vollen sinnlichen Präsenz, die somit auch auf die sinnliche Transfiguration bei Paganinis Violinspiel bezogen werden kann: »Was mich betrifft, so kennen Sie ja mein musikalisches zweites Gesicht, meine Begabniß, bey jedem Tone, den ich erklingen höre, auch die adäquate Klangfigur zu sehen; und so kam es, daß mir Paganini mit jedem Striche seines Bogens auch sichtbare Gestalten und Situazionen vor die Augen brachte, daß er mir in tönender Bilderschrift allerley grelle Geschichten erzählte [...].« (DHA V, 217) Wie gewaltsam auch hier der sinnliche Eindruck ist, erfährt Maximilian als er sich im Medium der Bilderschrift die diabolische Beschwörung von Monstern vorstellt. »Diese Erscheinung war so sinneverwirrend, daß ich, um nicht wahnsinnig zu werden, die Ohren mir zuhielt und die Augen schloß.« (DHA V, 221)

[11] Das reziproke Verhältnis von Rahmen- und Binnenerzählung pointiert ebenfalls Christine Mielke im Hinblick auf das erotische Spannungsverhältnis zwischen Maria und Maximilian. »Alle Frauen in Maximilians Erzählungen sind als Variation auf die Marmorstatue – starr, kalt, stumm, rätselhaft oder schön – zu lesen. Die letzte Variation wird Maria sein, tot und schön. Maximilian zeigt ihr durch seine Erzählungen, dass sein Interesse an ihr aus diesem Grunde besteht, und spiegelt damit ihren drohenden Tod. [...] Die beiden Motive Tod und Sexualität werden gekoppelt und ergeben einen für Maximilian attraktiven Schrecken.« Christine Mielke: Der Tod und das novellistische Erzählen. Heinrich Heines »Florentinische Nächte«. – In: HJb 2002, S. 53–82, hier S. 74.

[12] »Wenn Gegensätze zusammenfallen, das eine auch zugleich das andere sein kann, dann richtet sich die Aufmerksamkeit auf den Übergang von einem Zustand zum anderen. Es öffnet sich der Raum zwischen den Gegensätzen, ihr Zwischen-Raum. Das Zwischen avanciert dergestalt zu einer bevorzugten Kategorie. Immer wieder hat sich gezeigt, dass die ästhetische Erfahrung, die Aufführungen ermöglichen, sich zuallererst als eine Schwellenerfahrung beschreiben lässt, die für den, der sie durchläuft, eine Transformation herbeizuführen vermag. Für eine Ästhetik des Performativen ist diese Art der ästhetischen Erfahrung offensichtlich von großer Bedeutung. Denn sie ist unmittelbar auf die Ereignishaftigkeit der Aufführung bezogen.« Fischer-Lichte [Anm. 5], S. 305.

[13] Ebd., S. 310. – Mit dem aus der Ritualforschung übernommenen Begriff der Liminalität wird theaterwissenschaftlich für Aufführungen das Krisenmoment als grundlegender Erfahrungsmodus fokussiert, das immer dann auftreten kann, wenn die Grenze zwischen Akteur und Zuschauer überschritten wird. Vgl. Matthias Warstat: Artikel: »Liminalität«. – In: Metzler-Lexikon Theatertheorie [Anm. 4], S. 186–188, hier S. 187.

[14] Analog zu Theaterinszenierungen verstehe ich die narrative Inszenierung als eine »Erzeugungsstrategie«, »welche eine Situation entwirft, in der sich etwas ereignen kann.« Fischer-Lichte [Anm. 5], S. 325 u. 328. Die Medialität des Textes hebt die von Fischer-Lichte betonte Differenz zwischen Aufführung und Inszenierung künstlich auf (vgl. S. 326 f.). Die Aufführung im Medium

des literarischen Textes liegt für den Leser als eine immer schon *narrativ vergegenwärtigte* Aufführung vor, sodass die literarische Inszenierung im Gegensatz zur Theaterinszenierung über die Aufführung frei verfügen kann, die in ihrer Konzeption aufgeht. Die literarische Qualität des Textes als Inszenatorium kann darin bestehen, literarisch so zu inszenieren *als ob* die Aufführung für einen Augenzeugen einen eigenständigen Ereignischarakter besäße.

15 In der Konzentration auf die performative Dimension des Tanzes berührt die folgende Analyse einige Aspekte, die Ruprecht in der oben erwähnten Untersuchung zu »Dances of the Self« in Auseinandersetzung mit der Gender-Theorie Judith Butlers hervorhebt. Die methodische Differenz besteht grundsätzlich darin, hier in der theaterwissenschaftlichen Perspektive der Ästhetik des Performativen von der Inszenierung in der Rahmenhandlung auszugehen, um den Tanz als *inszeniertes Ereignis einer Aufführung* zu untersuchen. Der Ausgangspunkt der Schwellenerfahrung, die der Erzähler durch narrative Strategien auf sein Publikum übertragen will, wird dabei als eine kreative Lösung des Problems aufgefasst, sprachlich die Tanz-Performance nicht direkt darstellen zu können. Ruprechts These einer »New Language of the Body« bei Heine erhellt aus den von ihr in den »Florentinischen Nächten« untersuchten Aspekten: »physical and psychic vulnerability versus physical perfection, forms of discipline that range from destabilising compulsive repetition to stabilising recurrent ritual, and *the performance of identity*, and not least gender, in dance.« Ruprecht [Anm. 1], S. 99 (Hervorhebungen von mir).

16 »Nun gehören Heine und Nietzsche zu den Autoren, deren Prosa sich gerade an der gesprochenen Sprache orientiert. Ihre Texte kennzeichnet das, was ich eine elaborierte Mündlichkeit nenne. Dieser gelingt es, mündliche Phrasen so in das Schriftliche einzumontieren, dass die Montage die Syntax nicht brüchig werden lässt, überhaupt das Schriftliche selbst mündlich zu konzeptualisieren, ihm ein neues Tempo zu verleihen. Nietzsches Aufforderung, alles Sprachliche als Gebärde zu empfinden, es geradezu körperlich spüren zu lernen, meint sowohl das von fremder als auch von eigener Hand Geschriebene.« Nils Björn Schulz: Eine Pädagogik des Stils. Überlegungen zu Heines Philosophieschrift. Würzburg 2005, S. 55.

17 Mielke [Anm. 11], S. 72.

18 Sabine Bayerl: Die Sprache der Musik (Theodor W. Adorno). – In: Dies.: Von der Sprache der Musik zur Musik der Sprache. Konzepte zur Spracherweiterung bei Adorno, Kristeva und Barthes. Würzburg 2002, S. 51–129, hier S. 110. Zu Adornos Konzeptualisierung von Spracherweiterung vgl. Theodor W. Adorno: Parataxis. – In: Ders.: Gesammelte Schriften. Hrsg. v. Rolf Tiedemann. Frankfurt a. M. 2003, Bd. II: Noten zur Literatur, S. 447–495.

19 Hanno Helbing: Rhythmus. Ein Versuch. Frankfurt a. M. 1999, S. 18.

20 Olaf Briese: Auslassungszeichen. Interpunktionsregime bei Heinrich Heine. – In: [Auslassungen]. Leerstellen als Movens der Kulturwissenschaft. Hrsg. v. Natascha Adamowsky und Peter Matussek. Würzburg 2004, S. 213–221, hier S. 217.

21 Christa Brüstle, Nadia Ghattas, Clemens Risi u. a.: Zur Einleitung: Rhythmus im Prozess. – In: Aus dem Takt. Rhythmus in Kunst, Kultur und Natur. Hrsg. v. Dens. Bielefeld 2005, S. 9–33, hier S. 22.

22 Ebd., S. 15. »So wäre zu folgern, dass der Rhythmus der Sinne mit einem solchen Potenzial an Unregelmäßigkeit auch sein eigenes Aussetzen umfasst, als ein belebendes Moment, das die produktive Offenheit ästhetischer Erfahrung überhaupt erst ermöglicht.« Patrick Primavesi: Markierungen. Zur Kritik des Rhythmus im postdramatischen Theater. – In: Aus dem Takt [Anm. 21], S. 249–269, hier S. 252 f.

23 Damit folge ich dem von Heinrich F. Plett gemachten »[…] Vorschlag, von Rhetorizität in der Literatur zu sprechen. Diese meint ein abgestuftes Vorhandensein rhetorischer ars in der Lite-

ratur, in jeder Art von Literatur. Denn Literatur ist grundsätzlich auf die Möglichkeit von Rhetorizität angelegt. Diese kann gering oder komplex, offen demonstriert oder kunstvoll verborgen sein.« Heinrich F. Plett: Systematische Rhetorik. Konzepte und Analysen. München 2000, S. 251.

24 Den Kontrast zur offiziellen Praxis des klassischen Balletts stellt Lucia Ruprecht in historische und kultur-theoretische Kontexte. Vgl. Ruprecht [Anm. 1], S. 114 f.

25 Vgl. Fischer-Lichte [Anm. 5], S. 246 f.

26 Vgl. ebd., S. 152 f.

27 Ebd., S. 153.

28 »In der Präsenz des Darstellers erfährt und erlebt der Zuschauer den Darsteller und zugleich sich selbst als embodied mind, als dauernd Werdenden, die zirkulierende Energie wird von ihm als transformatorische Kraft – und in diesem Sinne als Lebens-Kraft – wahrgenommen. Dies möchte ich das radikale Konzept von Präsenz nennen.« Ebd., S. 171.

29 Dass der nachträgliche Bericht der Laurence das Rätsel ihres Tanzes nicht löst, betont auch Sigrid Weigel. Vgl. Sigrid Weigel: Zum Phantasma der Lesbarkeit. Heines Florentinische Nächte als literarische Urszene eines kulturwissenschaftlichen Theorems. – In: Lesbarkeit der Kultur. Literaturwissenschaften zwischen Kulturtechnik und Ethnographie. Hrsg. v. Gerhard Neumann und Sigrid Weigel. München 2000, S. 245–258, hier S. 256.

30 Vgl. Primavesi [Anm. 22], S. 255.

31 Friedrich Nietzsche. Kritische Studienausgabe. Hrsg. v. Giorgio Colli und Mazzino Montinari. München 1988, Bd. VI, S. 117.

32 Vgl. Erika Fischer-Lichte: Ästhetische Erfahrung. Das Semiotische und das Performative. Tübingen 2001, S. 10.

33 Manfred Schneider: Die Angst des Revolutionärs vor der Revolution. Zur Genese und Struktur des politischen Diskurses bei Heine. – In: HJb 1980, S. 9–49, hier S. 9 f.

34 Nietzsche [Anm. 31], Bd. X: Nachlaß 1882–1884, S. 22.

35 Martin Seel: Inszenieren als Erscheinenlassen. Thesen über die Reichweite eines Begriffs. – In: Ästhetik der Inszenierung. Hrsg. v. Josef Früchtl und Jörg Zimmermann. Frankfurt a. M. 2001, S. 48–63, hier S. 62.

36 Eine Untersuchung des Verfassers zu den Körper-Inszenierungen im Zeichen der Krise bei Heine und Nietzsche in der hier vorgestellten methodischen Perspektive der theaterwissenschaftlichen Ästhetik des Performativen ist in Vorbereitung.

Punkt, Punkt, Komma, Strich
Heinrich Heine als Virtuose der Interpunktion

Von Olaf Briese, Berlin*

Hat es für Heines Interpunktionsregime jemals Aufmerksamkeit gegeben? Ist gefragt worden, wie sie den Kosmos seiner literarischen und publizistischen Texte strukturieren? Stand ihr subversiver Eigensinn jemals zur Diskussion? Kaum – abgesehen von editorischen Kommentaren oder einer Pionierleistung wie der Jochen Zinkes zum »Buch der Lieder«, die aus editorischer Arbeit erwuchs.[1] Das Aufarbeiten von sozialen, politischen oder privaten Gehalten, Hermeneutik und Dekonstruktion, die erfolgreich aufstrebende intertextuelle Spurensuche oder die jüngsten überraschenden Versuche, kabbalistische Textspuren Heines zu entschlüsseln: Interpunktionsphänomene haben all diese Ansätze übergehen müssen. Das lag und liegt nicht zuletzt daran, dass, im Zug allgemeiner Feldverschiebungen, der Gegenstand »Literatur« der Forschung (zugespitzt gesagt) nicht genug schien. Literatur wurde (nochmals zugespitzt gesagt) essentiell nurmehr durch das, was außer ihr existierte. Konsequenterweise gingen Literaturwissenschaftler und Literaturwissenschaftlerinnen irgendwann dazu über, gerade diese faktischen Essentiale als Text zu bezeichnen. Kurzum: Heine ist als Virtuose der Interpunktion noch zu entdecken, und dieser essayartige Text versucht am Beispiel von »Lutetia« – und abschließend mit Blick auf Heines Gesamtwerk – auszumitteln, ob und inwieweit Heines Interpunktion rhetorische Force und subversive Energie zu eigen sind oder nicht.

I. Die Sache mit dem Fragezeichen

I.I. Vormärzliche Strategie des Zerfragens

Das Fragezeichen – entstanden als *punctus interrogativus*, seine jetzige in vielen europäischen Sprachen *aufrechte* Gestalt erhielt es erst im Renaissancehumanismus[2] – war und ist nicht nur innerhalb historisch sich wandelnder Sprachsysteme situiert. Ebenso ist es situiert in geschichtlich-kulturellen Kontexten. So vollzog sich die wesentliche Karriere des Fragezeichens im Deutschen – und nicht nur im Deutschen – in der Aufklärungsperiode. Die ausgesprochen aufklärerische Fragekultur manifestierte sich in einer Welle von akademischen Preisfragen einschließlich derer nach

Kleewuchs und Hagelableitung. Weltanschaulich stärkere Brisanz gewannen Fragen wie die, was beispielsweise Aufklärung selbst sei. (Sie erwuchs in Deutschland keiner akademischen Initiative, sondern der eher unschuldigen Nachfrage eines protestantischen Pfarrers, worauf eine Vielzahl prominenter Aufklärungsvertreter mit Aufsätzen antworteten, die wiederum zum Teil mit Fragen überschrieben waren.[3]) Brach diese Fragekultur in der antinapoleonischen Ära – die als dezidierte Ausrufezeichenkultur anzusehen ist – ab, so traten Fragezeichen in der Vormärzliteratur und -publizistik wieder mit Macht, mit subversiver Macht, auf die rhetorische Agenda.

Nur ein Beleg für diese subversive Macht. Als während der überhaupt ersten Cholera-Epidemie 1831/32 in Preußen »liberale« Miasmentheorien gegen die staatlich favorisierten und monopolisierten Kontagionstheorien zu kämpfen hatten, provozierte Albert Sachs, der viele Zensurkämpfe bestehende Herausgeber des »Tagebuchs über das Verhalten der bösartigen Cholera in Berlin«, seine Zensoren auf ebenso vorwitzige wie hinterlistige Weise. Eine Artikelfolge, die den Erfolg von staatlichen Grenzsperren, Absperrmaßnahmen und Quarantänen bei der Cholera zu Recht bezweifelte, bestand aus insgesamt sechsundachtzig aneinander gereihten Fragen, und ausdrücklich bezeichnete Sachs das in einer späteren Ausgabe dieses Journals als eine »Angriffs- und Vernichtungsmethode«; er habe das »zerfragt«, was er »vertilgen« wollte.[4] Am Unverkennbarsten zeigte sich die subversive Macht des Fragens natürlich auf direkt politischem Gebiet. Nicht nur, dass es stehende Topoi wie »Orientfrage«, »polnische Frage«, »Verfassungsfrage«, »Schutzzollfrage«, »Judenfrage«, »Agrarfrage« bis hin zur »deutsche[n] Leinen-Industrie-Frage« und der »Hut-Frage« nach den schädlichen hygienischen Folgen des stetigen Hutabnehmens bei Begrüßungen gab[5], und nicht nur, dass um nominelle Fragen wie »Fragen der Zeit« (Hagen, Becker, Vilmar) oder »Fragen der Gegenwart« (Kurtz, Ketteler, Raumer) debattiert wurde. Gezielt setzte die liberale bzw. demokratische Opposition auf die Macht des öffentlichen Fragens. Insbesondere Liberale in Preußen forcierten diesen subversiven Duktus. Johann Jacoby fragte 1841 »Vier Fragen beantwortet von einem Ostpreußen«; Theodor von Schön 1842 »Woher und Wohin?«, der schlesische Liberale Simon 1847 »Annehmen oder Ablehnen?«; im selben Jahr stellte ein Anonymus »Vier Fragen veranlaßt durch die Verordnungen vom 3. Februar 1847 und beantwortet von einem Preußen«.[6] Eine Unmenge von Zeitschriftenbeiträgen firmierte gezielt unter Fragezeichen, und ganze Heftreihen führten Fragen signalhaft im Titel (auf liberaler Seite der Berliner Junghegelianer Ludwig Buhl 1842 mit »Der Patriot. Inländische Fragen«, als konservative Antwort sind die 1843 gleichfalls in Berlin erscheinenden, hauptsächlich von Georg Friedrich Puchta bestrittenen »Fliegenden Blätter für Fragen des Tags« anzusehen). Und zeitgleich erhoben politisch engagierte Schriftsteller den Status von Fragen selbstreferentiell zum Thema. Zu nennen wäre Anastasius Grün mit seinem Gedicht »Warum?« (1831/32), in dem ein Fragesteller lediglich aufgrund seiner bescheidenen, aber permanent insistierenden Frage »Warum?« alle Stadien der Repression bis zur Exekution durchleidet. Franz Dingelstedt publizierte 1841 ein Gedicht, das, mit Anspielung auf den oben erwähnten Text Jacobys, die bedeutende Macht von Fragezeichen herausstellte und direkt mit vier aneinander gereihten Fragezeichen überschrieben war.[7] Und Heine? Wie setzte er – um das am Beispiel seiner Textserie »Lutetia« zu beantworten – Fragezeichen kalkulierend ein?

I.II. Die Fragen Heines

Heinrich Lausberg unterscheidet in seinem Standardwerk, dem »Handbuch literarischer Rhetorik«, anknüpfend an den antiken Rhetor Quintilian, drei Typen von Fragen: pathetische, spielende, hilflose.[8] Eine vertiefende Analyse des Gebrauchs von Fragen ließe weitere Typen hervortreten: Ausrufefragen, Aussagefragen, Entscheidungsfragen, Urteilsfragen, Angriffsfragen, Verteidigungsfragen, Informationsfragen und viele andere. In »Lutetia«, der Artikelfolge, die Heine vor allem zwischen 1840 und 1844 aus Paris an die Augsburger »Allgemeine Zeitung« sandte[9], setzte Heine eine Vielzahl ganz unterschiedlicher solcher Fragen ein. Das folgte einerseits den Regeln der Zensur, vor der sich Aussagen teilweise als scheinbar unschuldige Fragen zu maskieren hatten. Andererseits – und darauf hat Gerhard Höhn hingewiesen – tragen diese Fragen einen dynamisierenden Charakter, weil sie Zeitlichkeit, Wechsel und Veränderung implizieren und auf diese Weise eine durchgehende Unruhe erzeugen.[10] Auf politische Aspekte bezogene Fragen scheinen dabei eine besondere Rolle zu spielen. Unter den ca. 180 Fragezeichen der »Lutetia«-Ausgabe letzter Hand fallen solche besonders auf, die komplexe militärische und politische Entwicklungen thematisieren. Eingebettet sind diese Komplexfragen in eine Reihe von Verbalisierungen, die auf ihre Weise auf den Fragetopos rekurrieren (»Frage der Fabrikarbeiter«, »soziale Frage als Frage«, »Fragen, die nur eine zukünftige Gesellschaft beantworten kann«) und in eine Reihe von Komposita, die auf ihre Weise nominell den Fragegestus lebendig halten (»Kamelfrage«, »Dotationsfrage«, »Dardanellenfrage«, »Orientfrage«, »Regentschaftsfrage«). Sie sind die Folie, vor der sich Fragen mit politischer Dimension entfalten: Fragen nach Krieg oder nach revolutionären Umwälzungen.

Die Fragen nach Krieg beziehen sich auf die sog. Orientkrise zu Anfang der vierziger Jahre, d. h. auf die kolonial-machtpolitischen Auseinandersetzungen zwischen Frankreich und England um Einflusssphären im allmählich zerfallenden osmanischen Reich. Heines Fragen tragen hier ebenso hypothetisch-perhorreszierenden wie hypothetisch-erwartenden Charakter, sind ambivalent. Obwohl auch er die Gefahr eines Kriegs deutlich sieht und vor einer weiteren militärischen Eskalation warnt, scheint es, dass er anfangs, in der Identifikation mit seinem Gastland, ein energisches französisches Vorgehen erhofft. Anfangs scheint Heine einen Krieg eher zu befürworten, im Verlauf der folgenden Monate ist offenbar eher das Gegenteil der Fall. Das heißt, Fragen balancieren auf dem Rand zwischen zwei Optionen, der des Kriegs und der des vorschnellen französischen Einlenkens. Letzteres scheint Heine anfangs das größere Übel zu sein, und in der Maske der Warnung vor dem Krieg wird er nicht zuletzt fragend herbei geschrieben. Die Frage erweist sich als maskierter, distanzierter (und sich selbst kritisierender) Wunsch: »Wird es aber zu Krieg kommen?« – auf diese mehrfach in »Lutetia« variierte Frage erfolgt die stereotyp gleichbleibende Antwort, die nicht den Wunsch, sondern die Vermutung protokolliert: »Ich glaub es nicht«, »Ich glaube es nicht« (B V, 304; 339). Auf die gegenteilige Frage, ob der Krieg *verhindert* werden könne, erfolgt hingegen die sich hinter einem Kollektivpronomen geradezu versteckende offiziöse Antwort »Wir wünschen es« (B V, 324). Manchmal münden Fragen nach dem Krieg sogar in apokalyptisch anmutende Szenarien, in apokalyptische Fragevisionen mit bedingtem Positivausblick: »Was wird daraus werden? Das Gewitter zieht immer näher. In den Lüften vernimmt man schon den Flügelschlag der Walküren« (B V, 322).

Neben diesen Fragen nach Krieg, deren mögliche Antworten ambivalent in verschiedene Richtungen weisen, stellen sich dem Autor der »Lutetia«-Berichte unausweichlich Fragen nach politischen Umwälzungen. Teilweise sind diese zwei Fragefelder miteinander verbunden; der nationalistische Kriegstaumel könne leicht, wie Heine ebenfalls in banger, meist abwehrender Frage für möglich hält, in Revolutionstaumel umschlagen. Mindestens drei Typen *politischer* Fragen lassen sich – ohne Scheu vor schweren Worten – für »Lutetia« unterscheiden: *hypothetisch-negierende, hypothetisch-ambivalente* und *hypothetisch-generierende*. Erstere werden von Heine aufgeworfen, wenn er Veränderungen, mit denen er sich nicht identifiziert, negativierend herbeifragt. Die Frage ist keine wirkliche Frage, sondern eine suggestive. Sie produziert das Ereignis im Modus der Frage, weist es aber distanzierend und verneinend ab. Hier sind u. a. Fragen nach der Politik des französischen Ministerpräsidenten Louis-Adolphe Thiers zu nennen. Anfangs hing Heine in den »Lutetia«-Berichten kaum verhüllt den radikalisierenden kriegstreibenden Posen des Ministerium Thiers an, welcher in der Orient-Krise ebenso auf der Klaviatur des Nationalismus, Republikanismus wie der des Bonapartismus zu spielen wusste; nur Heines Befürchtungen vor gravierenden revolutionären Umbrüchen dämpften sein publizistisches Engagement für Thiers. Im Verlauf der weiteren Monate des Jahres 1840 bezieht Heine aber kritischere Positionen, und seine Fragen, ob Thiers »einmal mit dem Orleanismus ganz brechen müßte?« und ob die von Thiers inszenierte

Rückholung der Gebeine Napoleons nach Paris und die damit denkbaren Unruhen »großen Schaden anstiften?« beantwortet er vom Standpunkt eines Vertreters der Bürgermonarchie. Das heißt, der Autor Heine verteidigte – ringend mit der Diskrepanz von Ideal und Wirklichkeit – in seinen Berichten auch in dieser Angelegenheit mehr oder weniger direkt die Errungenschaften der Juli-Revolution, das akzeptable Reich des Bürgerkönigtums. Welche Fragen sich in dieser militärisch-politischen Krisensituation auch stellen – die Art der Frage und ihrer rhetorischen Situierung bannt das bang entworfene, offenbar bedrohliche Kriegsszenarium:

> Werden die Soldaten dem Kriegsgelüste des eigenen Herzen widerstehen können und sich lieber mit ihren Brüdern als mit den Fremden schlagen? Werden sie den Vorwurf der Feigheit ruhig anhören können? Werden sie nicht ganz den Kopf verlieren, wenn plötzlich der tote Feldherr von St. Helena anlangt? Ich wollte, der Mann läge schon ruhig unter der Kuppel des Invalidendoms, und wir hätten die Leichenfeier glücklich überstanden! – (B V, 272; 299; 325).

Der zweite Typus politischer Fragen, der *hypothetisch-ambivalente*, prägte, wie oben bereits zu sehen, schon Heines Überlegungen zu einem kommenden Krieg. Die dabei zu beobachtende abwägende Unentschiedenheit zeichnet auch Heines Fragen nach dem außenpolitisch und innenpolitisch ausgleichenden Widersacher Thiers' aus – nach François Guizot. Durch einen Machtspruch des Königs wurde im Oktober 1840 in höchster Kriegsgefahr die Abdankung Thiers' erzwungen, und Guizot als Außenminister und als heimlicher Statthalter eines neuen Kabinetts installiert. Die außenpolitische Gefahr war damit abgewendet, ebenso die Gefahr innenpolitischer Aufheizung im Zuge eines denkbaren Kriegs. So sehr Heine diese Lageberuhigung bedauerte, begrüßte er diese Entwicklung auch, und seine ambivalente Haltung manifestierte sich in der Ambivalenz der Frage nach Guizot: »Wird sich Guizot halten? [...] Wird er sich halten?«, »Wird sich Guizot halten?« (B V, 380; 423).

Einen dritten Fragetypus innerhalb der »Lutetia«-Berichte stellen *hypothetisch-generierende* Fragen dar. Sie verneinen die infrage stehende Entwicklung nicht, sie ringen auch nicht um eine Position innerhalb verschiedener Alternativen. Vielmehr erzeugen sie im Modus von Fragen Entwicklungen und Ereignisse, die der Fragende verurteilt, nichtsdestoweniger aber als notwendig anerkennt. Es sind Fragen an die Geschichte, die, jenseits aller Fragen auf dem Papier, unerbittlich ihren Gang zu nehmen scheint, unerbittlich einer politischen Gruppierung, einer politischen Strömung zum Sieg verhelfen wird, dem Kommunismus:

> Es wird ein furchtbarer Zweikampf sein. Wie möchte er enden? Das wissen die Götter und Göttinnen, denen die Zukunft bekannt ist. Nur so viel wissen wir: der Kommunismus, obgleich er jetzt wenig besprochen wird und in verborgenen Dachstuben auf seinem elenden Strohlager hinlungert, so ist er doch der düstre Held, dem eine große wenn auch nur vorübergehende Rolle beschieden in der modernen Tragödie [...] (B V, 405).

Fragen über Fragen. Was leisten sie – in dieser Analyse notgedrungen auf drei Typen reduziert – über die unmittelbare Bewertung militärischer und politischer Situationen hinaus? Öffnen sie den Text demonstrativ, erklären ihn zu einem vorläufigen, zu einem permanenten Provisorium? Leisten sie – eigensinnige Provokateure – eine implizite Selbstkritik des Texts, die sich zu genereller Weltkritik ausweitet? Bohren sie sich in die Realität, erklären sie der Welt dichterisch den Krieg? Offenbar nicht. »Lutetia« besteht aus reportageähnlichen Texten, die auf artifizielle Weise Realitätsnähe fingieren und sich nicht zu einer weltanschaulich-poetologischen Programmschrift ausweiten sollen. Abgesehen von den Fragen nach dem Kommunismus bleiben Heines Fragen vom Niveau her ereignisorientiert, gebunden an konkrete Ereignisse in Politik und Kunst. Im Vergleich gesehen, fehlt diesen Reportagen die utopische Signatur, die andere Schriften Heines auszeichnet. Gerade das erklärt Heines Verzicht auf einen demonstrativ-exzessiven Gebrauch von Fragen und Fragezeichen. Verglichen mit anderen Paris-Schilderungen, etwa Börnes »Briefen aus Paris«, in denen Fragezeichen qualitativ und quantitativ den Text unentwegt vorantrommeln, treten sie in »Lutetia« auch von der Zahl her zurückhaltend auf. Offenbar galten sie Heine (der Börne einen sansculottistischen Gebrauch von Ausrufezeichen und Fragezeichen bezeugte) als poetisch manieriert und fragwürdig. Denn attestierte er Börne halb bewundernd, halb abwehrend den Gebrauch »polizeiwidrige[r] Fragezeichen«, so galt ihm diese sansculottistische Schreibweise letztlich als Ausdruck »politischen Wahnsinns« (B IV, 67).

II. Der Stich mit dem Gedankenstrich

II.I. Ein Strich mit Geschichte

In Heines Briefen an seinen Verleger Campe spielten neben den Themen Geld und Zensur die Eingriffe in Heines Rechtschreibung und Interpunktion eine wichtige Rolle (»Sie wissen wie viel ich auf meine Interpunkzion halte«, HSA XXI, 305). Die von Heine eingeforderte Beachtung seiner »Interpunkzion« war unentwegter Gegenstand brieflicher Forderungen. Im steten Kampf um seine Autorindividualität bestand er auf den Interpunktionsvarianten, die *er* vorgab; und gegen alle orthographischen Normierungstendenzen bestand er auf *seinem* artifiziellen Gebrauch. Gedankenstriche spielten in dieser Korrespondenz eine nicht unerhebliche Rolle; mehrfach musste Heine dafür kämpfen, dass seine teilweise allein in Gedankenstriche endenden Sätze nicht mit zusätzlichen Punkten versiegelt und verschlossen wurden (HSA XXII, 113; XXIII, 121).

Heine verteidigte eine bestimmte Variante eines rhetorisch-expressiven Zeichens, das eine vielgestaltige Entwicklungsgeschichte durchlief. Die Ursprünge dieses sehr jungen Satzzeichens lassen sich offenbar in Drucken englischer Dramatiker um 1600 auffinden; ins Deutsche sollen Gedankenstriche erstmals 1663 mit Gryphius' »Horribilicribrifax« Eingang gefunden haben[11], und schon einhundert Jahre später mehrte sich Kritik an ihrem exzessiven Gebrauch. Johann Jacob Bodmer sah 1768 in ihnen Zeugnisse von Gedanken*losigkeit*; der einflussreiche Sprachnormierer Johann Christoph Adelung wandte 1790 ein, dass lediglich mindere Schriftsteller zum Affektausdruck bevorzugt zu diesen Zeichen griffen; der Aufklärungssatiriker Friedrich Christian Brosse erklärte sie 1798 in ähnlichem Sinn zu Lückenbüßern von und für Alltagsmenschen.[12] Der Gedankenstrich war eine rhetorische Modeerscheinung geworden. Gerade in der Literatur des Sturm und Drang, der Empfindsamkeit und der Romantik: Herders »Journal meiner Reise im Jahre 1769«, Goethes »Werther«, Hamanns »Aesthetica in nuce«, Thümmels »Reise in die mittäglichen Provinzen von Frankreich«, Novalis' »Hymnen an die Nacht«, Werke Jean Pauls und Grabbes.[13]

Eine neue Qualität bekamen Gedankenstriche in der Zeit der Zensurverschärfungen nach 1819. Heine setzte dieser Praxis mit seiner Piece über die »deutschen Censoren« in »Ideen. Das Buch Le Grand« ein unübertroffenes Denkmal.[14] Um diese Zeit, Mitte der zwanziger Jahre, war, zumindest in Preußen, selbst das Setzen von provokativen Auslassungsstrichen vor oder nach dem Passieren der Zensur zensurwidrig geworden. Wenn Karl Gutzkow in seinem Aufsatz »Presszwang« von 1831 – der übrigens selbst von der Zensur verboten wurde – über solche Striche vermerkte, »mehr als zwei hintereinander sind übrigens censurwidrig«,[15] nannte er jenes Verbot des Setzens demonstrativer Gedanken- bzw. Auslassungszeichen zensurwidrigerweise direkt beim Namen. Offizielle Gesetze für solche Verbote gab es allerdings zu dieser Zeit nicht, weder die Karlsbader Zensurbeschlüsse vom 18. Oktober 1819 noch die präzisierende preußische »Allerhöchste Cabinets-Ordre vom 28sten December 1824« hatten betreffende Anweisungen enthalten. Aber mit Edicten, Rescripten, Circular-Vorschriften und anderen Verordnungen ist diese Zensurbestimmung, die selbst die Spuren ihrer eigenen Anwendung tilgen wollte, Verlegern und Druckern unterhalb der Ebene offizieller Gesetze aufgezwungen worden. Die in verschiedenen Staaten ganz unterschiedliche Handhabung erlaubte es beispielsweise Börne, die ihm als Redakteur der »Frankfurter Ober-Post-Amts-Zeitung« bereits 1819 in Frankfurt auferlegte Tilgung von Zensurlücken und Zensurstrichen in Korrespondentenberichten für andere Zeitungen, beispielsweise die »Mainzer Zeitung«, zu entblößen.[16] In Preußen gab es eine einheitliche Regelung spätestens mit der Ministerialverfügung vom 22. Februar 1823.[17] Auch in vielen anderen Bundesstaaten galten diese Verbote; so klagte im Mai 1834 der Jungdeutsche Theodor Mundt resigniert über die sächsische Zensur, ihm sei nun auch das Letzte genommen, nämlich die »Censurstriche«.[18] Am 12. Juni 1834 erfolgte mit den Wiener

Geheimbeschlüssen ein für alle Bundesstaaten vereinheitlichendes Verdikt; in Preußen wurde das erstmals mit der »Allerhöchsten Cabinetsordre vom 6. August 1837« öffentlich (gleich der erste Paragraph dieser Zensur-Ordre enthielt das Verbot, »Censurlücken« anzudeuten).[19] Autoren reagierten auf diese erneute Restriktion; so stellte der Vormärzhumorist Adolf Glaßbrenner an einer Stelle nicht das *Graphem* Gedankenstrich, sondern das *Wort* Gedankenstrich ans Ende eines Satzes, der auf eine menschliche, paarweise ausgeübte körperliche Tätigkeit hinausläuft. Friedrich Wilhelm Alexander Held ließ 1843 in den letzten Wochen des erlaubten Erscheinens seiner »Locomotive« in mindestens einer Nummer im August auch unbedrucktes Papier erscheinen (das geschah auch in anderen Zeitschriften wie z. B. dem in Stuttgart erscheinenden »Hochwächter«). Noch in der Revolutionszeit machte David Kalisch – ein Berliner Vormärz- und Nachmärzhumorist – in einer seiner Possen explizit darauf aufmerksam, dass unter Zensurbedingungen die »Lehre von der Interpunktion« besonders bedeutsam sei, und seine daraufhin angeführten humorvollen Textbeispiele machen vom Gedankenstrich als Wort sowie als Graphem nachhaltig verdeutlichenden Gebrauch.[20] Befürwortete Karl Gutzkow 1831 mit Blick auf die genannten Verbote sarkastisch ein eigenes und neues bloßstellendes Zeichen für erzwungene Auslassungen[21], so kann vermutet werden, dass die in der Vormärzpublizistik gelegentlich vorkommenden Zeichen wie Schere (für Zensurschere), Krebs (für Rückschritt) und Fisch (für Stummheit) mitunter auch eine solche Stellvertreterposition einnahmen.

II.II. Heines gestricheltes Kalkül

Eine gravierende Unterscheidung: Auslassungszeichen artikulieren abwägende weiche Brüche, legen nahe, nur das auszusparen, was ohnehin bekannt sei. Gedankenstriche hingegen bewirken einen harten Bruch, eine demonstrative Ruptur. Das verleiht ihnen und dem Text einen anderen Status: Seine Homogenität wird explizit destruiert. Mindestens fünf verschiedene Arten von Gedankenstrichen lassen sich unterscheiden: solche mit Hinweis- und Signalcharakter, die für Aufmerksamkeit und Spannung sorgen (was sich allein aus der graphisch-optischen Präsenz als Querstrich mit zwei Leerzeichen ergibt); solche, die eine Pause, eine Unterbrechung, einen Abbruch verdeutlichen (und dennoch eine interpretative Brücke bilden); solche, die für eine Warnung oder eine Drohung stehen (und in anderer Form für eine Art von Geheimnis); solche, die eine Verbindung von mehr oder weniger Disparatem herstellen (bis hin zum Paradox); solche, die Bestandteile von Parenthesen sind (und bei Heine auffallend selten vorkommen). Beispiele aus dem Set von rund 290 Gedankenstrichen in »Lutetia«:

– Ach! das sehe ich alles voraus, und eine unsägliche Betrübnis ergreift mich, wenn ich an den Untergang denke, womit meine Gedichte und die ganze alte Weltordnung von dem Kommunismus bedroht ist – Und dennoch, ich gestehe es freimütig, übt derselbe auf mein Gemüt einen Zauber, dessen ich mich nicht erwehren kann, in meiner Brust sprechen zwei Stimmen zu seinen Gunsten, die sich nicht zum Schweigen bringen lassen, die vielleicht nur diabolische Einflüsterungen sind – aber ich bin nun einmal davon besessen, und keine exorzierende Gewalt kann sie bezwingen – Denn die erste dieser Stimmen ist die Logik – der Teufel ist ein Logiker, sagt Dante – ein schrecklicher Syllogismus behext mich, und kann ich der Prämisse nicht widersprechen: »daß alle Menschen das Recht haben, zu essen«, so muß ich mich auch allen Folgerungen fügen – ich könnte darüber unklug werden (B V, 232).

Was zeichnet diese Gedankenstriche aus? Wie lassen sie sich formal unterscheiden? Erstens tritt mindestens eine Parenthese auf (ihr Einschluss in Gedankenstriche statt in Klammern scheint eine späte Errungenschaft des 18. Jahrhunderts zu sein[22]). Zweitens gibt es Gedankenstriche, die innerhalb eines Satzes einen Bruch und ebenso eine Verbindung anzeigen (die Fortsetzung erscheint in Kleinschreibung). Drittens gibt es Gedankenstriche, die volle und ganze, inhaltlich disparate Sätze verbinden (was aufgrund der anschließenden Großschreibung klar zutage tritt). Manchmal treten verbindende Konjunktionen wie »dennoch« und »aber« auf, manchmal auch nicht, und insgesamt präsentiert die Passage Heines ein atemloses Gedankenstakkato. Hier zeigt sich keine serielle Gedankenentwicklung, sondern eine Gedankenmontage aus steten Brüchen; die Reihenfolge der Gedankensplitter, so scheint es, wäre vertauschbar. Diese potentielle Vertauschbarkeit scheint die Spezifik dieses Beispiels zu sein, aber typisch ist diese Passage für »Lutetia« nicht. Warum? An dieser Stelle ist Heine nicht nur Zeuge und Berichterstatter, sondern er fingiert in dieser Passage eine *eigene* direkte Rede, die sich durch einen hohen Grad von Spontaneität auszeichnet und sie graphisch-optisch versinnbildlicht. Nicht verwunderlich: Diese Passage stammt aus einer viel späteren Zeit, aus der 1855 verfassten »Vorrede«! Sie hebt die Autorenperspektive hervor, bringt den Autor mit allen seinen Wünschen und Ängsten ins Spiel, und sie bricht mit dem – ohnehin nicht zu verwirklichenden – Ursprungsideal, die Wirklichkeit selbst für sich sprechen zu lassen.

Die »Lutetia«-Texte der vierziger Jahre hingegen sind auf ihre Art konventionell. Für diese Berichte scheint – im Sinn der dritten der oben genannten drei formalen Varianten – der Einsatz von Gedankenstrichen zwischen zwei ganzen aufeinander folgenden Sätzen typisch zu sein. Heine favorisiert den Gedankenstrich am Ende eines Satzes (und also fast immer zwischen zwei Sätzen), und zwar nicht selten ohne zusätzlich schließendes Satzzeichen. Er zeigt sich als gedanklicher Flaneur, der beständige Anschlussverschiebungen erzeugt. Perspektivverschiebungen entstehen, leichte Risse, Sprünge und Störungen im Textgefüge. Die mehr oder weniger auffallenden Sprünge im Text sind Abbild einer nichthomogenen Wirklichkeit (aber keiner zerrissenen). Sie strukturieren einen Text, der nicht homogen, aber auch nicht dezidiert fragmentiert sein will. Eher ließe sich von einer *Segmentierung* (statt Fragmentierung) sprechen, die auch denotativ-visuell Gestalt gewinnt. Es entsteht ein panoramaähnliches Bild, das nicht Konsistenz verspricht, sondern leichte Verschiebungen und Brüche (und dennoch denkbare textuelle Brücken) einschließt. Gedankenstriche sind Ausdruck einer polyperspektivischen Schreibweise, sie entsprechen einer polyperspektivischen Wirklichkeit.

Insbesondere im Modus des doppelten Gedankenstrichs produziert der Autor Heine diese brückenhaften Brüche und bruchhaften Brücken. Mitunter dient diese Dopplung einer Steigerung bzw. bereitet sie vor; meist verdeutlicht sie – teilweise als Aposiopese – einen abrupten Gedankensprung; mitunter demonstriert sie eine Warnung oder eine Drohung. Dafür drei Beispiele: »die ernsthaftesten Vorbereitungen zum Kriege gemacht werden. – –« (B V, 313): Hier bereitet der doppelte Gedankenstrich die folgende Exklamation »Ach Gott! Nur kein Krieg!« vor. Die Engländer »lieben uns wegen unsrer politischen Naivetät, die sie im Fall eines Krieges mit Frankreich in alter Weise auszubeuten hoffen. – –« (B V, 528): Hier wird eine spannungsreiche Mahnung, Warnung oder Drohung erzeugt. »Erstens kann Deutschland nicht geteilt werden. Teile mal einer das Fürstentum Liechtenstein oder Greiz-Schleiz! Und zweitens – –« (B V, 426): Hier wird, am Ende einer Manuskriptlieferung und ohne schließendes Satzzeichen, eine gänzlich offene Situation hergestellt, die eine Mahnung, Warnung oder Drohung mit der verstärkenden Aura eines verschwörerischen Geheimnisses umgibt.

Ist Heines »Lutetia« also auffallend von – ebenso drohenden wie verschwörerischen – Gedankenstrichen durchsetzt? Verglichen mit anderen Texten Heines, etwa dem »Wintermärchen«, wo sogar mehrfach dreifache Gedankenstriche den expressiven Gestus verstärken, im Grunde genommen nicht. »Lutetia« zeigt sich rhetorisch abgeklärt, zeigt sich rhetorisch wohltemperiert. Heine, auch wenn er sich ausgesprochen subjektive Exkurse erlaubt, spricht im Modus des Berichterstatters, des Chronisten. Ein gewisser offizieller Zug scheint »Lutetia«, verglichen mit anderen Arbeiten Heines, auszuzeichnen. Dieser fand in der relativ konventionellen Interpunktion dieser Reportagen – eine Spezifik, die auch Heines Berichte zur so genannten romantischen Schule und zur Religion und Philosophie in Deutschland auszeichnet[23] – seinen Niederschlag. Die Zeitungsberichte aus Paris, für die Heine im Rahmen einer späteren Buchausgabe höchste Objektivität reklamierte (B V, 239), waren nicht der Ort gewagter sprachlich-rhetorischer Experimente. Exzessive Frage- und Ausrufezeichen mied Heine. Gedankenstriche hatten zwar durchaus eine politische Verweisungsfunktion, hauptsächlich jedoch die textinterne Aufgabe einer jeweiligen perspektivischen Anschlussverschiebung. Der Text bekam beunruhigende Risse. Hätten dazu nicht auch Auslassungszeichen dienen können? Warum nur kommen sie im Kosmos der »Lutetia« fast gar nicht vor?

III. Die Kunst des Auslassens

III.I. Befunde

Die Geschichte von Auslassungszeichen lässt sich bis ins Mittelalter zurückverfolgen. Formularvorlagen für Urkunden waren mitunter mit zwei Punkten gekennzeichnet, zwischen die sich Namen einsetzen ließen: *gemipuncti*.[24] Für weitere Auslassungen kamen dann im Zug der nächsten Jahrhunderte graphisch ganz verschieden gestaltete und verschieden kombinierte Gedankenstriche in die Diskussion; in der theoretischen Literatur des 18. Jahrhunderts scheint dann der dreifache Punkt an Gewicht gewonnen zu haben, so bei Bodmer 1768.[25] Der kühne Stilist Lessing hat – neben seinen vielen Frage- und Ausrufezeichen – Auslassungspunkte aber offenbar nicht benutzt. Wann genau dieses syntaktische Mittel in der deutschen Literatur bzw. Schriftsprache üblich wurde, harrt immer noch der Aufklärung. Seit wann kamen Auslassungspunkte auf? Seit Sturm und Drang, seit Klassik oder Romantik? Haben Dichtungen des Jungen Deutschland, aufgrund ihres besonders expressiven Gehalts, die provokative Kunst der Auslassung (auch außerhalb fragmentarisch angeführter Zitate) forciert? Gab es, was offenbar eine wichtige Rolle spielte, Einflüsse anderer Sprachen? Wo ist Heines Platz in dieser Tradition?

Eine Detailanalyse fördert zutage, dass Heine Auslassungspunkte nur in einer ganz bestimmten Arbeitsphase verwendet. Ein überraschender Befund: Die frühen Werke und die gesamten Reisebilder setzen sie überhaupt nicht ein. Der exzessive Gebrauch von Gedankenstrichen, etwa in den »Bädern von Lucca«, geht nicht mit diesem rhetorisch-syntaktischen Mittel einher. Noch die »Französischen Zustände« zeigen sich verhalten. Sie begnügen sich mit einer einzigen bescheidenen Auslassung. Erst Heines Schriften zur Romantik bzw. zur Religion und Philosophie in Deutschland von Anfang und Mitte der dreißiger Jahre setzen mit insgesamt fünfzehn Variationen allmählich und spärlich auch Auslassungspunkte ein. Ein Aufschwung bahnt sich an. Definitive quantitative Urteile darüber sind nicht möglich. Dazu ist das Textkorpus Heines viel zu uneinheitlich. Die Kaskade von Entwürfen, Vorab-Presseauszügen, Erstpublikationen, Übersetzungen, Abdrucken in Werkausgaben und Überarbeitungen letzter Hand macht es – davon wissen die verschiedenen Heine-Editoren Klagelieder zu singen – geradezu unmöglich, *den* authentischen Heine-Text zu unterstellen. Aber gestützt auf die Briegleb-Ausgabe »letzter Hand« (Stichproben ergaben bezüglich der hier interessierenden Thematik keine Abweichungen[26]), scheinen bestimmte Verallgemeinerungen möglich. So bezeichnet der Januar 1837 eine entscheidende Wendemarke. Die relativ knappe Auseinandersetzung mit dem Widersacher Wolfgang Menzel ist, mit fünfzehn Auslassungspunkten, als furiose Ouvertüre anzusehen. »Über die französische Bühne«, gleichfalls von 1837, läuft mit dreiunddreißig Auslassungen zu großer Form auf. Die kurzen Vorreden zum »Buch der Lieder« von 1837 und 1839 bewegen sich mit acht bzw. sieben Auslassungen auf äußerst hohem Niveau. Die »Florentinischen Nächte« (1837) halten mit ca. dreißig bis vierzig Einsätzen den Ton. »Shakespeares Mädchen und Frauen« (1839) treiben mit sechzig bis achtzig entsprechenden Stellen das Tempo entschlossen voran, begleitet vom »Rabbi von Bacherach« (1840) mit ca. dreißig, bevor »Ludwig Börne« (1840) mit mehr als einhundert Einsätzen einem grandiosen Höhepunkt zustrebt. »Lutetia« markiert Anfang der vierziger Jahre mit rund zehn Variationen schon einen zurückhaltenden Ausklang. Spätere Prosaarbeiten wie »Der Doktor Faust«, »Die Götter im Exil«, »Die Göttin Diana« oder »Geständnisse« verzichten, soweit zu sehen ist, wieder ganz auf Auslassungszeichen. Lediglich die »Memoiren« bilden, mit einem Exemplar, einen marginalen Einzelfall.

III.II. Universen von Leere und Fülle

Heines sprachlich gekennzeichnete Auslassungen sind äußerst vielfältig. Seine Schriftsprache ist durchzogen von einem Lückennetz, das die Suggestion eines homogen geschlossenen Sprachraums ostentativ sprengt. Zu diesem diskontinuierlichen Raum gehören nicht nur Auslassungspunkte, sondern, wie oben gezeigt, auch Gedankenstriche (wie beispielsweise gehäuft in den »Bädern von Lucca«), Kaskaden addierter Gedankenstriche (wie etwa im »Wintermärchen«), auch gekennzeichnete Leerzeilen (wie in »Über Polen«) oder ganze, als »leer« gekennzeichnete Abschnitte (wie in »Ideen. Das Buch Le Grand«). Mindestens zwei Funktionen lassen diese Gedankenstriche erkennen. Erstens segmentieren sie den Text, erzeugen textuelle Risse und Brüche; zweitens spielen sie provokativ mit Zensur und Selbstzensur, machen den Text zum subversiven Medium, das durch die ihm möglichen Verhüllungen entblößend wirkt. Die demonstrative Auslassung wird zur Aussage. Sie weitet sich zur Anklage wider die Restriktion des aufklärerischen Worts.

Auslassungs*punkte* als solche haben eine andere Funktion. Sie verweisen nicht vordergründig auf denkbare gewaltsame Eingriffe, auf Sphären, die dem Text äußerlich sind. Autopoetisch thematisieren sie die subtilen Möglichkeiten von Sprache und Text selbst. Ganz verschiedene Aspekte kommen, im neuen Medium des Auslassungszeichens, bei Heine zur Sprache: Trivialitäten nicht sagen zu müssen (»Shakespeares Mädchen und Frauen«) oder die lakonische Überlegenheit, die sich allzu vieler Worte enthält (»Über den Denunzianten«). Sie bezeugen – geschwätzige Kleinode – vielsagend erotische Tändeleien oder galant-pikantes Schweigen (»Florentinische Nächte«). Ebenso dirigieren sie spannungsreich die Relation von Gefahr und Geheimnis (»Der Rabbi von Bacherach«). Auslassungszeichen schaffen eine Atmosphäre der Offenheit und Unbestimmtheit (»Über die französische Bühne«). Sie können den ebenso fragmentarischen wie unendlichen Charakter von Poesie thematisieren (Vorreden zum »Buch der Lieder« 1837 bzw. 1839).

Neben all diesen Implikationen: Vor allem schmieden sie einen rhetorischen Pakt mit dem Leser.[27] Der Leser wird nicht nur zum impliziten Leser, sondern zum *implizierten*. Er besetzt im Universum des Leeren die Stellen und Plätze, die Auslassungszeichen ihm ausdrücklich eröffnen. Er verschränkt sich mit dem Text und wird zu seinem Komplizen. Das scheint, um ein Beispiel zu nennen, vor allem das Börne-Buch auszuzeichnen. Heine ringt angestrengt um eine Positionsbestimmung als Literat und engagierter Literat jenseits der bestehenden politischen Fronten. Sein größter Bündnispartner wird der der Poesie zugängliche Leser. Heine öffnet ihm strategisch Zugänge zu seinem Text, bindet ihn gezielt darin ein. Auslassungspunkte sind denkbare Eingänge in den Text, sind aber auch Nischen und Ruheposten, in denen sich verweilen und einrichten lässt. Sie sind Scharniere, mit denen der Text sich interaktiv öffnet, sind Gravitationszentren, deren Sog man nur bedingt entgeht. Leere impliziert Fülle. Ein demokratisches Mitspracheangebot: Unzählige streitbare Leser bevölkern den Text.

III.III. Jungdeutsche Rebellionsrhetorik

Die Strategie, Leser gezielt in Texte zu involvieren, ist literaturgeschichtlich keine Novität, auch für den Heine der späten dreißiger Jahre nicht neu. Die Zwiesprache mit dem geschätzten Publikum gehört zu den unabdingbaren Kennzeichen seiner gesamten Literatur und Publizistik. Dennoch stellt sich die Frage, warum sich gerade in der Zeit von 1837 bis 1840 die Frequenz von Auslassungen bei Heine derart intensivierte. Es scheint sich um mehr zu handeln als um eine situationsbedingte Kommunikations- und Interaktionstrategie mit hypothetisch verbündeten Lesern im Zug des Kampfs gegen literarisch-politische Widersacher.

Heine scheint sich in eine experimentelle Rhetorik einzuüben, die als spezifisch jungdeutsch bezeichnet werden kann, eine Rhetorik, die herkömmliche Grenzen zu sprengen scheint. Die Schrift, die erstmals geradezu exzessiv von Auslassungspunkten durchsetzt ist, stammt von Anfang 1837. Sie steht nicht nur in mittelbarem Zusammenhang mit der durch das Frankfurter Bundestagsverbot vom 10. Dezember 1835 willkürlich konstruierten Literatengruppe »Junges Deutschland«, sondern in einem unmittelbaren. Sie rechnet mit demjenigen literarischen Gegner ab, durch den die Welle der publizistischen Angriffe und der staatlichen Restriktionen gegen das »Junge Deutschland«, einschließlich Heine, ihren Lauf genommen hatte. Die Schrift gegen Menzel ist die manifest gewordene Geburtsurkunde der heineschen

Auslassungsstrategie. Dieses konzeptuell eingesetzte Stilmittel mag einerseits die Heine aufgezwungenen Schriftstellernöte und seine ihm aufgenötigte Schreibblockade thematisieren, eine plötzliche Schriftstellerkrise, die er, beispielsweise in einem Brief an Campe vom 1. September 1836, unumwunden eingestand.

Andererseits aber, und das scheint viel wichtiger, entwickelt der stigmatisierte Heine in seiner Antwort an Menzel ein aktiv-positives Modell jungdeutscher Rhetorik. Der unfreiwillig zum Jungdeutschen beförderte Autor begreift sich nun selbst als aktiven Teil einer literarischen Avantgarde, die demonstrativ mit bisherigen sprachlichen Konventionen bricht. Aus der Not der Exklusion erwächst die Tugend rhetorischer Revolte. Heine erstreitet eine neue syntaktische Lizenz. Das, was ein anderer offiziell verfemter Jungdeutscher, Theodor Mundt, im selben Jahr 1837 in seiner »Kunst der deutschen Prosa« zum Merkmal neuer, zeitgemäßer Sprache erhob, die Mischung aus deutschem und französischem Stil, die Synthese aus bedächtigem sowie umstandslos direkt ins Ziel kommendem Periodenbau, scheint Heine in idealer Weise zu verwirklichen. Mundts Verdikt:

> Diese Zungendrescherei der langen und athemlosen Perioden, die aufgeblasene Eitelkeit der Rednerbühne, das Marktgeräusch stolzirender und die Zuhörer übertäubender Sätze, können, bei aller Eleganz der Wendungen, bei allem rhythmischen Prunk und Fluß, bei aller meisterhaften Berechnung des Durcheinanderschlingens und Abschließens, niemals für etwas Nachahmenswerthes, für eine allgemeine Norm, betrachtet werden[28],

hat sich auch Heine umstandslos anschließen können. Auch sprachlich scheint Heine eine deutsch-französische Allianz erstrebt zu haben, zwischen Umständlichkeit und Umstandslosigkeit. Auslassungspunkte sind das Bindeglied zwischen hypothetischen Prolongationen des Deutschen und demonstrierter Brevitas des Französischen. Dieses Brevitas-Ideal, das Börne übrigens noch viel radikaler verwirklichte, findet sich nicht nur in Interpunktionsregimes, im Vermeiden überlanger Parenthesen und des tendenziellen Schwunds der Kommata zugunsten Punkt, Auslassungs- oder Ausrufezeichen. Es findet sich auch im Verzicht auf übermäßig ausufernde Adjektive und Attribute, gleichfalls im nicht seltenen Verzicht auf Hilfsverben, Artikel und Relativpronomen. Getragen wird das von der verknappenden Häufung von Nomina und von Ellipsen überhaupt. Heines Sprache wird – vor allem Mitte der dreißiger Jahre – weniger spielerisch, wird ungeduldig. Sie suspendiert Kompromisse. Seine Sätze werden kürzer, werden zugespitzte Abbreviaturen, Affektzonen, werden epigrammatische Resonanzräume, aufgeladenes rhetorisches Areal. Schrift wird der Tendenz nach atemlos. Verschriftlichte Sprache, kunstvoll-kunstlos. Die syntaktische Periode vollzieht in einem äquivoken *double* das von Heine ausgerufene Ende der Goetheschen *Kunstperiode* in nuce.

III.IV. Aufstand der Zeichen

Von Ursprungsgeschichten geht eine unwiderstehliche Faszination aus. Aber auch vom Ende, gar vom belanglosen, unspektakulären? Ab wann hat sich Heines dermaßen ins Auge fallender – und bisher doch so konzertiert übersehener – Hang zu Auslassungszeichen wieder gelegt? Ab wann ließ er von diesem Experiment? Antworten darauf müssen vorläufig bleiben, so vorläufig wie alle diese ersten Überlegungen zu Heines Interpunktion. Es wird von einem weiteren poetologischen Perspektivwechsel ausgegangen werden müssen. Verbunden mit einem neuen Ernst, versagte sich Heine jene gewollt mehrdeutigen, unbestellten Textbrachen, die Leser auf äußert vielfältige Weise bevölkern konnten. Ein Beispiel dieses neuen Ernstes ist der Chronistenstil der »Lutetia«, ein weiteres der vehement attackierende Stil des »Wintermärchens«. Da gibt es keine vieldeutigen Paraphrasen, kein pikantes oder lapidares Auslassungsspiel von Verhüllung und Enthüllung. Heine zeigt die Instrumente. Sind Auslassungszeichen sprachliche Brücken per se, hat dieses epische Gedicht, in rhetorischer Entschlossenheit, alle Brücken abgebrochen. Höhnende Fragezeichen, bohrende, mehrfach addierte Gedankenstriche, trennende Ausrufezeichen regieren den Text. Das, was Christian Kuffner in seiner »Theorie der Beredsamkeit« 1825 einer »gedrängten, kräftigen, starken Schreibart« attestierte, nämlich: »Vorzüglich bedient sie sich gern kurzer Sätze und wirkt durch Schläge«[29], scheint Heine expressis verbis ins Werk zu setzen. Seine Schriftsprache – ich folge hier Anregungen Theodor W. Adornos zu einer mimetischen Physiologie von Satzzeichen[30] – legt ihr leiblich-körperliches Fundament bloß. Sie geht in Stellung und schlägt abgezirkelt zu. Jeder Punkt positioniert und postiert sich. Fragezeichen sind Aufwärtshaken, Gedankenstriche gestochene Graden. Jedes Ausrufezeichen exekutiert.

Und über diesen lediglich mimetischen Gehalt hinaus: Rhetorik kämpft. Im Medium des Textes richtet Heine über Text bzw. richtet sich gegen Text. Jeder schreibt einen anderen fort, aber viel wichtiger, jeder stuft einen anderen zurück. Textarbeit ist Konkurrenz- und Verdrängungskampf, noch dazu, wenn sie sich radikal neuer sprachlicher Mittel bedient. Darüber hinaus ficht Heine Kämpfe aus, die sich aus dem komplizierten Mit- und Gegeneinander textueller und nichttextueller Kosmen erklären. Er stemmt sich – gerade mit dem körperlichen Einsatz von Schrift – gegen unliebsame Personen, Zeitumstände und Zustände. Text ist das Panier, das sie beiseite fegt, Großmacht, der andere nichttextuelle Mächte sich beugen müssen. Letztlich aber – und das ist die Pointe gerade von Interpunktion – sprengt Schrift diesen rein funktionalen Bezug. Schriftzeichen sind *Aufstand* gegen Realität und symbolischer *Sieg* über Realität schlechthin. Heine demonstriert und realisiert qua Schrift und Interpunktion einen nichtfunktionalen Handlungszwang, einen rigorosen Aufstand der Zeichen. Das bloße Signet, das Symbol, das leere Zeichen als solches ist Heines Ansturm, Heines Anrennen gegen die Gleichgültigkeit der Welt. Zeichen markieren einen Claim, artikulieren einen Anspruch, bezeugen immer und überall schon kodiertes und markiertes Terrain. Erleichtert soll der schiffbrüchige Aristipp im Sand des Strands von Rhodos geometrische Figuren von menschlicher Hand vorgefunden haben. Auf gleiche Weise sind auch Heines Interpunktionen Testate kultureller Präsenz, signiertes Humanum, unvergänglicher Kulturraum. Jegliches Zeichen, wie bescheiden oder gewaltig auch immer, kündet vom grundlegenden poetischen Imperativ: Ich bin *schon* hier, bzw. ich bin *immer noch* hier, oder, als kleinster poetischer Nenner: Ich *bin*.

Anmerkungen

* Der Text beinhaltet Teile des Aufsatzes: Olaf Briese: Auslassungszeichen. Interpunktionsregime bei Heinrich Heine. – In: [Auslassungen]. Leerstellen als Movens der Kulturwissenschaft. Festschrift für Hartmut Böhme, hrsg. v. Natascha Adamowsky u. Peter Matussek. Würzburg 2004, S. 213–220. Für Hinweise danke ich herzlich Bernd Füllner (Düsseldorf) und Wolfgang Rasch (Berlin).

1 Vgl.: Jochen Zinke: Autortext und Fremdeingriff. Die Schreibkonventionen der Heine-Zeit und die Textgeschichte des »Buches der Lieder«. Hamburg 1974, S. 242–283, vgl. auch: Marianne Bockelkamp: Heine et »sa« ponctuation. – In: Edition und Interpretation/Edition et Interprétation. Akten des [...] deutsch-französischen Editorenkolloquiums, hrsg. v. Louis Hay u. Winfried Woesler. Bern, Frankfurt a. M., Las Vegas 1981, S. 182–193.

2 Vgl.: Alexander Bieling: Das Princip der deutschen Interpunktion nebst einer übersichtlichen Darstellung ihrer Geschichte. Berlin 1880, S. 12, 16 f.; M. B. Parkes: Pause and effect. An introduction to the history of punctuation in the West. Aldershot 1992, S. 279, 213, 215. Am Beispiel deutscher Schulgrammatiken ist die Genese des Fragezeichens im Deutschen nachvollziehbar, vgl.: Stefan Höchli: Zur Geschichte der Interpunktion im Deutschen. Eine kritische Darstellung der Lehrschriften von der 2. Hälfte des 15. Jahrhunderts bis zum Ende des 18. Jahrhunderts. Berlin, New York 1981, passim.

3 Vgl.: Was ist Aufklärung? Thesen und Definitionen, hrsg. v. Ehrhard Bahr. Ergänzte Ausgabe. Stuttgart 2000.

4 [Albert Sachs], Fragen. – In: Tagebuch über das Verhalten der bösartigen Cholera in Berlin. Nr. 20–25, 7.–13. Oktober 1831, S. 77–98; Red[aktion], Aphorismen. – In: ebd., Nr. 44, 4. November 1831, S. 177.

5 Vgl.: Die deutsche Leinen-Industrie-Frage; Beleuchtet von Gebrüder Alberti & Schreiber. Waldenburg 1845; Die Hut-Frage oder der Missbrauch des Hutabnehmens beim Grüssen bekämpft aus sozialen u. medizinischen Gründen. Leipzig 1841.

6 Vgl.: [Johann Jacoby:] Vier Fragen beantwortet von einem Ostpreußen. Mannheim 1841; Theodor von Schön: Woher und Wohin? Straßburg 1842; Heinr. Simon: Annehmen oder Ablehnen? [...]. Leipzig 1847; [Anonym:] Vier Fragen veranlaßt durch die Verordnungen vom 3. Februar 1847 und beantwortet von einem Preußen. Leipzig 1847.

7 Vgl.: Anastasius Grün, Warum? – In: Anastasius Grüns sämtliche Werke in zehn Bänden, hrsg. v. Anton Schlossar. Bd. V. Leipzig [1907], S. 139 f.; Franz Dingelstedt: ???? – In: Lieder eines kosmopolitischen Nachtwächters (1841), hrsg. v. Hans-Peter Bayerdörfer. Tübingen 1978, S. 185 f.

8 Vgl.: Heinrich Lausberg: Handbuch der literarischen Rhetorik. Eine Grundlegung der Literaturwissenschaft. München 1960, S. 379.

9 Vgl. jetzt: Zu Heinrich Heines Spätwerk ›Lutetia‹. Kunstcharakter und europäischer Kontext, hrsg. v. Arnold Pistiak u. Julia Rintz. Berlin 2007.

10 Vgl.: Höhn 2004, S. 474 f.

11 Vgl.: Martina Michelsen: Weg vom Word – zum Gedankenstrich. Zur stilistischen Funktion eines Satzzeichen in der englischen Literatur des 17. und 18. Jahrhunderts. München 1993, S. 28 ff.; Bieling [Anm. 2], S. 27.

12 Vgl.: [Johann Jacob Bodmer:] Die Grundsätze der deutschen Sprache [...], Zürich 1768, S. 126; Johann Christoph Adelung: Vollständige Anweisung zur Deutschen Orthographie. 2. Aufl. Leipzig 1790, S. 391; Brosse zit. nach: Alexander Košenina: Der gelehrte Narr. Gelehrtensatire seit der Aufklärung. Göttingen 2003, S. 259.

13 Zu Gedankenstrichen in Goethes »Werther« vgl.: Jürgen Stenzel: Stiluntersuchungen an deutscher Prosadichtung. Göttingen 1966, S. 40–54.

14 Vgl.: Joseph Anton Kruse: Heines Gedankenstriche: ›Auslassungen‹ zur Politik und Liebe. – In: Gedankenstrich. Gedichte – Bilder – Essays, hrsg. v. Joachim Rönneper. Gießen 1992, S. 35–37.

15 Karl Gutzkow: Presszwang (1831). – In: Heinrich Hubert Houben: Zeitschriften des Jungen Deutschlands. (Erster Teil.). Berlin 1906, Sp. 115–122, hier: Sp. 119.

16 Vgl. u. a.: Ludwig Börne: Denkwürdigkeiten der Frankfurter Zensur. – In: Sämtliche Schriften. Neu bearb. u. hrsg. v. Inge und Peter Rippmann. Bd. I. Dreieich 1977, S. 906–920; vgl. auch: Bd. V, S. 986–989.

17 Vgl.: H. H. Houben: Polizei und Zensur. Längs- und Querschnitte durch die Geschichte der Buch- und Theaterzensur. Berlin 1926, S. 57.

18 Theodor Mundt an Charlotte Stieglitz (Anfang Mai 1834). – In: H. H. Houben: Verbotene Literatur. Von der klassischen Zeit bis zur Gegenwart. Zweiter Band. Berlin 1928, S. 373.

19 Schlußprotokoll der Wiener Ministerialkonferenzen von 1834 – Die Geheimen Sechzig Artikel (12. Juni 1834). – In: Quellen zur Ära Metternich, hrsg. v. Elisabeth Droß. Darmstadt 1999, S. 221–237, hier: S. 228; Allerhöchste Cabinetsordre vom 6. August 1837. Erläuterungen und Ergänzungen der Verordnungen über die Censur der Druckschriften [...]. – In: Franz Hugo Heese: Die Preußische Preßgesetzgebung, ihre Vergangenheit und Zukunft. Berlin 1843, S. 247 f., hier: S. 246.

20 Vgl.: Adolf Glaßbrenner: Berlin wie es ist und – trinkt. Fünftes Heft: »Berliner Fuhrleute«. Dritte durchaus vermehrte und verbesserte Auflage. Leipzig 1843, S. 4; David Kalisch: Junger Zunder – Alter Plunder. Posse mit Gesang in drei Akten (1850). – In: David Kalisch, Altberliner Possen, hrsg. v. Manfred Nöbel. Berlin 1988, Bd. II, S. 141–242, hier: S. 184. Eine Reihe weiterer Beispiele für den kreativen Umgang mit der Gestaltung von Zensurlücken in: Houben [Anm. 17], S. 56 ff.

21 Karl Gutzkow: Vom Berliner Journalismus. – In: Forum der Journal-Literatur. Eine antikritische Quartalschrift. Ersten Bandes Zweites Heft. Berlin 1831, S. 151–204, hier: S. 203.

22 Vgl.: Bieling [Anm. 2], S. 36, 86 f.

23 Zur auffällig versachlichenden Interpunktion in Heines Berichten über die Literatur, Religion und Philosophie Deutschlands aus der Mitte der dreißiger Jahre, die der expressiven Zeichensetzung in seinen ausgesprochen künstlerischen Arbeiten entgegenstand, vgl.: Bockelkamp [Anm. 1], S. 190.

24 Vgl.: Wolf Peter Klein u. Marthe Grund: Die Geschichte der Auslassungspunkte. Zu Entstehung, Form und Funktion der deutschen Interpunktion. – In: Zeitschrift für germanistische Linguistik 25 (1997), S. 24–44, hier: S. 28 ff.

25 Vgl.: [Bodmer, Anm. 12], S. 126.

[26] Veränderungen hinsichtlich der Interpunktion lassen sich vor allem in bei von Heine überarbeiteten Ausgaben der expressiven Jugendwerke beobachten. Jochen Zinke hat am Beispiel des »Buchs der Lieder« vorbildlich herausgearbeitet, wie Heine in späteren Auflagen aufgrund der Distanz zur Emphase der jugendlichen Ursprungsveröffentlichung und aufgrund von Verlegerforderungen normierende Interpunktionsverfahren verstärkte, vgl.: Zinke [Anm. 1], S. 242–283. Ein ähnliches Verfahren hat Manfred Windfuhr für die spätere Überarbeitung des jugendlichen »Rabbi«-Fragments herausgestellt, vgl.: DHA, Bd. V, S. 609–612.

[27] Vgl. zu dieser Interaktivität: Bernhard J. Dotzler: Werthers Leser. – In: Modern Language Notes 114 (1999), S. 445–470; Brigitte Obermayr: Erfahrungen der Leere. Zum Status der Leerstelle in der ästhetischen Text-Erfahrung. – In: Ästhetische Erfahrung im Zeichen der Entgrenzung der Künste. Epistemische, ästhetische und religiöse Formen von Erfahrung im Vergleich, hrsg. von Gert Mattenklott. Hamburg 2004, S. 137–154, hier: S. 145 ff.

[28] Theodor Mundt: Die Kunst der deutschen Prosa. Aesthetisch, literargeschichtlich, gesellschaftlich. Berlin 1837, S. 55.

[29] Christoph Kuffner: Theorie der Beredsamkeit für alle Formen prosaischer Darstellung. Theil 1, Wien 1825, S. 261 f.

[30] Vgl.: Theodor W. Adorno: Satzzeichen. – In: Ders.: Noten zur Literatur. Frankfurt a. M. 1958, S. 161–172.

II.
Musik im Bild- und Sprachwitz bei Daumier und Heine

Von Friedrich W. May, Düsseldorf

I.

Ist es nicht reizvoll und seltsam zugleich sich vorzustellen, Daumier und Heine hätten einander kennen gelernt? Denn das Merkwürdige ist, dass sie sich nie begegnet sind. Nichtsdestoweniger lassen sich, jenseits etlicher Gemeinsamkeiten, zwischen dem Sprachwitz des heineschen Schreibstils und dem Bildwitz der daumierschen Lithographien einige thematisch engere und ästhetisch dichtere Beziehungen entdecken, die man als Entsprechungen, als Parallelen oder als Analogien ansehen mag.

Paris war laut Heine »nicht bloß die Hauptstadt von Frankreich, sondern der ganzen zivilisierten Welt, und [...] ein Sammelplatz ihrer geistigen Notabilitäten.« (B III, 133 f.) Und nach den Worten von Walter Benjamin in seinem Passagenwerk (1927) war Paris »die Welthauptstadt des XIX. Jahrhunderts«, mithin auch die Welthauptstadt der Musik.[1] »Aber diese Stadt der Sünden, Paris – der liebe Gott muß sie doch liebhaben; was er nur Schönes hat, was Gutes, alles schenkt er ihr. Die schönsten Gemälde, die besten Sänger, die vortrefflichsten Komponisten«, schreibt Ludwig Börne am 1. Februar 1831 in seinen »Briefen aus Paris«.[2] Bedenkt man, welchen Stellenwert die Musik im Werk Daumiers und Heines einnimmt, so scheint es nicht abwegig, diese zum Medium einer vergleichenden Betrachtung zu machen.

Wortwitz als eine überraschende Wendung in der Sprache und Bildwitz als eine überraschende Konstellation oder Situation bilden eine wesentliche stilistische Gemeinsamkeit, die für unsere Themenstellung zentral ist. Wie programmatisch der Witz für Heines stilistische Strategie bereits 1828 war, erhellt aus seiner Bemerkung »Seitdem es nicht mehr Sitte ist, einen Degen an der Seite zu tragen, ist es durchaus nötig, daß man Witz im Kopfe habe.« (B I, 448) Wenn man andererseits ein Auge dafür hat, wie Daumier mit unerwarteten Perspektiven, mit überraschenden Bildausschnitten und Blickwinkeln Situationen und Personen in seine Lithographien einarbeitet, dann erkennt man die Bedeutung des Bildwitzes für seine Karikaturen in seinem zentralen und größten Werkkomplex. Beide, Daumier und Heine, bevorzugen die ironische, aggressive, parodierende Seite des Witzes, wobei die Ironie oft eine Maske, wenn nicht gar eine Rüstung ist, die in Verstellung durch versteckten Spott das Gegenteil dessen meint, was sie sagt oder darstellt. Wie wichtig Heine der Witz war, ergibt sich aus Kapitel XI von »Ideen. Das Buch Le Grand«, in dem er sich auf den »großen Urpoeten« beruft, der »in seiner tausendaktigen Welttragödie den Humor aufs höchste zu treiben weiß« und dem die menschlichen Poeten: Aristophanes, Goethe, Shakespeare nachahmen. (B II, 282) Und wer wüsste nicht, dass die Parodie eine vornehme Verwandte der Karikatur (Joachim Kaiser) und die Karikatur eine übertreibende Enthüllung (Manes Sperber) ist? Heine verteidigt denn auch an der erwähnten Stelle den Witz als Angriffswaffe, denn er »besass jene göttliche Bosheit, ohne die ich mir das Vollkommene nicht zu denken vermag«, wird Friedrich Nietzsche in »Ecce homo« (1888) über ihn sagen. Da das parodistische Moment auch den Karikaturen Daumiers immanent ist, stellen beide Künstler als kritische Beobachter und analytische Chronisten ihrer Zeit viele der überkommenen und herrschenden Auffassungen und Wertungen in Frage, enthüllen die Verkehrtheiten ihrer Zeit und verdeutlichen blitzartig das Fragwürdige und Brüchige der Denk- und Verhaltensweisen ihrer Gesellschaft, ihrer Institutionen und Mitmenschen –, der eine mit seiner Schreibfeder, der andere mit seiner Zeichenfeder.

Wie stand Heine nun aber zur Karikatur? Seine diesbezügliche Einstellung ist nicht zu trennen von seinem Verhältnis zur bildenden Kunst insgesamt. Nicht von ungefähr eröffnet Heine, kaum in Paris Fuß fassend, seine Berichte aus der Metropole mit »Französische Maler – Gemäldeausstellung in Paris 1831«. Im Zuge der Besprechung eines Bildes von Decamps mit dem Titel »Patrouille« nimmt er Bild und Maler in Schutz gegen den Vorwurf der Karikatur von Seiten der akademischen Kunstrezensenten. Heines Parteinahme bleibt aber auf halbem Wege stehen, wenn er argumentiert: Die Unnatürlichkeit und Komik im Bilde störe ihn nicht, denn die Einheitlichkeit des Kolorits, die »deliziöse Farbenmusik« bewahre es davor, Karikatur zu sein. Und unmittelbar zur Karikatur heißt es dort: »Karikaturmaler sind selten gute Koloristen, eben jener Gemütszerrissenheit wegen, die ihre Vorliebe zur Karikatur bedingt.« (B III, 47) Nichtsdestoweniger hat Heine doch bewusst von Karikaturen Notiz genommen, denn im Nachtrag von 1833 schreibt er, »Die Menge solcher Spottblätter und Zerrbilder wird täglich größer [...]« (B III, 82), nachdem im unmittelbar vorangehenden Satz von Satiren und Karikaturen die Rede war. Auch von der Zeitschrift »La Caricature«, dem Vorgängerblatt von »Le Charivari«, deren Hauptmitarbeiter und -lithograph Daumier war, muss Heine, nicht zuletzt durch seine häufigen Besuche in den Lesekabinetten[3], Kenntnis gehabt haben, denn von der berühmten Birne-Karikatur des Herausgebers Charles Philipon auf König Louis-Philippe berichtet Heine in den »Französischen Zuständen« in Verbindung mit dem Prozess, der gegen Philipon und Daumier angestrengt wurde.[4] Noch weitergehend lässt sich mit Bernd Kortländer sagen: »Obwohl Heine die Karikatur als Gattung nicht schätzt, ähneln seine Porträts des Königs gelegentlich denen des Erfinders der ›Birne‹, Philipon, oder denen Daumiers und der übrigen Zeichner des *Charivari*.«[5] Hingegen bleibt es unsicher, ob Heine die Figur des Robert Macaire, der Daumier ab 1836 seine berühmte Karikatur-Serie von über 100 Blättern widmete, aus dem Theaterstück kannte oder aus den Karikaturen Daumiers.

Auf dem gemeinsamen Boden gleicher Einschätzung befinden sich Daumier und Heine auch, was die Produktionsbedingungen der Karikaturen betrifft. Die Lithographie, deren überragender Meister Daumier wird, war die notwendige technische Voraussetzung, um als Graphiker/Zeichner mit den politischen Tagesereignissen Schritt halten und für die Presse erfolgreich arbeiten zu können. Die Notwendigkeit dieser neuen Technik, die Daumier bereits selbstverständliches Arbeitsmedium war, für die neue Kunst und ihren politischen Kampf hat auch Heine gesehen: »Indessen, die neue Zeit wird auch […] eine neue Technik […] hervorbringen […]« (B III, 72). Diese Reproduktionstechnik, so Walter Benjamin 1934/35 in »Das Kunstwerk im Zeitalter seiner technischen Reproduzierbarkeit«, befähigte die Graphik mit der Lithographie den politischen und bürgerlich normalen Alltag illustrativ zu begleiten und nahezu zeitgleich zu kommentieren. Dies änderte nota bene auch die Rolle der Kunst, denn diese konnte sich nun auf die Gesellschaft als Ganzes beziehen, auf öffentliche Wirkung ausgehen, den Verhältnissen den kritischen Spiegel vorhalten und sich selbst als Korrektiv zur Gesellschaft verstehen.

Beide, Daumier und Heine, besaßen keine Fachkenntnisse im engen, musikspezifischen Sinn, so dass sie schon allein von den persönlichen Voraussetzungen her auch jenseits ihrer politischen Intentionen mehr auf das sozial-gesellschaftliche Erscheinungsbild der Musik verwiesen waren. Neben diesem Aspekt, der die Entstehungsseite ihrer Arbeiten betrifft, bestand auch noch eine weitere Gemeinsamkeit der beiden Künstler auf der Wirkungsseite, denn beide mussten bei einem Publikum Anklang finden, das im allgemeinen ohne Fachkenntnisse war und einfach nur in launiger Weise über die Ereignisse im Musik(kultur)betrieb von Paris unterrichtet sein wollte.

In Paris, dem Foyer sozialer und gesellschaftlicher Veränderungen, entsteht mit der Industrialisierung so etwas wie Kulturindustrie und Musikbetrieb, in welche die Marktgesetze zunehmend hineinwirken. Sie bringen als eine Marktspaltung einerseits Professionalisierung und Virtuosentum mit Stars und andererseits Musikdilettantismus mit einer weit verbreiteten Trivialität hervor. All dies geht darauf zurück, dass sich seit etwa 1825 das Bürgertum auch die Musik in ihren Facetten erschlossen hatte und so etwas wie ein öffentliches Musikleben entstanden war. Es wurden vermehrt Konzerte besucht[6] und Konzertsäle gebaut und die Opernhäuser inszenierten für den begierigen Publikumsgeschmack immer aufwendigere Produktionen.

> Aus den vorhergehenden Bemerkungen werden Sie die gegenwärtige Bedeutung der französischen großen Oper begriffen haben. Sie hat sich mit den Feinden der Musik ausgesöhnt, und wie in den Tuilerien ist der wohlhabende Bürgerstand auch in die Académie de Musique eingedrungen, während die vornehme Gesellschaft das Feld geräumt hat. Die schöne Aristokratie, diese Elite [...] flüchtete sich in die italienische Oper, in diese musikalische Oase, [...] während rings umher eine blasse Sandwüste, eine Sahara der Musik. (B III, 349)

Es begann der Siegeszug des Klaviers, der in den Salons des Adels und der Finanzbourgeoisie einsetzte und dann über die Konzertsäle in Matineen und Soireen zu einer ungeahnten Verbreitung des Instruments führte. Nicht zuletzt in Verbindung damit wurde eine immer massenhaftere musikalische Unterhaltungsliteratur geschaffen. Im Bereich der Musik wuchsen die Orchester und entwickelten eine farbenreichere Klangpalette der Instrumentierung, während die Harmonik mehr mit Chromatik angereichert und differenziert wurde und das traditionelle Tonsystem ganz allmählich an seine Grenze trieb. Heine schreibt: »die Franzosen [haben] in den [...] Künsten, in der Poesie, in der Musik, und in der Malerei, das klassische System umgestürzt« (B I, 593). In dieser Emanzipation der Dissonanz lässt sich eine gewisse Analogie zu den Diskrepanzen und Antagonismen vermuten, welche Heines Schreib- und Daumiers Zeichenstil charakterisieren und die auf Widersprüche und unaufgelöste Gegensätze in der Gesellschaft zurückverweisen.

Was den Niederschlag zumindest des Pariser Musiklebens für die fragliche Zeit in den Lithographien Daumiers angeht, so ist hierfür bereits ein wenig Vorarbeit geleistet.[7] Abgesehen von vielen Einzelblättern Daumiers, sind seine Lithographieserien »Les Musiciens de Paris« (1841–1843, 6 Blätter, LD 919–924), »Croquis musicaux« (1852, 17 Blätter, LD 2229–2245) und »Etudes musicales« (1865, 5 Blätter, LD 3388–3392) ausdrücklich mit der Musik befasst[8], während wir uns bei Heine auf »Französische Zustände« (1832), »Florentinische Nächte« (1835/1837), »Über die französische Bühne« (1837) und »Lutetia« (ab 1840) sowie einige Gedichte konzentrieren.

II.

»Wir entrinnen so schnell als möglich solchem Charivari« (B III, 572), schreibt Heine in Wendung gegen die philosophischen Parteien, die Spinoza verunglimpft haben. Damit ist ein Stichwort gegeben, das beide Künstler verbindet und in unserem Zusammenhang wichtig ist. Heine hat also gewusst, was ein Charivari ist – eine Katzenmusik, die sich vom griechischen Wort »karebaria« (= Kopfschmerzen) herleiten soll, und die in der europäischen Tradition seit dem Mittelalter, besonders aber seit 1814 missliebigen Politikern dargebracht wurde, indem man vor ihr Haus zog und dort mit Geräten wie Kochtöpfen, Schnarren, Trillerpfeifen, Rasseln etc.

einen Höllenlärm veranstaltete. Einen solchen Abgesang hat Heine im Sinn, wenn er in Artikel LII von »Lutetia« unter dem Datum des 4. Dezember 1842 schreibt: »Es war ein schlechtes Jahr, und wäre ich ein Tendenzpoet, ich würde mit meinen mißtönend poltrigsten Versen dem scheidenden Jahre ein Charivari bringen.« (B V, 424)

»Le Charivari« ist aber auch der oppositionell programmatische Name der illustrierten Zeitung, die der Verleger Charles Philipon (1802–1862) im Dezember 1832 gründete und der Daumier 27 Jahre lang unvergleichliche karikaturistische Dienste leistete.[9] Für Heine, der ein regelmäßiger Besucher der Lese- und Zeitungskabinette in Paris war, dürfen wir annehmen, dass er »Le Charivari« kannte und insofern auch Daumiers Karikaturen gesehen hat. Mit Sicherheit aber hat Heine die Zeitschrift »La Caricature« gekannt – sie war unmittelbare Vorgängerin des »Charivari« –, denn in ihr war die Birne-Karikatur auf König Louis-Philippe erschienen, die vom Verleger Philipon stammte und ihm sowie auch Daumier einen Prozess, Gefängnisstrafe nebst Verbot des Blattes eintrug. Ein schönes Beispiel der Anwendung von Charivari zeigt uns eine Karikatur (LD App. 39), die Daumier lithographierte und die unter dem Titel »Der gefräßige Abgeordnete« am 16. April 1833 in »Le Charivari« erschien. Das Blatt ist im Kontext der politischen Unruhen des Jahres 1833 zu sehen, als sich die Gegensätze zwischen den Anhängern der Julimonarchie und den Republikanern verschärften. Die in der Subscriptio gebrauchte Wendung »gare les casseroles« symbolisiert die Angst des von Magenschmerzen geplagten und bekümmerten Abgeordneten vor dem Verlust eigener Pfründe und Interessen, hat aber im Französischen auch eine zweite Bedeutung von »ich muss mich vor Denunzianten (oder Spitzeln) vorsehen«. In einer Lithographie (LD 554), die der Zeitschrift als Werbung in eigener Sache diente und am 6. Januar 1839 erschien, hat Daumier den Redaktionsstab als Charivari-Orchester vor einer Schaubude auf einem Jahrmarkt, dem Jahrmarkt des politisch gesellschaftlichen Lebens sozusagen, nach der Art von Bänkelsängern dargestellt. Auch eine für längere Zeit verwendete Kopfleiste der Zeitung, die Daumier (allerdings als Holzschnitt) geschaffen hat, führt die Mitarbeiter des »Charivari« als die Mitglieder eines Orchesters vor.[10] Charivari im Sinne von Katzenmusik hat auch in die Lyrik Heinrich Heines Eingang gefunden.[11]

Die Lithographie, die am 5. April 1852 mit dem Text »L'orchestre pendant qu'on joue une tragédie« im »Charivari« erschien (LD 2243), zeigt die Sicht in einen Orchestergraben, wo gähnende, gelangweilte, schlafende Musiker zu sehen sind. Der obere Bildteil lässt etwas von der Bühne erkennen, auf der, den Kostümen nach zu urteilen, ein großer antiker Opernstoff aufgeführt wird. – Im II. Kaiserreich war die große Oper sehr in Mode, nicht allein weil das Regime (wie viele Diktaturen) sich einer Strategie von »Brot und Spielen« bediente, sondern auch, weil es sich eine Tendenz zunutze machte, in der die neureichen Großbürger, Finanzbarone und

Parvenüs meinten, aufgesetzte kulturelle Ambitionen verfolgen zu müssen und die großen aufwendigen Opernspektakel favorisierten. Doch schon im Jahr 1844 schildert Heine anhand des Gebäudes den Zustand der Musik im Haus der Großen Oper:

> Auf diesem Dach stehen acht große Statuen, welche Musen vorstellen. Eine neunte fehlt, und ach! das ist eben die Muse der Musik. [...] Poetischere Gemüter behaupten [...], die arme Polyhymnia habe sich selbst hinabgestürzt, in einem Anfall von Verzweiflung [...]. Von der schlechten Musik, die hier in der Großen Oper seit einiger Zeit grassiert, will ich gar nicht reden. (B V, 538)

Verbindet man diese Ausführungen mit der Karikatur Daumiers, so hat man zwischen den Zeilen den Bezug auf die gesamte Situation, die Gesamtszenerie mitzulesen. Dadurch rückt das Oben und Unten der Lithographie in einen gesellschaftlichen Zusammenhang: Die Willkür derer, die oben großes Interesse an Opernspektakelstücken haben und die großen Politikrollen spielen, bewirken unten nur Desinteresse und Teilnahmslosigkeit bei denen, die die (musikalische) Arbeit tun, praktisch eine kalte Entmündigung, die in der Tat eine politische Tragödie bedeutet. »Was soll [...] dieser phantastische Plunder!« (B III, 312) ruft da mit Heine der über solche Oper entrüstete Republikaner.

Als Nr. 132 der Serie »Actualités« erschien am 21. Mai 1851 in »Le Charivari« eine Lithographie (LD 2110) von Daumier, die eng mit dem Musiksujet verbunden ist. Sie zeigt einen beleibten Sänger, in dem wohl Louis Desiré Véron (1798–1867) karikiert wird und der alles andre als ein Ausbund von Schönheit ist. Unter einem Balkon stehend bringt er, sich selbst auf einer Mandoline begleitend, eine Serenade einer Person dar, die oben halb verborgen hinter einem Vorhang auszumachen ist und auf deren Schlafmütze die Buchstaben »CONSTIT« zu erkennen sind. – Véron, der als Apotheker durch ein Hustenmittel ein erhebliches Vermögen gemacht hatte, war eine herausragende Figur der Finanzbourgeoisie. Er bekleidete von 1831 bis 1835 das Amt des Direktors der Großen Oper in Paris und war ab 1844 zeitweilig der Inhaber der Zeitung »Le Constitutionnel«; das Blatt war die regierungstreue Zeitung der bourgeois-republikanischen Partei, deren Fraktion im Abgeordnetenhaus gemeinhin als »Sumpf« bezeichnet wurde.[12] Laut Heine erfand der Operndirektor »ein Heilmittel gegen die Musik«: Er wusste

> die Schaulust der Leute in so hohem Grade zu befriedigen, daß die Musik sie gar nicht mehr genieren kann [...]. Der große Véron [...] wußte die Musik unschädlich zu machen und gab unter dem Titel »Oper« nichts als Pracht- und Spektakelstücke [...]. Der Name Véron wird ewig leben in den Annalen der Musik; er hat den Tempel der Göttin verschönert, aber sie selbst zur Tür hinausgeschmissen. Nichts übertrifft den Luxus, der in der großen Oper überhand genommen, und diese ist jetzt das Paradies der Harthörigen. (B III, 346f.)

Die Bourgeoisie hielt gerade auch in der Oper an klassischem Heldentum, an klassischen Themen und Formen mit ihrem Pathos fest[13], so dass sie für die sozialen Widersprüche in der Gesellschaft unempfänglich wurde. Die Karikatur bedient sich bewusst des Operngenres, in dem die Situation der Serenade nicht selten vorkommt und immer Werbung, Verlockung, Verführung bedeutet. Im Zusammenspiel mit dem unterlegten Text, der die Melodie »Vive Henri V« intoniert, wird satirisch aufs Korn genommen, dass der bürgerlich liberale »Constitutionnel«, das wichtige Presseorgan des Justemilieu, klerikal konservativen Einflüsterungen und Einflüssen durch den Akquisiteur ausgesetzt ist; denn Heinrich V. war der letzte der Bourbonen, der streng katholisch gesonnen war. Die Karikatur verknüpft nun die Opernpolitik mit der politischen Tendenz, die umso mehr befürchtet werden musste, als sich in dieser Zeit der II. Republik und des virulenten Bonapartismus vor dem Staatsstreich Louis Napoléons die gesellschaftlich widerstreitenden Kräfte heftig befehdeten.

Am 9. Februar 1852 brachte der »Charivari« die Lithographie Nr. 1 der Serie »Croquis musicaux« (LD 2229) von Daumier. Begleitet von einer altjüngferlichen Dame versuchen sich zwei Herren an einem Gesangsduett aus einer Rossini-Oper. Im Text heißt es etwa: Pariser Amateure profitieren von Rossinis Abwesenheit in Italien und erlauben sich (oder nehmen sich heraus), ein Stück aus »Wilhelm Tell« aufzuführen. Die französische Wendung des »se permettre d'executer« lässt anklingen, dass die drei Dilettanten ersichtlich Schwierigkeiten musikalischer Art mit dem Stück haben, sie exekutieren es. »Guillaume Tell« ist die letzte Oper, die Rossini 1829 schrieb und die in Paris uraufgeführt wurde, bevor er das Komponieren gänzlich aufgab. Zu diesem Zeitpunkt hatte das Werk einen stark aktuellen Bezug, denn es fand im Freiheitsgefühl der französischen Republikaner, das von der Restauration lange unterdrückt war und der Julirevolution von 1830 entgegendrängte, eine große Resonanz. Diesen politischen Hintergrund muss man bei der Karikatur bedenken. Sie ruft die republikanischen Ideale und Forderungen in Erinnerung in diesem Jahr 1852, in dem Louis Napoleon die Verfassung außer Kraft setzt, die Pressefreiheit extrem einschränkt und an dessen Ende er sich schließlich per Staatsstreich zum Kaiser erklärt, und in dem sich Daumier als Maler mit dem Bild »La Republique« der Öffentlichkeit stellt. In der Graphik ist es besonders der eine Sänger, der mit erschrecktem Gesicht plötzlich feststellt, dass er etwas nicht singen kann, weil es vielleicht ›zu hoch‹ ist, und dass er im übertragenen Sinne erkennen muss, wie die politischen Zustände sind und worauf er sich da eingelassen hat, – die schöne Freiheitsidee wird von den Akteuren musikalisch wie politisch exekutiert.

Im Zuge der ungeheuren Opernbegeisterung, die in Paris damals herrschte, wurden zahlreiche Gesangvereine gegründet. Entsprechend dieser Singmanie ist die Zahl der Karikaturen bei Daumier hoch, in denen er sich mit dieser Mode auseinandersetzt. Beispielsweise die Lithographie vom 12. Dezember 1851 (LD 2190), untertitelt »L'inconvenient d'avoir un ami melomane«, in welcher der Zuhörer sich ein schreckliches Gesinge dessen anhören muss, der sich für einen großen Sänger hält. Das Blatt Nr. 77 aus der Serie »Les Bons Bourgeois« vom 7. Dezember 1847 (LD 1553) zeigt, dass diese Unannehmlichkeit selbst verheirateten Paaren nicht erspart bleibt, wobei der Text auch einen Bezug zur Qualität der Zweisamkeit hergibt. Eine satirische Zuspitzung dieser Parodie, ebenfalls mit Bezug zum bürgerlichen Eheleben im Justemilieu, findet sich in dem Gesangsduett, das Nr. 86 der Serie »Les Beaux Jours de la Vie« unter dem Datum 28. März 1846 (LD 1174) wiedergibt: Eine Ehegattin deklamiert öffentlich vor versammelter Gesellschaft »Je t'ai ai ai ai me«, aber sie singt in Moll und der Herr Gemahl kann auf ihr Bekenntnis hin nichts erwidern. Eine andere Spielart des Bildwitzes lässt Nr. 13 aus der Folge »Croquis musicaux« (LD 2240) erkennen, erschienen am 13. März 1852 im »Charivari«: Eine singverrückte Familie beginnt schon am Morgen das Stück zu üben, das am Abend auf einer Soiree zum Besten gegeben werden soll bei »Mr. Coquardeau«, d. i. bei Herrn Hahnrei, wer dächte bei den beiden letztgenannten Karikaturen nicht an den zweiten Brief Heines »Über die französische Bühne«, in dem er sich über die französischen Eheverhältnisse äußert.[14]

Heine hat die Musikkritik als eine Erfahrungswissenschaft gesehen, in der jedes Theoretisieren fehlgehe: »Wir wissen nicht, was Musik ist. Aber was gute Musik ist, das wissen wir, und noch besser wissen wir, was schlechte Musik ist; denn von letzterer ist uns eine größere Menge zu Ohren gekommen.« Wenige Sätze später beschreibt er auf unnachahmliche Weise die beste Musikkritik, die er je erfahren habe, als einen Singwettstreit zweier Tischgenossen, in dem beide durch Vorsingen besonders schöner Melodien zu entscheiden versuchten, wer der größere Komponist sei, Rossini oder Meyerbeer (B III, 333 f.).

Als Nummer 65 der Serie »Tout ce qu'on voudra« erschien am 28. März 1850 im »Charivari« eine Lithographie Daumiers (LD 1710), deren Subscriptio lautet: »Inconvenient d'avoir des domestiques qui ont servi chez Mr. Duprez«. Sie zeigt ein Dienstmädchen und einen Hausknecht, der mit einem Staubwedel unterm Arm klavierspielend den Gesang des Paares begleitet. Haltung, Gestik und Mimik der beiden mit den nach oben gerichteten Hälsen und Blicken zitieren das Gebaren der großen Oper, können aber auch als angestrengtes, vergebliches Bemühen gesehen werden. – Gilbert-Louis Duprez (1806–1896) war ein seinerzeit gefeierter Opernstar. Das »qui ont servi« in der Bildunterschrift kann übersetzt werden mit »waren beschäftigt oder angestellt bei« oder auch mit »waren ergeben«, womit denn sowohl die Anbetung von Opernstars als auch das unfreiwillig komische Nachahmungsverhalten von Laien karikiert wird, der Kleinbürger imaginiert sich ersatzweise für die Mühen des Alltags gerne hinein in die großen Gefühle der Opernbühne.

Die besten Zeiten des Sängers scheinen aber schon 1837 vorbei gewesen zu sein, denn Heine schreibt aus der Lebens- und Liebeslust des Frühlings heraus »Endlich können wir die große Oper mitsamt Meyerbeer und Duprez entbehren« (B III, 283), und kontrastiert diese Welt mit den Triumphliedern der Nachtigallen. Jahre später, 1844, bietet Heine eine Erklärung an für das Fehlen der Skulptur der Muse der Musik auf dem Gebäude der Académie royale de Musique: Poetische Gemüter behaupteten,

> die arme Polyhymnia habe sich selbst hinabgestürzt, in einem Anfall von Verzweiflung über das miserable Singen von Monsieur Duprez. Das ist immer möglich; die zerbrochene Glasstimme von Duprez ist so mißtönend geworden, daß es kein Mensch, viel weniger eine Muse, aushalten kann, dergleichen anzuhören. Wenn das noch länger dauert, werden auch die andern Töchter der Mnemosyne sich vom Dach stürzen, und es wird bald gefährlich sein, des Abends über die Rue Lepelletier zu gehen. (B V, 538)

Aus den »Scènes d'atelier« brachte als Nr. 3 (LD 1723) der »Charivari« am 21. Juni 1850 eine Karikatur Daumiers, die einen Künstler zeigt, der einen indignierten Atelierbesucher mit seinem Geigenspiel vertreibt. Der unterlegte Text lautet: »Manière polie de mettre un bourgeois à la porte d'un atelier, lui jouer quarante sept fois de suite l'air de la Monaco«. Die Lithographie bedient sich vermutlich der französischen Redewendung »jouer violine d'Ingres«, was soviel heißt wie »etwas aus Liebhaberei betreiben«, und stützt sich auf die Tatsache, dass man infolge der Opernbegeisterung in Paris gewisse Gassenhauer und Ohrwürmer an jeder Ecke zu hören bekam. Eine analoge, ja schon inflationäre Verbreitung gewisser Opernmelodien und bekam Heine auch schon in Berlin zu spüren, wo er sich von Carl Maria von Webers Jungfernkranz-Arie aus dem »Freischütz« geradezu verfolgt fühlte.[15]

Über Jean-Auguste-Dominique Ingres (1780–1867) berichtet Heine recht kühl und distanziert: »Am meisten besprochen und durch Lob und Widerspruch gefeiert wurde dieses Jahr Herr Ingres [...] Wie Ludwig Philipp im Reiche der Politik, so war Herr Ingres dieses Jahr König im Reiche der Kunst. Wie jener in den Tuilerien, so herrschte dieser im Louvre. Der Charakter des Herren Ingres ist ebenfalls Justemilieu [...]« (B III, 78). Von Ingres, der als Amateur auch ein sehr beachtlicher Violinspieler war, ist bekannt, dass er die Besucher seines Ateliers mit seinem Geigenspiel zu traktieren pflegte. Er war das Haupt der (neo)klassizistischen Malerschule und erfreute sich im Empire und Biedermeier großen Anklangs. Diese Auffassung, die im Bürgertum massenhaft verbreitet war, wird in der daumierschen Graphik ebenfalls karikiert. Hier trifft sich Daumier entschieden mit Heines Überzeugung, dass das Ende der »Kunstepoche« a la Klassik erreicht sei und die neue Zeit eine neue Kunst erfordere, die sich in die politisch sozialen Alltagskämpfe der Gesellschaft einzumischen habe.[16]

Am 5. April 1843 brachte »Le Charivari« aus der Serie »Les Saltimbanques« eine Lithographie Daumiers (LD 620), die auf der Bühne einer Schaustellerbude namhafte Künstler der Zeit vorstellt. Unterstützt von einer Werbetrommel und einem kleinen Handbecken, weist ein Ausrufer marktschreierisch auf die Künstler hin: »Hier sehen Sie die großen Berühmtheiten Frankreichs, deren Größe 36 Fuß über Meeresniveau beträgt«. Bei den dargestellten Künstlern handelt es sich um Victor Hugo, Hector Berlioz und Paul Delaroche. Die Szenerie ist durchaus dem Leben entnommen, wie es die Pariser auf den Boulevards antrafen. Insbesondere auf jenen (wie etwa dem Boulevard du Temple), die die kleinen Leute frequentierten, hatten sich Zirkus, Volkstheater, und andere Vergnügungsstätten angesiedelt, die ihre Herkunft von den Jahrmärkten immer noch erkennen ließen an der vorderen kleinen Präsentationsbühne, an dem Ausrufer und der großen Pauke, der die Gaffer mit kleinen Auftritten zum Eintritt zu animieren hatte; dieses Vorspiel nannte sich Parade und war als gleichsam kostenloser Appetithappen ein wichtiger Teil des Spektakels.

»Die Theater des Boulevards, [...] die ich in diesen Briefen beständig im Sinne hatte, sind die eigentlichen Volkstheater« (B III, 329), schreibt Heine im achten Brief »Über die französische Bühne« und zählt, durchaus im Sinne einer Rangfolge, Namen und Stätten auf, die bis hinunter zu Vaudevilles, Singspäßen, Possenreißereien und Tanzbuden reichen. Hier pflegte das Volk massenhaft sein Unterhaltungsbedürfnis, seine Schaulust und Vergnügungssucht zu befriedigen. Verknüpft mit der daumierschen Graphik bedeutet uns diese mit kritischem Unterton, dass jetzt selbst die hohe Kunst zu Markte geht, zur angepriesenen Ware wird, die auf Recette en masse angewiesen ist. Wie sehr man sich dabei auch schon Absatz fördernder Mechanismen bediente, macht Heine an der Rolle von chatouilleurs (B III, 331) deutlich, jener bezahlten Personen, die bei Lustspielen durch animierendes Lachen Gelächter des Publikums auslösen sollten, um so für den Erfolg zu sorgen.

Eine Reihe Fortschritte im Instrumentenbau perfektionierten das Klavier immer mehr und beflügelten seinen Siegeszug so, dass es in dem für uns relevanten Zeitabschnitt längst im Zentrum der musikalischen Entwicklung stand. Dies führte einmal zur Ausbildung der pianistischen Virtuosität, wie sie mit Namen Chopin, Liszt u. a. verbunden ist, brachte aber andererseits auch eine ungeheuere Verbreitung des Instruments im Bürgertum mit sich. Dementsprechend zahlreich sind die Lithographien Daumiers und die Texte Heines, die Klavierspiel und Pianistik zum Gegenstand haben. – Am 6. März 1843 erschien im »Charivari« als Nr. 6 der Serie »Les musiciens de Paris« die Lithographie »Si vous saviez comme vous êtes jolie!« (LD 924). Bewacht von einer älteren Anstandsdame im Hintergrund ist in harmonischer Verschränkung ein junges Paar zu sehen, dessen weiblicher Teil hingegeben Klavier spielt. Der dem Blatt unterlegte Text spielt mit den Bezeichnungen der Solmisation, in der die Töne der Tonleiter benannt sind, und wendet sie wortwitzig ins Erotische. Das Klavier war nicht allein das schicklichste Instrument für junge Mädchen, das ihre Heiratschancen erhöhte und sie ans Haus band, sondern zugleich auch das prädestinierte und prätentiöse Instrument der bürgerlichen Interieurs, verstanden sowohl im Sinne von Innerlichkeit und Gefühlsleben als auch als dekoratives Möbel des Salons. Die Vorliebe des Bürgertums für den ›Gefühlskasten‹ par excellence – bei Mörike heißt es »[...] Du saßest am Klavier im Dämmerschein,/ Versankst im Traumgewühl der Melodien«[17] – ist als Reflex und Kehrseite fortschreitender Industrialisierung vieler Lebensbereiche anzusehen.

Wenngleich Heine seine Eindrücke am Spiel von Franz Liszt festmacht, so lassen sie sich doch, was Wirkungen und Erlebnisweise des Klavierspiels betrifft, mit der vorliegenden Graphik in Verbindung bringen.

> Es war auf einer Soiree [...]. Es war eine glänzende Soiree, und nichts fehlte an den herkömmlichen Ingredienzen des gesellschaftlichen Vergnügens: genug Licht um beleuchtet zu werden, genug Spiegel um sich betrachten zu können, genug Menschen um sich heiß zu drängen, genug Zuckerwasser und Eis um sich abzukühlen. Man begann mit Musik. Franz Liszt hatte sich ans Fortepiano drängen lassen [...]. Im ganzen Saale erblassende Gesichter, wogende Busen, leises Atmen während den Pausen, endlich tobender Beifall. Die Weiber sind immer wie berauscht, wenn Liszt ihnen etwas vorgespielt hat. (B I, 601 f.)

Nimmt man die diversen sozialen Funktionen des Klaviers zusammen, so wird seine ungeheure Verbreitung und lästige Allgegenwart begreiflich. »Diese ewige Klavierspielerei ist nicht mehr zu ertragen! [...] dieses Fortepiano tötet all unser Denken und Fühlen. [...] Dieses Überhandnehmen des Klavierspielens und gar die Triumphzüge der Klaviervirtuosen sind charakteristisch für unsere Zeit [...]« (B V, 435), schreibt Heine. Eine frühe Karikatur von Daumier aus den »Scènes grotesques« (LD 731), im »Charivari« am 24. Juli 1839, illustriert diese Heine Passagen gut, soweit es die Lästigkeit angeht. Vielleicht stand Heine aufgrund des in früher Jugend erfahrenen Geigenunterrichts dem Klavier ablehnend gegenüber, denn an anderer Stelle heißt es »Wer in [...] öffentlichen Anstalten Polyhymnias nicht genug Gelegenheit findet, sich zu langweilen, der kann schon in den Privatsoiréen sich nach Herzenslust ausgähnen: eine Schar junger Dilettanten, die zu fürchterlichsten Hoffnungen berechtigen, läßt sich hier hören in allen Tonarten [...]« (B V, 335). Die Nr. 7 aus der Serie »Croquis musicaux« (LD 2234), die der Charivari am 26. Februar 1852 brachte, veranschaulicht nochmals vortrefflich, was Heine schrieb.

Für Heine verkörperte das Klavier das Eindringen der Industrie in den autonomen Bereich der Musikkultur: Einmal weil er das Klavier als das im Vergleich zur Geige mechanischere Instrument ansah, zum anderen in der Wendung gegen die falschen Kunstkriterien des Publikums, das die überwundenen technischen Schwierigkeiten in den Spitzenleistungen der Virtuosen schon als Kunst gewertet wissen wollte.

[D]ie Triumphzüge der Klaviervirtuosen sind charakteristisch für unsere Zeit und zeugen ganz eigentlich von dem Sieg des Maschinenwesens über den Geist. Die technische Fertigkeit, die Präzision eines Automaten, das Identifizieren mit dem besaiteten Holze, die tönende Instrumentwerdung des Menschen, wird jetzt als das Höchste gepriesen und gefeiert. (B V, 435)

Die Leser des »Charivari« erblickten am 25. Dezember 1844 als Nr. 23 der Serie »Voyage en Chine« (LD 1209) eine Karikatur Daumiers, die auf den berühmten Pianisten Franz Liszt (1811–1886) abzielte. Sie zeigt ihn in einem schwarzen Kleid, orientalischen Pluderhosen und Pantoffeln vor seinem Klavier stehend, sich einer Gruppe von Chinesen zuwendend, die ihm in devoter Haltung einen kostbaren Säbel darbieten. – Das Blatt und der Text nehmen spottend Bezug auf den Ehrensäbel, der ihm am 4. Januar 1840 in Pest anlässlich seiner frenetisch gefeierten Konzertreise überreicht wurde.

Während Heine in den »Florentinischen Nächten« über Liszt noch wohlwollend berichtet, wurde seine Einschätzung später kritischer.[18] Er zählt ihn zwar immer noch, neben Chopin und Sigismund Thalberg zu den Pianisten, »die eine ernste Beachtung verdienen«, aber er nimmt mehr und mehr Anstoß an seiner Eitelkeit und charakterisiert ihn dann im Jahre 1844 durch eine brillante, witzig groteske Häufung von Epitheta.[19] Diese verweisen alle, ohne seine musikalische Brillanz in Frage zu stellen, auf die Eitelkeit des Klaviervirtuosen und sein Reklamegeschick. Auch in dem Gedicht »Im Oktober 1849« taucht der Ehrensäbel wieder auf[20]; in diesem Poem erweitert Heine allerdings die Aspekte der Kritik und wirft dem Pianisten fehlendes Engagement im ungarischen Befreiungskampf 1848/49 vor, der von Österreich mit Hilfe Russlands brutal niedergeschlagen wurde

Je mehr die Kommerzialisierung auch den Musikbereich erfasste und zu beherrschen begann, desto mehr mussten die Musiker im immer enger werdenden Musikmarkt Aufmerksamkeit erregen und auf sich lenken. Die große Fülle der Konzerte, bei denen üblicherweise mehrere Musiker nacheinander antraten, gerade auch im populären Felde der Pianisten, ließ eine starke Tendenz, ja fast einen Zwang zur Eigenwerbung und selbstorganisierten Vermarktung entstehen, die durch Annoncen, lobpreisende Vorankündigungen und Artikel in Zeitungen, durch Agenten und Claqueure besorgt wurde. Dabei war der Besuch derartiger Veranstaltungen nicht billig, ein Theater-, Konzert- oder Opernplatz kostete 5 bis 20 Francs.[21]

Die Zahl der Konzertgeber während der diesjährigen Saison war Legion, und an mittelmäßigen Pianisten fehlte es nicht, die in öffentlichen Blättern als Mirakel gepriesen wurden. Die meisten sind junge Leute, die in bescheiden eigner Person jene Lobeserhebungen in die Presse fördern. Die Selbstvergötterungen dieser Art, die sogenannten Reklamen, bilden eine sehr ergötzliche Lektüre (B V, 359),

schreibt Heine im April 1841. Da nicht nur den Pianisten, sondern den Musikern überhaupt ein Erfolg in Paris für Europa Tür und Tor öffnete, wurde die Stadt gleichsam zum »Annoncenpfahl« (B V, 435) der Reklamen und Sprungbrett in eine internationale Karriere:

> Dreyschock [...] hat den größten Beifall geerntet, und ich referiere getreulich, daß ihn die öffentliche Meinung für einen der größten Klaviervirtuosen proklamiert und den gefeiertsten derselben gleichgestellt hat. Er macht einen höllischen Spektakel. Man glaubt nicht, einen Pianisten Dreyschock, sondern drei Schock Pianisten zu hören. (B V, 435)

Das Publikum war so sehr auf artistische Bravourleistungen der Klaviervirtuosen aus und hielt schon allein die Überwindung technischer Schwierigkeiten für Kunst, ohne die tieferen Zusammenhänge zu durchschauen, dass Heine in seinen Musik(er)kritiken den Kontext von Virtuosentum, manipulatorischer Selbstvermarktung und pekuniären Interessen satirisch behandelte und als Ausfluss fundamentalerer Defekte des gesellschaftlichen Systems offenbaren wollte. Denn er sah genauer und erkannte analytisch in den tieferliegenden Zusammenhängen, dass die Industrialisierung nun auch den Kulturbereich erreicht hatte und zu verändern begann.

Mehrere Lithographien Daumiers mögen exemplarisch veranschaulichen, wie es wohl bei den meisten Privatsoireen zuging, die eine damals weitverbreitete Gepflogenheit waren. Das erste Blatt der Serie »Soirées Parisiennes« (LD 2352) erschien am 4. Januar 1853 im »Charivari« und zeigt uns gelangweilte Zuhörer, die sich eine von einem Amateur vorgetragene große italienische Arie anhören müssen. Oft sahen sich die Gäste auch der Unannehmlichkeit ausgesetzt, nach einem großen Diner noch die Romanze über sich ergehen zu lassen, die ein eitler Hausherr meinte vortragen zu müssen (»Croquis Parisiens« Nr. 5, LD 3355). Und schließlich waren, glaubt man »Croquis musicaux« Nr. 18 (LD 2244), die Privatsoireen Treffpunkte und Heiratsmärkte, auf denen so mancher eitle Geck sich mit Romanzen meinte produzieren zu müssen und dann sein Fiasko dabei erlitt. Text und Musik des Dargebotenen mögen dabei oft, wie in dieser Karikatur, in himmelschreiendem Kontrast zur Erscheinung, und zum Auftreten des »Charmeurs« gestanden haben. Dass man dabei leicht ein Opfer seiner Höflichkeit werden konnte, parodiert das Blatt »Croquis musicaux« Nr. 7 (LD 2234), das am 26. Februar 1852 im »Le Charivari« publiziert wurde. Diese Soireen und privaten Feste, deren soziales Ambiente die eben besprochenen Graphiken verdeutlichen, fanden im Salon statt als dem elegant ausgestatteten repräsentativen Gesellschafts- oder Empfangszimmer des gut situierten Besitzbürgertums, das sich solche Wohnverhältnisse leisten konnte. In diesen Salons suchte man das Elegante und Hübsche und neigte mehr zum Schein als zur Realität. Man suchte den neuerworbenen Wohlstand durch Bildung und Geschmack zu rechtfertigen und den Anschein von etwas zu erwecken, was man nicht war, nicht konnte und nicht hatte.

LD 620

»Von den diesjährigen Gesellschaftsbällen kann ich wenig berichten, da ich bis jetzt nur wenige Soiréen mit meiner Gegenwart beehrt habe«, schreibt Heine im Februar 1842, um dann, offenbar auch unter dem Eindruck musikalischer Mittelmäßigkeit,

LES MUSICIENS DE PARIS.
6
Chez Bauger & Cie Edit. R. du Croissant, 16.
Imp. d'Aubert & Cie
– Si vous saviez comme vous ètes jolie! faites semblant de jouer –Taisez vous **do**.– Vous ne m'aimez pas **si**.–Et je serai toujours! **la mi**.

LD 924

VOYAGE EN CHINE.

23

Chez Aubert, Pl. de la Bourse, 29. Imp. d'Aubert & Cie.

UNE RÉCOMPENSE ARTISTIQUE.

— Les chinois aiment la musique, mais ils raffolent surtout des musiciens, leur engouement en ce genre est porté à un point d'exagération qui ne serait pas compris dans nos pays civilisés; ainsi rien n'est plus commun que de voir des chinois s'atteler en guise de chevaux au cabriolet qui renferme leur idole et quand un pianiste a improvisé des variations quelque peu brillantes sur l'air du **Clair de lune**, **Ah! vous dirai-je maman**, ou autre **Roi Dagobert**, ils ne trouvent rien de mieux à lui décerner qu'un **sabre d'honneur** qui est offert et reçu avec un sang-froid également cocasse!

LD 1209

LES MUSICIENS DE PARIS.

4.

Chez Bauger & Cie Éditeurs. Rue du Croissant 16. Imp. d'Aubert & Cie

Paganini moderne, se brulant le toupet, dans le feu de l'execution!

LD 922

LD 436

fortzufahren: »Dieses ewige Einerlei fängt nachgerade an mich zu ennuyieren, und ich begreife nicht wie ein Mann es auf die Länge aushalten kann. [...] für uns ist eine Soirée nur eine unerschöpfliche Quelle der Langeweile, vermischt mit einigen Gläsern Mandelmilch und Himbeersaft. Von der holden Musik will ich gar nicht

LD 1680

reden.« (B V, 392 f.) Und aus der schon früher erfahrenen Salonkultur des Justemilieu heraus schreibt Heine bereits 1832 vor dem Hintergrund niedergeschlagener Arbeiteraufstände »Die Salons lügen, die Gräber sind wahr.« (B III, 164)

Die Lithographie Daumiers (LD 922), die am 9. Februar 1843 im »Charivari« als Nr. 4 der Serie »Les musiciens de Paris« veröffentlicht wurde, bietet den Blick in den Salon eines Bürgers, der das Violinspiel übt oder ausübt. Gekleidet in einen üppig verzierten Hausrock spielt er allein und (zunächst?) nur für sich. Er ist so vertieft in sein Spiel, dass sich sein Toupet an den Kerzen, die auf dem Notenständer stehen, entzündet und in Brand gerät. Der unterlegt Text besagt »Paganini moderne, se brulant le toupet dans le feu de l'exécution«.

Jenseits der eigentlich musikalischen Beurteilung, in der Heine in Niccolò Paganini (1782–1840) das Urbild des Virtuosen sieht und ihm den Spitzenplatz unter den Geigern[22] zuerkennt, schildert er in der Novelle »Florentinische Nächte«[23] die bizarre Gestalt des Geigers und die Wirkung seines Spiels auf den Erzähler.

> War mir aber Paganini, als ich ihn am hellen Mittage, unter den grünen Bäumen des Hamburger Jungfernstiegs einherwandeln sah, schon hinlänglich fabelhaft und abenteuerlich erschienen: wie mußte mich erst des Abends im Konzerte seine schauerlich bizarre Erscheinung überraschen. [...] Endlich aber, auf der Bühne, kam eine dunkle Gestalt zum Vorschein, die der Unterwelt entstiegen zu sein schien. Das war Paganini in seiner schwarzen Gala. (B I, 577)

Durch die besondere »Begabnis«, dass sich ihm die unsichtbaren Signaturen der Musik zu Figuren und Farben verbildlichen, erschließen sich dem Erzähler Maximilian aus Paganinis Spiel vier Episoden aus dem Leben des Musikers. Die erste kommt dem Interieur und der Person der daumierschen Graphik recht nahe. In einer Steigerung, in der der Geiger Himmel und Hölle beschwört, vermag es Paganinis Kunst durch die Gewalt der Musik in der vierten Szene schließlich, in universeller Sphärenharmonie religöse Inbrunst und griechisch sinnlich ästhetische Schönheit zu vermählen. Nimmt man die politische Funktion hinzu, die Heine ja auch schon in den »Reisebildern« der Musik zukommen ließ, so muss in den Paganini-Passagen Heines die Aufhebung der gesellschaftlich herrschenden Gegensätze gesehen werden –, die umfassende Emanzipation gelingt erst im Bild künstlerischer Befreiung.[24] Dies wirft denn auch ein klärend erhellendes Licht auf die Lithographie Daumiers, in der der Widerspruch zwischen gesellschaftlicher Idealität und bürgerlicher Wirklichkeit reflektiert ist. Nicht allein dass der bürgerliche Möchtegern-Paganini sich am Maßstab der absoluten Kunst des Geigengenies lächerlich macht und grotesk vergreift, es ist die bürgerliche Klasse überhaupt, die sich in diesem prätentiösen Bezug übernimmt und sich mit der angesprochenen Aufhebung der Gegensätze in Brand setzt und um die Existenz bringt.

Zwischen 1836 und 1838 lithographierte Daumier seine etwas über 100 Blätter zählende Folge »Robert Macaire«, von denen sich zwei mit Musik befassen und Bezüge zu Heines Œuvre nahe legen. Die Karikatur des Titels »Robert Macaire als Ausrufer«

erschien am 20. Mai 1838 als Nr. 81 der Serie (LD 436) und zeigt eine Schaubudenszene, in der die Hauptfigur auf einen plakativen großen Schriftzug »Annonces Pittorèsques« hinweist und von seinem Gehilfen unterstützt wird, der für großen Lärm kräftig auf die Pauke haut. Der lange Text am Fuß der Graphik beginnt »Voulez vous de l'or, voulez vous de l'argent [...] und verspricht Wohlstand. Die Titelfigur geht zurück auf das Theaterstück »Die Herberge der Adretten« der Autoren Chevrillon, Lacoste und Chaponnier, in dem Robert Macaire als Dieb und großer Betrüger den Hauptpart spielt. Das Stück hatte am 2. Juli 1823 Premiere, wurde aber erst mit und durch Frédéric Lemaître in der Hauptrolle 1832 zu einem Dauererfolg. Daumier hat die Titelfigur in der Günstlingswirtschaft und dem Schiebertum der Zeit Louis-Philippes als Signatur erfasst und ihr seine unvergleichliche zeichnerische Gestalt als Schlitzohr, Betrüger, Aufschneider, unsolider Spekulant, geldgierigen Ausbeuter etc. etc. in allen Berufssparten verliehen.

In seinem 42. Artikel seiner »Lutetia« schreibt Heine:

> das Volk [...] verlor [...] den Glauben an jenen Hochgedanken, wovon unsre politischen und literarischen Tartüffe so viel singen und sagen; und gar die Großsprechereien [...] verleideten ihm so sehr alle idealen Dinge, daß es nichts anderes mehr darin sieht, als die hohle Phrase, die sogenannte Blague, und wie diese trostlose Anschauungsweise durch Robert Macaire repräsentiert wird, so gibt sie sich doch auch kund in dem Tanz des Volks, der als eine eigentliche Pantomime des Robert-Macairetums zu betrachten ist. (B V, 394 f.)

»Frankreich hat die Allüren einer Industriegesellschaft angenommen, alles dreht sich nur noch um den Gewinn, den die Aktionäre erzielen können«, beschreibt Alexis de Toqueville seine Zeitverhältnisse, und dem korrespondiert Heine mit der Formel »Das Geld ist der Gott unserer Zeit.« (B V, 355) Heine wie auch Daumiers Karikatur wenden sich mit satirischem Angriff dagegen, dass den Leuten durch die ›Musik‹ der Werbetrommeln, durch marktschreierische Annoncen und verführerische Prospekte ihr Geld zum Kauf von Aktienzeichnungsscheinen (= billets) aus den Taschen gezogen wird in einem verführerisch-betrügerischen und fast schon gewalttätigen Marketing.

Ein späteres Blatt aus der Macaire-Serie, als Nr. 97 am 11. November 1838 im »Charivari« publiziert (LD 452), trägt den Titel »Musique pyrotechnique, charivarique et diabolique«. Der Leitgedanke des sehr viel umfangreicheren Textes, der der Karikatur beigegeben ist, lautet übersetzt etwa: »Wenn auch nur einfacher Dirigent eines Bumsorchesters, so hat Macaire seine Epoche doch verstanden. Wir leben nicht in einer Zeit voller Harmonie, Krach wird gewünscht, viel Krach!«. Im weiteren Verlauf des Textes heißt es dann von diesem dirigierenden Spitzbuben, er schreibe Kauderwelschverse, führe Raketen und Pistolen in die Symphonie ein und mache Musik mit Kanonenschlägen. Eine gewisse Ergänzung dazu stellt die Lithographie Daumiers dar, die »Le Charivari« am 2. April 1859 als Nr. 1 der Serie »Souvenirs du grand festival orphéonistes« brachte (LD 3132) und die eine Karikatur auf Monsterorchester- und Chorveranstaltungen darstellt.

Dem lassen sich Passagen von Heine zur Seite stellen, in denen er auf analoge Tendenzen in der Musikszene seiner Zeit anspielt. So erwähnt er 1834 bei der Beschreibung des Hexensabbaths auf dem Brocken »die tolle echtberliozische Sabbathmusik« (B III, 524). Im Mai 1837 heißt es im 10. Brief »Über die französische Bühne« über Berlioz und Liszt: »Die beiden letzteren sind wohl die merkwürdigsten Erscheinungen in der hiesigen musikalischen Welt; ich sage die merkwürdigsten, nicht die schönsten, nicht die erfreulichsten.« Berlioz' »Geistesrichtung ist das Phantastische, nicht verbunden mit Gemüt, sondern mit Sentimentalität; er hat große Ähnlichkeit mit Callot, Gozzi, Hoffmann.« Und anlässlich einer Aufführung der »Symphonie fantastique« stellt Heine fest: »Das Beste darin ist ein Hexensabbath, wo der Teufel Messe liest und die katholische Kirchenmusik mit der schauerlichsten, blutigsten Possenhaftigkeit parodiert wird.« (B III, 349 f.) Im ersten Bericht zur »Musikalischen Saison von 1844« hat Heine die Charakterisierung der Musik von Hector Berlioz ausführlicher wiederholt; sie hat etwas »Urweltliches, wo nicht gar Antediluvianisches«, »Sinn für das Ungeheuerliche, für das Riesenhafte, für materielle Unermeßlichkeit«, »kreischende Instrumentierung«, »wenig Melodie«, »wenig Schönheit und gar kein Gemüt« aber » massenhafte Passion«. (B V, 528 f.)

Selbst wenn man in Rechnung stellt, dass Heine hier von einem anderen Musikideal aus urteilt, so beklagen Daumiers und Heines Bild- und Wortironien den musikalischen Kataklysmus, die Gigantomanie und die auch musikalische Bombastik, die sich nicht zuletzt im Requiem von Berlioz äußerten: Für das Werk, das seine Entstehung einem Regierungsauftrag verdankte und als eine »messe des morts« den Helden der Revolution von 1830 gewidmet sein sollte, sah der Komponist eine Mammutbesetzung vor, die er in der Aufführung 1837 auch durchsetzte.[25] Beide Künstler, Heine wie Daumier, greifen auf je ihre Weise das öffentlich verordnete Gedenken an, zumal ja offen bleibt, welche toten Helden welcher politischen Seite geehrt werden sollten, und verweisen vor dem Hintergrund der wirklichen, von sozialen Gegensätzen geprägten Gesellschaft das prätentiöse Gedenken in seine Grenzen. Beide haben sich ein solches Requiem sicher angemessener, intensiver, würdiger vorgestellt, wobei sie primär die Toten im Sinn gehabt haben dürften, die 1830 im politischen Kampf für die immer noch uneingelösten Bürger- und Verfassungsrechte gefallen sind. Für beide verwiesen die Unstimmigkeiten im Musikbereich als Zeichen, Bild und Reflex auf die Unstimmigkeiten in der Gesellschaft ihrer Zeit überhaupt.

Als Nummer 34 der Serie »Tout ce qu'on voudra« brachte »Le Charivari« am 17. Oktober 1849 eine Lithographie Daumiers (LD 1680), deren Subscriptio besagt: Unter dem Empire hätte man so nicht getanzt! Die Graphik zeigt ein Bürgerpaar, das sich entrüstet abwendet von einer Gruppe jüngerer Leute, die sich zur Musik eines Orchesters im Freien mit wilden bis lasziven Bewegungen dem Tanzen hingibt; eine junge Frau im Vordergrund der Tanzgruppe lüftet sogar gegen alle bürgerlichen Anstandsregeln keck ein wenig den Rock.

Am 7. Februar 1842 eröffnet Heine den 42. Artikel der »Lutetia« mit den Worten: »Wir tanzen hier auf einem Vulkan – aber wir tanzen. Was in dem Vulkan gärt, kocht und brauset, wollen wir heute nicht untersuchen, und nur wie man tanzt, sei der Gegenstand unserer Betrachtung.« (B V, 390) Heine kontrastiert das Tanzen der höheren Gesellschaftskreise einerseits mit den Tänzen der unteren Klassen andererseits. Während die Gesellschaftstänze entleert und ohne alle Vitalität sind, bevorzugt das Volk entschieden den Cancan. Um 1830 wurde der Cancan, vermutlich von Soldaten aus algerischen Hafenstädten mitgebracht, in Paris heimisch.[26] Als sehr rascher Tanz im 2/4 Takt wird er gelegentlich auch als Chahut oder Quadrille parisienne bezeichnet. Die Gebärden und Bewegungen der Tänzerinnen des Cancan wie das Röckeschürzen, das Hochwerfen der Beine und die Sprünge sind von einer offenen Frivolität, die seinerzeit mit polizeilichen Verbotsmaßnahmen bekämpft und besonders für die »Bals publics« untersagt wurde. Der Cancan wanderte (später) in die französischen Variétés ab, fand auch in der Operette (Hervé, Offenbach) Nachwirkung und in dem Höllengalopp des »Orpheus in der Unterwelt« von Jacques Offenbach eine künstlerische Stilisierung. Wie ablehnend gehobenes Bürgertum und die feineren Kreise dem Cancan auch später noch gegenüberstanden, erhellt aus einer Notiz der Brüder Goncourt vom 9. Februar 1863: »Ein Mann hat einen fabelhaften Cancan zu tanzen begonnen. Er läßt uns in seiner tollen Turnübung Typen, Karikaturen, schauderhafte Gestalten von wüster Gelenkigkeit sehen, Zerrbilder von Kloakenreinigern, à la Daumier, den Bodensatz der gemeinen Züge des Volks im 19. Jahrhundert.«[27] Heine zufolge wird der Cancan an »öffentlichen Belustigungsorten« und »auf gemeinen Tanzböden« getanzt und von ihm als die »eigentliche Pantomime des Robert-Macairetums« betrachtet. Die Cancans sind in der Beurteilung Heines »eine getanzte Persiflage«, die »nicht bloß die geschlechtlichen Beziehungen. verspotten, sondern auch die bürgerlichen« und alle hohen Gedanken verhöhnen. Für Heine erklärt sich diese entfesselte Tanzwut als eine »geistreiche Umgehung der Zensur«, mit der von den unteren Schichten auf die politisch-gesellschaftliche Situation reagiert wird, und er sieht in den Tanzböden, die unter dem dämonisch taumelnden Tanzspuk und »satanischen Spektakel« vibrieren, bereits den Boden der Gesellschaft überhaupt erschüttert. (B V, 393 ff.)

Eine stattliche Anzahl von Daumiers Graphiken widmet sich der kritisch witzigen Sicht auf das Opern- und Konzertpublikum. Die Nr. 3 der Serie »Les Parisiens en 1852« (LD 2220), im »Charivari« am 15. Januar 1852 veröffentlicht, zeigt zwei bürgerliche Lebemänner in fortgeschrittenem Alter, die sich an den weiblichen Schönheiten auf der Bühne erfreuen. Der begleitende Text: »Le banc des amateurs. – Vue prise a l'opéra.« unterstreicht den erotischen Beiklang, den auch spätere Blätter, z. B. Nr. 1 und Nr. 4 aus der Serie »Croquis pris au Théatre« aus dem Jahr 1864 (LD 3262 und 3266) aufweisen, wenn sich darin das Publikum, vor allem natürlich das männliche, an den Sprüngen weiblicher Akteure auf der Bühne ergötzt. Es sei daran erinnert, dass Richard Wagner für die »Tannhäuser«-Aufführung in Paris eigens eine Balletteinlage für die Venusbergszene einfügen musste. Die Lüsternheit des Publikumsgeschmacks, das Bedürfnis nach Amüsement und Unterhaltung überhaupt und besonders des Pariser Publikums hat denn auch das leichtere Genre der Opera comique, der Vaudevilles und der Operette entstehen lassen.

In seinen Berichten »Über die französische Bühne« kontrastiert Heine das französische mit dem deutschen Publikum. Letzteres ist brav und geduldig, das erste ist stark auf Emotionen aus, passioniert und spektakelsüchtig, denn

> Was im Theater auf die Masse des Publikums am hinreißendsten wirkt, ist eben Handlung und Passion [...]. Die Hauptaufgabe für den französischen Bühnendichter ist also, daß sein Publikum [...] gar nicht zur Besinnung komme, daß Schlag auf Schlag die Emotionen herbeigeführt werden, daß Liebe, Haß, Eifersucht, Ehrgeiz, Stolz, Point d'honneur, kurz alle jene leidenschaftlichen Gefühle, die im wirklichen Leben der Franzosen sich schon tobsüchtig genug gebärden, auf den Brettern in noch wilderen Rasereien ausbrechen. (B III, 299 f.)

Mit den Opern und ihrem Publikum hatte es zusätzlich noch eine besondere Bewandtnis.

> Zwischen dem Theater und der Wirklichkeit liegt das Orchester, die Musik [...]. Die Wirklichkeit, nachdem sie das Tonreich durchwandert [...], steht auf dem Theater als Poesie verklärt uns gegenüber. Wie ein verhallendes Echo klingt noch in ihr der holde Wohllaut der Musik [...]. Das ist ein Zauberklang und Zauberglanz, der einem prosaischen Publikum sehr leicht unnatürlich vorkommt [...]. (B III, 316)

Soweit es sich dabei um ältere Stoffe aus Antike und Mittelalter handelte, wie z. B. in der damaligen Mode der Heldenoper, hatte das Publikum zumindest teilweise erst recht seine Schwierigkeiten, wenn es noch republikanischen Vorstellungen anhing. Dass der Misserfolg von Stücken aber keineswegs immer den Autoren anzulasten ist, gibt Heine kritisch zu bedenken, denn »die Vorwürfe, die bei dem Fiasko eines Stückes dem Dichter gemacht werden, träfen mit größerem Recht die Masse des Publikums, welches für naive Naturlaute, tiefsinnige Gestaltungen und psychologische Feinheiten minder empfänglich ist, als für pompöse Phrase, plumpes Gewieher der Leidenschaft und Coulissenreißerei.« (ebd.) Überdies war das Publikum im Opern- wie im Konzertbereich all dem Werberummel ausgesetzt, der es beeinflussen und vereinnahmen sollte, worüber Heine nicht zuletzt in Bezug auf Giacomo Meyerbeer und seine Machenschaften spottet.[28]

Als Ausdruck eines neuen bürgerlichen Standes- und Selbstgefühls entwickelten die Pariser eine ausgeprägte Musikbegeisterung, bei der es im Zuge dieses Musiktaumels zu einer starken Vermehrung von Straßenmusikanten kam, die aus den unteren Schichten oder aus dem Umland stammten und in der Metropole ihren Lebensunterhalt suchten oder aufbessern wollten. Die Nr. 1 der Serie »Les musiciens de Paris« mit dem Titel »Adieu! Adieu!« (LD 919) erschien im »Charivari« am 1. Februar 1843; die Lithographie gibt eine Familie wieder, die nicht einmal ein Instrument sondern lediglich eine Drehorgel beherrscht und diese durch leidigen Gesang ergänzt. Jedenfalls muss sie sich, offenbar erfolglos, wegen ihres lästigen musikalischen Straßenlärms von einem wütenden Bürger beschimpfen und wegwünschen lassen, der sich in seiner selbstzufriedenen Ruhe gestört fühlt. Wie kritisch Daumier dabei auch bedacht hat, dass die Familienverhältnisse besonders für die Kinder nachteilig waren, erhellt sich auch aus Nr. 5 (LD 923), die am 20. Februar 1843 im »Charivari« zu sehen war.

Zwar erkennt Heine an: »Jedenfalls hat es aber den Anschein, als ob in den Annalen der Kunst unsre heutige Gegenwart vorzugsweise als das Zeitalter der Musik eingezeichnet werden dürfte.« Aber gegen diese allgegenwärtige Musik schreibt er doch an:

> Daß man hier fast in lauter Musik ersäuft, daß es in Paris fast kein einziges Haus gibt, wohin man sich wie in eine Arche retten kann vor dieser klingenden Sündflut, daß die edle Tonkunst unser ganzes Leben überschwemmt – dies ist für mich ein bedenkliches Zeichen, und es ergreift mich darob manchmal ein Mißmut, der bis zur murrsinnigsten Ungerechtigkeit [...] ausartet. (B V, 356 f.)

Am 18. Juni 1853 erschien im »Charivari« als Nr. 9 der Serie »Fluidomanie« eine Lithographie Daumiers (LD 2405) mit der Subscriptio: »La véritable danse des tables«. In der Blattmitte steht auf einem kleinen Podest ein Geiger, dessen virtuoses Spiel je einen Tisch links und rechts von ihm tatsächlich zum Tanzen bringt. Die Szene spielt vor einer Menschenmenge bürgerlichen Publikums, in deren vorderster Reihe die Gesichter der Menschen das ganze Spektrum von leichter Erheiterung über ungläubiges Staunen bis zum Erschrecken zeigen. Mit Bezug auf den Titel der Serie stehen die Dinge längst nicht so fest, wie es den Anschein hat.

Im Artikel XLII der »Lutetia« kommt Heine bei der Besprechung des Balletts »Die Willi« (»Giselle«, 1841) auf die skandinavische Strömkarlmelodie, das Lied vom Wassermann, zu sprechen, »wovon man nur zehn Variationen aufzuspielen wagt; es gibt nämlich noch eine elfte Variation, die großes Unglück anrichten könnte: spielt man diese, so gerät die ganze Natur in Aufruhr, die Berge und Felsen fangen an zu tanzen, und die Häuser tanzen und drinnen tanzen Tisch und Stühle [...].« (B V, 391) Heine vermisst »solche gewalttätigen Melodien« in der Ballettmusik von Adolphe Adam (1803–1856), zu der Théophile Gautier (1811–1872) den Text schrieb. Er griff dabei die Erzählung von den Willis in Heines »Elementargeister« auf[29], in der er den Tanz als eine Naturgewalt beschreibt, vor der (auch) die (politisch gesellschaftlichen) Verhältnisse keinen Bestand haben. Ergänzt und unterstützt werden unsere Überlegungen noch durch eine Passage Heines, in der er die Musik als letzte Stufe der Kunst bedenkt: »die gesteigerte Spiritualität [...] greift nach Klängen und Tönen, um eine lallende Überschwenglichkeit auszudrücken, die vielleicht nichts anderes ist, als die Auflösung der ganzen materiellen Welt [...]«. (B V, 357). Verbindet man das Fließende der Musik mit der »Manie« des Serientitels, so ist auch auf die geradezu manische Musikbesessenheit im damaligen Paris satirisch abgezielt, die ja den Wirklichkeitssinn zerfließen lassen oder auflösen kann.

Als Nr. 17 der Serie »Les Philantropes du Jour« sahen die Leser des »Charivari« am 16. November 1844 eine Lithographie mit dem Titel »Monsieur le Maire« (LD 1309). Vor dem Trauzimmer, in dem üblicherweise der Bund fürs Leben geschlossen wird, kontrastiert Daumier einen selbstgefällig und herablassend lächelnden Bürgermeister mit zwei devot bittstellenden Musikern, die ein Wohltätigkeitskonzert anbieten und dafür aus dem Staatssäckel ›nur‹ die Reisekosten erstattet haben wollen. Daumiers konfrontiert in ironisch witziger Verstellung Staatsmacht und Musikkultur. Hebt man die Verstellung auf und kehrt sie in ihr positives Gegenteil um, so ist die Karikatur ein Plädoyer für die Autonomie der Musik, für die Autonomie der Kunst gegenüber Staat und Gesellschaft. Wie prekär und konfliktreich das Verhältnis von Kunst und staatlicher Herrschaft sein konnte und auch tatsächlich war, das hatten Daumier und Heine zu diesem Zeitpunkt in ihren Lebensgängen ja schon leidvoll erfahren, denn beide mussten sich gegen verstümmelnde Eingriffe der Zensur, Prozesse und Repressalien wehren. Während Daumier sich dazu selbst das Medium der Genrekarikatur dienstbar machte, trug Heine den Konflikt, den »großen Kampf der Zeit« nicht zuletzt auch in den »Zeitgedichten« der Jahre 1841 bis 1844 aus und auch noch in Gedichten des letzten Lebensabschnitts.[30]

Nun werden sich bei Heine schwerlich Belege finden, dass er ausdrücklich und direkt für die Autonomie der Musik eintritt, aber es ist unzweifelhaft, dass er in Analogie dazu entschieden auf der Autonomie der Dichtkunst bestand. Vorbehaltlich dessen, dass Heine für sich stets zeitkritisches Engagement beansprucht hat, thematisierte er das Verhältnis von Staatsgewalt und Dichtkunst im Sinne der poetischen Autonomie an mehreren Stellen. Die Unabhängigkeit des Dichters formulierte Heine parabelhaft in den Gedichten »Jehuda ben Halevi« und »Der Dichter Firdusi« des »Romanzero«.[31] Auch in der Vorrede zur französischen Fassung der »Lutetia«[32]

besteht er darauf, dass weder regierende Fürsten oder staatliche Stellen noch das Volk in künstlerische Belange hineinzuregieren oder hineinzureden haben. Nur noch dem Künstler/Dichter gesteht Heine zu von Gottes Gnaden und insofern niemandem verantwortlich zu sein, und nimmt so für ihn Individualität und Autonomie gegenüber staatlich-gesellschaftlichen Mächten in Anspruch. In diesem Sinne sind denn auch die Strophen 14–16 im Kapitel XXVII von »Deutschland. Ein Wintermärchen« vom Januar 1844 zu lesen.[33]

Blicken wir nun vom Ende her zurück, so wird erkennbar, dass sich wohl nicht zufällig den Karikaturen Daumiers so viele Texte von Heine haben zur Seite stellen lassen, oft genug als Kommentare. Offenbar haben beide Künstler auch viel Gemeinsames in der Zielsetzung aufzuweisen, denn die relativierende, die dementierende Ironie entspringt bei beiden einer uneingelösten, einer lädierten Utopie. Es darf nämlich nicht übersehen und vergessen werden, dass das Positive der witzigen Satire, neben der formalen Schärfe, wesentlich darin besteht, aus einer implizit postulierten Utopie heraus zu wirken; Satiriker sind eben Idealisten, wie Erich Kästner anmerkte, und hängen dem guten Glauben der Aufklärung an, dass die Menschen, hält man ihnen nur Zerrspiegel vor, durch Anschauung zur Einsicht zu bringen und zu bessern sind.[34] Stellt man dies in den kulturgeschichtlichen Kontext der Daumier und Heine-Zeit mit ihren Umbrüchen, so lässt sich feststellen, dass in einem Umschwung die Zukunft damals die Herrschaft über das Gewesene und die Gegenwart übernahm, nachdem die Vergangenheit durch die voranschreitende Industrialisierung in vielen Lebensbereichen, – eben auch in den kulturellen –, ihren verbindlichen Charakter verloren hatte. Das Gute, Schöne und Wahre lag als verpflichtendes Kunstideal nicht mehr in der Vergangenheit, sondern sollte als Gesellschafts- und Lebensentwurf einer human(er)en Zukunft erkämpft werden.

Anmerkungen

1 Nicht von ungefähr widmen das »Grove Dictionary of Music and Musicians« und »Die Musik in Geschichte und Gegenwart« als die einschlägigen Fachlexika für Musik der Stadt Paris im 19. Jahrhundert umfangreiche Artikel.

2 Ludwig Börne: Sämtliche Schriften. Neu bearb. u. hrsg. v. Inge und Peter Rippmann. Düsseldorf 1964, Bd. III, S. 158.

3 Vgl. Michael Mann: Heinrich Heines Musikkritiken, Hamburg 1971, bes. S. 49 f. u. S. 113 ff.

4 S. B III, 108 f.

5 Bernd Kortländer: Heinrich Heine. Stuttgart 2003, S. 246.

6 Im Unterschied zu früheren Zeiten erlangte nunmehr jedermann, sofern er nur wollte, durch Kauf einer Eintrittskarte Zutritt zu den Konzerten; der Konzertbesuch war jetzt sozusagen demokratisiert.

7 Vgl. Friedrich W. May: Das Pariser Musikleben im Spiegel von Daumier-Lithographien, Aus dem Antiquariat. 1 (2000), S. 2–14.

8 Die Signaturen der Blätter beziehen sich auf Loys Delteil: Honoré Daumier. Werkverzeichnis der Lithographien. 11 Bde. Paris 1925–1931. Gute Orientierungshilfe leistet Louis Provost: Honoré Daumier – a thematic guide to the œuvre. New York 1991.

9 Die eminente politische Bedeutung des »Charivari« ist ersichtlich aus: Ursula Koch/Pierre-Paul Sagave: Le Charivari – die Geschichte einer Pariser Tageszeitung im Kampf um die Republik 1832–1882. Köln 1984; dort auch zahlreiche Abbildungen der Lithographien von Daumier und anderen Karikaturisten.

10 Vgl. Juerg Albrecht: Honoré Daumier. Reinbek bei Hamburg 1984, S. 29 (rowohlts monographien).

11 S. »Vitzliputzli«, B VI/1, S. 69 und »Jung-Katerverein für Poesie-Musik«, ebd., S. 227.

12 Vgl. Honoré Daumier 1808–1879. Bildwitz und Zeitkritik. Katalog der Ausstellung im Westfälischen Landesmuseum für Kunst und Kulturgeschichte Münster vom 25. 6. 1978–3. 9. 1978. Münster 1978; Legende zur Katalognummer 218.

13 Vgl. Dolf Oehler: Pariser Bilder I (1830–1848). Antibourgeoise Ästhetik bei Baudelaire, Daumier und Heine. Frankfurt a. M. 1979, S. 30.

14 Vgl. B III, 294 f.

15 S. B II, 25 ff. u. 28.

16 Vgl. B III, 72.

17 Eduard Mörike: An Wilhelm Hartlaub.

18 Vgl. dazu Rainer Kleinertz: »Wie sehr ich auch Liszt liebe, so wirkt doch seine Musik nicht angenehm auf mein Gemüt« – Freundschaft und Entfremdung zwischen Heine und Liszt. – In: HJb 37 (1998), S. 107–139.

19 Vgl. B V, 531 f.

20 B VI/1, 117.

21 S. Jan-Christoph Hauschild/Michael Werner: »Der Zweck des Lebens ist das Leben selbst«. Heinrich Heine. Eine Biographie. Berlin 1999, S. 182.

22 S. B V, 360.

23 Vgl. B I, 574 ff.

24 Vgl. Höhn 1997, S. 373.

25 Das Requiem (1837) sieht allein 4 Blasorchester vor, das Tedeum (1835) ist dreichörig.

26 Vgl. Marc Honegger/Günther Massenkeil: Das große Lexikon der Musik in acht Bänden. Bd. II. Freiburg [u. a.] 1987, S. 25.

27 Edmond und Jules de Goncourt: Tagebücher. Übertr. u. hrsg. v. Justus Franz Wittkop, Frankfurt a. M. 1983, S. 252.

28 Vgl. B III, 337 und B V, 363.

29 Vgl. B III, 654 f.

30 Wer dächte nicht an Gedichte wie »Doktrin«, »Die Tendenz«, »Verheißung«, »Verkehrte Welt« u. a. (B IV, 412–433.

31 B VI/1, 129 f.; 48 f.

32 B V, 219 ff.

33 B IV, 643.

34 Erich Kästner: Vom Sinn und Wesen der Satire – eine kleine Sonntagspredigt. – In: E. K.: ... was nicht in euren Lesebüchern steht. Hrsg. v. Wilhelm Rausch. Frankfurt a. M. 1974, S. 145 ff.

Anders als Schumann – Sergej Rachmaninoffs Romanzen op. 8 nach Gedichten von Heinrich Heine

Von Adalbert Grote, Neuss

Heinrich Heines Lyrik ist im Vergleich zu der anderer Dichter des 19. Jahrhunderts auffallend oft vertont worden. Die Bibliographie Günter Metzners belegt dies nachdrücklich.[1] Dabei spielt nicht nur der lyrisch-poetische Gehalt heinescher Werke eine Rolle, sondern auch praktischere Gesichtspunkte wie ihre unmittelbare Verständlichkeit sowie die Rhythmik ihrer Verse.[2] Schon unmittelbar nach Erscheinen von Heines »Buch der Lieder« entfaltete sich insbesondere in Russland eine intensive Heine-Rezeption, die sich auch in einer hohen Übersetzungskultur seiner Werke niederschlug. Entsprechend der gesellschaftspolitischen Situation in Russland vermochte gerade Heine als unpolitischer wie auch politischer westeuropäischer Autor die unterschiedlichsten gesellschaftlichen Gruppierungen für sich einzunehmen.[3] Als Textvorlagen zu Rachmaninoffs Vertonungen von drei Heine-Gedichten im Rahmen seiner »Sechs Romanzen op. 8« vom Oktober 1893 dienten die Übersetzungen Alexej Pleschtscheews, der unmittelbar vorher am 26. September in seinem Pariser Exil gestorben war. Bevor die vorliegende Untersuchung auf das Verhältnis von Original, Übersetzung und Vertonung eingeht, soll der historisch-biographische Hintergrund von Übersetzer und Komponist kurz umrissen werden.[4]

Alexej Pleschtscheew wurde 1825, im Jahr des Dekabristen-Aufstandes, geboren und begann bereits während seiner Moskauer Studienjahre ab 1844 mit der Veröffentlichung von Übersetzungen und eigener Lyrik. Seit 1845 gehörte er dem fortschrittlichen Zirkel um den Petersburger Beamten Butashewitsch-Petraschewskij an, was ihm 1849 eine zehnjährige Verbannung an den Ural einbrachte. Pleschtscheew wird als einer der Pioniere einer sachgerechten Heine-Übersetzung in Russland angesehen, dem aber in den Augen zeitgenössischer Kritik der Blick für das Subtile und Ironische Heines fehlte. Die Textvorlagen Rachmaninoffs wurden erstmals 1845 veröffentlicht und zeigen Pleschtscheews früh ausgebildetes Verständnis für Heines Lyrik. Er übersetzte ebenfalls Goethe, Eichendorff, de Musset, Hugo u. a. und wurde damit sehr populär, was noch die sowjetrussische Philologie dazu veranlasste, ihn zu einer Art Volkserzieher seiner Zeit zu stilisieren.[5] Die Basis für Pleschtscheews Wirken war zu einem wesentlichen Teil die verhältnismäßig liberale Politik Alexanders II. Rachmaninoff hingegen erfuhr seine musikalische Sozialisation im repressiven und antiliberalen Klima der achtziger Jahre unter Alexander III.[6] Zumindest teilweise erklären sich hieraus die technisch anspruchsvollen Mittel in Rachmaninoffs Tonsprache, die sich einerseits auf die ›reine Kunst‹ konzentriert, andererseits aber mit dem technischen Fortschritt der Zeit korreliert. Die Dichtung der Zeit zieht sich wieder auf die politisch sichere Position der reinen Lyrik zurück, was zugleich dem Fin-de-siecle-Gefühl der Jahrhundertwende entspricht: »Schwäche, Hoffnungslosigkeit, Verwirrung, Chaos bestimmten den Tenor der zeitgenössischen und adeligen Poesie [...] Probleme des Todes avancieren zum Modethema [...].«[7] Die rund achtzig Lieder Rachmaninoffs, seine drei Opern und einige Instrumentalwerke zeigen seinen anspruchsvollen literarischen Geschmack, der prominente nationale und internationale Autoren bevorzugt (u. a. Puschkin, Dante, Poe und Byron). Das Gewicht auf Autoren der Jahrhundertmitte weist auf den restaurativen Charakter der Sozialisation des Komponisten hin. Deutlich treten pessimistische Themen wie Entfremdung, Weltschmerz und Einsamkeit hervor. In op. 8 zeigt sich dies besonders in Nr. 3 und 4 an den Texten seines Freundes Schevtschenko, einem bedeutenden ukrainischen Dichter. Äußerlich befindet sich der junge Rachmaninoff seit 1892 in einer Phase erster Erfolge.[8] Er hat als bester Schüler seines Jahrgangs seine Klavier- und Kompositionsausbildung am Moskauer Konservatorium beendet. Großzügige Gönner ermöglichen ihm lange Urlaubsaufenthalte auf ihren Gütern sowie die Uraufführung seiner ersten Oper »Aleko« am Bolshoi-Theater, deren letzten Proben sein musikalischer Mentor Tschaikovsky beiwohnt. Trotz allem quälen Rachmaninoff finanzielle Sorgen, weshalb er sich in seinem Zyklus op. 8 zur Vertonung von Texten des eben verstorbenen Pleschtscheew entschließt. Psychisch ist der Komponist in einer desolaten Verfassung, deren Ursache letztlich in seiner chaotischen familiären Situation zu suchen ist. Die Eltern sind geschieden, Rachmaninoff wächst getrennt von seinen Geschwistern bei seinem Onkel auf. In einem Brief vom 17. Dezember 1893 zeichnet sich schon eine Nervenkrise ab, die um die Jahrhundertwende anlässlich der enttäuschenden Uraufführung seiner ersten Sinfonie zu einer Psychotherapie bei dem berühmten Nikolaus Dahl führen sollte: »Ich quälte mich, wie es in einer meiner Romanzen heißt, die ganze Zeit und war krank in der Seele.«[9] Daraus lässt sich jener Pessimismus ableiten, der als typisch für Rachmaninoffs Tonsprache angesehen wird. Ganz anders geartet ist jedoch das Urteil des Moskauer Kritikers S. Kruglikow zum Zeitpunkt der Komposition von op. 8: »Denn er hat ein Gefühl für die Bühne [...] und er ist ausgestattet mit der glücklichen Gnade für Melodien«.[10] Eine existentiell schwierige Situation, eine Sozialisation in einem repressiven Klima sowie ein starkes melodisches Talent führen also direkt zur Auseinandersetzung mit Literatur, die neben der Musik die persönliche Disposition des Komponisten am deutlichsten widerzuspiegeln vermag.

*

Die schlanke Wasserlilje
Schaut träumend empor aus dem See;
Da grüßt der Mond herunter
Mit lichtem Liebesweh.

Verschämt senkt sie das Köpfchen
Wieder hinab zu den Well'n –
Da sieht sie zu ihren Füßen
Den armen blassen Gesell'n. (DHA II, 18)

Übersetzung	*Rückübersetzung*
Rechnaya liliya	Die Flusslilie hat den Kopf aufgerichtet
Golvku podnyavshi na nebo glyadit;	und schaut auf den Himmel,
A mesyats vlyublyonniy	während der verliebte Mond
Luchami unilo eyo serebrit ...	sie traurig mit seinen Strahlen versilbert
I vot ona snova ponikla stidlivo,	Nun senkt sie sich schämend den Kopf
K lazurnim vodam;	dem azurblauen Wasser entgegen
No mesyats vse bledniy	Aber der Mond, immer noch blass
I tomniy kak prizrak, siyayet i tam ...	und schmachtend wie ein Traumbild scheint auch dort.[11]

Das Gedicht Heines ist dem Zyklus »Neuer Frühling« entnommen. Eine unglückliche, erfolglose Liebe durchzieht thematisch zumindest die Schlussphase des Zyklus; aber auch schon das vorliegende Gedicht stellt die vergebliche Liebe des Mondes zur Wasserlilie dar und trägt so bei aller Schönheit des poetischen Bildes zur negativen Wendung des Zyklus am Schluss bei. In der Umgebung der »Wasserlilje« finden sich Gedichte mit ähnlicher Naturszenerie, die aber einen weniger statischen Charakter aufweisen: In XVII befindet sich der Mond im Gespräch mit dem Dichter, in XXXI und XXXII ist der Mond Teil einer romantischen Nachtszene. Die Todessymbolik der Lilie wird im Verlauf des Zyklus immer wieder angedeutet, der vorliegende Text zeigt aber ihre traditionelle Bedeutung als Symbol der Unschuld. Wie oben bereits bemerkt, übersetzt Pleschtscheew schon zu einem relativ frühen Zeitpunkt Gedichte Heines, die später als die Gedichte des »Buchs der Lieder« entstanden, so auch 1846 »Die schlanke Wasserlilje«. Der Text beruht auf einem unmittelbar einleuchtenden Gedanken: Die Wasserlilie kann dem Interesse des Mondes nicht ausweichen, da sie beim Wechsel der Blickrichtung sein Spiegelbild auch im Wasser sieht. Die Statik dieses Stimmungsbildes sowie dessen poetische Wirkung auf der Basis einfacher Worte im Original wie in der Übersetzung machen eine musikalische Umsetzung im Vergleich zu anderen Beispielen des Zyklus leichter.

Der Übersetzung gelingt es, das Reimschema Heines nachzugestalten. V. 2 und 8 entsprechen dem längeren Vers 2 des Originals. Original wie Übersetzung weisen daher eine unregelmäßige Metrik auf. Einige Unterschiede verändern jedoch Wirkung wie Sinnzusammenhang. In V. 2 fehlt das Wort »träumend«; dadurch wird dem beschriebenen Bild etwas von seiner poetischen Wirkung genommen. Das heinesche »Liebesweh«, welches in nur einem Wort eine sehnsuchtsvoll-wehmütige Stimmung zum Ausdruck zu bringen vermag, kann im Russischen nicht entsprechend ausgedrückt werden. Der Gefühlsgehalt wird auf verschiedene Vokabeln aufgeteilt: die Verliebtheit des Mondes, ein Umfangen der Lilie mit silbrigem Licht und zuletzt die traurige Stimmung des Mondes, die das poetische Bild mehr als das deutsche »Liebesweh« verdunkelt. Heines szenischer Gestus wirkt auch unverbindlicher; der Mond grüßt lediglich, während die Lilie in der Übersetzung schon durch die Strahlenarme des Mondes umfangen ist. Die räumliche Anordnung in der zweiten Strophe des Originals wird in der Übersetzung ein wenig verwischt durch eine kompliziertere Syntax mit dem erst in der letzten Zeile erscheinenden Prädikat, wodurch Mond, Lilie und Mondschein weiter als im Original auseinander stehen. Bei genauer Betrachtung weist die Übersetzung überdies einige Widersprüche auf. Bei Nacht kann Wasser nicht azurblau scheinen; die Farbe des Mondes scheint sich eher vom azurblauen Wasser als von der Lilie abzugrenzen. Der Mond als Traumbild ersetzt nicht die träumerische Stimmung der Wasserlilie. Die Belästigung der Lilie durch den Mond als ein Traumbild, das wohl auch die Spiegelung im Wasser zum Ausdruck bringen will, wirkt eher abgeschwächt, während das Original die Szene so beschreibt, als sei sie real. Die durch Komma abgesetzte letzte Zeile wirkt bei Pleschtscheew wie eine nachgestellte Pointe, die erst im Nachhinein die Szenerie vervollständigt. Trotzdem muss betont werden, dass es Pleschtscheew mit den Mitteln seiner Sprache gelingt, den poetischen Stimmungsgehalt des Textes aufrechtzuerhalten.

In Bezug auf musikalische Formanlage dachte Rachmaninoff sehr architektonisch, was auch Werke längerer Zeitdauer immer wieder erweisen. Im zweiten Satz seiner dritten Sinfonie z. B. spielen traditionelle Formschemata eine eher untergeordnete Rolle; der Satz klingt aber in nahezu symmetrischer Umkehrung des Anfangs aus. Auch in der »Flusslilie« ist die zentrale kompositorische Vorstellung die Symmetrie, in Entsprechung des eigentlichen Inhalts: Der Wasserspiegel stellt die tatsächliche Achse zwischen dem Mond und seinem Spiegelbild dar, während sich dazwischen auf der Wasseroberfläche die Wasserlilie befindet. In dieser Position kann sie der Zudringlichkeit des Mondes nicht entrinnen.

Vorspiel und Nachspiel werden von Rachmaninoff demzufolge völlig identisch gestaltet. Sie repräsentieren sowohl den zeitlichen Ablauf als auch die gedachte Symmetrie des Textes, musikalisch wird zugleich die unabänderliche Statik des poetischen Bildes mit musikalischen Mitteln nachgestaltet. Gleichwohl folgt Rachmaninoff eigentlich einer allgemeinen Konvention der identischen Vertonung von Vor-, Zwischen- und Nachspiel. Im vorliegenden Fall wird diese aber in eine formalistische Konzeption entsprechend den inhaltlichen Gegebenheiten transformiert. Rachmaninoff fasst die Textzeilen zu musikalischen Doppelzeilen zusammen. Dadurch entsteht eine ständige Gegenüberstellung der Aussagen über die Wasserlilie und den Mond (T. 7–9, 10–12; T. 13–15, 16–18). In Verkehrung der Standorte der Protagonisten, aber in Entsprechung der Geschlechterrollen ordnet Rachmaninoff der Lilie eine melodische Passage in oberer, dem Mond eine in tieferer Tonlage zu. Insgesamt entsteht daraus formal eine Symmetrie innerhalb einer strophischen Anlage: V (Vorspiel) – A1-B1 – A2-B2 – V' (Nachspiel = Vorspiel). Mit seiner klaren Disposition ist Rachmaninoff näher an der unprätentiösen Ausdrucksweise des Originals als an der Übertragung, in der einige (notwendige) Zusatzaussagen eher von der zugrunde liegenden Struktur ablenken.

Basslinie und Gesangsmelodie verlaufen weitgehend streng in Gegenbewegung, in der ersten Doppelzeile verläuft der Bass nach unten, in der zweiten nach oben. Daraus entsteht eine Art Punktsymmetrie, die die gegenläufigen Perspektiven von Lilie bzw. Mond symbolisiert (T. 10–12; T. 13–17).Tonmalerisch wird durch eine streng aufsteigende Melodie (T. 7 ff.) die sich emporreckende Flusslilie illustriert. In der parallelen Stelle der zweiten Strophe (T. 13 ff.) hält Rachmaninoff aus formalen Rücksichten an einem melodischen Aufstieg fest, der Sextsprung in der Mitte (T. 14) wird jedoch auf dem Wort »stidlivo« (verschämt) in einen harmonischen Trugschluss geführt, es erscheint nicht G-Dur wie in der ersten Strophe, sondern Es-Dur, um die falsche Erwartung der Lilie, sich dem zudringlichen Mond entziehen zu können, zu kennzeichnen. Ebenfalls scheinbar trugschlüssig werden die jeweiligen Gesangsstrophen in T. 12 und 18 nach e-Moll geführt, um erst im Nachspiel wieder in die Ausgangstonart G-Dur zurückgeführt zu werden. Auf diese Weise und durch die lang gezogene punktierte Viertel des Gesangsparts wird die unaufgelöste Spannung zwischen Mond und Lilie versinnbildlicht.

Vorspiel wie Nachspiel steigen konsequent zu einem Scheitelpunkt (T. 3 bzw. T. 21) auf, um ebenso konsequent bogenförmig wieder abzufallen. Durch die sich daraus ergebende Achsensymmetrie des Melodieverlaufs symbolisiert Rachmaninoff Höhe und Tiefe, die im Text ebenfalls in Form von Wasser und Himmel angesprochen werden.

Rachmaninoffs formale Anlage wird scheinbar überdeckt durch tonmalerische Illustrationen des Wassers. Dazu gehören Klangmixturen (T. 14/15), Tongirlanden (T. 11/12 bzw. 16/17), Schleifer vor jedem Akkord von Vorspiel und Nachspiel sowie die schnelle Aufeinanderfolge von terzverwandten Akkorden (T. 13/14, in der harmonischen Akkordfolge von Vor- und Nachspiel). Solche Stilmittel finden sich auch im zwei Jahre später entstandenen Schlüsselwerk des Impressionismus »Prélude à l'après-midi d'un faune« von Claude Debussy, ähnliche Gestaltungsmittel in Mussorgskys Liedzyklus »Kinderstube« und in Ljadows sinfonischer Dichtung »Der verzauberte See« von 1910. Rachmaninoff selbst werden solche Stilmittel erst in seinen Werken vor seiner Emigration 1917 zugestanden. Der Komponist selbst weist seinen Zyklus der Gattung »Romanzen« zu. Diese ist zwar an russischer Folklore orientiert, gilt aber als spezifisch russische Form des romantischen Kunstliedes, dessen ausgeprägte Kantabilität an italienischen Opern geschult ist, die im 18. Jahrhundert am Zarenhof ganz besonders gepflegt wurden. Er folgt hier nicht zuletzt seinem Vorbild Tschaikovsky, der diese Tradition fortsetzt.[12] Der Einfluss des deutschen Kunstliedes dokumentiert sich hier in der musikalischen Semantisierung des Textes durch die Musik, die in den russischen Romanzen z. B. von Asavjev und Rimski-Korsakoff so gut wie nicht ausgeprägt ist. Der vom Komponisten häufig verwendete deklamatorische Gesangsstil sowie die rhythmisch stets wechselnde dramatisch-illustrative Gestaltung weist der Zeit entsprechend auf Opern Richard Wagners.

*

Du bist wie eine Blume,
So hold und schön und rein;
Ich schau' dich an, und Wehmuth
Schleicht mir in's Herz hinein.

Mir ist, als ob ich die Hände
Auf's Haupt dir legen sollt',
Betend, daß Gott dich erhalte
So rein und schön und hold. (DHA I, 261)

Übersetzung

Ditya! kak tsvetok ti prekrasna,
Svetla, i chista, i mila.
Smotryu na tebya i lyubuyus,
I snova dusha ozhila.

Okhotno b tebe na golovku
Ya ruki svoi vozlozhil;
Prosya chto bi Bog tebya vechno
Prekrasnoy i chistoy khranil.

Rückübersetzung

Mein Kind! Du bist so schön wie eine Blume
so hell, so rein, so lieblich.
Ich schaue dich an und genieße deinen Anblick
und schon wird meine Seele wiederbelebt.

Wie gern würd' ich meine Hände
schützend über dein Köpfchen halten,
bittend, dass Gott dich auf ewig
so schön und rein erhalten möge.

Nach den Aussagen seines Bruders Maximilian soll Heine dieses Gedicht, die Nummer XLVII des Zyklus »Die Heimkehr«, im Herbst/Winter 1823/24 bei seinem zweiten Lüneburger Aufenthalt verfasst haben. Auf der Basis von Äußerungen aus dem Familienkreis beschäftigt die Heine-Forschung schon über ein Jahrhundert eine biographische Interpretation, allerdings mit keinem eindeutigen Ergebnis.[13] Trotz kontroverser Meinungen im Detail kommt man der DHA zufolge zu dem Ergebnis, dass es sich um ein armes, unbekanntes, unglückliches jüdisches Mädchen handele, das die »Rolle der angebeteten, geliebten« Frau einnehme. Schon die unterschiedlichen Interpretationen des vorliegenden Textes innerhalb der Heine-Forschung zeigen, dass dieser biographische Ausgangspunkt keinesfalls eine alleinige Deutungsbasis vorstellt, da diese sehr viel komplexer gelagert ist, was sogar bis hin zu den musikalischen Interpretationen Schumanns bzw. Rachmaninoffs, allerdings mit verschiedenen Interpretationsansätzen, festzustellen ist. Heines Text steht offenbar nicht nur für sich, denn auch die Gedichte in seiner Umgebung bis LXXIX scheinen sich meist, in noch engerer Form als dies in der »Heimkehr« ohnedies der Fall ist, mit der Liebesbeziehung zu einem jungen Mädchen zu beschäftigen. Die in den Versen 3 und 4 angesprochene »Wehmuth« des lyrischen Ich weist als einzige Vokabel über den Inhalt auf die Umgebung des im Gedicht Geschilderten hinaus. Mit »Wehmuth« könnte Mitleid mit dem Unglück des Mädchens angesprochen sein oder aber auch auf den zögerlichen Wunsch die Geliebte zu besitzen, hingewiesen. In diesem Kontext scheint auch das kindlich Verniedlichende des Liebesobjektes immer wieder auf, das direkt in der Anrede des darauf folgenden Gedichtes XLVIII ausformuliert wird: »Kind! Es wäre dein Verderben, /Und ich geb' mir selber Mühe, /Daß dein liebes Herz in Liebe /Nimmermehr für mich erglühe« (DHA I, 261).[14] In den Gedichten der genannten Umgebung zeigt das lyrische Ich die unterschiedlichsten Gefühle: ein schlechtes Gewissen, sich einem solchen Mädchen zu nähern (s. o.), kaum verschleiertes Begehren (XLIX: »Wenn ich auf dem Lager liege«), Trennungsschmerz (LXXIII, LXXVI: »Bist du wirklich mir so feindlich, /Bist du wirklich ganz verwandelt?). Aus diesem Kontext heraus wird ein Unglück der Angesprochenen nicht erkennbar, wohl aber werden unterschiedliche Situationen erotischen Begehrens des lyrischen Ich in einer mitunter unverblümten Sprache umrissen, die der Angesprochenen zum Unglück gereichen könnten. »Du bist wie eine Blume« wirkt eher idealistisch, realen Herausforderungen, die Leben und Liebe tatsächlich mit sich bringen können, entrückt. Die interpretatorischen Überlegungen Gesse-Harms kreisen um dieselben gedanklichen Parameter und stellen ebenfalls die Singularität des Textes heraus, insbesondere angesichts des Kontextes innerhalb der »Heimkehr«. Das Verhältnis des lyrischen Ich wird jedoch zu allgemein mit »Adoration« umschrieben, ohne über die Art und die Anwendung der von Heine verwendeten Topologie zu reflektieren, was jedoch im Hinblick auf die Vertonung durch Schumann von großer Bedeutung ist. Im Gegensatz zu den oben genannten Texten der Umgebung betont Heine das Besondere und Exklusive hier durch sakralisierende Wortformeln, womit gleichzeitig die Unschuld bzw.

Jungfräulichkeit der Angesprochenen gekennzeichnet wird.[15] »Blume«, »Schönheit«, »Reinheit« sowie die Einbeziehung des Gebets weisen auf Wortformeln, die in der mittelalterlichen Marienmetaphorik ihren Ursprung haben, wie aus den »Analecta Hymnica« sowie insbesondere aus zahlreichen Vertonungen von Offiziumstexten in der Glogauer Handschrift von 1480 hervorgeht. Diese können mit Gesse-Harm nicht einfach als »abgegriffen« qualifiziert werden, da sie gerade hier zum besonderen Stilmittel an besonderer Stelle des Zyklus' erhoben werden. Das »Anschauen« wird im Anschluss an die »Geheime Offenbarung« zu einer oft benutzten Topologie christlicher Überlieferung. Die Andeutung der Jungfräulichkeit vermischt sich aber auch mit der Vorstellung der Anschauung von Schönheit als einem Idealzustand im Sinne der Weimarer Klassik.[16]

Das ›Handauflegen‹ in der zweiten Strophe ist zwar schon als jüdischer Brauch im privaten Familienkreis kommentiert worden, hier ist jedoch auch an Matthäus V. 19,13 zu denken, in dem Jesus (unschuldigen, entsprechend der Angesprochenen bei Heine) Kindern seine Hände auflegt. Die umrissene Topologie des vorliegenden Textzusammenhangs als maliziöse Geste Heines zu verstehen, da es sich hier um eine junge Frau handelt, ist wahrscheinlich zu weit hergeholt, da die Indikatoren im Text selbst dafür zu schwach sind. Im Hinblick auf eine weitere Betrachtung ist im Anschluss an Bernd Kortländer aber möglicherweise folgender Aspekt zu beachten: »Aber hier wäre zu fragen, ob nicht der spezifische Kontext, in dem sie stehen, auch ernstgemeinte, ›lyrische‹ Gedichte grundsätzlich in ein Zwielicht versetzt, das besser mit Ironie zu bezeichnen wäre als viele der spezifischen Effekte.«[17] Demzufolge wäre der gesamte Text ironisch zu verstehen, ohne dass sich Hinweise im Text selbst dazu finden ließen. Tatsächlich weist der Text selbst keine Ironisierungen auf, und außerdem werden sakrale Anklänge erst in einem späteren Text dieser Gedichtfolge der Lächerlichkeit preisgegeben: LII: »Andre beten zur Madonne, /Andre auch zu Paul und Peter [...]«. Somit bleibt »Du bist wie eine Blume« einer derjenigen Texte, bei dem man im Falle einer Vertonung nicht eine untergründige ironisch-gegenläufige Ebene einbeziehen müsste, die der Erwartungshaltung eines romantisch-bildungsbürgerlichen Publikums zuwiderliefe. Allenfalls verschiebt Heine einen ironischen Aspekt von der inhaltlichen Ebene auf eine historische Ebene, da die Präsentation eines ganzen Kanons mittelalterlicher Topologie angesichts der bloßen Bewunderung einer Frau fast übertrieben wirkt, insbesondere angesichts des drastischen Realismus der Umgebung. Auch historisierende Traditionen in der Romantik würden nicht vollständig die Geschlossenheit des von Heine im vorliegenden Text entworfenen Bildes erklären; allerdings vervollständigen diese in gewisser Weise die Vorstellung von einem Alltag zur Zeit Heines, in dem den Menschen die oben umrissene Topologie vertraut war, ohne dass sie theologisch vorgebildet waren oder im engen Sinne einer christlichen Konfession angehörten. Es bleibt festzuhalten, dass der Text wegen seines statisch-entrückten Charakters eine Sonderstellung im Zyklus einnimmt und zumindest auf primärer Ebene nicht ironisch zu verstehen ist und den Realismus der Texte in der Umgebung vermissen lässt.

Mit Hilfe einer besonderen sakralisierenden Formelsprache suggeriert Heine eine junge, unberührte Frau mit kindlicher Ausstrahlung, ohne dies direkt auszusprechen. Diese Annahme führt jedoch zu unterschiedlichen Schlussfolgerungen hinsichtlich der musikalischen Umsetzung.

»Du bist wie eine Blume« findet sich in Schumanns erstem Liederzyklus »Myrthen« op. 25 von 1840 als Lied Nr. 24 von insgesamt 26 Liedern unterschiedlicher Dichter. Zutreffend weist Gesse-Harm darauf hin, dass Schumann seine Vertonung im Zyklus »Myrthen« stimmig zwischen Vertonungen von Robert Burns und Friedrich Rückert positioniert, wo es ebenfalls um das Motiv sehnsuchtsvoll-stiller Kontemplation einer(s) Liebenden geht.[18] Damit ist die Bedeutung der Komposition aber noch nicht hinreichend umrissen: In »Du bist wie eine Blume« gestaltet Schumann den Gesangspart mit kleinen melodischen Schritten und Sprüngen, die den ruhigen Charakter des Musik unterstreichen. Auffallend sind einkomponierte Triolen und Schleifer, die sich auf oder in der Nähe von Schlüsselwörtern des Textes finden (z. B. T. 2: »eine Blume«, T. 4: »schön«). Der Klavierpart ist bei langsamem Tempo durchgehend akkordisch gestaltet. In der Schlusspassage T. 14 f. stagniert dieser durch Fortführung in Vierteln und endet in polyphon-durchbrochenem Satz unter Einbeziehung von Vorschlägen und Schleifern (T. 15, 18 ff.).

Das Lied »Talismane« (Goethe), Nr. 8 desselben Zyklus', enthält religiöse Aussagen, die durch liegende Halbe im Klavierpart akkordisch begleitet werden, denen wiederum akkordische Viertel und Achtel folgen (vgl. T. 1–19 und Schlusspassage T. 39–42, »Gottes ist der Orient! /Gottes ist der Occident! /Nord- und südliches Gelände /Ruht im Frieden seiner Hände«). In Nr. 1, »Widmung« (Rückert) ähneln die akkordischen Repetitionen sehr stark den Begleitformeln von: »Du bist wie eine Blume« auf dem Text:

Du bist die Ruh', du bist der Frieden,
Du bist vom Himmel mir beschieden.
Daß du mich liebst, macht mich mir werth,
Dein Blick hat mich vor mir verklärt,
Du hebst mich liebend über mich
Mein guter Geist, mein beßres Ich!

Hier wie dort geht es darum, dass ein erotisches Verhältnis in eine sakralisierende Sphäre entrückt bzw. entgrenzt wird. In der »Mondnacht« aus dem »Liederkreis« op. 39 nach Eichendorff wird die mystische Vermählung von Erde und Himmel musikalisch gestaltet, indem die Melodie von einem Spitzenton hinab gleitet, dem sich eine melismatische Schleiferfigur anschließt (gekennzeichnet als Pralltriller), die sich in der Folge leitmotivisch durch das ganze Lied zieht. Der »Himmel« (T. 8) wird durch ein aufsteigendes Melisma umrissen, die Erde durch eine absteigende Tonfolge. Beiden gemeinsam sind gebrochene Akkorde als Materialgrundlage. Das Klavier ist ähnlich wie »Du bist wie eine Blume« durchgehend durch akkordische Sechzehntel bestimmt. Ähnlich wie die Schleifer in der »Mondnacht« wird T. 20 von »Widmung« auf den Text: »Du bist vom Himmel mir beschieden« im Gesangspart durch einen Doppelschlag gestaltet. In »Lotosblume«, Nr. 7 der »Myrthen«, gleitet die Melodie ebenfalls von einem Spitzenton hinab, während sie dem Mond freundlich ihr »frommes Blumengesicht« entschleiert (T. 16). Das letzte Lied des Zyklus, »Zum Schluss« (Rückert) steht im »Adagio« und hat einen akkordischen Klavierpart. Durch die Textstelle »Wenn uns, droben aufgenommen, /Gottes Sohn entgegenschaut, /Wird die Liebe den vollkommenen Kranz uns flechten [...]« wird der Bezug zwischen Liebe, Entrückung und sakraler Sphäre deutlich, unterstützt von einem entsprechenden musikalischen Vokabular, das in enger Beziehung zum vorliegenden Lied steht. Der antithetische Textbeginn von »Zum Schluss«: »Hier in diesen erdbeklommnen Lüften, /wo die Wehmuth thaut, /Hab ich dir den unvollkommenen Kranz geflochten [...]«, deutet die Wehmut, die bei Heine nur durch den Kontext eine Bedeutung bekam, als einen Teil irdischer Unvollkommenheit und möglicherweise in enger Beziehung zu Schumanns aktueller biographischer Situation. In »Du bist wie eine Blume« ziehen sich melismatische Schleifer ebenfalls wie ein roter Faden durch die Vertonung, ausnahmslos melodisch aufsteigend. Die sakralisierende Geste »Mir ist, als ob ich die Hände / Auf's Haupt dir legen sollt; /Betend, daß Gott dich erhalte [...] verwendet ebenfalls die für die »Mondnacht« beschriebenen Stilmittel in der Aufeinanderfolge: Die vordere Textzeile ist wiederholt durch Schleifer durchbrochen, die letztere Verszeile geht beim Wort »Gott« auf den Spitzenton mit dem Quartsprung als Bestandteil eines gebrochenen Akkordes (T. 9–14). Bezieht man die genannten Stilmittel der anderen Lieder ein, ist die musikalische Gestaltung in »Du bist wie eine Blume« als eine Kombination aller genannten Elemente zu verstehen, die Schumann an solchen Stellen einsetzt, wo es um die Beschwörung einer im weiten Sinne entrückten Sphäre geht, die auf eine mystisch-sakrale Weise erotische und religiöse Bedeutungsbereiche zur Charakterisierung tiefer Liebe verbindet. In »Du bist wie eine Blume« wird der Zustand sakralisierender Verehrung eines Liebesobjekts im Stadium des (noch) Unerreichbaren ausgestaltet. Dadurch entsteht eine Aura hymnisch-erhobenen Schwärmens. Das von Heine in der Schwebe gehaltene Kindlich-Unberührte der Verehrten wird von Schumann symbolisch durch eine religiös-sakrale Formelsprache angedeutet, das erotische Element bleibt aber erhalten, wie die Gegenüberstellung von entsprechenden Stilmitteln anderer Liedvertonungen zeigte.

Dazu Richard Engländer: »Sch[umann]s Musikanschauung kreist um das ›Poetische‹, wie es A. W. v. Schlegel als ein ›Symbolisieren der Kunst‹ beschreibt, die für etwas Geistiges eine äußerliche Hülle sucht oder ein Äußeres auf ein unsichtbares Inneres bezieht [...]. Im Musikalischen trifft das ›Poetische‹ [...] das Sinnbildliche [...]. Alles bloß Illustrative und Programmatische [...] weist Sch[umann] von sich [...].«[19] Die Idealität des von Heine heraufbeschworenen Stimmungsbildes gestaltet Schumann also poetisch, da die genannten Stilmittel nicht illustrativ aufzufassen sind und auf einer subjektiv begründeten Zuordnung beruhen.[20]

Die Übersetzung Pletschscheevs verblüfft zunächst dadurch, wie nah am Original der heinesche Text in eine Fremdsprache übersetzt wurde, die zudem ihre eigenen metrischen und linguistischen Eigenheiten hat. In mancher Hinsicht weicht die Übersetzung jedoch entscheidend vom Original ab, mit Konsequenzen für die Vertonung: Der Vokativ »Kind« am Anfang verstärkt das kindlich Verniedlichende, obwohl die grammatischen Formen in deren Folge die Anrede an eine Frau festlegen.

Die durch Wortwahl und Topologie von Heine dargestellte junge, unberührte Frau wird von Pleschtscheew nicht wiedergegeben. Tatsächlich wird ein Kind angesprochen; die Übersetzung bezieht sich nicht auf eine verniedlichende, männlicher Perspektive entsprechende Anrede an eine junge Frau, die Heine selbst nicht selten benutzt, wie oben gezeigt wurde. In der zweiten Strophe verstärkt sich der Eindruck der Anrede an ein Kind : Das lyrische Ich möchte das Kind schützen. Das »Köpfchen« weist auch vom Vokabular im Russischen her auf ein Kind. Die Sakralisierung der Sphäre wird insofern abgeschwächt, als das lyrische Ich bittet, nicht betet. Die Aussage rückt so in die Nähe eines frommen Wunsches, das Leben eines Kindes zu erhalten. Durch das Anschauen fühlt sich das lyrische Ich erfrischt; es genießt sogar den Anblick; es wird also gleichwohl in der Schwebe gehalten, ob die positiven Gefühle des lyrischen Ich auf erotischer Ebene oder durch die Betrachtung eines jungen Lebens geweckt werden. Das Wort »Wehmuth« wird nicht übersetzt, auch, weil der Kontext der Umgebung fehlt und daher geradezu eine Notwendigkeit besteht, den Text sinnfälliger zu übersetzen. Auf diese Weise werden aber die zeitgenössischen Kritiker bestätigt: Pleschtscheew vereinfacht die lyrische Szene, indem er sie näher an eine Alltagserfahrung rückt, die viel weniger einer psychologisierenden Darstellung bedarf. Die Frage, ob es sich um ein Kind oder eine junge Frau handelt, bleibt zwar durch die fehlende Topologie ein Dilemma, der Eindruck verlagert sich aber eher zugunsten eines Kindes.

Wie auch bei anderen Beispielen ist Rachmaninoff vielfach bestrebt, inhaltliche Aussagen nicht nur durch motivisch-thematische Gestaltungselemente in Musik zu übersetzen, sondern auch in der Struktur seiner Kompositionen sinnfällig zu machen. Die beiden Textstrophen werden musikalisch zu einer Einheit mit gleicher Stimmung zusammengezogen, ohne Abgrenzung durch ein Zwischenspiel. Diese

Lösung erweist sich aber bei genauerer Betrachtung als passend zur Übersetzung. Einem regelgerechten strophischen Ablauf entsprechend beginnt die Vertonung der zweiten Textstrophe mit dem gleichen thematischen Material wie die erste. Das in der ersten Strophe angesprochene Kind rückt nun erneut in den Mittelpunkt der Betrachtung, da ihm schützende Hände über den Kopf gehalten werden.

Rachmaninoff nimmt den Text der Übersetzung beim Wort und gestaltet diese Passagen (T. 5–12; T. 13–16) als eine romantische Berceuse (ein Wiegenlied), wie sie seit Chopins Berceuse op. 57 Schule machte. Als Klaviervirtuose kannte er dieses Werk sicherlich, sodass er ähnliche Ausdrucksmittel benutzt: wiegender 9/8-Takt, Wechsel von Viertel- und Achtelnoten, Akkordmixturen, Bassostinato auf dem Grundton Es; der Gesangspart besteht durchgehend aus einer immer in sich zurückfallenden Figur, die fallweise in eine andere Tonart gerückt wird (G-Dur statt Es-Dur). Das Vorspiel stellt die Akkordmixturen voran; das Nachspiel nimmt den wiegenden Charakter des Gesangsparts auf. Das Lied endet mit einer Tonfolge, die das zugrunde liegende Es-Dur durch die Töne »ces« und »des« einer äolischen Kirchentonart annähern. Rachmaninoff benutzt den gleichen Kunstgriff im langsamen Satz seines vierten Klavierkonzertes von 1926, unmittelbar, nachdem er eine seiner Konzertetüden zitiert, die er zehn Jahre zuvor noch in der russischen Heimat geschrieben hatte. Die Passage des Liedes weist also auf eine regressive, retrospektive Ebene hin; berücksichtigt man, dass die Berceusenthematik einen wesentlichen Teil des Liedes ausmacht, so wird deutlich, dass der Komponist den Text wesentlich als die Anrede an ein Kind versteht, wie dies durch die Übersetzung suggeriert wird. Im Gegensatz zu Schumann wird der Text nicht durch die Musik poetisiert, sondern eher illustriert. Die Berceuse aber nur als (unitäre) Vokabel für Kindlichkeit zu verstehen, erfährt allerdings insofern eine gewisse Relativierung bzw. Neutralisierung, als die typische Topologie der Berceuse zum internationalen Repertoire der Rezeption durch ein bildungsbürgerliches Konzertpublikum der Zeit gehörte. Auch stellt sich nunmehr die Frage, wie Rachmaninoff mit den erotischen Anspielungen des Textes umgegangen ist, beispielsweise V. 2 und 3: Der Gesangspart hat seinen ersten Aufschwung zu einem Spitzenton in T. 12. Die Passage wird durch ausladende akkordische Tonrepetitionen begleitet, die harmonische Spannung aufbauen. Solche Figuren sind allerdings nicht selten bei Rachmaninoff; sie werden immer wieder zum Aufbau gefühlsmäßiger Spannungen benutzt.[21] Auf der Textstelle »i lyubuyus« (genieße, gerate ins Schwärmen) benutzt Rachmaninoff eine mehrdeutige romantische Dissonanz als rhythmisches Martellato, die an dieser Stelle auffallend ist. Da das Wort einen erotischen Beiklang hat, zeigt sich auch hier, dass das Dilemma der Übersetzung sich bis in die Vertonung fortsetzt. Die gesamte Passage T. 9–11 trübt jedoch nicht das durch das Berceusen-Thema bestimmte Stimmungsbild, sondern wird musikalisch als Spannungsaufbau integriert. Rachmaninoff disponiert auch hier kompositorisch formal: Der spannungsarmen Berceuse muss ein wirkungsvoller Kontrast zur Seite gestellt werden. Dieser Kontrast schafft zugleich die Voraussetzung für die Klimax am Ende des Liedes, sodass von der dynamischen Entwicklung her eine formal regelmäßige Struktur A – B – A – C entsteht, die durch ein Vor- und Nachspiel umrahmt wird, das die berceusenhafte Motivik kennzeichnet. Auch hinsichtlich der auf diese Weise gestalteten Form tritt das ›Kind‹ in den Vordergrund. Ähnlich der schumannschen Vertonung werden mit Hilfe einer Entwicklung der Melodik zu ihren Spitzentönen die Wörter »bittend« und »Gott« hervorgehoben, der Bitte um Schutz wird durch ausladende Begleitakkorde entsprochen. Während die Passage bei Schumann jedoch durch die Verwendung von Pausen den Charakter andächtigen Innehaltens erhält, folgt die Melodie hier ihrem zwingenden Duktus. Die Musik hält an ihrem Höhepunkt inne, um schließlich zu ihrem Ausgangspunkt zurückzukehren, denn T. 19–20 haben durch die konsequent absteigende Melodik, die gleichzeitige Ritardierung und Abnahme der Lautstärke die Funktion des Spannungsabbaus, sodass eine Rückkehr zur Berceusen-Thematik möglich wird. Die statische Geste des Handauflegens wird wiederum illustriert, ohne allerdings den melodischen Fluss zu verlassen. Obwohl die konsequente Melodieführung ein typisches Merkmal einer russischen Romanze ist[22], handelt es sich hier um eine Klimax im Sinne romantischer Opernarien, die in erster Linie als rhetorische Geste zu verstehen ist, um einer wirkungsvollen Präsentation des Interpreten Rechnung zu tragen, der im Nachspiel des Klaviers durch eine erweiterte Kadenz entsprochen wird. Wie schon in Zusammenhang mit Rachmaninoffs Rückgriff auf das Vokabular einer Berceuse ausgeführt, wird der Klaviervirtuose Rachmaninoff auch mit dem soeben beschriebenen Kunstgriff deutlich, der Hörerwartungen eines internationalen Konzertpublikums an einem bestimmten Punkt die Priorität vor weiterer semantischen Ausdeutung einräumt. Damit gerät die geistige Konzeption seiner Interpretation eher in die Nähe seines künstlerischen Ahnen Franz Liszt: »[...] und die entwaffnende Jungfräulichkeit des Gedichts erhält eine mondäne Noblesse, die Liszts Vertonung von der affirmativ empfundenen Einfalt biedermeierlicher Sentimentalität deutlich distanziert.«[23]

*

Ich hatte einst ein schönes Vaterland.
Der Eichenbaum
Wuchs dort so hoch, die Veilchen nickten sanft.
Es war ein Traum.

Das küßte mich auf deutsch, und sprach auf deutsch
(Man glaubt es kaum
Wie gut es klang) das Wort: »ich liebe dich!«
Es war ein Traum. (DHA II, 73)

Übersetzung	*Rückübersetzung*
Son	*Traum*
I u menya bil kray rodnoy,	Auch ich hatte eine Heimat
Prekrasen on!	sie ist wunderschön!
Tam el'kachalas'nado mnoy …	Dort schaukelte die Tanne über mir
No to bil son!	Doch es war ein Traum!
Semya druzey zhiva bila	Die Familie der Freunde lebte noch
So vsehk storon	von allen Seiten klangen mir
Zvucali mne lyubvi slova	der Liebe Worte
No to bil son!	Doch es war ein Traum!

Deutsche Rückübersetzung der Gutheil-Ausgabe von 1918 von Lina Esbeer:

Auch ich besaß ein Heimatland
Im Weltenraum
Wo Tannengrün dicht umstand …
Doch war's ein Traum !

Ein Freundeskreis hat mir gelebt.
Ich wüßt es kaum, Hätt' Lieb' ihm
nicht im Wort gebebt …
Doch wars ein Traum!

Das Gedicht, Nr. III des kleinen Zyklus »In der Fremde«; entstand 1833. Der Zyklus wurde erstmals im »Salon I« 1834 gedruckt und dann in die »Neuen Gedichte« von 1844 übernommen. Bereits 1846 veröffentlichte Pleschtscheew seine Übersetzung von Teil III im Journal »Repertyar i Pantheon«.[24]

Das lyrische Ich (in deutlicher biographischer Parallele) bringt im Original die Sehnsucht nach seinem Vaterland Deutschland zum Ausdruck. Die Hauptaussage konzentriert sich im Original auf das Zeilenende »Vaterland«. Der Eichenbaum, beschrieben als eine Art Klimax (»wuchs dort so hoch«), und die Veilchen (V. 2) haben nicht nur reale Bedeutung, sondern verweisen auf die symbolische Ebene des Textes: die Eiche als Natursymbol für Deutschland, das Motiv der Veilchen als Hinweis auf die deutsche Romantik, als poetisches Symbol auch in anderen Zusammenhängen des Zyklus wiederkehrend. In der zweiten Strophe wird die Symbolik mit einer Personifikation sowie durch die zweifache Epipher »deutsch« verstärkt, die sich nur auf das Vaterland beziehen kann, wodurch der politische Charakter des Textes deutlich wird.

Die Syntax in Strophe 2 ist auf die Aussage nach dem Doppelpunkt hin in nachgestellter Position angelegt: »ich liebe dich!« Die Klammer schränkt die folgende zentrale Aussage zwar ein und deutet eine gleichzeitige Distanzierung durch das

Indefinitpronomen »man« an. Die politische Implikation wird aber damit keinesfalls aufgehoben, sondern unterstreicht eher den emotionalen Schmerz des lyrischen Ich. Der grundsätzlichste Unterschied zwischen Original und Übersetzung ist der Austausch von »Vaterland« gegen »Heimat« (otetschestvo – rodyna), schon von der Wortwahl im Russischen andersartig. Dadurch verallgemeinert und reduziert die russische Übertragung die Aussage auf eine familiär – private Ebene; die Schönheit der Heimat wird hervorgehoben; die Eiche wird durch die in Russland geläufigere Tanne ersetzt. Eine entsprechend symbolische Verbindung von »Tanne« und »Russland« wird nicht etabliert, die Übersetzung verzichtet ganz auf eine politische Symbolik. Pleschtscheew geht es offenbar nicht um wissenschaftliche Authentizität der Übertragung, sondern um die Gestaltung des Textes für ein Lesepublikum, das die spezifische, von Heine beschworene ›deutsche‹ Problematik nicht kennt oder nicht interessiert. Es könnte aber auch sein, dass Pleschtscheew sich hier Zensurmaßnahmen beugen musste, denn im Vergleich zum Original wirkt das Beschriebene wie eine Ansammlung von Allgemeinplätzen. Dies entspricht zugleich der zeitgenössischen Kritik an Pleschtscheew, die ihm unzulässige Vereinfachung der Originale vorwarf. Eine modifizierte Emotionalisierung erfährt die zweite Strophe der Übertragung durch die Betonung der Einsamkeit des lyrischen Ich: Es ist nicht die eigene Familie, die dort noch lebt, sondern lediglich eine befreundete Familie, die dem lyrischen Ich sehr viel Liebe entgegenbringen soll. Das Motiv der Freunde taucht zwar auch schon in Teil II des Originals auf, jedoch in anderem Kontext. Gerade diese Charakterisierung von Heimat dürfte aber Rachmaninoff angesprochen haben, der, wie oben bereits umrissen, ganz besonders von familiären Entfremdungserlebnissen und von dem Gefühl keine wirkliche menschliche Heimat zu besitzen, betroffen war.

Die Übersetzung versucht das Kreuzreimschema der geradzahligen Verse nachzuahmen. Leitmotivisch bleibt die letzte Zeile der jeweiligen Strophen erhalten; durch das adversative »doch« (no) wird die Zeile jedoch emotionalisiert; der bloße Aussagesatz des Originals wirkt endgültiger, möglicherweise entsprechend dem autobiographischen Hintergrund Heines.

Die deutsche Rückübersetzung der Übertragung durch Lina Esbeer, erschienen 1918, benutzt jene Pathetisierungen, die man sonst Pleschtscheew z. B. bei Übertragungen politischer Lyrik immer vorgeworfen hat. Esbeers »Weltenraum« und »Lieb' ihm / nicht im Wort gebebt« wirken von der Sprache her sehr gesucht und pseudopoetisch. Vom heineschen Original ist so gut wie nichts übrig geblieben, sieht man von der leitmotivischen Umklammerung der beiden Strophen in den letzten Zeilen (einmal im Modus des Originals, einmal im Modus Pleschtscheews) und von der Thematik selbst ab, die sich aber an die unverbindlich allgemeine der russischen Übertragung hält.

Rachmaninoff geht in seiner Vertonung der Übersetzung Pleschtscheews auch hier von formalen Gesichtspunkten aus. Er legt die äußere Form so an, dass sie der Form der Übersetzung in Übereinstimmung mit der Gedankenfolge entspricht: Erste Strophe: A1 (V. 1–3), B1 (leitmotivische Aussage) – A' (Zwischenspiel) // Zweite Strophe: A2 (V. 1–3), B2 (leitmotivische Aussage) – A" (Nachspiel, A verkürzt) (also: A1 – B1 – A' – A2 – B2 – A").

Der beschreibende Teil A wird jeweils durch Pause und Fermate (T. 7, T. 18) von B, der leitmotivischen Aussage, abgesetzt. Teil A stellt einen melodischen Aufschwung dar, dessen Spitzenton Es in der zweiten Strophe durch ein G noch übertroffen wird, wenn von den Worten der Liebe (V. 6–7) die Rede ist. B ist mit einer punktierten Figur ganz anders gestaltet. Sextsprung und Mollterz vermitteln ein letztes Aufbäumen vor der Resignation. Rachmaninoff verzichtet an dieser Stelle auf weitere tonmalerische Ausdeutungen des »Traums«; in erster Linie kommt die Bedeutung des Textes durch formale Gesichtspunkte zum Tragen. In A verstärken die Schüttelbewegungen der Triolen die Emotionalität, in B werden diese durch stehende Akkorde kontrastiert. Unterschiedliche agogische und dynamische Anweisungen, accelerando und crescendo in A (T. 6 und T. 16 als cresc. und ff), lento und tenuto in B unterstützen den inhaltlichen Kontrast. Die unvermittelte chromatische Rückung nach Ges-Dur im Zwischenspiel (T. 8–11) wirkt wie ein emotionaler Ausbruch, zugleich aber auch harmonisch trugschlüssig; das »Andere«, die Heimat, wird zwar herbeigesehnt, ist jedoch nur im Trugbild des Traums vorhanden.

In Teil A wird die Harmonie des Grundtons mit Hilfe von nahe verwandten Akkorden faktisch kaum wirklich verlassen. Dadurch erscheint die harmonische Grundlage ähnlich dem Thema »Heimat« des Textes geerdet, bzw. sich ihrer Wurzeln bewusst zu sein. Daraus aber eine subtil-nationalistische Interpretation des Textes durch den Komponisten Rachmaninoff abzuleiten als Gegenstück zu den politischen Implikationen des Heine-Textes, wäre überspitzt. Der melodiöse Aufschwung des Beginns beider Strophen (A) ist mit ihrer Kantabilität der russischen Romanze verpflichtet. Die emotional aufgeladene Wiederaufnahme von A im Nachspiel mit konsequent aufsteigender Tendenz zeigt wieder den Sinn Rachmaninoffs für operndramatische Effekte, die mit ihrem pathetisierenden Gestus zugleich voll dem romantischen Stimmungsgehalt der Komposition entsprechen.

Musikalische Beispiele

13
Con moto.
accel.
rit.
ten.
mf
вотъ о - на сно - ва по - ник - ла стыд - ли - во, къ ла - зур - нымъ во - дамъ;
li - ly looks down in the wa - ters, full anx - ious her blus - hes to hide;
pp
mf
15
Meno mosso.
Но мѣ - сяцъ все блѣд - ный и том - ный какъ
And sees the pale form of her com - rade, re -
17
rit.
mf
при - зракъ, - сі - я - етъ и тамъ....
flec - ted, quite close by her side....
Vivo.
pp
rit.
leggiero
20
sf
pp
mf
p

XXIV.
Du bist wie eine Blume.
(Orig. As dur.)
Heine.
Langsam.
24.
Du bist wie ei-ne Blu-me, so hold und schön und rein; ich schau' dich an, und Weh-muth schleicht mir in's Herz hin-ein. Mir ist, als ob ich die Hän-de aufs Haupt dir le-gen sollt', betend, dass Gott dich er-hal-te so rein und schön und hold.
ritard.
ritard.-

М. А. Слонову.
M. A. Slonow.
„Дитя! Какъ цвѣтокъ ты прекрасна".
Like blossom dew-freshen'd to gladness!
Меццо-Сопрано или Баритонъ.
Mezzo-Soprano o Baritono.
(Original.)
Слова А. Плещеева (Гейне).
Words by A. Plechtchejev (Heine).
English Version by Edward Agate.
С. Рахманиновъ, Соч. 8 № 2.
S. Rachmaninoff, Op. 8 № 2.
Andante.
Canto.
Piano.
mf harmonioso
Ди-тя! какъ цвѣ-токъ ты прек-рас-на, Свѣт-ла, и чис-та, и ми-ла.
Like blos-som dew-freshen'd to glad-ness Oh child, thou art ten-der and fair;
Смот-рю на те-бя и лю-
I gaze on thee long, and with

10
f rit. ten.
бу - юсь, И сно - ва ду-ша о - жи - ла.....
sad - ness My heart grows too heav-y to bear
mf
p
13
mf
О - хо-тно бъте-бъ на го - лов - ку Я ру - ки сво-и воз-ло - жилъ; Про-
And e-ver so gent-ly a' lay - ing My hands on thy head for car - ess, To
f
17
ff ritard. dim. pp
ся что бы Богъ те - бя вѣч-но Прекрасной и чис-той хра-
God in the Heav'ns I'd be praying To watch thee, to guard thee and
dim.
colla parte
20
нилъ.
bless.
pp
ppp

Н. Д. Скалонъ.
N. D. Skalon.
Сонъ. A Dream.
Сопрано или Теноръ.
Soprano o Tenore.
(Original.)
Слова А. Плещеева (Гейне).
Words by A. Pleshtsheiev.
English Version by Edward Agate.
С. Рахманиновъ, Соч. 8 № 5.
S. Rachmaninoff, Op. 8 № 5.
Allegretto.
Canto.
Piano.
И у ме - ня былъ край род - ной; Пре - кра - сенъ онъ! Тамъ ель ка - ча - лась на - до мной....
My na - tive land I once en - joyed In realms a - far, Where wa - ving pines their bran - ches bowed....
cresc. e accel.
lento ten.
Но то былъ сонъ!
My dream is o'er!
colla parte
a tempo
espressivo

10
a tempo
p
Семь - я дру - зей жи -
And friends I had though
pp
14
mf
cresc.
ва бы - ла.
far a - part.
Со всѣхъ сто - ронъ Зву - ча - ли мнѣ люб - ви сло -
Un - known 'twould seem; Had love but stirred with - in my
p
cresc.
17
ff
lento
ten.
ва....
heart....
Но то былъ сонъ!
To wake my dream!
a tempo
accel.
sf
colla parte
p
20
mf
p

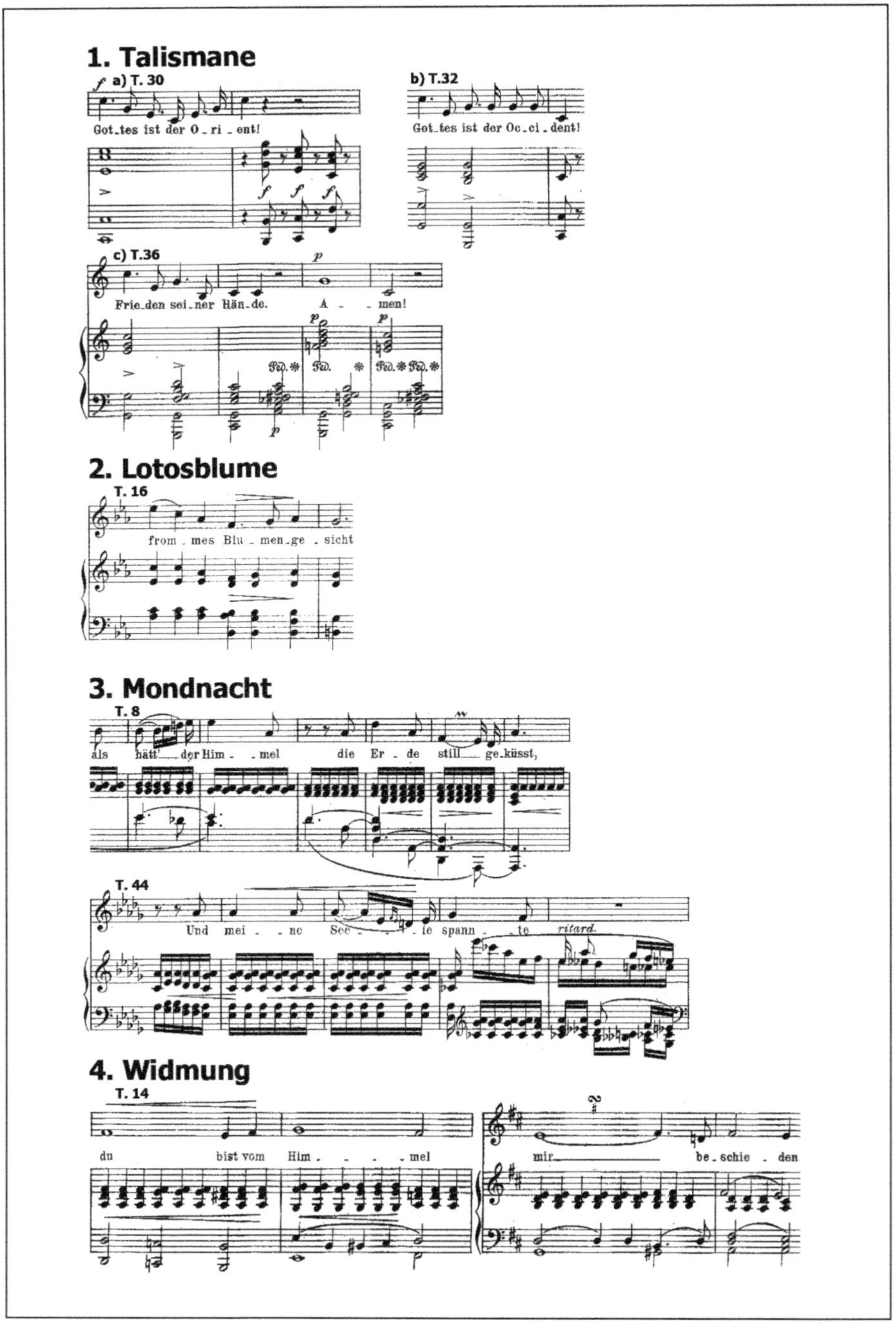
1. Talismane
a) T. 30
Got_tes ist der O_ri_ent!
b) T.32
Got_tes ist der Oc_ci_dent!
c) T.36
Frie_den sei_ner Hän_de. A_men!
2. Lotosblume
T. 16
from_mes Blu_men_ge_sicht
3. Mondnacht
T. 8
als hätt' der Him_mel die Er_de still ge_küsst,
T. 44
Und mei_ne See_le spann_te
ritard.
4. Widmung
T. 14
du bist vom Him_mel mir be_schie_den

Wie die musikalischen Beispiele zeigten, geht Rachmaninoff immer wieder von formalen Kriterien aus, um der Bedeutung des Textes musikalisch zu entsprechen: In »Rechnaya liliya« sind es auskomponierte Symmetrien, um das poetische Bild des Textes auf die musikalische Ebene zu übertragen; in »Ditya! kak tsvestok ti prekrasna« erhält der Verlauf eine klare Gliederung durch die Passage nach Art einer musikalischen Berceuse; auch mit musikalischen Mitteln wird damit zugleich die Hauptperson der Textvorlage in den Mittelpunkt gerückt. Im Gegensatz dazu arbeitet Robert Schumann auf der Basis eines anderen Interpretationsansatzes mit einer ausgeprägten Motivik als einer individuellen poetischen Deutung. Im dritten Beispiel aus op. 8, »Son«, bedingt der Gegensatz von Vorstellung und Realität die zweiteilige Form der jeweiligen Strophe.

Die Kompositionen sind nicht durch verschwenderische Klangfülle gekennzeichnet, die Rachmaninoff immer wieder vorgeworfen wurde[25], sondern disponierende Architektur und Ökonomie sind seine wesentlichen Bausteine musikalischer Gestaltung. Damit erweist er sich als Nachfolger der an westeuropäischen Vorbildern orientierten Schule Tschaikovskys und seines Lehrers Arensky. Zugleich weist Rachmaninoff damit auf formalistische Tendenzen bei Prokoffieff und Schostakowitsch hin.

Wie zu Beginn dieser Darlegungen bereits erwähnt, sind es aber die für Heine typische formale Übersichtlichkeit sowie die unmittelbar zugänglichen literarischen Sujets in einer verständlichen Sprache, die Rachmaninoff eine architektonisch disponierende Umsetzung ermöglichten. Im Detail konnte die Übersetzung zwar die poetische Komplexität des Originals nicht vollständig wiedergeben, jedoch blieben die für Heine typischen Grundvoraussetzungen für eine Vertonung erhalten. Rachmaninoff nahm die Komposition in erster Linie aus finanziellen Gründen in Angriff; mit dem Gebrauch formaler Dispositionen gelangte er aber zu unendlich viel mehr: zu musikalischen Übersetzungen als Weg zum künstlerischen Selbst.

Anmerkungen

1 Günter Metzner: Heine in der Musik. Bibliographie der Heine-Vertonungen. 12 Bde. Tutzing 1989–1994.

2 Heines poetische Komplexität bei aller Zugänglichkeit zur Oberfläche seiner Texte bleibt hiervon unberührt. Auch Sonja Gesse-Harm (Zwischen Ironie und Sentiment. Heinrich Heine im Kunstlied des 19. Jahrhunderts. Stuttgart, Weimar 2006) weist schon in ihrer Einleitung auf die zahlreichen Vertonungen heinescher Texte im 19. Jahrhundert hin, zieht aber im Widerspruch zu Gertrud Waseem das Fazit, »daß das Verdikt, nach welchem ausgerechnet ›die bekanntesten Vertonungen nur eine sentimentale Interpretation der Worte zu [lassen]‹, unhaltbar ist.« (S. 639); vgl. Gertrud Waseem: Das kontrollierte Herz. Die Darstellung der Liebe in Heinrich Heines ›Buch der Lieder‹. Bonn 1976, S. 11. Gesse-Harm verweist diesbezüglich ebenfalls ausdrücklich auf das von

Heine beschworene Volkslied-Ideal: »Mit dieser Einheit von Wort und Musik wirkt schließlich noch eine weitere konstitutive Komponente dieser Volksliedästhetik zusammen: die der ungekünstelten Natürlichkeit, der Vereinigung mit der Natur.« (S. 25).

3 Auch Alexander Borodin (1833–1881) vertonte in seiner Jugend Gedichte nach Heine-Vorlagen, die aber zurzeit nicht greifbar sind.

4 Die Darstellung folgt Bolschaja sowetskaja enzyklopedija. Hrsg. v. B. A. Wwelenskij. Vtoroe izdanije. Moskwa 1955, S. 255; – A. M. Prokhorov (Hrsg.): Great Soviet Encyclopedia. Bd. XX. New York 1979, S. 223; – A. N. Pleschtscheev. Izbranniye stichotworenja prosa. Moskwa 1960; – Wolf Düwel/Helmut Grasshoff (Hrsg.): Geschichte der russischen Literatur, von den Anfängen bis 1917. Berlin, Weimar 1986; – Jakov Il'ic Gordon: Heine in Rußland 1830–1860. Hamburg 1982, S. 117 ff. (Heine-Studien); – German Ritz: 150 Jahre Heineübersetzung. Bern (u. a.) 1981, S. 128 ff. (= Slavica Helvetica 18).

5 Izbranniye [Anm. 4], S. 10 ff., S. 655.

6 Düwel/Grasshoff [Anm. 4], S. 19.

7 Ebd., S. 294, vgl. S. 289.

8 Die Darstellung folgt: Maria Biesold: Sergej Rachmaninoff 1873–1943. Zwischen Moskau und New York. Eine Künstlerbiographie. Weinheim, Basel 1991.; – Andreas Wehrmeyer: Sergej Rachmaninov. Reinbek b. Hamburg 2000, S. 142; s. a.: Grigorij Prokof'ev: Sest'romansov op. 8. – In: Pevec intimnych nastroenij« (Rachmaninoff, ein Sänger der intimen Stimmungen). – In: Russkaja muzykal'naja gazeta (St. Petersburg), H. 2 (1910) Sp. 40 f.; auch in: Ernst Kuhn (Hrsg.): S. Rachmaninow. Berlin 2007, S. 257 f.; die Ausführungen sind für eine Analyse unbrauchbar und bewegen sich auf einem Konzertführerniveau.

9 Biesold [Anm. 8], S. 65 ff.

10 Ebd., S. 78.

11 Die russischen Texte aus: Sergej Rachmaninoff: Songs. Vol. I. Boosey and Hawkes. Reprint der Gutheil-Originalausgabe 1918, S. 25 f., 27 f., 35 f.– Die Rückübersetzungen aus dem Russischen haben Hilfscharakter und dienen lediglich Vergleichszwecken, um Unterschiede zu verdeutlichen. Sie erheben keinen ästhetischen Anspruch, sind aber notwendig, um die Umsetzung durch die Komposition angemessener zu verstehen.

12 Die Musik in Geschichte und Gegenwart. Bd. VIII. Kassel 1998, Sp. 531. Dorothea Redepfennig.

13 Vgl. DHA I, 931.

14 Vgl. auch im Gedicht Nr. L das wiederholte »Deine kleine, weiße Hand« (DHA I, 263).

15 Vgl. Gesse-Harm [Anm. 2], S. 321.

16 Christian Väterlein (Hrsg.): Die Glogauer Handschrift. Bd. IV. Kritischer Bericht. Kassel 1981, darin u. a. die Nr. 7: »Ave rosa rubicunda«; Nr. 65: »Tota pulchra es«; Nr. 69: »Gaude mater luminis«. Darüber hinaus könnte man vermuten, dass Heines Text zwar keine direkte Ironisierung darstellt, wohl aber die klassischen idealistischen Wortformeln für eine tiefe Liebesbeziehung scheinbar ›exterritorial‹ aufgreift und damit ironisiert, weil sie zu den übrigen Gedichten der Umgebung in der »Heimkehr« kaum passen.

17 Höhn 2004, S. 72. Auch Thomas Synofzik (Heinrich Heine – Robert Schumann. Musik und Ironie. Köln 2006) sieht das Problem der Ironie bei der Vertonung, insbesondere bei Texten von Heine; der Befund von Ironie bei schumannschen Vertonungen wird aber zu plakativ präsentiert bzw. gedeutet, ohne sich eingehend mit Schumanns Vokabular auseinander zu setzen. Auch die Gegenüberstellung der Endfassung mit einer früheren Vertonung des Gedichts bringt für die vorliegenden Untersuchungen keine neuen Erkenntnisse (S. 165, S. 96 ff.).

18 Gesse-Harm [Anm. 2], S. 320. Der Quartvorhalt, harmonisch in der Subdominant-Parallele T. 2, findet sich ebenfalls als musikalische Vokabel am Beginn der »Tannhäuser«-Ouvertüre Richard Wagners, die in ähnlicher Form den Gegensatz zwischen erotischer und karitativer Liebe thematisiert.

19 Riemann Musik Lexikon. Personenteil L–Z; Mainz 1961, S. 653.

20 Der Kern des Poetischen wäre demzufolge das tiefe Liebesgefühl. Gerade hier zeigt sich Schumann aber als musikalischer Poet, denn im letzten Stück seiner »Kinderszenen« op. 15, »Der Dichter spricht«, wendet er ähnliche Stilmittel an, und die Agogik der Deklamation im gesangsähnlichen, einstimmigen Mittelteil entspricht in gewisser Weise derjenigen des Liedes in der Schlusspassage, wobei Schumann auch in »Der Dichter spricht« stehende Akkorde folgen lässt, die durch Schleifer verziert werden.

21 Diese finden sich allgemein in der pianistischen Schule Russlands im Anschluss an Franz Liszt; allerdings werden sie bei Rachmaninoffs Zeitgenossen Alexander Skrjabin zur programmatischen Formel erotischer Spannung.

22 Vgl. die Ausführungen zu »Rechnaya liliya« und »Son«.

23 Gesse-Harm[Anm. 2], S. 445.

24 A. N. Pleschtscheev: Stichotworenija. Leningrad 1957, S. 337.

25 Vgl. d. Artikel »Rachmaninow« v. Gerald Abraham in: Die Musik in Geschichte und Gegenwart. Kassel, Basel [u. a.] 1962, Bd. X, Sp. 1843.

Sirenen und Wasserfrauen: Kulturhistorische, geschlechterdiskursive und mediale Dimensionen eines literarischen Motivs

Von Henriette Herwig, Düsseldorf

Einer der wirkungsmächtigsten Mythen der abendländischen Kultur ist jener der Wasserfrau. Am epochalen Wandel der künstlerischen Gestaltung dieses Mythos lassen sich Problemkonstellationen der jeweiligen Epoche festmachen, Veränderungen des Menschenbildes, des Naturverständnisses, der Auffassung von den Verhältnissen zwischen den Geschlechtern und des Kunstbegriffs. Dieser Wandel soll im Folgenden anhand von exemplarischen Beispielen aus dem Bereich der Literatur und der bildenden Kunst untersucht werden, von der griechischen Antike, über das christliche Mittelalter, die Aufklärung, die Romantik und das Fin de siècle bis zur Literatur nach 1945.

Abb. 1: Nymphe mit Muschel. Brunnenfigur, auf Kreta gefunden

Im Altertum galten Quellen und Brunnen als heilig, als lebensspendend, fruchtbarkeitsfördernd und heilkräftig. Um »Quellnymphen als Herrscherinnen des Wassers« (Abb. 1) rankten sich ausgeprägte Kulte.[1] Die Ambivalenz in der Gestaltung des Wasserfrau-Mythos beginnt in unserem Kulturkreis mit der »Odyssee«, jenem homerischen Epos, das im 8. Jahrhundert v. Chr. entstanden und selbst schon Produkt eines Medienwandels ist. Denn es markiert den Übergang von der Mündlichkeit zur Schriftlichkeit der Dichtung, von der Praxis des epischen Gesangs zum Heldenepos. Die in der »Odyssee« geschilderten Irrfahrten- und Abenteuergeschichten des Odysseus sind Märchen. Sie fügen sich zu einer zweisträngigen Geschichte: der Geschichte der Heimkehr des Odysseus nach der Zerstörung Trojas und jener der Not der zurückgebliebenen Frau Penelope. Als Ganzes ist es die Geschichte der »Wiedervereinigung zweier Getrennten«.[2] Odysseus muss nach Ithaka zurückkehren, weil die erfolgreiche Heimkehr Metapher seiner Selbsterhaltung ist.[3] Auf seiner Irrfahrt begegnen ihm zwei Typen von Gefahren, die lebensbedrohenden – Polyphem, Skylla und Charybdis, Poseidons Stürme – und jene, die von der Glückseligkeit ausgehen, von der Selbst- und Pflichtvergessenheit. Eines der berühmtesten Abenteuer des Odysseus ist seine Vorbeifahrt an den Sirenen (Abb. 2), eigentlich die Geschichte der »Verhinderung eines Abenteuers«.[4]

Abb. 2: Odysseus und die Sirenen. Zeichnung nach einem in Etrurien gefundenen Krug

Die Sirenen werden innerhalb der Ich-Erzählung des Odysseus im zwölften Gesang der »Odyssee«[5] durch die Voraussage der Kirke eingeführt. Die Prophetie dieser Zauberin enthält eine Warnung und einen Rat: die Warnung vor der lockenden, aber tödlichen Wirkung des Sirenengesangs, denn die Wiese, auf der die Sängerinnen säßen, sei eine Schädelstätte; den Rat, den Ruderern die Ohren mit Wachs zu verkleben, sich selbst aber an den Schiffsmast binden zu lassen, um beides zu erreichen, den betörenden Gesang hören und die zielgerichtete Fahrt fortsetzen zu können. Das Lied der Sirenen scheint das Leben und die kulturelle Identität des Mannes zu gefährden. Im rückblickenden Augen- und Ohrenzeugenbericht des Odysseus wird aus der tödlichen Gefahr aber eine Verheißung, jene von Vergnügen und Wissen, Lust und Erkenntnis. Die vom Helden selbst wahrgenommene Versuchung ist wie in der »Genesis« diejenige, vom Baum der Erkenntnis zu essen. Sind die Sirenen nun Glücksbringerinnen und Erkenntnisquellen oder Todesboten? Wir wissen es nicht. Die Spannung zwischen dem Selbst- und dem Fremdbild der Sirenen bleibt in der »Odyssee« selbst unaufgelöst. Doch schon »in der nachhomerischen Mythenbildung der Antike lässt sich das Bedürfnis nachweisen, die Unbestimmtheit und Ambivalenz der Sirenenepisode in der *Odyssee* zu beseitigen«: In ihr werden die Sirenen als von Odysseus überwundene mythische Mächte dargestellt, die sich »aus Verzweiflung über ihre Ohnmacht« von ihrer Felseninsel ins Meer stürzen.[6]

Die berühmte männliche List des Odysseus geht auf den Rat einer weiblichen Figur zurück, den der Kirke. Seine List besteht darin, sich für kurze Zeit freiwillig jene Bewegungsfreiheit zu nehmen, welche die Sirenen ihm angeblich auf ewig rauben wollen, um das Unmögliche zu erreichen, dem Zaubergesang zu lauschen und ihm dennoch zu widerstehen. Die Traditionsbildung hat den Worten der Kirke geglaubt, obwohl sie selbst eine Zauberin ist, die Männer in Tiere verwandelt. Die Rezeptionsgeschichte hat Figurenrede verabsolutiert, das weibliche Prinzip mit Natur, das männliche mit dem Versuch, Natur zu überwinden, assoziiert. Bis heute gelten die Sirenen als weibliche Verführerinnen, die durch das erotische Verlangen, das sie wecken, die Heimfahrt des männlichen Helden bedrohen, als Inbegriff der Verbindung von Natur, Stimme, Eros und Tod.

Mischwesen, die wie die Sirenen halb Mensch, halb Vogel sind, haben in der griechischen Antike aber den Menschenkopf gemeinsam, die besondere Weisheit. Das Tierelement in ihrer Erscheinung bedeutet nicht »Bestialität«, sondern »Rätselhaftigkeit«.[7] Die literarische und ikonographische Tradition nimmt einerseits den Sirenen die Weisheit und führt andererseits bei Odysseus eine Opposition wieder ein, die Homer schon aufgehoben hatte. Denn die vielfach bewunderte List des Odysseus läuft ja gerade auf die Verbindung von teleologischem Handeln, Selbsterhaltung und sinnlichem Hörgenuss hinaus. Die Sirenen gelten als das Andere der

Vernunft. Die von ihnen ausgehende Verführung zur Sinnlichkeit wurde in der Rezeptionsgeschichte mit dem ›Weiblichen‹, das vernünftige, zielgerichtete und selbstdisziplinierte Handeln des Odysseus mit dem ›Männlichen‹ gleichgesetzt. Odysseus ging als »der gewitzte ›symbolische‹ Händler«, der den mythischen Sängerinnen in einem »ungleichen Tausch« den Lohn für ihren Gesang schuldig bleibt[8] und damit ihre Macht negiert, in die Kulturgeschichte ein.

Die christliche Deutung, beispielsweise durch die Kirchenväter, macht aus den antiken Sirenen »Symbole der tödlichen Lust« und »des tödlichen Wissens«.[9] Für sie sind die Sirenen dämonische Zauberinnen, die den christlichen Seefahrer auf seiner Reise zu Gott vom vorgeschriebenen Kurs abbringen. Die christliche Ikonographie stattet den Leib der antiken Sängerinnen nicht nur mit Flügeln aus, sondern auch mit einem Fischschwanz, manchmal sogar mit einem zweigeteilten (Abb. 3). Sie verbindet mit den Sirenen drei Vorstellungen: »die Bedrohung der Christenheit durch die Ketzerei«, die Bedrohung des Glaubens durch die »Weltlust«, zu der auch die weltliche Musik gehört, und »die Ablenkung vom göttlichen Wort [...] durch das Fleisch«, die Sexualität.[10]

Abb. 3: Melusine mit zweigeteiltem Fischschwanz. Kapitell, Großmünster, Zürich

Diese Vorstellungen gehen auch in die spätmittelalterlichen Melusinen-Romane ein. Diese variieren das Motiv der gestörten Mahrtenehe, der Verbindung einer jenseitigen Frau mit einem Sterblichen. Die Mahrte wird dabei häufig als Meerfrau mit Fischschwanz und Flügeln vorgestellt. Nur am Rande sind die Melusinen-Romane Liebesgeschichten. Der Gattung nach gehören sie eher zu den Gründungssagen von Adelsgeschlechtern. Sie handeln von Familie und Herrschaft. Das entspricht einer Mentalität, die Identität aus der Familienzugehörigkeit bezieht. In diesen Geschichten soll die »Differenz zweier Welten« durch einen Integrationsversuch aufgehoben werden, der dem menschlichen Partner als Aufgabe gestellt wird.[11] Seine Bewährungsprobe besteht in der Wahrung eines Tabus, eines Seh- oder Hörverbots, oder in der Aufrechterhaltung einer Treuebindung. Der erste Typ ist der melusinische, der zweite der undenische. Während die Menschenwelt sich durch Bindung an soziale Institutionen und Bemühung um rationale Lebensbewältigung auszeichnet, ist das Reich der andersweltlichen Frau durch »magische Fülle« gekennzeichnet, aber auch durch »Heils-Defizienz«.[12] Sie schließt mit dem sterblichen Partner einen Pakt auf Gegenseitigkeit. Mit ihrer Schönheit und dem Adelsattribut der reichen Kleidung macht sie ihm kein erotisches, sondern ein »ständisches Glücksangebot«.[13] Dieses wird durch Eheschließung und Zeugung zahlreicher Nachkommen genealogisch beglaubigt. Im Gegenzug erhofft sich die Mahrte von der Verbindung mit dem menschlichen Partner die Befreiung von einem Fluch, seit Paracelsus eine Seele. Die Störung der Beziehung wird meist durch die Intervention eines Dritten herbeigeführt. Sie führt zur Entlarvung der Mahrte, auf die öffentliche Anklage und Exorzismus folgen. Diese haben die Flucht der Mahrte zur Folge.

Traditionsbildend haben die zwei französischen Melusinen-Romane des 14. und 15. Jahrhunderts gewirkt, die Prosafassung des Jean d'Arras (1392/93) und die Versfassung des Couldrette (zwischen 1401 und 1405), die 1456 von Thüring von Ringoltingen[14] ins Deutsche übersetzt wurde. Es sind »Romane eines Hauses«[15], des Adelsgeschlechts der Lusignan. Für die Lusignan ist die Abstammung von einer jenseitigen Ahnfrau kein Makel, sondern eine Auszeichnung: Sie führen die Meerfrau als Zeichen der Herrschaftslegitimation sogar in ihrem Wappen. In diesen Melusine-Romanen hat die Geschichte der Mahrtenehe eine Vorgeschichte in der Elterngeneration: Melusine und ihre beiden Schwestern sind an ein Tabu gebunden, das als Fluch erscheint, als Rache der Mutter für die Rache der Töchter an ihrem Vater, der der Mutter im Wochenbett beigewohnt und damit seinerseits ein Tabu gebrochen hat. Von diesem mütterlichen Fluch können die Töchter sich nicht selbst befreien, sie können nur durch einen Mann erlöst werden. Bei der Melusine ist die Erlösung an eine Verzichtleistung des männlichen Partners gebunden: an seine Einhaltung des Gebots, sie samstags, wenn sie sich ins Bad zurückzieht, um in ihr Element einzutauchen (Abb. 4), nicht zu sehen. Solange Raimund das Tabu respektiert, bringt das Leben mit der jenseitigen Frau ihm Glücksgüter in Fülle: Reichtum, Machtzuwachs und zahlreiche Kinder. Als Ahnfrau, Städtegründerin und »Urbarmacherin«[16] ist sie eine ungemein mächtige Frau. Die aus der Ehe mit ihr hervorgehenden Söhne sind allerdings alle mit einem körperlichen Makel behaftet. Dieser erinnert als Zeichen des Dämonischen an ihre mütterlicherseits außerweltliche Abstammung.

Abb. 4: Melusine im Bade

Auch bei Couldrette und Thüring ist es ein Dritter, der Bruder des Mannes, der Raimund zum Tabubruch verführt. Er weckt den Verdacht, dass Melusine ihren Gatten an den Samstagen betrüge, womit das dynastische Prinzip der Legitimität der Nachkommen in Frage gestellt ist. Die Verbotsübertretung hat jedoch nicht sofort die Trennung des Paares zur Folge. Melusine verstößt ihren Gatten nicht, solange die Tabuverletzung nicht öffentlich geworden, die Repräsentationsfunktion des Herrscherpaares nicht beeinträchtigt ist. Offenbar hat sie die Freiheit, das Seh-Tabu in ein Beschimpfungs-Tabu umzuwandeln. Erst als auf den Tabubruch die öffentliche Bloßstellung folgt, ist die Melusine gezwungen zu entfliehen. Ihr Verschwinden markiert den Beginn des Verfalls der Familie, den »Glückswechsel des Hauses Lusignan«.[17]

Goethe, der dieses Motiv in »Die neue Melusine« (1829) am Beispiel der Verbindung eines Mannes mit einer Zwergin variiert, radikalisiert es durch Verinnerlichung: Aus dem Beschimpfungs-Tabu wird bei ihm ein Denkverbot, ein Appell, der entdeckten wahren Identität der Frau »niemals vorwurfsweise zu gedenken«.[18] Dadurch wird das Prüfungsmotiv umgedeutet. Die Prüfung besteht nicht mehr darin, das Nichtwissen zu ertragen, sondern das Wissen. Was dem Helden abverlangt wird, ist, das radikale Anderssein der Partnerin auszuhalten und in sein Verständnis der Beziehung zu integrieren.

Die Inkarnation eines Gottes im Tier ist in den heidnischen Religionen verbreitet, die Verbindung mit ihm rühmlich. Was macht das Christentum daraus? Es setzt das tier-menschliche Mischwesen herab, dämonisiert es oder erklärt es für erlösungsbedürftig. Die Vorstellung, dass die Mahrte ein seelenloses Wesen sei, das durch die Verbindung mit einem Sterblichen eine Seele gewinnen wolle, entsteht erst bei Paracelsus.[19] In den spätmittelalterlichen Melusinen-Romanen ist die Melusine eine unerlöste Seele, verurteilt, bis zum Jüngsten Gericht Qualen zu erleiden. Ihr Schicksal weckt Mitleid. Auch nach ihrer Vertreibung kümmert sie sich noch mütterlich um ihre kleinen Kinder. Ihre Integration gelingt zwar nicht personal, aber genealogisch. Neu an dieser Konzeption ist, dass die Tabubindung als Fluch und Strafe, als Fehltritt im heilsgeschichtlichen Prozess eines Einzelnen verstanden wird. Damit wird die Melusine in den Schuldzusammenhang der christlichen Erbsündenlehre integriert und steht beispielhaft für die Erlösungsbedürftigkeit der Schöpfung nach dem Sündenfall. Diese Situation ist nicht geschlechtsspezifisch, sie ist allgemein menschlich. Von einem modernen psychologischen Standpunkt aus kann man die mächtige Melusinen-Figur des Spätmittelalters mit Freud als phallische Mutter auffassen, mit C. G. Jung als Anima der männlichen Psyche oder mit Jean Markale als androgynes Wesen, das über die Macht beider Geschlechter verfügt.[20] Ein tränenüberströmtes Undinenweibchen ist sie nicht. Das wird sie erst in der Romantik bei Friedrich de la Motte Fouqué.

Die Vorlage für Fouqués »Undine« (1811)[21] war die um 1310 entstandene Versnovelle »Peter von Staufenberg«.[22] In ihr erhält ein Ritter die Liebe und den Glückssegen einer Fee nur unter der Bedingung, dass er keine andere Frau heiratet, sich einer Treuebindung unterwirft. Er hält dem dynastischen Druck der Verwandten aber nicht stand und willigt in die Eheschließung mit der Nichte des Königs. Als Mene-Tekel seiner Verurteilung zum Tod streckt die verratene Fee bei seinem Hochzeitsmahl ihr schönes Bein durch die Decke. Fouqué greift das undenische Muster der gebrochenen Loyalitätsverpflichtung auf und bereichert es um die paracelsische

Vorstellung, dass Elementargeister durch die Ehe mit einem Menschen eine Seele gewinnen. Er kombiniert den Topos von der »virginitätsgebundenen Unabhängigkeit und Stärke der Frau« mit dem »Pastourellen-Schema« der »Begegnung eines Ritters mit einem ›Naturkind‹«.[23] Seine Undine wächst auf einer Landzunge als Pflegekind bei einem Fischerpaar auf. Dieses hat die geheimnisvolle Wassernymphe (Abb. 5) anstelle der vermeintlich ertrunkenen Tochter an Kindesstatt aufgenommen. Fouqué stellt seine Undine zunächst als ungebändigte, naturhafte Kindfrau dar. Die magische Potenz der mittelalterlichen Melusine ist auf kindliche Widerspenstigkeit und Launenhaftigkeit reduziert. Schon in dieser mädchenhaften Gestalt passt Undine in das neue, bürgerlich-patriarchalische Frauenbild.

Nach der Hochzeit ist Undine noch stärker domestiziert: still, freundlich, demütig, sittsam, ein Wesen, das fremdartig bleibt in der höfischen Welt. Die unter-

Abb. 5: Johann Heinrich Füssli: Undine kommt zum Fischerpaar

schwellig auch hier noch vorhandene Aggressivität und »latent zerstörende Macht«[24] wird auf den anderweltlichen Verwandten, den männlichen Wassergeist Kühleborn, verschoben. Undine hat ein elementares Verständnis der Eltern-Kind-Bindung. Dass sie mit der Aufdeckung der niederen Herkunft Berthaldas – sie ist die vermeintlich ertrunkene Tochter des Fischerpaares – den sozialen Ehrgeiz Berthaldas verletzt, ist ihr unverständlich. Auch nach dem Treuebruch Huldbrands zeigt sie keine Verärgerung. Sie ist nichts als Trauer und Klage. Huldbrand wird von ihr buchstäblich tot geweint.

Mit Fouqués Version des Wasserfrauen-Mythos setzt seine Verbürgerlichung und Sentimentalisierung ein. Aus dem Niedergang eines Adelsgeschlechts wird die Zähmung einer wilden Jungfrau durch das Sakrament der Ehe und die Vereinigung der ungleichen Gatten im romantischen Liebestod. Was zählt, ist das absolute Gefühl, nicht die feudalen Werte von Reichtum, Macht und Nachkommenschaft. Fouqué psychologisiert das paracelsische Beseelungsmuster und bewertet die Domestizierung der Mahrte positiv. Bei ihm wird die ursprünglich heilige, später teuflische Wasserfrau zum Inbegriff des weiblichen Geschlechtscharakters, wie ihn die Sonderanthropologie des Weiblichen[25] seit der Mitte des 18. Jahrhunderts konzeptualisiert hat. In dieser Form war der Undinen-Mythos von ungeheurem Erfolg gekrönt.

Auch der junge Goethe greift in einer seiner naturmagischen Balladen das Motiv der Wasserfrau auf:

Der Fischer

Das Wasser rauscht', das Wasser schwoll,
Ein Fischer saß daran,
Sah nach dem Angel ruhevoll,
Kühl bis ans Herz hinan.
Und wie er sitzt, und wie er lauscht,
Teilt sich die Flut empor;
Aus dem bewegten Wasser rauscht
Ein feuchtes Weib hervor.

Sie sang zu ihm, sie sprach zu ihm:
»Was lockst du meine Brut
Mit Menschenwitz und Menschenlist
Hinauf in Todesglut?
Ach wüßtest du, wie's Fischlein ist
So wohlig auf dem Grund,
Du stiegst herunter, wie du bist,
Und würdest erst gesund.

Labt sich die liebe Sonne nicht,
Der Mond sich nicht im Meer?
Kehrt wellenatmend ihr Gesicht
Nicht doppelt schöner her?
Lockt dich der tiefe Himmel nicht,
Das feuchtverklärte Blau?
Lockt dich dein eigen Angesicht
Nicht her in ew'gen Tau?«

Das Wasser rauscht', das Wasser schwoll,
Netzt' ihm den nackten Fuß;
Sein Herz wuchs ihm so sehnsuchtsvoll,
Wie bei der Liebsten Gruß.
Sie sprach zu ihm, sie sang zu ihm;
Da war's um ihn geschehn:
Halb zog sie ihn, halb sank er hin,
Und ward nicht mehr gesehn.[26]

Das Gedicht wurde am 19. Januar 1778 einem Brief an Frau von Stein beigelegt. Es macht aus konkretem Anlass – zwei Tage zuvor war Christiane von Laßberg von Goethes Dienern tot in der Ilm aufgefunden worden[27] – den Liebestod im Wasser zum Thema, verkehrt aber die Geschlechtsrollenverteilung: Nicht eine unglückliche Frau, sondern ein eben noch »kühl« angelnder Fischer wird dazu verführt, ins Wasser zu gehen. In dieser vierstrophigen, jambischen Ballade werden jeweils zwei vierzeilige Chevy-Chase-Strophen zu einer achtzeiligen Strophe zusammengefasst. Die erste und die vierte Strophe sind Erzählerstrophen, die zweite und die dritte werden von der Figurenrede der Nixe ausgefüllt. Aus dem überirdischen Sirenengesang ist eine Rede geworden, die im Wortlaut wiedergegeben wird. Die Nixe ist das Subjekt des Sprechakts. Sie beginnt ihre Ansprache des Fischers mit einer Frage, deren illokutiver Aspekt eine Anklage ist: der Vorwurf, er töte ihre Brut »mit Menschenwitz und Menschenlist«. Die odysseeische List ist hier die Technik des Angelns. Die Wasserfrau hebt dem Angler ins Bewusstsein, dass er mit seiner Form des Nahrungserwerbs den Tod in die Natur hineinträgt. Darüber hinaus unterstellt sie ihm ein Nichtwissen: die Unkenntnis des Lebensgefühls der Fische im Wasser. »Damit verbindet sie das Versprechen, die Angleichung bedeute Heilung«, womit sie ihm eine Krankheit unterstellt.[28] Für die Gültigkeit des Versprechens bürgt ein kosmischer Vorgang, den sie in der dritten Strophe mit Hilfe von vier rhetorischen Fragen und der Personifikation von Sonne und Mond evoziert: Auch die Gestirne laben sich im Meer, ein Spiegelvorgang, den der Fischer durch den Blick ins Wasser wahrnehmen soll, wobei er auch sein eigenes Spiegelbild und eine Umkehrung von oben und unten zu sehen bekommt. Zudem enthält die letzte rhetorische

Frage: »Lockt dich dein eigen Angesicht/ Nicht her in ew'gen Tau?« eine Anspielung auf den Narziss-Mythos.[29] Damit erweist sich der Kern der Nixenrede als narzisstische Versuchung, als Einladung zur Selbstentgrenzung. Dem Fischer wird zwar keine Gegenrede zugestanden, seine Antwort erfolgt aber nonverbal, indem er dem Ziehen der Nixe entgegenkommt und in das Element eingeht, das er eben noch »kühl« beherrscht hat. Diese Aufhebung der Grenze zwischen Subjekt und Objekt ist auf der Handlungsebene sein Tod, auf der Ebene des innerpsychischen Geschehens der Verlust seines Selbst. Das Phantasma der Wasserfrau kann als Externalisierung eines Dilemmas in der Beziehung des Menschen zur Natur aufgefasst werden: Wenn er die Natur als Objekt beherrscht, erfährt er sich als von ihr getrennt; wenn er in sie eingeht, »verliert er sich als Subjekt«.[30] So gesehen ist das Gedicht ein dichterisches Zeugnis der Selbstkritik der Aufklärung.

Goethe selbst hat den Ton dieses schlichten, volksliedhaften Gedichts noch stärker ins Pragmatische hinabgedrückt: In einem Gespräch mit Eckermann vom 3. November 1823 tadelte er die Künstler, die den Fischer malten und nicht bedächten, dass die Szene sich gar nicht malen lasse: »Es ist ja in dieser Ballade bloß das Gefühl des Wassers ausgedrückt, das Anmutige, was uns im Sommer lockt, uns zu baden; weiter liegt nichts darin«.[31] Mit diesem ganz von einer aufklärerischen Position aus erhobenen Einwand spricht Goethe ein Problem des Medienwechsels an: Das Evozieren einer Stimmung mit den Mitteln der Sprache ist etwas anderes als das Fixieren eines Gegenstands im Bild. Sprachliche Zeichen können nicht ohne Bedeutungsverschiebungen in bildkünstlerische überführt werden. Sprachliche Bilder regen das innere Vorstellungsvermögen der Lesenden an, visuelle Kunstwerke müssen ihre Gegenstände zeigen. Mit dem Medienwechsel vom Wort zum Bild ist die Gefahr einer Bedeutungsfixierung der Aussage verbunden. Das lässt sich gut am Schicksal der Loreley exemplifizieren.

Die Loreley wurde bekanntlich um 1800 von Clemens Brentano erfunden, in seinem Gedicht »Zu Bacharach am Rheine«.[32] Brentano griff dabei auf eine rheinische Lokalsage zurück, die von alters her an den hoch aufragenden Felsen von St. Goarshausen geknüpft war, dessen Echo berühmt ist. An dieser Stelle des Rheinlaufs erzeugt das Zusammenspiel von hohem Fels, tiefem Wasser und steter Wellenbewegung einen Naturlaut, von dem eine Gefahr ausgeht, weil er die Schiffer davon ablenkt, die tiefen Riffe zu umschiffen. Schon im Mittelalter ist »Lurelei« die Bezeichnung für den Felsen. Das mittelhochdeutsche Nomen »lei« bedeutet Fels: Die Vorsilbe »lur« war der Name eines elbischen Wesens, denn das Echo wurde bis ins 18. Jahrhundert als Stimme von Dämonen aufgefasst und mit Elementargeistern oder Felsnixen in Verbindung gebracht.[33] Lurelei heißt demnach: »lauernder Fels«. Erst Brentano macht aus der Ortsbezeichnung den Namen einer Zauberin, deren Magie in ihrer unwiderstehlichen erotischen Anziehungskraft besteht. Er bindet die

Macht dieser ›Hexe‹ an einen Schuldzusammenhang von Verführung, Treuebruch und verführerischer Macht der Unnahbaren aus enttäuschter Liebe. Bei ihm erbittet die über die Untreue ihres Geliebten Verzweifelte vom Bischof sogar selbst den Tod: »Ich darf nicht länger leben,/ Ich liebe keinen mehr«. Damit knüpft Brentano an die lange Tradition der Dämonisierung des Weiblichen im Christentum an.

Auch Heinrich Heine greift in seinem Gedicht »Ich weiß nicht, was soll es bedeuten« die rheinische Lokalsage auf. Er übernimmt dabei den Namen der Frau von Brentano: Loreley. Bei ihm ist sie aber keine Zauberin, sondern eine »Jungfrau«. Die Macht geht bei ihm nicht von der sexualisierten Frau aus, sondern von der unschuldigen. Die Verführungsverweigerung erscheint hier als die viel effektivere Form der Verführung.[34]

Ich weiß nicht, was soll es bedeuten,
Daß ich so traurig bin;
Ein Mährchen aus alten Zeiten,
Das kommt mir nicht aus dem Sinn.

Die Luft ist kühl und es dunkelt,
Und ruhig fließt der Rhein;
Der Gipfel des Berges funkelt
Im Abendsonnenschein.

Die schönste Jungfrau sitzet
Dort oben wunderbar,
Ihr gold'nes Geschmeide blitzet,
Sie kämmt ihr goldenes Haar.

Sie kämmt es mit goldenem Kamme,
Und singt ein Lied dabei;
Das hat eine wundersame,
Gewaltige Melodei.

Den Schiffer im kleinen Schiffe
Ergreift es mit wildem Weh;
Er schaut nicht die Felsenriffe,
Er schaut nur hinauf in die Höh'.

Ich glaube, die Wellen verschlingen
Am Ende Schiffer und Kahn;
Und das hat mit ihrem Singen
Die Lore-Ley gethan. (DHA I, 207 ff.)

Nicht zuletzt durch Silchers Vertonung hat dieses Gedicht weit über rheinische Lokalbezüge hinaus Weltruhm erlangt. Entstanden ist es vermutlich 1823, erstmals gedruckt wurde es im März 1824 im »Gesellschafter oder Blätter für Geist und Herz«. Im »Buch der Lieder« (1827) steht es im Zyklus »Die Heimkehr« an zweiter Stelle. Dieser Zyklus folgt auf das Kernstück des Buchs, das »Lyrische Intermezzo«, in dem vom verschmähten Liebeswerbens des Dichters in der Bürgerwelt die Rede ist. Schon der Titel des Zyklus', »Die Heimkehr«, schafft einen Bezug zur Heimkehr des Odysseus nach Ithaka. Doch um wessen Heimkehr geht es bei Heine?

Das sechsstrophige Gedicht besteht aus einer Rahmen- und einer Binnenerzählung: Die erste Strophe ist eine Erzählerstrophe. In ihr spricht der Dichter in der Ich-Form von sich selbst und seiner unerklärlichen Trauer. Als Grund für seine Trauer gibt er die Erinnerung an ein »Mährchen aus alten Zeiten« an, das ihm »nicht aus dem Sinn« geht. Mit dem »Mährchen aus alten Zeiten« ist zum einen Brentanos Vorläufergedicht »Zu Bacharach am Rheine« gemeint, das erst gut 20jährig, also noch gar nicht »alt« ist, zum andern die »Odyssee«. Heines Gedicht beginnt mit einer Selbstreflexion des Dichters, dessen Gefühle geprägt sind von dichterischen Texten und alten Mythen. Indem es die zauberhafte Wirkung dieser Texte auf den Dichter, der es schuf, betont, gibt es sich von Beginn an als Produkt eines Rezeptionsvorgangs zu erkennen. Den Inhalt des »alten Mährchens« gibt der Sänger in den Strophen zwei bis fünf wieder. Die zweite Strophe vermittelt ein großes Landschaftsbild. Dieses kann sich sowohl auf die Sprechsituation des Dichters als auch auf die erinnerte Binnengeschichte beziehen, es hat einen Doppelbezug. In jedem Fall gelingt dem Ich hier eine poetische Evokation der Landschaft, ja diese wird gewissermaßen erotisiert. Wie im Film geht der gegenwärtige Situationskontext in eine Rückblende über. Diese wird mit einem raschen Wechsel von der ›Totalen‹ der Berg- und Flusslandschaft in Strophe zwei zur ›Nahaufnahme der ›Jungfrau‹ in Strophe drei verbunden.[35] Erfasst wird der Moment des Sonnenuntergangs, wenn das schräg einfallende Licht ein besonders schönes Farbenspiel auf der Landschaft und auf der in sie eingebetteten Frauengestalt entfaltet, wenn alles wie vergoldet erscheint. Dreimal wird das Adjektiv »golden« wiederholt, im konkreten Sinn mit Bezug auf das Geschmeide der Jungfrau und ihren Kamm, im metaphorischen Sinn mit Bezug auf ihr Haar. Neben der zeitlichen ist auch die räumliche Dimension erwähnenswert: Die Jungfrau sitzt erhöht, hoch »oben« auf einem Felsen, sie ist deshalb für den Betrachter – den Schiffer im Kahne und den Dichter – räumlich und sozial entrückt. Sein Begehren kann neben dem erotischen Aspekt auch den Wunsch nach sozialem Aufstieg umfassen – sind die modernen Mächte, von denen Heines »Buch der Lieder« immer wieder spricht, doch die Liebe und das Geld.

Zum wunderbaren Anblick der schönen Jungfrau in Strophe drei kommt die »wundersame/ Gewaltige Melodei« in Strophe vier. Die Jungfrau ist selbst eine Sängerin. Ihr »Anblick wird Klang«[36], der optische Eindruck verschmilzt mit einem akustischen. Auch das Taktile kommt vor, allerdings nur in der narzisstischen Form der Selbstberührung der Jungfrau beim Kämmen. Trotzdem ist die Gewalt dieser sinnverwirrenden Synästhesie so groß, dass der Schiffer darüber seine Berufspflichten, ja die Pflicht der Selbsterhaltung vergisst: »Er schaut nicht die Felsenriffe,/ Er schaut nur hinauf in die Höh'«. Dabei wird der Gesang kaum beschrieben. Im Gegensatz zu Goethe, der den Gesang der Nixe in »Der Fischer« im Wortlaut mitteilt, vermittelt Heine uns die Macht des Gesangs der Loreley nur anhand seiner Wirkung. Er macht teleologisches Handeln zunichte, er verführt zum Genuss des erfüllten Augenblicks, für den Goethes Faust seine Seele verwettet. Der Hörer ist in seinem Bann und bemerkt dabei nicht einmal die Lebensgefahr, in der er sich befindet. Es ist ein Sirenengesang.

In Strophe sechs erfolgt plötzlich die Zurücknahme der Illusion. Der Scheincharakter des Erzählten wird akzentuiert. Der Untergang des Schiffers kann nur vermutet, nicht sicher bezeugt werden: »Ich glaube, die Wellen verschlingen/ Am Ende Schiffer und Kahn;/ Und das hat mit ihrem Singen/ Die Lore-Ley gethan.« Mit diesem Schlusskommentar geht das Ich vom Erzählen zum Besprechen über und damit auf Distanz zum vergegenwärtigten Geschehen, »das ›mythische‹ Präsens weicht [...] dem historischen Perfekt«.[37] Durch den Wechsel auf die Metaebene, mit dem der Rahmen sich schließt, kann der Sprecher der Macht der Erinnerung entkommen. Damit ist das Ich, das anfangs selbst gefährdet war, gerettet. Es weiß am Schluss, was es am Anfang nicht wusste, dass es dem mythischen Wiederholungszwang nicht ausgeliefert ist. Es kann auf den Text des »alten Mährchens« lauschen, ohne ihm verfallen zu müssen – darin dem mythischen ›Trickster‹ Odysseus nicht unähnlich, der den Sirenengesang hören, den mythischen Sängerinnen aber den Lohn schuldig bleiben will: Was für Odysseus das Wachs, ist für Heines Dichter die »Odyssee«, das Wissen darum, dass die mythischen Gewalten nicht unbezwinglich sind.[38] Das verlorene Liebesobjekt, dessen Verlust den Dichter melancholisch macht, ist die mythische Geschichte selbst.[39]

Heines Loreley ist keine Frauenfigur, sondern eine Allegorie. Nicht nur der Mythos, auch der Zauber der romantischen Dichtung, wird durch diese Art der Darstellung zugleich aufgerufen und gebannt. Sein Gedicht spricht nicht nur von der Wirkung eines Echos, es ist auch ein Echo-Gedicht, das auf Brentanos Gedicht Bezug nimmt, dessen Zauberin Lore Lay aber, durch Rückgriff auf einen Mythos, der die Überwindung seiner selbst enthält, entmythologisiert. Mit einem Namen wie »Zauberin« allein ist das Chaos nicht zu bezwingen. Es muss in seiner Unfassbarkeit ernst genommen werden. Deshalb bindet Heine es wieder an den Mythos, an den der Sirenen und den von Echo und Narziss. Letzterer ist für ihn ein Kunstmythos. Durch die Staffelung der intertextuellen Bezüge entsteht eine Romantik-Kritik im Ton der Romantik, eine Selbstreflexion der Möglichkeiten und Gefahren romantischer Dichtung[40] im Medium der romantischen Poesie. Damit ist Heines

Gedicht kein Beitrag zum Geschlechterdiskurs, sondern einer zur Poetik. Ging es in Goethes Gedicht um eine Selbstkritik der Aufklärung, so bei Heine um eine Selbstkritik der Romantik.

Heines Loreley-Gedicht hat eine ungeheure Wirkungsgeschichte entfaltet, besonders in der bildenden Kunst. Diese konnte 2004 in einer Ausstellung im Historischen Museum am Strom in Bingen und im Mittelrhein-Museum in Koblenz nachvollzogen werden. Die Ausstellung trug den Titel »Die Loreley. Ein Fels im Rhein. Ein deutscher Traum«[41] und hat eine Fülle bildkünstlerischer Umsetzungen der Loreley-Figur vorgestellt: die schuldbewusst das Haupt senkende und vom geistlichen Richter den Tod erbittende »Lureley« vor dem Bischof in einer Buchdruck-Version von Joseph Nicolaus Peroux (Abb. 6), die »Lureley« von Carl Joseph Begas dem Älteren (Abb. 7), eine Lorelei im rot-goldenen Brokatrock, halb nackt als Hetäre, Muse oder Allegorie der vanitas, die »Loreley« als Medusa mit fliegendem Schlangenhaar von Eduard Jakob von Steinle (Abb. 8), die Loreley als Allegorie einer Tageszeit in »Der Mittag« von Moritz von Schwind (Abb. 9), um nur einige Beispiele zu nennen. Was bleibt hier von Heines Gedicht? Die Synästhesie von Anblick und Klang wird zu einem Bildeindruck. Die Vielfältigkeit der Bezüge zwischen Rahmen- und Binnenerzählung, Landschafts- und Figurenbeschreibung, Erinnerung und poetologischer Reflexion geht bei allen Bildern verloren und weicht einer eindeutigen Interpretation der Figur. Bei Peroux, der Brentano illustriert, überwiegt die Demut der sagenhaften Zauberin, bei Steinle die Dämonie, bei Begas die Erotik, bei von Schwind der Lichteffekt.

Inflationär wird das Motiv der Wasserfrau in allen Künsten um die Jahrhundertwende eingesetzt, insbesondere im Jugendstil. Der Jugendstil war eine Antwort auf die vermeintliche Seelenlosigkeit des modernen Großstadtlebens, die Hässlichkeit der Industrieprodukte, die arbeitsteilige Gesellschaft und die Auflösung der Wahrnehmung zu Impressionen. Man sehnte sich nach vermeintlich natürlichen, vorindustriellen Zuständen zurück, die mit Schlagwörtern wie »Jugend«, »Frühling«, »Ver sacrum« und »Nuda Veritas« heraufbeschworen wurden.[42] Diese Vorstellungen wirkten sich besonders stark auf das Frauenbild aus. In allen Künsten wurde die Frau als ein »Urwesen« imaginiert, das »direkt aus dem Schoß der Natur emporzusteigen scheint«; was an konkrete gesellschaftliche Problemkonstellationen erinnerte, wurde »von ihr abgestreift«.[43] Sie wurde ins lose fallende Reformkleid gesteckt oder ganz nackt gezeigt. Faktisch ist ihre vermeintliche »Natürlichkeit« von beispielloser Künstlichkeit. Sogar Fontanes Effi Briest, die zunächst als Kindfrau im Matrosenkleid inszenierte Figur, wird durch den Schloon unter ihren Füßen im Moment der Verführbarkeit in die Nähe des Wassers gerückt. Auch bei Gerhart Hauptmann, Richard Dehmel, Julius Hart, Ernst Stadler, Rainer Maria Rilke und Stefan George, überall sprachliche Bilder von fließenden Wellen und wogenden

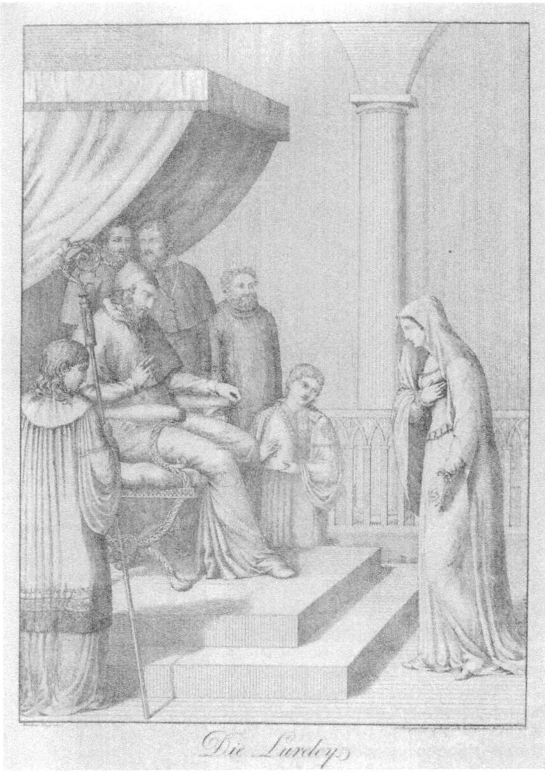

Abb. 6:
Joseph Nicolaus Peroux:
Loreley vor dem Bischof

Abb. 7:
Carl Joseph Begas: Die Lureley

Abb. 8:
Eduard Jakob von Steinle: Loreley

Abb. 9:
Moritz von Schwind: Der Mittag

Frauen mit flutenden Haaren, beispielhaft im Gedicht »Stimmen im Strom« des jungen Stefan George aus dem Zyklus »Die Bücher der Hirten- und Preisgedichte« (1895). Seine sinnlichen Bilder und daktylisch wellenhaft bewegten Rhythmen erzeugen einen Klangzauber, der nahezu inhaltsleer ist.

Stimmen im Strom

Liebende klagende zagende wesen
Nehmt eure zuflucht in unser bereich ·
Werdet geniessen und werdet genesen ·
Arme und worte umwinden euch weich.

Leiber wie muscheln · korallene lippen
Schwimmen und tönen in schwankem palast ·
Haare verschlungen in ästige klippen
Nahend und wieder vom strudel erfasst.

Bläuliche lampen die halb nur erhellen ·
Schwebende säulen auf kreisendem schuh –
Geigend erzitternde ziehende wellen
Schaukeln in selig beschauliche ruh.

Müdet euch aber das sinnen das singen ·
Fliessender freuden bedächtiger lauf ·
Trifft euch ein kuss: und ihr löst euch in ringen
Gleitet als wogen hinab und hinauf.[44]

Hinter der Aufwertung der Frau zum Naturwesen verbirgt sich die Abwertung ihrer geistigen und damit humanen Qualitäten. Es ist eine besonders perfide Form der Disqualifizierung: nämlich Abwertung durch Überhöhung. Das war auch eine Antwort auf den realen Emanzipationsanspruch der Frauen. Der Name »Undine« ist vom lateinischen Wort »unda«: Welle, Woge, abgeleitet. Diese Etymologie nimmt der Jugendstil wörtlich. Er setzt das Weibliche mit dem Element des Wassers gleich. Wohin man in dieser Zeit blickt, auf Bildern, Wandfriesen, Treppenhausgeländern, Lampenschirmen, überall »schön gekurvte Frauenleiber«, die sich der Wellenbewegung des Wassers anpassen und gut »in den allgemeinen Linienfluß des Jugendstils« fügen[45], wie zum Beispiel in »Fischblut«, einer Tuschfeder-Zeichnung von Gustav Klimt (Abb. 10). Manfred Schneider hat durch Bildvergleiche veranschaulicht, dass die Körperhaltungen dieser Wasserwesen exakt dem von Jean Martin Charcot entdeckten »hysterischen Bogen« entsprechen, den sein Modell Augustine im Lehrsaal der Salpêtrière so perfekt imitieren konnte[46]: durchgewölbter Rücken mit nach hinten zurückgebogenem Kopf (Abb. 11). Die von den Ärzten erwartete, von den Patientinnen erwartungsgemäß inszenierte Körperhaltung der Hysterikerin beim

Abb. 10: Gustav Klimt: Fischblut

hysterischen Anfall war aber auch schon die der tanzenden Mänaden in der Antike (Abb. 12). So schließt sich ein kultureller Kreis von präsupponierter Frauenkrankheit, diese bestätigender Frauentheatralik und künstlerischer Darstellung in Wort und Bild.

Nach dem Zweiten Weltkrieg greift Ingeborg Bachmann mit »Undine geht« (1961) einen Moment aus den mittelalterlichen Melusinen-Romanen auf: die Abschiedsrede der jenseitigen Frau.[47] Sie rechnet nicht mehr nur mit dem einen Partner namens Hans ab, sondern mit allen Hänsen samt ihren Frauen. Der Allerweltsname steht für die Menschheit als ganze.[48] Ihrer Welt der Konventionen, der Verträge, der Bindungen an Institutionen stellt diese Undine ihre Welt der Freiheit

Abb. 11: Perfekte Ausführung des hysterischen Bogens

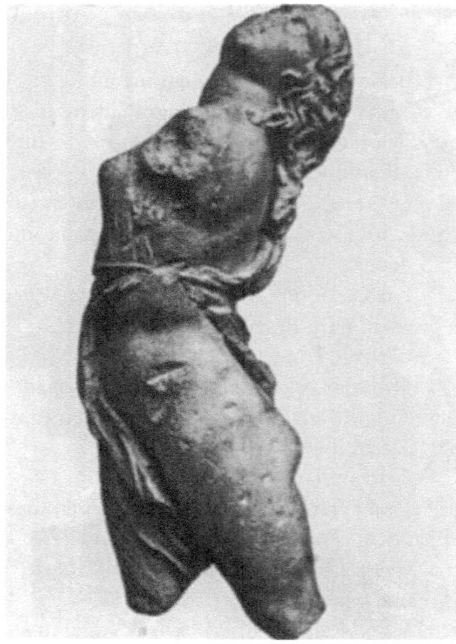

Abb. 12: Tanzende Mänade. Römische Marmorskulptur

gegenüber, die Ekstase, den erfüllten Augenblick. Sie will der Liebe durch Intensität jene Weihe geben, die sie im romantischen Entwurf durch Exklusivität und Anspruch auf Dauer hatte. Wollte die mittelalterliche Melusine durch Landgewinn, Städtebau und Kindersegen ihre Integration in die menschliche Gesellschaft erreichen, so verlangt Bachmanns Undine das Gegenteil: die Loslösung aus der institutionellen Ordnung, aus der Vergesellschaftung und aus den Konventionen der Sprache.[49] Bei Bachmann wird der Undinen-Mythos sprachkritisch gewendet und auf die Poesie bezogen. Nur die Poesie erlaubt die Abkehr von verbrauchten, abgegriffenen oder ideologisch missbrauchten Formeln und sprachlichen Strukturen. Doch auch diese Utopie findet »mit dem Fortgehen der Undine, mit dem Verstummen der fiktiven Stimme der Natur, die aus der ›Wasserfrau‹ spricht, ein Ende«.[50]

Der Wasserfrauen-Mythos erweist sich als eine Motivkonstante der abendländischen Kultur. Er lädt zu historisch wechselnden Sinngebungen ein: zu existentiellen im antiken Mythos, zu ständisch-heilsgeschichtlichen im Mittelalter, zu anthropologischen in der Aufklärung, zu psychologischen in der Romantik und die Flut der geschlechtertypologischen Deutungen ist bis heute nicht abgeebbt. Die sprach- und dichtungskritische Wendung, die schon bei Heine einsetzt und von Ingeborg Bachmann radikalisiert wird, muss heute um eine medienkritische ergänzt werden.

Anmerkungen

1 Beate Volmari: Die Melusine und ihre Schwestern in der Kunst. – In: Sehnsucht und Sirene, hrsg. von Irmgard Roebling. Pfaffenweiler 1992, S. 329–350, hier: S. 329 f. Dazu auch: Klaus Alpers: Wasser bei Griechen und Römern. – In: Kulturgeschichte des Wassers, hrsg. von Hartmut Böhme. Frankfurt a. M. 1988, S. 65–98.

2 Uvo Hölscher: Die Odyssee – Epos zwischen Märchen und Literatur. – In: Schrift und Gedächtnis, hrsg. von Aleida und Jan Assmann und Christof Hardmeier. München 1983, S. 94–108, hier: S. 100.

3 Ute Guzzoni: Die Ausgrenzung des Anderen. Versuch zu der Geschichte von Odysseus und den Sirenen. – In: Roebling [Anm. 1], S. 10.

4 Guzzoni [Anm. 3], S. 5.

5 Homer: Odyssee, übertragen von Johann Heinrich Voß. München o. J., XII, S. 142 ff.

6 Anna Maria Stuby: Vom Kommen und Gehen Undines. – In: Feministische Studien 1. 1992, S. 4–21, hier: S. 10.

7 Guzzoni [Anm. 3], S. 13.

8 Paul Peters: Die Frau auf dem Felsen: Besuch bei Heines Loreley. – In: HJb 36 (1997), S. 1–21, hier: S. 15. Für Max Horkheimer und Theodor W. Adorno (Dialektik der Aufklärung, Frankfurt a. M. 1982, S. 47) ist der »Moment des Betrugs im Opfer durch die Stellvertretung« das »Urbild der odysseeischen List«.

9 Hugo Rahner: Griechische Mythen in christlicher Deutung. Zürich 1957, S. 310.

10 Stuby [Anm. 6], S. 10 f.

11 Volker Mertens: Melusinen, Undinen. Variationen des Mythos vom 12. bis zum 20. Jahrhundert. – In: Festschrift Walter Haug und Burghart Wachinger, hrsg. von Johannes Janota u. a. Tübingen 1992, Bd. I, S. 201–231, hier: S. 202.

12 Ebd., S. 202.

13 Ebd., S. 203.

14 Thüring von Ringoltingen: Melusine. In der Fassung des Buchs der Liebe [1587]. Stuttgart 1991.

15 Mertens [Anm. 11], S. 210. Dazu auch: Jan-Dirk Müller: Melusine in Bern. Zum Problem der »Verbürgerlichung« höfischer Epik im 15. Jahrhundert. – In: Literatur – Publikum – historischer Kontext (= Beiträge zur Älteren Deutschen Literaturgeschichte, Bd. I), hrsg. von Gert Kaiser. Bern 1977, S. 29–77.

16 Jacques Le Goff: Melusine – Mutter und Urbarmacherin. – In: ders.: Für ein anderes Mittelalter. Frankfurt a. M. u. a. 1984, S. 147–174.

17 Mertens [Anm. 11], S. 210.

18 Johann Wolfgang von Goethe: Die neue Melusine. – In: ders.: Wilhelm Meisters Wanderjahre. Hamburger Ausgabe. München 1981, Bd. VIII, S. 363. Dazu auch: Henriette Herwig: »Wilhelm Meisters Wanderjahre«. Geschlechterdifferenz, sozialer Wandel, historische Anthropologie. 2., durchges. Aufl., Tübingen, Basel 2002, S. 258–289.

19 Theophrast von Hohenheim [Paracelsus]: Liber de nymphis, sylphis, pygmaeis et salamandris, et de ceteris spiritibus. Faksimile der Ausgabe Basel 1590, übertr. von Gunhild Pörksen. Marburg/Lahn 1996.

20 Mertens [Anm. 11], S. 214 f.

21 Friedrich de la Motte Fouqué: Undine. Eine Erzählung. Stuttgart 1990.

22 Egenolf von Staufenberg: Die Geschichte von Ritter Peter Diemringer von Staufenberg. [Versepos, um 1310], hrsg. von Friedrich Culemann. Hannover 1849.

23 Mertens [Anm. 11], S. 221.

24 Monika Schmitz-Emans: Wasserfrauen und Elementargeister als poetologische Chiffren. – In: Liebe und Gesellschaft. Das Geschlecht der Musen, hrsg. von Hans-Georg Pott. München 1997, S. 181–229, hier: S. 197. Dazu auch: Helena Malzew: Menschenmann und Wasserfrau. Ihre Beziehung in der Literatur der deutschen Romantik, Berlin 2004.

25 Vgl. dazu: Claudia Honegger: Die Ordnung der Geschlechter. Die Wissenschaften vom Menschen und das Weib 1750–1850, München 1996 (1991).

26 Goethes Werke. Hamburger Ausgabe, München 1981, Bd. I, S. 153 f.

27 Goethes Werke. Münchner Ausgabe, hrsg. von Karl Richter, Herbert G. Göpfert. München 1980, Bd. I: Briefe, S. 248.

28 Reiner Wild: Der Narziß und die Natur. – In: Lenz-Jahrbuch 1 (1991), S. 168–197, hier: S. 172.

29 Publius Ovidius Naso: Metamorphosen, übers. von Hermann Breitenbach. Stuttgart 1982, III 345–510, S. 102 ff.

30 Wild [Anm. 28], S. 179.

31 Johann Peter Eckermann: Gespräche mit Goethe in den letzten Jahren seines Lebens, hrsg. von Fritz Bergemann. 8. Aufl., Frankfurt a M. 1992, S. 60.

32 Clemens Brentano: Zu Bacharach am Rheine [1800]. – In: ders.: Gedichte. Romanzen vom Rosenkranz, hrsg. von Wolfgang Frühwald. München 1968, Bd. I, S. 112–115 (Druckfassung) und S. 115–118 (hs. Fassung).

33 Willy Krogmann: Lorelei. Geburt einer Sage. – In: Rheinisch-Westfälische Zeitschrift für Volkskunde, Bd. 3. Bonn, Münster 1956, S. 170–196, hier: S. 171 ff. Dazu auch: Wilhelm Hertz: Über den Namen Lorelei. – In: ders.: Gesammelte Abhandlungen, hrsg. von Friedrich von der Leyen. Stuttgart, Berlin 1905, S. 456–490.

34 Bettina Baumgärtel: »Die schönste Jungfrau«. Eine Ästhetik des Verführens. – In: Kramp/ Schmandt [Anm. 41], S. 92–103, hier: S. 101.

35 Peters [Anm. 8], S. 8.

36 Ebd., S. 10.

37 Ebd., S. 17.

38 Ebd., S. 15.

39 Markus Winkler: Mythos Loreley. – In: »Ich Narr des Glücks«. Heinrich Heine 1797–1856. Bilder einer Ausstellung, hrsg. von Joseph A. Kruse unter Mitw. v. Ulrike Reuter u. Martin Hollender. Stuttgart, Weimar 1997, S. 408–414, hier: S. 412.

40 Heinz Wetzel: Heinrich Heines Lorelei: Stimmungszauber oder Bewusstseinsbildung. – In: Germanisch-romanische Monatsschrift, Neue Folge Bd. XX, 1970, S. 42–54, hier: S. 52.

41 Mario Kramp/ Matthias Schmandt (Hrsg.): Die Loreley. Ein Fels im Rhein. Ein deutscher Traum. Mainz 2004.

42 Jost Hermand: Undinen-Zauber. Zum Frauenbild des Jugendstils. – In: Wissenschaft als Dialog. Studien zur Literatur und Kunst seit der Jahrhundertwende, hrsg. von Renate von Heydebrand und Klaus Günther Just. Stuttgart 1969, S. 9–29, hier: S. 9.

43 Ebd., S. 11.

44 Stefan George: Gedichte, hrsg. von Günter Baumann, Stuttgart 2004, S. 47.

45 Hermand [Anm. 42], S. 22–24.

46 Manfred Schneider: Hysterie als Gesamtkunstwerk. Aufstieg und Verfall einer Semiotik der Weiblichkeit. – In: Merkur, Jg. 39, H. 437, 1985, S. 879–895, Abbildungen: S. 885 ff.

47 Ingeborg Bachmann: Undine geht. – In: Ingeborg Bachmann: Werke, hrsg. von Christine Koschel u. a. München 1978, Bd. II, S. 253–263.

48 Ortrud Gutjahr: Ironisierter Mythos? Ingeborg Bachmanns »Undine geht«. – In: Roebling [Anm. 1], S. 217–244, hier: S. 217.

49 Mertens [Anm. 11], S. 228.

50 Bernd Witte: Ingeborg Bachmann: Undine geht. – In: Interpretationen. Erzählungen des 20. Jahrhunderts. Stuttgart 1996, Bd. II, S. 93–116, hier: S. 114.

»Ich Musikignorant«. Die Musik in Ludwig Börnes Schriften

Von Peter Rippmann, Basel

Ohne Umschweife und in verschiedensten Varianten bekannte sich Ludwig Börne zu seinem musikalischen Dilettantismus, zum Beispiel: »Ich bin eigentlich kein Musikkenner, ich vermag für die Wahrheit meiner Gefühle keine gerichtliche Beweise darzubringen«. (I, 1118) An anderer Stelle bezeichnet er sich ausdrücklich als »Musikignorant« (III, 226) und scheint damit seine Inkompetenz in diesem Fach bestätigen zu wollen. Doch lässt sich die geradezu dominante Rolle, die er der Musik in seinen Texten zuweist, mit dem Eingeständnis, nichts davon zu verstehen, schwer vereinbaren. Offensichtlich gilt die Selbstbezichtigung, wenn sie denn überhaupt ernst zu nehmen ist, Teilaspekten, etwa der Harmonielehre oder der Kompositionstechnik, deren Kenntnis ihm im Zusammenhang mit dem öffentlichen Diskurs musikspezifischer Fragen entbehrlich zu sein scheint.

Wer dem Thema Musik in Börnes schriftstellerischem Schaffen gerecht zu werden sucht, der hat sich zunächst mit dem Stellenwert zu befassen, den sie, den die Musik in seinem Umfeld einnimmt. Der in der Kindheit genossene Flötenunterricht (III, 217) dürfte weniger ins Gewicht fallen als die zahlreichen persönlichen Beziehungen zu Musikern und Musikliebhabern in seiner Vaterstadt Frankfurt am Main. Börnes langjährige Freundin Jeanette Wohl war eine gute Pianistin. Mit ihrem Musizieren forderte sie gelegentlich geradezu die Eifersucht des Freundes heraus, der jedoch ihr Urteil suchte und schätzte. Ihrer Verbindung mit Musikern aus ihrem Frankfurter Bekanntenkreis verdankte er vielfältige Kontakte[1]: Der mit einer Nichte Jeanettes verheiratete, seinerzeit als Musikpädagoge international bekannte Komponist und Pianist Aloys Schmitt gehörte dazu, ebenso wie Louis Spohr, Komponist, Konzertmeister und Dirigent, der für Börne wichtig war, weil er sich mit ihm auch auf politischer Ebene einig wusste. Ähnliches gilt für Franz Xaver Schnyder von Wartensee, den Schweizer Komponisten und Musikschriftsteller (V, 910), der, zum Kreis von Aloys Schmitt und Spohr gehörend, Börne mit Friedrich Fröbel und dessen progressivem Erziehungskonzept bekannt machte. Zu erwähnen ist nicht zuletzt Wilhelm Speyer, Bankier, Musiker und Mäzen in Offenbach, der mit seinem offenen Haus eines der Zentren des musikalischen Lebens in Frankfurts Gesellschaft darstellte. Wie freundschaftlich die Verbindung mit Speyer war, dokumentiert ein Brief, den Börne mit der launigen Bemerkung endet: »Ich wünsche

Ihnen gute oder schlechte Kurse, wie Sie sie brauchen können und ziehe Sie der ganzen Handelskammer weit vor«. (Index II, 1194)

Die Selbstverständlichkeit, mit der in diesem Kreis der Musik gehuldigt wurde, zeichnet auch Börne aus. In der Musik kann man geradezu einen Fixpunkt seines kritischen Schaffens erkennen. Schon in der programmatischen Ankündigung seiner Zeitschrift »Die Wage« von 1818 ordnet der Kosmopolit Börne der deutschen Musik einen beherrschenden Stellenwert zu:

> Die *Tonkunst* ist die einzige, deren die Deutschen Meister sind und worin sie den übrigen Völkern es zuvortun. Den Verstand der Franzosen mit dem Gefühle der Italiener verbindend, ist die deutsche Musik plastisch *und* malerisch, Geist und Herz finden gleiche Befriedigung in ihr, und man braucht in ihrem Genusse nicht dem Himmel um der Erde willen zu entsagen. Könnten die Deutschen in Tönen reden und nach diesen Worten auch handeln, sie wären das erste aller Völker und würden vielleicht sich selbst achten. Da Werke auch verschiedener Künste wohl miteinander verglichen werden dürfen, weil die Darstellung des Gottähnlichen im Vergänglichen das gemeinschaftliche Streben aller ist, so mag die deutsche Tonkunst ihren Mozart kühn an die Seite Raffaels, Shakespeares und Canovas stellen. (I, 673)

Schon in dieser Passage wird deutlich, dass die Musik für den Autor wesentlich mehr ist als eine abstrakte Kunst: Sie wird zum Vehikel nationaler Werte und nimmt damit vorweg, was in Börnes Musikverständnis im Lauf seiner publizistischen Karriere an Bedeutung gewinnt: Die Musik wird eingesetzt, um politische Vorgänge und Zusammenhänge zu verdeutlichen – oder ad absurdum zu führen.

*

Sieht man von den Opernberichten in seiner eigenen Zeitschrift »Die Wage« (1818–1819) ab, halten sich seine Äußerungen zu musikalischen Themen nicht an die übliche Form von Theater- und Konzertrezensionen; vielmehr erscheinen seine Besprechungen häufig eingebettet in ausgesprochen musikfremde Szenarien: Der Leser findet sich konfrontiert mit begleitenden Kommentaren zu politischen und gesellschaftlichen, zu kulturellen und persönlichen Fragestellungen, oft genug mit Variationen aller hier genannten Kategorien. Dazu ein bezeichnendes Beispiel aus dem »Tagebuch« von 1830, dem so genannten Sodener Tagebuch: Da mischt er die Bezugspunkte, indem er zunächst meditiert über die in Deutschland herrschende Langeweile – »die Stille hier macht mich krank« –, um dann seine Empfindung mit musikalischen Reminiszenzen zu illustrieren und sogleich politische und gesellschaftliche Überlegungen anzufügen:

> Ich liebe kein Sologeräusch. Auch wenn Paganini spielt, auch wenn *Sie* singt[2] – ich halte es nicht lange aus. Ich will Symphonien von Beethoven oder ein Donnerwetter. Ich will keine

> Loge selbst für mich, auch noch so breit; aber auch keine über mir. Ich will unten sitzen, umgeben von meinem ganzen Volke. (II, 824)

Die politische Dimension der »musikalischen« Texte kündigt sich schon früh an: Ein Jahrzehnt vor der satirischen Meisterschaft der »Briefe aus Paris«, in der auf das Frühjahr 1821 zu datierenden Skizze »Die Karbonari und meine Ohren«, findet sich bereits das für viele spätere Texte kennzeichnende Neben-, ja ineinander von Kultur und Politik: »Als ich nach Mailand kam, herrschte dort eine sichtbare Gärung. Man hatte Nachricht erhalten, daß in Turin eine Revolution ausgebrochen.« (I, 761) So beginnt die auf die piemontesische Erhebung vom Januar 1821 anspielende Satire und leitet dann unvermittelt über zur Mailänder Scala und zu einer dort stattfindenden Aufführung von Rossinis »Othello«. Dabei scheint ein Kanonenschuss eine beliebte, von ihm allerdings als »süßes Geleier« empfundene Arie der Desdemona zu stören. Der Schuss erweist sich in Tat und Wahrheit als plötzliche Befreiung des Autors von seiner Schwerhörigkeit, ein Vorgang, der den von freudiger Erwartung der Revolte beherrschten Ich-Erzähler zum Ausruf provoziert: »Es leben die Karbonari! es lebe Italien!« Er wird verhaftet, einem hochnotpeinlichen Polizeiverhör unterworfen und aus Italien ausgewiesen, um schließlich zu gestehen, dass die Phantasie es war, die das ganze Spektakel diktiert hatte (I, 770 f.), die Phantasie allerdings gespeist von des Autors eigener Frankfurter Gefängniserfahrung im Vorjahr.

Wie konsequent Börne kulturelle und politische Ebenen verknüpft, belegt eine von ihm nicht publizierte Skizze »Gespräche im Museum«, ebenfalls aus dem Jahr 1821. Hier konstatiert einer von drei Gesprächspartnern: Beethovens Ouvertüre zum »Egmont« sei »eine sieggekrönte Verschwörung, den freiheitsjauchzenden Schluß kann kein getreuer Untertan ohne Seufzen anhören«. Zustimmend wird entgegnet: »Ich habe mich schon oft darüber gewundert, daß sich die Zensur nicht auch über Werke der Tonkunst erstreckt«. Ein Dritter bemerkt dazu, das werde »noch kommen. Man kann sich dabei auf Plato berufen.« (I, 1197) Analog zu dieser zynischen Einschätzung prognostiziert er zu späterem Zeitpunkt in einem Privatbrief, man werde

> in Deutschland, wo man in der Dummheit und Angst alles bis zur Genialität treibt, […] mit der Zeit alle Spektakelstücke verbieten, und es werden keine Stücke mit Chören mehr aufgeführt werden dürfen. Die belgische Revolution hat in Brüssel bei der Aufführung der »Stummen von Portici« ihren Ausbruch genommen, das hat unsern Leuten angst gemacht. (IV, 1204)

Das Nebeneinandersetzen politischer und kultureller Ereignisse hatte Börne auch in seinem Essay über »Henriette Sontag in Frankfurt« zu einem eigentlichen Kompositionselement verdichtet. Der Passage über die maßlose Huldigung, die der Sängerin in Frankfurt zuteil wurde, folgt ein Seitenblick auf das aktuelle kriegerische Geschehen, auf die Schlacht bei Navarin, bei der der englische Vizeadmiral Codrington die ägyptisch-türkische Armada besiegte; mit Erstaunen nimmt der Berichterstatter zur Kenntnis, dass es der Sängerin gelang, mindestens so intensives öffentliches Interesse zu wecken, wie es die »Meldungen über die Zwietracht zwischen den Mächten« taten; dann wörtlich: »Der Sultan und die Sontag, Codrington und Othello, der Divan und der Barbier, das wurde alles untereinander gemischt.« (I, 436)

Als genüge diese ungewöhnliche Mischung zu Kennzeichnung und Würdigung der die Öffentlichkeit beschäftigenden Vorgänge nicht, fügt Börne eine mit dem Auftreten der Sontag zusammenhängende, gewagte satirische Kurzglosse über die Juden an: »Sogar die Juden bekamen einen leichten Schwindel, und wenn man sie auf der Börse von Achteln und Quarten sprechen hörte, wußte man nicht, ob sie Takte oder Prozente meinten.« (I, 436) Schließlich aber hält er selbst mit der Huldigung der Sontag nicht zurück:

> Man sah alte Männer weinen – eine solche Wirkung bringt eine bloße Künstelei, sei sie noch so unvergleichlich und unerhört, nie hervor. Ihre kleinen Töne, ihre wundervollen Verschlingungen, Triller, Läufe und Kadenzen gleichen den anmutigen kindlichen Verzierungen an einem gotischen Gebäude, die dazu dienen, den strengen Ernst erhabener Bogen und Pfeiler zu mildern und die Lust des Himmels mit der Lust der Erde zu verknüpfen, nicht aber jenen Ernst zu entadeln und herabzusetzen. (I, 439)

Die enthusiastische Evokation der durch die Sontag geweckten Harmonie provoziert Börne zu der sarkastischen Frage: »Ach, warum schickt man die Sängerin nicht nach Konstantinopel, daß sie den Divan beschwichtige?« (I, 440) Knapp zwei Jahre später, im 27. Brief aus Paris, wird er mit Meyerbeer die unterschiedlichen Qualitäten der französischen und der deutschen Sängerinnen diskutieren und sich bei der Erwähnung der Henriette Sontag zur eigentlichen Motivation seiner kritischen Äußerungen bekennen:

> Die Sontag war mir ganz zuwider, wegen der mir verhaßten Anbetung, die sie in Deutschland gefunden hat. Dort haben sie eine hohe Obrigkeit aus ihr gemacht, und man weiß doch, was das heißt – eine hohe Obrigkeit ist dem Deutschen eine höchste Gottheit. (III, 137)

In Paris erliegt der Satiriker Börne der Ausstrahlung einer anderen Sängerin, der Maria Malibran, Star der Italienischen Oper in der französischen Hauptstadt. Selbstironisch kommentiert er die Nebenwirkung seiner Huldigung der Malibran mit Blick in außermusikalische Gefilde: Er schreibt seine musikalische Begeisterung werde dem Ministerpräsidenten Casimir Périer Ruhe vor seiner, Börnes, Kritik verschaffen. (III, 332)

Ausgerüstet mit vorgetäuschtem Nichtwissen setzt er auch im Paris des Nachjuli sein unkonventionelles Kritikeramt unbefangen zur Illustration musikfremder Elemente ein. Das Strukturprinzip der Mischung von politischem Alltag und Tonkunst liegt seinen Berichten über die großen Veranstaltungen des Musiktheaters zugrunde. So befasst er sich im Januar 1831 mit einer Aufführung des »Barbier von Sevilla« in der Italienischen Oper in Paris. Hier kommentiert er zunächst die sängerische Überlegenheit des genialen Luigi Lablache in der Rolle des Figaro: »Lablache mußte ich bewundern wegen seiner Mäßigung in seiner Kraft. Wie kann man nur eine Stimme, die so große Gewalt hat, so meistern, wie man will? Es stürmt aus seiner Brust, und er sagt jeder Tonwelle: so hoch und nicht höher.« (III, 127) Voraus geht eine nicht weniger begeisterte Schilderung der Malibran, in welcher der Bezug zur außermusikalischen Gegenwart wieder deutlich hervortritt:

> Ich war entzückt und bin es noch, dass ich mich totschämen sollte. Stunde auf Stunde, diese so bittern Pillen unserer Zeit schluckte ich fröhlich hinunter, so vergoldet waren sie mir. Ich dachte nicht mehr an die hessische Konstitution und ließe jede fünf gerade sein, würde die Lüge immer so gesungen. (III, 125)

Und wieder kommt er auf den Figaro Lablaches zurück: »Er bewegt sich in kleinstem Raume, kühn zwischen zarten, leicht verletzlichen Verhältnissen, berührt sie alle und verletzt keines.« (III, 127) Unmittelbar darauf indessen tut der hingerissene Rezensent den nächsten Schritt hinaus in die politische Realität, in der abgerechnet wird mit allem, »was die Herren Diplomatiker über die belgische Angelegenheit in ihrem Schlafzimmer oder in ihren Ratsstuben gesprochen, versprochen, gelogen, geheuchelt, geleugnet oder eingestanden, versagt oder bewilligt«. (ebd.)

In einem Brief vom März 1831 steht Paganini im Zentrum des Interesses: »Mit Worten kann ich Ihnen den Eindruck nicht schildern, den Paganini in seinem ersten Konzerte gemacht; ich könnte ihn nur auf seiner eignen Geige nachspielen, wenn sie mein wäre.« (III, 224) Hier findet sich auch die berühmte Charakterisierung des Geigenvirtuosen, von der nur ein paar Sätze zitiert werden sollen.

> Und da hätten Sie diesen Todfeind aller Tanzkunst sehen sollen, in der Verlegenheit seines Körpers. Er schwankte umher wie ein Betrunkener. Er gab seinen eignen Beinen Fußtritte und stieß sie vor sich her. Die Arme schleuderte er bald himmelwärts, bald zur Erde hinab; [...] Dann blieb er wieder stehen mit ausgebreiteten Armen und kreuzigte sich selbst. [...] Ich hörte mit tausend Ohren, ich empfand mit allen Nerven des ganzen Hauses. (III, 225)

Auch diese Passage, einer der Höhepunkte von Börnes Briefprosa, wird in einen politischen Kontext eingebettet. Dem Text vor- und nachgestellt ist eine emphatische Kommentierung des Freiheitskampfes der Polen. Der Brief setzt ein mit der Bemerkung, man wisse »nichts Entscheidendes von Polen«, und fährt dann fort mit einer polemischen Analyse, die getragen wird von Sympathie für die um ihre Freiheit kämpfenden Revolutionäre in Warschau einerseits und mit barem Entsetzen über »die Feigheit der [französischen] Machthaber« andererseits. »Kein Kind fürchtet so den Schornsteinfeger, als Philipp den Nikolaus fürchtet.« (III, 223) Ohne jeden Übergang befasst sich Börne im gleichen Schreiben mit dem oben auszugsweise wiedergegebenen Auftritt Paganinis und zwar mit vergleichbarer Intensität des Schreibens und Urteilens. Wie bewusst das alles komponiert ist, zeigt sich nach der ersten Druckseite der Paganini-Begeisterung; da wird der Leser wieder unvermittelt an das Anfangsthema zurückgeführt: »Das Erhabenste, was über Paganini gesagt worden, ist: man habe zwei Stunden lang die Polen vergessen.« (III, 225 f.)

Es drängt sich an dieser Stelle ein Vergleich mit der Paganini-Begeisterung Heinrich Heines auf. In den »Florentinischen Nächten«, genauer in der »Ersten Nacht«, findet sich der entsprechende Abschnitt. Hier sei zur Vergegenwärtigung dieses Textes nur jener Ausschnitt wiedergegeben, der sich wie ein verstärktes Echo auf Börnes, zwei Jahre zuvor erschienene Paganini-Wahrnehmung liest:

> Die schwarzen Hosen ängstlich schlotternd um die dünnen Beine. Die langen Arme schienen noch verlängert, indem er in der einen Hand die Violine und in der anderen den Bogen gesenkt hielt und damit fast die Erde berührte, als er vor dem Publikum seine unerhörten Verbeugungen auskramte. In den eckigen Krümmungen seines Leibes lag eine schauerliche Hölzernheit. (DHA V, 216)

Zurück zu Ludwig Börne. Schon vor der Übersiedlung nach Paris zeichnete sich sein kritisches Interesse an kulturpolitischen Themen ab. Das zeigt sich in eklatanter Weise in seinen Bemerkungen zu dem 1820 von Friedrich Wilhelm III. nach Berlin berufenen italienischen Dirigenten und Komponisten Gasparo Spontini. Dazu schreibt Börne in einem Privatbrief, der Komponist habe seine Verdienste, ärgert sich aber über Stoßrichtung und Intensität des öffentlichen Echos in Deutschland: »[...] das hündische Geschmeichel, mit welchem sich alle Berliner Blätter an ihn drängen, bezeichnet recht das deutsche untertänige Sklavenvolk [...]« (IV, 463). 1828 wird Spontini kurzerhand als »spitzbübische[r] Italiener« angesprochen, der nur seine eigenen Opern dirigiere, so dass »[g]anz Berlin [...] über seine Vernachlässigung gegen Mozart, Spohr und alle deutsche Musik aufgebracht« (IV, 874) sei. Wieder ein paar Jahre darauf wird Börne seine bis dahin ungedruckt gebliebenen Vorwürfe erneuern und in die gedruckte Fassung der Pariser Briefe aufnehmen. Im November 1830 bezieht er sich auf einen von Spontini an die Mitglieder seines Orchesters in Berlin gerichteten »Tagesbefehl« und auf die von den Adressaten verfasste Antwort:

> Beide Briefe sind gedruckt; und Spontini verteilt sie hier. Als ich sie bei *** las, hätte ich vor Wut bald eine Tasse zerbrochen. Von Seite Spontinis die größte französische Unverschämtheit; er spricht mit der Kapelle wie der Fürst mit seinen Untertanen. Und von Seite der Kapelle die größte deutsche Niederträchtigkeit und Kriecherei. (III, 59)

Dass Börnes musikalisches Interesse über den fachspezifischen Horizont hinausreicht, zeigt sich beispielhaft in seiner Wahrnehmung von Carl Maria von Webers im Juni 1821 in Berlin uraufgeführten »Freischütz«. Seit er selbst die Oper im April 1822 in der Stuttgarter Aufführung kennen gelernt hatte, thematisierte Börne das Werk und seine Wirkung in Deutschland in den unterschiedlichsten Zusammenhängen. Im »Morgenblatt« bekennt er unter dem Titel »Vertrauliche Briefe«, »eigentlich kein Musikkenner« zu sein, versucht sich aber gleichzeitig in einer kurzen Charakteristik des Werks: »Denken Sie sich einen *deutschen* ›Don Juan‹, aber einen, der nicht Champagner trinkt und Donnas liebt, sondern Landwein und Landmädchen – so ist dieser Freischütz.« (I, 1118) Doch zunächst stellt er die Oper in einen weiteren, einen nationalen Zusammenhang:

> Wenn etwas, so ist es die Musik, worin die Gemütsart eines Volks sich ausdrückt, und behaupten, daß wie eine deutsche Musik gar nicht haben, das heißt behaupten, daß das deutsche Volk gar keinen Charakter habe. Und so ist es auch. Weber gab uns in seinem »Freischützen« die erste deutsche Oper, und weil sie so ist, haben wir durch sie noch mehr gewonnen als sie allein; ein schönes Zeichen einer schönern Sache. (ebd.)

Eine Wertung, die schon E. T. A. Hoffmann als Rezensent der Uraufführung vorgenommen hatte. Die Wechselgefühle, mit denen Börne das Thema »Freischütz« verfolgt, zeigen sich deutlicher noch mit zeitlichem und örtlichem Abstand: 1823 kommt er, inzwischen in Paris, auf die deutsche Oper im Rahmen einer kritischen Glosse zurück, die in erster Linie der konventionell eingeengten Denk- und Schreibart der Franzosen gilt. Doch nicht nur als Paradigma für die Unübersetzbarkeit bestimmter deutscher Formulierungen in die Sprache des Nachbarn dienen ihm Sicht und Einordnung des »Freischütz« durch einen französischen Musikkritiker. Vielmehr empört ihn die herablassende Geste des Franzosen im Blick auf deutsche Musik überhaupt: »Ma patrie, grâve à la générosité française, n'est pas aussi pauvre que le vieux mélomane paraît le croire.« Dann aber differenziert er: »Nous aimons la musique de Weber, mais nous ne l'admirons pas« und weist damit Weber in die nationalen Schranken: »Le compositeur du Freyschutz est le premier Allemand, qui ait créé une musique dramatique nationale, car Mozart, pareil à Shakespeare, Raphael et á Buonaparte, était trop grand pour être national [...]«. (II, 5 f.)

Es entspricht Börnes reaktiver Denkweise, wenn er in der Diskussion um den »Freischütz« als Nationaloper diese ihre Etikettierung in unterschiedlichem Licht sieht. Ebenso wie Heine in seinen »Briefen aus Berlin« den zum Gassenhauer mutierten Mädchenchor parodiert[3], bedenkt Börne das populäre Brautlied mit einer guten Prise Ironie:

> Ach, und das Brautlied! Man möchte verschmelzen vor Lust. Unsere jungen Mädchen husten schon vierzehn Tage und können die Kehle nicht frei bekommen von dem süßen Liede: »Wir winden dir den Jungfernkranz mit veilchenblauer Seide.« Welch ein Zauber in diesem *veilchenblauer Seide*, man könnte einen Simson damit binden. (I, 1118)

Als symbolisches Selbstverständnis des deutschen Volkscharakters lässt Börne die romantische Oper Webers – gerade als Triumph gegenüber dem Italiener Spontini – gelten; gleichzeitig lehnt er es jedoch mit Entschiedenheit ab, im »Freischütz« gewissermaßen den Ersatz für ein politisch einiges und selbstbewusstes Deutschland – Fernziel seines eigenen operativen Journalismus – zu sehen:

> Voltaire hat gesagt: »Wenn es keinen Gott gäbe, müßte man einen erfinden.« So könnte man sagen: wer kein Vaterland hat, erfinde sich eins! Die Deutschen haben es versucht auf allerlei Weise [...] und seit dem »Freischützen« tun sie es auch mit der Musik. Sie wollen einen Hut haben, unter den man alle deutsche Köpfe bringe. Man mag es den Armen hingehen lassen, daß sie sich mit solchen Vaterlandssurrogaten gütlich tun. Nur sollten sie nicht vergessen, daß es nicht Tugenden, sondern Fehler sind, die jedem Volke diejenige Eigentümlichkeit geben, die es von andern Völkern auszeichnet. (I, 1120 f.)

Seine Einwände markieren deutlich Distanz zu eigenen, national unterlegten Äußerungen aus der »Wage« und zielen auf den übersteigerten Nationalismus bei der Rezeption des Werks: »Welch ein ohrenzerreißendes Jubelgeschrei haben sie nicht über diesen »Freischützen« erhoben, bloß weil er ein *deutsches* Werk ist. Kann es Weber schmeicheln, wenn man ihn am meisten wegen seiner geographischen Verdienste lobt?« (I, 1121)

Wie sehr in der Tat auch Heine der Musik außermusikalische Funktionen zutraut und zuschreibt, bestätigt die neueste Sekundärliteratur: »Wenn sich Musik oder künstlerische Ausdrucksformen überhaupt als eine Art Seismograph des historischen Zustands einer Kultur eignen, dann ist es die Aufgabe des Kritikers, aus den Kunstwerken die Zeichen der Gegenwart zu lesen.«[4]

Die Zeichen der Gegenwart lesen: ein aufregendes Geschäft. Dass beide, Börne wie Heine, die Musik ganz in diesem Sinn zur Verdeutlichung ihrer Botschaft und ihrer Kritik einsetzen, macht sie jedenfalls in diesem Zusammenhang zu geistesverwandten Zeitgenossen, auch wenn es – wie etwa bei dem gemeinsamen Besuch des Konzerts im Pariser Conservatoire – gelegentlich zu geradezu bizarren Antagonismen zwischen den beiden in Paris niedergelassenen Schriftstellern kommen konnte.[5]

*

Es gibt neben der Instrumentalisierung der Musik für außermusikalische Zwecke einen weiteren Bereich, der für Börne kennzeichnend ist: das emotionale Potenzial der Musik, das er mit ungewöhnlicher Intensität wahrnimmt und seinen Lesern nahe bringt. Auf keinem anderen Gebiet kommt seine Sprachmächtigkeit so überzeugend zum Ausdruck. Besondere Bedeutung kommt dabei Mozart zu. Die »Entführung aus dem Serail«, die er schon 1818 in seiner »Wage« geradezu hymnisch bespricht, erfährt er als ihn existenziell berührende Kraft:

> Gibt es ein übersinnliches Land, wo man in Tönen spricht – die Meister der Kunst führen euch hinauf, indem sie euch *erheben*: nur Mozart allein zeigt uns den Himmel, zu dem andere emportragen müssen, in unserer irdischen Brust. Das ist's, was ihn nicht allein zum Größten macht aller Tondichter, sondern zum einzigen unter ihnen. Um Mozartscher Musik froh zu werden, bedarf es keiner Erhebung, keiner Spannung des Gemüts; sie strahlt jedem, wie ein Spiegel, seine eigene und gegenwärtige Empfindung zurück, nur mit edleren Zügen; es erkennt jeder in ihr die Poesie *seines* Daseins. (I, 329)

Eine noch kühnere Zuspitzung findet sich in den »Briefen aus Paris«: »Uns Deutschen ist der ›Juan‹ wie das Vaterunser«. (III, 217)

Gelegentlich trifft der Leser auf kritische Bemerkungen zu Mozart; sie markieren keinen Widerspruch zu den enthusiastischen Huldigungen. Das Bekenntnis zur Herrschaft der Subjektivität erlaubt spontane, an keinen objektiven Maßstäben orientierte Ausschläge nach der einen oder anderen Seite. So schreibt Börne nach einer Aufführung des »Titus«, er vermute, Mozart habe »Zahnschmerzen gehabt, als er diese Oper schrieb, oder, ich wollte wetten, sie war eine bestellte Hofarbeit, die der Künstler mit übler Laune verfertigte«. (IV, 401)

Börnes musikalisches Wertesystem kommt augen- und ohrenfällig zum Ausdruck bei einem Vergleich seiner Urteile über Rossini und Mozart. Rossini war zwar in der höchsten Blüte seines Ruhms vor allem in Paris im Begriff, Mozart an öffentlichem Interesse zu übertreffen. Doch Börne folgte selten der Mode; wenn er hochkarätige Rossini-Aufführungen feierte, geschah es in der Regel im Blick auf hervorragende Protagonisten. Dazu ein bezeichnendes, vom 16. Januar 1831 datiertes Beispiel:

> Ehe ich die Malibran gehört, ahndete ich gar nicht, daß ein musikalischer Vortrag auch genialisch sein könne; ich dachte, der Gesang stände im Dienste der Komposition, und wie der Herr, so der Diener. Aber nein, Aus der Spielerei Rossinischer Musik machte die Malibran etwas sehr Ernstes. (III, 126)

So in ihrer Rolle als Desdemona in Rossinis »Othello«:

> Hat die Liebe so viel süße Schmeichelei, kann der Schmerz so edel sein, durchbohrt Verachtung so tief, kann der Zorn so erhaben, der Schrecken so schrecklich, die Bitte so rührend sein? Ich wußte das alles nicht. Fragen Sie mich: hat sie das gesprochen, gesungen, mit Gebärden so dargestellt? Ich weiß es nicht. Es war alles verschmolzen. Sie sang nicht bloß mit dem Munde, alle Glieder ihres Körpers sangen. (III, 146)

Eine neue Variante seines Malibran-Kultes misslingt allerdings; Börne schreibt: »Wenn die Malibran vor einem Toten sänge, und er erwachte nicht davon, würde ich denken: es ist bloßer Eigensinn, und er könnte wohl aufwachen, wenn er wollte.« (IV, 1275) Die Stelle findet sich nicht im gedruckten Brief; der Verfasser hat offensichtlich den zwar nicht eigentlich blasphemischen, aber immerhin abgeschmackten Ton der Aussage erkannt und strich sie für die Publikation. Anzumerken bleibt bei dieser Gelegenheit, dass er bei aller Bewunderung für die Malibran unbestechlich in seinem Urteil blieb; als die verehrte Sängerin eines Tages die Rolle des Mohren in Rossinis »Othello« übernahm, handelte sie sich damit herbe Kritik ein; Börne schrieb unterm 21. November 1831: »Ihrer schönen Stimme tat sie Gewalt an, daß man sich erbarmen mußte.« (III, 358)

»Rossini ist der Kotzebue der Musik« (IV, 466), so lautet ein origineller weiterer Bewertungsversuch Börnes. An dieser Stelle darf angemerkt werden, dass seine Urteile in Sachen Musik erstaunlich konsistent die im Lauf der Rezeptionsgeschichte bis heute verfestigte Werteskala vorwegzunehmen scheinen, ob es sich um die bereits erwähnten Beethoven, Mozart und Rossini oder um Auber, Meyerbeer, Spontini, Hiller und viele andere einstmalige Größen der Musikgeschichte handelt.

*

Zum Abschluss ist nochmals auf Börnes Musiker-Bekanntschaften zurückzukommen. Als bezeichnendes Beispiel eignet sich sein bereits kurz angedeutetes Verhältnis zu Louis Spohr, den er vermutlich nach 1817 während dessen Frankfurter Zeit kennen lernte und mit dem er in freundschaftlichem Kontakt bleiben sollte. Schon im April 1819 bespricht Börne in seiner Zeitschrift »Die Wage« Spohrs neueste Oper »Zemire und Azor«. Zunächst anerkennt er die hohen musikalischen Qualitäten des Werks; es seien, schreibt er, »Anmut mit Würde, Freundlichkeit mit Ernst« gepaart; und es werde sowohl »den unerbittlichen Forderungen strenger Kunstrichter« gerecht wie es »das Ohr des lüsternen Freundes des Schönen lockt und liebkost«. (I, 548) Damit werden die beiden Ebenen, die des analytischen Urteils und die des Gefühls, zur Deckung gebracht, was der Verfasser mit weiteren Meinungsäußerungen bekräftigt und variiert: Die Oper komme sowohl »dem Gefühl der Freunde der Tonkunst« wie der Verstandesfassung der Kenner« entgegen (I, 549). Dem folgt eine Würdigung von Regie und Ausstattung und dann eine beißende Auseinandersetzung mit Frankfurts Kulturpolitik: »Daß Spohr ein großer Künstler ist, erkennen wir vor aller Welt an, indem wir ihn entlassen. [...] Daß wir ihn verlieren, ist das Schlimmste nicht, das Schlimmste ist, daß er nichts an uns verliert.« (I, 550) Erfolglos habe Spohr »eine ständige, gesicherte Anstellung verlangt, damit er (so sagt er seinen Freunden), damit er [...] sich von den Launen und dem Kleinigkeitsgeiste einer einsichtslosen Direktion nicht brauche gängeln zu lassen.« Wenn die Frankfurter sich eine derart »erbärmliche Bühnenverwaltung gefallen« ließen, so gehe das darauf zurück, dass es der Direktion dank ihren Schreibern und Schützlingen gelinge, »die Ausbrüche der Unzufriedenheit niederzuhalten.« (ebd.)

Nicht immer passt die subjektive Wahrnehmung eines Musikers durch Börne und das, was er davon der Öffentlichkeit mitteilen will, so fugenlos zusammen wie im Fall Spohr. Unterschiedliche, oft zwiespältige Empfindungen kennzeichnen sein persönliches Verhältnis zu drei deutschen Musikern jüdischer Herkunft von unterschiedlicher Bedeutung: zu dem dem Zenith seines Ruhms zustrebenden Giacomo Meyerbeer sowie zu den noch jugendlichen Komponisten Felix Mendelssohn und Ferdinand Hiller.

Mit der Familie Beer verkehrte Börne seit seiner Berliner Zeit. In Paris wird Amalie Beer, die Mutter Giacomos und des Schriftstellers Michel Beer, zur Zielscheibe seines Witzes: »Sie läuft immer ihren Söhnen nach, um sich in der Sonne ihres Ruhms zu wärmen. Ich nenne sie die Mutter der Gracchen.« (IV, 1155) Gegenüber Jeanette zitiert er die »unerhörtesten Lobsprüche« der Beers an seine, Börnes, Adresse und äußert dabei den Verdacht, »daß die Mutter der Gracchen eine [publizistische PR] Stütze an mir sucht für ihre zwei kunstgesegneten Söhne.« (IV, 1226) Vor der Premiere von Meyerbeers »Robert le Diable« schreibt er an Jeanette: »Montag geht eine neue Sonne über Israel auf. Es ist der große Tag, an dem Meyer-Beers neue Oper zum ersten Mal gegeben wird.« (V, 85) Gegenüber überschwänglichen Rezensionen rät Börne zu Skepsis: Der Komponist habe »seit drei Jahren sich ein ungeheueres Magazin von Freunden zusammengekauft« (V, 96): »Der Direktor, der Kapellmeister, der Dekorationsmaler, die ersten Sänger und Sängerinnen, die Taglioni, die Theaterkritiker, alles wurde bezahlt.« (V, 103) Entsprechend fallen, zu Börnes geheimem Ärger, die französischen Kritiken aus: »Erst heute steht im *Moniteur*: ›C'est Mozart, c'est Weber, dans leurs beaux jours d'inspiration.‹ Also Mozart, aber nur in seinen Stunden der Begeisterung, kann Meyer-Beer zur Seite gestellt werden! Das ist stark.« (V, 96) Kurz darauf, bei der Nachricht von der Auszeichnung Meyerbeers mit dem Kreuz der Ehrenlegion, witzelt er: »Jetzt will die Mutter warten, bis Michel auch eines bekömmt, und dann will sie beide Kreuze als Ohrringe tragen.« (V, 149)

Der Sarkasmus, mit dem das Auftreten der Familie Beer im diskreten Briefwechsel mit Jeanette Wohl kommentiert wird, ist zu verstehen als Ventil für die publizistische Zurückhaltung, der sich Börne – bekanntlich sehr im Gegensatz zu Heine[6] – im Blick auf seine persönlichen Kontakte zu den Beers verpflichtet fühlte. Im Übrigen erfolgen die hier zitierten Ausfälle, wie schon betont, nur im intimen, nicht zur Publikation vorgesehenen schriftlichen Gespräch mit der fernen Freundin Jeanette Wohl; selbst Jüdin geblieben, wusste sie den Stellenwert der auf privater Binnenpolemik beruhenden Verunglimpfungen des Pariser Briefschreibers richtig einzuschätzen.

Der quasi antisemitische Unterton mancher börnescher Bemerkungen zu zeitgenössischen jüdischen Musikern fehlt in einem Fall total: bei der Begegnung mit

Felix Mendelssohn. Einige Stationen dieser freundschaftlichen Beziehung seien hier nachgezeichnet. An Jeanette Wohl schreibt er im Februar 1828 aus Berlin:

> Sonntag abend führte mich Mariane Saaling bei Medelssohn-Bartholdy ein. So heißt der Vater des Felix [...]. Ich wurde sehr freundlich aufgenommen. Mein Sontags-Aufsatz wurde auch da besprochen und allerlei daraus zitiert. [...] Mendelssohn, seine Frau und der Felix gefallen mir alle. Es wurde Klavier gespielt, gesungen, aber so, wie ich es liebe, nicht zu lange. Ob ich zwar von Klavierspielen nichts verstehe, so muß ich doch gestehen, daß ich das Spiel des jungen Mendelssohn ganz vortrefflich finde. Er spielt mit sehr gutem Geschmack. (IV, 864 f.)

Dass Felix Mendelssohn sich auf die Diskretion seines Gesprächspartners verlassen konnte, belegt eine von Börne wiedergegebene Episode aus den Pariser Jahren. Der Aufforderung, »seine aufrichtige Meinung über Robert le Diable« von Meyerbeer zu sagen, kam Mendelssohn nach: »Er äußerte sich: es wäre nichts daran, sie habe weder französischen, noch deutschen noch sonst einen Charakter, diese Oper.« (V, 149) In der gedruckten Fassung der Pariser Briefe fehlt diese Passage: Die Vertraulichkeit der Meinungsäußerung ließ eine Veröffentlichung nicht zu.

Ein besonderes Kapitel stellt das Verhältnis zu Ferdinand Hiller dar, dem 25 Jahre jüngeren Frankfurter Pianisten und Komponisten. Für die Zeit von 1825–1827 ist ein »Freundschaftsbuch« des etwa fünfzehnjährigen Musikers überliefert, das einen einfühlsam-kritischen Eintrag von Börne enthält; dieser erkannte offensichtlich das Talent des jungen Landsmanns und warnte ihn vor den Gefahren allzu früher Anerkennung: »Bleibe Deinem Genius treu; thue was er Dir befiehlt, unterlasse was er Dir verbietet. [...] Fliehe die Gunst der Großen, sie geben Dir wenig und nehmen Dir alles.« (Index I, 310 ff. Art. F. Hiller)

Hillers musikalische Entwicklung muss Börne enttäuscht und ihn in seinen Bedenken bestärkt haben. Das jedenfalls ergibt sich aus seiner kritischen Reaktion auf ein im Pariser Conservatoire gegebenes Konzert mit hillerschen Kompositionen. Er reagiert trotz oder vielleicht wegen seiner persönlichen Freundschaft mit dem Musiker ausgesprochen negativ: Am 8. Dezember 1831, schon vier Tage nach dem Konzert, schickt er der Freundin in Frankfurt eine vernichtende private Rezension: »Genie hat der junge Mann freilich nicht, weder im Komponieren noch im Spielen [...]. Seine *große Symphonie* schien mir zwar nicht leer, doch war das wenige Gute darin gar zu sehr verdünnt« (V, 106).

Börne sorgte allerdings dafür, dass sein vernichtendes Urteil über Hiller außer der Freundin Jeanette Wohl niemandem zu Gesicht bzw. zu Gehör kam. »Von dem, was ich Ihnen hier über das Konzert mitgeteilt, dürfen Sie mit *keinem Menschen* sprechen.« (V, 106) Nur dank dieser Strategie war es möglich, dass Hiller Börne posthum aufs Podest erheben konnte. Der auch als Schriftsteller tätige Komponist hat in seinem »Künstlerleben« von 1880 dem väterlichen Freund ein anrührendes literarisches Denkmal gesetzt. Man kennt davon die überzogene Bemerkung, Börne sei »Heine's Gespenst, seine bête noire« gewesen (Indes I, S. 311). Viel eindrücklicher liest sich eine ganz und gar nicht polemische Passage:

> Börne! Wie viel Bewunderung und Liebe, wie viel Feindschaft und Hass knüpften sich einst an diesen Namen! Für mich, der ich den Träger desselben in Paris durch eine Reihe von Jahren viel gesehen und besucht, enthält er vor allem die Erinnerung an einen freundlichen, guten, ruhigen Mann. [...] Mit einer von Ironie gewürzten Heiterkeit sprach er von den eigenen Erlebnissen und lächelte über die ungeheuerlichen Anschuldigungen, mit welchen man ihn damals verfolgte. (Index I, S. 312)

*

Was hat es, das muss zum Schluss der vorliegenden Ausführungen gefragt werden, mit den vielfachen Versicherungen Börnes bezüglich seines Dilettantismus in Sachen Musik auf sich? Nun, die Alternative zu den von ihm notorisch behaupteten Wissensdefiziten, nämlich die dem Spezialisten vorbehaltene Kennerschaft, ist tatsächlich nie sein Ziel gewesen. Sein Kulturverständnis lässt eine selektive Betrachtung einzelner Aspekte gar nicht zu. Jedes kulturelle Phänomen interessiert ihn im Grund nur im Kontext der gesamten gesellschaftlichen Wirklichkeit. Und diese interpretiert er mit sprachlicher Meisterschaft, wie sie im Variantenreichtum auch der hier wiedergegebenen Benennungen musikalischer Einzelvorgänge zum Ausdruck kommt. Mit einem letzten Zitat soll das nochmals belegt werden: Unter dem 30. Januar 1831 befasst sich Börne zunächst mit brennenden Fragen der Zeit; er zeigt sich ratlos angesichts der gewaltigen Aufgaben, die zu bewältigen seien; und er fragt:

> Welche Rede wäre stark genug, diese wildgärende Zeit zu halten? Man müßte einen eisernen Reif um jedes Wort legen, und dazu gehörte ein eisernes Herz.

Dann schließt er:

> Doch – ich will jetzt gehen, Beethoven hören. Fünf, sechs solcher Menschen hat das Land, unter denen wir Schatten gegen Hitze, Schutz gegen Nässe fänden. Wenn die nicht wären! Das Konzert beginnt um zwei Uhr. (III, 156)

Anmerkungen

Wesentliche Voraussetzung für den vorliegenden Versuch, Börnes Musikverständnis und seine Musikkommentare zu würdigen, bildet: Inge Rippmann: Börne-Index. Historisch-biographische Materialien zu Ludwig Börnes Schriften und Briefen. Ein Beitrag zu Geschichte und Literatur des Vormärz. I u. II. Berlin, New York 1985 (nachgewiesen als »Index«).

Börne Zitate werden im Text belegt mit Band- und Seitenzahl nach: Ludwig Börne: Sämtliche Schriften. Neu bearb. u. hrsg. v. Inge und Peter Rippmann. Düsseldorf 1964 u. Darmstadt 1968.

1 Die Intensität von Börnes Umgang mit Persönlichkeiten aus dem Frankfurter Musikleben lässt sich nicht zuletzt nachweisen anhand einer Tagebucheintragung vom 19. November 1828: »Heute zum Abendessen bei mir gehabt: J. [Jeanette Wohl], Alois Schmitt und Frau, die Musiker Elliot und Pott und den Kriegssekretär Winkelmann. Sie blieben bis 11 Uhr.« (II, 752)

2 Wer hier gemeint ist, war nicht zu ermitteln.

3 Vgl. DHA VI, 21 ff.

4 Thorsten Palzhoff: Der Ort der Musik in Heinrich Heines Schriften. – In: HJb 44 (2005), S. 181.

5 Dazu vor allem: Inge Rippmann: »Freiheit ist das Schönste und Höchste in Leben und Kunst«. Ludwig Börne zwischen Literatur und Politik. Bielefeld 2004; Kap. Die zerstrittenen Dioskuren, S. 161–248. – Peter Rippmann: Dialektisches aus dem Conservatoire. – In: »... und die Welt ist so lieblich verworren«. Heinrich Heines dialektisches Denken. Festschrift für Joseph A. Kruse. Hrsg. v. Bernd Kortländer u. Sikander Singh. Bielefeld 2004, S. 367–378.

6 Vgl. z. B. DHA IX, 720 ff.

III.

Verdammt, aber nicht verschwiegen. Die Existenz Heinrich Heines in der deutschen Publizistik 1933 bis 1945

Von Martin Hollender, Berlin

Dass Heine eine *persona non grata* des deutschen Kulturlebens und der deutschen Germanistik in den Jahren zwischen 1933 und 1945 war, ist allgemein bekannt. Die Verachtung Heines, die Verdrängung seiner Werke und seiner Person gingen indes nicht mit einem gänzlichen Verschweigen einher, obwohl es nahe liegend wäre anzunehmen, dass die Beseitigung der Werke Heines aus Buchhandlungen und Bibliotheken zugleich auch eine umfassende Löschung aus dem kollektiven kulturellen Gedächtnis Deutschlands nach sich gezogen hätte.[1] Von einer solchen Totaltabuisierung kann indes keine Rede sein. Reduzierter zwar, doch noch immer war Heine auch nach 1933 im Feuilleton präsent. Dass Heine in jenen Jahren »keineswegs völlig ausgeschaltet war«[2], ist zwar spätestens seit Volker Dahms Studie zum »Jüdischen Buch im Dritten Reich« von 1979 bekannt, doch verschmilzt die Kenntnis von der Ausschaltung des jüdischen deutschen Kulturlebens häufig mit der irrigen Auffassung, Name und Werk Heines seien mit dem Bann belegt worden, in Wort und Schrift nicht einmal mehr erwähnt werden zu dürfen – von Studien zu Heine, umfangreicheren zumal, ganz zu schweigen.

Tatsächlich erschienen – in zum Teil weit verbreiteten Periodika – während der nationalsozialistischen Diktatur nicht weniger als 25 Feuilletons, Essays und ›wissenschaftliche‹ Untersuchungen, die sich dezidiert, und zumeist bereits mit der Nennung des Dichternamens im Titel, mit Heine beschäftigten.

Zur Quellenlage

Aufschluss über die – zumal feuilletonistische – Beschäftigung mit Heine nach 1933 bieten zum einen die »Bibliographie der deutschen Zeitschriftenliteratur«, ergänzt durch ihre Beilage »Verzeichnis von Aufsätzen aus deutschen Zeitungen«; zum anderen die Sammlung von Zeitungsausschnitten des Heinrich-Heine-Instituts.

Erstere ist ein reiner Quellennachweis, letztere eine unmittelbare Materialsammlung, beide gehen ähnlich vor und ergänzen sich, so dass das populäre Heine-Schrifttum des Dritten Reiches im Rahmen dieser Studie ziemlich vollständig erfasst sein dürfte. Während die Bibliographie der deutschen Zeitschriften- bzw. Zeitungsliteratur den Inhalt Hunderter von Periodika komplett und ohne inhaltliche Fokussierung erfasst, spezialisieren sich die Dienstleistungen der Zeitungsausschnittbüros auf die Suchaufträge ihrer Kundschaft. Mindestens bis März 1934 bestand das Abonnement der Landes- und Stadtbibliothek Düsseldorf beim »ARGUS Nachrichten-Bureau«, einer Agentur mit dem Auftrag, nicht allein jene Presseberichte im ausgeschnittenen Original nach Düsseldorf zu senden, die den erwünschten Suchbegriff »Heinrich Heine« bereits im Titel trugen, sondern den gesamten Zeitungstext zu lesen und auch die kleinste und nebensächlichste Erwähnung Heines im Text zu berücksichtigen. Mit dem Frühjahr 1934 brechen diese Zeitungsartikel mit »ARGUS«-Vermerk ab; einzelne, von Bibliothekaren in späteren Jahren hinzugefügte Presseberichte zeugen davon, dass die Sammlung von Zeitungsberichten über Heine aber auch nach 1934 fortgeführt worden ist, allerdings auf Sparflamme, nur noch eher zufällig und somit unvollständig und offenbar auch ohne jeden finanziellen Etat. Die gesamte Heine-Sammlung der Landes- und Stadtbibliothek Düsseldorf wurde ohnehin »einfach mit einem Mantel des Schweigens umhüllt«.[3] Es war, so Eberhard Galley, »in der Folgezeit ein großer Vorteil, dass die Heine-Sammlung in dem kleinen versteckten Raum hinter den Magazinen untergebracht war. [...] So verfiel sie im Bewußtsein offizieller Personen allmählich der Vergessenheit.«[4] Nicht zuletzt diese Abschirmung hat eine mögliche Vernichtung der Sammlung verhindert und sorgt heute – zumindest für die Zeit bis zum Frühjahr 1934 – für eine hervorragende Quellenbasis.

Für die darauf folgenden Jahre sind wir hinsichtlich einer Ermittlung des Heine-Schrifttums somit mehr oder minder ausschließlich auf die einschlägigen Heine-Personalbibliographien, mehr aber noch auf die zentrale Periodika-Inhaltsbibliographie, die oben erwähnte »Bibliographie der deutschen Zeitschriftenliteratur« angewiesen, die freilich nur selektiv verzeichnet: Zahlreiche kleine und minder bedeutende Zeitungen sind hier nicht exzerpiert worden.

Betrachten wir die Quellen nun inhaltlich.

Die schleichende Umwertung Heines im Verlauf des Jahres 1933

Es ist kaum verwunderlich, dass insbesondere in der NSDAP-nahen Parteipresse der schon aus den Jahren vor 1933 bekannte Beleidigungsduktus bei der Beschäftigung mit Heine fortgesetzt wurde. Die antisemitischen Kampagnen gegen Heine waren nun, nach 1933, freilich in den Rang einer Staatsdoktrin erhoben. Als für den »Stürmer« bereits im Jahre 1925 Heine »einer der größten jüdischen Schweinekerle des vergangenen Jahrhunderts« war, ein »Hundsfott« wie auch die »Judensau auf dem Montmartre«[5], mochte man die Zeitung in Verkennung der zukünftigen Entwicklungen noch leichtfertig als das kaum ernstlich beachtenswerte Kampforgan einer radikalen Minderheit abtun. Acht Jahre darauf indes galten derlei Schmähungen im mittlerweile diktatorischen Staat als Richtschnur der öffentlichen Meinung. Selbstredend wurde, um auch bürgerliche Leserschichten zu erreichen, auch im NS-Feuilleton nun ein etwas moderaterer Ton angeschlagen; die Vulgaritäten des »Stürmers« wurden nach 1933 zumeist ausgetauscht gegen sprachlich ausgefeiltere und etwas dezenter daherkommende Kampagnen – was freilich nichts an der Feindschaft gegenüber dem deutschen Judentum änderte.

Wer sich vor 1933 wohlwollend mit Heine beschäftigt hatte, unterlag im Dritten Reich alsbald der argwöhnischen Einschätzung, als Philosemit eher der ›Systemzeit‹ als dem neuen Denken verhaftet zu sein. Ganz grundsätzlich aber musste die Auseinandersetzung mit Heine in den Jahren nach 1933 nicht per se die eigene Karriere schädigen – allein die Art, in der das geschah, war nun ausschlaggebend. Der politisch links orientierte Hamburger Heine-Aktivist Carl Henry Hoym erinnert sich:

> Daß ich im »tausendjährigen Reich« als Sozialist und als Propagandist, besonders für den kämpferischen Heinrich Heine und sein Werk, von der Gestapo verfolgt, inhaftiert und fast bis zum Zusammenbruch »im Auge« behalten wurde, war ja vorauszusehen gewesen. Besonders verdachte man mir bei den Vernehmungen im Hamburger Stadthaus, daß ich vor 1933 die Internationale Heinrich-Heine-Gesellschaft gegründet hatte. Gestapokommissar Hintze (ich glaube, er hieß so) meinte, meine Gesinnung sei doch hinreichend dokumentiert durch mein Eintreten für das »elende Judenschwein«.[6]

Über Heine zu schreiben, war offenbar nach wie vor möglich, solange ein antisemitischer Grundtenor nicht außer Acht gelassen wurde. Heine zu verschweigen, wurde nicht für nötig erachtet; aus Heines Tabuisierung wurde somit gar kein Hehl gemacht.

Bald nach dem 30. Januar 1933 endete diejenige Presseberichterstattung, die Heine neutral oder gar positiv bewertete. Die Essener »Volkswacht« wies in ihrer Nummer 40 am 16. Februar noch auf die nahende Jahreshauptversammlung der Internationalen Heinrich-Heine-Gesellschaft in Lüneburg hin, der Verfasser eines Essays über Kreuzwege in der Fastenzeit fühlte sich an Heines Besuch im Louvre erinnert[7] – und noch einige Wochen lang, bis in den Sommer des Jahres 1933 hinein, erschien auf diese Weise der Name Heines in der deutschen Tagespresse beiläufig und in ganz verschiedenen Kontexten ohne nationalsozialistische Hasstiraden. Ob die deutsche der französischen Sprache vorzuziehen sei, wurde in der »Germania« am 11. Mai 1933 erörtert; und der Verfasser zieht auch die schwärmerischen Äußerungen Heines, »dem doch niemand eine besondere Vorliebe für alles Deutsche nachsagen wird«[8], über die Schönheit und den Klangreichtum der deutschen Sprache vollgültig als Beweismittel heran. Nicht jeder Schriftleiter, nicht jeder Vortragende, über dessen Auslassungen die Presse anschließend berichtete, erkannte augenblicklich das spätestens mit dem Einsetzen des Frühjahrs 1933 geltende Gebot, Heinrich Heine nunmehr nicht mehr wertfrei oder gar mit freundlicher Wertschätzung zu nennen.[9] Von einer grundsätzlichen Verbannung des Namens Heine kann indes keine Rede sein; doch er gilt nun als Repräsentant des anderen, des vergangenen und besiegten Deutschlands. Berichte in der Auslandspresse u. a. über schwere Misshandlungen führender deutscher Sozialdemokraten veranlassten die »Kreuz-Zeitung« (vormals »Neue Preußische Kreuz-Zeitung«), mit dem Beispiel Heines an die vermeintlich schädigenden aufklärerischen Korrespondenzen deutscher Exilanten der Metternich-Ära zu erinnern, die nun wieder auflebten:

> Das Befürchtete scheint Wirklichkeit zu werden: im Auslande bilden sich überall Verschwörungs- und Hetzzellen aus deutschen Kommunisten, Sozialdemokraten, Linksliberalen. Die Zeiten der Schweizer und Pariser Emigration des 19. Jahrhunderts scheinen wiederzukehren: in Paris spritzte Heinrich Heine sein Gift gegen Deutschland aus, in Brüssel sammelten sich unter Marx und Engels die ersten Propagandisten der kommunistisch-sozialistischen Empörung [...]. Die ersten Anzeichen einer Wiederkehr dieser Zustände aus der Mitte des letzten Jahrhunderts sind da.[10]

Die Journaille des Dritten Reiches wähnte sich nicht allein sicher und unangreifbar: Sie spürte, dass sie – wenn auch bekanntlich nicht tausend Jahre lang –, so doch eine Weile ungehindert und ungestört von demokratischen Einflüssen würde agieren können. Mit der Arroganz der Macht zitierte die Essener »National-Zeitung« ganz ungeniert die Berichterstattung des »Echo de Paris« über die Entfernung des Heine-Denkmals aus dem Hamburger Stadtpark, gipfelnd in dem zynischen Vorschlag, die Stadt Hamburg solle das Denkmal an die Stadt Paris abtreten. Als passender Standort böte sich »eines der neuen Viertel« an, »in denen sich unsere jüdischen Emigranten niedergelassen haben«.[11]

Heine war noch immer eine Provokation für die Deutschnationalen und Antisemiten, obwohl Gefahr von ihm, dem aus dem Kanon Ausgestoßenen, nicht länger ausgehen konnte. Als abschreckendes Beispiel, als Hassobjekt war Heine jedoch noch immer gut genug. Heinrich Mann war seit fünf Tagen vom Vorsitz der Sektion Dichtkunst der »Preußischen Akademie der Künste« ausgeschlossen, da erschien am 20. Februar 1933 im »Völkischen Beobachter« eine umfangreiche Hetztirade, die die »Ausschaltung von Literaten wie Heinrich Mann aus dem offiziellen Geistesleben« bejubelte – betitelt: »Auch ein Heinrich, vor dem uns graute ... Leben und Taten des Dichterakademie-Präsidenten Mann«. Es ist kaum wahrscheinlich, dass sich die Anspielung auf den Ausruf Margaretes: »Heinrich! Mir graut's vor dir« in Goethes »Faust«[12] bezieht, galt doch die Faustgestalt dem Nationalsozialismus als Inbegriff des Deutschtums. Näherliegend ist es, eine Anspielung auf Heinrich Heine zu vermuten, vor dem es den Ideologen des Dritten Reiches in der Tat derart graute, dass sie ihn zur *persona non grata* erklärten. Erhärtet wird diese These durch die konkrete Bezugnahme auf Heine: Heinrich Mann könne, »was völkische Verantwortungslosigkeit betrifft, mit einem Chaim Bückeburg alias Heinrich Heine konkurrieren«.[13] Vorläufig hatten die neuen Machthaber in Deutschland gesiegt: Heinrich Heine und Heinrich Mann waren kaltgestellt, über Nacht aus der deutschen Nationalkultur getilgt und in ihrer literarischen und im Fall Mann in ihrer physischen Existenz bedroht. Kein Grund bestand jedoch offenbar, Heine überdies zu verschweigen; als ›Bruder Manns im Geiste‹ taugte er trefflich, um die Schmähungen Heinrich Manns zu rechtfertigen.

Heine besaß ein solch immenses Provokationspotential, dass die wenigen nach dem Februar 1933 erfolgten positiven Darstellungen seiner Person und seines Werkes in der regimekonformen NS-Presse breit und erbost paraphrasiert und kommentiert wurden. Anlässlich des 50. Todestages Richard Wagners am 13. Februar 1933 hatte sich die linksliberale »Berliner Volkszeitung«, zu deren Autoren auch Carl von Ossietzky und Kurt Tucholsky zählten und die seit 1904 zum deutsch-jüdischen Zeitungskonzern von Rudolf Mosse gehörte, des bereits vor 1933 von nationalistischer Seite vereinnahmten Komponisten angenommen und den förderlichen Einfluss Heines auf Wagner betont. Die »Berliner Volkszeitung« sei, so nun der antisemitische Musikredakteur Paul Zschorlich, eine »Volksküche«, in die »hineinzusehen und zu beobachten« sich lohne, um zu wissen, »auf welche Weise dort gekocht wird. Von dem sanitären Zustand des Betriebes wird man dann freilich nicht sehr erbaut sein.«[14]

Es kann an dieser Stelle die Frage, ob Wagner den Stoff für seinen »Fliegenden Holländer« nun Heine zu verdanken hat, nicht diskutiert werden[15]; im Rahmen der Darstellung Heines in der Publizistik des Dritten Reiches ist vielmehr die Empörung bemerkenswert, mit der die rechtsnationale »Deutsche Zeitung« allein schon auf das Platzieren der Porträts von Wagner und Heine nebeneinander, das Parallelisieren des vorbildhaften und nachlebenswerten Deutschen Wagner mit dem ›undeutschen Deutschen‹ Heine reagierte. Es bedeute »schon eine arge Geschmacklosigkeit, die Kopfbilder von Wagner und – Heine im trautem Verein nebeneinander zu veröffentlichen, so daß sich beide wie zwei alte Herzensfreunde in die Augen sehen.« Die Positionierung der beiden Porträts – der Nationalikone und des ›morbid-subversiven Volksschädlings‹ – wird als bewusste Beschmutzung des Antisemiten Wagner durch eine philosemitische Zeitung gewertet, deren Konsequenzen, nämlich wachsende Ressentiments, auf der Hand lägen:

> Dies ist die Festgabe, die das Haus Mosse durch seine »Berliner Volkszeitung« zum Gedenkjahr Wagners gespendet hat. Und da wundern sich die Herren, daß die Antisemiten nicht alle werden? Sie sorgen ja selber dafür, daß ihre Zahl noch wächst!

Friedrich Hirth und Heine, der »Schillernde«

Doch auch nach mehreren Monaten war die Entwicklung vom positiv, neutral oder zwiespältig beurteilten Heine zum Feindbild Heine noch immer nicht abgeschlossen. Am 24. August 1933 erschien in der Beilage »Die Insel« des »Berliner Tageblatts« ein umfangreicher Heine-Artikel von Friedrich Hirth. Ob es der Redaktion der Zeitung – zuvor Teil des Mosse-Konzerns – in den Wochen der Gleichschaltung entgangen war, dass Friedrich Hirth trotz seiner Konversion zunächst zur protestantischen, später zur katholischen Kirche, als Friedrich Eugen Hirsch, als Wiener Jude, geboren war?[16] Ist es also bereits bemerkenswert genug, dass noch im August 1933 in einem der renommierten Hauptstadtblätter ein jüdischer Autor über Heine schreiben konnte – und überdies positiv! –, so verwundern die Eingangszeilen des hirthschen Textes nach den bisherigen Erkenntnissen über den Umgang mit Heine im Nationalsozialismus nicht länger:

> Mit kaum verhohlener diabolischer Neugier hat man in Frankreich die Frage erörtert: »Und Heinrich Heine? Wurden seine Werke verbrannt? Wurden sie aus öffentlichen Bibliotheken entfernt? Gilt es als Verbrechen, ihn wissenschaftlich zu ergründen?[17]

Keine Spur somit von der Klischeevorstellung eines Totschweigens Heines – ganz im Gegenteil, ganz offensiv und wie selbstverständlich wird die Frage der gegenwärtigen und zukünftigen Rolle Heines in Frankreich und Deutschland erörtert, gerade so, als herrschten für Verfasser, Zeitungsredakteure und staatliche Stellen noch immer die Zeiten eines demokratischen Pressewesens. Noch spektakulärer aber ist der oppositionelle Duktus der Verteidigung Heines durch Friedrich Hirth, der seit 1919 als Journalist und politischer Publizist in Paris lebte. Drei Monate lagen die Bücherverbrennungen bereits zurück, als Hirth die rhetorische Frage stellte, kann man jemanden, der »die deutsche Sprache feilte und glättete [wie Heine], wer Worte schuf, die ihn überlebten, kann man ihn ernstlich aus Deutschlands Geistesleben bannen wollen?« Die ›verunglimpfenden‹ Worte Heines, mit denen er »Deutschlands Feinden« Waffen in die Hände gedrückt habe, dürften nicht außer Acht gelassen werden; doch reiche dies aus, »um ihn aus deutscher Geistesumwelt auszuschließen; für ewig auszustreichen, was er zum Ruhme Deutschlands sagte, sann und wirkte?« Die – ebenso weitschweifige wie vorhersehbare – Antwort blieb Hirth nicht schuldig. Heine sei »aus dem Gesamtbild der deutschen

Literatur nicht hinwegzudenken«, auch dürfe sein Verdienst, den Kommunismus als Ursache »des Unterganges unserer ganzen Zivilisation« frühzeitig erkannt zu haben, »niemals geleugnet« werden. Zwar präsentierte Hirth – durchaus zeitgeistgemäß – Heine vor allem als Skeptiker gegenüber dem jüdischen Glauben und als avantgardistischen Antikommunisten, doch sei auch zu wünschen, »daß er nicht unterschätzt würde, bloß weil er Jude war«; verkörpere er doch den Beweis, »daß jüdische Abstammung kein unüberwindliches Hindernis ist, um redlich deutsch zu fühlen und in deutschem Geiste aufzugehen.« – Welch eine Verteidigungsrede auf Heine nach nun schon einem halben Jahr der NS-Kulturpolitik, publiziert obendrein in einer der zentralen Tageszeitungen des Deutschen Reiches! Eine Gegendarstellung, Leserzuschriften bzw. eine redaktionelle Bemerkung des »Berliner Tageblatts«, die nach wenigen Tagen entschuldigend die Aussagen Hirths relativiert oder widerrufen hätten, sind unbekannt. Und nochmals zwei Monate darauf, im Oktober 1933, druckte »Die Literatur. Monatsschrift für Literaturfreunde« in ihrer Übersicht des unlängst in den Feuilletons Publizierten Ausschnitte der hirthschen Apologie nach. Selbstredend beschränkte man sich hier, gleichfalls systemkonform, auf Heines Verdienst als Warner vor der ›zersetzenden Wirkung des Kommunismus‹, doch auch Hirths zweifelnde Fragen, ob Heines Defizite tatsächlich hinlängliche Begründungen lieferten, ihn aus der deutschen Nationalkultur auszubürgern, wurden in einer der verbreitetsten Literaturzeitschriften neuerlich gedruckt.[18] Genutzt hat Heine und seinem Nachruhm das Engagement Hirths bekanntlich nichts, doch ist die Unsicherheit auch im Kreise der Schriftleiter im Umgang mit Heine noch im weiteren Verlauf des Jahres 1933 bezeichnend. Zwar findet kein diskursiver Meinungsaustausch statt, doch ist die Tatsache bemerkenswert, dass Heine zumindest nicht gänzlich unkommentiert und widerspruchsfrei aus der öffentlichen Wahrnehmung entfernt wurde. Sein Andenken blieb lebendig, wenn auch nunmehr als abschreckendes Negativbeispiel.

Heine in der Schuldidaktik

Die Tilgung der Werke Heines aus dem deutschen Literaturkanon und dem Schulgebrauch geschah durchaus nicht unter Ausschluss zumindest der interessierten Öffentlichkeit. Will Vesper, Mitglied der Sektion Dichtkunst der Preußischen Akademie der Künste und Festredner bei der Bücherverbrennung in Dresden am 10. Mai 1933, forderte in der von ihm herausgegebenen Zeitschrift »Die Neue Literatur«, nun endlich entschiedener Schritte einzuleiten, um Heine auszugrenzen und vergessen zu machen. Vesper, dem selbst die Repressionsmaßnahmen der staatlichen NS-Dienststellen gegen liberale Literaten niemals weit genug gingen, monierte im

Februar 1936, noch immer werde im Schulunterricht »das mottenzerfressenste Zeug der Vergangenheit liebevoll ausgebreitet.« Er habe drei verbreitete deutsche Literaturgeschichten, die in den Curricula Verwendung fänden, auf die quantitative Gewichtung und die inhaltlichen Aussagen hin geprüft – und noch immer nehme Heine viel zuviel Raum ein und werde zu günstig charakterisiert. So lange Heine maßgeblich in deutschen Unterrichtsmaterialien vertreten sei, könne innerhalb der deutschen Bevölkerung der gewünschte Bewusstseinswandel bei der Einschätzung des nationalen Dichtungserbes nicht eintreten:

> Und das wird auf unsere Jugend losgelassen! Was nutzen alle »Reichsstellen zur Förderung des deutschen Schrifttums«, Kultur- und Schrifttumskammern, wenn so noch immer am grünen Holz gesündigt werden darf. Diese »Literaturgeschichten zum Unterrichtsgebrauch« sind schuld daran, daß die deutsche Jugend und das ganze »Volk der Dichter und Denker« ein so lahmes und fades Verhältnis zur echten deutschen Dichtung haben. Hier ist die Wurzel des Übels, an die man schleunigst die Axt legen muß.[19]

Von besonderer Bedeutung ist eine Studie, die belegt, dass Heine durchaus auch Bestandteil des – offensichtlich gymnasialen – Schulunterrichtes sein konnte; und zwar noch in den Jahren nach 1936. Von einem Versehen der Redaktion oder der Herausgeber, wie es unmittelbar nach Installierung der Diktatur im Frühjahr 1933 noch hätte möglich sein können, kann somit keine Rede sein. Jener Beitrag wurde vielmehr in einer offiziösen didaktischen Zeitschrift, der »Nationalsozialistischen Erziehung«, herausgegeben von der Gauverwaltung Berlin des Nationalsozialistischen Lehrerbundes, publiziert. Eduard Fuchs lieferte – weil die Mehrzahl der heutigen Lehrer »auf der Schule oder Hochschule keine stilkundlichen Untersuchungen getrieben« hätten – unterrichtspraktische Handreichungen um Schüler – auf der Basis freilich pseudowissenschaftlicher Theorien – den Unterschied zwischen gutem (›deutschen‹) und zu missbilligendem (›jüdischen‹) Stil zu lehren. Fuchs gibt den Schülern anonymisierte Texte Heines und Hebbels zum »Nibelungenlied« in die Hand; er kommentiert die Lektüre Heines durch die Jugendlichen:

> Wenn der Lehrer dieses Stück den Schülern ohne Namen gibt, so kann er von dem Eindruck ausgehen, den sie beim ersten Lesen haben. Er darf nicht erschrecken, wenn 16–17jährige Schüler erklären, die Ausführungen gefielen ihnen. Die Bilder und der sentimentale Schluß [...] bestechen Schüler und Schülerinnen, die zum ersten Male vor solche Aufgaben gestellt werden und in Stilfragen urteilslos sind.[20]

Inhalt und Argumentation des Textes von Fuchs sind vorhersehbar. Der Aufbau der Gedanken bei Heine sei »widersprüchlich und unstet, unberechenbar, launisch, flüchtig«; von »Ehre, Treue und Gattenliebe, den bewegenden Kräften des ›Nibelungenliedes‹«, erfahre man nichts. Wirft man Heine andernorts zumeist einen französisierenden und somit undeutschen Satzbau vor, so geht Fuchs einen Schritt weiter: »Hier den Einfluß der französischen Wortstellung vermuten zu wollen, ist unberechtigt. Die Kaftanträger in Tarnopol sprechen genau so, ohne daß sie je einen französischen Satz gehört oder gelernt haben. Diese Wortstellung, die jede Spannung aufhebt, ist jüdisch. Heines Satzbau ist spannungslos, ist jüdisch«. Im Gegensatz zu einer wissenschaftlichen Studie, bei der beide zu vergleichenden Teile der Untersuchung eine Art Chancengleichheit besitzen, steht das Ergebnis bei Fuchs allzu schnell fest. Heines Tonfall sei »mauschelnd«, »anstößig« und »artfremd«. Seine Aussagen zum »Nibelungenlied«[21] dem Gedicht Hebbels »Auf das Nibelungenlied« gegenüberzustellen, ist von vornherein als für Heine verloren anzusehen, da die Werke beider Dichter nicht vorbehaltlos verglichen, sondern gegeneinander ausgespielt werden sollen. – Ob tatsächlich innerhalb der Grenzen des Deutschen Reiches ein Lehrer das Unterrichtsmodell mit seinen vorgegebenen Antworten verwendet hat, dürfte heute kaum mehr zu klären sein. Beachtung verdient der Text von Fuchs allein aufgrund des durch ihn bewiesenen Vorkommens Heines in einem pädagogischen Fachorgan sowie seiner zumindest potentiellen reichsweiten Behandlung in den Curricula.

In eine ähnlich wegweisende Richtung zielt der mit 26 Druckseiten umfangreichste Aufsatz, der während des Dritten Reiches über Heine erschien; veröffentlicht 1936 in den »Nationalsozialistischen Monatsheften«, die den Untertitel »Zentrale politische u. kulturelle Zeitschrift der NSDAP« trugen und somit als ideologische Richtschnur und als halboffizielles Verlautbarungsorgan der Staatspartei gelten dürfen. »Schluß mit Heinrich Heine!« ist das Pamphlet von Wolfgang Lutz betitelt – ganz offensichtlich existierte Heine also auch 1936 noch immer weiter, so dass Bedarf an einer finalen verbalen Exekution Heines bestand. Die Inhalte der NS-»Monatshefte«, Pflichtlektüre zumindest der gehobenen Funktionäre, wurden von den Multiplikatoren der herrschenden Weltanschauung vermutlich, wenn nicht in jedem Fall, so doch zumindest bisweilen, in breite Bevölkerungsschichten gestreut. Selbst der »Loreley«, die doch nur noch als anonymisiertes lyrisches Volksgut überleben sollte, wurde ein eigenes Kapitel gewidmet. Auf eine paraphrasierende Wiedergabe der Ausführungen von Lutz kann verzichtet werden, da an die Stelle unvoreingenommener Wissenschaft die alles beherrschende Prämisse der jüdischen Herkunft Heines tritt. Lutzens Forderung, »weil Heine kein Deutscher« sei, habe er »nie und nimmer in der deutschen Literaturkunde, die Ehrenhalle nur deutscher Dichter ist, in keinem Lese- und Lernbuch als deutscher Dichter Eingang zu finden und gar gefeiert zu werden«, verlöre doch die deutsche Literatur »dadurch so wenig, als eine herrliche, stämmige Buche, wenn man ihr einen alten verdorrten Buchenschwamm herunterreißt«, ist nicht mehr als gängige Schmährede, wie sie bereits seit Adolf Bartels und seinen frühvölkischen Epigonen bekannt war. Doch auch der Appell:

> Zum anderen soll endlich alle Arbeit über den Fall Heine auf das allermindeste Maß eingeschränkt werden. Alle Kraft deutscher Forscher, die auf diesen Chaim Bückeburg [...] verschwendet und vergeudet worden ist, wäre auf wertvollere Aufgaben und Fragen, die die deutsche Literatur so reichlich stellt, besser aufgewendet. Künftig gilt deutsche Forschungsenergie deutschen Dichtern![22]

ist solchermaßen widersprüchlich, dass er nie in die Tat umgesetzt wurde. Denn hatte nicht Lutz selber soeben erst die umfassendste Heine-Darstellung seit Beginn des Dritten Reiches vorgelegt? Warum also mit einer gewissen Doppelmoral ein Ende der Beschäftigung mit Heine fordern, wo doch wohl niemand aus der deutschen Kulturprominenz eine so attraktive Angriffsfläche für antisemitische Ausfälle bot, wie Heine es tat? Das Verhältnis des Nationalsozialismus zu Heine lässt sich am ehesten als eine Art Hassliebe begreifen: Der Feind faszinierte derart, dass man nicht von ihm lassen mochte; zu irisierend stellten sich Leben und Werk dar, als dass Heine der völligen Tabuisierung anheim fallen konnte. Zwar erschienen nach 1933 im Deutschen Reich kaum noch Dissertationen zu Leben und Werk Heinrich Heines, zwar ist die Zahl der Essays im Dritten Reich verschwindend gering gegenüber der Vielzahl der Texte über Heine in der Weimarer Republik, ein völliges Verschwinden Heines als publizistisches Thema aber blieb aus.

Vergleiche, Gegenüberstellungen oder Analogien zu Heine

Das seit jeher gerne gewählte komparatistische Verfahren, Schriftsteller durch Vergleiche mit anderen Autoren zu analysieren, begegnet uns in der Heine-Publizistik des Dritten Reiches unüblich häufig. Heine und Börne, Heine und Görres[23] – so oder unwesentlich anders finden sich Vergleiche mit Grabbe, Hebbel, Heinrich Mann, Marx, Stalin und Wagner. Der Grund für dieses Vorgehen liegt auf der Hand: Auf kaum einen anderen Schriftsteller trafen nach 1933 so viele tatsächliche oder auch nur vermutete oder behauptete Feindbildkomponenten zu wie auf Heine. Er verkörperte den zersetzenden Kommunisten, den Juden, den Frivolen, den selbstverschuldet Geschlechtskranken, den Staatsspötter, den Internationalisten, Deutschenhasser und Erbfeindverbündeten. Da innerhalb des Deutschen Reiches ein Parteiergreifen für Heine unmöglich geworden war, besaß er den Status des Freiwilds. Am Beispiel eines Tageszeitungsbeitrags über Heine und Grabbe soll dieses Prinzip verdeutlicht werden. Im Oktober 1936 publizierte die »Rheinisch-Westfälische Zeitung« als Beitrag zur regionalen Literaturgeschichtsschreibung Westfalens den Aufsatz »Grabbe und Heine. Ein Beitrag zur heutigen Grabbe-Forschung« des Zahnmediziners Max Apffelstaedt. Prof. Dr. Max Apffelstaedt (1863–1950) hatte in seiner Jugend engen Kontakt zu den Brüdern Julius und Heinrich Hart sowie vor allem zu Hermann

Löns, bevor er ab 1907 die Zahnklinik in Münster aufbaute. Nach seiner Emeritierung pflegte er seinen u. a. aus zahlreichen Literaten bestehenden Bekanntenkreis – in seinem Münsteraner Haus verkehrten Rudolf G. Binding, Adolf von Hatzfeld, Josef Winckler, Maria Kahle und der frühvölkische Erwin Guido Kolbenheyer – und verfasste Studien zu Hermann Löns, Grabbe und zur Droste. Apffelstaedt, Ratsherr der Stadt Münster von 1937 bis 1945, war am 1. Mai 1933 in die NSDAP eingetreten.[24] Der Essay in der Rubrik Kunst/Wissen/Leben befasst sich nicht paritätisch mit Grabbe und Heine, sondern widmet sich ganz überwiegend Apffelstaedts westfälischem Landsmann Grabbe – durchaus naheliegend, instrumentalisierte doch die Kulturpolitik des Nationalsozialismus Grabbe für ihre Zwecke. Grabbe, laut Apffelstaedt Angehöriger einer »Generation, die in der Kunst das Heroische, das heldische Ideal sucht«[25], sei bereits im 19. Jahrhundert »für das nordische Menschentum, die Führeridee und den völkischen Gemeinschaftsgedanken eingetreten«; in seinem »völkischen Empfinden« sei er seinen Zeitgenossen beinahe ein Jahrhundert voraus gewesen. Um Grabbe (fälschlich) als Antisemiten[26] vorzustellen, hätte es des Vergleichs mit Heine nicht notwendigerweise bedurft; doch eignete sich Heine nach 1933 für zahlreiche ideologiekonforme Veröffentlichungen, brachte er doch Salz in die Suppe und diente als Anlass für antisemitische Schmähreden.

Ein Essay über einen ›guten‹, weil arischen deutschen Dichter gerät noch überzeugender, wird ihm Heine als jüdischer Gegenpol kontrastiv gegenübergestellt. Ein Aufsatz über einen Verfemten wie Karl Marx steigert seine Wirksamkeit, wenn noch eine zusätzliche ›Teufelsgestalt‹ wie Heine ins Spiel gebracht wird: »Heine und Marx verstanden sich aus den gemeinsamen Haßgefühlen ihrer Rasse gegen den arischen Geist«, so formulierte Fritz Otto Hermann Schultz (eig. Schulz) in einem Artikel, betitelt: »Von Heine zu Stalin«, der im Winter 1943/1944 in mindestens drei Zeitungen erschien.[27] In Heines Äußerungen über den Kommunismus seien »die Wurzeln der heute ganz Europa bedrohenden Zerstörungswut des auf Marx zurückgehenden Bolschewismus bloßgelegt.« Von Heine und Marx führe, so der Journalist Schulz, ein direkter Weg zu Stalin: »Es kann darum niemand in Erstaunen setzen, daß er in den Schullesebüchern Moskaus den breiten Platz einnimmt, der ihm als Vorläufer und Wegbereiter des Weltbolschewismus zukommt.« Die Gedankenführung von Schulz ist simpel: Wer gegen Stalin kämpft, kämpft zugleich auch gegen Marxismus und ›Literaturjuden‹; Heine verkaufte das deutsche Vaterland an Marxisten und Stalinisten; ohne Heine und seinen Kompagnon Marx bestünde heute keine Notwendigkeit, Stalin militärisch zu bezwingen etc. Welche Gedanken sich bei den Lesern des Artikels im Winter 1944 in Weimar, Danzig und Königsberg auch immer einstellen mochten: sie kreisten, selbst im 11. Jahr der NS-Diktatur, als in den Verbrennungsöfen das Judentum Europas vernichtet wurde, auch um Heinrich Heine, der zwar zu den verbotenen, beileibe aber nicht zu den unaussprechlichen Dichtern zählte.

Die Diskussion um die Neudichtung von vertonten Heine-Gedichten

Bei einer Analyse der Quellen überrascht die Freimütigkeit, mit der im öffentlichen Diskurs der zukünftige Stellenwert und Umgang mit dem Werk Heines erörtert wurde. Im März 1936 äußerte sich ein gewisser Georg Spandau einleitend zunächst dahingehend, dass ihn »Ekel vor diesen Versen«[28] überkomme, stammten sie doch »von einem jüdischen Sudelkoch«. Heikel sei jedoch die Tatsache ihrer häufig so kongenialen Vertonungen:

> Viel wichtiger ist es, daß es in unserem nationalsozialistischen und um die Rassereinheit ringenden Volke sehr viele gibt, die sich an diesen Texten stoßen und daher die Lieder Schumanns und Schuberts nicht mehr singen mögen. So kommt es, daß uns auch diese wundervollen und innigen Melodien langsam fremd werden und am Ende verloren gehen. Das bedeutet einen unersetzlichen Verlust für unser Volk an wertvoller Musik [...]. Die Heineschen Texte mögen ruhig in der Versenkung verschwinden, nicht aber die herrlichen Melodien.

Wie nun aber Abhilfe schaffen? Spandau erkennt zu Recht, »daß die Melodien für die Texte geschaffen, die Texte also vertont worden sind, nicht aber umgekehrt, sodaß die Melodien gewissermaßen den Worten angepasst worden sind.« Diffizil, aber lohnenswert – »denn wir wollen auch in unserer Musik ganz deutsch sein« – sei anhand der vorliegenden Melodien eine lyrische Neuschöpfung, »womit unsern jungen Dichtern eine Aufgabe gestellt [wäre], die der allerbesten Lösung wert wäre.« Eine Neudichtung durch deutschvölkische Barden regt Spandau hier an, was als Äußerung eines weithin unbekannten Publizisten in einem wenig verbreiteten Fachblatt als unbedeutend unter den Tisch fallen könnte. Doch zum einen erhielt auch die Deutsche Akademie der Dichtung im Frühjahr 1936 ein Schreiben, in dem angeregt wurde, »diejenigen Heineschen Gedichte, die Unterlage berühmter Vertonungen geworden sind, durch neue Lieder aus deutscher Feder und deutschem Herzen zu ersetzen«[29], zum anderen stand der Senator der Akademie, Börries Freiherr von Münchhausen, dem Vorhaben solchermaßen wohlwollend gegenüber, dass er nun selbst in der sehr viel namhafteren Wochenzeitung »Deutsche Zukunft« – Vorgängerin von Goebbels' »Das Reich« – Stellung bezog. In einem ganzseitigen Beitrag legte er, wie bereits Spandau, seine Haltung dar: »Also: ich nenne Heinrich Heine einen Schweinehund« – und erklärte die Neudichtung nicht eben zu einer Aufgabe für unbedarfte Dichtereleven, sondern nannte das »Unterlegen neuer Gedichte unter alte Weisen« eine der »schwierigsten Aufgaben der Dichtkunst«.[30] Eine Woche darauf schaltete sich, ebenfalls in der »Deutschen Zukunft«, der Leipziger Bibliothekar und Germanist Arthur Luther (1876–1955), in die Debatte ein. Rigider als Spandau und Münchhausen forderte er, da er einer Neudichtung keine Chancen auf hinreichende künstlerische Qualität einräumen mochte, einen Abschied nicht allein von Heine (aus ›rassischen‹ Gründen), sondern auch, aus quasi mittelbar ›rassischen‹ Gründen, von den großen Meistern der Heine-Vertonung:

> Wenn unser völkisches und sittliches Empfinden es uns unmöglich macht, Schumanns und Schuberts Lieder mit den Heineschen Texten zu singen und anzuhören, so müssen wir mit den Texten auch die Melodien aufgeben. Das ist hart. Ein großes Opfer wird von uns gefordert. Aber wir leben in einer Zeit, die an unsere Opferfreudigkeit gewaltige Ansprüche stellt. Und der irrt sich, der glaubt, mit materiellen Opfern allein sei es getan. Es müssen auch geistige Werte geopfert werden, wenn es nottut. Große, wahre Kunst duldet keine Kompromisse.[31]

Das gänzliche Ausbürgern eines in mancher Hinsicht volkstümlichen Dichters aus dem nationalen Kulturkanon stellte sich ganz offensichtlich als schwieriger dar als zunächst vermutet. Die sich ergebenden Probleme aber wurden nicht, wie anzunehmen wäre, in Geheimsitzungen der Kulturbürokratie gelöst, sondern zumindest teilweise zum Thema der Massenmedien. Dem Heine-Feuilleton des Dritten Reiches haftet dabei der Hautgout der Peinlichkeit an, da die Hilflosigkeit der Akteure allzu deutlich zu Tage tritt. Heine aus dem literarischen Patrimonium zu tilgen, ist als kulturpolitisches Ziel einer antisemitischen Diktatur durchaus einleuchtend, grotesk aber mutet es an, die Hindernisse auf dem Weg zur Verdrängung Heines öffentlich zu erörtern. Kulturelle Parameter ändern sich aufgrund einer ihnen innewohnenden Eigendynamik, also etwa des sich wandelnden Zeitgeistes oder aber sie erfolgen qua Erlass – wie etwa im Falle veränderter Straßen- oder Städtenamen. Man kann also den Dingen ihren freien Lauf lassen oder sie *par ordre du mufti* autoritär anordnen – jedoch nur unter der Maßgabe, die behördlichen Anweisungen keiner Diskussion in den Medien auszusetzen. In der Tages- und Fachpresse jedoch, wie im Falle Heines, über ohnehin bereits verbotene Dichter zu diskutieren, beraubt die NS-Literaturdoktrin ein Stück weit ihrer (nach heutigen Maßstäben freilich ohnehin mangelnden) Glaubwürdigkeit und verdeutlicht die Unsicherheit im Umgang mit Heine.

Heine als Ingredienz der weltanschaulichen Selbstbestätigung

Ohne Ausnahme sind die zwischen 1933 und 1945 erschienenen Texte über Heine wissenschaftlich wertlos, denn sie enthalten keinerlei neue Erkenntnisse zu Leben und Werk. Ihr Zweck besteht vielmehr darin, die antisemitischen Pogrome zu rechtfertigen. Neben die staatlichen Exzesse, die das jüdische Deutschland nach 1933 vernichteten, trat in der gehobenen Publizistik eine durchaus beabsichtigte Unflätigkeit – camoufliert jedoch als anspruchsvoll akademische Essays. Die Inhaltsarmut tat hierbei nichts zur Sache; entscheidender war wohl das hintergründige Triumphgefühl, die parlamentarische und außerparlamentarische Opposition im Staat ausgeschaltet zu haben und die Hetze – auch und gerade gegen Heinrich Heine – nun endlich ganz legal verbreiten zu können. Nationalsozialistische Staatsbejahung aber ging zumeist einher mit dem Versuch, das gegenwärtige Tun historisch zu legitimieren, die absolute Richtigkeit der NS-Ideologie wissenschaftlich (nach heutigen Maßstäben pseudowissenschaftlich) zu untermauern. Um Heinrich Heine musste somit kein Bogen gemacht werden: Seine Werke waren zwar verboten, doch war es zulässig, sich über Vita und Schaffen Heines in gedruckter Weise zu äußern. Zugleich musste die Beschäftigung mit Heine im Dritten Reich sogar als besonders lohnend und attraktiv angesehen worden sein, bot doch vermutlich niemand sonst derartig viele Angriffsflächen. Die Existenz verschiedener Beiträge, die in der Mitte der dreißiger Jahre in damals verbreiteten und angesehenen Periodika erschienen, lässt sich kaum anders erklären als mit der Absicht, die geistige Ausbürgerung Heines aus Deutschland – auf der Basis der arischen Rassenlehre – zu rechtfertigen.

Dementsprechend verlagerte sich auch das Profil derjenigen Periodika, die sich mit Heine beschäftigten. Nur noch in Ausnahmefällen wurde Heine zum Thema philologischer Fachzeitschriften – so 1938 in »Dichtung und Volkstum«, dem vormaligen »Euphorion« – selbstredend nun auch hier auf antisemitischer Grundlage.[32] Vorherrschend aber waren es gehobene Publikums- und Wochenblätter, Partei- und Staatszeitschriften, die die herrschende Ideologie ›theoretisierten‹, sowie im weitesten Sinne pädagogische Organe, die sich um die Vermittlung der NS-Weltanschauung an die Bevölkerung bemühten. Heine hatte als Objekt der ernstzunehmenden Literaturwissenschaft wie auch des seriösen Feuilletons zwangsweise ausgedient, taugte aber als Feindbild und wurde – dämonisiert – zum Thema verschiedener Essays, die mit Heine und seinen vermeintlich schädigenden Werken und Einflüssen die NS-Rassenpolitik rechtfertigten. Das Spektrum erstreckt sich von eher unspezifischen Blättern von allgemeinem Interesse[33] über anspruchsvollere Kulturzeitschriften[34] bis hin zu Kampforganen von Partei und Staat.[35] Heine war erörterungswürdiger Gegenstand sogar in der »Deutschen Turnzeitung«[36]: Das ist kaum verwunderlich, widersprach Heine – kosmopolitisch und urban, salonfreundlich und geschlechtskrank – doch *in toto* dem Idealbild des deutschen Turners.

Der Umgang mit Heine in der deutschen Tages- und Fachpresse änderte sich bald nach 1933 immens, sowohl in quantitativer wie auch qualitativer Hinsicht. Die zuvor häufigen Beiträge über Heine wurden deutlich weniger, ohne jedoch gänzlich zu versiegen. Das Niveau der Texte sank auf ein wohl nicht mehr zu unterbietendes Niveau vulgärer und entehrender Beleidigungen; selbst in Organen, die sich als wissenschaftlich verstanden, wurde der Anspruch, der vor 1933 existierte, durch das Primat des Antisemitismus ersetzt. Gegen derlei ›Wissenschaftlichkeit‹, deren Ergebnisse von Anbeginn feststehen, hatte Heine keine Chance. Vermutlich aufgrund des Fronteinsatzes auch zahlreicher Journalisten, griffen die Redaktionen der Tagespresse nach 1939 auch auf Konserven zurück, nämlich auf schon Jahre und Jahrzehnte alte Schmähungen Heines durch namhafte Antisemiten. Die »Münchner Neuesten Nachrichten« druckten 1942 die erstmals 1889 erschienenen Ausführungen des Historikers Heinrich von Treitschke zu Heine und Börne ab.[37] Um den Lesern die gewünschte Rezeption vorzugeben, wurden Treitschkes Schimpfreden zusätzlich durch einen Vorspruch der Redaktion eingeleitet: »Die Darstellung des großen Historikers zeigt, daß das Judentum niemals anders gewesen ist, als es sich heute abermals in der Emigration und in der internationalen Verflechtung gebärdet.« Ein Jahr darauf druckte der »Hannoversche Kurier« einen »Heinrich Heine« betitelten Beitrag, der den erstmals 1920 publizierten Ansichten des NS-Chefideologen Alfred Rosenberg über Heine zu neuer Beachtung verhalf.[38]

»Der Heinenaturen sind wir herzlich satt!«[39], endete schon 1932 eine Polemik über Erich Maria Remarque; eine Attitüde, die nach 1933 zur Staatsdoktrin erhoben wurde. Heine indes zu verschweigen, bestand keine Notwendigkeit; ihn zu einer Geheimsache zu machen, wäre vielmehr kontraproduktiv gewesen. Denn das wehrlose Opfer erhielt eine neue Funktion als Ursache jener Übel, die die Herrschaft des Nationalsozialismus vermeintlich notwendig machten. Zur Systemstabilisierung und zur theoretischen Unterfütterung der Ausgrenzung und Vernichtung des deutschen Judentums war das Fortleben Heines in der Publizistik nach 1933 offenbar nicht nur zulässig, sondern sogar erwünscht.

Anmerkungen

1 So korrekt etwa die Aussagen auch neuester und kompetentester Heine-Biographen sind – alle Argumente hätten bereits vor 1933 bereitgestanden, »die dann der Bücherverbrennung, Denkmalzerstörung und Austreibung Heines Vorschub leisteten«, für Heine war »kein Platz mehr«, das »Heine-Bild zog in die äußere und innere Emigration« – so erwecken doch auch sie den Eindruck, als habe nach 1933 eine Art verordneter Heine-Funkstille geherrscht (Jan-Christoph Hauschild/Michael Werner: »Der Zweck des Lebens ist das Leben selbst«. Heinrich Heine. Eine Biographie. Köln 1997, S. 632).

2 Volker Dahm: Das jüdische Buch im Dritten Reich. – In: Archiv für Geschichte des Buchwesens. Bd. XX (1979), Sp. 180.

3 Julia Hiller von Gaertringen: Stadt und Bibliothek. Die Landes- und Stadtbibliothek Düsseldorf in den Jahren 1904 bis 1970. Düsseldorf 1997 (= Schriften der Universitäts- und Landesbibliothek Düsseldorf, 28), S. 113.

4 Eberhard Galley: Das Düsseldorfer Heine-Archiv. Geschichte und Aufgabe. – In: HJb 7 (1968), S. 58–74; hier S. 64.

5 [anonym]: Das Schwein auf dem Montmartre. – In: Der Stürmer (Nürnberg), Nr. 52, 1925.

6 Carl Henry Hoym: Vom guten Tambour und den fünfundsechzig Jahren im Dienste Heinrich Heines. – In: Der gute Tambour (Hamburg), Nr. 2, 20. 7. 1962, S. 1–2; hier S. 2. – Zu Hoym und seinen Heine-Initiativen vgl. Susanne Schwabach-Albrecht: In Heines Gesellschaft. Heinrich-Heine-Gesellschaft e. V. Düsseldorf 1956–2006. Düsseldorf 2006, S. 14–19.

7 H. Fassbinder: Die Kreuzwegandacht. – In: Allensteiner Volksblatt, Nr. 68, 24. 3. 1933.

8 R. Palleske: Wer hat recht? – In: Germania (Berlin), Nr. 128, 11. 5. 1933.

9 Die Studie: »Heine und Goethe« (Berlin 1932) von Fritz Friedländer (!) wurde noch am 6. April 1933 in der »Vossischen Zeitung« sehr freundlich rezensiert; der Japan-Korrespondent eines Berliner Blattes nannte Heine zwar »weiland deutscher Dichter«, sprach aber noch im Sommer 1935 von »so angesehenen literarischen Kollegen wie Heinrich Heine« (Arvid Balk: Früh morgens, wenn die Lotosblume knallt … – In: Berliner Börsen-Zeitung, 22. 8. 1935).

10 [anonym]: Auf den Spuren von Heine und Karl Marx? Deutschenhetze im Ausland – Verschwörungen – Mehr Verantwortungsbewußtsein! – In: Kreuz-Zeitung (Berlin), Nr. 81, 22. 3. 1933.

11 Albert Koerber: Frankreich und das Heinedenkmal in Hamburg. Ohne Sorgen … – In: National-Zeitung (Essen), Nr. 226, 18. 8. 1933.

12 Johann Wolfgang von Goethe: Faust. Der Tragödie erster Teil. Kerker, V. 4610.

13 Dr. S.: Auch ein Heinrich, vor dem uns graute … Leben und Taten des Dichterakademie-Präsidenten Mann. Ein Abgesang. – In: Völkischer Beobachter, Nr. 50/51, 20. 2. 1933.

14 Paul Zschorlich: Richard Wagner und – Heinrich Heine! Zurückweisung eines nichtswürdigen Beitrags zum Gedenkjahr. – In: Deutsche Zeitung (Berlin), Abendausgabe, Nr. 51, 1. 3. 1933.

15 Dem Verhältnis Wagners zu Heine und insbesondere dem Einfluss von Heines »Schnabelewopski« auf Wagners »Holländer« geht umfassend und erschöpfend Joseph A. Kruse nach: Von Liebe und Liebesgram. Richard Wagners Heine: Zwischen Anregung, Parodie und Verdrängung. – In: Ders.: Heine-Zeit. Stuttgart, Weimar 1997, S. 363–380.

16 Vgl. Gudrun Jäger: Friedrich Hirth – Heine-Forscher und erster Komparatist im Nachkriegsdeutschland. – In: HJb 43 (2004), S. 216–234.

17 Friedrich Hirth: Der Schillernde. – In: Berliner Tageblatt, Nr. 395, 24. 8. 1933, Beilage Die Insel, Nr. 18.

18 Die Literatur. Monatsschrift für Literaturfreunde (Stuttgart), Jg. 36, H. 1, Okt. 1933, S. 35.

19 W. V.: Unsere Meinung. – In: Die Neue Literatur (Leipzig), Jg. 37, H. 2, Feb. 1936, S. 114–116; hier S. 116.

20 Eduard Fuchs: Heine und Hebbel. Eine stilkundliche Untersuchung. – In: Nationalsozialistische Erziehung. Ausgabe Groß-Berlin, Jg. 4/5 (1935/36), S. 107–109.

21 Heinrich Heine: Die romantische Schule. Drittes Buch. (DHA VIII, 207 f.)

22 Wolfgang Lutz: Schluß mit Heinrich Heine! – In: Nationalsozialistische Monatshefte, Jg. 7, H. 78, Sept. 1936, S. 792–818, hier S. 817. – Mit Lutz hatte sich nicht etwa ein unerwünschter Querschläger in die führende NS-Zeitschrift verirrt, sein Aufsatz wurde in einer Rezension des »Völkischen Beobachters« vielmehr als »gründliche Arbeit« gewürdigt. In »sauberer Kleinarbeit« sei er »der von deutschen Gelehrten der jüngsten Vergangenheit immer wieder verherrlichten Truggestalt ›Heinrich Heine‹ (in Wahrheit: Chaim Bückeburg) zu Leibe [ge]rückt, um sie abschließend der Tarnung eines ›deutschen‹ Dichters zu berauben und als typisch jüdische Erscheinung zu enthüllen.« (L. Stengel-von Rutkowski: Die Wiege des deutschen Sozialismus … und andere Beiträge in der neuen Folge der NS.-Monatshefte. – In: Völkischer Beobachter (München), Nr. 255, 11. 9. 1936).

23 G. H. Theunissen: Vom Wesen des rheinischen Journalisten. Ein Versuch über Görres und Heine. – In: Dichtung und Volkstum. Bd. 39 (1938), S. 51–60.

24 Vgl. Kurt Gerritz: Max Franz Apffelstaedt (1863–1950) und die Gründung der Zahnklinik der Westfälischen Wilhelms-Universität zu Münster, Münster 1970 (= Münstersche Beiträge zur Geschichte und Theorie der Medizin, 1), S. 35–43.

25 Max Apffelstaedt: Grabbe und Heine. Ein Beitrag zur heutigen Grabbe-Forschung. – In: Rheinisch-Westfälische Zeitung (Essen), Jg. 199, Nr. 498, 1. 10. 1936, Morgen-Ausgabe.

26 Vgl. den eingehenden und differenzierten Text von Gerhard Scheele: Der »Antisemitismus« bei Christian Dietrich Grabbe. – In: Lippische Mitteilungen aus Geschichte und Landeskunde. Bd. 55 (1986), S. 219–238.

27 F. O. H. Schultz: Von Heine zu Stalin. – In: Thüringer Gauzeitung, Weimar, 19. 11. 1943; Danziger Neueste Nachrichten, 26. 1. 1944; Königsberger Allgemeine Zeitung, Nr. 34, 4. 2. 1944, 1. Beiblatt.

28 Georg Spandau: Heinrich Heine im deutschen Lied. – In: Das Deutsche Podium. Fachblatt für Ensemble-Musik und Musik-Gaststätten (München), Jg. 4, Nr. 11, 13. 3. 1936, S. 1–2.

29 Zitiert im Artikel von Börries Freiherr von Münchhausen: Heinrich Heine in deutschen Tönen. – In: Deutsche Zukunft, Jg. 4, Nr. 18, 3. 5. 1936, S. 15–16.

30 Ebd.

31 Arthur Luther: Text und Melodie. – In: Deutsche Zukunft, Jg. 4, Nr. 19, 10. 5. 1936, S. 14. – Vgl. zu Luther den Beitrag von Ute Schneider in: Internationales Germanistenlexikon 1800–1950. Bd. II: H–Q. Hrsg. von Christoph König, Berlin u. New York 2003. – Beispiele für Schumann-Vertonungen von Heine-Gedichten, für die der niederschlesische Schriftsteller Hans Venatier (1903–1959) neue, an das Weltkriegsgeschehen angepasste Ersatztexte verfasste, liefert Matthias Wendt: Wie »Die alten bösen Lieder« zu »Rübezahl« wurden. Zur Rezeption der Schumannschen Heine-Lieder im »Dritten Reich«. – In: Henriette Herwig/Volker Kalisch/Bernd Kortländer/Joseph A. Kruse/Bernd Witte (Hrsg.): Übergänge. Zwischen Künsten und Kulturen. Internationaler Kongress zum 150. Todesjahr von Heinrich Heine und Robert Schumann. Stuttgart u. Weimar 2007, S. 141–157.

32 G. H. Theunissen: Vom Wesen des rheinischen Journalisten. Ein Versuch über Görres und Heine. – In: Dichtung und Volkstum, Bd. 39 (1938), S. 51–60.

33 Albert Koerber [Anm. 11]; Otto Steuer: Journalistenskandal in München. Die erste Judeninvasion im Münchener Pressewesen. – In: Völkischer Beobachter (München), Nr. 350, 16. 12. 1933 [behandelt werden Heinrich Heine, Moritz Gottlieb Saphir und Eduard Maria Oettinger]; Hans Pütz: Heinrich Heine als Begründer des Literaturmarxismus. – In: Westdeutscher Beobachter (Köln), Jg. 10, Nr. 70, 18. 2. 1934, S. 4.

34 Kurt Fervers: Heinrich Heine. Die Geschichte eines Dichters? – Das Leben eines Juden! – In: Der Türmer, Jg. 42 (1939/40), Mai 1940, S. 373–378. Mit Seuchenattributen wird Heine auch im »Türmer« als heimtückische Gefahr präsentiert.

35 Vgl. »Sigilla veri.« Heinrich Heine. – In: Deutsche Wochenschau. Nachrichten der Reichsführerschaft der National-Sozialistischen Freiheitsbewegung Großdeutschlands (Berlin), Nr. 10–16/1934; Dr. B.: Nazis singen die Lorelei nicht! – In: Der Stürmer (Nürnberg), Jg. 11, 7. 10. 1933; Hans Pütz: Der jüdische Literat Heinrich Heine als Begründer des Literaturmarxismus. – In: Der Weltkampf. Monatsschrift für Weltpolitik, völkische Kultur u. die Judenfrage aller Länder (München), Jg. 10, H. 120, Dez. 1933, S. 373–376; o. V.: Heinrich Heine – deutscher Klassiker? – In: Der deutsche Polizeibeamte (Berlin), Jg. 3 (1935), Nr. 23, S. 883–887; M. B.: Was denkt die Deutsche Akademie von Heinrich Heine? Eine ernste Anfrage und eine offene Kritik. – In: Das Schwarze Korps. Zeitung der Schutzstaffeln der NSDAP. Organ der Reichsführung SS (Berlin), Jg. 1, 35. Folge, 31. 10. 1935, S. 2–3; Otto Steuer: Warum Heine München haßte. – In: Hammer. Blätter für deutschen

Sinn (Leipzig), Jg. 37, H. 836, Aug. 1938, S. 267–268; Otto Paul: Briefe Heinrich Heines an Betty und James Rothschild. – In: Weltkampf. Die Judenfrage in Geschichte und Gegenwart (München), H. 3, Okt.–Dez. 1941, S. 165–169. – Der an erster Stelle angeführte Fortsetzungstext »Sigilla veri« beginnt bereits mindestens mit Nr. 9/1934 der »Deutschen Wochenschau«. In deutschen Bibliotheken wie auch in der Heine-Sammlung des Heinrich-Heine-Instituts sind jedoch derzeit erst die Ausgaben ab Nr. 10 verfügbar.

36 Emil Schneemann: Heinrich Heine. Der Schmutzfink im deutschen Dichterwald. – In: Deutsche Turnzeitung, Nr. 47 u. 48, 1934.

37 Heinrich von Treitschke: Heine und Börne. Ein Vergleich. – In: Münchner Neueste Nachrichten, Nr. 86, 27. 3. 1942, S. 3. – Treitschkes Thesen erschienen dann erneut in: Die Auswahl (Berlin), Jg. 4, H. 5, Mai 1942, S. 187–190, einer Monatszeitschrift, die ausgewählte Beiträge aus der deutschen Tagespresse nachdruckte.

38 Alfred Rosenberg: Heinrich Heine. – In: Hannoverscher Kurier, Jg. 95, Nr. 151, 2. 6. 1943 [Auszüge aus Rosenberg: Die Spur des Juden im Wandel der Zeiten. München 1920].

39 H.: Skandal um Remarque. – In: Herdfeuer. Zeitschrift der Deutschen Hausbücherei, Jg. 7 (1932), H. 4, S. 173.

»Schluß mit Heinrich Heine!« Der Dichter und sein Werk im nationalsozialistischen Deutschland

Von Hartmut Steinecke, Paderborn

Die Polemik gegen Heine und sein Werk unter antisemitischen Vorzeichen begann in Deutschland bereits zu Lebzeiten des Dichters.[1] Dieser Kampf fand seinen Höhepunkt in der Zeit des Nationalsozialismus. Ziel der Kulturpolitik wurde es, Heine aus dem kollektiven Gedächtnis der Deutschen auszulöschen. Das ist zwar seit langem allgemein bekannt, über das tatsächliche Vorgehen der Behörden herrschen allerdings noch heute einseitige, oft lückenhafte, gelegentlich falsche Vorstellungen und das nicht nur in der Öffentlichkeit, sondern auch in der Forschung, die sich erstaunlich selten mit Details dieser Thematik befasst hat.[2]

I. Der Staat gegen Heine: »verbrannt und verboten«

Als die Nationalsozialisten in Deutschland die Macht übernahmen, stand ihre Einstellung zu Heine bereits fest: Er war für sie der »Kulturjude« schlechthin, der all das verkörperte, wogegen man im Namen des Deutschtums kämpfte. Gerade seine Beliebtheit, ja Popularität in weiten Kreisen und allen Schichten der Bevölkerung bewies ihnen, wie weit das Jüdische bereits das Deutsche unterwandert und zersetzt hatte. Die Nationalsozialisten konnten sich bei ihrem Heine-Bild auf eine fast hundertjährige Tradition antisemitischer Hetze stützen: von Wolfgang Menzel über Heinrich von Treitschke, Adolf Stoecker, Franz Sandvoß/Xanthippus bis hin zu Adolf Bartels.[3] Der Weimarer Schriftsteller und Professor charakterisierte Heine in seiner »Geschichte der deutschen Literatur« 1902 als »deutschfeindlichen« Juden; der »unheilvollste Geselle, der im neunzehnten Jahrhundert nicht bloß durch die deutsche Litteratur, sondern auch durch das deutsche Leben hindurchgegangen« sei, galt ihm »als Seelenverwüster und -vergifter, als der Vater der Decadence, und zwar auf allen Gebieten, litterarisch, politisch, social«.[4] Wenig später erweiterte Bartels die Heine-Passagen zu einem fast 400 Seiten langen Pamphlet »Heinrich Heine. Auch ein Denkmal« (1906), das in größter Ausführlichkeit alle Anwürfe früherer Heine-Polemik zusammenführt und durch zahlreiche eigene Attacken erweitert.

Das Ergebnis steht von Beginn an fest: »Wirklich brauchbar sind Heines Werke für uns Deutsche nur noch zum gründlichen Studium des Judentums«.[5]

Bartels' Literaturgeschichte und diese Streitschrift wurden in der Weimarer Republik zur Zitatenfundgrube der antisemitischen Presse und der Nationalsozialisten. Hitler schenkte Goebbels Bartels' Literaturgeschichte zu Weihnachten 1930[6]; deren 10. Auflage erschien 1932, die rechte Presse feierte Bartels in diesem Jahr zu seinem 70. Geburtstag als Wegbereiter des neuen Heine-Bildes. So rühmte ein Festartikel in »Deutschlands Erneuerung«, »Adolf Bartels und Heinrich Heine«, der Literarhistoriker sei stets unerschrocken und mutig »der allmächtigen jüdischen Presse und Literatur, dem verseuchten deutschen Volksempfinden« entgegengetreten – ein »leuchtendes Beispiel« für heute.[7] Aspekte dieses Heine-Bildes wurden von Wegbereitern und Parteimitgliedern der Nationalsozialisten aufgegriffen und durch weitere Schmähungen angereichert, so etwa von Alfred Rosenberg (»Die Spur des Juden im Wandel der Zeiten«, 1920), Julius Streicher (»Das Schwein auf dem Montmartre«, 1925), Wilhelm Stapel (»Antisemitismus und Antigermanismus«, 1928), Baldur von Schirach (»Heinrich Heine, der ›Dolmetscher‹ der deutschen Seele«, 1928) oder Hermann Seeliger (»Schmock oder Dichter? Die Wahrheit über ›den größten Lyriker seit Goethe‹«, 1930).[8]

Es war der nationalsozialistischen Presse und Literaturwissenschaft kaum möglich, diese Polemik an Aggressivität und Vulgarität noch zu überbieten. Dennoch gibt es einen entscheidenden Unterschied: Bis 1933 konnten Heine-Gegner Maßnahmen gegen den Dichter nur fordern, erst die nationalsozialistische Diktatur hatte die Macht und die Mittel, diese Maßnahmen durchzusetzen: Verbieten, Verschweigen, Auslöschen. Und sie nutzte diese Machtmittel von Beginn an rigoros. Dies hielt bereits in den Anfangsjahren des Nationalsozialismus der jüdische Literaturwissenschaftler Walter A. Berendsohn in später oft zitierten Formulierungen fest. (Berendsohn hatte noch am 17. Februar 1933, Heines Todestag, am Heine-Denkmal in Hamburg mit Freunden unter Polizeischutz eine Feier abgehalten, wohl die einzige öffentliche Ehrung des Dichters im Dritten Reich; wenig später wurde er entlassen und emigrierte nach Dänemark.)[9] Er berichtete in einer der ersten Buchpublikationen über Heine nach der Machtübernahme, »Der lebendige Heine im germanischen Norden« (1935): »Gegenwärtig herrschen in Deutschland die Anhänger des Rassenwahns. Die Denkmäler Heines werden entfernt, seine Bücher verbrannt und verboten, sein Name in den Bann getan [...]. Die ›Loreley‹ in seiner Fassung wird weiter abgedruckt und gesungen, aber darunter steht: ›Verfasser unbekannt‹.«[10]

Berendsohns Formel »verbrannt und verboten« wurde zum Titel des ersten, 1947 erschienenen Standardwerkes über die Literaturpolitik der Nationalsozialisten, verfasst von den beiden Exilschriftstellern Richard Drews und Alfred Kantorowicz:

»verboten und verbrannt. Deutsche Literatur – 12 Jahre unterdrückt«.[11] Der von Berendsohn beschriebene Umgang der Nationalsozialisten mit Heines bekanntestem Gedicht, unendlich oft wiederholt, gilt seit langem als anschaulichstes Beispiel der »Kulturbarbarei« des Nationalsozialismus.

So häufig diese staatlichen Maßnahmen in den Erinnerungen Beteiligter beschrieben und von der Forschungsliteratur aufgenommen wurden, so einleuchtend die Behauptungen zu sein scheinen: Sie sind nur zum geringen Teil durch Quellen belegt. Punktuelle Hinweise auf dieses Defizit finden sich in der allgemeinen Forschungsliteratur über die Kulturpolitik der Nationalsozialisten. So heißt es in der bisher gründlichsten Untersuchung über »Das jüdische Buch im Dritten Reich« von Volker Dahm in einem kurzen Abschnitt über Heine:

> Wie kaum ein anderes ist das Beispiel Heinrich Heines geeignet, die Schwierigkeiten zu erhellen, mit denen sich die NS-Behörden bei der Bekämpfung sogenannten jüdischen Schrifttums konfrontiert sahen, zugleich aber auch zu erweisen, daß das im wesentlichen aus Erinnerungen gespeiste Wissen über diese Vorgänge dem historischen Sachverhalt nicht entspricht.[12]

Derartige Vorbehalte wurden bislang in der Literaturgeschichtsschreibung im allgemeinen, in der Heine-Forschung im besonderen selten[13], meistens gar nicht wahrgenommen. Dabei mag die Selbstverständlichkeit eine Rolle spielen, mit der man Äußerungen von Zeitgenossen als Fakten behandelte; wohl auch die Bequemlichkeit, allgemein Bekanntes – das ja auch ohne weiteres einleuchtet – lieber zu wiederholen als zu überprüfen; nicht zuletzt sicher die Furcht vor dem Vorwurf, mit einer Revision des bislang Angenommenen das Vorgehen der Nationalsozialisten zu verharmlosen. Dem ist entgegenzuhalten: Eine auf Fakten beruhende oder fehlende Fakten offenlegende Darstellung ›entschuldigt‹ das Regime nicht, sondern zeigt, dass die Strategie der »Ausrottung« Heines anders – wenn man bewerten will: geschickter und zynischer – angelegt war als bisher weitgehend angenommen.

Von den vier zitierten Behauptungen Berendsohns lässt sich nur die erste als Faktum belegen: die Entfernung der Denkmäler. Allerdings: zu entfernen war nur wenig – es gab ja nur zwei größere, in Frankfurt und in Hamburg –, und dazu bedurfte es lediglich des Unmuts einiger Lokalpolitiker, die zuvor lange gegen die Denkmäler gestritten hatten und nun an die Macht gekommen waren. So erbittert um die Errichtung der Denkmäler gekämpft worden war, so rasch und unspektakulär wurden sie nun beseitigt.

Am 10. April 1933 äußerte der hessische Staatspräsident und Kultusminister Dr. Ferdinand Werner seinem Parteigenossen, dem Frankfurter Oberbürgermeister Dr. Fritz Krebs gegenüber den Wunsch: »Beseitigen Sie bitte das Heinedenkmal, gegen dessen Frankfurter Erstellung ich in stürmischen Versammlungen vor 20 Jahren vergebens kämpfte.« In der Nacht vom 26. zum 27. April wurde das Denkmal umgeworfen. So konnte der Oberbürgermeister Vollzug melden. Er teilt mit, »daß die Bronzefigur […] gewaltsam von ihrem Sockel heruntergeworfen wurde. Die leicht beschädigte Plastik ist entfernt und im Keller des Völkermuseums gelagert worden.«[14] Die Entsorgung des Hamburger Heine-Denkmals wenig später verlief noch geräuschloser, als Verwaltungsakt. Am 2. August beschloss der Senat die Entfernung: »Bei jedem national gesinnten Deutschen müsse der Anblick dieses Denkmals Anstoß erregen. Es gehöre nicht auf einen öffentlichen Platz.« Das demontierte Standbild wurde in der Kunsthalle magaziniert, im Krieg, 1943, »für die Waffenherstellung eingeschmolzen«.[15]

Bei diesen frühen Attacken auf die Denkmäler Heines und angesichts seiner prominenten Rolle im Feindbild der Antisemiten lag und liegt die Vermutung nahe, dass seine Werke auch den Bücherverbrennungen vom 10. Mai 1933 zum Opfer fielen, die sich ja dezidiert gegen den ihm oft vorgeworfenen »undeutschen Geist« wandten. In der Tat gilt Heine im allgemeinen Bewusstsein, aber auch in einem großen Teil der wissenschaftlichen Literatur ganz selbstverständlich als einer der »verbrannten« Autoren. Die Heine-Forschung hat allerdings bislang keinen eindeutigen Beleg dafür erbracht, ja nicht einmal intensiver danach gesucht. In den zahlreichen vor allem seit 1983 (dem 50. Gedenktag der Bücherverbrennungen) erschienenen Dokumentationen und Beiträgen zu dieser Thematik[16] wird Heine zwar häufig erwähnt, allerdings fast ausschließlich als »Prophet« der Autodafés als »Vorspiel« zum Verbrennen von Menschen[17], nicht jedoch als selbst Betroffener; andererseits wird sein Fehlen aber auch nicht thematisiert – außer in dem ausführlichen und detailreichen Korrespondenzartikel aus Berlin von Frederick T. Birchall in der »New York Times« vom 11. Mai 1933. Er registriert verwundert: trotz der schrillen antisemitischen Parolen vor und während der Veranstaltung »the works of Heine are strangely enough not among the sacrificed«.[18]

Die Grundlage der Bücherverbrennungen sowie späterer Vernichtungs- und Aussonderungsaktionen bildeten die »Schwarzen Listen«. Bereits im März/April 1933 stellten nationalsozialistische Bibliothekare unter Federführung von Dr. Wolfgang Herrmann in mehreren Listen »schädliche«, »volksfremde und marxistische Literatur« zusammen, deren »Ausmerzung« aus Berliner Bibliotheken betrieben werden sollte. Als im April die nationalsozialistische »Deutsche Studentenschaft« eine »Aktion wider den undeutschen Geist« zu planen begann, deren Höhepunkt öffentliche Bücherverbrennungen sein sollten, stellte Herrmann ihr am 1. Mai »die ganz umfassende Schwarze Liste (Schöne Literatur)« zur Verfügung, mit Hinweisen, wie diese am effektivsten »für Ihre Aktion« zu nutzen sei.[19] Die Liste, die vom Kultusministerium für Preußen verbindlich erklärt wurde, umfasste im Bereich »Schöne Literatur« 127 Schriftsteller sowie in anderen Bereichen zahlreiche weitere Namen. Auf diesen Listen, der Grundlage der folgenden Aktionen, stand Heine *nicht*. Lokale

Organisatoren konnten allerdings weitere Autoren hinzusetzen. So ergänzte die Studentenschaft der Universität Halle-Wittenberg im »Vorläufigen hallischen Generalindex« der Werke von mehr als 140 Autoren, die der Buchhandel in Zukunft weder ausleihen noch verkaufen solle: »Heine, Heinrich: alles«.[20] Die Aufnahme eines Autors in eine der Listen bedeutete freilich nicht, dass seine Werke tatsächlich auch verbrannt wurden. So lassen sich als Fakten festhalten: Heine gehörte nicht zu den in den »Feuersprüchen« namentlich genannten Autoren. Sein Name ist auch in den zahlreichen Augenzeugenberichten und Dokumentationen ganz selten und nur in eher allgemeinen Formulierungen zu finden. Am konkretesten sind Hinweise in Zeitungsartikeln aus Halle und Erlangen. Die »Saale-Zeitung« vom 9. Mai kündigt in dem Artikel »Keine volkszersetzende Literatur mehr in den hallischen öffentlichen Bibliotheken und Leihbüchereien« an: »Die feierliche Verbrennung der beschlagnahmten Schriften [der auf dem hallischen Generalindex stehenden Autoren] wird am Freitag [12. Mai] abends um 1/2 9 Uhr durch die Studentenschaft auf dem Universitätsplatz stattfinden.« In den ausführlichen Berichten der regionalen Presse über das Autodafé vom 13. Mai 1933 wird Heine allerdings nicht genannt.[21] Das »Erlanger Tagblatt« vom 13. Mai 1933 nennt in dem Artikel »Die Kundgebung der Erlanger Studentenschaft wider den undeutschen Geist. Die Verbrennung volkszersetzender Schriften« den Namen Heines in einer Liste von Autoren, deren Werke das »zur Verbrennung vorgesehene volkszersetzende Schriftenmaterial« bildeten. Diesem Autodafé gilt als einem von wenigen eine umfangreiche Untersuchung; obwohl diese ausführlich über die verbrannten Autoren und Werke berichtet, wird Heine allerdings nicht erwähnt (außer in der breiten Behandlung seiner »Prophetie« als »Vorspiel«).[22]

Ein gelegentlich in der Forschung genannter »Beleg« betrifft die Münchener Bücherverbrennung. Einer der Hauptredner, der Führer der bayerischen Studentenschaft Karl Gengenbach, erklärte bei einer vorbereitenden Veranstaltung in der Universität am 5. Mai 1933 plakativ: »Heinrich Heine ist ins Feuer zu werfen und durch Eichendorff zu ersetzen.« In der Dokumentation der Feier vom 10. Mai selbst lassen sich keinerlei Hinweise auf die Verbrennung Heinescher Werke finden.[23]

Das Fazit aus der Durchsicht der bekannten (und einiger bisher unbekannter) Materialien zur Bücherverbrennung lautet also: Ein eindeutiger Beleg für die verbreitete Ansicht, Heines Werke seien ein Opfer der Autodafés geworden, liegt bislang nicht vor. Allerdings wurden außer den ›zentralen‹ Bücherverbrennungen unter der Regie der Deutschen Studentenschaft am 10. Mai 1933 weitere derartige Aktionen vor und nach diesem Datum nicht nur in Universitätsstädten durchgeführt. Insgesamt sind derzeit über 70 Bücherverbrennungen in den Monaten März bis Juli bekannt; es ist nicht auszuschließen, dass bei einer dieser überwiegend nicht verlässlich dokumentierten Veranstaltungen auch Werke Heines verbrannt wurden.[24]

In jedem Fall gilt: deren Vernichtung stand nicht im Fokus der zentralen planenden Instanzen und Institutionen.

Bei diesem Befund ist zu fragen, wie und warum die Ansicht, Heine sei einer der »verbrannten Autoren«, sich so rasch verbreitete. Den ersten Zeugnissen dafür begegnet man bereits kurz nach dem Ereignis selbst in Emigrantenkreisen. Dabei spielten Äußerungen prominenter Schriftsteller (die zu dieser Zeit allerdings bereits im Ausland lebten) eine wesentliche Rolle, so vor allem wohl ein Artikel Heinrich Manns, des von den Nationalsozialisten gestürzten Präsidenten der »Preußischen Akademie der Künste« (»Sektion für Dichtkunst«). Der am 22. Februar aus Deutschland Geflohene veröffentlichte nach den Bücherverbrennungen in der Pariser Exilzeitschrift »Das Neue Tage-Buch« vom 26. August 1933 einen Artikel über die Vorgänge im Dritten Reich, »Der Hass«:

> Wir waren fortgegangen aus unserem Land, das ihres nie wirklich sein wird. Da verbrennen sie denn wenigstens Bücher, was nicht erblickt worden war seit der Inquisition. Und besteht der Scheiterhaufen auch besonders aus den Werken Lebender, schon fangen sie an, auch Klassiker daraufzuwerfen. Ist doch unsere klassische Literatur ein einziges Zeugnis der Menschlichkeit, zu ihrer eigenen Gesinnung der verhasste Gegensatz. Als erste sind Lessing und Heine den Flammen übergeben worden.

Der Beitrag wurde Titelessay eines rasch und weit verbreiteten politischen Bandes – »Der Haß. Deutsche Zeitgeschichte« erschien noch 1933 in zwei Auflagen (sowie in französischer Sprache, wenig später in Russisch und weiteren Sprachen) und wurde von mehreren prominenten Exilanten in Rezensionen gerühmt. Diese Breitenwirkung und das Ansehen Heinrich Manns trugen sicher zur Überzeugung vieler im Exil bei, Heines Werke seien verbrannt worden.[25]

Manns Aussage ist jedoch eher metaphorisch zu verstehen, das zeigt die Nennung von Lessing. Ähnliches gilt für spätere Äußerungen von Thomas Mann, Johannes R. Becher, Bert Brecht und vielen anderen. Sie führten Heine wahrscheinlich als Symbolfigur für die Kulturbarbarei des Nationalsozialismus an, weil er im Ausland so bekannt und, vor allem, unumstritten war. Die Prominenz solcher Zeitzeugen führte dazu, dass ihre Äußerungen nach 1945 von der Forschung als Belege für die Behauptung angeführt wurden, Heines Werke seien verbrannt worden.

Wesentlich klarer als bei der Verifizierung oder Falsifizierung dieses Komplexes des »verbrannten« Heine stellt sich die Fakten- und Aktenlage bei den »Schwarzen Listen« dar. Da in den Monaten nach den Bücherverbrennungen verschiedene Dienststellen und Institutionen in ihren Bereichen eigene Listen herausbrachten, die regional und lokal recht unsystematisch zustande kamen und in der Verbotskompetenz der Landespolizeibehörden standen, zog die Reichsschrifttumskammer schließlich die alleinige Kompetenz an sich. Sie stellte seit Oktober 1935 zentrale

Verzeichnisse zusammen, die nun »Listen des schädlichen und unerwünschten Schrifttums« hießen, in erster Linie für Leih- und Volksbüchereien sowie für den Buchhandel galten und für das ganze Reich verbindlich waren. (Die erste Reichsliste erschien Anfang 1936, sie enthielt 3601 Einzeltitel und 524 Gesamtverbote.) Hauptverbotsgründe waren: Marxismus, Pazifismus, Dekadenz, moralischer Verfall, volksfremder Journalismus, Gesinnungslumperei, politischer Verrat – Kategorien, von denen gleich mehrere auf Heines Werke zutrafen. Trotzdem standen diese nicht auf den Listen, die ständig aktualisiert und erweitert wurden. Die Gestapo (Geheime Staatspolizei) in Preußen verhängte kein Verbot über Heine; die bayerische Politische Polizei untersagte zwar den Vertrieb der Werke durch Leihbüchereien, im Buchhandel galten aber auch hier keine Verbote. In den Listen des Gestapa (Geheimes Staatspolizeiamt Berlin) wurde nur einmal, im zweiten Nachtrag 1936, ein Band »Ausgewählte Dichtungen von Heine« auf eine dieser Listen gesetzt, allerdings wegen des Verlages (Deutscher Staatsverlag Engels, Moskau) und des Herausgebers (des Juden und Kommunisten Herwarth Walden). Es ist also konträr zur opinio communis festzuhalten, dass Heines Werke im Dritten Reich lange Zeit nicht generell verboten waren. (Erst im April 1940 wurde pauschal alles »jüdische Schrifttum« indiziert, damit natürlich auch das Gesamtwerk Heines.)

Es könnte überraschen, dass Heine von der Hauptstoßrichtung der frühesten nationalsozialistischen Angriffe gegen »Schädlinge« des neuen Reiches und der deutschen Literatur kaum getroffen wurde: dem Vorwurf des Marxismus. Das mag daran liegen, dass die entsprechenden Vereinnahmungen des Dichters von kommunistischer Seite vor 1933 noch relativ selten waren. Zwar hatte der Literaturwissenschaftler Josef Nadler 1928 nachdrücklich auf Heine als Vorläufer des Marxismus hingewiesen, zwar prangerte ein Hetzartikel von Hans Pütz im »Westdeutschen Beobachter« 1934 bereits im Titel »Heinrich Heine als Begründer des Literaturmarxismus« an[26], aber das Echo blieb gering – zum Glück für Heines Werk. Denn ›marxistische‹ Bücher wurden früher und konsequenter verboten als ›jüdische‹ Literatur.

Das allmähliche Verschwinden des heineschen Werkes aus dem deutschen Buchhandel funktionierte auch ohne Verbote. Druck auf die Verlage führte dazu, dass »der Insel-Verlag und der Propyläen-Verlag ihre bekannten Heine-Ausgaben von sich aus zurückgezogen« hatten; das Risiko des Verbots einer neuen Ausgabe war den Verlagen ohnehin zu groß.[27] Wer dies mutig oder naiv nicht beachtete, wurde inoffiziell auf seine patriotische Pflicht hingewiesen. Zum Beispiel kündigte die Deutsche Akademie München in einer Serie »Deutsche Gedichte«, in der – bis 1935 – eine Reihe von Heften mit Autoren von Claudius und Goethe bis Dehmel und Liliencron erschienen war, ein Bändchen über Heine an. Ein Mitarbeiter des »Schwarzen Korps« (»Zeitung der Schutzstaffeln der NSDAP. Organ der Reichsführung SS«) richtete daraufhin einen empörten Offenen Brief an die Akademie[28]: »Es erscheint kaum glaublich im nationalsozialistischen Deutschland, aber es steht wirklich und wahrhaftig da: Heine!! Man hat das Gefühl, mit gutgekühltem Wasser unerwartet übergossen zu werden, und dann tauchen allerlei Fragen auf« – ob der Akademie-Präsident wisse, was das »Deutsche« im Namen der Institution bedeute? Ob man »aus reaktionären Gesichtspunkten heraus glaubt, auf Heinrich Heine in einer Sammlung deutscher Gedichte nicht verzichten zu können? Das wäre allerdings schlimm.« Die Schlussfrage, ob die Akademie in Kenntnis der Parteilinie an ihrer Planung festhalten wolle, war eher rhetorischer Natur: Selbstverständlich konnte kein Heineheft erscheinen.

Der Buchhandel befand sich in einer schwierigen Situation: Die Verbotslisten waren weitgehend geheim; und neben der Kategorie des »schädlichen« gab es eben noch die des »unerwünschten Schrifttums«. Dadurch wurden die Sortimenter erheblich verunsichert; man hielt ihnen sogar die Nachfrage nach den Listen als »Gesinnungsschwäche« vor und beschied die Frager, es könne ein »*Feingefühl* dafür erwartet werden, was unerwünscht und deshalb für die Verbreitung unter den Volksgenossen ungeeignet« sei.[29] Solche Verunsicherung war wahrscheinlich effektiver als Drohungen oder Verbote.

Allerdings war offenbar das »Feingefühl« nicht überall völlig ausgeprägt, so dass auch 1937 Werke Heines noch immer nicht ganz aus dem Buchhandel verschwunden waren. Daher sah die Reichsschrifttumskammer sich genötigt, in ihren »Vertraulichen Mitteilungen für die Fachschaft Verlag« vom 27. Mai 1937 auf diesen Missstand hinzuweisen:

> Es häufen sich neuerdings wieder die Fälle, in denen Verlage und Sortimente in ihren Prospekten und Anzeigen auf Ausgaben der Werke von Heinrich Heine hinweisen. Ich ersuche daher alle Verlage und Sortimente, Werke von Heinrich Heine zukünftig aus allen Werbeschriften, vor allem aber aus Anzeigen von Klassikersammlungen u. dgl. herauszulassen.[30]

Auch dieses Werbeverbot half offensichtlich nur wenig. Im Buchhandel und Antiquariat waren auch noch 1938 ohne größere Probleme ältere Heineausgaben erhältlich. Das Ausmaß solcher Bestände wurde anhand eines skurrilen Einzelfalls deutlich. Ein Deutscher wollte seinem in die USA ausgewanderten Vater dessen Bibliothek nachschicken. Als u. a. eine 18-bändige Heineausgabe von der Gestapo beschlagnahmt wurde, wies er darauf hin, dass sogar in der »Hauptstadt der Bewegung«, München, Heine-Werke noch leicht erhältlich seien. Eine daraufhin vorgenommene Razzia erbrachte in sechs Münchener Buchhandlungen 258 Bände Heine. (Sie wurden »eingezogen und zum Stampf gegeben«.)[31] Aufgrund dieses für die Behörden überraschenden Ergebnisses wurde Anfang 1939 zwischen dem Gestapa und dem Sicherheitsdienst-Hauptamt über eine Verschärfung der Maßnahmen gegen

Heines Werke beraten mit dem Ergebnis, »daß z. Zt. ein generelles Verbot sämtlicher Werke von Heine nicht angebracht erscheint«.[32]

Die Kernthese dieses ersten Kapitels lautet also: Der NS-Staat ging nicht in erster Linie mit Verboten gegen Heines Werke vor, sondern versuchte, deren Verbreitung mit weniger auffälligen, aber gewiss nicht weniger wirksamen Mitteln zu verhindern.

II. Publizistik und Wissenschaft – Polemik oder Verschweigen?

In der Anfangsphase der nationalsozialistischen Herrschaft war die Kontrolle der Presse noch nicht lückenlos. Dennoch ist bislang nur ein einziger Beitrag über Heine bekannt, der nicht in den allgemeinen Ton der Schmähung einstimmte. Er stammt von Friedrich Hirth, dem angesehenen Herausgeber der ersten großen Heine-Briefausgabe, der seit 1919 als Gymnasiallehrer in Paris lebte, und erschien unter dem Titel »Der Schillernde« im liberalen »Berliner Tageblatt« vom 26. August 1933.[33] Der Beitrag setzt ein mit Fragen aus der Perspektive der Franzosen:

> Mit kaum verhohlener diabolischer Neugier hat man in Frankreich die Frage erörtert: »Und Heinrich Heine? Wurden seine Werke verbrannt? Wurden sie aus öffentlichen Bibliotheken entfernt? Gilt es als Verbrechen, ihn wissenschaftlich zu ergründen?«

Hirth argumentiert gegen die Hauptlinie der nationalsozialistischen Kulturpolitik, Heine als Juden aus der deutschen Literatur zu entfernen. Er verweist auf Heines Ansehen im Ausland, betont dessen antikommunistische Grundhaltung und zieht in Zweifel, ob Heine »Vollblutjude« gewesen sei. So beantwortet er seine Grundfrage: Kann Heine »dem heutigen Deutschland als Deutscher gelten?« eindeutig positiv:

> Heine ist aus dem Gesamtbild der deutschen Literatur nicht hinwegzudenken. Er zeugt dafür, dass das Judentum in erlesenen Spielarten sich deutschem Geiste und deutschem Wesen anpassen kann, dass es einfühlungsfähig ist, und wenn es auch nicht immer unbedingt als ursprünglich schöpferisch gelten muss, Formen und Gestalten schaffen kann, die wertbeständig sind.

Dies könnten deutsche Leser als Versuch angesehen haben, Heine bei einigen Zugeständnissen vor der nationalsozialistischen Verdammung zu retten. Im Exil las man den Beitrag als Verrat. Der ebenfalls in Paris lebende Schriftsteller Walter Mehring veröffentlichte in der Exilzeitschrift »Das Neue Tage-Buch« eine Entgegnung unter dem Titel »Entjudung Heines«, in dem er Hirths verbalen Eiertanz um Heines Deutsch- und Judentum verspottete: Hirth »offeriert dem Propagandaministerium den toten Juden Heine: ›Nehmt ihn hin! [...] für die Auslandspropaganda ist er, ein bischen arisch aufgebügelt, noch ganz brauchbar.‹«[34] Ein solcher

Angriff (der auch die internen Spannungen im Exil zeigt) mag unfair erscheinen, festzuhalten bleibt: Der Versuch, den Nationalsozialisten einen ›entjudeten‹ Heine schmackhaft zu machen, war – wie sich zeigen sollte: generell – gescheitert.

Von einem solchen vereinzelten Versuch, für Heine einzutreten, abgesehen, war die Haupttendenz der immer stärker kontrollierten Presse – und natürlich insbesondere der Parteiorgane – eindeutig: Polemik mit nicht selten wüsten Beschimpfungen. Diese sind auch Indikatoren dafür, dass noch nicht alle Anhänger des Nationalsozialismus die erwünschte Einstellung zu Heine teilten. Die Artikel bedienen sich in erster Linie aus dem bekannten Reservoir der antisemitischen Heine-Gegner der zurückliegenden hundert Jahre und fügen ihnen allenfalls noch das eine oder andere ›Argument‹ aus dem Arsenal der Rassenpolitik hinzu. Mit Vorliebe zitierte man Bartels' Literaturgeschichte (die 1933–1943 sechs weitere Neuauflagen erfuhr) und seine Heine-Streitschrift; deren Grundtenor wurde allerdings deutlich verschärft. Bartels hatte immerhin das eine oder andere an Heine noch gelten lassen und zugestanden, dass der Dichter künftig noch »mit dem Dutzend, selbst mit zwei Dutzend seiner besten Gedichte in unsern Anthologien vertreten« sein solle, »da gehört er hinein.«[35] Für einen konsequenten Antisemitismus galt dies bald als inakzeptabel:

> Wenn wir Heinrich Heine ablehnen, dann geschieht das nicht, weil wir jede Zeile, die er schrieb, für schlecht halten. Nein, gewiß nicht! […] Es kommt hier auf die Einzelheiten des Streites über den Wert der Heineschen Werke gar nicht an. Entscheidend ist ausschließlich, daß dieser Mann Jude war und daher nicht in den Raum unserer deutschen Literatur gehört.[36]

Unter der bereits im 19. Jahrhundert zu findenden Schlagzeile »Der Schmutzfink im deutschen Dichterwald«[37] beschreibt Emil Schneemann 1934, wie sich in das deutsche Geistesleben »ein wucherndes Wüstengewächs eingeschmuggelt« habe,

> der Judendichter Heinrich Heine […]. Alle Versuche der Ausrottung erreichten nicht ihr letztes Ziel […]. In recht vielen Bücherschränken findet man heute noch neben unseren Klassikern die Sudeleien dieses Dichters, der ursprünglich Chaim Bückeburg hieß. Betrachtet man sich Heinrich Heine und seine Dichtungen mit deutschen Augen, so bleibt weiter nichts als ein zynisches, freches Jüdlein übrig, der in seinem Leben und Schaffen immer den unveränderlichen Gesetzen seiner Niederrasse unterworfen.

Der Verfasser stellt sich die Aufgabe, Heines Dichtung als jüdisch zu entlarven, durch eine Fülle von Zitaten von ihm und über ihn, gipfelnd in einer Analyse der »Grenadiere« und der »Loreley«, die »wohl für jeden Einsichtigen klar« macht, »wie es mit der Chaim Bückeburgschen Dichtkunst bestellt war.«

Obwohl die verschiedenen Maßnahmen gegen Heine in den ersten Jahren der nationalsozialistischen Herrschaft deutliche Erfolge zeigten, war man von dem hier proklamierten Ziel der »Ausrottung« auch 1936 noch weit entfernt. Daher forderten zwei wichtige Parteiorgane nachdrücklich (und mit der gleichlautenden Überschrift): »Schluß mit Heinrich Heine!« Otto Klein erklärt im »Westdeutschen Beobachter« vom 1. März 1936, wie es zu der irrigen Ansicht kommen konnte, Heine sei ein deutscher Dichter: »Jude bleibt Jude!«[38] Er prangert den Dichter an als Hetzer gegen Deutschland »in allen Tonarten des Hasses und der innern Verderbtheit«, seine Dichtung als verlogen, deren »Überschätzung« als »ein Ergebnis der jüdischen Politik«. Das Fazit wiederholt die Überschrift: »Darum Schluß mit Heine! Eine deutsche Buchhandlung, die heute Heines Bücher zum Verkauf anbietet, verdient nicht, eine deutsche Buchhandlung zu sein. Nicht minder der Volksgenosse, der Gedichte von Heinrich Heine noch immer weiter liest und schön findet.«

Wesentlich aggressiver verfährt Wolfgang Lutz, ebenfalls 1936, in seinem Beitrag, der umfangreichsten Streitschrift gegen Heine in der NS-Zeit überhaupt, in den renommierten »Nationalsozialistischen Monatsheften« (»Zentrale politische und kulturelle Zeitschrift der NSDAP«). Der Referent in der Reichsleitung, tätig in der parteiamtlichen Prüfungskommission zum Schutz des nationalsozialistischen Schrifttums, konstatiert ärgerlich, dass Heine auch noch nach drei Jahren neuer Kulturpolitik ein unerfreulich großes Ansehen bei vielen Deutschen, sogar bei Parteigenossen, besitze:

> Der überwiegende Teil der deutschen Nachschlagewerke, Schriftenreihen, die die Lebensbahnen bedeutender Männer verzeichnen, die allermeisten wissenschaftlichen und volkstümlichen Literaturgeschichten, und was das Verderblichste ist, auch Schul- und Lehrbücher führen Heine als einen großen deutschen Dichter an, der er niemals gewesen ist.

Zunächst kanzelt er die »geheimrätlichen Kathedergermanisten« ab, die Heine – mit welchen Einschränkungen auch immer – gelobt haben; sodann vermerkt er als besonders beschämend: Auch »›deutsche‹ Dichter, denen wir doch Blick und Sinn für Echtheit, Tiefe und Größe von Dichtungen und deren Schöpfer zutrauen sollten, haben für Heinrich Heine Partei ergriffen.«[39] Zwar hätten schon viele, insbesondere Adolf Bartels, der »Erledigung Heines« vorgearbeitet und die »Lösung des Heine-Rätsels« in »Heines Judentum« gefunden, aber selbst dieser habe noch einiges Lyrische von Heine gelten lassen. Daher macht es sich Lutz zur Aufgabe, gerade die Gedichte Heines zu erledigen, die sogar »bei Volksgenossen« noch bekannt seien: »Belsazar«, »Die Grenadiere« und, selbstverständlich, »Loreley«.[40] Nachdem er auf vielen Seiten dargelegt hat, wie Heine es »selbst in seinen lyrischen Spitzenleistungen nur zu elenden deutschsprachigen, aber rein jüdischen Gedichten« bringt, zieht er daraus »an uns Deutsche Forderungen in erziehlicher Verantwortung vor der Zukunft der Nation«, die darauf hinauslaufen:

> weil Heine kein Deutscher ist, hat er nie und nimmer in der deutschen Literaturkunde, die Ehrenhalle nur deutscher Dichter ist, in keinem Lese- und Lernbuch als deutscher Dichter

Eingang zu finden und gar gefeiert zu werden. […] Künftig gilt deutsche Forschungsenergie deutschen Dichtern![41]

Ein Hauptangriffspunkt der deutschen Sprachhüter ist Heines »jüdische« Sprache. Was eine Reihe der angeführten Beiträger kurz und Autoren wie Schneemann und Lutz ausführlich und umständlich ausführten, fasst der Studienrat Dr. Eduard Fuchs in der »Nationalsozialistischen Erziehung« schlagwortartig und prägnant zusammen: Heines Schreibweise ist

widersprüchig, unstet, unberechenbar, launisch, flüchtig, spannungslos. Beiwörter, Vergleiche und Bilder wenden sich nur an das Auge. Die Vergleiche und Bilder sind der Wirklichkeit fremd. Kennzeichnend für Heines Stil sind die Wiederholungen. Die Wortstellung ist […] ganz jüdisch. Heine liebt die Übertreibung und ist zuweilen in der Wortwahl geschmacklos. Der Tonfall ist mauschelnd. Die Stimmung wechselt. […] Wirklich erklären kann Heines Ausdrucksweise und die dahinter stehende Seelenart nur, wer ihn nicht als »deutschen Dichter« ansieht, sondern als das, was er war, als Juden.[42]

Bei den Literaturgeschichten der NS-Zeit lassen sich drei Gruppen unterscheiden. Der erste Fall liegt am einfachsten: die bereits vor 1933 antisemitischen Darstellungen. Sie konnten ihre Heine-Kapitel weitgehend unverändert lassen. Neben dem bartelsschen Werk gehört in diese Gruppe die renommierteste Literaturgeschichte der Weimarer Republik von Josef Nadler: »Literaturgeschichte der deutschen Stämme und Landschaften«, Bd. 4: »Der deutsche Staat. 1814–1914« (1928). Für den angesehenen Ordinarius ist Heine »der durch das Abendland entsittlichte Jude und die Entsittlichung Deutschlands sein eigentliches Werk«. Der »Schmock« war für ihn »der einflußreichste Verwüster des deutschen Prosastils«.[43] In diesem Kapitel bedurfte es auch im Dritten Reich (4. Aufl. 1941) keiner Korrekturen.

Die zweite Gruppe bilden die Literaturgeschichten, in denen Heine nicht generell verurteilt, in Teilbereichen sogar überwiegend positiv dargestellt war. Diese wurden zunächst noch gelegentlich nicht oder kaum verändert neu aufgelegt. Meistens genügte interner Druck, diese Werke zurückzuziehen oder Änderungen zu veranlassen. Dass auch dieser Prozess zunächst nicht durch generelle Verbote beschleunigt oder beendet wurde, zeigt die empörte Bilanz, die 1936 der einflussreiche Literaturfunktionär Will Vesper zog, Mitglied der Deutschen Akademie der Dichtung und Gauobmann des NS-Reichsverbandes deutscher Schriftsteller. Er prangerte in der Zeitschrift »Die Neue Literatur« an, dass mehrere populäre Literaturgeschichten, im alten Geist geschrieben, teils sogar nach 1933 erschienen, noch immer an deutschen Schulen benutzt würden, obwohl sie Heine behandelten, und sogar noch, empörenderweise, umfangreicher als Hölderlin: so in der »Deutschen Literaturgeschichte für den Unterrichtsgebrauch« von Paul Klausch (»Über Hölderlin stehen 5 törichte Zeilen da, über den Juden Heine […] 72 Zeilen«), im »Abriß der deutschen Dichtung« von Hans Röhl (»Auch hier wird das mottenzerfressenste Zeug der Vergangenheit liebevoll ausgebreitet«), in »Deutsche Sprache und Dichtung« von Hugo Weber (»Auch in diesem 1934 erschienenen Buch genügen für Hölderlin 7 blödsinnige Zeilen, während an Heine immerhin noch 25 gewandt werden«).[44] Vesper wettert: »Was nützen alle ›Reichsstellen zur Förderung des deutschen Schrifttums‹, Kultur- und Schrifttumskammern, wenn so noch immer am grünen Holz gesündigt werden darf. [...] Hier ist die Wurzel des Übels, an die man schleunigst die Axt legen muß.«[45]

Die meisten Verfasser von Literaturgeschichten wussten allerdings, was von ihnen in einer Neuauflage bei der Behandlung Heines erwartet wurde. Ein krasses Beispiel solcher Willfährigkeit bietet Paul Fechter in seiner »Dichtung der Deutschen«. In der ersten Auflage dieser Literaturgeschichte (1932) hatte er Heine noch ausführlich behandelt, darunter neben einigem Tadel auch Verschiedenes gelobt, so die »Loreley« (»das volkstümlichste Volkslied der Deutschen«, das »bei aller Fremdheit Beziehungen zu deutschem Volkstum« zeige, »wie sie nur ein Dichter zu haben vermag«) und sogar den »Rabbi von Bacherach« (»das dichterisch Stärkste«). Heine wird ihm so zum »Helfer auf dem Weg aus der bürgerlichen Welt in die des bewußt Volkhaften, [...] als Zerstörer des halben zugunsten des ganzen Gefühls, das er zwar selbst nicht besaß, in seinen guten Stunden aber ahnte«.[46] In der Neuauflage, »Geschichte der deutschen Literatur. Von den Anfängen bis zur Gegenwart« (1941), erklärt Fechter, er habe bei der Auswahl gefragt »ob und wie weit« die Dichter und ihre Werke »lebendig geblieben sind, ob und was sie zum Heutigen und seinen Notwendigkeiten beitrugen«. Daher kommt Heine nur noch kurz vor, denn: »Wenn man heute das ›Buch der Lieder‹ durchblättert, begreift man seine Wirkung nicht mehr.« Heine ist nur noch ein Beispiel dafür, wie man »ohne seelische Voraussetzungen« dichte, die beiden früher gerühmten Werke werden nicht mehr erwähnt.[47]

Die dritte Gruppe bilden die in der NS-Zeit neu geschriebenen Literaturgeschichten. Die beiden am häufigsten aufgelegten und daher repräsentativsten stammen von Walther Linden »Geschichte der deutschen Literatur von den Anfängen bis zur Gegenwart« (1937, 5. Aufl. 1944) und von Franz Koch »Geschichte deutscher Dichtung« (1937, 7. Aufl. 1944). Linden erklärt: »Aus diesem Buche reden nur wahrhaft deutsche Dichter und Denker«. Daher kann natürlich Heine, »dieser schamloseste und charakterloseste aller Literaten«, der »den unheilvollsten Einfluß auf die deutsche Sprachform« ausgeübt und »durch seinen verlogenen, weltmännisch aufgeputzten Liberalismus die echtesten Gestaltungen der deutschen Seele beiseitegedrängt« habe, in wenigen Sätzen abgekanzelt werden.[48] Bei Koch heißt es bündig: »Aller Streit um Heine erledigt sich mit dem Hinweis auf sein Judentum«; denn da die »Gefühlstiefen«, aus denen jeder Dichter gestalte, an »Rasse und Volkstum« gebunden seien, könne der »artfremde Dichter« sie nur »im tiefsten verfehlen«.[49]

Inwieweit die Feststellungen Vespers über die Literaturgeschichten für Schulen repräsentativ waren, wann und wie diese den Entwicklungen der allgemeinen Literaturgeschichten folgten, ist von der Schulbuchforschung bislang noch nicht ausführlicher untersucht worden. Peter Hasubek schreibt in seiner Studie »Einbürgerung – Ausbürgerung? Heinrich Heine als Schullektüre«: »Die Urteile einschlägiger Literaturgeschichten der nationalsozialistischen Zeit setzten sich (gewiß nicht gemildert) in den Literaturgeschichten für die Schule fort.« Diese sehr allgemeine Aussage wird durch *ein* Zitat – »stellvertretend für andere ähnliche Zeugnisse« – belegt, den Absatz über Heine aus der »Kurzen Geschichte der deutschen Dichtung von Karl Hunger und Theodor Langemaier« (2. Aufl. 1941): in der Tat eine Beschimpfung des »gefährlichsten Vertreters« der »jüdischen Schriftstellerei« mit dem üblichen Vokabular: »freches Spiel«, »gemeine Beschmutzung« alles Deutschen, »im persönlichen Leben lumpig« – »So wurde durch das Judentum die Literatur zu einer gefährlichen Einbruchspforte artfremden Denkens.« Über die Lesebücher ist noch weniger zu erfahren, auch hier mit der gleichen Begründung:

> Die Einstellung des Nationalsozialismus zu Heine ist nur zu bekannt, so daß hier einige kurze Bemerkungen den Rahmen abstecken können. Im Bereich der Schullektüre ist Heines Ausbürgerung perfekt. Als Kuriosum begegnet der Umstand, daß Heines »Lorelei« gelegentlich in Lesebüchern mit der Angabe »Verfasser unbekannt« erscheint.[50]

Die meisten der bisher angeführten literarhistorischen und ›interpretatorischen‹ Beiträge zu Heine stammten nicht aus dem Bereich der Hochschulgermanistik und fanden sich nicht in den etablierten Fachorganen. Aber ein Blick auf die nach 1933 an den Hochschulen verbliebenen Professoren – die jüdischen, die wesentlich zur Heine-Philologie der zurückliegenden Jahrzehnte beigetragen hatten, waren 1933 entlassen worden – zeigt: Kein einziger wollte seine akademische Position durch ein Eintreten für Heines Werk gefährden. Wenn sie doch einmal, selten genug, Heine in Literaturgeschichten (wo das ja schwer zu vermeiden war) oder in Fachzeitschriften erwähnten, dann fast ausnahmslos, um den Verfemten als Gegenbild zu benutzen. So dient dem Stuttgarter Ordinarius Hermann Pongs, seit 1934 Herausgeber des zu »Dichtung und Volkstum« umbenannten »Euphorion«, Heines »Weber«-Gedicht zur Demonstration des Gegensatzes von echtem Gefühl empörter Volksmenge (in einem anonymen Weber-Gedicht) und dem »Gewirk bewußter Kunstübung« in »Leitartikeldeutsch« in einem »Hetzlied des Klassenkampfes«, in das »der Haß des heimatlosen Juden gegen Deutschland eingeflossen ist.«[51] In der gleichen Zeitschrift erscheint noch 1938 ein Beitrag, der Heine sogar im Titel führt: »Vom Wesen des rheinischen Journalisten. Ein Versuch über Görres und Heine«, von G. H. Theunissen.[52] Der Verfasser begründet seine kühne Nennung des Verfemten damit, dass gerade der Vergleich die Lichtgestalt von Görres besonders leuchtend erscheinen lasse: Heine, »eindeutig jüdischen Grundes und Gepräges«, »in eine geistige und seelische Heimatlosigkeit hineingeboren«, »fehlt die Gemeinschaft derer, die vom Journalismus mehr als nur Unterhaltung und gefällige Causerie« erwarten; daher führe sich in ihm »der Journalismus selbst ad absurdum«. Gegenüber solchem Umgang mit Heine ist es bereits positiv zu werten, wenn in der »Zeitschrift für deutsche Philologie« 1936 der Dichter im Titel genannt und im Text ohne Wertungen behandelt wird.[53]

Als Gegenbilder gegen den undeutschen und unechten Romantiker Heine werden insbesondere Hölderlin und Eichendorff gerühmt. Ihre »deutsche Art« wird immer wieder in Abgrenzung zu Heine entwickelt. Was Vesper in seinem Vergleich der Schulbücher als selbstverständlich voraussetzte: dass die Bevorzugung Heines gegenüber Hölderlin ein Verbrechen gegen den deutschen Geist darstelle, begründet Professor Ewald Geißler in dem Beitrag »Vom Deutsch jüdischer Dichter« in den »Nationalsozialistischen Monatsheften« 1939: Er zeigt, dass die Worte des Juden oft »von geringerem Tiefgang und von dünnerer Gefühlsdurchtränkung sind als dieselben Worte bei deutschen Dichtern«. Ähnliches gilt für

> die Versgestalt: bei Hölderlin eine Strenge und Bindung, die jedem Wort seine Schwere und Tiefe gibt, bei Heine eine zu nichts verpflichtende Lockerheit. Heines lose Vierzeiler haben einen hüpfenden Gang [...]; das Ganze bekommt dadurch etwas Parlierendes (in französischem oder couplethaftem Sinn). Denselben Gegensatz zeigt der Wortschatz: bei Hölderlin werden die Einzelbezeichnungen ihrer zufälligen Belanglosigkeit entkleidet und ins Gültige gehoben, bei Heine umgekehrt die hohen Namen ins Niedere abgewertet.[54]

Noch häufiger wird Eichendorff als »deutscher« Autor gegen Heine instrumentalisiert: Er habe »in der Zeit des Einbruchs des Judentums in das Reich deutschen Geistes die wahre Romantik gerettet«.[55] Denn er dichte »aus seiner tiefen, deutschen, protestierenden Dichterseele heraus«, er gestalte »echt, wahr, erlebt und künstlerisch«, während Heine, wie gerade der Vergleich mit der zu Unrecht vielgelobten »Loreley« zeige, »effektheischend, pathetisch und nach seiner Laune [...] mißtönig, grell« schreibe, »triviale Sentimentalität« produziere.[56] Während Heine hier immerhin noch als Gegenbild gegen die ›echte‹ Romantik gilt, geht Richard Benz, einer der angesehensten Romantikforscher der Zeit, einen wesentlichen Schritt weiter zur »Austilgung« des Autors: In seiner weit verbreiteten Darstellung »Die deutsche Romantik. Geschichte einer geistigen Bewegung« (1937, 4. Aufl. 1944) wird Heine nicht einmal erwähnt.[57]

Die zitierten Zeugnisse belegen eindrucksvoll Charakter und Niveau der Polemik gegen Heine in der Presse, in Schulbüchern und germanistischen Publikationen. Dennoch wäre es nicht sachgerecht, dieser Art des Kampfes gegen Heine eine allzu große Bedeutung zuzumessen. Denn die Zahl der Zeugnisse ließe sich nicht beliebig vermehren. Betrachtet man die publizistische Beschäftigung mit Heine in Relation zu anderen – befehdeten oder gerühmten – Autoren, gelangt man eher zu der Feststellung, dass über Heine relativ selten und kurz geschrieben wurde, eher in der lokalen Presse und untergeordneten nationalsozialistischen Organen (die einschlägigen Bibliographien und Archive verzeichnen nur etwa 30 meistens ziemlich kurze Beiträge). Das berechtigt zu der Feststellung: Nicht Polemik, sondern das Verschweigen – im wahrsten Sinn des Wortes: das Totschweigen – war die Strategie der nationalsozialistischen Kulturpolitik gegen Heine. Sie setzte sich in den Anfangsjahren bei den bekannten Kompetenzstreitigkeiten der für Literatur zuständigen Stellen noch nicht konsequent durch, war aber in den späten dreißiger Jahren immer deutlicher erkennbar. Ziel war also nicht die Marginalisierung Heines, die Entfernung aus dem Literatur*kanon*, sondern die Eliminierung, die Entfernung aus der deutschen Literatur- und Kultur*geschichte*.

III. Heine-Lieder in ›arischen‹ Kompositionen

Ein besonders schwieriges Problem für die nationalsozialistische Kulturpolitik stellten die Vertonungen heinescher Gedichte dar. Diesen Kompositionen verdankten viele Lieder einen großen Teil ihrer Popularität, in Deutschland wie in der ganzen Welt und, besonders wichtig: Sie wirkten weit über die an Literatur interessierten Kreise hinaus. Die Vertonungen stammten jedoch weitgehend von hochgeschätzten ›arischen‹ Komponisten, Robert Schumann, Franz Schubert, Friedrich Silcher und vielen anderen. Ihre Kompositionen heinescher Lieder wurden auch nach 1933 noch öfter im Rundfunk gespielt. Die verschiedenen mit dieser Thematik befassten Dienststellen waren sich über das Vorgehen gegen die damit gegebene fortdauernde öffentliche Präsenz des Juden Heine nicht einig. Das goebbelssche Reichsministerium für Volksaufklärung und Propaganda ersuchte die Reichsrundfunkgesellschaft, »darauf einzuwirken«, dass jüdische Autoren nicht mehr gespielt werden.[58] Die Reichssendeleitung ließ die Intendanten jedoch wissen, dass sie es nicht für angebracht halte, »die schönen Vertonungen von Gedichten Heinrich Heines [...] einfach verschwinden zu lassen«. Als besonders gravierend sah es der Intendant des Bayerischen Rundfunks Helmuth Habersbrunner an, dass damit »eigentlich praktisch Robert Schumann [...] so gut wie ausgemerzt« wäre. Daraufhin erging eine Stellungnahme und Empfehlung der Reichssendeleitung[59]: Es sei »untragbar«, dass die schönen Lieder Schumanns

> für den Rundfunk gesperrt sein sollten. Es kann aber keine Frage sein, daß die Lieder nur mit besonderer Überlegung in das Programm eingesetzt werden können und von dem Taktgefühl, das der einzelne Abteilungsleiter hierbei entwickelt, wird das Ausmaß abhängig sein, in welchem

die Lieder Robert Schumanns auf Heine-Texte für den Rundfunk nutzbar gemacht werden können. Folgendes wird aber nach meinem Dafürhalten stets zu beachten sein:
1. Bei der Ansetzung solcher Lieder muß stets das Musikalische im Vordergrund stehen. Ein Lied wie »Ich hatte einst ein schönes Vaterland« würde ich also von vornherein ausschalten, weil hier der textliche Gedanke vorherrscht.
2. Man muß wohl davon absehen, eine Robert Schumann-Liederstunde zu bringen, *die nur Texte von Heinrich Heine enthält*, weil durch eine derartige Liederstunde wiederum die Texte Heines als gleichwertig neben den Texten Schumanns [sic!] angesehen werden können.
Die Lieder von Robert Schumann bringt man also am besten stets in Verbindung mit Liedern anderer Komponisten auf andere Texte.

Einige der Verantwortlichen verstanden die Empfehlung, dass bei der Sendung von Heine-Liedern »stets das Musikalische im Vordergrund« stehen solle, wohl auch als Anweisung, bei der Ankündigung nur den Komponisten, nicht aber den Textdichter zu nennen.

Was im Rundfunk wie ein Versehen wirken könnte – das Verschweigen des Dichters –, war bei Liederabenden und Konzerten höchst problematisch; denn hier wies in Programmheften die Lücke geradezu auf die Auslassung hin und offenbar kannten und erkannten selbst mäßig gebildete Parteigenossen unschwer den verschwiegenen Dichter. So berichtete »Das Schwarze Korps«[60] vom Romantikerfest der Berliner Kunstwochen 1937, einem Liederabend mit Texten von Goethe, Rückert, Byron und anderen:

> Nur drei Liedlein […] scheinen unbekannten Ursprungs zu sein: »Die Lotosblume«, »Du bist wie eine Blume« und »Was will die einsame Träne?«.
> Nun handelt es sich bei diesen um keine Dichtungen eines unbekannten Deutschen, dessen Name von der Zeit im Laufe der Jahrhunderte verweht wurde, sondern um drei Reimereien Heinrich Heines, dessen Kunst nicht um ein Haar arischer wird, wenn man einfach seinen Namen wegläßt, sondern der nach wie vor ein ausgewachsener Jude bleibt, mag man ihn auch abgetarnt bei den »Berliner Kunstwochen 1937« als deutschen Romantiker vorstellen.

Da die Lösung des kulturpolitischen Problems durch das Verschweigen des Autors mithin nicht zu erreichen war, wurde über ein generelles Verbot nachgedacht. Dabei ergab sich jedoch ein Dilemma: Durfte oder musste man mit einem Verbot der Texte, mit denen der »nichtdeutsche Dichterling«, der »jüdische Sudelkoch«, die deutsche Sprache »herabgewürdigt« hat, auch die wunderbaren Kompositionen der arischen Komponisten opfern? – so fragte Georg Spandau im »Deutschen Podium« 1936. Als Alternative forderte er die jungen deutschen Dichter auf, »zu unsern herrlichen Melodien neue schöne und reine Worte zu schaffen«, also Heines Texte durch Neudichtungen zu ersetzen.[61] Um dieses schwierige Problem zu lösen, wurde eine der höchsten literarischen Instanzen des Reiches, die Deutsche Akademie der Dichtung, mit dessen Klärung befasst. Ihr Senator Börries Freiherr von

Münchhausen – seit der Jahrhundertwende ein populärer Balladendichter – bestätigte in seinem Beitrag »Heinrich Heine in deutschen Tönen«[62] in der Zeitschrift »Deutsche Zukunft« zunächst mit Nachdruck Spandaus Beurteilung der »sittlichen Persönlichkeit« des Dichters: »Ich nenne Heinrich Heine einen Schweinehund.« Spandau habe bei seiner Ansicht, dass bereits damit auch jeder Vers des Dichters zu verurteilen sei, »das gesunde Volksempfinden« auf seiner Seite. Er selbst trenne zwar Autor und Werke, aber für diese sei ebenfalls der »sittliche Stand« sein Maßstab, daher lehne er auch »eine künstlerisch hochstehende Schweinerei« ab. Damit begründet Münchhausen sein Verdikt gegen Heines Texte. Er begrüßt zwar prinzipiell den Lösungsvorschlag Spandaus, den herrlichen Melodien neue Texte »aus deutscher Feder und deutschem Herzen« zu geben; allerdings gibt er zu bedenken, dass dies nur »echten Dichtern« gelingen könne, denn es gelte ja, »stimmungshaft möglichst gleiche Gedichte gleichen Tonfalls und gleicher Silbenzahl zu schaffen«.

Diese Diskussionen und Überlegungen wurden, so absurd das klingt, weitergeführt. Die von Münchhausen herausgestellten Probleme einer Neudichtung hält der Literaturwissenschaftler Arthur Luther – in seinem in der gleichen Zeitschrift erschienenen Beitrag »Text und Melodie«[63] – für unlösbar; daher müsse man, so schwer das auch fallen möge,

> mit den Texten auch die Melodien aufgeben. Das ist hart. Ein großes Opfer wird von uns gefordert. Aber wir leben in einer Zeit, die an unsere Opferfreudigkeit gewaltige Ansprüche stellt. [...] Große, wahre Kunst duldet keine Kompromisse.

Die Moskauer Exilzeitschrift »Das Wort« berichtete ausführlich über diese Diskussion.[64] Dem Schlusszitat Luthers wird die Frage angeschlossen: »Ein infernalischer Witz, von einem ›Marxisten‹ ersonnen, um eine glänzende Satire auf den nationalsozialistischen Rassenwahnsinn zu schreiben?« Da das Berichtete allerdings »blutiger, bitterer Ernst« sei, malt sich der Verfasser des Beitrags satirisch aus, wie eine solche nationalsozialistische Verbotsliste aussehen könnte:

> Die »Opferfreudigkeit« [...] ist eine Barbarei von unvorstellbarem Ausmaß und von abenteuerlichem Irrsinn. Nein: es ist faschistische Kulturpolitik, konsequent zu Ende geführt, ist ein kleiner Teil jener Front der Kulturfeindschaft, gegen den sich unser Angriff richtet.

Ein zweiter Beitrag[65] beschäftigt sich genauer mit der Argumentationslinie Münchhausens: Wenn er trotz seiner Schimpfkanonade auf Heine eine gewisse Skepsis gegenüber dem Erfolg neuer Texte äußere, dann weil er »eine Blamage des Faschismus im Ausland« fürchte. Dem hält der Verfasser entgegen: Die Kulturtradition des deutschen Volkes befinde sich heute »unter der Obhut des besseren Deutschland, das im Verborgenen seine Klassiker liest, als auch der Emigration und aller Freunde des großen deutschen Volkes und seiner hohen Kultur«. Warum gerade Heine zu einer Symbolfigur für das »antifaschistische, freiheitlich gesinnte Deutschland« geworden sei, liege auf der Hand:

> Wie sollten die Faschisten diesen Mann nicht hassen, dessen Herz so glühend für die Freiheit und für ein freiheitliches und glückliches Deutschland schlug. Wie sollten sie ihn nicht hassen, dessen höchster Ruhm nicht war, ein Dichter, sondern ein Freiheitskämpfer zu sein.

Offenbar teilte man im Reichsministerium für Volksaufklärung und Propaganda die Bedenken Münchhausens, vielleicht kannte man auch die spöttischen Reaktionen des Auslandes. Jedenfalls erging am 13. April 1938 eine vertrauliche Information an alle Reichspropagandaämter: »lieder von franz schubert und robert schumann mit texten von heinrich heine duerfen in oeffentlichen veranstaltungen aufgefuehrt werden. die presse ist anzuweisen, keinerlei kritik an der tatsache einer solchen verwendung heinescher texte zu ueben, dies ist auch den zeitschriften mitzuteilen.« [66]

Allerdings waren mittlerweile Neudichtungen als Ersatz für »jüdische« Texte üblich und teilweise sogar erfolgreich – z. B. von Händel-Oratorien wie dem »Judas Maccabäus« –, so dass 1940 in der Musikabteilung des Goebbels-Ministeriums eine »Reichsstelle für Musikbearbeitungen« eingerichtet wurde. Ihr Leiter, der Musikwissenschaftler Hans Joachim Moser, förderte im Prinzip Neudichtungen, lehnte sie allerdings im Fall Heines verhüllt, aber relativ deutlich ab. Sein ästhetisch-politischer Balanceakt im Umgang mit Heine wird an seinem Plan der Neubearbeitung der Standard-Edition von Schumann-Liedern (des Juden Max Friedlaender) deutlich. Der erste Band, grundlegend für die Gesangsausbildung im Unterricht und an Konservatorien, enthielt die meisten Heine-Lieder; Moser schlug vor, diese auszugliedern in den letzten Band, der nur für Spezialisten gedacht war, also »die Schumannlieder mit nichtarischen Texten sozusagen aus dem Gefecht zu ziehen, indem man sie [...] der breitesten Hausmusik vorderhand entzog«.[67] (Die Ausgabe kam wegen des Krieges nicht mehr zustande.)

Als Moser 1940 mit dem Problem befasst wurde, »ob der Neuvertrieb Schubertscher Lieder auf Texte von Heinrich Heine gestattet bezw. erwünscht sei«, befürwortete er eine unveränderte Neuauflage; aber der gesamte Vorgang wurde ad acta gelegt mit dem Kommentar: »Wv [Wiedervorlage] nach dem Kriege«.[68] Das hätte sich der Satiriker Heine kaum besser ausdenken können.

Auf Dauer konnte Moser allerdings nicht verhindern, dass Neudichtungen von Heine-Texten entstanden und zur Aufführung kamen, zumal in der Dienststelle Alfred Rosenbergs (»Leiter des Außenpolitischen Amtes und Beauftragter des Führers für die gesamte geistige und weltanschauliche Erziehung der NSDAP«) eine konkurrierende »Dienststelle Musik« existierte, deren Leiter, Herbert Gerigk, ein ausgewiesener Antisemit und mit Moser verfeindet war.[69] Gerigk protegierte eine

Morgenveranstaltung, die das Gauschulungsamt und das Reichspropagandaamt Niederschlesien am 5. März 1944 in Breslau veranstalteten; hier wurden 17 »Neue Dichtungen zu bekannten Schumann-Liedern« vorgetragen, gedichtet von Hans Venatier, einem populären Schriftsteller und NS-Funktionär. (Im Programm sind die Titel Venatiers und Heines, in einem Beiblatt die Texte nebeneinander gestellt.)[70] Daraufhin schrieb Heinz Drewes, einer der Vizepräsidenten der Reichsmusikkammer, am 17. März 1944 »einen wohl von Hans Joachim Moser formulierten, regelrechten Brandbrief an Goebbels«, in dem er schwere Bedenken gegen die Neudichtungen vortrug – zunächst einige gravierende musikalische Einwände, schließlich ein politisches Argument: Es bestehe die Gefahr, »daß eine Weiterbeschreitung dieses Weges nur zu unerwünschten Auswirkungen im In- und Ausland führt, und nicht zu erwarten ist, daß diese Versuche auch dem späteren Urteil der Geschichte standhalten werden«. Goebbels' Staatssekretär Werner Naumann stimmte zu, »daß Umdichtungen der Schumann-Lieder in der hier vorgeschlagenen Form in keiner Weise zu fördern sind.« Erst die Ereignisse des letzten Kriegsjahres beendeten die absurde Auseinandersetzung.

Im Kontext dieser Diskussionen ist wohl auch der Umgang der NS-Behörden mit Heines »Loreley« zu sehen. Mehr als ein halbes Jahrhundert lang wurde die oben zitierte Behauptung von Berendsohn unendlich oft wiederholt, das Gedicht sei in der NS-Zeit in Lesebüchern und Anthologien zwar weiter veröffentlicht worden, aber ohne Angabe des Autors, mit dem Zusatz »Verfasser unbekannt«. Dieser Umgang mit Heine galt und gilt weitgehend bis heute als anschaulichstes und eindringlichstes Symbol für die Kulturbarbarei des Nationalsozialismus. 1998 suchte Bernd Kortländer nach Belegen. Er fand sie nach Prüfung der entsprechenden Aussagen und Durchsicht aller erreichbaren einschlägigen Lese- und Liederbücher nicht.[71] Im Jahrzehnt seither wurde der Befund zwar immer wieder in Frage gestellt, aber in keinem einzigen Fall durch einen Nachweis widerlegt. Eine Erklärung dafür zu finden erscheint mir einfacher als für die Tatsache der vielen ungeprüften Wiederholungen. Die Option, die »Loreley« abzudrucken und mit der Unterschrift »Verfasser unbekannt« zu markieren, konnte keine größere (vielleicht: überhaupt keine) Rolle spielen, weil das Gedicht so bekannt war, dass man sich mit einer solchen Kennzeichnung lächerlich gemacht hätte – nicht nur im Ausland, sondern auch in Deutschland selbst. Wenn – wie am Beispiel des Artikels über die Berliner Kunstwochen 1937 gezeigt – selbst bei weniger bekannten Heine-Texten wie »Die Lotosblume«, die im Programmheft ohne Verfasser erscheinen, sogar die »Mitglieder der NS.-Kulturgemeinde« sich peinlich berührt ansehen, weil sie den Dichter kennen, könnte man die »Loreley« noch viel weniger als anonymes Volkslied hinstellen.[72] Dies hätte allzu leicht als Zeichen beschämender Unbildung gewirkt. In dieselbe Richtung zielen die zitierten Anweisungen für die Duldung von Schumann-

Heine-Aufführungen sowie die Argumente von Moser und Drewes, die sich Goebbels' Staatssekretär zu Eigen machte.

Auch im Falle der »Loreley« wurden Neudichtungen erwogen und gefordert:

> auf den reichlich gefühlsduseligen und in unser heutiges Volk, namentlich aber nicht in unsre kampfbereite Jugend passenden Text der Loreley können wir gern verzichten, denn wir wollen nicht traurig dahindämmern, sondern frischen Mutes, im Glauben an unsern Gott und unsre Kraft, voranstürmen und den Kampf mit dem Leben immer wieder von neuem aufnehmen. Dabei kann uns aber der Loreleytext am allerwenigsten helfen.[73]

Da auch in diesem Fall keine Neudichtung in Frage kam, werden im Umgang mit der »Loreley« (oder den ebenfalls selbst von vielen Heine-Verächtern geschätzten »Grenadieren«) zwei andere Wege bevorzugt. Zum einen wird durch »Interpretation« gezeigt, dass auch dieses Gedicht in Wahrheit sprachlich miserabel und gedanklich unsauber ist – »ein banales, weinerliches Gedicht«.[74] Allerdings ist anzunehmen, dass nur sehr rabiate Nationalsozialisten und Antisemiten sich durch solche Pamphlete von ihrer Liebe zur »Loreley« abbringen ließen, kaum aber ein (wenn auch konservatives, dem Nationalsozialismus zuneigendes) breiteres Bürgertum. Daher war der andere Weg im Sinne der nationalsozialistischen Kulturpolitik sinnvoller und konsequent: dieses Gedicht (und den ganzen Heine) aus Schulbüchern und Anthologien zu entfernen. Dies war erheblich einfacher als die Kontrolle der Bibliotheken und Buchhandlungen. Man musste die Aufnahme von Heine-Gedichten nicht einmal offiziell verbieten; es genügte, die Druckgenehmigung oder die Zulassung der Werke zu verweigern, dann blieb es dem bereits angeführten »Feingefühl« der Herausgeber überlassen, herauszufinden, welche Texte »unerwünscht« waren.

Das Fazit des dritten Kapitels lautet also: Von den nationalsozialistischen Kulturpolitikern wurde der Weg, bei populären vertonten Gedichten Heines den Autor zu verschweigen oder neue Texte schreiben zu lassen, zwar erprobt, aber verworfen; es gibt auch (bisher) keinen Nachweis für das berüchtigte »Verfasser unbekannt« unter dem Abdruck der »Loreley«; dies widerspräche auch den strategischen Hauptlinien der Literaturpolitik.

IV. Bekenntnisse zu Heine im nationalsozialistischen Deutschland?

Von der Feststellung, dass im nationalsozialistischen Deutschland nicht neutral oder gar positiv über Heine geschrieben werden durfte, ist eine Personengruppe auszunehmen. Jüdischen Autoren war dies – bis zur Pogromnacht 1938 – erlaubt, wenn solche Beschäftigung in einem deutlich als »jüdisch« erkennbaren Bereich stattfand. Dies lag auf der Linie der offiziellen Politik im Umgang mit jüdischer Kunst, denn es bekräftigte die nationalsozialistische Doktrin, dass die Juden eine eigene Rasse und damit keine Deutschen seien. Zudem ließ sich solche Duldung jüdischer Literatur dem Ausland gegenüber als Toleranz darstellen.[75] Zu derartigen ›jüdischen‹ Bereichen gehörten neben Veranstaltungen im Jüdischen Kulturbund (»Dort gehört Heinrich Heine auch hin, und er soll ihnen gerne ganz erhalten bleiben«[76]), vor allem Publikationen in ›jüdischen‹ Zeitschriften (so erschienen mehrere Artikel über Heine 1933–1936 in Blättern wie der »Jüdischen Allgemeinen Zeitung«, der »Bayerischen Israelitischen Gemeindezeitung« oder der »C. V.-Zeitung«)[77] oder in einem klar als jüdisch deklarierten Verlag. Im größten und bekanntesten, dem »Schocken Verlag« Berlin (der ab 1937 den Zusatz »Jüdischer Buchverlag« führen musste), konnten unbeanstandet von der zuständigen Behörde und der Zensur 1936/37 zwei Bände mit Heine-Texten erscheinen: eine Auswahl und »Der Rabbi von Bacherach«.[78] Der Auswahl unter dem Titel »Gedicht und Gedanke« gab der Literaturwissenschaftler Werner Kraft ein Nachwort mit.[79] Kraft, seit 1933 im Exil (seit 1934 in Palästina), führt eine Reihe früherer Urteile über Heine an, stolz die positiven, aber auch die kritischen Stimmen (nur solche von höherem Niveau: Karl Kraus – dem er geistig nahe stand –, George, Borchardt), die er vorsichtig zurechtrückt: »Um Wahrheit geht es bei Heine«. Sein liebevolles, unpolitisches Porträt schließt mit dem Blick auf die überdauernde und anhaltende Wirkung Heines: 1856 »kam dieses wilde Leben zur Ruhe, um seine Wanderung durch die Zeiten zu beginnen und nicht mehr zu enden.«

Auch der Edition des »Rabbi« war das Nachwort eines jüdischen Wissenschaftlers, Erich Loewenthal, mitgegeben. Dass Loewenthal ausführlich auf Heines Judentum und dessen Entwicklung eingeht, war möglicherweise durchaus im Sinne der nationalsozialistischen Kulturpolitik. In der Fülle der historischen und kulturhistorischen Details halb vergraben benennt Loewenthal jedoch auch antisemitische Vorfälle in einer sonst im Deutschland des Jahres 1937 nicht möglich geglaubten Deutlichkeit. So bezeichnet er etwa die Damaskus-Affäre (die Heine zur Wiederaufnahme der Arbeit am »Rabbi« veranlasste) als einen »aufsehenerregenden Rückfall in das Mittelalter, wobei wieder zur Peßachzeit das Ritualmordmärchen seine grausige Rolle spielte«, das Grundmotiv des »Rabbi« sei »dieselbe Blutbeschuldigung«.[80] Wenn Loewenthal von der »befremdenden Verantwortungslosigkeit« spricht, »mit der der Rabbi in der Stunde der Gefahr die ihm anvertraute Gemeinde heimlich verläßt, um das eigene Leben und das der Gefährtin zu retten«[81], so hatte er sicher auch die Gegenwart der jüdischen Gemeinden in Nazi-Deutschland im Blick. (Loewenthal selbst verließ die Gemeinde und Deutschland nicht, er wurde 1944 in Auschwitz ermordet.)

In einem jüdischen Verlag, Löwe in Berlin, konnte 1936 auch ein Buch von Arthur Eloesser mit einem umfangreichen Heine-Kapitel erscheinen: »Vom Ghetto nach Europa. Das Judentum im geistigen Leben des 19. Jahrhunderts«. Eloesser, dem in den 1890er Jahren in Preußen die Habilitation verweigert worden war, weil er sich nicht taufen lassen wollte, arbeitete als Literaturwissenschaftler sowie als Kritiker für viele große Zeitschriften – wie fast alle Juden verlor er 1933 diese Publikationsmöglichkeiten und durfte nur noch für den Jüdischen Kulturbund und die »Jüdische Rundschau« arbeiten. In seinem Heine-Porträt betont er die Zugehörigkeit des Dichters zu dem Stamm, »der die zerrissenste, aber auch die älteste aufgeschriebene Geschichte hat«. Dies habe ihm die »Weitsicht des Geistes« gegeben, »die ihn zu einem Dichter für die Welt« gemacht habe: »Das war das jüdische Erbteil eines deutschen Dichters im 19. Jahrhundert.«[82] In den historischen Bildern und den zahlreichen Heine-Zitaten konnten und sollten die Leser Vorbilder und Ermutigung finden.

Derartige Bekenntnisse zu Heine wären außerhalb des geschützten Raumes der jüdischen Publizistik riskant gewesen. Allerdings hätte es eine Reihe von Möglichkeiten des verdeckten Schreibens gegeben, einige davon hätte man aus Heines Kampf gegen die Zensur lernen können. Gelegentlich ist nicht auszuschließen, dass ein Autor gegen Heine polemisiert, um ihn unter diesem Deckmantel zu Wort kommen zu lassen. Dass dies oft im Einzelfall kaum zu entscheiden ist, kann ein Beispiel zeigen, das zugleich nochmals verdeutlicht, wie schwer sich die nationalsozialistische Kulturpolitik im Umgang vor allem mit dem populären Heine tat: die Behandlung des Autors im verbreitetsten »Zitatenschatz des deutschen Volkes«, Büchmanns »Geflügelten Worten«. Im Laufe des späten 19. und des frühen 20. Jahrhunderts war die Zahl der Heine-Einträge in diesem Lieblingsbuch des bildungsbeflissenen Bürgertums (und weit darüber hinaus) auf über 30 angestiegen.[83]

Die Büchmann-Ausgabe des Reclam-Verlages von 1935 löste das Problem des Umgangs mit Heine linientreu durch »Ausschaltung«. Der Herausgeber Valerian Tornius verkündete im Vorwort: Es

> wurden in Übereinstimmung mit den kulturpolitischen Richtlinien der Gegenwart die im Umlauf befindlichen Aussprüche nichtarischer Schriftsteller im Textteil ausgeschaltet. Im alphabetischen Verzeichnis sind sie – da sie in Unkenntnis ihrer Herkunft noch vielfach verwandt werden – zum Zwecke der Aufklärung angeführt und als solche gekennzeichnet worden.[84]

Daher kommt Heine im Textteil und folglich im Namenregister nicht mehr vor, kurioserweise aber im »Zitatenregister«, mit immerhin neun Eintragungen (darunter: »Ich weiß nicht, was soll es bedeuten«), dahinter in Klammern der Name Heine, natürlich (und damit besonders auffallend) ohne Seitenzahl; dass es sich um eine wohl nur Heines wegen ausgedachte Maßnahme handelte, zeigt sich daran, dass es nur drei weitere Eintragungen »nichtarischer Schriftsteller« gibt.

Es wirkt wie eine Entgegnung auf diese »Ausschaltung« Heines, wenn die Herausgeber des ›offiziellen‹ Büchmann, Gunther Haupt und Werner Rust, in dessen 28. Auflage (260.–268. Tausend, 1937), im Vorwort erklären:

> Die Herausgeber glaubten – im Gegensatz zu manchen neueren Nachschlagewerken – nicht, daß es zweckmäßig sei, solche geflügelten Worte kurzweg aus dem Büchmann zu streichen, die auf einen nichtarischen Urheber zurückgehen. Gerade weil es heute wichtig ist, feststellen zu können, ob eine Redensart jüdischer Herkunft ist oder nicht, will der Büchmann auch fernerhin über solche Worte Auskunft geben. Selbstverständlich sind die jüdischen Autoren als solche gekennzeichnet worden, und es wird auch ausdrücklich darauf hingewiesen, daß etwa das Verbleiben Heinrich Heines in dem Kapitel »Aus deutschen Schriftstellern« nicht besagen soll, daß die Herausgeber ihn dem deutschen Schrifttum zurechnen. Diese Kapitelüberschriften besagen nur etwas über die Sprache, in der ein geflügeltes Wort ursprünglich entstanden ist.[85]

Ist dies ein opportunistischer Eiertanz oder eine raffinierte Camouflage? Joseph Wulf druckt diesen Text in seinem Standardwerk »Kunst und Literatur im Dritten Reich« in einer Folge übler Heine-Schmähungen ab.[86] Dem könnte man entgegenhalten: Unter dem Schutz dieser verklausulierten Begründung werden auf mehr als fünf Seiten nicht weniger als 30 Strophen und Zeilen Heines aufgeführt – nur wenige ›arische‹ Autoren kommen umfangreicher zu Wort –, die beigegebenen Kommentare enthalten (außer der vorgeschriebenen Kennzeichnung »Jude*« hinter dem Namen) keine kritischen Bemerkungen.

Die nationalsozialistischen Behörden beanstandeten diese Behandlung Heines nicht. Denn noch die »Volksausgabe« von 1943 beginnt zwar mit dem Hinweis: Von Heinrich Heine »wird heute deshalb noch vieles zitiert, weil man beim Gebrauch dieser Worte leider nicht an den Urheber denkt« – aber interessanter als das bedauernde (oder pflichtgemäße) »leider« ist sicherlich die Feststellung, dass noch »heute« (das Vorwort Haupts stammt von 1941) Heine in Nazi-Deutschland viel zitiert wird. Ebenso überrascht die fast wörtliche Übernahme der bereits angeführten Begründung für den Verbleib Heines im Büchmann; und vor allem, dass noch 1943 auf vier Seiten insgesamt 32 Wendungen, Zeilen und Strophen Heines (darunter nach wie vor: die vier ersten und beiden letzten Zeilen der »Loreley«) aufgeführt sind, nach wie vor mehr als von jedem anderen deutschen Schriftsteller außer Goethe und Schiller – und deutlich mehr als in der Abteilung »Aus der Geschichte« von Adolf Hitler ...[87] Wie auch immer man dies bewertet: Es ist dies die einzige positive oder zumindest neutrale Vergegenwärtigung Heines in einer verbreiteten Publikation im nationalsozialistischen Deutschland.

Es bleibt die Frage nach dem Verhalten derer, die sich vor 1933 zu Heine bekannt hatten, in Schriften oder auch als Unterzeichner von Aufrufen wie etwa dem zur Errichtung eines Heine-Denkmals in Düsseldorf 1929. Diese Personen waren ja keineswegs alle ins Exil gegangen. Die Anreger der Denkmalsaktion, die rheinischen Schriftsteller Herbert Eulenberg und Hanns Heinz Ewers, hatten seit 1936 bzw. 1934 Schreibverbot; auch die anderen bekannten und weniger bekannten Unterzeichner schwiegen, aus Angst oder Vorsicht.

Das gilt auch für den prominentesten Schriftsteller, der in Deutschland geblieben war, den Nobelpreisträger Gerhart Hauptmann. Die vorliegenden Spezialstudien über dessen Verhältnis zu Heine sprechen zwar von einem »Bekenntnis« zu dem Verfemten im Dritten Reich; die dafür angegebenen Belege zeigen meines Erachtens aber eher das Gegenteil.[88] Hauptmann hatte sich in seiner Jugend mit Heine beschäftigt, er bezeichnete sich als Bewunderer des Dichters. In seinen Publikationen in der NS-Zeit finden sich nur winzige, versteckte Spuren Heines. Eine Rede von 1932, in der der Titel »Loreley« erwähnt wird, wurde in einer Werkausgabe 1943 gedruckt. Und in Hauptmanns Autobiographie »Das Abenteuer meiner Jugend« von 1937 heißt es über die Anregungen zu seinem Drama »Die Weber«: »Dazu hatte das Weberlied eines deutschen Dichters das Seinige beigetragen: ›Altdeutschland, wir weben dein Leichentuch‹ [...].«[89] In der Forschungsliteratur ist zu lesen, die Erwähnung der »Loreley« (selbst ohne Nennung des Autors) sei ein »Bekenntnis zu diesem von den Nazis verfemten Dichter«, der Hinweis auf das Weberlied eine »Verbeugung vor – dem ausdrücklich ›deutscher Dichter‹ genannten – Heine«. Und: »daß Hauptmann sich auch gegen die eindeutige Linie der nationalsozialistischen (Kultur-) Politik zur Größe Heines in der deutschen Literatur und zu dessen Bedeutung für sein eigenes Werk öffentlich bekannte.«[90] Allerdings hätte ein zeitgenössischer Leser – ob Nazi-Anhänger oder -Gegner – vielleicht auch feststellen können: Selbst der angesehene Nobelpreisträger wagt es nicht, den Namen »Heine« zu nennen. Und der Literarhistoriker von heute müsste hinzufügen: In einem Paralipomenon von 1930 zu der zitierten Passage seiner Autobiographie stand dieser Name noch: »Die durch Ferdinand Simon besonders neu angeregte Heine-Lektüre hatte es [das Weber-Gedicht] mir wieder nahegebracht«.[91] Der Name »Heine« wurde mithin bewusst gestrichen, getilgt. Ein öffentliches »Bekenntnis« zur »Größe Heines« sieht wohl anders aus.

Zusammenfassend ist festzuhalten: Es gab im Dritten Reich (außer den genannten Sonderfällen) keine Bekenntnisse zu Heine, keine Versuche, seine Texte in irgendeiner Weise in das literarische Kommunikationssystem einzuschmuggeln. Auch in den zahlreichen Erinnerungsberichten über die eigenen Begegnungen mit Heines Werken im Dritten Reich ist nur selten von kleinen ›Widerstandsakten‹ die Rede.[92]

Ein Fazit des Umgangs mit Heine in der nationalsozialistischen Zeit könnte lauten: Zwar konnte man den Dichter in der kurzen Zeit von zwölf Jahren nicht vollständig aus den Bücherschränken und den Köpfen von Millionen deutscher Leserinnen und Leser, Sängerinnen und Sänger verbannen, aber die staatlichen Behörden kamen auf diesem Weg der »Ausrottung« Heines erschreckend weit voran – wie weit: das sollte sich erst nach 1945 zeigen.

Diesem negativen Fazit lässt sich – mit ein wenig Dialektik und Zynismus – ein positiver Aspekt des Vernichtungsfeldzugs der Nationalsozialisten gegen Heine entgegenstellen: Die Ablehnung des Dichters war so umfassend, dass es keinen einzigen Versuch gab, ihn – mit welchen Verbiegungen auch immer – in eine Ahnenreihe der Künder des Dritten Reiches zu rücken, ein Schicksal, das fast allen bedeutenden deutschen Dichtern der Vergangenheit widerfuhr (unter vielfältiger Mithilfe meines Faches, der Germanistik): In extremer Form wurden auf diese Weise Friedrich Hölderlin und Joseph von Eichendorff missbraucht, aber auch Goethe wurde als ein geistiger Vorbereiter des Dritten Reiches und Schiller gar als »Kampfgenosse Hitlers« gefeiert. Dass Heine selbst mit isolierten Zitaten nie zu einem Vorläufer des Nationalsozialismus umzulügen war, trug wesentlich bei zu seiner Erhebung zum »Nationalautor« in der DDR und – mit einer zeitlichen Verzögerung von fast zwei Jahrzehnten – zur intensiven Wiederbeschäftigung mit dem Dichter und seinem Werk in der Bundesrepublik Deutschland.[93]

Anmerkungen

1 Die Entwicklung dieses Streites dokumentiert das Werk: Heine und die Nachwelt. Geschichte seiner Wirkung in den deutschsprachigen Ländern. Texte und Kontexte, Analysen und Kommentare. Hrsg. von Dietmar Goltschnigg und Hartmut Steinecke. Bd. 1: 1856–1906. Berlin 2006; s. bes. die Analyse: »Der unsterbliche Liederdichter« – »ein Pfahl in unserm Fleische«. Der Streit um Heine 1856–1906, S. 19–145. Das Erscheinen des zweiten Bandes, der den Zeitraum 1907–1956 behandelt, ist für 2008 vorgesehen.

2 Dieses Kapitel der Wirkungsgeschichte Heines ist bislang noch nicht zusammenhängend und auf der Basis von Quellen behandelt worden. Es finden sich nur punktuelle Hinweise auf Heine in umfassenden Darstellungen der nationalsozialistischen Kulturpolitik (Kultur im Dritten Reich. Bd. 2: Literatur und Dichtung im Dritten Reich. Eine Dokumentation. Hrsg. von Joseph Wulf. Frankfurt a. M., Berlin 1989 [zuerst kürzer 1963]; Volker Dahm: Das jüdische Buch im Dritten Reich. 2., überarb. Aufl. München 1993) und der antisemitischen Heinekritik (Paul Peters: Die Wunde Heine. Zur Geschichte des Heine-Bildes in Deutschland. Darmstadt 1997, bes. S. 107–114), ferner autobiographische Berichte meistens anekdotischer Art, daneben Studien zu speziellen Aspekten (Bernd Kortländer: Le poète inconnu de la »Loreley«: le médiateur supprimé. – In: Romantisme. Revue de la Société des Études romantiques et dix-neuvièmistes 28. Jg., Paris 1998, Nr. 101, S. 29–40; ders.: Dichter unbekannt. Der Dichter der »Loreley« im Nationalsozialistischen Deutschland [Vortragsmanuskript]). – Eine umfassende, auf Archivstudien beruhende Darstellung der nationalsozialistischen Literaturpolitik bietet Jan-Pieter Barbian: Literaturpolitik im »Dritten Reich«. Institutionen, Kompetenzen, Betätigungsfelder. Überarbeitete und aktualisierte Ausgabe. München 1995. (Heine wird nicht erwähnt.)

3 Siehe in dem Band »Heine und die Nachwelt« [Anm. 1] die Texte Nr. 6, 22, 27, 30, 132 und die zugehörigen Darstellungsteile.

4 Ebd., S. 124.

5 Ebd., S. 553.

[6] Die Tagebücher von Joseph Goebbels. Hrsg. von Elke Fröhlich. Tl. I, Bd. 2/1, bearbeitet von Anne Munding. München 2005, S. 312.

[7] Friedrich Schulze-Langendorff: Adolf Bartels und Heinrich Heine. – In: Deutschlands Erneuerung, Nr. 11, München 1932, S. 677–680. Zitat S. 679 f.

[8] Alfred Rosenberg: Die Spur des Juden im Wandel der Zeiten. München 1920, bes. S. 141–147; Julius Streicher: Das Schwein auf dem Montmartre. – In: Der Stürmer. Nürnberger Wochenblatt zum Kampfe um die Wahrheit 3, 1925, Nr. 52; Wilhelm Stapel: Antisemitismus und Antigermanismus. Über das seelische Problem der Symbiose des deutschen und des jüdischen Volkes. Hamburg u. a. 1928; Baldur von Schirach: Heinrich Heine, der »Dolmetscher« der deutschen Seele. – In: Völkischer Beobachter. Kampfblatt der national-sozialistischen Bewegung Großdeutschlands (München), Nr. 93, 21. 4. 1928; Hermann Seeliger: Schmock oder Dichter? Die Wahrheit über »den größten Lyriker seit Goethe« – Gegen den Kult der Überschätzung Heinrich Heines. – In: Völkischer Beobachter, Nr. 225, 21./22. 9. 1930. (Bei der ersten Erwähnung von Periodica werden ggf. Untertitel und Erscheinungsort angegeben.)

[9] Nach Walter A. Berendsohns Bericht in: Heine and our Times. – In: The Contemporary Review (Oxford), vol. 157, 1939, S. 708–714.

[10] Walter A. Berendsohn: Der lebendige Heine im germanischen Norden. Kopenhagen 1935, S. 21.

[11] Richard Drews/Alfred Kantorowicz: verboten und verbrannt. Deutsche Literatur – 12 Jahre unterdrückt. Berlin, München 1947.

[12] Dahm [Anm. 2], S. 160.

[13] Kortländer [Anm. 2].

[14] Wulf [Anm. 2], S. 42 f. – Wulf dokumentiert den Vorgang und druckt die beiden Dokumente ab.

[15] Senatsprotokoll; zit. nach Dietrich Schubert: »Jetzt wohin?« Heinrich Heine in seinen verhinderten und errichteten Denkmälern. Köln u. a. 1999, S. 229 f. – Zwei weitere kleinere Denkmäler hatten ein ähnliches Schicksal: Ein Denkmal in Halle wurde ebenfalls 1933 zerstört, das private Denkmal des Verlegers Campe in Altona durch Schließung des Oktogons, in dem es stand, unzugänglich. (Ebd., S. 140 u. 283).

[16] Die ergiebigsten allgemeineren Dokumentationen und Forschungsarbeiten zur Bücherverbrennung sind: Die Bücherverbrennung. Zum 10. Mai 1933. Hrsg. von Gerhard Sauder. München, Wien: Hanser 1983; »Das war ein Vorspiel nur ...« Bücherverbrennung Deutschland 1933: Voraussetzungen und Folgen. [Ausstellungskatalog] Berlin, Wien 1983; 10. Mai 1933. Bücherverbrennung in Deutschland und die Folgen. Hrsg. von Ulrich Walberer. Frankfurt a. M. 1983; Theodor Verweyen: Bücherverbrennungen. Eine Vorlesung aus Anlaß des 65. Jahrestages der »Aktion wider den undeutschen Geist«. Heidelberg 2000; Werner Treß: »Wider den undeutschen Geist«. Bücherverbrennung 1933. Berlin 2003.

[17] Aufgrund der Zeilen aus dem Drama »Almansor«: »Das war ein Vorspiel nur, dort wo man Bücher / Verbrennt, verbrennt man auch am Ende Menschen.« (DHA V, 16)

[18] Frederick T. Birchall: Nazi Book-burning fails to stir Berlin. – In: The New York Times, 11. 5. 1933, S. 1 u. 12; Zitat S. 12. – Umfassend über das ausländische Echo berichtet Hermann Weiss: Besser ein Mühlstein am Halse. Reaktionen in der ausländischen Presse. – In: Walberer [Anm. 16], S. 116–137.

[19] Sauder [Anm. 16], S. 114 f.; zum Folgenden – vor allem zur Geschichte der »Schwarzen Listen« – auch: Dietrich Aigner: Die Indizierung »schädlichen und unerwünschten Schrifttums« im Dritten Reich. Frankfurt a. M. 1971.

[20] Vorläufiger Hallischer Generalindex jüdischer, marxistischer, pazifistischer und anderer volkszersetzender Schriften [Typoskript], S. 2.

[21] Keine volkszersetzende Literatur mehr in den hallischen öffentlichen Bibliotheken und Leihbüchereien. – In: Saale-Zeitung (Halle), 9.5.1933; Reinigung durch sühnende Flammen. Feierliche Verbrennung undeutschen Schrifttums vor der Universität. – In: ebd., 13.5.1933; »Raum für den Aufbruch des deutschen Geistes!« Schriftenverbrennung auf dem Universitätsplatz. – In: Hallische Nachrichten, 13.5.1933.

[22] Zit. nach Verweyen [Anm. 16], S. 41; die Kapitel »Die verfemten Autoren« und »Die verbrannten Bücher«, S. 168–177. – Ähnlich allgemein ist ein Hinweis auf das Verbrennen heinescher Werke bei dem Autodafé in Braunschweig am 12.5.1933.

[23] Sauder [Anm. 16], S. 106 u. 211–213 sowie Bayerische Staatszeitung, 6.5.1933.

[24] Bei einer am 11. April 1933 von der Düsseldorfer Hitlerjugend veranstalteten Bücherverbrennung vor dem Planetarium soll der Gaujugendführer Heines »Romanzero« in die Flammen geworfen haben. Der Hinweis findet sich in der nationalsozialistischen »Volksparole«, die Düsseldorfer Tageszeitungen hingegen gingen auf diese Aktion nicht näher ein.

[25] Heinrich Mann: Der Hass. – In: Das Neue Tage-Buch (Paris) 1, H. 9, 26.8.1933, S. 212–214, Zitat S. 214. Zu dem Band, seiner Entstehung und Rezeption siehe die Ausgabe im Rahmen der »Studienausgabe in Einzelbänden«. Hrsg. von Peter Paul Schneider. Frankfurt a. M. 1987; Zitat S. 81. – Das bekannte Engagement Heinrich Manns für Heine und ein Heine-Denkmal führte bereits früh dazu, dass beide Autoren von der NS-Presse zusammengestellt wurden. Nach dem erzwungenen Rücktritt Manns vom Amt des Präsidenten der Akademie kommentierte der »Völkische Beobachter« höhnisch: »was völkische Verantwortungslosigkeit anbetrifft«, könne Mann »mit einem Chaim Bückeburg alias Heinrich Heine konkurrieren«. (Dr. S.: Ein Abgesang. Auch ein Heinrich, vor dem uns graute ... Leben und Taten des Dichterakademie-Präsidenten Mann. – In: Völkischer Beobachter, Nr. 50/51, 19./20.2.1933.). Ein weiterer früher Hinweis auf das Verbrennen von Büchern Heines in einer Exilpublikation (erschienen wie Manns Artikel im August 1933) ist zu finden in dem Werk »Das Braunbuch über Reichstagsbrand und Hitler-Terror« (Basel 1933): »Einige Tage vorher [vor dem 10. Mai] waren in Düsseldorf die Werke des grossen deutschen Dichters Heinrich Heine den Flammen des Scheiterhaufens übergeben worden.« (S. 175) Der ohne Beleg gegebene Hinweis könnte sich auf die in Anm. 24 erwähnte Aktion der HJ beziehen.

[26] Josef Nadler: Literaturgeschichte der deutschen Stämme und Landschaften, Bd. 4: Der deutsche Staat (1814–1914). Regensburg 1928, S. 63; Hans Pütz: Heinrich Heine als Begründer des Literaturmarxismus. – In: Westdeutscher Beobachter. Amtliches Organ der NSDAP und sämtlicher Behörden (Köln), 18.2.1934.

[27] Dahm [Anm. 2], S. 164. – Das »Deutsche Bücherverzeichnis« (Bd. 17, 1931–1935) zeigt einige Werke Heines an, die vor 1933 erschienen waren. Die »Deutsche Nationalbibliographie« (Ergänzung I) enthält in dem »Verzeichnis der Schriften, die 1933–1945 nicht angezeigt werden durften« (Leipzig: Verlag des Börsenvereins 1949) nur ausländische Heine-Ausgaben, mit der Ausnahme der »Rabbi«-Ausgabe des Schockenverlages (hier Anm. 80).

[28] M. B.: Was denkt die Deutsche Akademie von Heinrich Heine? Eine ernste Anfrage und eine offene Kritik. – In: Das Schwarze Korps. Zeitung der Schutzstaffeln der NSDAP. Organ der Reichsführung SS, 31.10.1935. Ein ähnlicher Protest [an.]: Heinrich Heine – deutscher Klassiker? – In: Der deutsche Polizeibeamte 3, 1935, S. 883–887.

[29] Aigner [Anm. 19], Sp. 946.

[30] Vertrauliche Mitteilungen für die Fachschaft Verlag, hrsg. von der Reichsschrifttumskammer, Abt. III, Gruppe Buchhandel vom 27.5.1937 (»nur zum eigenen Gebrauch der Mitglie-

der mit der Verpflichtung, den Inhalt streng vertraulich zu behandeln«); zit. nach Wulf [Anm. 2], S. 203f.

31 Gestapo München an Gestapo Berlin, betrifft Heinrich Heine, 1.7.1938; am 4.8.1938 wird nach Berlin berichtet, dass in den buchhändlerischen Informationen »Gesuchte Bücher« von Juni/Juli »an 4 Stellen Werke Heinrich Heine's gesucht werden.« (Zit. nach »Das war ein Vorspiel nur ...« [Anm. 16], S. 305.)

32 Vermerk vom 13.1.1939; zit. nach Dahm [Anm. 2], S. 165.

33 Friedrich Hirth: Der Schillernde. – In: Berliner Tageblatt, 24.8.1933. Siehe dazu den Aufsatz von Gudrun Jäger: Friedrich Hirth – Heine-Forscher und erster Komparatist im Nachkriegsdeutschland. – In: HJb 43 (2004), S. 216–234, bes. S. 225–227. – Ein Auszug aus Hirths Artikel wurde wiederabgedruckt in: Die Literatur. Monatsschrift für Literaturfreunde (Stuttgart, Berlin), Jg. 36, H. 1, Okt. 1933, S. 35.

34 Walter Mehring: Entjudung Heines. – In: Das Neue Tage-Buch 1, H. 10, 2.9.1933, S. 240f. – Mehrings satirischer Vorschlag zur Lösung des Problems: »Es sind zwei Heines zu unterscheiden: ein Export-Heine und ein Binnen-Heine. Der Export-Heine entstammt der Notzucht zwischen einem preussischen Feldwebel namens *Heines* und einer rheinischen Dienstmagd namens Lore *Ley* – also aus zwei im Dritten Reich bedeutsamen Geschlechtern [Edmund Heines war Stellvertreter und Liebhaber des SA-Führers Ernst Röhm, Robert Ley Leiter der »Deutschen Arbeitsfront«] – und ist der Autor von Heines sämtlichen Werken. Der Binnen-Heine hingegen [...] ermordete den wahren Heine und stahl ihm die Papiere (Taufschein und Lyrik). [...] Heine ist in den erblichen Arierstand erhoben, heil!« – Ein Leserbrief im gleichen Journal von dem Prager Exilanten Alfred Kleinberg (»Heine, der Halb-Arier«) enthüllte wenig später (H. 12, 16.9.1933), Hirth sei von Geburt Jude und zum Katholizismus übergetreten; Kleinberg kommentiert süffisant: »heute zieht das Hakenkreuz mehr« (S. 290).

35 Adolf Bartels: Heinrich Heine. Auch ein Denkmal; zit. nach: Heine und die Nachwelt [Anm. 1], S. 552f.

36 M. B. [Anm. 28].

37 Emil Schneemann: Heinrich Heine. Der Schmutzfink im deutschen Dichterwald. – In: Deutsche Turnzeitung. Blätter der deutschen Turnerschaft (Berlin) 79, 1934, Nr. 47, S. 6f. u. Nr. 48, S. 6f.; Zitate Nr. 47, S. 6 u. Nr. 48, S. 7.

38 Otto Klein: Schluß mit Heinrich Heine! Heine ein deutscher Dichter? – Ein Blick in eines der trübsten Kapitel der deutschen Literaturgeschichte. – In: Westdeutscher Beobachter, 1.3.1936. Neue Zeit. Beilage zum geistigen Leben. Folge 41.

39 Wolfgang Lutz: Schluß mit Heinrich Heine! – In: Nationalsozialistische Monatshefte. Zentrale politische und kulturelle Zeitschrift der NSDAP (München) 7, 1936, H. 78, S. 792–818. Zitate S. 792f.

40 Ebd., S. 798f.

41 Ebd., S. 817. – Lutz' »Erledigung« Heines wurde auch in der NS-Massenpresse beifällig vermerkt: Es sei Lutz »in sauberer Kleinarbeit« gelungen, die in »der jüngsten Vergangenheit immer wieder verherrlichte Truggestalt« Heine »der Tarnung eines ›deutschen‹ Dichters zu berauben und als typisch jüdische Erscheinung zu enthüllen« (L. Stengel-v. Rutkowski: Die Wiege des deutschen Sozialismus ... und andere Beiträge in der neuen Folge der NS.-Monatshefte. – In: Völkischer Beobachter, Nr. 255, 11.9.1936).

42 Eduard Fuchs: Heine und Hebbel. Eine stilkundliche Untersuchung. – In: Nationalsozialistische Erziehung. Kampf- und Mitteilungsblatt des Nationalsozialistischen Lehrerbundes für den Gau Groß-Berlin 5, Nr. 9, 29.2.1936, S. 107–109; Zitat S. 108.

43 Nadler [Anm. 26], S. 63.

44 Will Vesper: Unsere Meinung. – In: Die Neue Literatur 37, H. 2, Februar 1936, S. 114–116. Zitate S. 114, 115, 116 (aus Weber wird zitiert nach der 31. Auflage, hrsg. von Richard Reisig 1934).

45 Vesper strich in der Neuauflage 1936 seiner weit verbreiteten Lyrikanthologie »Ernte deutscher Lyrik« die verbliebenen fünf Gedichte Heines (in der Erstauflage 1902 waren es noch 14), vergaß aber peinlicherweise, sie auch im »Verzeichnis der Anfänge« zu tilgen (Ernte deutscher Lyrik. Hrsg. von Will Vesper. Ebenhausen bei München 1936, 310.–313. Tausend).

46 Paul Fechter: Dichtung der Deutschen. Eine Geschichte der Literatur unseres Volkes von den Anfängen bis zur Gegenwart. Berlin 1932, S. 579, 583.

47 Paul Fechter: Geschichte der deutschen Literatur. Von den Anfängen bis zur Gegenwart. Berlin 1941; Zitate S. 7 u. 510 f. – Nach dem Krieg passte Fechter die Heine-Passagen seiner Literaturgeschichte (Gütersloh 1952) abermals dem Zeitgeist an; siehe dazu Günther Cwojdrak: Der Fall Fechter. Eine Streitschrift. Berlin: Aufbau 1955, bes. Kap. »Dreimal Fechter, einmal Heine«, S. 47–56. – Änderungen der Heine betreffenden Passagen in Literaturgeschichten, die im Dritten Reich neu aufgelegt wurden, waren verbreitet. Es gab jedoch auch »Bearbeitungen« in belletristischen Werken. In Clara Viebigs Roman »Die Wacht am Rhein« (1902), der in Düsseldorf spielt, kauft der junge Offizier nach längerer Beratung in der Buchhandlung für die angebetete Feldwebeltochter als Geschenk Heines »Buch der Lieder« (Kap. 11). In der nationalsozialistischen Zeit nehmen Friedrich Rückerts Gedichte diese Rolle ein (Berlin, o. J. [1942?], S. 126 f.). Es ist allerdings unklar, wer diese Änderung veranlasste.

48 Walther Linden: Geschichte der deutschen Literatur von den Anfängen bis zur Gegenwart. Leipzig 1937, S. 6 u. 361.

49 Franz Koch: Geschichte deutscher Dichtung. Hamburg, 5. Aufl. 1942, S. 200.

50 Peter Hasubek: Ausbürgerung – Einbürgerung? Heinrich Heine als Schullektüre. Ein Beitrag zur Rezeptionsgeschichte. – In: Heinrich Heine. Artistik und Engagement. Hrsg. von Wolfgang Kuttenkeuler. Stuttgart 1977, S. 305–332; Zitate S. 325 f. (Ein Beleg für die zuletzt zitierte Behauptung wird nicht gegeben.)

51 Hermann Pongs: Neue Aufgaben der Literaturwissenschaft II. – In: Dichtung und Volkstum. Neue Folge des Euphorion. Zeitschrift für Literaturgeschichte 38 (1937), S. 273–324; Zitate S. 276 u. 274.

52 G. H. Theunissen: Vom Wesen des rheinischen Journalisten. Ein Versuch über Görres und Heine. – In: ebd. 39 (1938), S. 51–60; Zitate S. 51 u. 56 f.

53 Ludwig Albert: Eine Nichte der Frau von Stein in Heines Buch Le Grand. – In: Zeitschrift für deutsche Philologie 61 (1936), S. 309–314.

54 Ewald Geißler: Vom Deutsch jüdischer Dichter. – In: Nationalsozialistische Monatshefte, Juni 1939, S. 525–537; Zitate S. 536, 535 f.

55 E. K. Wiechmann: Romantik und Judentum. – In: Völkischer Beobachter, 13. 3. 1943. – Siehe zur Rezeption Eichendorffs im Dritten Reich Martin Hollender: Die politische und ideologische Vereinnahmung Joseph von Eichendorffs. Einhundert Jahre Rezeptionsgeschichte in der Publizistik. Frankfurt a. M. u. a. 1997, Kap. »Eichendorff in den Jahren des Faschismus« (S. 151–223) mit verschiedenen Gegenüberstellungen dieses »deutschen« Dichters mit seinem »Antipoden«, der »epigonalen Zerrfigur der Romantik«, dem »Juden« Heine (S. 184).

56 Lutz [Anm. 39], S. 801, 804 f.

57 Richard Benz: Die deutsche Romantik. Geschichte einer geistigen Bewegung. Leipzig 1937. An einer Stelle wird Heine demonstrativ verschwiegen: Brentano habe mit der Lore Lay einen »ech-

ten Mythos geschaffen«, »ein Anderer« ihm später die populäre Form gegeben (S. 167 f.). In der Nachkriegsausgabe fällt Benz der Name des »Anderen« wieder ein, er fügt ihn hinzu (5. Aufl. Stuttgart 1956, S. 152). – Auch eine andere bedeutende Epochendarstellung der Zeit erwähnt in den Teilen, die in der NS-Zeit entstanden sind, Heine nicht: Hermann August Korff: Geist der Goethezeit. Versuch einer ideellen Entwicklung der klassisch-romantischen Literaturgeschichte. 4 Bde. Leipzig 1923–1953. 8. Aufl. 1966, unveränderter Nachdruck Darmstadt 1988. Siehe dazu Ulrich Pongs: H. A. Korff über Heinrich Heine. Zur Lyrik der »Deutsch-Romantik«. – In: HJb 35 (1996) S. 128–151, bes. S. 138.

58 Reichsministerium für Volksaufklärung und Propaganda an Reichs-Rundfunk-Gesellschaft, 30. 12. 1935; zit. nach Dahm [Anm. 2], S. 162.

59 Willy Richartz (Reichssendeleitung) an Hellmuth Habersbrunner (Intendant des Bayerischen Rundfunks), 5. 2. 1936; zit. nach ebd., S. 162 f.

60 [an.:] Was will die einsame Träne? – In: Das Schwarze Korps, 3. 6. 1937.

61 Georg Spandau: Heinrich Heine im deutschen Lied. – In: Das Deutsche Podium. Fachblatt für Ensemble-Musik und Musik-Gaststätten (München) 4, Nr. 11, 13. 3. 1936, S. 1–2.

62 Börries Freiherr von Münchhausen: Heinrich Heine in deutschen Tönen. – In: Deutsche Zukunft. Wochenzeitung für Politik, Wirtschaft und Kultur (Berlin) 4, Nr. 18, 3. 5. 1936, S. 15 f.

63 Arthur Luther: Text und Melodie. – In: ebd., Nr. 19, 10. 5. 1936, S. 14.

64 [an.:] Opferfreudigkeit. – In: Das Wort. Literarische Monatsschrift (Moskau) 1, 1936, S. 100 f., Zitat S. 100 f.

65 [an.:] »Ich nenne Heinrich Heine einen Schweinehund«. – In: ebd., S. 101 f., Zitate S. 102.

66 Zit. nach Matthias Wendt: Wie »Die alten, bösen Lieder« zu »Rübezahl« wurden. Zur Rezeption der Schumannschen Heine-Lieder im »Dritten Reich«. – In: Übergänge. Zwischen Künsten und Kulturen. [...] Hrsg. von Henriette Herwig [u. a.]. Stuttgart, Weimar 2007, S. 141–157, Zitat S. 144. Der Aufsatz von Wendt behandelt erstmals diesen Komplex der Heine-Lieder in der NS-Zeit aufgrund von Archivmaterialien. Ich folge Wendt in den Hauptlinien.

67 Thomas Synofzik: ›Urdeutsche‹ Musik und jüdische ›Lügenpoesie‹. Zur Rezeption der Heine-Vertonungen Robert Schumanns. – In: »Das letzte Wort der Kunst.« Heinrich Heine und Robert Schumann zum 150. Todesjahr. Hrsg. von Joseph A. Kruse [...]. Stuttgart, Kassel 2006, S. 389–404, Zitat S. 397; es stammt von Hans Joachim Moser: Schumanns Liederschaffen in neuer Anordnung. – In: Robert Schumann Blätter. Mitteilungen der deutschen Robert-Schumann-Gesellschaft H. 2, August 1944, S. 9 f. Die Druckvorlage der Ausgabe wurde im Krieg vernichtet.

68 Zit. nach Wendt [Anm. 66], S. 143 u. 144.

69 Zum Folgenden s. ebd., S. 145 ff.

70 Abbildung des Programms ebd., S. 154, die folgenden Zitate S. 145 u. 148. Wendt druckt ab und analysiert u. a. die Neudichtung von »Die alten, bösen Lieder«; Venatier dichtet unter dem Titel »Rübezahl«: »Der alte wilde Wuwo, der tobt von Berg zu Berg. / Jetzt gleicht er einem Riesen, jetzt einem bösen Zwerg.« (Ebd., S. 150 ff., 155.)

71 Kortländer [Anm. 2]. »In Schullesebüchern [...] ist er sorgfältig ausgemerzt, wie eine Überprüfung von mehr als 50 der damals gebräuchlichen Lesebücher ergeben hat. [...] Die kollektive Erinnerung einer ganzen Generation deutscher Schüler, die in Düsseldorf zu uns ins Heine-Institut kommen und mit dem Brustton der Überzeugung behaupten, in ihrem Lesebuch habe sich genau dieser Abdruck [»Verfasser unbekannt«] befunden, ist falsch.« (S. 9 f.).

72 Wie Anm. 60. – Bereits 1933 forderte »Der Stürmer«: »Nazis singen die Lorelei nicht!«: Die »Verse eines sogenannten ›deutschen Dichters‹, der einer der gemeinsten Juden gewesen ist, die Deutschland jemals sah [...], singen wir Nazis nicht, wenn wir der Lorelei ansichtig werden! [...]

wir singen die deutschen Rheinlieder unserer deutschen Dichter!« (Dr. B.: Nazis singen die Lorelei nicht! – In: Der Stürmer 11, 1933, Nr. 40.) In welchem Umfang diese Aufforderung befolgt wurde, lässt sich nicht sagen. In dem Ufa-Spielfilm »Regine« (nach Kellers Novelle) erklang – 1937! – bei einer Rheinfahrt die »Loreley« (Dahm [Anm. 2], S. 161).

73 Spandau [Anm. 61], S. 1.

74 Lutz [Anm. 39], S. 801.

75 Zu dieser Politik passt es, dass Ausländern der Besuch und die Nutzung der Düsseldorfer Heine-Sammlung noch eine Zeitlang möglich waren. Kortländer berichtet: Der Direktor der Düsseldorfer Bibliothek teilt im September 1936 Mademoiselle Claudine Delabarre mit, die Heine-Sammlung sei nicht verbrannt und könne benutzt werden [Anm. 2, S. 36]. Die exilierte kommunistische Schriftstellerin Maria Leitner kehrte unter Decknamen in das Deutsche Reich zurück und berichtete darüber, auch über einen Besuch im Heine-Zimmer der Bibliothek; obwohl es »vorläufig für immer geschlossen« sei, erhielt sie als ›Amerikanerin‹ Zutritt. (Mary L.: Besuch bei Heinrich Heine. – In: Das Wort. Literarische Monatsschrift 3, 1938, H. 1, S. 145 f.).

76 Wie Anm. 60.

77 Z. B. Martha Wertheimer: Die Totenmaske. Zu Heinrich Heines 80. Todestag am 17. 2. 1936. – In: Bayerische Israelitische Gemeindezeitung (München) 12, 1936, S. 53–54; Erich Lichtenstein: Aus der Geistesgeschichte des deutschen Judentums im 19. Jahrhundert. Heinrich Heine als Jude. – In: Bayerische Israelitische Gemeindezeitung 11, 1935, S. 348–351; Erich Lichtenstein: Heinrich Heines Heimkehr. Zum 80. Todestag des Dichters am 17. Februar: – In: Jüdische Allgemeine Zeitung (Berlin), 12. 2. 1936, Beilage.

78 Zum Schocken Verlag s. die materialreiche Darstellung von Dahm [Anm. 2].

79 Werner Kraft: Nachwort. – In: Heinrich Heine. Gedicht und Gedanke. Auswahl und Nachwort von W. K. Berlin 1936, S. 79–85. Zitate S. 82, 85. – In Briefen aus der Entstehungszeit der Auswahl äußert sich Kraft deutlicher als im Nachwort: »Von allen paradoxen Künstlergestalten die paradoxeste. […] Der widerlichste Journalismus neben der reinsten Lyrik, und eben wegen Umfang und Spannungskraft war er doch größer als Eichendorff oder Mörike, die praktisch, in Hinsicht der Kunstleistung größer sind als er.« Und: »in seinen enormen moralischen und geistigen Schwächen die entscheidendste Dichterpersönlichkeit des 19. Jahrhunderts« (an Wilhelm Lehmann, 26. 2. 1935 und 23. 12. 1935; zit. nach Jörg Drews: Heinrich Heine in den Augen Werner Krafts. – In: Harry … Heinrich … Henri … Heine. Internationales Symposion Graz 2006, hrsg. von Dietmar Goltschnigg [u. a.]. Berlin 2008, S. 315).

80 Erich Loewenthal: Nachwort. – In: Heinrich Heine: Der Rabbi von Bacherach. Ein Fragment. Mit […] einem Nachwort von E. L. Berlin 1937, S. 89–104. Zitat S. 100.

81 Ebd., S. 103.

82 Arthur Eloesser: Vom Ghetto nach Europa. Das Judentum im geistigen Leben des 19. Jahrhunderts. Berlin 1936; Zitate S. 125.

83 Büchmann: Geflügelte Worte. Der Zitatenschatz des Deutschen Volkes […] ergänzt von Dr. L[eopold] Heinemann. Berlin 1928; S. 84–87: 42 Wendungen; dass.: […] Hrsg. von Alfred Streißler. Berlin 1930, S. 307–309, 19 Wendungen.

84 Büchmann: Geflügelte Worte. Neu bearbeitet von Dr. Valerian Tornius. Leipzig [1935]. Vorwort S. 6.

85 Geflügelte Worte. Der Zitatenschatz des deutschen Volkes gesammelt und erläutert von Georg Büchmann. […] 28. Auflage [260.–268. Tsd.]. Neubearbeitet von Gunther Haupt und Werner Rust. Berlin 1937. Vorwort, S. VII.

86 Wulf [Anm. 2], S. 469.

[87] Geflügelte Worte [...]. Volksausgabe nach der von Gunther Haupt und Werner Rust neubearbeiteten 29. Auflage des Hauptwerkes bearbeitet von Werner Rust. 297.–306. Tsd. Berlin 1943, S. 203; insgesamt S. 203–207.

[88] Heinz Dieter Tschörtner: Gerhart Hauptmann und Heinrich Heine. Mit einem unbekannten Brief. – In: HJb 36 (1997) S. 168–172; Henning Baumeister: »Das Lied der Loreley, meint man, könne nicht mehr gehört werden ...« Zu den »Gnaden des souveränen Gedankens« bei Gerhart Hauptmann. – In: ebd., S. 173–175.

[89] Gerhart Hauptmann: Das gesammelte Werk. Ausgabe letzter Hand. Abt. 1, Bd. 14. Berlin 1942, S. 792.

[90] Baumeister [Anm. 88], S. 174 f.

[91] Gerhart Hauptmann: Notiz-Kalender 1889 bis 1891. Hrsg. von Martin Machatzke, Frankfurt u. a. 1982, S. 401.

[92] So berichtete z. B. der Schriftsteller Paul Schallück von einem Deutschlehrer, der – unter dem Vorwand, den Schülern zur Warnung jüdischen Ungeist demonstrieren zu wollen – Heine-Gedichte vortrug und besprach (In: Geständnisse. Heine im Bewußtsein heutiger Autoren. Hrsg. von Wilhelm Gössmann u. a. Düsseldorf 1972, S. 142–146).

[93] Für Auskünfte und Hinweise danke ich den Mitarbeiterinnen und Mitarbeitern des Heinrich-Heine-Instituts Düsseldorf, des Deutschen Literaturarchivs Marbach a. N., der Bundesarchive Berlin und Koblenz sowie der Deutschen Nationalbibliothek Berlin. Der Beitrag geht auf den ersten Teil eines Vortrags zurück, den ich am 17. Oktober 2007 vor der Nordrhein-Westfälischen Akademie der Wissenschaften in Düsseldorf unter dem Titel »Heinrich Heine im Dritten Reich und im Exil« gehalten habe. Die Druckfassung des Vortrags wird 2008 in der Reihe G der Akademie erscheinen (Paderborn u. a.: Schöningh).

Kleinere Beiträge

Hybridität und kulturelle Differenz: Anmerkungen zu Heinrich Heines Tragödie »Almansor«.

Von Constantin Sonkwé Tayim, Yaoundé

Heinrich Heines Drama »Almansor« dreht sich um eine komplexe Familiengeschichte.

Almansor, Sohn des Aly, wird in frühester Jugend mit Zuleima, der Tochter des Abdullah verlobt. Durch diese Verlobung verewigen zwei maurische Familien ihre Freundschaft. Während Almansor in der Obhut von Zuleimas Vater aufwächst, wird Zuleima vom Vater ihres späteren Ehemannes, Aly, erzogen. Dann beginnt in Andalusien aber die Maurenverfolgung durch die Spanier und den Mauren bleibt nur die Alternative Spanien zu verlassen oder zum Christentum überzutreten. Abdullah zieht es vor, dem Glauben seiner Väter treu zu bleiben. Er verlässt Spanien, flieht ins nordafrikanische Exil und nimmt Almansor, seinen zukünftigen Schwiegersohn mit, während sein Freund Aly und seine Tochter Zuleima zum Christentum übertreten. Nach vielen Jahren kehrt Almansor in die ›Heimat‹ zurück. Er erfährt, dass Zuleima, die jetzt Donna Clara heißt, im Begriff ist, einen Spanier zu heiraten. Er unternimmt es sie zu entführen und lässt sich dabei von Freunden wie dem Eiferer Hassan helfen. Mitten in der Hochzeitsfeier verschwinden Almansor und Zuleima. Sie werden von der Hochzeitsgesellschaft verfolgt und sehen keinen anderen Ausweg als gemeinsam Selbstmord zu begehen.

Für die Untersuchung des Stücks eignet sich der Begriff Hybridität, der seit einigen Jahrzehnten die kultur- und literaturwissenschaftliche Diskussion mitbestimmt.

Ich fasse Hybridität, mich auf Homi K. Bhabha stützend, unter zwei unterschiedlichen Gesichtspunkten auf. Im ersten Sinne stellt Hybridität einen Prozess dar, durch den Denkprozesse auf ihren Modus und Impetus hin geprüft bzw. in Frage gestellt werden und aus dem neue Ansätze entworfen werden. Es geht also um die Dekonstruktion von Denkprozessen.[1] Im zweiten Sinne weist Hybridität darauf hin, dass kulturelle Momente bzw. Elemente unterschiedlicher Herkunft und Natur in einem gemeinsamen Raum existieren und sich gegenseitig beeinflussen und im Akt des »De-platzierens« und der »Überlappung« neue Räume entstehen, neue Identitäten geschaffen werden. So sind »Ansprüche auf [...] Ursprünglichkeit« oder »Reinheit« von Kulturen »unhaltbar«[2], genauso wie das völlige Auslöschen einer Kultur bzw. der Bestandteile einer Kultur sich als unmöglich erweist.

Ferner bietet sich auch für die Analyse die Kategorie kulturelle Differenz. Diese Kategorie weist in einem Kontext von Grenzüberschreitungen von Kulturen darauf hin, dass die Identität des Individuums als Produkt einer Spannung zwischen Selbst und Anderem gestaltet wird. Das Selbst wird also zu etwas, das erst in Abhängigkeit zum Anderen entsteht bzw. sichtbar wird, durch die Wahrnehmung des Fremden, durch seine Aufnahme, durch die Erweckung von ›unbekannten Bedürfnissen‹.

I. Aly = Don Gonzalvo? oder Wie wird man Christ?

Mit seiner Bekehrung zum Christentum übernimmt Aly den Namen Don Gonzalvo und seine Tochter Zuleima wird Donna Clara genannt. Auch seinen Dienern wurden die Namen geändert. Dadurch glaubt Aly, seine christliche Identität am besten zum Ausdruck zu bringen. Er hat Rache gegen seinen Freund Abdullah geschworen, als er erfuhr, dass der seinen Sohn Almansor getötet hat. Er hält Abdullah erstmal für einen Verräter. Er wird aber im Laufe der Handlung immer sanfter und muss am Ende resignieren. Als er erfährt, dass Almansor noch am Leben ist, wird er sehr glücklich.

Aly will sich an Abdullah rächen, vermeidet aber, Abdullahs Tochter in die Sache zu verwickeln. Er lässt sie nicht einmal erfahren, dass Abdullah ihr Vater ist. Er erkennt Abdullahs Vollrechte bzw. Vorrechte auf Zuleima. Er will sie vor diesem peinlichen Geheimnis schützen. Was ihm zufolge dieses Verhalten begründen soll, ist seine christliche Religion:

Aly.
(Stolz.)
Ich hab' gehandelt, Señor, wie ein Christ. (DHA V, 24)

Doch indem der Autor auch den Freund Abdullah gleich handeln lässt, zeigt er eben, dass die Religion nichts damit zu tun hat, oder zumindest, dass auch ein Andersgläubiger derselben Tat fähig sein kann.

So versucht Aly unbedingt sich davon zu überzeugen, dass er einer Wandlung unterzogen wurde, dass er nichts mehr mit dem Islam zu tun hat. Doch seine Bekehrung ruft einige Fragen hervor:

Reicht eine Namensänderung aus, um die grundlegenden Veränderungen hervorzubringen, die durch den Taufakt bzw. eine religiöse Bekehrung verursacht werden sollen?[3] Man ist geneigt zu denken, dass Aly nicht aus religiöser Überzeugung zum Christentum übergetreten ist, sondern aus Angst vor Vergeltung. Die Frage eines Musikanten, eines Fiedlers, bestätigt dieses Gefühl:

> O sag' mir doch: warum denn Don Gonzalvo,
> So hastig und so *ängstlich* auf uns einsprang,
> Als wir den hübschen Maurentanz, den Zambrah,
> Aufspielen wollten, und warum statt dessen
> Hieß er den spanischen Fandango spielen?
> (DHA V, 30, Hervorhebung von mir)

Hier soll klar unterschieden werden zwischen Kultur und kulturellem Ausdruck[4], genauso wie zwischen Kultur und semiotischem System.

Die Musikanten in »Almansor«, die maurische Christen sind, sind trotz des Übertritts zum Christentum ihre Musik nicht losgeworden. Das heißt, dass sie zwar der maurischen Kultur angehören, sich aber nicht alle kulturellen Ausdrücke dieser Kultur zu eigen machen. Die Entrüstung und die Beharrlichkeit, mit denen diese Frage gestellt wird, zeugen davon, dass dieser Tatbestand für sie keinesfalls abwegig ist. Sie haben, im Gegensatz zu Aly, die Verhandlung zwischen den unterschiedlichen kulturellen Ausdrücken und semiotischen Systemen gemeistert. Aly hält sich für einen maurischen Christen, hat aber Angst maurische Musik spielen zu lassen, denn er fürchtet bestimmt, von den spanischen Gästen als Verräter angesehen zu werden. Es ist offensichtlich, dass in Alys Schloss die Religion das dominante semiotische System bildet. Alys Problem ist, dass er Politik und Religion mischt. So gelingt es ihm nicht, eine Trennung zwischen christlicher Religion und spanischer Nationalität bzw. Kultur zu machen. Dies lässt die Unsicherheit und die Verstreutheit der Identität bei einer Figur wie Aly nur umso deutlicher werden. Was also zu Beginn eindeutig war, wird immer komplexer. Anstelle der Frage: »Ist Aly Moslem oder Christ?« tritt eher eine Frage wie »Wie Moslem, oder wie Christ ist Aly?« Auch bleibt die Frage, warum Aly zur Hochzeit seiner Tochter nur ganz wenige Maurenchristen eingeladen hat, unbeantwortet. Dieses Verhalten zeugt viel mehr von einer Ambiguität als von einer festgelegten, reinen christlichen Identität, wie man sie sich vorstellen könnte. So ist es nicht verwunderlich, dass Aly auch seinen maurischen christlichen Gästen nicht vertraut:

Der eine Ritter.
(Sieht sich sorgsam um.)
Wir waren wohl die einz'gen Maurenchristen,
Die Aly eingeladen, und als Carlos –
Der andere Ritter.
Versteh', Schmerz zuckte über Alys Antlitz,
Er sah uns forschend an, – wem traut man jetzt? (DHA V, 29)

Dass er die mitkonvertierten Gäste verdächtigt, ist auch ein Beweis dafür, dass er selbst unsicher ist und deshalb nicht als hundertprozentiger Christ angesehen werden kann. Und was dieses Unsicherheitsgefühl verstärkt ist die Tatsache, dass Aly sich noch beleidigt bzw. unwohl fühlt, wenn Böses über den Islam und dessen Propheten gesagt wird:

Das war noch nichts. Er biß sich blau die Lippen,
Als Carlos laut den wilden Schweinskopf lobte,
Und scherzhaft drollig den Propheten schalt,
Der seinem Volk' ein solch Gericht versagt hat. (ebd.)

Alys Versuch moslemische Namen durch christliche zu ersetzen schlägt fehl, denn nicht nur Pedrillo, der Wächter, vermag es nicht, sich völlig in einen Christen zu verwandeln. Dies ist auch für Aly selbst gültig, denn er erlaubt noch, dass Zuleima ihn Aly nennt, und er darf sie auch noch ab und zu Zuleima und nicht immer Donna Clara nennen. Dies ist nach meiner Meinung nicht nur das Zeichen einer besonderen Nähe zu seiner Tochter, sondern und besonders der Beweis, dass er es nicht schafft, sich völlig vom Islam abzukehren. Dazu kommt, dass die Namensänderung, die er vornimmt, für seine Diener bestimmt nur ein Affentheater ist. Pedrillo zum Beispiel gibt das mechanisch wieder, was ihm verordnet wurde. Man darf daran zweifeln, dass er den Sinn dieser Veränderungen begreift. Kurz vor der Kampfszene, als Almansor und seine Freunde das Schloss stürmen wollen, nennt er sie die »Unsern« (DHA V, 59), bevor die Gäste ihn berichtigen. Dies weist darauf hin, dass ihm die Wandlung nicht gelungen ist. Was die Verwirrung Pedrillos noch deutlicher macht, sind seine Worte während des Kampfes:

Doch sieh! wer ist der rothe Ritter? Seltsam!
Er trägt den span'schen Mantel und gehört
Zur maurischen Parthey – O Allah! Jesus!
(Weint.) (DHA V, 61)

Er ruft hier zugleich den islamischen und den christlichen Gott an und kann am Ende vor Verwirrung nur noch weinen.

Ob das ein Versehen ist oder nicht, man muss hier erkennen, dass Aly es nicht vermag, die Spuren der islamischen Kultur völlig auszublenden. Er ändert die Namen, aber die frühere Namenstradition bleibt erkennbar, die moslemischen Namen bleiben sichtbar. Frühere Schichten der Identität bleiben also sichtbar wie auf einem Palimpsest, so dass im Laufe der Zeit die unterschiedlichen Schichten der Identität, auch die vergangenen, sichtbar werden. Dass er es Zuleima trotz des ›Fremdenhasses‹ erlaubt, ihn mit seinem moslemischen Namen zu nennen, zeigt nämlich, dass das Islamische nicht völlig verschwunden ist. Auch Pedrillo vermag nicht, den Namen Zuleima völlig aus seinem Gedächtnis auszulöschen (DHA V, 27)

Es reicht also nicht aus, eine Namensänderung bzw. eine Dekoränderung vorzunehmen, um sich von einer inneren Veränderung zu überzeugen. Man muss sich noch versichern, dass die Persönlichkeitsstruktur und die innere Struktur des Denkens tief modifiziert werden, was aus dieser Sicht keine leichte Aufgabe ist. Grundlegend ist hier das bachtinsche Prinzip der Heterotopie, das darauf gründet, dass beim Kontakt zwischen unterschiedlichen Schichten einer Kultur oder unterschiedlichen Kulturen bzw. Kulturträgern keine der Schichten völlig ausgelöscht, sondern ein Dialog zwischen ihnen inszeniert wird.[5] Die Nichteinheitlichkeit, die heterotopische Struktur der Identität der Figuren in »Almansor« ist von diesem Standpunkt aus offensichtlich.

Der höchste Punkt dieses Wechselspiels zwischen Islam und Christentum ist Almansors Rückkehr. Aly ändert seine Einstellung zur Ehe Zuleimas völlig, indem er Don Enrique erklärt, dass er Zuleima nicht heiraten darf. Dies verrät seine Absicht, Zuleima und Almansor zu vermählen. Dabei vergisst er fast, dass Almansor zwar sein Sohn ist, aber ein Moslem und daher ein Feind ist. Hier erhält in der Konfrontation zwischen Familienverwandtschaft und Religionsverwandtschaft die Familienverwandtschaft den Vorrang. Die Identität wird nun nicht als etwas Harmonisches bzw. als stabiles Ganzes aufgefasst, sondern als die Zusammensetzung unterschiedlicher Fragmente unterschiedlicher Herkunft, die ständig im Wandel sind.

Die Tatsache, dass die letzten Worte des Abdullah an Aly und Zuleima dem Leser verschwiegen werden, lässt jede Möglichkeit offen. Es wäre sogar nicht abwegig, wie Almansor zu glauben, dass Abdullah »den Haß« »Nicht mit in's Grab nahm« (DHA V, 37). Um diese These der Versöhnung noch plausibler zu machen, lässt der Autor Almansor seinen Ziehvater nicht nach moslemischem Brauch begraben (ebd.).

Dass der Autor den Sohn eines Christen zum Moslem macht und die Tochter des Moslems zur Christin werden lässt, deutet auf die möglichen Überlappungen hin, die in einem Kontext der kulturellen bzw. religiösen Umwandlung stattfinden können, so dass man kaum noch deutlich erkennen kann, wo das Christliche anfängt und wo es seine Grenze hat. Dieser Austausch ist an sich der Kern des Problems. Almansor ist Moslem, ist aber blindlings in eine Christin verliebt. Die Lösung des Problems ist, so Heine, nicht die Ausschaltung des anderen, sondern der Versuch einer Vermittlung, zumal die Identität des Individuums nicht einheitlich, harmonisch ist, sondern aus unterschiedlichen Schichten besteht, die der Gegenstand der Vermittlung sind.

II. Zwischen Liebe und Fundamentalismus

Alle Christen sind für Hassan Schlangen, Feinde. Demzufolge versucht er, Almansor von Alys Schloss fernzuhalten. Er beschreibt Alys Schloss als eine Hölle, der man nicht entrinnen kann, wenn man nicht Christ ist. Akzeptiert er, Almansor zu Alys Schloss zu begleiten, dann deshalb, weil er ahnt, dass er dort Christen bekämpfen wird. Dabei vergisst er fast seine frühere Absicht, Almansor von Alys Schloss fernzuhalten, weil er dort in Gefahr sei und jeder, der in Alys Schloss ist, ein Feind des Islam sei. Er vergisst fast, dass die Braut, bei deren Entführung er helfen will, eine Christin ist und daher eigentlich als Feindin angesehen werden sollte. Sein Vorschlag die christliche Braut zu entführen zeugt von einer bestimmten Überlappung von identitätstragenden Schichten innerhalb der Figur Hassans, die dialogisch zueinander stehen. Aus der Spannung zwischen jenen Schichten entsteht nun die Identität als etwas, das auch in einer Reaktion der Abwehr oder der Abgrenzung vom anderen konstituiert bzw. konstruiert wird und das Resultat dieser Spannung ist. Dass nun der andere, der Feind, auch als etwas Wertvolles angesehen wird, ist ein Zeichen der Veränderungen, denen Hassan unterzogen wurde und dessen er sich nicht mal bewusst ist.

Almansor kommt nicht nach Granada zurück um Rache zu nehmen. Die Entfernung von der Heimat scheint ihn und seinen Ziehvater Abdullah geistig eher der Heimat angenähert zu haben. Er hat gelernt, sich nicht auf die äußere Erscheinung des Menschen zu verlassen. So bedient er sich eines spanischen Mantels als Verkleidung, um sich in Alys Schloss zu schleichen. Hassan ist derjenige, der ihn darauf aufmerksam macht, dass man ihn wegen seines Mantels mit einem Christen verwechseln kann. Er behauptet, trotz Hut und Mantel doch noch ein Moslem zu sein. Der Rat, den er Hassan gibt, sich nicht immer auf das Äußere zu verlassen, könnte als Hinweis des Autors an den Leser interpretiert werden, und zwar in Bezug auf Alys Absicht, durch die Veränderung des Sichtbaren – Namen, Dekor usw. – eine Verwandlung des unsichtbaren Inneren zu bewirken. Trotz der religiösen Gegensätze ist Almansor entschlossen, zu Aly zu gehen. Etwas Stärkeres treibt ihn, und zwar die Liebe zu Zuleima:

> Ja, ich bekenn' es, nach Zuleima schmacht' ich,
> Wie nach dem Morgenthau der Sand der Wüste.
> Noch diese Nacht geh' ich nach Alys Schloß.
> [...]
> Ja, Hassan, ja, ich liebe Alys Tochter! (DHA V, 18 f.)

Auch Zuleima liebt Almansor immer noch. Die Beziehungen zwischen den Figuren produzieren Identitäten, die alles, nur nicht stabil, einheitlich, gesichert sind, sondern offen, verstreut. Dies belegt die Tatsache, dass man im Laufe der Handlung in »Almansor« vor Kehrtwendungen nicht sicher ist. Trotz der Entfernung und der Feindseligkeit Alys liebt er also Zuleima immer noch wie früher. Aber was bringt denn Almansor und Zuleima so unzertrennlich zusammen? Ist es die ethnische Zugehörigkeit? Die Religion, oder die Liebe?

III. Die Rückkehr: Palimpsest und Alterität

Was bedeutet in »Almansor« diese Rückkehr nach Spanien? Was ist der Sinn dieser Rückkehr ins einst verlassene Land? Ist es über die Kraft der Liebe hinaus der Reiz des Fremden bzw. des anderen oder einfach eine Suche nach der verlorenen Zeit? Almansors Worte

> Ja, ich bekenn' es, nach Zuleima schmacht' ich,
> Wie nach dem Morgenthau der Sand der Wüste.

belegen die Schwierigkeit, trennscharf zwischen Orient und Okzident zu unterscheiden bzw. Orient und Okzident auseinander zu halten. Almansors Sehnen nach Zuleima erscheint hier in der Tat als einfaches Bild. Dadurch wird klar, dass das Nebeneinander beider Religionen zwar nicht unbedingt gewollt, doch aber möglich ist. Almansors ›Schmachten‹ nach Zuleima kann auch als Rückkehr des Sohns in die früher verlassene Heimat verstanden werden. Dies bedeutet, dass Spanien ihm nicht unbedingt als die Fremde erscheint, dass es in keinem Fall nur als das Land des Feindes angesehen wird. Vor allem kehrt er nach Spanien zurück, um etwas wieder zu finden, das er einst verloren bzw. verlassen hat. Und diese Gebundenheit drückt sich in seinen Worten deutlich aus:

> Hier ist mir *wohl!* auf diesem *lieben* Boden
> Klebt fest mein Fuß, wie *heimlich* angekettet; (DHA V, 41, Hervorhebung von mir)

Es klingt alles nach einer Wiederbegegnung, einem Wiederfinden des ehemals Eigenkulturellen. »Vertraute Balsamdüfte« sind ein Zeichen, dass er hier irgendwie

»heimlich angekettet« ist. Verstörende Elemente wie die Verbrennung des Korans ignoriert er zwar nicht, aber er vermeidet auch, sie unbedingt ins Zentrum des Geschehens zu rücken. Er versucht in der Tat, von einem dadurch angekündigten Kampf zwischen zwei Kulturen zu einer möglichen Verhandlung überzugehen. Dass die »Blumen sprechen« und die »Bäume singen«, drückt hier bestimmt nicht die Feindseligkeit aus, die dieses Land für den einst verlorenen Sohn empfindet. Durch diese Metapher lässt der Autor erkennen, dass Almansors Rückkehr nach Spanien als fröhliches Ereignis angesehen wird. »Bekannte Bilder hüpfen aus den Büschen« (ebd.), sagt Almansor. Dieser Satz ergänzt den hier gezeichneten Prozess der Erinnerung als Wiederfinden, wobei in Berührung mit bestimmten Elementen die Vergangenheit wieder ins Subjekt einfließt. Es handelt sich in der Tat um alte Bilder, die dem Rückkehrenden aus dem Gedächtnis »hüpfen« und die ihn daran erinnern, dass er doch auch zu Hause ist. »Liebe und Heimatliebe sind es, die Almansor wieder nach Spanien getrieben haben.«[6] Damit wird klar, dass es nun unmöglich ist, Almansor fest an einem Ort zu situieren, ihn vor ein Entweder-Oder zu stellen, zumal das hier als Heimat erkannte Spanien auf keinen Fall alle Rechte auf ihn beanspruchen kann. Auch wenn der Held erkennt, dass er hier zu Hause ist, erkennt er zugleich, dass er irgendwie befremdet ist. Er bringt etwas mit, das er beim Abschied nicht hatte, und er findet auch etwas, das ihm unvertraut ist.

Dass man an den Kirchen noch klar erkennen kann, dass sie früher Moscheen waren, erleichtert den Moslems bestimmt den Übergang zum Christentum.[7] Nach meinem Dafürhalten ist aber dieser Tatbestand vielmehr das Resultat eines unbewussten Prozesses der Identitätsbildung. Er dokumentiert die Unmöglichkeit, eine Kultur völlig auszulöschen. Hier wird die Hybridität der Kultur am deutlichsten sichtbar. Es handelt sich hier um die Präsenz disparater konstitutiver Bestandteile aus unterschiedlichen Bedeutungssystemen, die zueinander im dialogischen Verhältnis stehen. Die Kultur funktioniert in diesem Sinne wie ein Palimpsest, indem mehrere Schichten bzw. Realitäten in demselben Raum vorhanden sind und die so konstruierte Realität auf keinen Fall Uniformität beanspruchen kann. Dies begründet das Prinzip der Heterotopie. Daraus ergibt sich, dass die Harmonie, die Einheitlichkeit und die Organizität als grundlegende Merkmale der Realität in Frage gestellt werden und an deren Stelle die Hybridität gesetzt wird. Hybridität bedeutet in diesem Sinne »die Tatsache, dass verschiedene historische Momente Spuren hinterlassen, die sichtbar bleiben, aber auch die Tatsache, dass unterschiedliche Gruppen nebeneinander leben, sich gegenseitig beeinflussen und neue gemeinsame Räume schaffen.«[8] Dies deutet darauf hin, dass die Kirche hier als Zwischenraum fungiert, d. h. als ein Ort, der nicht stabil, nicht konturiert ist, wo neue Identitäten entstehen können. Es handelt sich um einen Platz, wo Desorientierung, Störung des Richtungssinns stattfinden. So fällt es dem Helden Almansor schwer, sich zurecht zu finden. Er sieht zwar das Christusbild, stellt aber zugleich fest, dass die Kirchen früher Moscheen waren. Diese Auffassung der Kultur fasst Stuart Hall in folgenden Worten zusammen:

> Wir sollten nationale Kulturen nicht als etwas Einheitliches, sondern als einen diskursiven Entwurf denken, der Differenzen als Einheit oder Identität darstellt. Sie sind von tiefen inneren Spannungen und Differenzen durchzogen und nur durch die Ausübung kultureller Macht vereinigt.[9]

Aus dem Treffen beider Religionen entsteht zwar ein Ideenkampf, der aber nicht zur endgültigen, von Aly geplanten Trennung führt. Ganz im Gegenteil entsteht aus diesem Treffen eine Art Annäherung, eine Versöhnung. Zuleima und Almansor werden nicht zu ewigen Feinden. Es wird somit bestätigt, dass das Werk »Almansor« als Werk der Weltliteratur angesehen werden kann, d. h. als Inszenierung eines Kontakts zwischen unterschiedlichen Gruppen, bei dem eine Mischung, eine Hybridisierung stattfand. Dieses Werk ist der von Heine gelieferte Beweis, dass man im Kontakt mit dem Anderen nicht unverändert bleibt und dass der Andere sogar Bestandteil des Selbst sein kann. Erst im Kontakt mit Almansor gelingt es Zuleima, sich selbst zu entdecken, genau so wie Almansor auf seiner Seite durch dieses Treffen seines Daseins bewusster wird.

IV. Liebe als versöhnender Faktor

Während des langen Gesprächs zwischen Almansor und Zuleima scheinen beide Protagonisten ihre religiösen Unterschiede zu vergessen und nur noch das Lied der Liebe zu singen. Hier steigt die Spannung bzw. die Liebe. Man träumt, man wünscht, man ist vom Anderen angezogen. Dass Zuleima von Liebe spricht, täuscht Almansor und er übersieht die Kritik und die Vorwürfe, die gegen ›seine‹ Religion formuliert werden. Nimmt er nun das Glockengeläute als störendes Element wahr, dann deshalb, weil es seine Idylle stört.

Zuleima wurde in der christlichen Tradition erzogen und weiß nicht viel von anderen Religionen, nämlich nur das, was ihr von Aly und vom Abt beigebracht wurde, dass nur Christen in den Himmel kommen. Versucht sie aber, Almansor zu überzeugen, dann deshalb, weil sie ihn liebt, trotz des Religionsgegensatzes. Es geht in der Tat nicht darum, einen neuen Gläubigen zu gewinnen, sondern um Liebe. Aus Liebe, nicht aus religiöser Solidarität lässt Aly Almansor verfolgen. Er will seinen Sohn bei sich haben. Es geht ihm keinesfalls darum, dem christlichen Freund Don Enrique im Kampf um Zuleima beizustehen. Nicht der Kampf also, sondern die Liebe ist hier zentral.

Ob Fatyma, Abdullah, Almansor, Aly oder Zuleima, die Aussagen der Figuren laufen am Ende auf einen gemeinsamen Punkt hinaus, die Toleranz, oder noch präziser, die Liebe. Hier wird am ehesten sichtbar, wie nah Christentum und Islam zueinander stehen. Heine lässt durchscheinen, dass beide Religionen auf demselben Terrain spielen, dem Terrain der Liebe:

> Du sprachest aus, Zuleima, jenes Wort,
> Das Welten schafft und Welten hält zusammen;
> Du sprachest aus das große Wörtlein »Liebe!«
> […]
> Du sprachst es aus, und Wolken wölben sich,
> […]
> Die Vöglein zwitschern fromme Andachtlieder,
> […]
> Nur eine Kirch' der Liebe ist die Erde. (DHA V, 44)

Diese Worte Almansors lassen das Motto von Heines Drama noch bedeutsamer werden:

> »Es kämpfen Christ und Moslem, Nord und Süden,
> Die Liebe kommt am End und macht den Frieden« (DHA V, 8)

Das magische Wort ist hier also »Liebe«. Dies ist bestimmt auch der Beweis, dass es Heine nicht darum ging, Religionen gegeneinander zu stellen, sondern etwas herauszufinden, das diese Religionen verbindet und, ohne ihre Unterschiede völlig auszublenden, sie doch als kompatibel erscheinen lässt. Die Absicht ist hier, eine Formel zu finden, in der diese Räume als zu einem größeren Raum gehörend angesehen werden können. Es ist nicht die Textabsicht, eine Religion zu verteidigen gegen andere oder eine Religion als die dominierende darzustellen, sondern durch Figuren darzustellen, wie Menschen ihre Identitäten konstruieren und wie diese Identitäten nicht einheitlich sein können, wie sie sogar unfassbar sein können. Mit der Liebe wird etwas erfunden, das beide Räume auf einen gemeinsamen Nenner zurückführt. Hier findet der Übergang vom religiösen Partikularismus zu einem weltbürgerlichen Charakter der Religion statt. Es wird so vermieden, Menschen in Muslime und Christen einzuteilen, um sie in eine größere Entität einzutragen, die nicht nur die Distanz zwischen beiden Räumen verringert, sondern auch zeigt, dass die Existenz der einen Entität die der anderen nicht ausschließt. Die Liebe fungiert hier als ein Ort jenseits der Spannungen, wo die Menschheit wieder zu einem Ganzen rekonstruiert wird. Die Liebe kann auch als Sieg der Natur über alle Grenzen gesehen werden, als die Kraft, die zu überbrücken vermag, da sie sich durch kein anderes semiotisches System einfangen lässt, sondern die eigene Logik entfaltet und dadurch alle Grenzziehungen sprengt.

Schluss: Der Tod ist kein Ende

Almansor und Zuleima ziehen es vor, gemeinsam Selbstmord zu begehen. Sie verwirklichen ihre Liebe durch den Tod, anstatt eine Trennung hinzunehmen, die an der Religionsverschiedenheit liegt. Aus Liebe zueinander unternehmen sie das, was sie nach ihrer jeweiligen Religion nicht wagen dürfen. So wird der Tod nicht als das Ende an sich, nicht als Scheitern eines interkulturellen Projekts angesehen, sondern als Protest gegen religiöse Intoleranz. Er trägt also zur Logik des Werkes bei: »Das Tor zum Paradies, so muss man die Anwesenheit Almansors in der ›seligen Wohnung‹ interpretieren, steht jedem Menschen offen, der es verdient – egal welcher Religion er angehört«.[10] Der Tod fungiert hier als ein imaginierter Ort, wo Islam und Christentum nebeneinander existieren können. Der gemeinsame Tod von Almansor und Zuleima soll daher nach meiner Meinung nicht als Resignation angesehen werden, sondern als die von Heine durch diese Figuren formulierte Ablehnung einer essentialistischen Auffassung des Menschen und seiner Kultur. So lässt der Autor Zuleima folgendes behaupten:

> Der Tod, der trennt nicht, der Tod vereinigt,
> Das Leben ist's, was uns gewaltsam trennt. (DHA V, 45)

Das heißt, dass man in der Zukunft ein friedlicheres Verhältnis zwischen Orient und Okzident erwarten darf. Dass Zuleima und Almansor sich entschlossen haben, ihr Leben für ihre Liebe zu opfern, lässt in diesem Sinne eher auf eine bessere Zukunft schließen. Der Tod ist hier also nicht das Ende, sondern der Anfang.

Mich auf die Kategorie der Hybridität stützend, habe ich zu zeigen versucht, dass Heine in »Almansor« totalitäre und essentialistische Diskurse in Frage stellt bzw. dekonstruiert. Er legt dar, dass Diskurse, die die Welt nur in binären Trennungen darstellen, unser Verständnis der Wirklichkeit beeinträchtigen. Es soll an den Motiven der Liebe und der Rückkehr klar geworden sein, dass das Nebeneinanderexistieren von Teilen aus unterschiedlichen Bedeutungssystemen in einem gemeinsamen Raum, ob nun friedlich oder nicht, immer Entortungen mit sich bringt, so dass jene Bestandteile nie unverändert bleiben und keiner ganz ausgeblendet wird. Es entsteht vielmehr ein dialogisches Verständnis, so dass »das Andere nie außerhalb oder jenseits von uns verortet ist, sondern seine Stelle einnimmt innerhalb eines jeden kulturellen Systems und des durch dieses System bedingten Diskurses«.[11] Differenz markiert nicht eine Grenze zwischen unterschiedlichen kulturellen Momenten, sondern das Ergebnis, das sich aus der Spannung zwischen ihnen ergibt.

Anmerkungen

1 Homi K. Bhabha: Die Verortung der Kultur. Tübingen 2000, S. 10.

2 Ebd., S. 57.

3 Religionshistoriker und Theologen sind der Ansicht, dass der Taufakt eine tiefgreifende Veränderung bei der betroffenen Person verursachen soll bzw. verursacht und somit nicht als bloße Formalität angesehen werden kann.

4 In einem Aufsatz über die Identitätskonstruktion macht der kamerunische Germanist David Simo einen klaren Unterschied zwischen Kultur und kulturellem Ausdruck. Für ihn bezeichnet der kulturelle Ausdruck ein Merkmal bzw. einen Grundzug einer bestimmten Kultur, eine Denkweise, eine Art und Weise, innerhalb einer Kultur zu handeln bzw. eine Kultur zu erleben, während die Kultur selbst eine größere Entität bildet, die aus mehreren kulturellen Ausdrücken besteht, die manchmal widersprüchlich sein können, die aber auf eine bestimmte Kohärenz abzielen bzw. eine bestimmte Kohärenz aufweisen. Das Vorhandensein einer gegebenen Kultur hängt also von der Möglichkeit ab, zu einem bestimmten Zeitpunkt jene kulturellen Ausdrücke harmonisch miteinander zu verknüpfen, so dass eine bestimmte Kohärenz entsteht. Es geht also um Vermittlung zwischen unterschiedlichen kulturellen Trägern. Simo unterscheidet auch zwischen Kultur und semiotischem System. Ihm zufolge bezeichnet ein semiotisches System eine Gesamtheit von Zeichen, die in ihrer Funktionsweise eine bestimmte Kohärenz und Stabilität aufweisen und die demselben Prinzip untergeordnet sind. Vgl. David Simo: Elites et constructions identitaires: Le piège tribal. – In: Constructions identitaires en Afrique. Enjeux, Stratégies et Conséquences. Hrsg. v. David Simo. Yaoundé 2006, S. 31 f.

5 Vgl. M. M. Bakhtin: The dialogic imagination. Four Essays. Ed. Michael Holquist, transl. Caryl Emerson and Michael Holquist. Austin 1981.

6 Joseph Gomsu: ›Bruder Hassan‹ oder vom Projekt einer multikulturellen Gesellschaft in Heinrich Heines Tragödie *Almansor*. – In: Perspektiven einer anderen Moderne. Literatur und Interkulturalität. Hrsg. v. Arne Eppers u. Hans-Peter Klemme. Hannover 2003, S. 158.

7 Ebd., S. 160.

8 David Simo: Subjektposition, Hybridität und Kultur im Zeitalter der Globalisierung, postkoloniale Ansätze. Unveröffentlichter Essay. S. 15.

9 Stuart Hall: Rassismus und kulturelle Identität. Ausgewählte Schriften. Hamburg 1994, Bd. II, S. 206.

10 Gomsu [Anm. 6], S. 162.

11 Bhabha [Anm. 1], S. X, XI.

Die »Loreley« von Heinrich Heine in den russischen Interpretationen

Von Olga Filatova, Ishewsk

Das zweite Gedicht aus dem Zyklus »Die Heimkehr«, dem russischen Leser meist als »Loreley«/»Лорелея« bekannt, ist in Russland sehr populär geworden. Es handelt sich um das Gedicht »Ich weiß nicht, was soll es bedeuten«.[1] Heine schrieb es vor fast 200 Jahren. Seit den 40er Jahren des 19. Jahrhunderts wurde es 28 mal ins Russische übertragen. Die erste Übersetzung von 1839 stammt von Karolina Pavlova und bis heute ist dieses Gedicht ein Objekt der Übersetzungstätigkeit.

Für dieses Gedicht hat Heinrich Heine seine Lieblingsform benutzt: Kreuzreim und dreihebige Verse. Die meisten russischen Dichter folgten dem Original und versuchten den Rhythmus wiederzugeben. Es sei aber betont, dass in den ersten Übertragungen der Rhythmus, den Heine für sein Werk wählte, von den russischen Übersetzern nicht beachtet wurde. Zu solchen Übersetzungen gehören die von K. Pavlova (1839), P. Weinberg (1862), J. Wesselowskij (1895), N. Galkowskij (1909). Die genaue Wiedergabe der Wörter war für diese Übersetzer das Wichtigste.

Der erste russische Dichter, der die mit dem Rhythmus und Versmaß verbundene Aufgabe gelöst hat, war Alexander Blok. Seine Übertragung trägt das Datum 1909. Blok selbst hielt seine Fassung der »Loreley« für sehr gelungen. Er schrieb darüber in einem Brief an S. A. Vengerov: »Erlauben Sie mir, Ihnen […] diese meine Übersetzung der berühmten ›Loreley‹ vorzuschlagen. Ich bestehe entschieden gerade auf diesem Gedicht, weil mir dabei, wie es scheint, gelungen ist, alle Feinheiten des Versmaßes wiederzugeben, und dies, soweit ich weiß, zum ersten Mal«.[2] Und das ist wirklich so: Wenn wir die rhythmische Struktur seiner Übersetzung mit dem Original vergleichen, können wir feststellen, dass 17 Verse von 24 die gleiche Silbenzahl haben und 10 Verse des Liedes das Versmaß des Originals wiedergeben.

Was die Wiedergabe der Lexik anbetrifft, so ist die Interpretation von Blok nicht einwandfrei. Ein anderer russischer Übersetzer, W. Levik, las Bloks Übertragung und war mit der zweiten Strophe nicht einverstanden, nämlich mit der Übersetzung der Verse: »Der Gipfel des Berges funkelt / Im Abendsonnenschein.« Er fand, dass Blok nicht beachtet habe, dass es sich im Original nur um *einen* Gipfel handelt und nicht um *ein Gebirge*, wie es in Bloks Übersetzung steht: *В вечерних лучах алеют/ Вершины дальних гор*. 1941 wurde die Interpretation von W. Levik veröffentlicht. Es war seine erste Übertragung der »Loreley«, in der er sowohl Rhythmus und

Versmaß, als auch den Sinn des Gedichtes wiederzugeben versuchte. Die »Loreley« aber ließ ihm keine Ruhe, weil er spürte, dass seine Übertragung auch nicht vollkommen war. Einige Jahre später, nach einem Deutschland-Besuch, kehrte er zur »Loreley« zurück. 1959 gab Levik eine neue Interpretation, einige Zeilen des Gedichtes hatte er genauer übersetzt, wobei ihm nicht nur seine Sprachkenntnisse, sondern auch die Erfahrung als Maler (Levik war Übersetzer und Maler von Beruf) zugute kamen.

Nach der Übertragung von Levik erschienen noch weitere russische Übersetzungen: von S. Marschak (1951), A. Kosyrev (1980), A. Erschov (1982), E. Levin (1987), A. Estrin (1999), A. Polonskij (2003), A. Lukovenkov (2005), T. Petrova (2005). Jeder dieser Übersetzer wollte den Sinn und die Schönheit des Originals dem russischen Leser vermitteln, obwohl das nicht leicht war. Die Schwierigkeiten bestanden nicht nur in der Wiedergabe des Versmaßes, sondern auch in der Wahl der passenden Lexik. Nicht jeder Übersetzer konnte, zum Beispiel, ein richtiges Wort für das deutsche Substantiv »Geschmeide« finden. Einige (Weinberg, Galkowskij, Blok, Levik, Marschak) haben es mit *одежда* – Kleidung, andere (Levin, Erschov) mit *ожерелье* – Halskette übersetzt, wieder andere (Pavlova, Lukovenkov) haben dieses Wort überhaupt ausgelassen.

Auch »eine wundersame, gewaltige Melodei« brachte gewisse Schwierigkeiten für russische Übersetzer. Häufig wurde das Epitheton *wundersam* durch *wunderschön* ersetzt (z. B. in den Interpretationen von Wesselowskij, Galkowskij, Levik und Estrin) und das Adjektiv *gewaltig* beschreibend übersetzt (z. B. von Blok, Marschak und Levin).

Große Unterschiede beobachten wir in der Syntax. Heine gebraucht in seinem Gedicht nur Aussagesätze. Viel emotionaler sind russische Übertragungen, in denen Frage-und Ausrufesätze anzutreffen sind. Auf solche Weise haben die Übersetzer ihre eigenen Gefühle ausgedrückt: Mitleid mit dem »Schiffer im kleinen Schiffe«, Empörung über die Handlung der Loreley oder Ironie in Bezug darauf, dass die Schuld am Untergang des Schiffers nur bei der Loreley gesehen wird.

Das Verdienst der russischen Übersetzer liegt darin, dass jede Interpretation etwas Neues zum Verstehen des Heine-Gedichtes beigetragen hat. Und nicht zuletzt darin, dass das erste Wort des Gedichtes »Ich« ist. In den meisten russischen Interpretationen wird die persönliche Stimmung dominierend zum Ausgangspunkt gemacht, und in fast allen Übertragungen wird das »Ich« in der letzten Strophe auch wieder betont. So schließt sich der »Strophenbogen [...] zum vollkommenen Kreis«[3], in ihnen wie im Original. Das lyrische Ich steht an erster Stelle. Landschaft und Naturbilder dienen dem Dichter nur als Kulissen, in denen er seine Gefühle und Gedanken darstellt. Ein anderes Gedicht von Heine führt einen Nachweis dazu: »Aus meinen großen Schmerzen / Mach ich die kleinen Lieder« – schrieb der berühmte deutsche Dichter.

Aus russischen Interpretationen wird offenbar, dass Heine den Lesern nicht »ein Märchen aus alten Zeiten«, sondern etwas Persönliches erzählen wollte. Heute wie vor 200 Jahren lockt die Loreley russische Übersetzer.

Anmerkungen

1 Heinrich Heine: Buch der Lieder. – Stuttgart 2003, S. 115 f.

2 Aleksandr Blok: Sobranie sočinenij v vosmi tomach (Gesammelte Werke in acht Bänden). Hrsg. von V. N. Orlov, A. A. Surkov, K. I. Čukovskij. Moskau, Leningrad 1960–1963; Bd. III, S. 638 f.

3 Ursula Jaspersen: Heinrich Heine. Ich weiß nicht, was soll es bedeuten … – In: Die deutsche Lyrik. Form und Geschichte. Hrsg. v. Benno von Wiese. Düsseldorf 1997, S. 128–133, hier S. 133.

Heine, Hegelianismus, Saint-Simonismus und »Zur Geschichte der Religion und Philosophie in Deutschland«

Von Nina Bodenheimer, Paris

Der unlängst erschienene Band »Hegelianismus und Saint-Simonismus«[1] beinhaltet eine Fragestellung, die auch für die Heine-Forschung Relevanz und Potential bereit hält: Der Transfer philosophischer Inhalte zwischen Hegelianismus und den Saint-Simonisten ist nämlich für das Verständnis von Heines Annährung an den und Auseinandersetzung mit dem Saint-Simonismus von großem Interesse. Das Ziel dieses Beitrags ist nicht, Heine mit Hilfe seiner »Geschichte der Religion und Philosophie in Deutschland« als Saint-Simonisten zu entlarven – eine Frage über die in der Forschung herrlich gestritten wird, und die hier nicht beantwortet werden kann und soll.[2] Es geht vielmehr um seinen Ansatz und seine Beweggründe, Hegelianismus und Saint-Simonismus im Rahmen dieses Buches ›unter einen Hut‹ bringen zu wollen.

I. Berliner Vorgeschichte

Heines jüdische Herkunft und die damit verbundenen sozio-kulturellen Probleme waren gewiss ausschlaggebende Motivationsquellen für seine lebenslange Suche nach einer neuen Philosophie, einem neuen Gesellschaftsmodell, jenem »neuen Lied«, das er uns später im »Wintermärchen« singt. In diesem Kontext muss man auch seine Begeisterung für die hegelianische Philosophie verstehen – die nämlich eine jüdische Emanzipation einschließt[3] –, und auch seine Begeisterung für Napoleon, sowie sein späteres Interesse für den Saint-Simonismus – diese drei Optionen stehen unter dem gleichen Stern.[4]

Es ist bekannt, dass Heine an der Universität Berlin auch bei Hegel studierte. Er besuchte in den Jahren 1821–1823 einige von Hegels Vorlesungen (unter anderem über Rechts- und Geschichtsphilosophie)[5], die seine politische und philosophische Wahrnehmung der Welt stark beeinflussen sollten. Heines Schriften zeugen dementsprechend von einer dialektischen Vision der Geschichte, die sich wiederum am stärksten in »Zur Geschichte der Religion und Philosophie in Deutschland« herauskristallisiert. Auch wenn Hegel hier – zumindest im Vergleich zu anderen Philosophen – eigentlich nur sehr kurz behandelt wird, so ist der hegelsche Geist omnipräsent, und das hegelsche Werk wird als Höhepunkt der deutschen Philosophie dargestellt, denn »Hegel hat ihren großen Kreis geschlossen« (B III, 636). Heine schreibt in gewisser Weise seine eigene Bildungsgeschichte, durchdrungen von einem Hegelianismus, der zugleich auf eine eigene, originelle Weise interpretiert, und dessen praktisches Potential in den Vordergrund gestellt wird. Denn Heine konnte und wollte sich in seiner Außenseiterposition als deutscher Jude nicht mit einer ›abstrakten‹ Philosophie zufrieden geben. Dieser Konflikt mit den Abstraktionen der hegelschen Philosophie verfolgte Heine offenbar bis in seine Träume, denn in einem Brief vom Mai 1823 an seinen Freund Moses Moser beschreibt er folgenden Albtraum, der genau diesen Punkt betrifft:

> Ich sah eine Menge Menschen die mich auslachten [...], und ich lief schäumend vor Aerger zu Dir, mein guter Moser, und Du öffnetest mir Deine Freundes Arme und sprachest mir Trost ein, und sagtest mir ich solle mir nichts zu Gemüthe führen, denn ich sey ja nur eine Idee, und um mir zu beweisen, daß ich nur eine Idee sey, griffest Du hastig nach Hegels Logik und zeigtest mir eine konfuse Stelle darinn, und Gans klopfte ans Fenster, – ich aber sprang wüthend im Zimmer herum und schrie: ich bin keine Idee und weiß nichts von einer Idee und hab mein Lebtag keine Idee gehabt. – Es war ein schauderhafter Traum, ich erinnere mich Gans schrie noch lauter, und auf seiner Schulter saß der kleine Markus und schrie mit unheimlich heiserer Stimme die Zitaten hinzu und lächelte auf eine so gräßlich freundliche Weise daß ich vor Angst aufwachte. (HSA XX, 86)

Man kann Heine also gewiss nicht als waschechten Hegelianer bezeichnen. Und vermutlich war es auch nicht im Rahmen der universitären Vorlesungen oder seiner flüchtigen Treffen mit Hegel im Salon der Familie Varnhagen, dass Heine mit einem mehr an der Praxis orientierten Hegelianismus in Berührung kam. Für seine damalige Wahrnehmung der hegelschen Philosophie war ein anderer Kontext entscheidend. Am 4. August 1822 trat Heine dem »Verein für Cultur und Wissenschaft der Juden« bei, der junge jüdische ›Intellektuelle‹ vereinigte, die fast allesamt die hegelsche Philosophie studiert hatten, und sie in gewisser Hinsicht konkretisieren wollten.[6] Ihr Ziel war es, die jüdische Gemeinde zu reformieren und so den Juden die Eingliederung in die deutsch-christliche Gesellschaft zu vereinfachen, und die jüdische Religion somit aus ihrer Isolation zu befreien.[7] Man kann also von einer Aufklärungsarbeit sprechen, die allerdings nicht den gewünschten Erfolg hatte, und der Verein löste sich bereits 1824 auf.[8]

II. Pariser Kontext und die Saint-Simonistische Bewegung

Die französische Julirevolution (1830) und Heines Ankunft in Paris im Mai 1831 läuten einen neuen Abschnitt seiner literarischen Karriere ein.[9] Der Dichter selbst ahnte bereits vor seiner Abreise, dass das französische ›Exil‹ seiner Poesie nicht zugute käme, und schrieb im Januar 1831 an Karl August Varnhagen von Ense, dass er in Frankreich »leider eine Rolle spielen müßte wobey all mein künstlerisches poetisches Vermögen zugrunde ginge« (HSA XX, 428). In der Tat sollte er in den nächsten Jahren keine Lieder mehr schreiben und keine Gedichte, sondern – »la force des choses« (HSA XXI, 20) – mittels seiner Schriften versuchen die Völker links und rechts vom Rhein miteinander bekannt und vertraut zu machen, damit sie schließlich gemeinsam den langen Weg zum Weltbürgertum beschreiten. Heine schreibt diesbezüglich im Frühjahr 1833 an einen Freund, wahrscheinlich Friedrich Merckel:

> Ich werde [...] alles Mögliche thun, um den Franzosen das geistige Leben der Deutschen bekannt zu machen; dieses ist meine jetzige Lebensaufgabe, und ich habe vielleicht überhaupt die pacifike Mission, die Völker einander näher zu bringen. Das aber fürchten die Aristokraten am meisten; mit der Zerstörung der nationalen Vorurtheile, mit dem Vernichten der patriotischen Engsinnigkeit schwindet ihr bestes Hülfsmittel der Unterdrückung. Ich bin daher der inkarnirte Kosmopolitismus, und ich weiß, daß dieses am Ende die allgemeine Gesinnung wird in Europa [...]. (HSA XXI, 51 f.)

Heine widmete sein Werk und Wirken nun also dem Kosmopolitismus und dem Fortschritt. Kultivierte und belesene Männer, die ihn vielleicht in seiner Mission unterstützen konnten, gedachte Heine bei den Saint-Simonisten zu finden, deren »Doctrine de Saint-Simon. Exposition. Deuxième année« er bereits im Februar 1831 studiert hatte, und deren Ideen ihn – und auch die Varnhagens[10] – zunächst begeisterten, denn sie schien, über die hegelsche Philosophie hinaus, eine Philosophie der Tat zu versprechen.[11] Die Saint-Simonisten hoben sich innerhalb der Pariser Gesellschaft durch einen ausgeprägten Hang zur Philanthropie hervor, und sie boten ein neues kosmopolitisches Sozial- und Gesellschaftsmodell an, das in Vernetzungen auf horizontalem Niveau funktionieren sollte – und folglich als Gegensatz zur klassischen, vertikal angelegten Hierarchie fungiert. In einer solchen Gesellschaft wäre der »exploitation de l'homme par l'homme« ein Ende gesetzt, wie es die Saint-Simonisten in ihren Schriften unterstrichen, und der Mensch wäre hier nicht mehr durch seine religiöse und soziale Herkunft vorbestimmt – es findet sich innerhalb dieser Gruppe übrigens ein recht hoher Prozentsatz von Juden (wie bei den Junghegelianern) –, sondern er würde sich alleine durch seine Fähigkeiten auszeichnen; »chacun selon ses capacités« lautete ihr Leitmotiv, das Heine glauben machte, er könnte im Rahmen dieser Gruppe einen, seinen Platz als Künstler finden, einen Platz, der ihm zur Zeit des »Vereins für Cultur und Wissenschaft der Juden«[12] nämlich noch nicht vergönnt war.

Die saint-simonistische Bewegung entstand 1825 am Todestag ihres ›Meisters‹ und Namengebers Claude-Henri de Rouvroy, comte de Saint-Simon (1760–1825), dessen philosophisches Werk sie in die Tat umsetzten wollte. Als wichtigste Vertreter sind Prosper Enfantin (1796–1864), Saint-Amand Bazard (1791–1832) und Olinde Rodrigues (1794–1851) zu nennen, der letztgenannte Rodrigues war übrigens der einzige, den man wirklich als ›Schüler‹ Saint-Simons bezeichnen kann. Die Saint-Simonisten verschrieben ihr Wirken dem technischen Fortschritt, mit dem Ziel eine neue, so genannte ›organische Epoche‹[13] herbeizuführen. Die organische Epoche steht für eine straff organisierte Idealgesellschaft, in der ein jeder, ganz nach seinen Fähigkeiten, seinen Platz finden sollte (oder besser gesagt, zugewiesen bekam), und deren soziale Ordnung durch eine neue, der Vernunft zugängliche Religion aufrechterhalten werden sollte. In ihrer Anfangsphase versuchten die Saint-Simonisten dieses Gesellschaftsmodell im Kleinen zu realisieren und schufen Arbeiter-Wohngemeinschaften, vergaben Arbeit, Brot und Obdach an Arbeitslose und lebten selber zeitweise in einer Art Kommune in der rue Monsigny zusammen. Als es aber um den Auf- und Ausbau der saint-simonistischen Religion ging, stellten sich Bazard und Enfantin schnell als Leitfiguren heraus. Allerdings waren sich die beiden über gewisse Punkte nicht einig, und so kam es im November 1831 zum Schisma der Bewegung. Bazard ging, und Enfantin etablierte sich selbst als »Père Suprême«, dem seine ›Apostel‹ zu Füssen lagen.[14]

Dass die Saint-Simonisten allesamt ein hohes Bildungsniveau besaßen, war kein Zufall, denn Saint-Simons Theorien – die sich übrigens weder mit dem Liberalismus, noch mit dem Sozialismus decken – basieren, wie bereits erwähnt, auf dem Prinzip einer natürlichen und angeborenen Ungleichheit der Fähigkeiten der Menschen, die in Form eines freiwilligen Zusammenschlusses der Kompetenzen organisiert und so zum Wohle aller in ihrer Verschiedenheit kompensiert werden sollte.[15] Hierin liegt auch das revolutionäre Element der saint-simonistischen Philosophie, denn in einer Gesellschaft, in der sich der Mensch nur durch seine individuellen, intellektuellen oder manuellen Kompetenzen auszeichnet und definiert, verlieren althergebrachte und von der herrschenden Klasse wohl gehegte Institutionen wie Erbrecht, Familienbesitz und Abstammung ihr Existenzrecht. Zugleich entspricht Saint-Simons Leitidee »Chacun selon ses capacités« weniger der Vorstellung der Gleichheit der Menschen, als einer Billigung und Legitimierung der Organisation ihrer Ungleichheiten, was notwendig zu einer Gesellschaft führt, die aufs Neue von einer Elite gelenkt und geleitet wird und somit, aller Vernetzungen zum Trotz, wieder eine vertikale Form annimmt. Dieser Punkt ist ungemein wichtig, um die spätere, fast schon anmaßend wirkende Führungsposition Prosper Enfantins in der Gruppe zu verstehen; eine Position, die für Enfantin und seine Anhänger nicht als Auswuchs eines übermäßigen Egos erschien, sondern durch jenen Leitsatz und Enfantins unbestrittenes Charisma voll und ganz gerechtfertigt.

Das Wirken der Saint-Simonisten wird in der Forschung meist in drei Abschnitte unterteilt: Der erste, ansetzend nach dem Tode Saint-Simons, beinhaltet die Formulierung der »Doctrine«, ein Sammelwerk der Lehrmeinungen dieser Schule, das 1829 und 1830 in Frankreich erschien, und hat einen philosophischen Schwerpunkt. Der zweite Abschnitt ist der der aggressiven und populistischen Expansion der Saint-Simonisten, der Formulierung des saint-simonistischen Dogmas und der Gründung ihrer Kirche nach der Julirevolution. Die Philosophie tritt nun hinter einen religiösen und fast schon lächerlichen Mystizismus zurück, und die Gruppe nimmt eine straff hierarchische Form an, nach dem Schisma sektenartig organisiert um den Père Suprême Prosper Enfantin, der nach seinem Bruch mit Bazard im November 1831 die »unglaubliche Vermessenheit hatte [...], sich für einen Gottmenschen, die Inkarnation des Messias zu halten«[16] – und der sich auch dementsprechend verhielt. Nach dem Verbot der Bewegung im Jahre 1832 und der damit zusammenhängenden sechsmonatigen Inhaftierung Enfantins und Michel Chevaliers – Chefredakteur der Zeitschrift »Le Globe«, dem wichtigsten Sprachrohr der Saint-Simonisten –, beginnt die ›praktische‹ und dritte Phase der Saint-Simonisten, die sich nach ihrem mystischen Abenteuer wieder auf ihre diversen gelernten Metiers besinnen, und sich im Aufschwung der Industrialisierung und der Kapitalisierung als Ingenieure[17], industrielle Investoren[18] oder Staatsökonomen[19] profilieren sollten.

III. Heines Berührung mit dem Saint-Simonismus

Kurz nach seiner Ankunft in Paris, Ende Mai 1831, nahm Heinrich Heine also Kontakt zu der saint-simonistischen Bewegung auf, besuchte einige der saint-simonistischen Versammlungen und unterhielt persönlichen Umgang mit Prosper Enfantin, den Brüdern Rodriguez und den Brüdern Pereire, er traf Saint-Amand Bazard und Charles Duveyrier und schloss Freundschaft mit Michel Chevalier. Da Heine sich fast ausschließlich für die religiöse Komponente des Saint-Simonismus und deren soziale Auswirkungen auf die Praxis interessierte, stellte er sich nach dem Schisma, der Spaltung der Schule, im November 1831 auf die Seite Prosper Enfantins. Heine war zunächst enthusiastisch – auch wenn er der saint-simonistischen Kirche nicht beitrat –, denn er dachte in dieser Gruppe endlich jemanden gefunden zu haben, der »die Interessen der Gegenwart« (B III, 23) vertrat, und der zudem noch das künstlerische Genie heiligte und dem Künstler selbst eine hohe Stellung in der Hierarchie einräumte,

> »denn diese [Religion] betrachtet die Kunst als ein Priestertum und verlangt, daß jedes Werk des Dichters [...] Zeugnis gebe von seiner höheren Weihe, daß es seine heilige Sendung beurkunde, daß es die Beglückung und Verschönerung des Menschengeschlechts bezwecke.« (B III, 317).

Zudem war Heine der gute Kontakt zu Michel Chevalier insofern nützlich, als im »Globe« nicht nur seine Ankunft in Paris pompös angekündigt wurde[20], sondern auch Rezensionen seiner Werke erschienen.[21]

Ein anderer wichtiger Punkt, der die überschwängliche und zugleich zeitlich begrenzte Affinität Heines mit den Saint-Simonisten erklärt, war sicherlich das offenkundige Interesse einiger Mitglieder der Gruppe an der deutschen Kultur und Philosophie. Schon Saint-Simon selbst hatte einige Ideen, die sich, obgleich sie unabhängig von diesem entwickelt wurden, der Philosophie Hegels zu nähern schienen – wie zum Beispiel seine Einteilung der Weltgeschichte in organische und kritische Zeitalter, die in ihrer Abfolge schließlich zu einer Idealgesellschaft führen sollten. Zudem waren einige der Saint-Simonisten in früheren Jahren Hegel in Berlin sehr nah gekommen. Als Beispiel beschränken wir uns hier auf Jules Lechevalier, der 1827/28 einen längeren Aufenthalt in Berlin verbrachte, um Hegel vor Ort zu studieren.[22] Erst nach seiner Rückkehr nach Frankreich schloss er sich der Gruppe um Enfantin an, wobei letzterer für Lechevaliers Hegelbegeisterung allerdings kein Verständnis zeigte. Trotzdem versuchte Lechevalier bis 1830, Hegel in den Kreis der Saint-Simonisten zu importieren und wies seinen »Père« des öfteren darauf hin, dass seine Art eher hegelianisch als apologetisch sei, da seine Religion eben nicht an blinden Glauben, sondern an die Ratio appellierte. Doch Enfantin wollte von alledem nichts wissen, und Hegel wurde in der Reihe deutscher Einflüsse auf den Saint-Simonismus im ersten Jahr der »Exposition« nicht genannt, im Gegensatz zu Lessing, Herder und Kant.[23] Ein Grund für Enfantins Ablehnung könnte die Tatsache sein, dass die deutsche Philosophie, auch unter dem Einfluss Germaine de Staëls[24], als unverständlich, mystisch, und absolut verworren verschrien war, eine Philosophie, die sich mit »aberwitzigsten Träumereien und Sophismen [...]« höchstens dazu eigne, »jede Lüge und jeden Despotismus mit dem Scheine der Wahrheit und des Rechts zu umkleiden [...]« (B III, 437), wie Heine sich in der »Romantischen Schule« ausdrückt. Hegel war also zu dieser Zeit noch keine Referenz in Frankreich, mit der man sich schmückte (diese Neigung setzte erst mit Victor Cousin ein), sondern man bemühte sich, diese zu verleugnen. Aber auch der eklektische Anspruch der saint-simonistischen Philosophie müsste leiden, bekannte man sich zum Hegelianismus, und der Eklektizismus war für die Saint-Simonisten der Inbegriff des Fortschritts. Im Vorwort zur »Exposition première année« finden wir folgende Aussage: »[...] Nous sommes de l'école éclectique; [...] car aucune des vieilles philosophies [...] ne convient à l'état actuel de la civilisation.«[25] So seltsam es also klingt: Während sich der Eklektizismus in Deutschland eher in einem negativen Licht präsentierte (Hegel sagte zum Beispiel, dass der Eklektizismus »nichts gibt als ein oberflächliches Aggregat«[26]), war er in Frankreich, nicht nur bei den Saint-Simonisten, sondern auch bei Victor Cousin, so etwas wie eine eigenständige Philosophie.[27]

Dass der Saint-Simonismus in seiner religiösen Metaphysik viele hegelianische Momente enthielt, war aber unübersehbar. Der Sozialist Pierre Leroux (1797–1871), der 1824 den »Globe« mit dem Journalisten Paul François Dubois (1793–1874) gegründet hatte, und der bis zum Schisma zu den Saint-Simonisten gehörte, sprach diesen Zusammenhang in einer späteren Schrift ohne Scheu aus. Zugleich entschuldigte er Enfantins »metaphysisches Plagiat« mit der Bemerkung, dass letzterer mit der Ausarbeitung der saint-simonistischen Philosophie wenig zu tun gehabt, sondern diese eigentlich nur verbreitet, herausgegeben hatte.

> Frankreich kennt die von Enfantin entwickelten Ideen. Sicherlich wird man eines Tages wissen, dass Enfantins Metaphysik eindeutig die Hegels ist, und dass die Schule Saint-Simons durch ihn auf Abwege geraten ist. – Die Schule der Saint-Simonisten bewahrte einen rein göttlichen Keim in ihrer Lehre von der Perfektibilität, die direkt aus der Philosophie des 18. Jahrhunderts folgt; aber es gebrach ihr an einer Metaphysik, als die Hegelianer ihr aus Berlin die hegelsche Lehre, die Inkarnation überbrachten. – […] Hegels Schüler wurden Saint-Simonisten und die Saint-Simonisten wurden Hegelianer. – […] Mit seiner natürlichen Begabung für die Metaphysik, seiner Gewandtheit des Geistes und seinem unbändigen Applikationswillen war Enfantin tatsächlich nur der Herausgeber dieser Arbeit der saint-simonistischen Hegelianer.[28]

Und auch Heine sah sehr deutlich eine Verbindung zwischen Hegelianismus und den Saint-Simonisten, zumindest was die religiöse Metaphysik und das Gottesbild angeht. Eine Passage in »Zur Geschichte der neueren schönen Literatur in Deutschland«, die Heine aus der »Romantischen Schule« ausschied, lautet wie folgt:

> […] Aber Gott ist nicht bloß in der Substanz, wie die Alten ihn begriffen, sondern Gott ist <in> dem »Prozeß« wie Hegel sich ausdrückt und wie er auch von den Saint-Simonisten gedacht wird. Dieser Gott der Saint-Simonisten, der nicht bloß den Fortschritt regirt, sondern selbst der Fortschritt ist, […] dieser *Dieu-progrès* macht jetzt den Pantheismus zu einer Weltansicht, die durchaus nicht zum Indifferentismus führt, sondern zum aufopferungssüchtigsten Fortstreben. […] Gott ist […] in der Bewegung, in der Handlung, in jeder Manifestazion. (DHA VIII, 467)

IV. Von der Widmung für Enfantin zum Bruch

Damit kommen wir nun endlich zur »Geschichte der Religion und Philosophie in Deutschland«, die zunächst im März, November und Dezember 1834 auf Französisch als Artikelreihe in der »Revue des deux Mondes« erschien. Wie bereits erwähnt, enthält das Buch Heines persönliche, dialektische Geschichte des deutschen Geistes. Aber auch der Saint-Simonismus ist in diesem Buch zugegen, und zwar nicht nur bruchstückhaft. Da wäre zunächst die Widmung der ersten Auflage der französischen Buchfassung dieses Textes (April 1835) an Prosper Enfantin, in der

Heine auch zugibt, dass dieser ausschlaggebenden Einfluss auf die Entstehung dieses Buches ausgeübt hatte.[29]

> Vous avez désiré connaître la marche des idées en Allemagne [...]. Je vous remercie de l'honneur que vous m'avez fait en me demandant de vous édifier sur ce sujet [...]. Permettez-moi de vous offrir ce livre; je voudrais croire qu'il pourra répondre au besoin de votre pensée. (DHA VIII, 495)

Der Zeitpunkt dieser Widmung ist insofern ein wenig seltsam, als die Kirche der Saint-Simonisten bereits nach der Verhaftung Enfantins im Untergang begriffen war, und der Père selbst sich zum Zeitpunkt der Veröffentlichung des Buches bereits in Ägypten befand und sich dort nicht etwa religiösen, sondern ganz praktischen Tätigkeiten hingab. Vielleicht wollte Heine die Franzosen mit den Saint-Simonisten versöhnen, denn obgleich die Bewegung zu Beginn der 1830er Jahre ungemein expandierte, blieb sie doch immer eine Minderheit, und zwar – auch aufgrund von Enfantins messianischem Verhalten und wegen ihres sektenhaften Auftretens[30] – eine belächelte Minderheit. Heine wollte dem entgegenwirken und bot Enfantins oft ungeordneten metaphysischen Spekulationen die Verbindung mit einem logischen System an, von dem er glaubte, dass es dem Saint-Simonismus ähnelte.[31] Dass Heine sich nämlich in gewisser Hinsicht vor Enfantins Metaphysik hütete, lässt sich einem Brief an Karl August Varnhagen aus dem Jahre 1832 entnehmen, in dem Heine den Rückzug der Saint-Simonisten in ihre ›Klausur‹ in Ménilmontant begrüßt, denn diese »ist vielleicht der Doktrin selbst sehr nützlich; sie kommt in klügere Hände.« (HSA XXI, 37)

Wenn Heine in seiner Abhandlung immer wieder auf den innovativen und progressiven Charakter der saint-simonistischen, der »neuesten« Religion verweist, die zu ihrer Rechtfertigung keine Wunder mehr braucht, sondern nur den Glauben an die Richtigkeit und die Vernunft der Sache[32], dann bringt er sie doch immer wieder in direkte Verbindung mit dem ebenfalls progressiven Charakter der ihr zeitlich vorangehenden deutschen Philosophie, die eigentlich die gleiche Essenz aufweist, nämlich den Verstand und die Vernunft als Basis der Erkenntnis einer Notwendigkeit. Im ursprünglichen, nicht veröffentlichten Anfang der »Geschichte der Religion und Philosophie« schreibt Heine:

> Wenn St. Simon die Resultate aller Wissenschaften konstatirt und in einfachen Sätzen formulirt, so daß seine Schüler eine auf die höchsten Interessen der M<en>schheit bezügliche Doctrin daraus bilden konnten: so ist ein begeisterter Glaube an d<ie>se Doctrin eben so gut Religion, als wenn die St. Simonisten vorgäben, der Erzengel Gabriel habe diese Wahrheiten ihrem Propheten offenbart und dieser habe Stein in Brod und Wasser in Wein verwandeln können. Das Charakteristische der neueren Religion<en> besteht wohl darin daß sie sich auf die V<ernun>ft stützen, daß sie nicht so sehr von einzelnen M<en>schen sondern von Vielen formulirt werden, und daß gar keine Mirakel dabey vorfallen. (DHA VIII, 447)

Aber Prosper Enfantins Reaktion auf Heines Exkurs über die deutsche Philosophie war nicht wirklich positiv. »[...] tous ces noms sont du passé pour moi [...]. Tous ces hommes ont accompli leur tâche,« (HSA XXIV, 336) erklärte Enfantin in seinem berühmten und einzigen Brief an den Deutschen, und schob Heines Anliegen sofort vom Tisch. Was Heine nicht wusste, war die Tatsache, daß sich Enfantin seit dem Scheitern seiner Kirche und seiner Religion der Praxis zugewandt und zum Philosophieren wenig Lust hatte.[33] Der Saint-Simonismus sollte nun wirklich aktiv werden – d. h. der Fortschritt sollte nun nicht mehr zunächst von einer ideellen und abstrakten Basis ausgehen, sondern es wurde jetzt ganz konkret gehandelt, d. h. angeworben und gebaut (Infrastruktur). Enfantin hatte eine klare Vorstellung von der Rolle, die er Heine im zukünftigen Wirken der Saint-Simonisten zudachte:

> Il y a en Allemagne les frères des jeunes hommes avec lesquels vous aimez en France à communier, et ces frères sont réciproquement inconnus les uns aux autres. C'est à vous à unir leurs mains et à poser sur leur tête un signe qui les fasse se reconnaître. Ce ne sera plus de l'histoire, ce sera la politique vivante que vous ferez, ce sera de la religion. (HSA XXIV, 336)

Deutschland war also immer noch von Interesse für die Saint-Simonisten, aber der Interessenschwerpunkt hatte sich verschoben. Wenn bei der Gruppe zunächst Preußen als Aufklärungs- und Philosophenstaat mit Hegel die Sonderrolle eines zwar nicht liberalen, aber dennoch progressiven Staates einnahm[34], von dessen Philosophie man etwas lernen, bzw. übernehmen konnte, und dessen Aufgabe es war, »de constituer l'unité allemande«[35], so hatte sich Enfantin inzwischen nach einem anderen Wind gedreht. Nicht mehr das protestantische Preußen, sondern das erzkatholische Österreich, »le défenseur des grands principes sociaux ordre, autorité, religion« galt nun als »coeur de l'Allemagne« (HSA XXIII, 342), mit dem man sich verbünden müsse. Das hierarchische Element, das gewiss immer schon im Saint-Simonismus vorhanden war, hatte also Oberhand gewonnen, und war somit mit einer Kultur des freien Denkens, die mit Preußen assoziiert wurde, nicht mehr vereinbar.

Das Buch entsprach also keinesfalls den Bedürfnissen Enfantins – wie Heine in seiner Widmung formulierte –, kam diesen noch nicht einmal nahe. Zudem stellte Enfantin in der oben zitierten Passage Heines selbst gewählte Rolle des Künstlers, also des freien Schriftstellers, in Frage und versuchte ihn zum bloßen Propagandisten, also zum ›Rattenfänger‹ zu degradieren, der für die Saint-Simonisten in Deutschland auf die Jagd nach begeisterungsfähigen jungen Männern gehen sollte, um ihrer Theorie neue Jünger zuzuspielen.[36] Heine sollte also zu einem simplen Vorbeter des Nachgebeteten reduziert werden, dem keine künstlerische Freiheit zusteht, und der Inhalte verbreiten sollte, die ihm so nicht nahe standen. Heine als Vertreter von »Ordnung, Autorität und Religion«, ist in diesem Zusammenhang nicht vorstellbar. Unser Dichter hatte eine ganz andere Ansicht der »Religion der Freude«, die nämlich nicht unter Zwang entsteht, sondern durch »freie Wahlumarmung« (B III, 518), und diese hatte mit sämtlichem Katholizismus nichts gemein.

Als Heine im November 1835 an Heinrich Laube schrieb »Jüngsthin hat einer meiner saint-simonistischen Freunde in Egypten [...] gesagt [...], ich sey der erste Kirchenvater der Deutschen.« (HSA, XXI, 126) spielte er auf Enfantins Forderung an, den Saint-Simonismus aktiv in Deutschland zu verbreiten. Aber er tat nichts dergleichen. Enfantins Haltung musste ihm zu überheblich, sein Messianismus zu obskur, und seine neu aufgeflammte Begeisterung für das Österreich Metternichs, das Preußen als ›Wiege des deutschen Fortschritts‹ ablöste, einfach nur zuwider sein. Aus dem jungen, charismatischen Mann, der Enfantin zu Beginn der saint-simonistischen Bewegung gewesen war, war ein selbstverliebter und größenwahnsinniger Guru geworden, der sich ohne zu zögern mit Moses und Jesus verglich, und der seinen Jüngern Briefe schrieb, die in ihrer Inbrunst allenfalls lachen machen.[37] Heine musste dieser Mann in gewisser Hinsicht also unweigerlich fremd bleiben, und ihre Beziehung war zumindest zu diesem Zeitpunkt keine egalitäre. Unser Dichter war sich dessen wenigstens im nachhinein bewusst: Im Februar 1855 schrieb er, sterbenskrank und von vielen (Saint-Simonisten) vergessen, nicht ohne Ironie an Michel Chevalier:

> [...] Enfantin [...] n'était jamais pour moi autre chose qu'un mythe; lui aussi ne s'est guère occupé de moi [...] C'est un Dieu et il peut dire : prosternez-vous ou reniez-moi. (HSA XXIII, 414)

Anmerkungen

1 Hrsg. v. Hans-Christoph Schmidt am Busch, Ludwig Siep, Hans-Ulrich Thamer, Norbert Waszek. Paderborn 2007.

2 Die Meinungen zu diesem Thema gehen stark auseinander. Dolf Sternberger sieht Heine z. B. in seinem Buch: Heinrich Heine und die Abschaffung der Sünde, Hamburg 1976, als gestandenen Saint-Simonisten, und zwar bis zu seinem Tode. Als Gegendarstellung sei Michel Espagne: Federstriche – die Konstruktion des Pantheismus in Heines Arbeitshandschriften, Hamburg 1991, genannt, worin der Autor unterstreicht, dass sich die Annährung zwischen Heine und der Bewegung eigentlich nur auf ein Zweckbündnis beiderseits beschränkte, und dass sich Heine zudem die religiöse Symbolik der saint-simonistischen Sprache aneignete, um komplizierte Inhalte der Masse verständlich wiedergeben zu können.

3 Hier ist kein Platz, um die heikle Frage zu erörtern, in wie weit Hegel die Judenemanzipation unterstützt hat. Wir halten uns an den Ansatz, den Shlomo Avineri in seinem Artikel: A Note on Hegel's Views on Jewish Emancipation. – In: Jewish Social Studies 25, 2. 1963, S. 145–151, entwickelt, wo er anhand von präzisen Textbeispielen Hegels betont, dass sich der Philosoph entschieden für die bürgerliche und politische Gleichstellung der Juden eingesetzt hat und zwar lange vor der offiziellen Anerkennung der Juden als Staatsbürger (in Preußen erst 1848). Zu erinnern wäre

etwa an den § 209 der »Grundlinien der Philosophie des Rechts«: »Der *Mensch gilt so, weil er Mensch ist,* nicht weil er Jude, Katholik, Protestant, Deutscher, Italiener usf. ist […].« (S. 146).

4 Zu Heines Ansicht einer Parallelität von Saint-Simonismus und Napoleon siehe B III, »Französische Zustände. Tagesberichte. Aus der Normandie«, S. 268 f., wo er schreibt: »In gewisser Hinsicht war Napoleon ein saintsimonistischer Kaiser; wie er selbst vermöge seiner geistigen Superiorität zur Obergewalt befugt war, so beförderte er nun die Herrschaft der Kapazitäten, und erzielte die physische und moralische Wohlfahrt der zahlreichern und ärmern Klassen.«

5 Jean-Pierre Lefebvre vermerkt in seinem Buch: Der gute Trommler. Heines Beziehungen zu Hegel, Hamburg 1986, bes. S. 31 bis 50 – einer detaillierten Studie über das Verhältnis des Dichters zum großen Philosophen –, dass man bis heute nicht rekonstruieren kann, welchen Vorlesungen Hegels Heine genau beigewohnt hat, aber mit Sicherheit hat er eine über Rechtsphilosophie und eine über die Philosophie der Geschichte gehört.

6 Zu dem Verein gehörten unter anderen auch Leopold Zunz (1794–1886), Ludwig Marcus (1798–1843), Moses Moser (1796–1838) und vor allen Dingen Eduard Gans (1797–1839). Letzterer war Hegels Lieblingsschüler, ein jüdischer Jurist und Freund von Heine – der auch den Anstoß zu Heines Beitritt zu dem Verein gab. Der Verein selbst wurde 1819 von jungen Juden als Reaktion auf den damals zunehmenden Antisemitismus gegründet (vgl. die so genannten Hepp-Hepp-Ausschreitungen). Zu den hegelianischen Tendenzen des Kulturvereins vgl. Norbert Waszeks Beitrag zu dem Band: Eduard Gans (1797–1839): Politischer Professor zwischen Restauration und Vormärz. Hrsg. v. R. Blänkner, G. Göhler und N. Waszek. Leipzig 2002, S. 71–103.

7 Vgl. Höhn 2004, S. 34

8 H. Reissner beschreibt den Niedergang des Vereins wie folgt: »Ohne klare Aussicht auf Verwirklichung zerrann [der Kulturverein] in einem allmählichen seelischen Auszehrungsprozeß« (Hanns G. Reissner: Eduard Gans. Ein Leben im Vormärz. Tübingen 1965, S. 101).

9 Es hat sich in der Forschung etabliert, die Julirevolution als den Ausgangspunkt für Heines so genannte politische Periode zu sehen, die ungefähr zehn Jahre dauern sollte, und in die Heines Schriften über Frankreich und Deutschland aus den 1830er Jahren, aber auch die umstrittene »Ludwig Börne. Eine Denkschrift« fallen.

10 Rahel Varnhagen von Ense schreibt am 5. Juni 1832 an Heine über den Saint-Simonismus: »Er ist das neue, großerfundene Instrument, welches die große alte Wunde, die Geschichte der Menschen auf der Erde, endlich berührt.« (HSA XXIV, 128).

11 In seinem Beitrag zu dem Band: Hegelianismus und Saint-Simonismus [Anm. 1], S. 13–35, bes. S. 21–24, geht N. Waszek den Gründen und Bedingungen nach, unter denen sich Hegelianer wie Eduard Gans für den Saint-Simonismus und andere französische Soziallehren zu interessieren begannen.

12 Gerhard Höhn bemerkt in seinem »Heine-Handbuch« (2004, S. 34 f.), dass der Dichter aufgrund seines Selbstbildes als Künstler eine Sonderposition in dem Verein eingenommen hatte, dessen andere Mitglieder sich eher als Wissenschaftler definierten.

13 Saint-Simon geht in seiner Philosophie von organischen und kritischen Epochen aus. Erstere bezeichnen Zeitabschnitte, in denen die Gesellschaft straff organisiert und in Sinn und Zweck sozusagen gleichschaltet ist; das Mittelalter ist ein solcher Zeitabschnitt. Die kritischen Epochen zeichnen sich durch ein von Konkurrenz und Kampf dominiertes Nebeneinander – eben kein Miteinander – aus, so wie zur Zeit der Französischen Revolution und des Beginns der Industrialisierung.

14 Als Einführung zu Saint-Simon, seiner Lehre und der nach ihm benannten Bewegung eignet sich Pierre Musso: Saint-Simon et les Saint-Simoniens. Paris 1999, spezieller zu den Saint-Simonisten Antoine Picon: Les Saint-Simoniens, raison, imaginaire et utopie. Paris 2002.

15 Vgl. Olivier Pétré-Grenouilleau: Saint-Simon. L'utopie ou la raison en actes. Paris 2001, S. 386 f. und Henri Lichtenberger: Henri Heine Penseur. Paris 1904, S. 109.

16 Philippe Régnier: Späte Wiederbelebung der intellektuellen Allianz zwischen Deutschland und Frankreich. – In: Hegelianismus und Saint-Simonismus [Anm. 1], S. 159.

17 Enfantin arbeitete 1833 z. B. ein erstes Projekt zum Bau des Suez-Kanals aus, der allerdings erst dreißig Jahre später von Ferdinand de Lesseps realisiert wurde.

18 Die Brüder Emile und Isaac der jüdischen Familie Pereire investierten das familiäre Vermögen in den Bau der französischen Eisenbahn und verdienten damit eine Menge Geld, von dem der kranke Heine gerne ein wenig profitiert hätte.

19 Michel Chevalier machte nach seiner Entlassung aus dem Gefängnis eine beispielhafte Karriere und wurde im Second Empire sogar Senator unter Napoleon III.

20 Im »Globe« vom 22. Mai 1831 (Nr. 142, Nachdruck in 12 Bänden, 18. janvier 1831–30. juin 1831, Genf, 1978 Bd. X) findet sich folgende Ankündigung: »Le célèbre auteur allemand, docteur Heine, se trouve depuis avant-hier à Paris. C'est un de ces hommes jeunes et courageux qui, défendant la cause du progrès, ne craignent pas de s'exposer aux inimitiés des camarillas et des nobles. M. Heine, plein de verve et de franchise, a consacré sa plume à la défense des intérêts populaires en Allemagne, sans se renfermer toutefois, dans une étroite nationalité. Ses *Reisebilder* et ses écrits sur les malheurs récents des provinces rhénanes qui l'ont vu naître, et, sur *l'Histoire de la France,* lui ont acquis une très grande réputation.«

21 Am 25. Dezember 1831 erschien eine lange Rezension zu »Kahldorf über den Adel« (Bd. XI, Nr. 359), am 2. Januar 1832 eine zu »Französische Maler. Gemäldeausstellung in Paris 1831« (Bd. XII, Nr. 2).

22 Auch Gustave d'Eichthal (1804–1886) und Eugène Lerminier (1803–1857) weilten in den 1820er Jahren längere Zeit in Berlin und beschäftigten sich u. a. mit der hegelschen Philosophie. Vgl. z. B. Paola Ferruta: Les »deux mondes« saint-simoniens et le vision de la différence sexuelle: une relecture des transferts culturels franco-allemands autour de 1830. – In: L'actualité du saint-simonisme. Colloque de Cérisy. Hrsg. v. Pierre Musso. Paris 2004, S. 245–260.

23 Doctrine de Saint-Simon – Exposition, première année – deuxième séance: Loi du développement de l'humanité, vérification de cette loi par l'histoire. Hrsg. v. C. Bouglé und Elie Halévy. Paris 1924, S. 166, Anm. 2.

24 Germaine de Staël (1766–1817) publizierte 1813 – nach einem längeren Aufenthalt in Deutschland – ein Werk mit dem Titel »de l'Allemagne«, das das Deutschlandbild der Franzosen in den nächsten Jahren bestimmen sollte. Deutschland ist in diesem Buch ein Land, bevölkert von mystischen Romantikern, die nicht den geringsten Sinn fürs Praktische haben. August Wilhelm Schlegel (1767–1845) war während ihrer Reise durch deutsche Lande ihr wichtigster Begleiter und nahm großen Einfluss auf den Inhalt des Buchs. Heine grenzte sich scharf von de Staëls Werk ab, sein »De l'Allemagne« ist auch ein bewusster Gegenentwurf, um diesem »Koteriebuch« (B III, 361) ein Ende zu machen. Die Saint-Simonisten waren klar von de Staël beeinflusst. Saint-Simon selber spielt seinerzeit anscheinend mit dem Gedanken, sie zu ehelichen (Olivier Pétré-Grenouilleau [Anm. 15], S. 8) und Eugène Rodriguez erwähnt sie in seinem Vorwort zur »l'éducation du genre humain« als diejenige, deren »plume brillante« ihnen die Existenz und Brisanz des lessingschen Werk offenbart hätte (Eugéne Rodrigues: Nouveau Christianisme. Lettres d'Eugène Rodrigues sur la religion et la politique. L'éducation du genre humain de Lessing. Paris 1832, S. 301).

25 Doctrine de Saint-Simon, S. 77.

26 Georg Wilhelm Friedrich Hegel: Vorlesungen zur Geschichte der Philosophie II. Hrsg. v. Eva Moldenhauer. Frankfurt a. M. 1971, S. 431.

27 Siehe zu Lechevalier, Saint-Simonismus und Hegel: Philippe Régnier: Références et interférences allemandes à l'intérieur du saint-simonisme avant 1848. – In: Littérature et idéologies. Etudes saint-simoniennes. Hrsg. v. Philippe Régnier. Lyon 2002, S. 360 ff.

28 »La France connaît bien les idées exposées par Monsieur Enfantin. Il faudra bien qu'on sache un jour que la métaphysique de M. Enfantin est positivement celle de Hegel, et que c'est à la suite de Hegel que l'école saint-simonienne s'est égarée. – L'école saint-simonienne renfermait un germe pur et divin dans sa doctrine de la Perfectibilité conséquence directe de la philosophie du XVIIIe siècle ; mais elle manquait d'une métaphysique, lorsque les hégéliens lui apportèrent de Berlin la doctrine de Hegel, l'Incarnation. [...] M. Enfantin, avec son génie pour la métaphysique, sa facilité d'intelligence, son désir immodéré d'application, ne fut réellement d'abord que l'éditeur de ce travail des hégéliens du saint-simonisme.« (Pierre Leroux: Cours de la philosophie de Schelling. – In: Revue Indépendante 1843, vol. III, S. 332–333, deutsche Übersetzung von Renate Helligrath und Jochen Hörisch in: Materialien zu Schellings Anfängen. Hrsg. v. Manfred Frank und Gerhard Kurz. Frankfurt a. M. 1975, S. 453).

29 Hier ist nicht der Ort, die komplizierte Entstehungsgeschichte dieses Werkes gebührend darzustellen. Gewiss gab es auch andere, wichtige Anstöße, die Heine dazu verleiteten, über die deutsche Geistesgeschichte zu schreiben. Der interessierte Leser findet eine genaue Dokumentation der Entstehung im Band 8K der HSA.

30 Sowohl die Gepflogenheiten der Saint-Simonisten, als auch ihr ›Habit‹ gaben häufig Anlass für diverse Karikaturen in der französischen Presse. Henri d'Allemagne hat viele von ihnen in seinem Buch »Les Saint-Simoniens«, Paris 1930, abgedruckt. Heinrich Laube rekonstruiert in seinen »Memoiren« ein Treffen mit Heine, im Laufe dessen dieser sich wie folgt über die Kleidung der Saint-Simonisten geäußert habe: »Weiße Hose, rothe Weste, blauviolette Tunique. Weiß die Farbe der Liebe, Roth die der Arbeit, Blauviolett die des Glaubens. Auf der Brust ein Schild mit dem Namen der würdigen Person, für die Höheren auch der Titel, also für Enfantin ›der Vater‹ [...].« – In: Werner I, S. 403.

31 Thomas Petermann schreibt in seinem Buch: Der Saint-Simonismus in Deutschland. Frankfurt a. M. 1983, S. 70: »Sie [die Schriften] zeigen deutlich, wie Heine das, was er an den deutschen Universitäten gehört hatte, dazu dient, die unsystematischen philosophischen Spekulationen der Saint-Simonisten gewissermaßen ›in den Griff zu kriegen‹«.

32 »Wenigstens beim Saint-Simonismus, welcher die neueste Religion, ist gar kein Wunder vorgefallen.« (B III, 540).

33 Régnier [Anm. 27], S. 364.

34 Globe vom 16. März 1832 (Nr. 32).

35 Globe vom 16. Juni 1831 (Nr. 177).

36 Die Saint-Simonisten hatten im Mai 1833 bereits versucht, in Deutschland auf Mission zu gehen, aber die zwei Gesandten wurden in verschiedenen deutschen Ländern verhaftet und ausgewiesen, ohne überhaupt mit irgendjemand gesprochen zu haben (vgl. d'Allemagne [Anm. 29], S. 381).

37 Vgl. Prosper Enfantin: Lettres sur la vie éternelle. Hrsg. v. Antoine Picon. Paris 2004. Darin sind Briefe vereinigt, die Enfantin aus Ägypten an seine Jünger schrieb, in denen er, wie der Titel bereits sagt, das ewige Leben erklärt und sich selbst zum HOMME-DIEU erklärt.

Politik als Jahrmarktspektakel Untersuchungen zu einer literarischen Kippfigur in Heines »Lutetia«

Von Nils B. Schulz, Berlin

I.

Die Textpassage, der ich mich annähern möchte, entstammt dem ersten Artikel aus Heinrich Heines 1854 erschienenen Paris-Buch »Lutetia«. Die Annäherung nimmt das in den Blick und ins Gehör, was ich die Ausdrucksbewegungen eines Textes nenne. Unternehmen werde ich eine Lektüre, die, wie Roland Barthes formuliert, nichts auslässt: »sie ist schwerfällig, sie klebt am Text, sie liest, wenn man so sagen kann, mit Akribie und Besessenheit, erfasst an jedem Punkt des Textes das Asyndeton, das die Sprachen zerschneidet«.[1] Zum einen folgen mein Blick und mein Gehör einer Lust am Text; zum anderen möchte ich zeigen, was eine Lektüreweise zu leisten vermag, die den Ausdrucksbewegungen eines Textes sorgsam nachspürt[2], die darauf achtet, *»was der Sprache passiert«*.[3] Nicht sollen diese einführenden Formulierungen einen Weg der Textannäherung rechtfertigen, der gegenwärtig kaum mehr begangen wird, entweder weil man glaubt, dass es keine Leser mehr gibt, die eine Lektüre der Intensität[4], ohne Hast, überhaupt noch schätzen; oder weil man sich nach dem sehnt, was Nietzsche polemisch Resultate nennt.[5] Vielmehr zeigen diese vorläufigen Untersuchungen einen Weg, der das Plastische, das Mehrdimensionale, das Changierende der Prosa Heines erfährt.

Die akribische Lektüre dieser Prosa setzt sich dem aus, was ich in Korrespondenz zum Begriff der Ausdrucksbewegung eines Textes als Ausdruckserfahrung des Lesers bezeichnen möchte; diese notiert rücksichtslos das, was sie wahrnimmt. Es geht darum, den Text selbst *zur Sprache kommen zu lassen*. Die sich gerade an mündlichen Ausdrucksbewegungen orientierende Prosa Heines verführt immer wieder zu einem lauten Lesen, das sich dem Text lustvoll hingibt. Das Ineinander von mündlichen und genuin literarischen Wendungen, überhaupt der Grenzgang einer Prosa, die das Konventionelle ständig überschreitet, die soviel Mündlichkeit zulässt wie möglich, ohne Missklang, ohne dass die Syntax brüchig wird, findet sich in ähnlicher Weise vielleicht nur noch bei Nietzsche.[6] Eine Lektüre der Texte Heines, will sie deren mannigfaltige Tonlagen, Stimmen, Brechungen erfahren, muss den

Weg des lauten Lesens einschlagen; erst dann wird sie das Empfindungssein (Deleuze) dieser Texte spüren, erst dann wird sie entdecken, was diese Prosa vermag.[7] In den Blick und ins Gehör kommen die Beweglichkeit, das Mehrdimensionale, das Offene einer Literatur, die ein lebendiges In-der-Welt-Sein artikuliert.

Heine gehört zu den Schriftstellern, die laut schrieben. Fanny Lewald berichtet von einem Gespräch mit Heine, in dem er der Korrespondenz von Auge *und* Ohr eine für das Schreiben konstitutive Bedeutung zuspricht: um die (geschriebene) Sprache zu spüren.[8] Das vokale Schreiben, das keineswegs das Reden ist[9], ist bezüglich der Töne, wie Barthes formuliert, »nicht phonologisch, sondern phonetisch; sein Ziel ist nicht die Klarheit der messages, das Schauspiel der Emotionen; es sucht vielmehr (im Streben nach Wollust) die Triebregungen, die mit Haut bedeckte Sprache, einen Text, bei dem man die Rauheit der Kehle, die Patina der Konsonanten, die Wonne der Vokale, eine ganze Stereophonie der Sinnlichkeit hören kann: die Verknüpfung von Körper und Sprache, nicht von Sinn und Sprache.«[10]

II.

Im ersten Artikel der »Lutetia«[11] werden die drei Protagonisten vorgestellt, die das politische Spannungsgeflecht der französischen Julimonarchie »im Scheitelpunkt ihrer Existenz«[12] halten: der König Ludwig Philipp sowie die Minister Adolphe Thiers und François Guizot, welcher nach dem Scheitern der Thiers-Regierung am 29. Oktober 1840 die Politik des neu gebildeten Ministeriums Soult bestimmt. Diese beiden, Thiers und Guizot, werden ausdrücklich als Kontrahenten beschrieben, deren Gegenüberstellung im ersten Artikel in einem direkten Vergleich kulminiert:

> Herr Thiers, bei seiner Behendigkeit und Geschmeidigkeit, zeigt immer ein großes Talent, wenn es gilt den mât de Cocagne der Herrschaft zu erklettern, hinaufzurutschen, aber er bekundet ein noch größeres Talent des Wiederheruntergleitens, und wenn wir ihn ganz sicher auf dem Gipfel der Macht glauben, glitscht er unversehens wieder herab, so geschickt, so artig, so lächelnd, so genial, daß wir diesem neuen Kunststück schier applaudieren möchten. Herr Guizot ist nicht so geschickt im Erklimmen des glatten Mastes. Mit schwerfälliger Mühe zottelt er sich hinauf, aber wenn er oben einmal angelangt, klammert er sich fest mit der gewaltigen Tatze; er wird auf der Höhe der Gewalt immer länger verweilen, als sein gelenkiger Nebenbuhler, ja wir möchten sagen, daß er aus Unbeholfenheit nicht mehr herunterkommen kann und ein starkes Schütteln nötig sein wird, ihm das Herabpurzeln zu erleichtern. (B V, 243 f.)

Herr Thiers, Herr Guizot: das klang schon im neunzehnten Jahrhundert steifer, weniger elegant als Monsieur Thiers und Monsieur Guizot.[13] Auch neigt das deutsche »Herr« stärker als sein französisches Pendant dazu, den folgenden Nachnamen an sich zu ziehen, mit diesem einen Block zu bilden. Dem aspirierten, rau klingenden »Herr«, das gleichsam abgeschnitten wirkt und ohne den folgenden Nachnamen ein wenig nackt erscheint, sieht man Mitte des neunzehnten Jahrhunderts die Geschichte seiner Profanierung kaum noch an[14]; vielmehr tendiert die Anredeform zum ironischen Gebrauch, der schließlich bei Wilhelm Busch seinen Höhepunkt erreicht: Welche Herren und Meister begegnen uns dort! Die Konnotation des Philiströsen wird nicht mehr wegzudenken sein, sie hat sich diesem Wort im neunzehnten Jahrhundert geradezu aufgeprägt. Herr Thiers, Herr Guizot: Das sind in Heines »Lutetia« eher Figuren und Intensitäten denn Personen. Viele Abschnitte, Passagen, ganze Artikel beginnen mit diesen Blöcken oder auch, den ironischen Tonfall zurücknehmend, mit den bloßen Nachnamen[15], deren Singularität eine gewisse Vertrautheit suggeriert, und zuweilen gleicht das Einspielen der Namen einem Schlagertext.[16]

In der zitierten Passage wird den beiden Protagonisten gleicher Raum gewährt. Ihr Auftritt beginnt mit der Namensnennung. Herrn Thiers' Vorführung spielt sich innerhalb einer einzigen Periode ab, deren Bewegung und Fluss den Handlungsverlauf trägt. Der Namensnennung folgt eine Apposition, die geradezu lapidar klingt, Selbstverständliches beizufügen scheint. Generiert wird das Lapidare des Tonfalls durch die einführende Präposition »bei«, die der Apposition den Charakter des Mündlichen verleiht. Scheinbar *en passant* wird eine Bemerkung eingeworfen, die jedoch gleichzeitig der ganzen Passage ihre Geschwindigkeit einprägt. Das Mündliche erzeugt hier Bewegung, geradezu einen Beschleunigungspunkt: »bei seiner Behendigkeit und Geschmeidigkeit«: zwei viersilbige jambische Worte, gleich endend, getragen von den unaufdringlichen »e«-Lauten, entwerfen eine Gleitbewegung, welche die Fähigkeiten des Protagonisten besser nicht beschreiben können. Die Apposition, als solche beim Lesen, aufgrund der durch sie erzeugten Geschwindigkeit, kaum wahrnehmbar, bremst das Fließen des Satzes nicht, sondern beschleunigt ihn. Das Fugitive der Moderne blitzt auf. Klanglich sich an die Apposition anschmiegend, folgt das Prädikat. »Herr Thiers, bei seiner Behendigkeit und Geschmeidigkeit, zeigt immer ein großes Talent …« –: Der Satz prescht nach vorne, erzeugt eine Erwartung. Worauf bezieht sich das thierssche Talent? Der nun anschließende Konditionalsatz – im Lateinischen stünde ein »cum iterativum« – holt die Erwartung dann sogleich ein: »wenn es gilt den mât de Cocagne der Herrschaft zu erklettern, hinaufzurutschen«. Der »mât de Cocagne« bezeichnet einen Klettermast, der in Frankreich auf öffentlichen Festplätzen aufgestellt wurde und auf dessen Höhe Preise angebracht waren, die es zu erreichen galt. Volkmar Hansen kommentiert: »Die Baummetapher, mit der die Art und Weise des Heraufkommens und Obenbleibens im Bild beschrieben werden kann, hat Heine ohne den franz. Volksbrauch zu meinen, schon in den ›Neuen allgemeinen politischen

Annalen‹ verwendet«.[17] Dagegen hat Dolf Sternberger immer wieder darauf hingewiesen, dass ein Beschreibungsvokabular, das die Texte Heines ausschließlich mit dem Begriff der Metapher beobachtet, das Wesentliche dieser Prosa verkennt: die Sinnlichkeit.[18] Es wird deshalb im Folgenden darum gehen, die hier entworfene Szene gerade nicht metaphorisch zu lesen. Der Begriff der Metapher etikettiert, verdeckt und verstellt den Blick. Schnell, viel zu schnell, suggeriert er, den Text schon bewältigt zu haben.[19] Heine gehört zu den Schriftstellern, die großartige Perzepte erschaffen. Perzepte sind, wie Deleuze und Guattari formulieren, keine Perzeptionen eines Objekts oder Zustände eines perzipierenden Subjekts, sondern referenzlos, »Pakete von Empfindungen und Beziehungen«.[20] Aufgebaut wird hier ein Jahrmarkt-Perzept. Die Reihungen und Variationen der Laute, die Bewegungen, Geschwindigkeiten und Rhythmen der Syntax, deren Gleiten, Lärmen, Rauschen und Vibrieren erzeugen eine Atmosphäre, die den Leser dazu treibt, den Text wörtlich zu nehmen, sich der Wörtlichkeit auszusetzen und diese im Zusammenspiel mit den Bewegungen der Syntax zu genießen.[21] Die harten, gedoppelten »k«-Laute der französischen Wendung »mât de Cocagne« bremsen die Geschwindigkeit des ersten Satzes ein wenig; es ereignet sich ein leichtes Stottern. Zudem markiert gerade die Fremdsprachlichkeit eine Betonung der Fügung: Der Mast steht gleichsam hart und isoliert im Satz, ohne jedoch die Syntax brüchig werden zu lassen. Vielmehr erzeugt die französische Wendung mit dem folgenden Genitivattribut den Ausdruck einer Wuchtigkeit, einer Höhe. Wenden wir uns der Infintivgruppe am Ende des Konditionalsatzes zu. Dem ersten Infintiv »zu erklettern« folgt in harter Fügung ein zweiter: »hinaufzurutschen«. Es geht hier um mehr als eine bloße Nuancierung und Korrektur des Ausdrucks.[22] Durch die besondere Sprechnähe dieses Verfahrens, das Kleist so wunderbar beschrieben hat[23], entsteht Lebendigkeit. Gleichzeitig stockt der Leser an dieser Stelle. Das Stocken, generiert durch die harte Fügung[24], die jedoch rhythmisch und durch die steigenden Glieder ein wenig abgefedert wird, zeigt die Abstoßbewegung an: den thiersschen Aufschwung. Der Wortblock »hinaufzurutschen« komprimiert die Rutschbewegung, die so kurz, so schnell ist wie der Block selbst. Paul Peters hat in Anlehnung an die Begrifflichkeit Hellingraths darauf hingewiesen, dass Heine ein Meister sowohl der glatten als auch der harten Fügung ist.[25] Diese Beobachtung relativiert einerseits die Kritik Börnes, dessen Attacken immer wieder das Gleiten, das Glatte der heineschen Syntax im Blick haben[26]; sie bestätigt andererseits die Selbsteinschätzung Heines, der sich immer auch als Artist sah.[27]

Dem Wortblock »hinaufzurutschen« korrespondiert die Prägung »des Wiederheruntergleitens« im anschließenden Adversativsatz, der in schnell gleitender Rhythmik die Geschwindigkeit der gesamten Periode weitertreibt. Stockungen wird es hier keine mehr geben: »aber er bekundet ein noch größeres Talent des Wiederheruntergleitens.« Der Begriff des Talents erscheint ein zweites Mal, zudem gesteigert. Er ist bei Heine immer positiv konnotiert.[28] Die Wortschöpfung des »Hinaufrutschens« mutet paradox an. Sie zeigt eine außergewöhnliche Fähigkeit, die sicherlich großes Talent erfordert, welches jedoch noch übertroffen wird von dem des Wiederheruntergleitens. Heißt das: Das Herabgleiten vollzieht sich noch schneller, noch glatter, noch unauffälliger? »und wenn wir ihn ganz sicher auf dem Gipfel der Herrschaft glauben, glitscht er unversehens wieder herab«: Die Konjunktion »und« bindet ein neues Konditionalgefüge an. Diese Verknüpfung wirkt in keiner Weise schwerfällig, noch nimmt sie das Tempo zurück, da sie weiterführt in leichtem Parallelismus und lautlichen sowie semantischen Anklängen an das Vorherige.[29] Wie auch der erste Konditionalsatz wird dieser durch kurze, einsilbige Wörter beschleunigt. Hinzu kommt, gleichsam als Katalysator, die »w«-Alliteration am Satzanfang. Die Auf- und Abbewegung des Herrn Thiers wird durch drei Verben, gekoppelt an die jeweiligen Präfixe, charakterisiert: »rutschen«, »gleiten« und als Intensivum: »glitschen«. Die Verben *ent*wickeln ihre onomatopoietische Kraft in einer dreifachen Klimax.[30] Dabei öffnen sie das semantische Feld des Glatten. Ausgedrückt wird schnelle Bewegung, Dynamik: »unversehens«. Das Perzept entfaltet sich. Die Sinnlichkeit des Textes bannt den Leser: »so geschickt, so artig, so lächelnd, so genial«! Man hört den Beifall der Zuschauer, das Stimmengewirr, das Sichüberkreuzen der Aufschreie[31], man hört sich selbst rufen. Ist der Leser nicht schon längst durch die Einführung des Personalpronomens (»wir«) als Zuschauer eingefangen? Der Leser wird geradezu durch die Ausrufe hindurch gejagt. Der Text wird an dieser Stelle immer mehr Affekt. Affekte sind keine Gefühle oder Affektationen, sie übersteigen, wie Deleuze und Guattari formulieren, die Kräfte derer, die durch sie hindurchgehen. »Die Empfindungen, Perzepte und Affekte, sind *Wesen*, die durch sich selbst gelten und über alles Erleben hinausreichen.«[32] Man kann nicht davon sprechen, dass das Perzept irgendwann in den Affekt umschlägt. Sie durchdringen sich, wickeln sich ein. Solche Passagen durchziehen das gesamte Werk Heines; sie produzieren die Unmittelbarkeit, die den Leser immer wieder in die Texte hineinzieht. »so geschickt, so artig, so lächelnd, so genial«. Diese Ausrufverkettung, die Verve der Sympathiekundgebung, – übertreibt sie nicht ein wenig? Ist der Artist vielleicht oben *aus*geglitscht und kaschiert sein Abrutschen elegant? Darauf wird zurückzukommen sein.

Im abschließenden Konsekutivsatz wird die thierssche Auf-und Abbewegung als »neues Kunststück« bezeichnet. Aufgrund des Nachklingens der beiden durch die Partikel »wieder« erweiterten Komposita entsteht der Eindruck der Wiederholung. Das Attribut »neu« meint somit hier auch: »wieder, ein weiteres Mal«. Der Leser gewinnt den Eindruck: solch ein Kunststück wird öfter aufgeführt und zwar derart, dass wir ihm »schier applaudieren möchten.« Die kommentierende Diktion des Konsekutivsatzes erschafft eine Art Kippeffekt, der den Leser aus dem von Perzept und Affekt erzeugten Rausch hinausschleudert. Es ist nicht nur eine Distanzbewegung und Ernüchterung eingetreten, sondern der Leser fühlt sich gleichzeitig auch ertappt. Er hat sich mitreißen lassen vom Tempo der Syntax. Er ist schon durch den vom Text erzeugten Rausch hindurch gegangen. Der Text hat schon applaudiert, bevor er dieses Begehren ausdrückt, das durch das kleine Wörtchen »schier« eigentümlich zurückgenommen wird. Diese ironisch-verschmitzte Geste erzeugt Irritation. Gleichzeitig öffnet sie den Text. Offensichtlich wird das Simultane, die Ununterscheidbarkeit der beiden Sphären des Jahrmarkts und der Politik. Es stellt sich das beunruhigende Gefühl ein, dass man *dafür* eigentlich keinen Applaus spendet. Wir möchten »schier applaudieren«, aber dürfen wir das?[33] Sind wir auf einem Jahrmarkt oder *in politicis*?

Dem Leser wird keine Pause gegönnt. Er wird weiter durch das Jahrmarkt-Perzept gezogen. Herr Guizot tritt auf. »Herr Guizot ist nicht so geschickt im Erklimmen des glatten Mastes.« Durch die invertierte Syntax[34] erhält die Negation besonderes Gewicht: Der Gegensatz der beiden Protagonisten wird sogleich hart betont. Herr Guizot ist gerade das nicht, was die obere Reihung der Adjektive zuerst nannte: er ist nicht »so geschickt«. Die Negation bremst den Satz. Der Leser gewinnt schon jetzt den Eindruck, dass dieser Darsteller wesentlich schwerfälliger agiert. Auch wird der Mast selbst erstmals ausdrücklich als glatt bezeichnet. »Mit schwerfälliger Mühe zottelt er sich hinauf, aber wenn er oben einmal angelangt, klammert er sich fest mit der gewaltigen Tatze«. Diesen Satz tragen keine schnellen Rhythmen mehr. Er beginnt gleich mit einer Präpositionalphrase, welche ausdrucksmächtig auf das Folgende einwirkt. Gewichtig prallen die beiden Hebungen des Adjektivs »schwerfällig« aufeinander. Ruckartig wie das »Hinaufzotteln« ist auch die Syntax. Die Verbkonstellationen entwerfen einen Schaukelrhythmus. Der Mast schwankt unter dem Gewicht des Herrn Guizot, wie auch die Syntax hin- und herschaukelt. Dieses Schaukeln und Zittern wird unterstützt durch die »t«- und »z«-Laute und deren Kombinationen; hörbar wird das kurzatmige »Hinaufzotteln« des Herrn Guizot.

Es finden sich hier auch nicht mehr die komprimierten Verbblöcke, welche die thierssche Geschwindigkeit anzeigten. Schließlich endet der Satz wieder mit einer schweren Präpositionalphrase, deren Nachklappen das Satzende belastet. Überhaupt wird der gesamte Satz von dunklen Vokalen dominiert; hinzu treten die Umlaute des einleitenden Präpositionalkomplexes. Der Text ächzt und stöhnt. Das Jahrmarkt-Perzept entfaltet hier vielleicht seine stärkste Intensität. Ausgedrückt wird Schwerfälligkeit, Anstrengung, Mühsal. »sich hinaufzotteln«, »sich festklammern«, »mit der gewaltigen Tatze«: Es ereignet sich das Bär-Werden des Herrn Guizot.[35] Auch hier verdeckt der Kommentar vom »Bild des Bären« (DHA, XIII, 687) die Ausdrucksbewegung des Jahrmarkt-Perzepts. Verdeckt werden durch die vorschnelle

Etikettierung (als Metapher) die Intensitäten des Bär-Werdens, verdeckt wird die Verwandlung, die Guizot erfährt. Verdeckt wird schließlich das Netz, das reichhaltige Gewebe von Korrespondenzen und Irritationen, welche das Perzept produziert. Der folgende Satz führt den Aufenthalt auf dem Klettermast weiter fort, zu verlockend sind die Preise dort oben: »er wird auf der Höhe der Gewalt immer länger verweilen, als sein gelenkiger Nebenbuhler«. Der Komplex »auf der Höhe der Gewalt« variiert nicht nur den Ausdruck: Herrschaft, Macht und schließlich: Gewalt. Vielmehr entsteht eine massive Ballung. Diese Kette durchläuft ein Feld von Konnotationen, die ein Oben und den damit verbundenen Gewinn zum Ausdruck bringen. Das prophetisch[36] klingende Futur des Satzes (»wird verweilen«) entwirft eine Vorblende. Gleichwohl ist das Jahrmarkt-Perzept vor allem durch den anschließenden Vergleich immer noch präsent. Nicht nur ist hier der lautliche Anklang an die einleitende Apposition und Thiers-Charakteristik deutlich[37], sondern Herr Thiers wird erstmals ausdrücklich als »Nebenbuhler« des Herrn Guizot bezeichnet.[38] Das Jahrmarkt-Perzept erschafft eine komische Wettkampfsituation: ein Artist gegen einen unbeholfenen Bären. – »ja, wir möchten sagen, daß er aus Unbeholfenheit nicht mehr herunterkommen kann und ein starkes Schütteln nötig sein wird, ihm das Herabpurzeln zu erleichtern.« Die Vorblende hält an. Das Personalpronomen »wir«, welches der vertraulichen, einen Plauderton einschlagenden Eingangspartikel folgt, lässt den Leser an der räsonierenden Überleitung zum abschließenden »dass«-Satz teilhaben. Dieser ist durchdrungen von der Kraft des Negativen. Der konstatierten Unbeholfenheit folgt unmittelbar die Negation »nicht«. Solche Negationen finden sich in der Thiers-Passage nirgends. Vielmehr ist diese durch Bejahung und Geschwindigkeit gekennzeichnet. Die Guizot-Passage dagegen wird von Verneinungen bestimmt, die eine Atmosphäre aufbauen, welche die sich anbahnende Sturzbewegung geradezu herausfordert. Ausgedrückt wird die Sturzbewegung durch den Wortblock »Herabpurzeln«, welcher die Ein-Wort-Prägungen, die das thierssche Gleiten entwerfen, hart kontrastiert. Zwar zeigt auch dieser Wortblock schnelle Bewegung an, jedoch geschieht diese in bärenhafter Unbeholfenheit. Zudem muss Herr Guizot heruntergeschüttelt werden, da er nicht mehr herunterkommen *kann*, so sehr ist er Bär geworden. Er kann nur herabpurzeln, jedoch wird ein starkes Schütteln nötig sein, ihm dies »zu erleichtern«. Dieser Prozess wird durch den Infinitiv abschließend und endgültig ironisiert: Es findet im wörtlichsten Sinn eine Erleichterung statt! Die gesamte Bewegung wird vom »dass«-Satz getragen und gestützt. Der Subjekt- und Tempuswechsel sowie die nur vom zweiten Prädikat abhängende Infinitivkonstruktion erzeugen eine Kippbewegung. Unruhe entsteht. Das Schütteln vollzieht sich wahrnehmbar als Häufung von »t«-Lauten, das finale »Herabpurzeln« gehört sowieso zu den onomatopoietischen Wörtern.

Die Auftritte beider Protagonisten werden von der jeweiligen Syntax nicht nur getragen, sondern generiert. Dem artistischen Hinauf- und Herunterglitschen des Herrn Thiers entspricht ein ebenso gewandtes und beschleunigtes Gleiten der Syntax; dem Bär-Werden des Herrn Guizot unterliegt eine ebenso ruppige und schwankende Konstruktion.

III.

Die hier unternommene Lektüre spürt dem Artifiziellen, dem Verspielten, Sinnlichen der Textpassage nach. Der Blick auf die ästhetische Verfasstheit des Textes widerspricht nicht einer metaphorischen Lesart. Auch diese hat, wenn man denn will, ihr Recht. Die Prägungen ›mât de Cocagne der Herrschaft‹, ›Gipfel der Macht‹, ›Höhe der Gewalt‹ können aufgrund ihrer Grammatik auch als bloße Metaphern gelesen werden. Doch liest man diese Substantiv-Komplexe ausschließlich metaphorisch, versteift man sich auf eine solche Lektüreweise, so geht man davon aus, dass das jeweilige Genitivattribut als *genitivus subiectivus* diese Lesart steuert. Ich behaupte jedoch, dass diese Lektüreweise – wird sie ausschließlich verfolgt – die schwächere ist, da sie sich zum einen der Kraft des Perzepts nicht aussetzt, zum anderen die Kunst des Textes verkennt. Die metaphorische Lesart vergleicht. Immer schiebt sie ein abschwächendes »wie« (das immer ein »nur wie« ist) dazwischen. Herr Thiers agiert *wie* ein Artist. So hält die metaphorische Lesart Diskursgrenzen aufrecht, bewacht sie geradezu, indem sie – bestenfalls – eine Vokabulardurchmischung (die Einmontage eines Jahrmarkt- oder Zirkusvokabulars in eine zwei Politiker beschreibende *synkrisis*) konstatiert; dabei tut sie dieses ›Herantragen‹ eines anderen Vokabulars jedoch als eine poetische Ein- oder Verkleidung, als literarisches Arabeskenwerk, ab. Eine eindimensional-metaphorische Lektüreweise will Textstillstand.

Die intensivere, sich dem Text öffnende und das Offene erfahrende Lektüre ist eine mehrdimensionale; sie spürt die sinnlichen Ausdrucksbewegungen des Textes und vermag die Genitivattribute auch als eine Art *genitivus definitivus* zu lesen: Die Herrschaft ist dann der mât de Cocagne, die Macht ist der Gipfel, die Gewalt ist die Höhe. Vor unseren lesenden Augen agieren zwei komische Figuren, ein Artist und ein Bär, die in luftiger Höhe Jahrmarkt-Spiele betreiben. Und selbst wenn man diese tiefengrammatischen Überlegungen nicht teilt, so kann man doch sagen, dass die Substantiv-Komplexe einer Lektüreweise, die das Jahrmarkt-Perzept wahrnimmt, nicht im Wege stehen; gleichsam in einem semantischen Halbdunkel gehalten, können sie ja auch als Kriterien mehr oder weniger gelungener politischer Turnübungen gelesen werden …

Der Untertitel des »Lutetia«-Buches lautet »Berichte über Politik, Kunst und Volksleben«. Die Texte, sei es, dass sie als Korrespondenzberichte, sei es, dass sie als

Tagesberichte bezeichnet werden[39], charakterisiert der Zueignungsbrief an den Fürsten Pückler-Muskau als »Daguerreotypien«, die gesamte Abfolge der Berichte gar als kunstvoll geordnetes »daguerreotypisches Geschichtsbuch« (B V, 239). Der Zueignungsbrief betont wiederholt die »artistische« Dimension, die »schöne Form« (B V, 236) der Berichte. Um in Heines protophotographischem Vokabular der Zueignungsschrift zu bleiben, könnte man in Bezug auf die hier analysierte Passage von einem Überblendungseffekt sprechen, vergleichbar der von Henry Langdon Childe 1837 entwickelten »Nebelbilder«-Technik. Die Beschreibung zweier politischer Kontrahenten, die den Leser über unterschiedliche politische Karrieren informiert, wird überblendet von einer Jahrmarktszenerie. Lässt man sich dann auf die sinnliche, intensive Lektüre ein, spürt man das Jahrmarkt-Perzept, sieht die zwei Kontrahenten, den Artisten und den Bär, und blendet dann wiederum Thiers' politische Auf- und vor allem dessen Abstiegsgeschichte darüber, so scheint die Begeisterung, die seinem eleganten »Herabglitschen« gezollt wird, von einem ironischen Unterton durchzogen zu sein. Der Text oszilliert. Er lässt sich nicht feststellen. Dieses Phänomen lässt sich auch – und vielleicht sogar besser – mit dem Begriff der Kippfigur beschreiben: Eine Lektüre, die sich zunächst an den informationsästhetischen Gewohnheiten einer Zeitungslektüre orientiert, kippt in eine romanhafte – und umgekehrt.[40] Der Leser reibt sich die Augen: Herr Thiers und Herr Guizot, mal Politiker, mal Artist und Bär (oder doch eher Don Quixote und Sancho Pansa?), mal beides, übereinander, ineinander, zeigen ihre »Kunststück[e]«.[41] Politik als Jahrmarktspektakel: Es ist die Kunst, die das vom Volksleben der Politik zugesprochene Diktum aktiviert und erfahrbar macht. Es ist die Kunst, die, wie Barthes formuliert »Vater Politik ihren Hintern zeigt«[42].

Anmerkungen

1 Roland Barthes: Die Lust am Text. Aus dem Französischen von Traugott König. Frankfurt a. M. [8]1996, S. 19.

2 Ebd., S. 20: »nichts verschlingen, nichts verschlucken, sondern weiden, sorgsam abgrasen«.

3 Ebd.

4 Zum Begriff einer Lektüre der Intensität siehe Gilles Deleuze: Brief an einen strengen Kritiker. – In: ders.: Unterhandlungen. 1972–1990. Aus dem Französischen von Gustav Roßler. Frankfurt a. M. 1993, S. 18.

5 Siehe Friedrich Nietzsche: Gedanken über die Zukunft unserer Bildungsanstalten. – In: Fünf Vorreden zu fünf ungeschriebenen Büchern. – In: Friedrich Nietzsche: Kritische Studienausgabe. Hrsg. von Giorgio Colli und Mazzino Montinari. Bd. I, München 1999, S. 761. Dieser Text fordert geradezu manifestartig die von Barthes und Deleuze bezeichnete »andere Lektüre«: »Der Leser, von dem ich etwas erwarte, muss drei Eigenschaften haben. Er muss ruhig sein und ohne Hast lesen. Er muss nicht immer sich selbst und seine ›Bildung‹ dazwischen bringen. Er darf endlich nicht am Schlusse, etwa als Resultat, neue Tabellen erwarten.«

[6] Schon Richard M. Meyer interpretiert, eine Formulierung Theodor Mundts benutzend, die »Emanzipation der deutschen Prosa« als ein Phänomen der »Annäherung« des Schriftlichen an die »Alltagssprache«. Siehe Richard M. Meyer: Deutsche Stilistik. – In: Handbuch des deutschen Unterrichts an höheren Schulen. Hrsg. von Adolf Matthias, München 1906, S. 65. Zu Nietzsches »elaborierter« Mündlichkeit siehe Hans-Martin Gauger: Nietzsches kleine Stillehre (nicht nur für Lou). – In: ders.: Über Sprache und Stil. München 1995, S. 229–246. Unterwegs zur Geschichte einer (konzeptionellen) Mündlichkeit im Schriftlichen ist Gauger in: »Schreibe, wie du redest!« Zur Geschichte und Berechtigung einer Stil-Anweisung. – In: ders.: Der Autor und sein Stil. Stuttgart 1988, S. 9 ff.

[7] Siehe dazu auch Dolf Oehlers Plädoyer für eine laute Heine-Lektüre in: Dolf Oehler: Heines Genauigkeit. Und zwei komplementäre Stereotypen über das Wesen der proletarischen Massen: – In: Diskussion Deutsch, 8. Jg. 1977, S. 257 f.

[8] Werner II, 206 f. – Siehe dazu auch Erhard Weidl: Heinrich Heines Arbeitsweise. Kreativität der Veränderung. Hamburg 1974, S. 44: »Optik und Akustik spielen überhaupt eine große Rolle bei Heine.«

[9] Zur Praxis einer – heute kaum mehr geübten – vokalen Schreibweise im neunzehnten Jahrhundert siehe Barthes [Anm. 1], S. 97 f. und Daniel Pennac: Wie ein Roman. Von der Lust zu lesen. Aus dem Französischen von Uli Aumüller. München 1998, S. 194 f. – Pennac weist darauf hin, dass Dostojewski und Flaubert ihre Texte geradezu herausschrien, dass ihr Textverständnis über den Klang der Wörter lief, aus dem all ihre Bedeutungen *herauszuhören* seien.

[10] Barthes [Anm. 1], S. 97.

[11] Zur komplizierten Textgenese siehe DHA XIII, 361 ff. und B V, 940 ff.

[12] Höhn 2004, S. 472.

[13] In der französischen Fassung findet sich die Abkürzung M., die der Leser jedoch gleich zu »Monsieur« ergänzt. Vgl. DHA XIII, 178.

[14] Vgl. dazu Deutsches Wörterbuch von Jacob und Wilhelm Grimm. Vierten Bandes zweite Abtheilung. Bearbeitet von Moriz Heyne. Leipzig 1877, Sp. 1124 ff.

[15] Vgl. Lutetia, Erster Teil, Artikel I, VIII, XVI und XXIII.

[16] Vgl. den Beginn des Artikels XXIII: »Thiers geht ab und Guizot tritt wieder auf. Es ist aber dasselbe Stück und nur die Akteure wechseln.« (B V, 322). Das Vokabular des Schauspielerischen, Jahrmarktartigen, mit dem das politische Geschehen beschrieben wird, durchzieht die gesamte »Lutetia«.

[17] Vgl. DHA XIII, S. 692.

[18] Dolf Sternberger: Heinrich Heine und die Abschaffung der Sünde. Frankfurt a. M. 1996, S. 28, 172, 213.

[19] Zu Ideologie und Machtanspruch der Metapher siehe Paul de Man: Semiologie und Rhetorik. – In: ders.: Allegorien des Lesens. Aus dem Amerikanischen von Werner Hamacher und Peter Krumme. Frankfurt a. M. 1988, S. 31–51.

[20] Deleuze [Anm. 4], S. 199. – Vgl. auch Gilles Deleuze, Felix Guattari: Was ist Philosophie? Aus dem Französischen von Bernd Schwibs und Joseph Vogel. Frankfurt a. M. 1996, S. 191: »Was sich bewährt, erhält, die Sache oder das Kunstwerk, ist *ein Empfindungsblock, das heißt eine Verbindung, eine Zusammensetzung von Perzepten und Affekten.*«

[21] Vgl. Sternberger [Anm. 18], S. 172: »Heine ist geradezu ein Genie der Wörtlichkeit.«

[22] Dieses Phänomen beschreibt treffend Gauger, die stilistischen Affinitäten Nietzsches zu Heine betonend, als »die Technik des fortschreitenden, sich korrigierenden Durchstoßens«. Siehe Hans-Martin Gauger: Nietzsches Stil. Beispiel »Ecce homo«. – In: ders.: Der Autor und sein Stil [Anm. 6], S. 97.

23 Siehe Heinrich von Kleist: Über die allmähliche Verfertigung des Gedankens beim Reden. – In: ders.: Sämtliche Werke und Briefe. Hrsg. von Helmut Sembdner. München 1961, Bd, II, S. 319–324.

24 Siehe dazu die schöne Formulierung Hellingraths: »Harte Fügung tut alles, das Wort selbst zu betonen und dem Hörer einzuprägen.« In: Norbert von Hellingrath: Pindarübertragungen von Hölderlin. Prolegomena zu einer Erstausgabe. – In: ders.: Hölderlin-Vermächtnis. Forschungen und Vorträge, eingeleitet von L. v. Pigenot. München 1936, S. 23.

25 Paul Peters: Die Wunde Heine. Zur Geschichte des Heine-Bildes in Deutschland. Darmstadt 1997, S. 180f.

26 Vgl. den berühmten »hundertneunten Brief« der »Briefe aus Paris« über Heines »Honigwaben«-Technik.

27 Im Börne-Buch entwirft Heine den Begriff des Artisten, der »Meister des Wortes« ist: Artisten »handhaben« das Wort »zu jedem beliebigen Zwecke, prägen es nach Willkür, schreiben objektiv« (B IV, 130).

28 Vgl. dazu die Belegstellen im Anhang der von Briegleb besorgten Werk-Ausgabe (B VI/2, 819).

29 Die ausgewogene »und«-Verknüpfung von Satzgefügen gehört zu den außerordentlichen Stilistika der Kunstprosa Heines. Der von Theodor Mundt kritisierte »kurzathmige«, zur Parataxe strebende Stil der frühen »Reisebilder«-Prosa weicht schon gegen Ende der zwanziger Jahre einer Schreibweise, die über syntaktische Konstruktionen, seien es hypo- oder parataktische, ›artistisch‹ verfügt. Siehe dazu Theodor Mundt: Die Kunst der deutschen Prosa. Ästhetisch, literargeschichtlich, gesellschaftlich. Berlin 1837, S. 115. Heine selbst kritisiert im Börne-Buch »die frühen Schriften Börnes, worin die kurzen Sätze, der kleine Hundetrab, eine unerträgliche Monotonie hervorbringen und eine fast kindische Unbeholfenheit verraten.« (B IV, 104). Folgt man der Interpretation, dass Heine in Börne gleichsam ein ›Alter ego‹ angreift, so kann die Stilkritik – rückblickend – auch selbstkritisch gelesen werden.

30 Siehe auch die weichen Anklänge: ganz, Gipfel, glauben, glitschen.

31 Man beachte die hellen »o«-Reihungen. – Auch die Apposition zu Beginn der Periode tendiert syntaktisch zum Ausruf. Die Atmosphäre wird schon hier aufgebaut.

32 Deleuze/Guattari [Anm. 20], S. 191f.

33 Markiert das Wörtchen »schier« nicht einen letzten Aufschrei, einen der *Ver*wunderung, nicht der *Be*wunderung?

34 Man mag einwenden, dass Inversionen für Heines Stil (gerade auch als Charakteristikum eines jüdischen Schriftstellers) nichts Ungewöhnliches seien. Es kommt jedoch immer darauf an, wie eine bestimmte syntaktische Fügung konkret im Text *wirkt.*

35 Vgl. die Bären-Attribute im »Atta Troll«. Im Artikel XXIX findet sich die Prägung der »bärenhaften Unbeholfenheit« (B V, 339). – Zum Tier-Werden siehe Gilles Deleuze, Felix Guattari: Kafka. Für eine kleine Literatur. Aus dem Französischen übersetzt von Burkhart Kroeber. Frankfurt a. M. 1975, S. 49ff.

36 Heine überarbeitete gerade den ersten Artikel der »Lutetia«-Fassung sehr intensiv und entwarf den Schlussteil völlig neu. Siehe dazu B V, 992 und DHA XIII, 684ff.: »Die sprachliche Formulierung suggeriert indes, es werde eine Prophetie ausgesprochen, die entsprechende Passage sei schon 1840 geschrieben.« (687f.) Sowohl die artifizielle Überarbeitung als auch die Platzierung verweisen auf die für »Lutetia« konstitutive Bedeutung dieses Artikels.

37 Vgl. die »e«-Laute sowie die Konsonantenvariationen (ge-, be-, -ig), die gleichsam Scharniere darstellen: »gelenkiger Nebenbuhler« – »Behendigkeit und Geschmeidigkeit«.

[38] Zu Beginn des Artikels wird erklärt, dass der König Ludwig Philipp wiederum in diesen beiden »seine beständigen Nebenbuhler sieht« (B V, 241) …

[39] Siehe dazu Heines variantenreiche Vorschläge in seinen Briefen an Campe vom 2. und 20. Mai 1854 (B V, 960 f.).

[40] Der hier analysierte Effekt zeigt ein weiteres Verfahren der (romantischen) Gattungsperturbation.

[41] – oder wäre gar ein stereoskopisches Lesen möglich? Zum Begriff der Stereoskopie siehe Ernst Jünger: Sizilischer Brief an den Mann im Mond. – In: ders.: Blätter und Steine. Kleinere Schriften. Leipzig 1942, S. 107–121. Nur wäre der stereoskopische Blick hier ein nicht-metaphysischer.

[42] Barthes [Anm 1], S. 79.

Heinrich-Heine-Institut. Aus der Arbeit des Hauses

»Heinrich Heine und die fröhliche Wissenschaft« 10. Forum Junge Heine Forschung 2007 mit neuen Arbeiten über Heinrich Heine

Von Karin Füllner, Düsseldorf

»Heinrich Heine und die fröhliche Wissenschaft: Immergrüner Forschungsfall ist Düsseldorfs Weltdichter auch zum 210. Geburtstag. Das bestätigt erneut die Resonanz auf das ›Forum Junge Heine-Forschung‹, dessen 10. Ausgabe im Heine-Institut (Gastgeber mit Heine-Gesellschaft und -Uni) am Wochenende so international wie noch nie besetzt war«, berichtete die Neue Rhein-Zeitung am 11. Dezember 2007.[1] Und in der »Rheinischen Post« hieß es am selben Tag: »Es muss nicht suchen, es wird gefunden – das Heine-Institut, wenn es mit der Heine-Gesellschaft Beiträge sammelt für das jährliche ›Forum Junge Heine-Forschung‹. Durch Fachpublikationen, das Internet oder Empfehlungen von Professoren findet der fortgeschrittene Germanistik-Nachwuchs oft von weit her selbst den Weg nach Düsseldorf.«[2] »Aus China, Afrika, Neuseeland, Frankreich und Deutschland reisten die 23 bis 35 Jahre alten Referenten an den Rhein.«[3] Eingeladen hatten die Veranstalter Katrin Becker aus Freiburg, Nina Bodenheimer aus Paris, Cai Yanqiong und Li Chunxia aus Chongqing (China), Margit Dirscherl aus München, Constantin Sonkwé aus Yaoundé (Kamerun), Leonhard Herrmann aus Leipzig und Dr. Monica Tempian aus Wellington (Neuseeland).[4] Zur Intention des Forums und seiner Bedeutung für die Vortragenden las man in der Tagespresse: »Für viele ist es der erste öffentliche Auftritt ihrer Denkarbeit, das Forum ein wichtiger Kontakthof für die jungen Wissenschaftler und auch ein Ort, um Freundschaften zu knüpfen.«[5]

Katrin Becker sprach als erste unter dem Titel: »Verschiedenartige Geschichtsauffassungen – Zur geschichtstheoretischen Dimension von Heinrich Heines Arbeiten zum deutsch-französischen Kulturtransfer«. Ausgehend von Heines erst aus dem Nachlass veröffentlichtem Text »Verschiedenartige Geschichtsauffassung«

untersuchte sie seine Positionen zum Fortschrittsglauben in den gesamten Schriften seiner französischen Zeit. »Ist die revolutionäre Gewalt notwendiges Übel oder ist der Preis zu hoch angesichts einer vagen Hoffnung auf die mögliche Erfüllung der Weltgeschichte? Hier entschlossen Stellung zu beziehen, vermeidet Heine – nicht zuletzt aufgrund einer von ihm durchaus in Rechnung gestellten Anhänglichkeit an die ›alte, kranke Welt‹.« Die »Euphorie der ›Helgoländer Briefe‹«, so konstatierte sie, weicht zunehmend »der prinzipiellen Revolutionsskepsis der in Frankreich entstandenen Schriften«. Das »optimistische Zukunftsmodell«, das Fortschritt und Revolution als Gegenpol zur Lethargie Deutschlands in Frankreich verortete, werde somit obsolet. Vielmehr seien Heines spätere Schriften zu lesen als ein »Ausloten der Grauzonen nationaler Zuschreibungen weltgeschichtlicher Rollen.«[6]

Auch Nina Bodenheimer widmete sich Heines französischer Zeit und sprach über »Heine, Hegelianismus, Saint-Simonismus und ›Zur Geschichte der Religion und Philosophie in Deutschland‹«. Ihr ging es um die Frage des »Transfers philosophischer Inhalte zwischen Hegelianismus und den Saint-Simonisten. Ausgehend von Heines Hegelstudien in Berlin und seinem dortigen Beitritt zum »Verein für Kultur und Wissenschaft der Juden« ging sie seiner Suche nach gleichgesinnten Intellektuellen und Künstlern 1831 nach seiner Übersiedlung in Paris nach. Sehr überzeugend erklärte sie »die überschwängliche und zugleich zeitlich begrenzte Affinität Heines mit den Saint-Simonisten«. Die Begeisterung für die saint-simonistischen Ideen führte 1835 zur Widmung der ersten Auflage der französischen Buchfassung von »Zur Geschichte der Religion und Philosophie« an Prosper Enfantin und Heine versuchte, die Saint-Simonisten mit Rekurs auf die deutsche Philosophie in Frankreich in ein neues Licht zu rücken. Enfantin jedoch grenzte sich von Heines Bemühen deutlich ab. Nina Bodenheimer zeigte, wie sich Enfantins Position zwischenzeitlich gewendet hatte, hierarchische und rückwärtsgewandte Strukturen den Saint-Simonismus bestimmten, so dass Heine die intellektuell und künstlerisch Gleichgesinnten hier nicht mehr finden konnte.[7]

Cai Yanqiong und Li Chunxia aus der chinesischen Partnerstadt Chongqing waren zu einem Forschungsaufenthalt im Rahmen der Städtepartnerschaft in Düsseldorf. Im Heine-Institut recherchierten sie für ihre Magisterarbeiten über die Naturbilder im »Buch der Lieder« und über die Bedeutung der Rituale im »Rabbi von Bacherach«. Das Kolloquium bereicherten sie mit einem kleinen Vortrag über die Heine-Rezeption in China mit besonderem Bezug zu ihrem eigenen Germanistikstudium in Chongqing.

Die Nachmittagsvorträge leitete Margit Dirscherl ein. Unter dem Titel »Mehr den Geist als die Notiz« untersuchte sie die »Stadtsoziologische Wahrnehmung in Heinrich Heines ›Briefen aus Berlin‹«. Heine, so stellte sie mit Rekurs auf Benjamin fest, bewegt sich in Berlin bewusst als Flaneur. Ziellosigkeit und Selbstbezogenheit des Flanierens sind nur fingiert. Sie werden bei Heine instrumentalisiert, »um die Auswahl seiner Detailwahrnehmungen als zufällige Zusammenwürfelung *erscheinen* zu lassen«. In seinen so inszenierten, äußerst genauen Beobachtungen zeigt sich vielmehr »sein entlarvender, sein detektivischer Blick, mit dem er die Stadt betrachtet«. Überzeugend stellte Margit Dirscherl dar, wie Heine im Bereich der Nachrichten, des Konsums und aller kulturellen Ausdrucksformen vom Städtebau über die Musik bis hin zur Literatur marktwirtschaftliche Strukturen aufweist: Schnelllebigkeit, Quantität statt Qualität, bestmögliche Repräsentation statt Inhalt und Geschmack. »In einem solchen Umfeld wird es dann auch Mode, ›zwölf bunte [...] Westen‹ übereinander zu tragen.« Immerhin, Berlin ist auch der Ort, der »Heines Debüt als Buchautor« ermöglicht, und so wagte Dirscherl »die Vermutung«: »Heines Briefe dokumentieren sein Durchschauen der den Kulturbetrieb beherrschenden Mechanismen« und darauf beruhe »bis zu einem gewissen Grad schließlich auch sein eigener Erfolg«.[8]

Es folgte Constantin Sonkwé mit seinem Vortrag »Hybridität und kulturelle Differenz: Anmerkungen zu Heinrich Heines ›Almansor‹«. »Auch ein spannender, hochaktueller Beitrag: Zur Auseinandersetzung zwischen Muslimen und Christen in Bezug auf Heines ›Almansor‹ hatte der Schwarzafrikaner Constantin Sonkwé aus Kamerun ›Anmerkungen‹ mitgebracht«.[9] »Hybridität« verstand Sonkwé mit Bezug auf Homi K. Bhabha zum einen als Infragestellung und »Dekonstruktion von Denkprozessen«, zum anderen als das Schaffen neuer Räume durch »De-platzieren« und »Überlappung« unterschiedlicher kultureller Momente im gemeinsamen Raum. Sehr textnah und eindrucksvoll zeigte er auf, wie Heine in seinem frühen Drama »totalitäre und essentialistische Diskurse in Frage stellt bzw. dekonstruiert«. Bereits das Motto des »Almansor« stelle die Liebe als zentralen versöhnenden Faktor vor: »Es kämpfen Christ und Moslem, Nord und Süden,/ Die Liebe kommt am End und macht den Frieden«[10]. Der Tod der beiden Liebenden zu Ende des Dramas fungiere nur als ein »imaginierter Ort, wo Islam und Christentum nebeneinander existieren können.«[11]

Leonhard Herrmann sprach über »Sinnliche Klassiker. Zum Verhältnis von Heinse und Heine«. Ausgehend von der begeisterten Lektüre von Wilhelm Heinses Roman »Ardinghello und die glückseligen Inseln«, über die Heine 1828 berichtet, fragte er nach den Motiven von Heines Interesse, hatte dieser doch »den gut ein Menschenleben älteren Heinse [1746–1803] zum Vorläufer« gewählt, ihn zum »Gesinnungsgenossen« erkoren »im Kampf gegen die poetische und poetologische Vorherrschaft der ›Klassiker‹.« Das von Heine proklamierte Projekt einer »neuen engagierten Kunst«[12] brauchte neue, andere Klassiker, nicht Goethe und Schiller. Der individuell-sinnliche Freiheitsbegriff, den Heinse im »Ardinghello« entwickelt, war es – so Hermanns These –, der Heine begeistert hat. Die Basis für diesen Freiheitsbegriff sei ein spezifischer Pantheismus, den Heine ähnlich wie Heinse begreife, eine »umfassende Synthese von Geist und Materie, von Vernunft und Sinnlichkeit«. Spannend verwies Hermann auf Parallelen: So schreibt Heinses Romanheld Ardinghello aus Lucca einen Brief über den utopischen Zustand der Glückseligkeit und Heine erzählt eben genau in seiner Schrift »Die Stadt Lucca« von Momenten sinnlicher Religiosität. Das Treffen des heineschen Ich-Erzählers mit Franscheska ähnelt der erotischen Begegnung zwischen Ardinghello und seiner Geliebten. »Wie für Heinse, so ist auch für Heine Italien das Land der sich emanzipierenden Sinnlichkeit.«[13] Abschließend verwies Hermann auf Analogien in der Rezeptionsgeschichte Heinses und Heines. Sowohl in ihrer Ablehnung, ihrer Marginalisierung wie auch in ihrer Wiederentdeckung sah er parallele Entwicklungen, jeweils als Gegenpol zum bürgerlichen Klassiker-Kanon.

Monica Tempian, die bereits ihre Dissertation über die traumtheoretischen Reflexionen Heines vorgelegt hat, gab unter dem Zitatmotto »Mir lodert und wogt im Hirn eine Fluth« »Einblicke in die Traumwerkstatt Heinrich Heines«. Sie konzentrierte ihre Ausführungen auf »drei der in der gesamten Lyrik zahllos gestalteten Literaturträume«. An dem frühen Gedicht »Ein Traum, gar seltsam schauerlich« zeigte sie, auf welche Weise Heine typische Traumerfahrungen gestaltet. Sehr überzeugend stellte sie dar, wie es Heine dabei nicht nur um die Trauminhalte geht, sondern auch um eine traumanaloge Struktur, hatte er doch mit seinen »Traumbildern« den Anspruch, eine neue poetische Gattung zu erfinden. An dem späten Nachlass-Gedicht »Mir lodert und wogt im Hirn eine Fluth« wurde deutlich, wie Heine Traumzensur thematisiert, und als »kundigen Darsteller von Traumzuständen und -vorgängen« führte Tempian Heine mit seinem letzten Traumgedicht »Es träumte mir von einer Sommernacht« vor. Seine faszinierend genaue Nachbildung der Traumarbeit griff den Erkenntnissen Freuds und der Traumpsychologie des 20. Jahrhunderts in erstaunlicher Weise voraus. Geschickt konnte der »auf unmittelbare Wirkung zielende Dichter« mit seinen Traumkompositionen die kollektiven Erfahrungsschichten seiner Leser erreichen und sich dort einschreiben: »Motivation für Heines experimentierenden Umgang mit dem Traumtext war die Suche nach neuartigen Kunst- und Lebensformen in der Krisenzone einer Verwandlungszeit – am ›Ende der Kunstperiode‹«.[14]

Den Preis für das 10. Forum Junge Heine Forschung erkannte die Jury[15] den Beiträgen von Nina Bodenheimer und Constantin Sonkwé zu, die aus Paris und Kamerun angereist waren: »In jedem Fall hat sie mit Heinrich Heine eines gemeinsam, die junge Wissenschaftlerin, die jetzt von Heine-Universität, Heine-Gesellschaft und Heine-Institut geehrt wurde. Nina Bodenheimer […] ist Wahl-Pariserin«, hieß es zur Preisverleihung Ostern 2008 in der Düsseldorfer Tagespresse.[16] Zur außergewöhnlichen Internationalität des Jubiläumsforums hatte es im Dezember 2007 ankündigend geheißen: »Junge Forscher aus aller Herren Länder kommen zusammen, um ihre Sicht auf den deutschen Lyriker, Essayisten, Satiriker und Journalisten zu teilen«: »So hätte das dem Weltbürger Heinrich Heine gefallen.«[17]

Anmerkungen

1 U.M. [Ulrike Merten]: Des Dichters Traumwerkstatt. – In: Neue Rhein-Zeitung, Düsseldorf, vom 11. Dezember 2007.

2 Werner Schwerter: Forum: Heine, die unerschöpfliche Quelle. – In: Rheinische Post, Düsseldorf, vom 11. Dezember 2007.

3 Neue Rhein-Zeitung [Anm. 1].

4 Zu Konzeption, Organisation und Geschichte des von Heinrich-Heine-Institut, Heinrich-Heine-Gesellschaft und Heinrich-Heine-Universität gemeinsam veranstalteten Forums mit neuen Arbeiten über Heine vgl. auch die Berichte über die vorangegangenen Kolloquien in den Heine-Jahrbüchern 2001–2007.

5 Neue Rhein-Zeitung [Anm. 1].

6 Zitiert nach dem von Katrin Becker vorgelegten Beitrag.

7 Vgl. den Aufsatz von Nina Bodenheimer im vorliegenden Jahrbuch.

8 Zitiert nach dem von Margit Dirscherl vorgelegten Beitrag.

9 Neue Rhein-Zeitung [Anm. 1].

10 DHA V, 8.

11 Vgl. den Aufsatz von Constantin Sonkwé im vorliegenden Jahrbuch.

12 DHA XII, 592.

13 Zitiert nach dem von Leonhard Hermann vorgelegten Beitrag.

14 Zitiert nach dem von Monica Tempian vorgelegten Beitrag.

15 Mitglieder der Jury waren in diesem Jahr: Dr. Karin Füllner, Prof. Dr. Joseph A. Kruse, Renate Loos, Thomas Stähli und Prof. Dr. Manfred Windfuhr.

16 kui [Petra Kuiper]: Im Namen des Dichters. – In: Neue Rhein-Zeitung, Düsseldorf, Ostern 2008.

17 ale: Heine-Forum: Junge Forscher aus aller Welt. – In: Westdeutsche Zeitung, Düsseldorf, vom 7. Dezember 2007.

»Im Wunder des Worts« Zum 20. Todestag von Rose Ausländer

Von Liudmila Lokshtanova, Düsseldorf

Der Titel des Vortrags stammt aus Rose Ausländers Gedicht »Im Wunder«: »Ich verliere mich / im Dschungel der Wörter // finde mich wieder / im Wunder des Worts« (VI, 91).[1] Die Motive des Glaubens an das Wunder des Worts prägen das ganze Werk der Dichterin, denn Wort und Leben sind für Rose Ausländer untrennbar. Viele Aspekte des Zusammenhangs Wort – Leben werden in zahlreichen Gedichten sowie in Prosawerken der Autorin überzeugend zum Ausdruck gebracht. Einer davon ist der Glaube an die Kraft des wahren Wortes einer vollkommenen Dichtung. Der stilistischen und versbautechnischen Analyse des faszinierenden und erschütternden lyrischen Werks Rose Ausländers wurde ein wichtiger Abschnitt des Vortrags gewidmet.

Rose Ausländers Weg als Dichterin war nicht einfach. In der ersten Etappe ihres Schaffens – bis etwa 1957, als sie ihre Verse (sowohl deutsche, als auch englische) vorwiegend in traditioneller gereimter Form schrieb –, war ihr Name nur einem kleinen Kreis interessierter Leser bekannt. Erst als Rose Ausländer freirythmisch zu schreiben begann, gelang es der Autorin, ihren eigenen lyrischen Sprechton, ihren eigenen Stil und den ihr allein zugehörigen poetischen Ausdruck zu finden. Im freien Gedicht ist sie berühmt und populär geworden. Erstmals wurden die deutschen Gedichte dieser zweiten Etappe ihres Schaffens im Jahre 1965 publiziert (»Blinder Sommer«). Dem ersten Band folgten dann 28 weitere originale Buchausgaben. Eben diese Lyrik wird im folgenden besprochen. Die jüdische Autorin, die das Ghetto in Czernowitz überlebt hatte, schilderte die Ursachen ihres Verzichts auf den Reim und des Übergangs zu einer neuen Poetik in prägnanten Worten: »Was später über uns hereinbrach, war ungereimt, so alpdruckhaft beklemmend, dass – erst in der Nachwirkung, im nachträglich voll erlittenen Schock – der Reim in die Brüche ging. Blumenworte welkten. Auch viele Eigenschaftswörter waren fragwürdig geworden. Das alte Vokabular musste ausgewechselt werden. Die Sterne erschienen in anderer Konstellation« (XV, 93). Poetologische Innovationen bei Rose Ausländer waren also keine Zielvorhaben, sondern Konsequenzen aus dem Bestreben, ein lyrisches Gesamtkunstwerk zu schaffen, welches die Sehnsüchte ihrer Zeit zu formulieren und das Bild der Epoche wahrheitsgetreu darzustellen vermöchte: »Wahrheit / sag mir die Wahrheit // Trag mich / auf deiner Schulter / sternweit //

Ich will / dir tragen helfen / Rose und Schwert« (»Bitte I«, VII, 21). Die FAZ schrieb im Jahre 1995: »Am Ende hat Rose Ausländer, der Sprache sich hingebend, den Deutschen ein Wortkunstwerk geschenkt, wie es stärker im Ausdruck, feiner in der Form und präziser in der Aussage kaum zu denken ist«.[2] Die Magie der unvergänglichen Lyrik Rose Ausländers beruht auf der Vollkommenheit ihrer poetischen Meisterschaft. Sie erreichte eine erhöhte Intensität und Originalität im Ausdruck dank ihrer starken Geistesenergie, ihrer künstlerischen Einbildungskraft und dank der Fähigkeit, das Bedeutungspotenzial des Worts maximal auszuschöpfen.

Eines der wichtigsten Prinzipien der neuen Poetik der Autorin ist der Gebrauch einfacher, vorwiegend kurzer Wörter: »Die großen Worte / sind verlorengegangen // Es heißt / mit winzigen Wörtern / werben / um Frieden und Liebe // im Namen der Religionen / im Namen der Ermordeten / im Namen der Lebenden / die leben wollen / im Gold und Grün / unsrer Erde« (»Werben«, VIII, 74); »[...] Wir reden / leise / mit auferstandenen / Brüdern« (»Auferstanden I«, VII, 97). Eben diese Wörter sind für sie »stark wie der Atem der Erde«. Viele Gedichte Rose Ausländers klingen so, als ob sie die ursprüngliche Sprache der Bibel, der Mythen und der Märchen wiederzubeleben sucht. Charakteristisch für die Bestätigung dieser These ist das Gedicht »Das Wort«: »Am Anfang / war das Wort / und das Wort / war bei Gott« // Und Gott gab uns / das Wort / und wir wohnen / im Wort // Und das Wort ist / unser Traum / und der Traum ist / unser Leben« (X, 136). Das Gedicht wird wahrgenommen wie eine naturgemäße Fortsetzung der Anfangsworte des Johannesevangeliums.

Eine andere auffallende Besonderheit des Stils der Lyrikerin ist die überraschende Lapidarität, die für viele Gedichte kennzeichnend ist. Der Lakonismus vereinigt sich dabei mit maximalem Inhaltsreichtum und Exaktheit im Ausdruck. »Ich schreibe jetzt knapper, straffer, bevorzuge das kurze und mittellange Gedicht«, notierte sie im Jahre 1973.[3] Viele kurze Verse der Dichterin prägen sich leicht ins Gedächtnis ein; viele werden als Aphorismen wahrgenommen. Einige Beispiele: »Lassen uns nicht«: »Mein Volk // Mein Sandvolk / mein Grasvolk // wir lassen uns nicht / vernichten« (XIV, 209); »Heinrich Heine«: »Er war ein Lied / seines Landes // jener Hexe / mit goldenem Haar // die sein Vaterlandswort / verwandelte / in einen Fluch« (VI, 41); »Das Ziel«: »Das Ziel ist an mir / vorübergegangen // Als ichs erkannte / war es schon / am Horizont / angelangt // und verlor mich / aus den Augen« (VI, 135); »Gib auf«: »Der Traum / lebt /mein Leben / zu Ende« (XIII, 250). Die Knappheit im Ausdruck verleiht den lyrischen Werken Rose Ausländers eine überraschende Kraft und Intensität. Alles,was überflüssig erscheinen kann, wird losgelassen. Ein Leser hat mir geschrieben: »Man braucht einige Sekunden, um ein Gedicht durchzulesen, und viele Stunden, manchmal Tage, um darüber nachzudenken«. Viele lyrische Texte wirken wie dichte Momentaufnahmen ohne eine erläuternde Einleitung oder Erklärung, so dass der Leser auch verstehen muss, was zwischen den Zeilen verborgen bleibt. In grammatischer Terminologie heißt dies, dass ein Text aus einer Reihe Rhemata besteht und keine Themata enthält. Sprachlich wird das erreicht durch nominale Sätze, Partizipialkonstruktionen, isolierte Attribute, durch das Fehlen der finiten Form des Verbs, der Kopula, durch den Gebrauch der Infinitive. Das Gedicht »Zu kurz«: »Schnee im Haar / komm ich zu dir // lege dir meine Worte / zu Füßen // Du / traurig wie ich / weil der Tag zu kurz / das Jahr zu kurz / das Leben zu kurz // um das vollkommene / JA / zu sagen« (VIII, 150). »Nachtstück«: »Messing des Mondes // Du / unter dem Wanderkreis / deine eckige Form / ein zappelnder Vogel / verwirrt im Glück / deines Nachtgefieders // ehe der Morgen / dich wieder fesselt / und dein Rätsel / Fragen stellt« (VI, 129).

Eine kennzeichnende Eigentümlichkeit der Textgestaltung bei Rose Ausländer ist das Fehlen der Interpunktionszeichen. »Wodurch könnte dies motiviert sein?«, werde ich manchmal gefragt. Meine Vermutungen sind: 1) durch das Prinzip »Nichts Überflüssiges«; 2) durch das Bestreben, die Ursprache der Poesie, die in mündlicher Form entstanden war, wiederzubeleben; und insbesondere 3) Rose Ausländers Gedichte geben oft nicht die zusammenhängende Rede wieder, sondern einzelne Gedanken oder eine Reihe Gedanken, die durch den Kopf schießen, sowie Gedankenfetzen, denen syntaktisch richtige Sätze manchmal nicht entsprechen können. Das Gedicht »Fragebogen«: »Der Fragebogen / soll ausgefüllt werden / ja oder nein / verschollene Namen und Daten / woher wohin / Unterschrift eidlich // Ja ich war einmal geboren / mein Wiegenland ist tot / ich bin Untermieter / in Hölle / hab meinen Namen vergessen / drei eigene Kreuze / Amen« (VI, 107). Ein Gedicht kann auch nur eine syntaktische Wortgruppe enthalten, die noch keinen Satz bildet. Ein Beispiel dafür ist das Gedicht »Hoffnung IV«: »Mein / aus der Verzweiflung / geborenes Wort // aus der verzweifelten Hoffnung / dass Dichten / noch möglich sei« (IX, 17).

Beim Fehlen der Interpunktionszeichen im freien Gedicht kommt der visuellen Darstellung des Textes eine wichtige Rolle zu. Rose Ausländer gliedert jedes Gedicht in Strophen und Zeilen in Abhängigkeit von dessen Inhalt und von der Art und Kraft der auszudrückenden Emotionen. Diese Gliederung hilft dem Leser, Zusammenhänge, Pausen, Gewichtigkeit bestimmter Wörter oder Gedichtteile wahrzunehmen. Die Gliederungstechnik des Textes dient dazu, die unruhigen Rhythmen der historischen Epoche, das Grauen jener Zeit so eindringlich wie möglich wiederzugeben. Die Autorin bricht den Vers, ändert den im Satz fließenden Rhythmus, trennt Elemente einer Wortfügung voneinander. Dabei können Hilfswörter (Präpositionen, Konjunktionen, Artikel) auch am Ende der Zeile stehen oder sogar eine selbstständige Strophe bilden. Das Gedicht »Wo sich verbergen«: »Wo / wenn der Regen abspringt / von schmutzigen Ziegeln // wo / wenn der Damm reißt im / Gedächtnis und die / gestauten Wasser hervorbrechen // wo / sich verbergen // wenn sie dich anfallen /ungestüm / und sich verbünden mit // stürzenden Himmeln« (XI, 108). Durch den Bruch zwischen »wo« in der ersten und in der zweiten Strophe und dem Infinitiv »sich verbergen« in der dritten, sowie durch die Trennung des Artikels und der Präpositionen von den Substantiven wird ein sehr hoher Grad der Verwirrung und der Verzweiflung wiedergegeben. Im nächsten Gedicht machen zwei Konjunktionen – »doch«, »und« – selbstständige Strophen aus: »Neue Zeichen / brennen / am Firmament // doch // sie zu deuten / kommt kein Seher // und // meine Toten / schweigen tief« (XIII, 183). Eine große Erregung und zugleich Hilflosigkeit finden hier ihren deutlichen Ausdruck.

Zur magischen Eindringlichkeit von Rose Ausländers Gedichten trägt auch der Gebrauch alter stilistischer Mittel der Poesie bei, insbesondere der Parallelismen und Wiederholungen: »Als ich / aus der / Kindheit floh / erstickte / mein Glück / in der Fremde // Als ich / im Getto / erstarrte / erfror / mein Herz / im Kellerversteck // Ich Überlebende / des Grauens / schreibe aus Worten / Leben« (XIII, 157). Auch am Ende des ihrer Mutter gewidmeten Gedichts »Meine Nachtigall« wiederholt die Lyrikerin mehrmals die Wörter »Nachtigall«, »Nacht« und »singt«: »[...] Jetzt ist sie eine Nachtigall / Nacht um Nacht höre ich sie / im Garten meines schlaflosen Traumes // Sie singt das Zion der Ahnen / sie singt das alte Österreich / sie singt die Berge und Buchenwälder / der Bukowina / Wiegenlieder / singt mir Nacht um Nacht / meine Nachtigall / im Garten meines schlaflosen Traumes« (V, 97). Rose Ausländers Verse sind von einer großen Musikalität getragen. Die Klangelemente und ihre Kombinationen werden sorgfältig gesichtet. Zahlreiche Alliterationen, Assonanzen und Binnenreime bewirken den Wohlklang der Gedichte. Durch phonetische Wiederholungen erhalten bestimmte Wörter im Text ein besonderes Gewicht. Zum Beispiel, enthält das oben zitierte Gedicht »Im Wunder« konsequente Wiederholungen von »f« und »w« (verliere, finde – Wunder, Wörter, wieder, Wort), »i« und »ie« (ich, mich, finde, im – verliere, wieder); »r« wird sechs Mal wiederholt; »u« kommt zwei Mal vor (Dschungel, Wunder).

In reimloser Lyrik gewinnt die Autorin eine immer neue metaphorische Freiheit. Allein die Titel ihrer originalen Gedichtbände geben eine Vorstellung von dem unerschöpflichen Reichtum ihrer Einbildungskraft: »Blinder Sommer«; »Im Atemhaus wohnen«; »Der Traum hat offene Augen«; »Einen Drachen reiten« u. a. Metaphorisch können bei dieser Dichterin ganze Gedichte sein. »Regenwörter«: »Regenwörter / überfluten mich // Von Tropfen aufgesogen / in die Wolken geschwemmt / ich regne / in den offenen / Scharlachmund / des Mohns« (XI, 123). Die faszinierende Herzsprache der Künstlerin löst bei den Lesern aller Generationen regstes Interesse und größte Bewunderung aus.

Das lyrische Werk Rose Ausländers stellt eine einheitliche Symphonie dar, ein leidenschaftliches Selbstbekenntnis der Dichterin, die die Höhen der Vollkommenheit erreicht hatte, dank ihrem seltenen Talent und ihrer beispiellosen Verantwortung vor dem Wort und vor dem Leser. In einem Brief an Ursula Ratjen notierte sie: »Ich schreibe, weil ich muss – quasi für mich selber – aber ich publiziere für Leser, denen ich meine vorgestellte Welt zeige. Das Echo ist Sonnenschein, ohne den ich vielleicht nicht wachsen könnte.«[4].

Anmerkungen

1 Der Beitrag gibt in verkürzter Form den Vortrag wieder, den die Autorin zum 20. Todestag der Lyrikerin Rose Ausländer (11. Mai 1901–3. Januar 1988) am 10. Januar 2008 im Heinrich-Heine-Institut hielt. Der Nachlass Rose Ausländers liegt im Archiv des Heinrich-Heine-Instituts. Zitate aus dem Werk Rose Ausländers werden im Text nachgewiesen nach der sechzehnbändigen Gesamtausgabe der Werke (GW) im Fischer Taschenbuch Verlag, Frankfurt a. M. mit Band und Seitenzahl.

2 Zitiert nach: Helmut Braun: Rose Ausländer. Zu ihrer Biographie. Stuttgart 1999, S. 158.

3 Notizen zur Situation des alternden Schriftstellers. XV, 103–104.

4 Rose Ausländer / Ursula Ratjen: Meine liebe Frau Ratjen. Briefwechsel. Köln 1997, S. 222.

Buchbesprechungen

Wolfgang Bunzel/Martin Hundt/Lars Lambrecht (Hrsg.): *Zentrum und Peripherie. Arnold Ruges Korrespondenz mit Junghegelianern in Berlin*. Frankfurt a. M./Berlin/Bern: Lang 2006 (= Forschungen zum Junghegelianismus. Quellenkunde. Umkreisforschung. Theorie. Wirkungsgeschichte. Hrsg. von Konrad Feilchenfeldt und Lars Lambrecht, Bd. 14). 261 S., € 45,50.

Gibt es zum Thema Junghegelianismus noch etwas Neues? Ist dazu nicht genug gesagt – gut abgeheftet in den Schränken der Forschung, aus denen es bei Bedarf zur Aufpolsterung von Fußnoten herausgeholt werden kann? Vorliegende beeindruckende Publikation zeigt das Gegenteil. Das Thema Junghegelianismus erweist sich nach wie vor als produktives Forschungsfeld. Und mit dem Erschließen neuer Quellen kommt neues Licht auf Vorgänge, die manche Wissenschaftler ad acta gelegt haben.

Es ist nicht so, dass dieses glanzvolle Buch aus dem Nichts kam. Alle drei Beteiligten haben in den letzten Jahren kontinuierlich zu diesem Thema sorgfältige Aufsätze und Quelleneditionen aufeinander folgen lassen. Bausteine und Vorarbeiten waren also längst da. Aber wenn man diese Veröffentlichung als vorläufige »summa« liest, hat man doch das Gefühl, einem Quantensprung der Forschung beizuwohnen. Diese Publikation – zweifellos ein Meilenstein – bündelt die Arbeiten von ca. zwei Jahrzehnten und bringt die Forschung um einen sehr, sehr großen Schritt voran. Sowohl die umfangreiche, konzeptionelle Einleitung als auch die neu erschlossenen und hier erstmals publizierten Briefwechsel stellen sie auf eine neue Grundlage. Mit der *wissenssoziologisch* orientierten Einleitung (um hier den vielleicht wichtigsten Aspekt hervorzuheben) und mit der Frage nach Generationszusammenhängen, Publikationsorganen, geographischen Zentren, Binnendifferenzierungen, Fraktionen und anderem wird der Pfad eines rein philosophie-immanenten Zugangs ausdrücklich verlassen. Damit ist ein Forschungsstrang, der sich teilweise als unbefriedigend erwiesen hat, richtigerweise aufgegeben worden. Nunmehr wird nicht mehr nach einer Linie der *Theorie*entwicklung gefragt, die für die einen von Hegel zu Marx, für die anderen von Hegel zu Nietzsche und für wiederum andere folgerichtig zurück zu Kant führte (ein methodisches Herangehen, das den ihm innewohnenden teleologischen Gehalt insgesamt nur selten verbergen konnte). Auch den Weg, den Junghegelianismus lediglich im Licht einer weltanschaulichen Radikalisierung im Vorfeld der Revolutionen von 1848 zu deuten – also ein *ideologie*geschichtlicher Zugang – erscheint den drei Autoren letztlich als ungenügend. Sie suchen vielmehr, orientiert an Dieter Henrichs Modell einer »Konstellationsforschung«, nach einer Verortung der sehr heterogenen junghegelianischen »Bewegung« im Feld damaliger wissenschaftlicher, ideologischer und politischer Debatten. Und sie stellen eben nicht die bekannten Meisterdenker in das Zentrum (Strauß, Bauer, Feuerbach, Stirner, Marx), sondern, dem Buchtitel folgend, die so genannte »Peripherie«. Wer kann dazu gehören? Lassen wir die Autoren sprechen: August Friedrich Pott, Adolf Ellissen, Adolf Bock, Albert Wellmann, Karl Josef Kreutzberg, Karl Reinhold Jachmann, Heinrich Merz, Heinrich Bettziech ... Durch diese gezielte Suche nach Peripherien können die drei Autoren in einer Weise, wie es die Forschung bisher nicht vermochte, Gemeinsamkeiten, aber auch Unterschiede zwischen damaligen Junghegelianern schärfer analysieren. Insbesondere bei der Frage nach Gruppen und Fraktionen legt der Band sehr überzeugende Ergebnisse vor (allein für Berlin lassen sich zeitweise drei, teilweise deutlich konkurrierende, junghegelianische Fraktionen ausmachen). Flankiert wird dieses »systematische« Herangehen von einer Analyse der verschiedenen »historischen« Phasen der Bewegung (und auch der gründlichen philologischen Untersuchung dessen, was damals als Rechts-, Links-, Neu- und Althegelianismus galt).

Die in der umfassenden Einleitung dargelegten Forschungsprämissen lassen sich durch den Editionsteil einer Probe unterziehen. Vier neue Briefwechsel werden erstmals publiziert: Eduard Meyen mit Ruge, Adolf Rutenberg mit Ruge, Karl Nauwerck mit Ruge, Edgar Bauer mit Ruge (der Quellenüberlieferung ist geschuldet, dass es sich zumeist um Briefe *an* Ruge handelt). Darüber hinaus beinhaltet ein Appendix zu Meyen dessen Briefe an Theodor Echtermeyer und Otto Wigand. Worum geht es in diesen Briefen? Vorrangig geht es um das Journal- und Zeitungsmachen. Die Briefe verdeutlichen den nicht gerade bescheidenen Anspruch der Akteure, mittels wissenschaftlich informierter Journalistik und Publizistik die Welt voranzubringen. *Das* sei der Motor der Entwicklung in Preußen, d. h. der Weltgeschichte. Dieser zum Teil auch illusionäre Anspruch, den vor allem Ruge verfocht, war aber durchaus unterschiedlich ausgeprägt. So wies Rutenberg in einem Brief an Ruge verklausuliert darauf hin, dass, sollte die beste Theorie wirklich die beste Praxis sein, sie sich der Praxis als solcher nicht versperren dürfe (S. 155). Und Nauwerck, der ohnehin kaum von Hegel geprägt war, nutzte die Publikationsorgane der jungen Hegelianer im Grunde für empirieorientierte Analysen, ohne dem kühnen Traum aufzuliegen, dass Geist und Buchstabe allein die Welt verändern. Dass, wenn es in dieser Zeit um freisinnige Zeitschriften und Journale ging, Debatten über Zensur eine wichtige Rolle spielten, belegen diese Briefwechsel ebenfalls nachhaltig. Und nicht zuletzt war auch Pekuniäres – also die Frage nach Honorar – Gegenstand dieser brieflichen Nachrichten.

Um nur einige inhaltliche Erträge der Quellen stichwortartig zu nennen: Sie zeigen, wie sich die Autoren allmählich politisierten (und andere deshalb den Autorenkreis der Halleschen und später Deutschen Jahrbücher verließen); zeigen, wie manche Junghegelianer durchaus ernsthaften Kontakt zu anderen liberalen Bewegungen anmahnen (Meyen wirbt für den ostpreußischen Liberalismus, Rutenberg für den süddeutschen, S. 112 f., 154 f.); sie bringen neue Erkenntnisse über den gezielten Bruch Ruges mit den Berliner »Freien« um Bruno Bauer. Man erhält neue Aufschlüsse über die überhaupt nicht einheitliche Stellung der Junghegelianer zur umstrittenen liberalen Ikone Bettina von Arnim, ebenso darüber, dass Ruges Ablehnung von Heines Person und Heines Schaffen als zu »subjektivistisch« nicht von allen Junghegelianern in dieser Schärfe geteilt wurde. Und auch zu der je nach »Fraktion« unterschiedlichen Stellung zum Philosophen Schelling, der 1841 in hohem Lebensalter die Universitätsnachfolge des zehn Jahre zuvor gestorbenen Hegel angetreten hatte, sind nun weitere neue Einsichten möglich. Die Rochaden, Annäherungen, gegenseitigen Versprechungen und Täuschungen sowie der endgültige heftige polemische Bruch zwischen bestimmten Junghegelianern und Schelling (manche, auch Ruge, hatten anfangs gehofft, in Schelling einen Fürsprecher zu finden und ihn auf *ihre* Seite ziehen zu können), sind ein Lehrstück damaliger intellektueller Felder. Es liegt nun weiteres Material vor, mit dem sich die betreffenden philosophischen Verwicklungen gründlicher rekonstruieren und erklären lassen. Aber nicht nur Vertreter der Literatur- und Philosophiegeschichte werden diesen Band gewinnbringend nutzen. Wer als kulturhistorisch

Interessierter Einblicke in die exzessartige Stimmung im höfischen Berliner Schauspielhaus erhalten möchte, lese den Brief Meyens an Ruge vom 14. Januar 1841: Während der Aufführung eines Stücks von Racine, für das der unsterbliche Raupach als Übersetzer wirkte, wurde der König unsanft aus dem Schlummer gerissen. Wodurch? Dem königlich-preußischen Kammerherrn und Staatsrat Alexander von Humboldt war, gleichfalls eingeschlafen, der gesteifte Hut geräuschvoll entglitten …

Um ein vorläufiges Fazit zu ziehen: Es liegt, was methodische und theoretische Weichenstellungen betrifft, ein wegweisendes Buch vor, das mit seinem wissenssoziologischen Fokus ins Neue weist, das der Forschung neue Antworten gibt und neue Fragen stellt, die nicht nur in den nächsten Jahren, sondern sicher in den nächsten Jahrzehnten beantwortet werden müssen. Einleitung und Quellenedition zeigen, dass »Junghegelianismus« längst nicht erschöpft ist, sondern sie belegen innovativ das Gegenteil. Junghegelianer, als genuiner Bestandteil des Intelligenzfelds »Vormärz«, machen nicht nur quantitativ neue Erkenntnisse möglich, sondern auch solche, die die Bewegung oder Strömung in einen qualitativ neuen Fokus rücken. Ein einziger Einwand soll allerdings hier am Ende formuliert sein; er soll als Frage nicht »gegen« das Buch gestellt werden, sondern »mit« dem Buch. Was macht denn nun die Bedeutung oder gar Faszination der Jungehegelianer über den Radius von Quellenerschließung hinaus aus? Gibt es einen Mehrwert, der die präzise wissenssoziologisch orientierte Analyse damaliger Netzwerke übersteigt? Was ist das Movens, das die Forschung zu den Junghegelianern so intensiv am Leben hielt und weiter am Leben hält? Der einleitende demonstrativ knappe Hinweis auf die »intellektuelle Strahlkraft« des Junghegelianismus wirkt geradezu verlegen. Mehr nicht? Gilt »Strahlkraft« nicht auch für fast jede andere Intellektuellenbewegung des Vormärz? Was wäre deren Spezifik? Forschung – das soll hier deutlich hervorgehoben werden – muss und braucht sich nicht zu legitimieren. Aber sie darf gegebenenfalls auch ihr Geschäft reflektieren. Und ist es nicht ein bestimmter Gestus, der nach wie vor die intellektuelle Strahlkraft der Junghegelianer ausmacht, ein bestimmter Habitus? Die Weiterentwicklung und die Modifikation Hegel'scher Positionen und anderes gilt als Faktum von historischem Interesse. Aber sind nicht die junghegelianische polemische Lust, die Unduldsamkeit und subversive Force, die theoretische und praktische Respektlosigkeit die Faszinosa, die nach wie vor ins Heute strahlen? Liegt hierin nicht – bei aller berechtigten zeitpolitischen Relevanz des damaligen Engagements – ein Moment unverschämter, uneingelöster und uneinlösbarer Utopie? Kommen nicht hauptsächlich auch von daher die eingestandenen und uneingestandenen Anziehungskräfte, die den Rekurs auf die Junghegelianer bis heute immer wieder lebendig halten?

Olaf Briese

Bastian Fleermann: *Marginalisierung und Emanzipation. Jüdische Alltagskultur im Herzogtum Berg 1779–1847*. Neustadt an der Aisch: Schmidt 2007 (= Bergische Forschungen XXX). 456 S., € 21,–.

Kaum eine andere gesellschaftliche Gruppe war von den drastischen Veränderungen der Zeit um 1800 in einem solchen Maße betroffen wie die jüdische Bevölkerungsminderheit des Herzogtums Berg. Die französische Vorherrschaft am Rhein veränderte die rechtliche Stellung der bergischen Juden fundamentaler als in anderen Staaten des Deutschen Bundes. Bastian Fleermann analysiert auf der Grundlage zahlreicher bisher ungenutzter Archivalien und Editionen die rechtlichen, politischen, sozialen wie kulturellen Veränderungen des ausgehenden 18. und frühen 19. Jahrhunderts und bietet dadurch erstmals einen tiefen Einblick in Leben und Alltagskultur neuzeitlicher jüdischer Gemeinden. Fleermann hat mit seiner volkskundlich-historischen Dissertation eine Studie über die jüdische Bevölkerung des Rheinlands vorgelegt, die derzeit ihresgleichen sucht.

Der zeitliche Rahmen der Studie folgt den differenzierten Untersuchungen der deutsch-jüdischen Frühneuzeit-Forschung zu den ersten Ansätzen einer Integration und Akkulturation des 17. und frühen 18. Jahrhunderts. Fleermann legt jedoch überzeugend dar, dass unterschiedliche Geschwindigkeiten diesen Transformationsprozess prägten, wobei auch und gerade in ländlichen jüdischen Gemeinden das Festhalten an tradierten Lebensformen die allgemeine Modernisierung verlangsamt haben. Für die Beschreibung des sozialen und kulturellen Wandels werden auch die letzten Jahre des Ancien Régime in die Betrachtungen mit einbezogen, insbesondere weil sich diese in Berg maßgeblich von den Neuerungen der französischen Besatzungszeit nach 1800 unterschieden. Die Vielzahl rechtlicher und gesellschaftlicher Veränderungen der späten 1840er Jahre, wie die preußische Namengesetzgebung und Gewerbeordnung (beide 1845) oder das preußische Emanzipationsgesetz (1847), markieren den Abschluss einer ersten Phase des Wandels jüdischer Alltagskultur im Rheinland und folgerichtig auch das Ende des Untersuchungszeitraums.

Die Konzentration des Autors auf den nördlichen Teil des Herzogtums Berg folgt weitgehend pragmatischen Argumenten. So wird die Geschichte der Juden im oberbergischen Raum zwar nicht vernachlässigt, aber doch überwiegend ausgeblendet. Sie zeichnet sich vor allem durch eine spärlich und isolierte Besiedlung sowie durch eine hohe Fluktuation aus. Der überwiegende Teil der jüdischen Bevölkerung ist hingegen im dichter besiedelten mittel- und niederbergischen Raum auszumachen.

Neben der ökonomischen und demografischen Situation um 1800 werden die Grundzüge der Bergischen Territorial- und Ereignisgeschichte von der mittelalterlichen Grafschaft bis zur Eingliederung in die preußische Rheinprovinz 1815 kurz, aber durchaus anschaulich dargelegt. Anschließend erhält der Leser einen Einblick in die historischen Vorbedingungen der bergischen Judenschaft bis zum ausgehenden 18. Jahrhundert. Hierzu werden zunächst die jüdischen Siedlungsstrukturen des Spätmittelalters vorgestellt, bevor sich der Autor der landesherrlichen Judenpolitik des 16. und 17. Jahrhunderts und der institutionalisierten Landjudenschaft des 18. Jahrhunderts zuwendet.

Nach der zeitlichen und räumlichen Eingrenzung geben fünf zentrale Fragenkomplexe die Gliederung der interdisziplinären Studie vor.

Zunächst wird der Frage nach dem Einfluss landesherrlicher Politik, Obrigkeit und Gesetzgebung auf das jüdische Alltagsleben – auch für die niederbergischen Unterherrschaften Broich und Hardenberg – nachgegangen. Die Studie folgt hier dem eingangs vorgestellten zeitlichen Raster, indem zunächst die Praxis des Aufenthaltsrechts und des Abgabewesens (besonders die Wandlungen des Geleitrechts) für die Zeit des Ancien Régime in den Blick genommen werden. Daran anschließend untersucht Fleermann die ersten Ansätze der Emanzipation während der französischen Besatzungszeit; von der Nichtgültigkeit der napoleonischen Dekrete in Berg bis zur Einführung des Code Napoléon, auch unter Einbeziehung verschiedener lokaler und zeitlich begrenzter Sonderregelungen. Den Abschluss bilden die Novellierungen der Rechtssituation vom Anschluss Bergs an Preußen bis zum Emanzipationsgesetz von 1847. Abgerundet wird das Kapitel durch die statistische Darstellung der demografischen Verhältnisse in Berg.

Anschließend werden die großen Themenkomplexe Alltag und Ökonomie unter der Fragestellung nach dem Wandel der Sozialstruktur und des Wirtschaftsverhaltens untersucht. Traditionelle Berufsfelder in Handel, Dienstleistung und Finanzgeschäft etc. werden genauso in die Betrachtung einbezogen wie die spärliche jüdische Oberschicht und die gesellschaftlichen Phänomene Armut und Devianz in den unteren Schichten. Regionalen Besonderheiten, wie dem Fehlen von Hofjuden in Berg, wird dabei besondere Aufmerksamkeit geschenkt. Bemerkenswert ist die ausführliche Diskussion allgemeiner Judenfeindlichkeit als Indikator für ökonomische Konkurrenz. Sozialen Aufsteigern und »Pionierfamilien«, wie dem Solinger Stahlklingenfabrikanten Samuel Coppel oder der Familie Heinrich Heines, wird ein eigenes Unterkapitel gewidmet.

Das fünfte und größte Kapitel widmet Fleermann der Analyse und Darstellung der religiösen Alltagskultur. Gemeindewesen, religiöse Praxis und Bildung werden in ihren jeweiligen teils auch institutionellen Ausprägungen untersucht und detailreich dem Leser nahe gebracht. Dem Identitätswechsel durch Konversion wird in einem kurzen Unterkapitel, u. a. an dem prominenten Beispiel von Heinrich »Harry« Heine Rechnung getragen, nicht ohne zu erwähnen, dass es durchaus eine kleine Zahl von Konvertiten zum jüdischen Glauben gegeben hat.

Als vierte Grundachse jüdischer Alltagskultur konzentriert sich der Autor auf das Privat- und Familienleben. Fleermann verweist konkret auf die Dynamik des Transformationsprozesses, dem das jüdische Familienleben in Berg an der Schwelle zur Moderne unterlag. Intensiv wendet sich der Autor der Familienstruktur, der Stellung der Frau, der Rolle der Kinder, der Ehe sowie dem großen Themenkomplex Alter, Krankheit und Tod zu, wobei auch hier den rechtlichen Voraussetzungen eine besondere Rolle beigemessen wird.

Das letzte Kapitel der Studie fragt nach einer speziellen, regionalen Identität der bergischen Juden. Allerdings verfolgt der Autor hierbei nicht die Absicht, eine rein »jüdische Identität« in den Mittelpunkt der Betrachtung zu stellen. Vielmehr werden das dichte Verhältnis von Identität und Raum, Region, Ort oder Verortung in den volkskundlichen Zusammenhang der Genese einer bergischen Regionalidentität gestellt.

Bastian Fleermann ist mit dieser Monographie eine bemerkenswerte Studie über die jüdische Bevölkerung des Herzogtums Berg gelungen, die als Grundstein für weitere Forschungen zum rheinischen Judentum bestens geeignet ist. Der umfangreiche Appendix mit Glossar, Quellen- und Literaturverzeichnis sowie Orts- und Länderregister ermöglicht besonders das rasche Auffinden der verwendeten archivalischen und edierten Quellen zur Geschichte des rheinischen Judentums. Die Studie ist durchgängig gut lesbar, was bei der für das Genre ›Dissertation‹ üblichen hohen Belegdichte alles andere als selbstverständlich ist.

Hartwig Kersken

Bernd Füllner: *Georg-Weerth-Chronik (1822–1856)*. Bielefeld: Aisthesis 2006 (= Veröffentlichungen der Literaturkommission für Westfalen, Bd. 20). 188 S., € 24,00.

Obgleich das vorher fast vergessene Werk des Schriftstellers, Journalisten und revolutionären Aktivisten Georg Weerth in den letzten Jahrzehnten eine beachtliche Renaissance bei den Vormärz-Forschern erlebte, mangelt es weiter an biographischen Studien zu dieser schillernden Gestalt. Abgesehen von der Biographie Uwe Zemkes aus dem Jahre 1989 existiert keine moderne Monographie, die sich dem Leben Weerths widmet. Hier schließt Bernd Füllners »Georg-Weerth-Chronik« eine Lücke.

Obwohl keine Biographie im klassischen Sinne, zeichnet sie dennoch Weerths Leben so anschaulich nach, dass dem Leser dessen Gestalt plastisch vor Augen steht. Beginnend mit seiner Geburt dokumentiert Füllner akribisch Jahr für Jahr, Monat für Monat Weerths Werdegang als Kaufmann, Journalist und Schriftsteller. Besonders hilfreich für den Leser ist der übersichtliche, konsequent durchgehaltene Aufbau. So werden zunächst unter jedem Jahr die Aufenthaltsorte Weerths, Personen, mit denen er Kontakt hatte, sowie seine Lektüre knapp aufgeführt, bevor die einzelnen Monate detailliert geschildert werden. Biographische und relevante historische Ereignisse, entstandene Texte, Ausschnitte aus zeitgenössischen Rezensionen, Zeugnisse von Zeitgenossen finden ebenso Aufnahme wie Dokumente, die als Illustrationen den Band in vortrefflicher Weise ergänzen. Hier finden sich handschriftliche Gedichte, Daguerreotypien von Weerth und wichtigen Personen aus seinem Leben, zeitgenössische Ansichten von im Text erwähnten Orten, Titelblätter von Zeitungen und Zeitschriften, in denen seine Texte erschienen, zeitgenössische Karikaturen ebenso wie Weerths Reisepässe, die geradezu als Symbol für seine von unablässigen Reisen geprägte Existenz stehen könnten. (Dabei schleicht sich leider auch ein kleiner Fehler ein, da der gleiche Pass zweimal abgebildet ist.) Ergänzt wird die »Chronik« durch ein hilfreiches, ausführliches Namensregister. Ihr Kernstück bildet jedoch die Korrespondenz Weerths, aus der Füllner sehr bedacht eine chronologische Auswahl trifft. Neben Stellen aus Briefen von und an Weerth zitiert er Ausschnitte aus Briefen von Marx, Engels, Freiligrath u. a., die sich mit Weerth befassen.

Die chronologische Struktur des Buches trägt dazu bei, dass der Leser die Entwicklungen im Leben Weerths hautnah nachvollziehen kann, ohne dass weitschweifige Kommentare des Verfassers dazwischen stünden. Wenn man sich auch manchmal eine etwas ausführlichere Kommentierung wünschen würde (besonders für Nicht-Experten), liegt aber doch gerade in dieser zurückhaltenden Präsenz Füllners eine der Stärken dieses Werkes. Allein durch die klug getroffene Auswahl aus der lebenslangen Korrespondenz zwischen Weerth und seiner Mutter Wilhelmina eröffnet sich dem Leser, wie sehr die dramatischen politischen und sozialen Veränderungen der Zeit Einzug ins Private halten.

Füllners »Weerth-Chronik« ist ein äußerst kurzweiliges Buch, das dem Leser nicht nur die facettenreiche Person Weerths näher bringt, sondern darüber hinaus auch indirekt ein Porträt jener spannenden Zeit zeichnet. Füllner gelingt es bestens zu zeigen, wie Weerth sowohl als scharfer Beobachter seiner Gegenwart als auch als historischer Akteur (als Journalist, als Revolutionär und als die Alte und Neue Welt bereisender Kaufmann) auf der Höhe seiner Zeit stand. Es wird offensichtlich, wie Weerth tatsächlich gemäß dem Motto aus einem seiner Briefe aus England gelebt hat, den Füllner wiedergibt: »Rasch fährt der Wagen der Zeit, und verloren ist, wer in seinem Leben einen Abend hat« (S. 47).

Einerseits ist das Buch bestens für Neulinge in Sachen Weerth geeignet, welche das Buch hoffentlich verführen wird, das Werk eines der originellsten deutschen Schriftsteller und Journalisten jener Epoche zu entdecken. Für den Weerth-Kenner bietet es ein Sammelsurium an nützlichen Informationen zu seinem Leben und Werk und wird sich daher als Standardnachschlagewerk etablieren. Als solches wird die »Chronik« noch weit mehr an Bedeutung gewinnen, wenn all jene bisher nur in oft schwer verfügbaren zeitgenössischen Zeitungen publizierten Artikel und Essays Weerths in einer kritischen Gesamtausgabe veröffentlicht werden, die die seit langem vergriffene und überholte Ausgabe Georg Kaisers aus den 1950er Jahren ersetzen wird. Zum Beispiel wird – durch den Abdruck all jener, in den letzten Jahren neu identifizierten Artikeln Weerths in der »Neuen Rheinischen Zeitung« (die Füllner in seiner »Weerth-Chronik« bereits aufführt) – seine entscheidende Rolle bei diesem Zeitungsprojekt von Marx offenbar werden. Wie es Füllner in der Nachbemerkung zu seiner »Chronik« betont, wird man erst durch eine »neue kritische Weerth-Ausgabe [...] ermessen können, welch große redaktionelle Arbeit Weerth an der ›Neuen Rheinischen Zeitung‹ leistete« (S. 183). Füllners Buch trägt entscheidend dazu bei, das einseitige Bild von Weerth als »erste[m] und bedeutendste[m] Dichter des deutschen Proletariats« (Friedrich Engels) zu korrigieren und seine mannigfaltigen Rollen – als politischer Journalist und Aktivist, Ökonom, Handels- und Fernreisender – ins Blickfeld zu rücken.

Raphael Hörmann

Bernd Füllner/Karin Füllner (Hrsg.): *Von Sommerträumen und Wintermärchen. Versepen im Vormärz.* Bielefeld: Aisthesis 2007 (= Vormärz-Studien XII). 250 S., € 29,80.

Band 12 der verdienstvollen Reihe *Vormärz-Studien* versammelt die Ergebnisse der Tagung über Versepen im Vormärz, die von Karin und Bernd Füllner in Zusammenarbeit mit der Heinrich-Heine-Gesellschaft, dem Heinrich-Heine Institut und dem Forum Vormärz Forschung organisiert wurde und vom 1.–2. Oktober 2004 stattfand. Nachdem in der Reihe bislang überwiegend epochale Umbrüche, das literaturhistorische Verhältnis von Vormärz-Autoren zu vorausgehenden oder parallel verlaufenden literarischen Bewegungen und Tendenzen (Aufklärung, Romantik, Klassik, Nachmärz) sowie einzelne Autoren (Gutzkow, Börne, Weerth, Grabbe, Willibald Alexis) in den Mittelpunkt gerückt waren, widmet sich die Vormärz-Forschung mit diesem Band nun auch gattungstheoretischen Fragen. Dass die Wahl auf das Epos fiel, ist ebenso überraschend wie selbstverständlich. Selbstverständlich scheint die Wahl aufgrund der Bedeutung, die Heinrich Heine innerhalb der Vormärz-Forschung zukommt, und aufgrund seiner beiden Versepen *Deutschland. Ein Wintermährchen* und *Atta Troll. Ein Sommernachtstraum.* Überraschend und ebenso sinnvoll wie richtungsweisend ist der Umstand, dass die Studien 1. die Bandbreite an Epen in der Vor- und Nachmärzzeit aufzeigen, 2. den Blick auch auf unbekannte Texte richten, solche Epen in Erinnerung rufen, die zwar nicht vergessen, aber eher in einer Fußnote kanonisiert waren, und dass 3. diese Epen nicht als Randerscheinungen begriffen werden und auch nicht als Sterne, die nur deswegen leuchten, weil die heinesche Sonne scheint. Vielmehr relativiert der Band die besondere Stellung der Versepen Heines dadurch, dass die thematische Vielfalt sowie die ideologischen, politischen und literaturästhetischen Unterschiede bislang eher vernachlässigter Epen zwischen 1830 und 1860 auch wiederum den Blick auf Heines Texte modifizieren.

Selbstverständlich ist das Interesse an Versepen im Vormärz aber auch deswegen, weil die Forschung damit konsequent den seit Ende der 1990er Jahre eingeschlagenen Weg fortsetzt, Literaturgeschichte nicht mehr nur unter politisch-ideologischen Gesichtspunkten und anhand einiger weniger Autoren zu betrachten, sondern formalästhetische Gesichtspunkte zu fokussieren, um der Literatur eine literarische Dignität zuzugestehen. Überraschend ist der spezifisch vormärzliche Blick auf die Versepen, da der Roman oder die »moderne bürgerliche Epopöe« (Hegel) oder »bürgerliche Epopöe« (Goethe) sowie die Prosa im Allgemeinen der jungdeutschen und vormärzlichen Programmatik eher den Anforderungen von Modernität und Zeitnähe zu entsprechen schien. Nichtsdestotrotz schien es aber so, als avancierten die Epen zu »geschichtsphilosophischen Gradmessern der Moderne« (S. 22 [Olaf Briese]) und hätten unter diesem Gesichtspunkt Aktualität gewonnen. Dass dabei der in der Vormärz-Forschung vielfach gescholtene Friedrich Sengle, dessen Studie *Die Biedermeierzeit* trotz bedenklicher ästhetischer Wertungen weiterhin unverzichtbar ist, eine (verdiente) Renaissance erfährt, ist nicht nur gerecht, sondern auch ein Beleg dafür, dass die Vormärz-Forschung mittlerweile eine (ideologische) Gelassenheit an den Tag legt, die ihren Ergebnissen zugute kommt.

Schließlich ist darauf hinzuweisen, dass die beiden Herausgeber in der problemorientierten und die Ergebnisse aller Beiträge vorstellenden Einleitung bewusst ein breites Gattungsverständnis von Versepen voraussetzen, so dass auch etwa *Bimini* berücksichtigt wird. Eine solch offenes Verständnis der Gattung ist indes dadurch gerechtfertigt, dass die Herausgeber (und mit ihnen auch die Beiträger) eine spezifisch vormärzliche Perspektivierung in den Texten herausarbeiten: die »Ambiguität« (S. 16). Selbige entsteht, wie die Herausgeber anhand des »Romanzero«-Gedichtes »Jehuda ben Halevy« vorführen, in der Proklamation eines ›neuen Liedes‹, das bewusst an die Traditionen der alten Lieder und Epen anschließt und in der Fortführung bekannter ästhetischer

Strukturen neue, entlang politisch und gesellschaftlich aktueller Themen verhandelt. Das vormärzliche Versepos, so eine der wichtigsten Thesen des Bandes, kennzeichne sich durch eine Aktualisierung der Form, die ermögliche, die Ambiguität von ästhetischer Tradition und politischer Aktualität zusammenzuführen, was die Herausgeber mit Heines Selbstcharakterisierung seines Liedes als eines ewigen Bündnisses des vermeintlichen Disparaten treffend und als charakteristisch für das Versepos der Zeit wiedergegeben finden: »Ein Hochzeitkarmen ist mein Lied, / Das bessere, das neue!« (DHA IV, 93).

Bevor allgemeine Tendenzen aus der Lektüre abgeleitet werden, sollen in einem ersten Schritt die Ergebnisse aller Beiträge kurz einzeln vorgestellt werden.

Olaf Briese erinnert an den Diskurs über die nach 1830 anbrechende Endzeitstimmung und diskutiert Epen von Ernst Ortlepp, Julius Mosen und Johann Karl Braun von Braunthal im Kontext apokalyptischer Ängste. Dabei betrachtet er die Epen nicht als fiktionale Problemlösungsentwürfe für den Umgang mit realen Katastrophen wie der Cholera, wie es in anderen zeitgenössischen literarischen Dokumenten der Fall war. Vor allem Ernst Ortlepps episch-lyrisches Gedicht »Die Cholera« würde die Krankheit nicht in einem Modell apokalyptischer Eindeutigkeit erklären, sondern sich konsequent einer (religiös oder politisch-ideologisch) heilsgeschichtlichen Lösung verweigern. Briese arbeitet heraus, dass die Epen von Ortlepp sowie das viel diskutierte »Ahasver« von Julius Mosen oder »Das Ende der Welt« von Johann Karl Braun von Braunthal als Auseinandersetzung mit dem Fortschrittsgedanken gelesen werden können und nicht selten Ausdruck von Skepsis sind. Die Ahasver-Figur, so weist Briese nach, sei wie die Figur des Zerrissenen eine »universale Projektionsgestalt« (S. 32) für moderne Befindlichkeit, eine »moderne Schlüsselgestalt« (S. 33), mit der auch die Problematik des geschichtsphilosophischen Fortschritts und die Kritik an einem hegelianischen Verständnis von Geschichte als Vernichtungsprozess verbunden sei. Die Antworten auf die dadurch aufgeworfenen Fragen seien unterschiedlich und variierten zwischen der Aktualisierung heilsgeschichtlicher Modelle (Braun von Braunthal) und der Subjektbehauptung (Mosen). Brieses Schlussfolgerungen aus seiner Analyse sind von weittragender Bedeutung, insofern die Überlegungen zur Apokalypse von grundlegender Bedeutung sind. »Die Erzählung von der Katastrophe ist ein permanentes *post festum*, ist ein unendlicher Suspens.« (S. 45) Das einzige, was bleibe, sei »Poetodizee« (S. 49), die Gerechtigkeit durch die Dichtung.

Norbert Otto Eke widmet sich dem Epos »Die Albigenser« von Nikolaus Lenau, dessen Bilder des Hässlichen und Brutalen die geschilderten Massaker im Lichte der geschichtsphilosophischen Vorstellung von Geschichte erscheinen lassen. Für Lenau besitze der Kreuzzug gegen die Albigenser und der Machtkampf zwischen der katholischen Orthodoxie und der katharischen Häresie Modellcharakter, insofern damit die Konfrontation eines totalitären gegen ein offenes System dargestellt sei. Lenau gehe es nicht um die Darstellung theologischer Differenzen, was Eke eindrucksvoll in einem Vergleich theologischer Positionen nachweist, sondern unter Rückgriff auf Hegels Geschichtsphilosophie um ein Modell, in dem die Deutung von Vergangenheit mit einer Zukunftsvorausschau verbunden wird. Dabei wird die vergangene Geschichte, auch als gewalttätiger Prozess, als sinnhafte Freiheitsbewegung des Geistes verstanden, bzw. im »Spiegel der Vergangenheit«, so zerstörerisch sie auch sei, kann die Zukunft noch gedacht werden (vgl. S. 70), wenngleich die Zukunfts- und Freiheitskonzeption bei Lenau eher als offen und pathetisch verstanden werden müsste.

Wie eng das Epos als Geschichtsmodell für die Gegenwart oder als utopischer Entwurf verstanden werden konnte, wird auch in *Madleen Podewskis* Analyse zu Johann Ladislav Pyrkers »Tunisias oder Kaiser Carl V. Heerfahrt nach Afrika« deutlich. Es handelt sich um ein Epos, das bereits bei den Zeitgenossen große Aufmerksamkeit gefunden, von katholischer Seite auch viel Lob erfahren hat, und dem in den 1840er Jahren zwei größere Studien gewidmet worden waren. Die Zeitgenossen interessierte indes nicht nur die ideologische Position des den christlichen Feldzug verherrlichenden Epos, sondern in Bezug auf eine von Pyrker entworfene Geistermaschine auch die poetologische Frage nach der (ästhetischen und theologischen) Legitimation des Wunderbaren (Götter und Geister) im Epos der Gegenwart. Dadurch, dass Pyrker die Existenz seiner Geister unter Rückgriff auf die Evangelien begründet, würde auch die Bibel zum Epos. Pyrker bietet ein Geschichtsverständnis an, wonach Vergangenheit und Gegenwart nicht voneinander zu unterscheiden sind, sondern sich eher durch »differenzlose Nähe« (S. 88) zueinander verhalten, was u. a. auch dadurch zum Ausdruck komme, dass die Geister der Vergangenheit mit den Helden der Gegenwart in einer Kommunikationseinheit gesehen werden.

An die in den letzten Jahren in der Vormärz-Forschung herausgearbeiteten europäischen Dimensionen der Literatur nach 1830 (hier sei nur auf die Sammelbände »Vormärzliteratur in europäischer Perspektive« von Martina Lauster, Helmut Koopmann und Günter Oesterle [1996, 1998, 2000] verwiesen) schließt *Alexandra Böhm* in ihrer vergleichenden Analyse von Puschkins »Eugen Onegin«, Heines »Atta Troll« und Byrons »Don Juan« an, wobei die drei Texte unter der Prämisse betrachtet werden, dass sie nachromantische Entwürfe darstellen und der Literatur einen revolutionären Anspruch erhalten. Diesen Anspruch sieht Böhm in einem ›transgressiven‹ Moment erfüllt, den sie mit bewussten, formalen Modellierungen wie Groteske oder Parodie oder mit der Verbindung des Hohen mit dem Trivialen (auf der Form-Inhalt-Ebene) verbindet. Puschkins und Heines Verserzählungen deutet sie als in den zahlreichen erzählerischen metafiktionalen Digressionen offensichtlich werdenden poetologische Kommentare, mit denen sich die Dichter gegen romantische und klassizistische Zuweisungen wehren. Die Artifizialität der Versepen, die Böhm auf verschiedenen formalen Ebenen (Reim, Verstradition, Metaphern usw.) nachweist, gebe Auskunft über die »poetologische Standortbestimmung des Dichters und seiner Dichtkunst« (S. 158) und sei Ausdruck der Auseinandersetzung der Exil-Autoren mit dem literarischen Markt in der Heimat.

Wulf Wülfing hat seine Forschungen zur Rhetorik und zur Interdiskursanalyse (vor allem zur Technikgeschichte) konsequent in Bezug auf Karl Immermanns Versepos »Tulifäntchen« weitergeführt. In einer exakten, kleinteiligen und spannenden Analyse hat er herausgearbeitet, wieso »Tulifäntchen« den Zeitgenossen (insbesondere Ludwig Tieck, der es wissen musste) besonders geeignet für das Deklamieren schien. Die Rhetorizität des Versepos, die anhand von Reimen, Lautmalerei und Neologismen beschrieben wird, aufzuzeigen, ist gleich in dreifacher Hinsicht aufschlussreich. Zum einen verdeutlicht Wülfing noch einmal die Bedeutung der Regeln der Beredsamkeit, den Stellenwert der Rhetorik als Schulfach und die Aktualität der Vorlesung für die Literatur seit den 1820er Jahren; zum zweiten demonstriert er die Ergiebigkeit einer rhetorischen Textanalyse, und schließlich gelingt ihm dadurch eine literaturhistorisch spezifische Einordnung. So deutet er Immermanns Epos als »Musterfall vormärzlicher Ambiguität« (S. 124). Dabei geht es ihm weniger um die Validierung von Immermanns Einschätzung, dass »Tulifäntchen« Epos und Parodie des Epos zur gleichen Zeit sei (so in einem Brief am 29. Dezember 1830 an Ferdinand Immermann), vielmehr betont Wülfing, dass Ambiguität und Mehrdeutigkeit oder der Zusammenfall des Widersprüchlichen, das im Versepos paradigmatisch erfüllt ist, auch als Signatur der Vormärz-Literatur zu betrachten ist. Diese Anregung scheint mir für die Vormärz-Forschung insgesamt besonders perspektivenreich.

Alfred Opitz geht in seinem Beitrag auf Heinrich Heines »Bimini« (1852) ein, stellte aber vor allem das weniger bekannte Epos »Cristoforo Colombo« (1836) von Ludwig August Frankl vor. Was beide Epen gemeinsam haben, ist das Thema der ›neuen Welt‹, das als »säkularisierter Schöpfungsmythos« (S. 161) gelesen wird. Die Geschichte der Konquistadoren war im Vormärz insgesamt ein beliebtes historisches Thema (vgl. dazu auch den Beitrag von Robert Steegers), bei dem das Modell der europäischen Expansion zugleich als Spiegel für gegenwärtige gesellschaftliche und ideologische Tendenzen funktionalisiert wurde. Die Bewertung der Entdeckungsfahrten ist dabei Ausdruck des ambivalenten Verhältnisses der Vormärz-Autoren zur Aufklärung. So deutet Opitz die Fremderfahrung nicht nur als exotische Alteritätserfahrung, sondern bei Frankl als »Leidensweg des genialen Tatmenschen in einer wankelmütigen und materialistischen Gesellschaft« und bei Heine als »schmerzliche Konfrontation mit der eigenen Sterblichkeit« (S. 168). Darüber hinaus würde in beiden Epen die für die Zeitgenossen zentrale Selbstvergewisserung über Geschichte thematisiert, wobei in beiden Epen, so Opitz, der Mythos eines »weitgehend ungebrochenen Verhältnisses von Gedanke und Tat« (S. 176) vermittelt würde.

Gerhard Höhn präzisiert das Verhältnis von Tradition und Innovation in Heines »Wintermährchen«. Ausgangspunkt seiner Überlegungen ist Heines Selbsteinschätzung im Brief vom 20. Februar 1844 an Julius Campe, dass das »Wintermährchen« ein »neues Genre« begründe. Davon ausgehend beschreibt Höhn ein ästhetisches Gegenmodell, das Heine mit dem Versepos sowohl gegen die politische Tendenzlyrik als auch gegen die Romantik entworfen habe. Dass das Versepos »politisch romantisch« sein solle, wie Heine selbst eingefordert hat, mag auf den ersten Blick wie ein Widerspruch scheinen; doch die im Epos ausgestellte Kritik an der Romantik kann nicht darüber hinwegtäuschen, dass Heine selbst romantische Strukturen weiterführt, was Höhn anhand romantischer Figurationen (Mondmotiv, Phantastisches, Doppelgängermotiv, Mythen und Legenden, Traum) nachweist. Die politische Dimension wird daran erkennbar, dass Heine mit seinem Versepos bewusst strukturell (über die episodische Struktur) und motivisch (über parallele Handlungsmotive) an die »Reisebilder« anschließt und seine Versepen als »versifizierte Reisebilder«, wie er ebenfalls an Campe schrieb, gestaltete. Auch wird die politische Dimension an der spezifischen Dante-Rezeption Heines, die Höhn an vielen Textbeispielen nachweist, erkennbar, da er in Dante ein »Modell des modernen, politisch verantwortlichen Künstlers« (S. 228) erkennt und seine Situation in Dantes Exil gespiegelt sieht. Nicht zuletzt aufgrund dieser Parallelisierung lese Heine die »Comedia Divina« im Sinne einer politischen Strafrede, die er prätextuell im Hinblick auf Preußen erneuert. Dass die Versepen aber keine Verlängerung einer politischen Zeitdichtung darstellen, wird nicht zuletzt an der dialogischen Struktur der Epen erkennbar. Höhn stellt dabei heraus, dass die Reden und Dialoge im »Wintermährchen« nicht auf eine direkte Kommunikation (gar politische Unterweisung) zielen, sondern eher einen »ambivalenten Kontext erzeugen« (S. 248).

Die Ausführungen von *Michael Perraudin* sind teils ergänzend zu den Überlegungen von Höhn zu lesen, teils bestätigend. Perraudin weist nach, wie sehr etwa »Atta Troll« auch als Entgegnung auf die politische Tendenzlyrik, etwa von Hoffmann von Fallersleben, zu lesen ist und dass die Versepen eng mit den »Reisebildern« zusammenhängen, insbesondere mit »Die Nordsee« III. Vor allem aber hebt Perraudin auf überzeugende Art und Weise hervor, dass Heines Epenverständnis seit den 1820er Jahren an Herders weitgefasster Vorstellung des Epos als Volkssage und als Heldengesang geschult ist. Über den Nachweis der Herder-Lektüren wird deutlich, dass Herders Verständnis sowohl von Homers Epen wie auch der Bibel Heines Sicht geprägt und dazu beigetragen hat, dass Heine das Versepos national versteht, ohne kulturnationalistisch zu werden. Heines Überlegungen, so Perraudin, sind »Teil seiner Überlegungen über Mythos und Legende, Volkslied, nationale Identitäten, die heroische Vergangenheit und den unheroischen Charakter der modernen Welt« (S. 220). Er streicht so heraus, dass den beiden Versepen Heines eine langjährige theoretische Auseinandersetzung mit Epenvorstellungen (außer Herder auch A. W. Schlegel) vorausgeht, aus der er einzelne epische Aspekte (Bedeutung des Meeres, epische Reise, Heldenkonzeption, heroisch-antiheroische Dichter) in seine eigenen Epen übernommen habe. Demnach sei das »Wintermährchen« die Reise eines Poet-Heros-Antiheros', bei der Hindernisse überwunden und ein »deutsche[s] Volksgedächtnis« (S. 223) fundiert würde. In »Atta Troll« würden im Gegensatz zum »Wintermährchen« die kosmopolitischen Dimensionen sowohl im Metrum wie auch in den Referenzen deutlicher hervorgehoben.

Robert Steegers geht den Wieland-Spuren im Werk Heines nach und erläutert, dass Wielands »Oberon« ein Modell war, auf satirische Art und Weise »Aufklärung im emphatischen Sinn zu praktizieren« (S. 182). Dies wird insbesondere in den intertextuellen Verweisen im »Atta Troll« erkennbar. Aber auch in anderen Schriften, wie etwa den religionskritischen, würde Heine sich auf Wieland beziehen, um die Religion als unvernünftigen Aberglauben zu entlarven. Ob Heines Interesse am »Oberon« tatsächlich dessen »Wendung zu längeren Erzählgedichten« S. 202) erklären kann, muss offen bleiben. Indes wird an Steegers detailreicher Analyse deutlich, dass bis hin zum »Vitzliputzli« Heine sich immer wieder auf Wielands Texte bezieht.

Fast alle Beiträger verweisen auf die »Persistenz des Epos« (S. 21 [Olaf Briese]), d. h. auf das anhaltende Interesse an der Form des Epos trotz anders verlautbarter Programmatiken von Vormärzautoren, worauf bereits Friedrich Sengle und Hans-Wolf Jäger (Hans-Wolf Jäger: Versepik. In: Hansers Sozialgeschichte der deutschen Literatur vom 16. Jahrhundert bis zur Gegenwart. Bd. V: Zwischen Restauration und Revolution 1815–1848. Hrsg. v. Gert Sautermeister u. Ulrich Schmid. München 1998, S. 434–458) aufmerksam gemacht hatten. Das Epos ist im Vormärz nicht verabschiedet worden, vielmehr schien der Modus des Epischen als Modell geschichtlicher Geschlossenheit eine Möglichkeit, politische und geschichtsphilosophische Krisen zu verhandeln. Die Aktualität des epischen Modus äußert sich in dessen Möglichkeit, Aussagen über das Verhältnis von Geschichte und Wirklichkeit und über Dichtung zu machen. Und nicht zufällig bildet das Thema vieler Epen das Leiden an der Geschichte oder die Gewalt von Geschichte. Dies rückt die Epen auch in die Nähe der Weltanschauungsliteratur (vgl. etwa Horst Thomé: Weltanschauungsliteratur. Vorüberlegungen zu Funktion und Texttyp. In: Wissen in Literatur im 19. Jahrhundert. Hrsg. v. Lutz Danneberg u. Friedrich Vollhardt. Tübingen 2002, S. 338–380), die jüngst vermehrt in den Mittelpunkt jener Fragestellungen gerückt ist, in denen das Verhältnis der Literatur zu den Naturwissenschaften im Mittelpunkt steht, wobei diese Ansätze zur Wissenspoetik die Texte aus dem Vormärz bislang kaum zur Kenntnis genommen haben.

Der Sammelband scheint in einer anderen Hinsicht charakteristisch für den jetzigen Stand der Vormärz-Forschung zu sein. Auch wenn Heine immer noch ein besonderer Status zuerkannt wird (insbesondere im Hinblick auf die ästhetische Wertung und die Anordnung der Beiträge, nach der zunehmenden Bedeutung, die Heine in den Analysen zukommt), so ist dennoch erkennbar, dass erstens Texte weniger prominenter Autoren oder gar nur einem kleinen Fachpublikum bekannter Schriftsteller Beachtung finden. So trägt auch dieser Band zu einer offensichtlichen und erwünschten Verbreiterung des vormärzlichen Literaturkanons bei (so wird etwa erinnert an August Gottlob Eberhards »Der erste Mensch und die Erde« [1830], Sebastian Brunners »Die Welt ein Epos« [1844] oder Carl Herloßsohns »Mephistopheles« [1833]). Nicht zuletzt auch dadurch gewinnen die Studien zweitens an Differenzierungsschärfe im Hinblick auf vormärzliche Entwicklungen. Und schließlich wird drittens die Beschreibung des literarischen Feldes präzisiert, insbesondere dadurch, dass (ästhetische und ideologische) Gegenpositionen zum Vormärz aufgezeigt werden. So etwa sind die Analysen zu Braun von Braunthal, Polizeispitzel, oder Johann Ladislav Pyrker, Zisterziensermönch, Bischof, Patriarch von Venedig und Patriarch-Erzbischof von Erlau, einzuschätzen.

Wulf Wülfings Beitrag, die Literarizität anhand der Rhetorizität zu beschreiben, scheint richtungsweisend für eine Vormärz-Forschung, die nicht nur diskurshistorisch, literatursoziologisch oder thematologisch vorgehen will. Vor diesem Hintergrund wäre es schön gewesen, wenn die stilistischen Spezifika in anderen Beiträgen noch stärker, etwa auch in den Beiträgen von Opitz und Böhm, betont worden wären (Sestinen, Hexameter, usw.) oder wenn die sich herauskristallisierende Form der lyrisch-epischen Gedankendichtung noch präziser konturiert worden wäre. Den Reichtum an Strophen- und Reimformen bei den analysierten Epen festzustellen, ist dann auch keine analytische Fingerübung mehr, sondern könnte auch Aufschluss geben über die Traditionsverbundenheit vormärzlicher Epen einerseits und deren Innovationen andererseits.

Trotzdem leistet der gut redigierte Sammelband unter Rückbezug auf die Studie von Friedrich Sengle einen neuen Blick auf eine bislang in der Vormärz-Forschung vernachlässigte Gattung. Darüber hinaus beweisen die methodologisch und theoretisch unterschiedlichen Zugriffe, dass die Vormärz-Forschung die ideologischen Scheuklappen abgelegt hat und nunmehr unbelastet ihren Gegenstand neu konturiert. Der Sammelband ist in diesem Sinne ein ermunterndes Beispiel für weitere Forschungen: So fehlt immer noch ein Überblick über die Versepenproduktion sowie eine Systematisierung der literaturkritischen und ästhetischen Positionen über die Möglichkeiten und das Zeitgemäße der Versepen nach 1815. Hier wäre anzuschließen an die Studie von Dieter Martin (Das deutsche Versepos im 18. Jahrhundert. Studien und kommentierte Gattungsbibliographie. Berlin 1993) oder auch an Ernst Rohmer (Das epische Projekt. Poetik und Funktion des »carmen heroicum« in der deutschen Literatur des 17. Jahrhunderts. Heidelberg 1998.) Und für die erste Hälfte des 19. Jahrhunderts fehlt immer noch eine vergleichbare Studie wie die von Nicole Ahlers (Das deutsche Versepos zwischen 1848 und 1914. Frankfurt a. M. 1998). An dieser Stelle ist zu bedauern, dass die wichtige Habilitationsschrift von Heiko Christian (Der Traum vom Epos. Romankritik und politische Poetik in Deutschland [1750–2000]. Freiburg/Br. 2004) nicht so intensiv wie erwünscht rezipiert wurde. Vor allem ist bis heute noch nicht erhellt, welchen Einfluss die vormärzlichen Verspen auf jene in der zweiten Hälfte des 19. Jahrhunderts vorgelegten von Hermann Lingg, Wilhelm Jordan, Carl Spitteler, Adolf Friedrich Graf Schack oder Robert Hamerling sowie auf Marie Eugenie delle Grazie hatten, die das ›moderne Epos‹ als Konflikt neuer Ideen und alter Formen begreifen. Auch wäre die Bedeutung antiker und mittelalterlicher Epen für die Entwicklung der Vormärz-Epen noch deutlicher hervorzuheben. Der erste Schritt ist jedoch gemacht, und er ist überzeugend.

Claude D. Conter

Heinrich Heine/Genrich Gejne: *Gedichte aus dem Buch der Lieder in Übersetzungen russischer Dichter des 19. und 20. Jahrhunderts/Stichi iz Knigi pesen v perevode russkich poėtov 19 i 20 vekov.* Hrsg. v. Regine Dehnel und Tamara Kazakowa. Mit einem Vorwort von Tamara Kazakowa/Sostaviteli: Regine Denel', Tamara Kozakova. Vstupitel'naja stat'ja Tamary Kazakovoj. Übersetzung aus dem Russ. Regine Dehnel. Berlin: Dehnel 2006 (= Deutsche Klassik in russischen Übersetzungen/Nemeckaja klassika v russkich perevodach. 1). 261 S., € 14,90.

Der erste Band der Reihe »Deutsche Klassik in russischen Übersetzungen« enthält 52 Gedichte aus dem »Buch der Lieder«, genauer aus den »Jungen Leiden« (3), der »Heimkehr« (19), der »Nordsee« (2) und 29 Gedichte aus dem »Lyrischen Intermezzo«. Im Gegensatz zu einer früheren vergleichenden russischen Ausgabe des »Buchs der Lieder« von 1956 (Gejne, Genrich: Kniga pesen. Perevody russkich poetov. Sostavlenie i vstupitel'naja stat'ja N. Ja. Berkovskogo. Chudožnik B. M. Bomaš. Moskva 1956) wählten die Herausgeberinnen für die Anordnung der Heine-Gedichte deren Entstehung (in Anlehnung an Briegleb), was zu dem misslichen Umstand führt, dass der von Heine gewählte Zyklus zerstört wird. So folgen zwei Gedichte aus dem »Lyrischen Intermezzo« (»Im wunderschönen Monat Mai«) und der »Heimkehr« (»Werdet nur nicht ungeduldig«) den »Nordsee«-Gedichten. Die »chronologische Reihenfolge« (S. 8 f.) hätte vielleicht noch einen Sinn, wenn die Gedichte in ihrer Urfassung gegeben würden und hieraus Schlüsse auf die unterschiedliche Art der Übersetzungen ein und desselben Gedichts gezogen werden könnten. Sie werden jedoch sämtlich in der von Heine für das »Buch der Lieder« bestimmen Fassung von 1844 (mit orthographischen Anpassungen an die heutige Schreibweise) wiedergegeben.

Der Zusatz zum Titel des Buches »in Übersetzungen russ. Dichter des 19. und 20. Jh.« ist nicht ganz zutreffend und wird durch die wiedergegebenen Übersetzungen faktisch sowie in den vorzüglichen »Biographischen Angaben zu den russ. Dichtern und Übersetzern« auch verbal korrigiert. Dies gibt der Darstellung russischer Übersetzungen einen wesentlich größeren Spielraum als im vergleichbaren »Buch der Lieder in der Übersetzung russ. Dichter« von 1956[1], da sie bis in die jüngste Zeit reicht (Übersetzungen etwa von V. Levickij und Z. N. Morozkina von 1980). Zu loben ist auch die das ganze Buch durchziehende Zweisprachigkeit auch beim einleitenden Artikel der bislang in der russischen Heineana unbekannten Tamara A. Kazakova aus Sankt-Petersburg. Lediglich die Quellen sind nur für Russischkenner lesbar.

Die russische Geschichte der Heine-Rezeption wird anhand von 173 Übersetzungen der 52 Originalgedichte dokumentiert. Lediglich die beiden »Nordsee«-Gedichte werden nur jeweils in einer einzigen Übersetzung dem russ. Leser nahegebracht. Ansonsten werden meist zwischen drei und sechs verschiedene Übersetzungen eines Originalgedichts angeboten. Mit der Auswahl der beiden »Nordsee«-Gedichte bezeugt Tamara Kazakova ihre Vorliebe für den russischen Dichter und persönlichen Freund Heines, Fëdor I. Tjutčev. Hier wäre – zumindest beim kürzeren Gedicht »Fragen« – eine Alternative durch Michail L. Michajlovs oder Nikolaj A. Dobroljubovs Übersetzungen angemessen gewesen, um deren Fertigkeiten bei der Wiedergabe von Heines »freiem Vers« aufzuzeigen.

Der einleitende Aufsatz von Tamara Kazakova erklärt in einem recht pathetischen Satz, aber einleuchtend die Auswahl, die die Herausgeberinnen bei den russischen Übersetzungen der Heine-Gedichte getroffen hatten (S. 28 f.): »Tjutčev sah und übersetzte von Heine die Einheit des Unvereinbaren – das Brodeln der Leidenschaften und den beißenden, lästerlichen Geist. Lermontov las in ihm Welttrauer. Fet suchte (wohl tiefer als andere) die Wurzeln des heineschen Lyrismus. Blok aber verlieh ihm die eigene Neigung zur Symbolik der jenseitigen Welt.«

Dadurch wird verständlich, weshalb so viele Übersetzungen von Afanasij A. Fet gegeben werden, während andererseits keine einzige von Saša Čërnyj (Pseudonym von Aleksandr M. Glikberg, 1890–1932) oder nur wenige von Nikolaj A. Dobroljubov und Aleksandr A. Blok auftreten. Ein gewisser Hang zu der in der heutigen russ. Literatur herrschenden Neo-Romantik ist unverkennbar.

Die Ausrichtung bei den Übersetzungen prägt auch die Auswahl der Gedichte aus dem »Buch der Lieder«. Der Schwerpunkt liegt auf dem »Lyrischen Intermezzo«, und einige Gedichte aus der »Heimkehr« und deren Übersetzungen vermisse ich schmerzlich (etwa »Mein Herz, mein Herz ist traurig« oder das von russ. Komponisten häufig vertonte »Du schönes Fischermädchen«).

Das Buch wird eingerahmt von zwei russ. Gedichten auf Heine von Apollon N. Majkov von 1857 (S. 7) und Lev A. Mej von 1860 (letzte Umschlagseite). Über beide Dichter kann im Übersetzer-Verzeichnis nachgelesen werden, nirgends geht jedoch hervor, aus welchen – unterschiedlichen – Beweggründen diese Gedichte verfasst wurden. Auch kann sie der deutsche Leser aufgrund fehlender Übersetzungen nicht nachvollziehen.

Die Taschenbuchausgabe hat handliches Format auf gutem Papier und ist hübsch gestaltet: ganzseitige Abbildungen der Lithographie von A. Hornemann von 1851 als Frontispiz und eines Holzstichs von I. Šipulin nach der Radierung von Ludwig Emil Grimm von 1827 am Ende des

Buches. Die vordere Umschlagseite zeigt eine farbige Wiedergabe eines Heine-Gemäldes von Michael Schnittmann, der auch die Gestaltung des gesamten Buches übernommen hat.

Die Frage stellt sich, für wen dieses Buch von Nutzen ist. Auf jeden Fall für Russisch-Sprechende und -Lernende. Ärgerlich bleibt für mich lediglich die Wiedergabe der russischen Eigennamen in der heute obsolet gewordenen Duden-Transkription: als ob »Pleschtschejew« verständlicher zu lesen wäre als »Pleščeev«. Es bedarf nur einer kleinen Aussprache-Hilfe für die ungewohnten diakritischen Zeichen. Vielleicht wären auch noch Betonungszeichen hilfreich gewesen (Pleščeev).

Ottmar Pertschi

Heinrich Heine: *Die Harzreise*. Hrsg. und mit einem Nachwort versehen von Christian Liedtke. Hamburg: Hoffmann und Campe 2008. 176 S., zahlr. Abb., € 12,–.
Achill Moser: *Nimm nur mit, was du tragen kannst. Auf den Spuren Heinrich Heines durch den Harz.* Hamburg: Hoffmann und Campe 2008. 208 S., zahlr. Fotos., € 19,95.
Literarische Harzreisen. Bilder und Realität einer Region zwischen Romantik und Moderne. Bielefeld: Verlag für Regionalgeschichte 2008 (= Braunschweiger Beiträge zur deutschen Sprache und Literatur; 10). 384 S., 80 Abb., € 29,–.

Es ist unzweifelhaft. Der Harz hat Konjunktur. Und Heines Reisebild darf dabei weiß Gott nicht fehlen. Seine poetische Darstellung aus Anlass einer vierwöchigen Fußwanderung von Göttingen bis Weimar im Zeitraum ab Mitte September bis fast Mitte Oktober 1824, deren Herzstück der Harz bildet, von dessen Eindrücken wiederum nur ein Teil literarisch Gestalt gewinnt, gehört nach wie vor zu den klassischen Fragmenten jeglicher Reiseliteratur. Gewiss, das »Buch der Lieder« hat ihn noch berühmter gemacht. Der Einstieg Heines in die deutsche Literatur ist jedoch jener »Harzreise« geschuldet, wie sie dem 1. Band der »Reisebilder« einverleibt wurde, der 1826 bei Hoffmann und Campe in Hamburg erschien und ein lebenslanges Verlagsverhältnis begründete. Mochte der stets als unglücklich charakterisierte Besuch des jungen Heine beim Geheimrat Goethe in Weimar denn doch der missratene Initiationsritus in die Hallen der Dichtung sein. Das folgende Stück Studentenliteratur im widerborstig romantischen Sinn mit seiner witzigen Prosa und den gelungenen Versen hat sich auch als Einstieg in die Lektüre des heineschen Werkes bewährt und erfreut sich unablässiger Anteilnahme. Der Harz hatte Ende letzten Jahrhunderts bereits kurz nach der Besiegelung der neu gewonnenen deutschen Einheit Konjunktur, als Thomas Rosenlöcher als ehemaliger Autor der DDR den Harz mit eigenen Augen aber mit Blick auf Heine durchmaß. Immerhin war im Harze mit Händen zu greifen, wie sehr wieder zusammenzuwachsen ist, was zusammengehört. Der Brocken war und ist schließlich eines der deutschesten Symbole. Wer wollte nicht einem solchen mythologischen Orte sich wieder ungehindert nähern dürfen.

Der Hoffmann und Campe-Verlag in Hamburg hat sich in den vergangenen Jahren nach längerer Abstinenz endlich und dankenswerter Weise wieder auf einen seiner gewissermaßen Gründungsautoren von internationaler Reputation besonnen und jüngst bei solcher Gelegenheit der Wiederentdeckung Heines sogar zweimal die Harzreise des Dichters ins Sortiment genommen. Zunächst ist eine ebenso liebenswürdig wie nobel gemachte Ausgabe der »Harzreise« anzukündigen, die unter kundiger und umsichtiger Betreuung von Christian Liedtke alle Ansprüche an ein poetisches Geschenk, jedoch genauso an eine verlässlich daher kommende und informative Ausgabe des kleinen Reisetextes genügt. Der Text folgt der von Heine favorisierten 2. Auflage der »Reisebilder«. Hilfreich für ein tiefer gehendes Verständnis, dem Substruktur und Entstehungsgeschichte des Textes zu Hilfe eilen, ist einerseits die Auswahl aus den Textvarianten und Paralipomena und andererseits eine Zusammenstellung von Quellen zur »Harzreise« in Briefen und Dokumenten. Ein nützliches Personenverzeichnis, weiterhin ein gescheites und einfühlsames Nachwort runden den Band ab.

Wie solche Reisen ins deutsche Mittelgebirge sogar auf Schusters Rappen gelingen können, zeigt Achill Moser in seinem sympathischen Buch, das einmal nicht der bei ihm sonst üblichen Erkundung der Ferne gewidmet ist, sondern sich Heines Harzreise auf liebenswürdig einfache und gleichzeitig subtile Weise anverwandelt. Zusammen mit seinem 15jährigen Sohn Aaron folgt er den Spuren des Dichters trotz manchmal wenig einladenden Wetters, schildert Freud und Leid der Wanderung und wie nebenbei leistet er eine Verlebendigung der heineschen Bedingungen und der Literatur, die sich diesen Voraussetzungen verdankt, dass es eine wahre Freude ist. Kein missionarischer Erziehungseifer, sondern die humane, freundliche Grundhaltung macht aus der literarischen Harzreiseschilderung von heute ein empfehlenswertes Dokument. Und ganz unprätentiös wird jener Abstand zwischen damals und heute einerseits mit Recht deutlich, andererseits jedoch überwunden: Heine unschlagbar auch für junge Leute!

Schließlich und endlich: Wie sehr gerade die heinesche Wanderung am besten vor dem Horizont auch übriger literarischer Harzreisen zu verstehen ist, belegt der anregende Sammelband aus der Reihe »Braunschweiger Beiträge zur deutschen Sprache und Literatur«. Da wird ein Thema aufgerollt, das gewiss noch weitere Entdeckungen auch bei verschiedenen anderen Autoren und Werken verspricht. Fürs erste ist allerdings durch diesen Symposions-Band bereits eine Menge erreicht. Dass sich vor allem das Institut für Germanistik der Technischen Universität Braunschweig auf die Region besinnt und zusammen mit der Wilhelm-Raabe-Forschungsstelle der Stadt Braunschweig und unterstützt vom Museum Schloss Wernigerode aus lokal wirkenden Fragestellungen den übergeordneten Rahmen erobert, ist ebenso dankens- wie bemerkenswert. Das Ergebnis gibt dem Unterfangen mehr als Recht. In drei Abschnitten werden die Einzelbeiträge geordnet. Es geht einerseits um systematische und historische Perspektiven einer solch kulturhistorischen Geschichtsschreibung, die nun wahrlich nicht mehr mit scheelen Blicken betrachtet werden muss, wenn ihr Erkenntnisinteresse derart reflektiert ist, andererseits um literarische Harzbilder zwischen Romantik, Realismus und Moderne sowie abschließend in gebotener Kürze um den Harz in Malerei und Graphik. Vor allem die Mitte des Bandes mit Einzelbeiträgen zu Tieck (Cord-Friedrich Berghahn), Heine (Renate Stauf), Andersen (Erich Unglaub), Fontane wie Raabe (Eberhard Rohse; Michael Ewert; Søren R. Fauth) und über den Harz »als beschädigtes Idyll« bei Hagelstange, Kempowski und Rosenlöcher (Herbert Blume) stellt für den Literaturhistoriker ein gern wahr genommenes Potpourri aus vertrauten und neuen Beobachtungen literarischer Provenienz dar. Insgesamt sind heinesche Referenzen derart dicht über den Band gestreut, dass er als Beispiel der Heine-Rezeption zu betrachten ist. Was für den Harzwanderer Moser gilt, trifft schlagend auch auf die wissenschaftliche Beschäftigung zu: Warum in die Ferne schweifen, wenn es das Glück so überwältigend schon in der Nähe zu greifen gibt.

Joseph A. Kruse

Gerhard Höhn/Christian Liedtke (Hrsg.): *»Der Weg von Ihrem Herzen bis zu Ihrer Tasche ist sehr weit.« Aus dem Briefwechsel zwischen Heinrich Heine und Julius Campe*. Hamburg: Hoffmann und Campe 2007. 217 S., € 18,95.

»Mein hochzuverehrender Freund insonders werthgeschätzter Verleger und Gönner, Herr und Gebiether – liebster Campe!« Schon der bei allem süffisanten Beiklang intime Ton, in dem Heine seinen wichtigsten Verleger in einem Schreiben von 1835 anspricht, um sodann mit dem Geschätzten heftig um die Auflagenhöhe der »Romantischen Schule« zu streiten, sagt alles Wesentliche. Die Herausgeber der ersten Auswahlausgabe des Briefwechsels, Gerhard Höhn und Christian Liedtke, übertreiben nicht, wenn sie im Nachwort von einer in der deutschen Literaturgeschichte einmaligen Autor-Verleger-Beziehung sprechen. Abgesehen davon, dass Campe für Heine schon quantitativ der relevanteste Briefpartner war, besteht die Differenzqualität der hier verhandelten Beziehung in der Tat darin, dass sie »das Geschäftliche wie das Persönliche gleichermaßen betont« (S. 176). Die Verschränkung von Ökonomie und Gefühlshaushalt zu dokumentieren und in der Einleitung auszuleuchten, ist das Hauptverdienst einer in mancherlei Hinsicht lesenswerten Neuerscheinung.

Einleuchtend bereits der Ansatz, mit Auszügen aus 60 Briefen Heines und 68 Schreiben Campes – knapp ein Drittel aller – erstmals einen Einzelbriefwechsel des Autors wiederzugeben, soweit für das Verhältnis zum »Gebieter« charakteristisch. Generell drängt es sich auf, einem gründlich erforschten, manche meinen schon: überforschten Œuvre unter bestimmten Aspekten Extrakte zu entnehmen; vergleichbar vorgegangen ist Paul Peters mit seiner Sammlung sämtlicher Äußerungen Heines zu Juden und Judentum (»Prinzessin Sabbat«, 1997). Höhn und Liedtke nun ordnen ihr Material in zwölf, der Chronologie zwischen 1826 und 1855 folgenden Kapiteln an und schicken jeweils eine knappe Zusammenfassung voraus. Das dürfte besonders für Erstleser hilfreich sein, die Etappe für Etappe der »Ehe« (Campe) nachvollziehen können: von der Besiegelung des Freundschaftspaktes anlässlich der »Reisebilder« (für den Verlag der Durchbruch zu überregionaler Bedeutung, für den Autor lange Zeit der einzige Bestseller) über die schweren, den Umgang mit der Zensur betreffenden Krisen in den 1830er Jahren bis hin zu Campes Werbefeldzug für den »Romanzero«, um nur drei Stationen zu nennen. Dank der gleichmäßig proportionierten und instruktiven Darstellungsform eignet sich der Überblick als Basis-Lektüre eines, sagen wir, Master-Seminars zu Literatur und Markt an einem frühen Beispiel. Dies umso mehr, als die Einleitung sowohl den Zusammenhalt als auch die Interessenkonflikte von Autor und Verleger überzeugend erläutert.

Heine, so die Ausgangsinformation, fand in Campe nicht nur einen guten Trommler und wagemutigen Buchhändler, der sein unternehmerisches Interesse an der unbeschränkten Freiheit, Bücher zu verkaufen, gegen die preußischen Zensurmaßnahmen couragierter als die Kollegen verteidigte. Beim nur vier Jahre Älteren handelte sich auch um einen listenreichen Partner, dem es immer wieder gelang, den Repressionsapparat zu übertölpeln (fiktive Verlagsangaben, Verlagerung der Druckorte ins Ausland, überfallartige Auslieferungen u. a.). Der dafür vom Dichter zum »Odysseus« Geadelte erkannte umgekehrt im Shooting-Star der Jungdeutschen ein Zugpferd, mit dem sich das gute, sprich oppositionelle Image eines Verlags mittlerer Größe prägen ließ. Eine Verbindung zu beiderseitigem Gewinn, wie die Herausgeber feststellen, ohne dass Letztere, die im Verlag von Campes Nachfahren publizieren, zu flöten begännen.

Denn auch die weniger feierlichen Seiten werden benannt: Wiederholt legt Campe, um nicht auf bereits gedruckten Auflagen sitzen zu bleiben, die Manuskripte vorsorglich der Zensur vor, gegen den dezidierten Willen des Autors, den er überdies unter permanenten Termindruck setzt. Ebenso unnachgiebig der sich gleichfalls als Geschäftsmann verstehende Heine. Er treibt den Freund in Honorarfragen vor sich her, indem er ständig mit einem Wechsel zum großen, finanzstarken Rivalen Cotta kokettiert, bei dem sich mehr verdienen ließe. Ferner versteht er sich auf die Kunst, entsetzliche Zahlungsverpflichtungen vorzuspiegeln. Der späte, sterbenskranke Dichter, der wirklich mehr Geld benötigt, geht dazu über, gegenüber Campe fiktive Konkurrenzangebote geltend zu machen.

Auf eine dekuvrierende Lesart verzichten die Herausgeber freilich, sie heben auf die Nervenpunkte der streitbaren Partner ab. Heine kann sich von der Zensur entschärfte Textfassungen nicht leisten, weil sie Wasser auf die Mühlen jener Konkurrenten innerhalb der literarischen Linken sind, die auf Beweisstücke für ›Verrat‹ nur warten (Börne, Gutzkow). Für Campe, der seit 1837 einen Vertrag über die Gesamtausgabe in der Tasche hat, wäre es ein empfindlicher Prestigeverlust, wenn auch Cotta über Rechte an Heines Büchern verfügte (nicht nur an den Zeitungsartikeln). Die erste, offenkundige Symmetrie des persönlichen Verhältnisses besteht folglich darin, dass die Partner auf die »Ehrenpunkte« (Heine) des anderen wenig Rücksicht nehmen bzw. sie sogar ausbeuten. Doch zeichnet sich auf der Folie des Eigennutzes eine zweite, gegenläufige Symmetrie ab. Im Anhang belegen Höhn und Liedtke auf dankenswert solider Zahlenbasis, dass Campe seinem Paradeliteraten eine finanzielle Sonderstellung einräumte, obwohl dieser ihm weniger Gewinn einbrachte als die publikumswirksameren und ästhetisch anspruchsloseren Hausautoren. Heine wiederum hatte zumindest mit dem Vorwurf recht, er könne bei einem anderen Verleger mehr einnehmen – und sprang doch nicht ab.

Die Überhänge an Interesselosigkeit, Nicht-Utilitarismus im Utilitarismus, bilden den eigentlichen Nerv des Buchs. Der Befund der Herausgeber, wonach der finanzielle Dauerkonflikt der Geschäftsleute nur deshalb nicht zur Entzweiung führte, weil er sich »mit der freundschaftlichen Beziehung überkreuzte« (S. 25), wobei »Kommerzielles und Persönliches zu einer nicht mehr analytisch auflösbaren Einheit verschmolzen« (S. 29), lässt sich bestätigen. So zeugt die von Campe kreierte Familienmetaphorik – Verleger und Autor als Mann und Frau, die gemeinsam gemachten Bücher als Kinder – stets noch vom Wunsch, den Starautor bei der Stange zu halten, aber eben auch, spürbar, von menschlicher Verbundenheit. 1847 unterstellt der bereits erkrankte Heine dem Liebsten, mit der Veröffentlichung der Gesamtausgabe bis zum verkaufsförderlichen Ableben des Autors zu warten. Damit sucht er dem Adressaten in unverkennbar merkantiler Absicht ein schlechtes Gewissen einzuflößen. Und doch, im Sarkasmus (»Seyn Sie ohne Sorge, diese Reklame wird nicht ausbleiben, nicht lange«, S. 130) steckt auch Erbitterung über den ob der Unterstellung verletzten Freund.

Es bestehen noch weitere Bedeutungsebenen; das von Höhn und Liedtke ausgebreitete Material treibt über den Kommentar der Herausgeber hinaus, was deren Verdienst nur erhöht. Schon für die historischen Akteure selbst ist die Legierung von Kalkül und Gefühl beobachtbar, sie bildet eine Quelle leisen, zum Schluss nicht mal mehr leisen Misstrauens. »Wie kommt es aber, lieber Campe«, schreibt Heine aus der Matratzengruft, »daß Sie jedesmal, wenn Sie im Interesse Ihres Geschäftes einen Gefallen von mir verlangten, immer von Freundschaft sprachen?« (S. 158) Mit der in Frageform gekleideten Insinuation, Gefühle zu instrumentalisieren, stichelt Heine nicht nur, es ist ihm auch Ungewissheit anzumerken, wie es um den Charakterkern des anderen bestellt ist. Eine halb kognitive, halb emotive Irritation dürfte sich auch bei heutigen Lesern einstellen, wirkt der Briefwechsel doch im Ganzen wie ein Vexierbild. Mal will es scheinen, als diene die von beiden Seiten betriebene Emotionalisierung dem finanziellen Vorteil, mal, als sei der Geschäftsverkehr ein Medium persönlicher Annäherung (Heine, werden Sie Pate meines Sohnes). Das ständige Umspringen der Rezeptionsvorlage fördert die Lust am Text und verweist damit auf ein Dauerdesiderat der Literaturwissenschaft.

Wie Thomas Anz kürzlich in literaturkritik.de feststellte (12/2006), mehren sich zwar die germanistischen Arbeiten, die die Codierung von Gefühlen in literarischen Texten untersuchen, doch geht es ihnen in der Regel um die fiktivem Personal zugeschriebenen Emotionen. Wovor unsere Zunft meist zurückschreckt, ist eine »Analyse der Emotionen oder der Emotionalisierung realer Personen, die mit Literatur und Kunst umgehen«. Die Phobie vor den Gefühlen von Autoren und Lesern rührt wohl tatsächlich von der Furcht, mit Aussagen zu realen Emotionen den wissenschaftlichen Rationalitätsanspruch preiszugeben: sind sie denn intersubjektiv überprüfbar? Der Briefwechsel Heine-Campe liest sich wie eine Einladung, solche Bedenklichkeiten abzulegen. Gerade weil es sich um eine Textsorte handelt, die kaum darauf angelegt war, die Nachgeborenen zu berühren, dürfte sie bei den heutigen Lesern, Zaungästen eines Zwiegespräches, so intensive wie gemischte Gefühle hervorrufen. Und deren Stimuli sind, wie gesagt, angebbar.

Dass Heine und Campe bei allem Handelseifer davon absehen, den monetären Gewinn zu maximieren, spricht im Übrigen für die These der Feldtheorie, dass am autonomen Pol des Literaturbetriebs ein Interesse an der Freiheit von Interessen besteht. Sicher sollte man interessefreie und kommerziell ausgerichtete Literatur nicht als planen Gegensatz denken; Bourdieu, der mitunter dazu neigte, erkannte andererseits, dass eine Präferenz für symbolisches statt ökonomisches Kapital sich langfristig durchaus rechnen kann. Eine seiner Meisterschülerinnen hat im Heine-Jahrbuch von 2004 einen Aufsatz vorgelegt, der sich als ergänzende Lektüre zur hier vorgestellten Publikation empfiehlt. Isabelle Kalinowski zeigt, dass Heine im »Romanzero« das Erwerbsstreben von Lyrikern ohne moralisierenden Unterton thematisierte, aber zugleich befürchtete, Campe könne mit der massiven Werbeoffensive für den neuen Gedichtband überziehen, das heißt ihn, Heine, in der literarischen Öffentlichkeit ungewollt diskreditieren. Kann einem die gewaltige Publicity nicht auch als künstlerische Heteronomie ausgelegt werden?

Der Zwiespalt verweist auf ein grundlegendes, für Heine typisches Verhaltensmuster; im Buch von Höhn und Liedtke bildet es das Leitmotiv. Zu verfolgen ist eine dreißig Jahre dauernde Gratwanderung zwischen forsch ökonomischer Selbstlegitimation: »Mein Grundsatz: ›je mehr wir den Menschen kosten, desto mehr lieben sie uns!‹« (S. 97), und symbolischer: den Wechsel zu Cotta denn doch lieber vermeiden (zwar der Goethe-Verlag, politisch aber von zweideutigem Ruf). Ein ähnliches, Gewinnstreben wie Ehrgefühl aufweisendes Bild bietet Campe, der frühe Verfechter gemischter Verlagskalkulation, wie die Herausgeber unterstreichen. Geld verdient der Hamburger mit Autoren, die er selbst als mittelmäßig einstuft – »trivialer Quarck« (S. 115) –, deren hohe Verkaufszahlen es jedoch erlauben, einen ästhetisch überlegenen und politisch risikobereiten Schriftsteller wie Heine, an dem Prestige und Herz hängen, mitzufinanzieren. Gerade im Licht dieser Konstellationen ist eine Literatursoziologie gefragt, die Kommerz und Interesselosigkeit als Punkte einer Skala begreift, zwischen denen sich ambitioniertere Akteure zu bewegen pflegen.

Die Herausgeber stellen Heine als »Prototyp(en) des modernen Berufsschriftstellers« vor (S. 9): »Ihm war bewußter als jedem anderen deutschen Dichter vor ihm, daß er sich auf die neuen Marktbedingungen einstellen und um seine Honorare kämpfen mußte.« (S. 25) Die erste Formulierung ist vertretbar, die zweite nicht unproblematisch, weil sie suggeriert, es habe davor keine freien und zugleich marktbewussten Autoren gegeben. Dagegen sprechen die jüngsten Forschungsbeiträge zu Schiller. Dieser kann seit 1795, nach Auslaufen der Professorenstelle in Jena wie größtenteils auch der mäzenatischen Förderung, als freier Schriftsteller gelten; und schon er vertrat seine Interessen gegenüber den Verlegern versiert (S. Füssel). Besonders der Dramatiker verstand sich auf raffinierte, bisweilen aggressive Strategien der Selbstvermarktung (N. Birkner). Differenzbestimmend ist der Habitus: Schiller kennzeichnete noch, dass er sich zum Gewinnstreben nur gegenüber Vertrauten bekannte, um es nach außen hin zu tabuisieren (Y.-M. Mix). Heine bekundete Respekt vorm Gelde auch in seinen literarischen Texten, im »Romanzero« indirekt, in den »Französischen Zuständen« und in der »Denkschrift« gerade heraus. Das ist die modernere Variante und nicht auch die sympathischere?

Man kann das Verhältnis zu einem benachbarten Forschungssegment natürlich auch beiseite lassen und sich einfach an einem »geistreichen Schlagabtausch« (S. 175) erfreuen, den die Herausgeber zu Recht zum Verdienst von Autor *und* Verleger erklären. Dass Heine witzig austeilt, war zu erwarten; die größere Überraschung ist Campe, dem das trockene Kontern liegt. Nur ein Beispiel:

Als ihm sein Pariser Peiniger wieder einmal mit dem Knickerei-Vorwurf kommt, belehrt er den Sohn der Revolution, dass der deutsche Markt kleiner ist als erträumt, den Demokraten das Geld zum Bücherkauf fehlt. Ihre Leser, lieber Heine, sind die Aristokraten. Tja. Die beiläufigen Pointen herauszumeißeln bereitet den Herausgebern das größte Vergnügen, und es steckt an.

Nur wer weiß, wo noch Perlen zu finden sind, kann sie zutage fördern. Mit Gerhard Höhn hat sich ein erfahrener Forscher, dessen Heine-Handbüchern viele viel verdanken, noch mal zum Tauchgang entschieden, und dass er mit Christian Liedtke einen ebenbürtigen Kollegen mitgenommen hat, erhöht den Ertrag. Herausgekommen ist ein gar nicht mal umfangreiches und sehr gehaltvolles, akribisch gearbeitetes, dabei schwerelos wirkendes Buch.

Markus Joch

Gerhard R. Kaiser/Olaf Müller (Hrsg.): *Germaine de Staël und ihr erstes deutsches Publikum. Literaturpolitik und Kulturtransfer um 1800.* Heidelberg: Winter 2008 (= Ereignis Weimar-Jena. Kultur um 1800. Ästhetische Forschungen, Bd. 18). 410 S., € 45,00.

Der vorliegende Band dokumentiert eine Tagung des Jenaer Sonderforschungsbereichs »Ereignis Weimar-Jena. Kultur um 1800« vom September 2007. Ihr Thema: die deutsche Rezeption von Person und Werk Madame de Staëls rund um ihren ersten Besuch in Deutschland 1803/04, vor allem in Weimar und Jena. Der Tagung liegt die These zugrunde, die Begegnung zwischen der prominenten Napoleon-Gegnerin und den deutschen Literaten sei auf beiden Seiten von der Intention getragen worden, das aus dem Zusammentreffen entstehende kulturelle Prestige in der Krisensituation der napoleonischen Zeit politisch zu nutzen. Im Mittelpunkt der hier versammelten 20 Beiträge stehen denn auch die über de Staël und ihre Deutschlandrezeption verlaufenden kulturellen Transferprozesse und deren unterschiedliche Voraussetzungen in Frankreich und Deutschland.

Die einzelnen Beiträge befassen sich mit Germaine de Staëls umstrittener Position innerhalb der französischen Romantik und mit den »Deutsch-Franzosen« als ersten Agenten des um 1800 einsetzenden Kulturtransfers zwischen beiden Ländern; mit der internationalen Bedeutung des Weimarer Hofs und seiner Wahrnehmung durch de Staël; mit der Wirkung ihrer Person auf die deutschen Dichter und Denker und der Rezeption ihres Frühwerks vor dem Deutschland-Buch »De l'Allemagne« durch die Weimarer Klassik und die Berliner Romantik, allen voran Friedrich Schlegel und Wilhelm von Humboldt.

Besonderes Gewicht wird auf einen in der Forschung bisher traditionell untergewerteten Aspekt gelegt: auf die Auseinandersetzung der zeitgenössischen deutschen Schriftstellerinnen mit der berühmten französischen Kollegin. Magdalena Heuser schreibt über die Staël-Rezeption Therese Hubers, Gerhard R. Kaiser über die Rahel Varnhagens, Donovan Anderson über de Staëls literarische Vorbildfunktion für Sophie von Grotthuß, Ulrike Landfester über die Begegnung der jungen Bettine von Arnim mit der international erfolgreichen Autorin, die sich, ihren Ruhm und ihre Weiblichkeit auch an deutschen Musenhöfen effektvoll zu inszenieren wusste.

Was aber hat all das mit Heine zu tun, der, als Madame de Staël Deutschland bereiste, noch in den Kinderschuhen steckte? Seit Kosellecks Formulierung von der »Schwellenzeit der Moderne« gilt die Zeit um 1800 als erstrangiger kulturgeschichtlicher Parameter, an dem auch die Nachkommen sich messen und gemessen werden. Mit den damals tonangebenden ästhetischen Richtungen der Klassik und Romantik hat Heine sich denn auch ein Schriftstellerleben lang kritisch auseinander gesetzt – in jener verschärften Form von Polemik, die der Konflikt mit der literarischen Elterngeneration zu evozieren pflegt. Ihr ist auch Heines Kritik an de Staëls berühmtestem Buch

»De l'Allemagne« zuzurechnen. Auf diese Auseinandersetzung wird in den Beiträgen des Bandes denn auch immer wieder Bezug genommen.

Nicht alle Aufsätze zeigen sich, wie die zitierte Primär- und Sekundärliteratur belegt, ganz auf der Höhe der aktuellen Heine-Forschung; nicht alle haben, was zu wünschen wäre, formal den Vortragscharakter abgelegt. Zu bedauern ist auch, daß wissenschaftliche Kurzbiografien der Beiträger fehlen.

Als Heines eigenes Deutschland-Buch 1834/35 mit deutlichem Bezug auf de Staëls Titelformulierung »De l'Allemagne« erscheint, ist die Autorin zwar schon seit siebzehn Jahren tot. Dennoch konkurriert Heine weiter aufs heftigste mit ihr – und nimmt das Thema später, in seiner letzten Lebensphase, noch einmal auf. Er behandelt die berühmte Kollegin und – über den persönlichen Fall hinaus – das Phänomen der schreibenden Frauen generell so polemisch wie alle Gegner seiner literarischen Streitschriften, seien es nun August von Platen, A. W. Schlegel, Ludwig Börne oder gar die Autoren der »Schwäbischen Schule«. Madame de Staël gilt ihm offenbar noch immer als Konkurrentin im Kampf um die Meinungsmacht auf dem internationalen Literaturmarkt. Von dessen rezeptionsspezifischen Voraussetzungen handelt der vorliegende Band – und damit von eben dem Kulturtransfer, an dessen Spitze sich Heine zwanzig Jahre später setzte, als er von seinem Pariser Exil aus als Vermittler zwischen dem deutschen wie auf dem französischen Markt literaturpolitisch zu operieren begann.

Edda Ziegler

Napoleon. Trikolore und Kaiseradler über Rhein und Weser. Hrsg. von Veit Veltzke. Köln/Weimar/Wien: Böhlau 2007. 586 S., € 34,90.
König Lustik!? Jérôme Bonaparte und der Modellstaat Königreich Westphalen. Hrsg. von der Museumslandschaft Hessen Kassel, Michael Eissenhauer. München: Hirmer 2008. 567 S., € 45,00.

»Ort und Zeit sind auch wichtige Momente: ich bin geboren zu Ende des skeptischen achtzehnten Jahrhunderts und in einer Stadt, wo zur Zeit meiner Kindheit, nicht bloß die Franzosen sondern auch der französische Geist herrschte.« (DHA XV, 61) Auf diese Selbstaussage Heines, die sich zu Beginn seiner fragmentarischen »Memoiren« findet, weist Heidemarie Vahl am Eingang ihres Beitrags zu dem Band »Napoleon. Trikolore und Kaiseradler über Rhein und Weser« hin. Der Aufsatz, der sich mit Heines Haltungen und Äußerungen zu Napoleon beschäftigt und die einschlägigen Textstellen von der Romanze »Die Grenadiere« bis zum »Waterloo«-Fragment zusammenstellt, macht durch seine Anwesenheit in dem Band deutlich, worin für das Verständnis von Leben und Werk Heinrich Heines, seiner Gesinnungen und Standpunkte der Wert des vorliegenden Katalogs liegt. Hätte nicht dieser »französische Geist« seine Kindheit in Düsseldorf, von 1806 bis 1813 Residenz des französischen Satelliten-Großherzogtums Berg, geprägt, wäre Heine vielleicht nicht der »brave[] Soldat im Befreyungskriege der Menschheit« (DHA VII, 74) geworden, als der er sich in der »Reise von München nach Genua« (und noch in der Matratzengruft als »Enfant perdü«) inszeniert. Der Katalog zur Ausstellung »Napoleon. Trikolore und Kaiseradler über Rhein und Weser«, die das Preußen-Museum Nordrhein-Westfalen an seinen beiden Standorten Wesel und Minden 2007 gezeigt hat, zeichnet in Wort und Bild nach, unter welchen Bedingungen man zwischen Rhein und Weser, im nördlichen Rheinland und in Westfalen, unter Trikolore und Kaiseradler kam und unter beiden lebte.

Aus der Vielzahl der Beiträge zu politischen, wirtschaftlichen, sozialen und kulturellen Aspekten der Franzosenzeit, die die Bedingungen von Heinrich Heines Kindheit plastisch werden lassen, aber auch verdeutlichen, welcher Modernisierungsschub mit dem Wiener Kongress teils verebbte, teils in andere Bahnen geleitet wurde und in beiden Fällen das Leben im restaurativen Deutschland bestimmte, hebt sich für den an Heine interessierten Leser besonders der Beitrag des Historikers und Volkskundlers Bastian Fleermann hervor, »Napoleon und die Judenemanzipation. Die rheinischen und westfälischen Juden zur Zeit der französischen Vorherrschaft unter besonderer Berücksichtigung des Großherzogtums Berg« (S. 307–323). Der sperrige Titel mag der Tatsache geschuldet sein, dass es sich um einen Extrakt der 2007 erschienenen Dissertation des Verfassers zum gleichen Thema handelt (s. die Rezension von H. Kersken in diesem Jahrbuch). Der konzentrierte Text stellt differenziert die französische und speziell napoleonische Politik gegenüber den Juden dar, die sich als ein Wechselspiel zwischen dem emphatischen Gleichheitsanspruch der Revolutionsjahre und der weit weniger emanzipatorischen Regierungspraxis Napoleons darstellt – und einmal mehr belegt, dass Heine, der es besser wissen musste, allzu dunkle Flecken seines ohnehin dialektischen Napoleonbildes durchaus zu überblenden geneigt war, um die mythologisch überhöhte Projektionsfigur seiner emanzipativen Hoffnungen, »Hosiannah! den Kaiser« (DHA VI, 193), zu erhalten. Für das alte Herzogtum Berg konstatiert Fleermann das Fehlen einer einheitlichen Judenpolitik, deren Folge rechtliche und wirtschaftliche Unsicherheit für die Betroffenen war. Nur etwa zwei bis fünf Prozent der jüdischen Bevölkerung können als finanziell abgesichert gelten wie die Familie von Heines Mutter, für den großen Rest blieben marginalisierte Nischenberufe wie der des bei Heine im Zusammenhang mit jüdischen Figuren gelegentlich begegnenden Hühneraugenstechers. Mit dem Beginn des neuen Regimes blieb die Lage der Juden im Großherzogtum zunächst ungeklärt, doch während im napoleonischen Frankreich 1808 die Gleichstellung der Juden schon wieder eingeschränkt wurde (vor allem durch das »decret infame«, das die jüdische Betätigung im Kreditwesen an behördliche Genehmigungen knüpfte), brachten ein als »Bergische Ordinanz« bekannt gewordener Erlass des Innenministers Graf von Nesselrode-Reichenstein aus dem Juni 1808 sowie die Einführung des Code Napoléon im Großherzogtum Anfang 1810 den bergischen Juden die weitgehende Gleichstellung in rechtlicher Hinsicht. Die »Bergische Ordinanz« wurde von der jüdischen Gemeinde Düsseldorfs mit einem Schreiben begrüßt, das ein Licht auf das Bild wirft, das Heine in den »Memoiren« von seinem Vater zeichnet und dessen Engagement in der Düsseldorfer Bürgergarde und als Armenpfleger (DHA XV, 79 f. und 86 f.) hervorhebt. Auf das Ansinnen des Düsseldorfer Stadtdirektors, die Juden einen Bürgereid schwören zu lassen, antwortet der Vorstand der jüdischen Gemeinde mit dem Hinweis, dass sie sich seit jeher als »gebohren Stadtbewohner« fühlen und »als solche bei der Armenverpflegungs Anstalt, bei der Bürger- und National-Garde angesehen« seien (S. 315).

Ein Gewinn für den an Heine Interessierten ist auch der kleine Beitrag von Helmut Langhoff über Christoph Wilhelm Heinrich Sethe (S. 515–519), den Vater von Heines Jugendfreund Christian Sethe. Der Jurist Sethe war im Großherzogtum Berg Generalprokurator des Appellationsgerichts in Düsseldorf. Wieder in preußischen Diensten war Sethe maßgeblich daran beteiligt, der Rheinprovinz den Code Napoléon zu erhalten. Eine Abbildung auf S. 516 zeigt ein Ölgemälde der Kinder der Familie Sethe von 1812, darunter den vierzehnjährigen Christian.

Während der Ausstellungskatalog des Preußen-Museums den Fokus auf das linksrheinische Gebiet und auf das Großherzogtum Berg legt und das Königreich Westphalen nur am Rande behandelt, nimmt der Katalog zur Hessischen Landesausstellung 2008 »König Lustik!? Jérôme Bonaparte und der Modellstaat Königreich Westphalen« den Satelliten- und Modellstaat intensiv in den Blick, dessen zusammengewürfeltes Territorium mit dem, was geografisch »Westfalen« hieß und heißt, kaum Übereinstimmungen aufweist. Der Band bietet wertvolle Ergänzungen zum Katalog der Weseler und Mindener Ausstellung und rundet das Bild davon, wie sich in Deutschland das

Leben unter Napoleons (Ober-)Herrschaft gestaltete, aber auch für das hier vordringliche Interesse an den Bedingungen von Heines Leben und Werk: Lüneburg, Wohnort der Eltern Heines nach der Liquidation des väterlichen Geschäfts, war für kurze Zeit Teil des Königreichs, und vor allem hat Heine als Student in Göttingen sich an einer Universität aufgehalten, die ihren Aufschwung nicht zuletzt in den Jahren der Herrschaft Jérômes genommen hat. Der 1808 bis 1812 vollzogene Umbau der ehemaligen Paulinerkirche in die auch von Heine genutzte Universitätsbibliothek beispielsweise fällt in diese Zeit, ein Plan des umgewidmeten Kirchengebäudes findet sich im Katalog auf S. 422. Die Brüder Grimm, die Heine im November 1827 in Kassel besucht, sind im Umfeld des Hofes von Jérôme tätig, Jacob Grimm seit 1808 als Privatbibliothekar des Königs. Auch ihr Wirken wird im Katalog dokumentiert. Jérôme, dessen Bild die Nachwelt zum lebensfrohen und verschwendungssüchtigen »König Lustik« verengt hat, nahm regen Anteil am Bergbau im Harz, der von großer wirtschaftlicher Bedeutung für das Königreich war (vgl. S. 441–444). Zweimal besuchte er die Region und befuhr dabei im August 1811 die Clausthaler Grube Dorothea, die auch in Heines »Harzreise« eine Rolle spielt. Der Frage, warum der Ich-Erzähler der »Harzreise« zwar bei seinem Bergwerksbesuch durchaus revolutionäre Konterbande in den Text schmuggelt (»Hourrah Lafayette«, DHA VI, 94, kann man es, so versichert der Erzähler, in den tiefsten Tiefen der Nachbargrube Carolina aus dem demokratischen Amerika herauf- oder herüberschallen hören) und über den Besuch des »lieben, dicken Herzogs« (DHA VI, 95) von Cambridge, des englischen Generalstatthalters des Königreichs Hannover, spottet, aber mit keinem Wort der »westphälischen« Vergangenheit der Gegenden, durch die ihn seine Harzwanderung führt, erwähnt, ist in der Heine-Forschung bislang nicht nachgegangen worden. Gerade die mit Medaillenprägungen etc. gefeierten Grubenfahrten König Jérômes werden in den Bergbauregionen noch präsent gewesen und auch dem an der Enge des restaurativen Deutschland verzweifelnden Wanderer zu Ohren gekommen sein. Eine Federzeichnung vom Besuch Jérômes im Rammelsberger Bergbau, so lässt sich im Katalog lernen, wurde nach dem Ende des Königreichs Westphalen so manipuliert, dass der ursprüngliche, an den königlichen Besuch erinnernde Titel nicht mehr sichtbar war (vgl. S. 441 f.). Zumindest an dieser Stelle in Heines Werk bietet sich für die Wiederkehr des Verdrängten offenbar kein Raum.

Was hier an einzelnen Beiträgen und im Detail angedeutet wurde, gilt für beide Ausstellungskataloge im Ganzen: Die Umwelt der Kindheit und Jugend Heines, aber auch eine Kontrastfolie für die drückende Wirklichkeit der Restaurationsepoche werden in der breiten und anschaulichen Darstellung des französischen Rheinlands, des Großherzogtums Berg und des Königreichs Westphalen sichtbar. Das Bild Heines kann dadurch nur konturierter, das Wissen der Bedingungen seiner schriftstellerischen Arbeit nur präziser werden. »Ort und Zeit« werden erkennbar als in der Tat »wichtige Momente« (DHA XV, 61) für das Verständnis eines Autors und seines Werks.

Robert Steegers

Werner H. Preuß: *Heinrich Heine und das Heine-Haus in Lüneburg*. Hrsg. von der Literarischen Gesellschaft Lüneburg und der Gesellschaft für christlich-jüdische Zusammenarbeit Lüneburg. Husum 2007. 156 S., zahlr. meist farbige Abb., € 17,95.

Das Thema dieser sehr ansprechenden Neuerscheinung hat Werner Hermann Preuß, habilitierter Editor und Privatdozent für Neuere deutsche Literatur und Regionalkultur an der Universität Lüneburg, bereits 1987 in einer Art Vorauflage des Hamburger Christians Verlags bearbeitet. Inzwischen ergaben sich aber nach zwanzig Jahren so viele interessante inhaltliche wie illustrative Ergänzungen, dass sich eine wesentlich verbesserte Herausgabe aufdrängte.

Eine vergessene Marktplatz-Ansicht A. Lehmanns von 1841 mit der Fassade des mittelalterlichen Lüneburger Rathauses und dem dortigen »Heine-Haus« neben dem Schloss ziert den farbigen Einband mit einer Düsseldorfer Heine-Büste von 1906.

Wie in einem Bilderbuch mit ausführlichen Texten und Quellenangaben wird der Leser an die gelegentlichen Lüneburger Besuchs-Aufenthalte des spätromantischen und satirischen Dichters Heinrich Heine in der Zeit zwischen. Mai 1823 und Oktober 1827 herangeführt.

Daneben geht es Preuß stadtbaugeschichtlich um das 1822 bis 1826 von Heines Eltern im geräumigen Obergeschoss bewohnte »Heine-Haus« Am Ochsenmarkt 1. Dieses wurde als »Witzendorff-Haus« um 1565 nördlich der Rathausfront von der begüterten und am 6. September 1639 geadelten Patrizier- und Bürgermeisterfamilie Witzendorff als Prunkbau mit Nebenhäusern (Volksbank und Hinterbauten) errichtet und dient, inzwischen vorzüglich restauriert, als Standesamt sowie seit 1993 als Kulturzentrum auch der Literarischen Gesellschaft Lüneburg.

Der Zuzug des in Düsseldorf erkrankten und entmündigten Vaters Samson Heine (1764–1828) und seiner Familie auf Initiative und Kosten des als Bankier reich gewordenen Hamburger Bruders Salomon Heine (1767–1844) eröffnet den Rückblick mit Akten aus dem Lüneburger Stadtarchiv. Die Entstehung der berühmten »Loreley«-Verse auf dem Wall am Stadtgraben wird nachvollzogen, das Stadtleben im Biedermeier aus Heines Sicht vorgestellt. Dazu gehören der Studienfreund und spätere »Schwager« Dr. jur. Rudolph Christiani (1798–1858) aus der väterlichen Superintendantur ebenso wie der Göttinger Theologe Carl Johann Philipp Spitta (1801–1859) als Lehrer im hübschen und geselligen Amtshaus zu Kloster Lüne. Das im Hamburger Privatbesitz fotografierte Hochzeits-Porträt der Cousine Charlotte Christiani geb. Heine (1813–1869) findet hier zurück zu dem Ihres Gatten aus dem Lüneburger Fürstentumsmuseum (S. 55, erstmals in: Archiv für Familiengeschichtsforschung, Limburg 2005, Heft 4, S. 272).

Die zweite Buchhälfte zeichnet die Entwicklung des 1901 so benannten »Heinrich-Heine-Hauses« seit 1565 bis heute nach. Hier wohnten einst die einflussreichen Sülfmeister Witzendorff, die schon 1531 den Reformator Urbanus Rhegius nach Lüneburg einluden. Der freigelegten allegorischen Dekorationsmalerei aus dem 17. bis 19. Jahrhundert ist ein eigenes Kapitel des Lüneburger Kunst- und Literaturhistorikers Dr. Friedrich Gross gewidmet (S. 91–106). Es folgt das 1788 eröffnete Theaterspiel in beiden Geschossen des Hauses und die dort 1797 etablierte Verlagsbuchhandlung Herold & Wahlstab.

Mit Erinnerungen des oberen Hausbewohners Otto Schulze in Braunschweig an die Zeit von 1933 bis 1956 mit dem darin praktizierenden Hautarzt Dr. Günther Hoppenstedt (1886–1964), an den Kinderunfall beim Mauereinsturz einer zugehörigen baufälligen Garage am 17. 6. 1953 sowie an Schülererlebnisse des Ebstorfer Realschul–Konrektors Ingolf Drenikow nach dem Zweiten Weltkrieg leitet das Buch über zur 1993 begonnenen Nutzung für Kunst, Literatur und Kultur.

Den Abschluss bildet eine Art Zeittafel zur Chronik des Hauses von den ältesten Kellermauern des Altbaus aus der Zeit um 1300 bis heute mit entsprechenden Bildern.

Autor, Förderer und Leser sind zu beglückwünschen zu dieser erfreulich und anschaulich gelungenen Bereicherung sowohl der Heine-Literatur als auch der Lüneburger Stadtgeschichte.

Hans-Cord Sarnighausen

Heine-Literatur 2007/2008 mit Nachträgen

Zusammengestellt von Elena Camaiani

1 Primärliteratur

1.2 Einzelausgaben und Teilsammlungen

Heine für Kinder. Ausgew. v. Peter Härtling. Ill. v. Hans Traxler. Frankfurt a. M. 2008. 77 S. (Insel-Taschenbuch; 3322).

Heine, Heinrich: Die Bäder von Lucca. Die Stadt Lucca [gekürzt]. Lesung: Gerd Erdmann. Gitarre: Igor Merkel. Kiel 2007. 1 CD.

Heine, Heinrich: Buch der Lieder: Gedichte. Frankfurt a. M. 2008. 255 S. (Fischer; 90017: Fischer Klassik).

Heine, Heinrich: Deutschland, Ein Wintermärchen. Hrsg. v. Werner Bellmann. Stuttgart 2006. 96 S. (Reclams Universal-Bibliothek; 2253).
Heine, Heinrich: Der Doktor Faust: ein Tanzpoem nebst kuriosen Berichten über Teufel, Hexen und Dichtkunst. Hrsg. von Joseph A. Kruse. Stuttgart 2007. 109 S.: Ill. (Reclams Universal-Bibliothek; 3605).
Heine, Heinrich: Erinnerungen an Don Quixote: zur Reise des Rotary Clubs Düsseldorf-Süd nach Madrid vom 19. bis 22. April 2007. Ralph Schippan. 2007. Leporello. [Auszug aus den Reisebildern III/IV (1828), DHA, VII, S. 198–200 mit spanischer Übersetzung].
Heine, Heinrich: Der fliegende Holländer. Buch: Marc Gruppe. Prod. & Regie: Stephan Bosenius & Marc Gruppe. Leverkusen 2007. 1 CD. (Gruselkabinett; 22).
Heine, Heinrich: Fünfzig Gedichte. Ausgew. v. Bernd Kortländer. Neuaufl. Stuttgart 2006. 101 S. (Reclams Universal-Bibliothek; 2232).
Heine, Heinrich: Gedanken und Gedichte. Fotografien von Tina und Horst Herzig. Würzburg 2007. o. S.
Heine, Heinrich: Gedichte. [Gelesen von] Jürgen Goslar. Merenberg 2007. 1 CD. (Edition Jürgen Goslar).
Heine, Heinrich: Gedichte. Hrsg. v. Hanns Martin Elster. Mit e. Heine-Essay v. Otto Flake. Komm. u. erl. v. Heinz Puknus. Rheda-Wiedenbrück 1997. 604 S.
Heine, Heinrich: Gedichte. [Gelesen von der] Kl. 10a, Schiller-Gymnasium Pforzheim, Dezember 2006–März 2007. Pforzheim 2007. 1 CD.
Heine, Heinrich: Die Harzreise. Hrsg. u. m. e. Nachw. vers. v. Christian Liedtke. Hamburg 2008. 172 S.: Ill.
Heine, Heinrich: Die schönsten Gedichte. Erftstadt 2007. 320 S. (Miniaturbuch-Sammlerbibliothek; Die schönsten Gedichte).
Heine, Heinrich: Die Wanderratten. Illustration der Gedichtsverse v. Max Freyland. Aurich [2007]. o. S.
Heinrich Heine: [Live-Mitschnitt, November 2006]. Gesprochen von: Imo Moszkowicz, Daniela Dadieu. Musik: Marius Ungureanu, Max Gehring, Raphael Lambacher. Reichertshausen, Ilm 2007. 1 CD. (Perlen deutscher Dichtung; 2).
»Ich bin ein deutscher Dichter«: Helmut Loeven liest und kommentiert Heinrich Heine; ein Heinrich-Heine-Programm. Zsgest., gesprochen und komm. von Helmut Loeven. Duisburg 2007. 1 CD.

1.3 Texte in Anthologien

Bild der Frau. 2007, 19. [»Daß du mich liebst« S. 4].
Blumengedichte. Ausgew. von Sabine Prilop. Ditzingen 2008. 111 S. [»Alte Rose« S. 54, »Ich lieb eine Blume« S. 73, »Morgens send ich dir Veilchen« S. 73, »Am leuchtenden Sommermorgen« S. 84, »Auf Flügeln des Gesanges« S. 73, »Den Strauß, den mir Mathilde band« S. 97].
Dichter beschimpfen Dichter: die endgültige Sammlung literarischer Kollegenschelten. Hrsg. u. m. e. Nachw. v. Jörg Drews, mit Bücher-Bildern v. Jonathan Wolstenholme. Vollst. überarb., ergänzte und erw. Neuausg. Frankfurt a. M. 2006. 269 S.: Ill.
Du bist mein Wunsch und mein Gedanke: Liebesgedichte. Ausgew. von Hans Wagener. Stuttgart 2007. 101 S. (Reclams Universal-Bibliothek; 18500). [»Der Asra« S. 43].
Engel: Gedichte aus allen Sphären. Hrsg. v. Andrea Wüstner. Ditzingen 2007. 143 S. (Reclams Universal-Bibliothek; 18138). [»Die Engel« S. 22, »An die Engel« S. 30].

Der Feuerreiter: meine liebsten Balladen. Prod.: Ulrich Maske. Hamburg 2007. 1 CD. [»Kleines Volk«, »Belsazar«].

Fröhlich, Frank: Das alte Köln: ein literarisch-musikalischer Streifzug. Sprecher: Till Hagen. Dresden 2007. 1 CD. [»Zu Köllen kam ich spät Abends an«].

Görner, Rüdiger: London fragments: a literary expedition. Transl. by Debra Marmor and Herbert Danner. London 2005. XVIII, 254 S. [EST: Londoner Fragmente].

Goslar, Jürgen: Berühmte deutsche Balladen. Hünfelden [2006]. 1 CD. (Edition Jürgen Goslar). [»Ein Weib«].

Gute Nacht!: selig schlafen mit deutscher Dichtung. Hrsg. Dietmar Bittrich. Hamburg 2007. 150 S. [»Harzwanderung« [sic] S. 31–38].

Heiter-besinnliche Gedichte aus alter Zeit: 24 heiter-besinnliche und lehrreiche Gedichte, u. a. von Adalbert [sic] von Chamisso, Heinrich Heine, und Heinrich Seidel. Auch für Kinder und Jugendliche geeignet. Sprecher: Monika von Krogh. Lüneburg 2007. 1 CD. [»Der tugendhafte Hund«].

Herz-Gedichte. Hrsg. von Gabriele Sander. Stuttgart 2008. 111 S.: Ill. [»An Sie« S. 50, »So hast du ganz und gar vergessen« S. 56, »Sie haben heut abend Gesellschaft« S. 73].

Der jüdische Kalender. Augsburg 20 = 5763. 2002. [Zitat am 3. 10.]

»Kinder, Kinder!2: Gedichte zur Kindheit. Hrsg. von Anton G. Leitner. Stuttgart 2007. 112 S. (Reclams Universal-Bibliothek; 18368). [»Mein Kind, wir waren Kinder« S. 89].

Das Leben ist doch schön!: Gedichte. Hrsg. v. Heinke Wunderlich. Mit Ill. v. Kai Pannen. Ditzingen 2007. 188 S. [»Auf Flügeln des Gesanges« S. 87].

Eine literarische Astrologie: 2000 Jahre Astrologie in der Dichtung der Welt; ein astrologischer Spaziergang durch die Weltliteratur. Aufgespürt und hrsg. von Reinhardt Stiehle und Bertram Wallrath. Limitierte, einmalige Vorzugsausg. Tübingen 2004. 278 S.: Ill. (Standardwerke der Astrologie).

Meeresrauschen: Geschichten und Gedichte. Hrsg. Andrea Wüstner. Ditzingen 2008. 176 S. [»Das Meer ist meine Seele« S. 27–28, »Mein Liebchen, wir saßen beisammen« S. 79].

Noch mehr Gespenster: die besten Gespenstergeschichten aus aller Welt. Hrsg. von Dolly Dolittle. Zürich [2000]. 363 S. (Diogenes-Taschenbuch; 21310: detebe-Anthologien). [»Doktor Ascher und die Vernunft« S. 11–15].

Nordsee ist Wortsee: eine Auswahl moderner Nordsee-Poesie; [eine Anthologie]. Hrsg. von Nicolas Nowack. Neumünster 2006. 223 S.: Ill. [»Abenddämmerung« S. 60, »Der Schiffbrüchige« S. 63–64, »Das Fräulein stand am Meere« S. 111, »Fragen« S. 163, »Poseidon« S. 193–194].

Owen, Bryan: Blue daffodils: and other poems. Leicester 2007. 76 S. [Zitat S. 16]

Poesie unterwegs: die schönsten Gedichte für Reisende. Gelesen von Jürgen Goslar und Sven Götz. Merenburg 2007. 1 CD. [»Belsatzar«, »Ich weiß nicht, was soll es bedeuten«, »Ich halte ihr die Augen zu«, »Sie saßen und tranken am Teetisch«, »Nachtgedanken«].

Reclams großes Buch der deutschen Gedichte: vom Mittelalter bis ins 21. Jahrhundert. Ausgew. und hrsg. von Heinrich Detering. Stuttgart 2007. 1001 S.

Reclams Weihnachtsbuch. Hrsg. v. Stephan Koranyi. Mit Ill. v. Jochen Koch. Ditzingen 2007. 262 S. [»Die Heilgen Drei Könige aus Morgenland« S. 61].

Robert Schumann: Dichtergarten für Musik; eine Anthologie für Freunde der Literatur und Musik. Hrsg. v. Gerd Nauhaus und Ingrid Bodsch. Textübertr. u. Komm. v. Leander Hotaki unter Mitarb. v. Kristin R. M. Krahe. Hrsg. im Auftr. des Fördervereins StadtMuseum Bonn und der Robert-Schumann-Gesellschaft Zwickau. Frankfurt a. M. 2007. 489 S.: Ill. [»In mein gar zu dunkles Leben« S. 390–391, »Die Minnesänger« S. 391–392].

Seelenverwandte auf sanften Pfoten: Katzen in der Literatur. Hrsg. von Imke Bunge und Ewart Reder. Frankfurt a. M. 2004. 183 S. (Reihe Etikett). [»Mimi« S. 84–86].

Sterne gibt's wie Sand am Meer: Gedichte und Geschichten von Sehnsucht und Gestirnen. Hrsg. von Barbara Häusler. Düsseldorf 2004. 229 S. [»Ganz entsetzlich ungesund« S. 26–27, »Unstern« S. 122, »Schöne, helle, goldne Sterne« S. 198].

Der Träume Wirklichkeit: eine Anthologie deutschsprachiger Traumgedichte. Hrsg. und komm. von Ingemarie Manegold und Eckart Rüther. Münster. 4. Teil: Von der Romantik zum Realismus: Heinrich Heine, Clemens Brentano, Joseph von Eichendorff. 2006. 372 S.: Ill. [Die lyrischen Traumprotokolle Heinrich Heines, thematisch-chronologisch geordnet, mit psychopathologischen Erklärungen S. 103–214].

Über Berg und Tal: der musikalische Reiseführer durch Halle an der Saale. Sabine Bauer; Manfred Wipler. Halle (Saale) 2007. 78 S.: zahlr. Ill. [»Kommt feins Liebchen heut?« (= »Morgens steh' ich auf und frage«) S. 47].

Über die Liebe: die schönsten Geschichten und Gedichte. Heinrich Heine … Heinz Janisch (Hrsg.) Regie: Anja Hasse … Hamburg 2007. 1 CD & Beih. (GoyaLiT). [»Im wunderschönen Monat Mai«, »Der Schmetterling ist in die Rose verliebt«, »Du bist wie eine Blume«, »Du liegst mir so gern im Arme«, »Dass du mich liebst«, »Ein Jüngling liebt ein Mädchen«].

Undinenzauber: Geschichten und Gedichte von Nixen, Nymphen und anderen Wasserfrauen. Hrsg. von Frank Rainer Max. Einl. von Eckart Kleßmann. Erg. und bibliogr. aktualisierte Aufl. Stuttgart 2003. 432 S.: Ill. (Reclams Universal-Bibliothek; 8683). [»Prolog« S. 19–21, »Der Abend kommt gezogen« S. 254–257, »Seegespenst« S. 274–276].

Der Wald: Gedichte. Hrsg. Hartmut Vollmer. Ditzingen 2008. 123 S. (Reclams Universal-Bibliothek; 18546). [»Das gelbe Laub erzittert« S. 62, »Der Traurige« S. 72].

Warum ist es am Rhein so schön?: Gedichte. Hrsg. v. Sabine Brenner-Wilczek. Ditzingen 2007. 124 S. (Reclams Universal-Bibliothek; 18518). [»Berg' und Burgen schaun herunter« S. 11, »Ich weiß nicht, was soll es bedeuten« S. 57].

Was ist Liebe?: 1001 Zitate geben 1001 Antworten. Hrsg. von Andreas Mäckler. Überarb. Neuausg. Köln 2005. 218 S.

Weihnachtsgedichte. Ausgew. v. Stephan Koranyi. Ditzingen 2007. 104 S. (Reclams Universal-Bibliothek; 18529). [»Die Heilgen Drei Könige aus Morgenland« S. 34, »Draußen ziehen weiße Flocken« S. 79].

Wenn der Christbaum blüht: die hundert schönsten Weihnachtsgedichte. Ausgew. von Klaus Seehafer. Berlin 2007. 201 S. [»Die Heil'gen Drei Könige aus Morgenland« S. 104].

Wenn die weißen Riesenhasen abends übern Rasen rasen: Kindergedichte aus vier Jahrhunderten. Ursula Zakis (Zusammenstellung), Cornelia von Seidlein (Ill.). Wiesbaden 2004. 339 S. [»Die heilgen drei Könige aus dem Morgenland« S. 33, »Der Wind zieht seine Hosen an« S. 288].

»Wer schweigt, wird schuldig!«: offene Briefe von Martin Luther bis Ulrike Meinhof. Hrsg. u. komm. v. Rolf-Bernhard Essig und Reinhard M. G. Nickisch. Göttingen 2007. 270 S. [»bewilligen Sie mir … freies Wort in der deutschen Druckwelt«: Heinrich Heine an die Bundesversammlung (6. 2. 1836) S. 65–69].

1.4 Übersetzungen

Heine, Heinrich: Aforismen. Nederlandse bewerkung F.J. Schmit en A.C. Niemeyer. Oospr. titel: Gedachten. Den Haag 1962. (Een serie). Rotterdam 1987. 29 S.

Heine, Heinrich: Het Boek Le Grand. Vertaald door Koos Schuur. 2. druk. Amsterdam 1973. 95 S. [EST: Ideen. Das Buch Le Grand].

Heine, Heinrich: Gli dei in esilio. A cura di Lia Secci. Nuova ed. riveduta. Mailand 2000. 131 S. [EST: Die Götter im Exil].
Heine, Heinrich: Firenzei ejszakak: harom elbeszeles. [Ford. Györffy Miklos, Lakatos Istvan, Tandori Dezso az utoszot Györffy Miklos irta]. Budapest 2006. 154 S. [EST: Florentinische Nächte].
Heine, Heinrich: Floransa Geceleri. Tercüme eden: Süreyya Sami Berkem. Naşiri: Ibrahim Hilmi Çiğiraçan. Istanbul 1947. XX, 98 S. [EST: Florentinische Nächte].
Heine, Heinrich: Florentijnsche Nachten. Vertaald door Joseph Gompers met teekeningen van H. Levigne. Maastricht 1937. 129 S.: Ill. [EST: Florentinische Nächte].
Heine, Heinrich: Germany. A winter tale = Deutschland. Ein Wintermärchen. [Transl. of the poem: Edgar Alfred Bowring, 1887. Transl. of the preface: Annette Bridges, 2007]. Historic biling. ed. New York, NY 2007. 121 S.
Heine, Heinrich: Herra von Schnabelewopskin muistelmat. Suomentanut Amira Al Bayaty. Esipuhe H. K. Riikonen. Turku 2006. 114 S. [EST: Aus den Memoiren des Herren von Schnabelewopski <finn.>].
Heine, Heinrich: Livre des chants. Trad. et notes par Nicole Taubes. Postface par Michel Espagne. Paris 1999. 249 S. (Bibliothèque franco-allemande).
Heine, Heinrich: On the history of religion and philosophy in Germany: and other writings. Ed. by Terry Pinkard. Transl. by Howard Pollack-Milgate. Cambridge 2007. XLI, 218 S. (Cambridge texts in the history of philosophy). [EST: Zur Geschichte der Religion und Philosophie in Deutschland].
Heine, Heinrich: Poems. Selected and introd. [and notes] by Ritchie Robertson. Repr. London 2001. IX, 132 S.
Heine, Heinrich: Poetry and prose. Ed. by Jost Hermand and Robert C. Holub. Foreword by Alfred Kazin. New York, NY 2006. XIII, 299 S. (The German Library; 32).
Heine, Heinrich: Sefer ha-shirim. Mi-Germanit, Shelomoh Tanai. Im divrei hakdamah me-et hametargem. Hidpasah rishonah. Tel Aviv 1999. 175 S. [EST: Buch der Lieder <hebr.>].
Narices, buhítos, volcanes: y otros poemas ilustrados. Selección: Herrín Hidalgo. Dibujos: Carlos Ortín. Valencia 1998. [52 Bl.]: überw. Ill. (Libros para niños; 2). [»La canción de los Ducados«].
Santucci, Luigi: »... Come una volta mi darai la mano ...«: ovvero le Poesie alla madre che da Heine a Ginsberg, da D'Annunzio a Pasolini hanno svolto un tema intimo e universale nella poesia degliulti mo due secoli. Mailand 1990. 118 S. (Antologie; 8). [Übers. von I. A. Chiusano S. 39 (»An meine Mutter, B. Heine, geborne v. Geldern II«)].

2 *Sekundärliteratur*

2.1 Dokumentationen, Monographien und Aufsätze

Abschied von Heinrich Heine: mit einem Bericht über Heines letzte Tage, einigen späten Gedichten und einem Pariser Bilderbogen. [Hrsg. von Matthias Wegner]. Club-Sonderausg. [Rheda-Wiedenbrück; Gütersloh] 2006. 143 S.: Ill.
Adolf, Helene: A mid-century duel: Gottfried Keller and Heine. – In: Dies.: Gesammelte Schriften. Hrsg. von Renate Heuer ... Trieste 2004. (Hesperides; 21). S. 388–396.
Albrecht, Wilma Ruth: Harry Heine. Aachen 2007. 112 S. (Berichte aus der Literaturwissenschaft).
Appel, Bernhard R.: Die »Marseillaise« bei Heinrich Heine und Robert Schumann. – In: Übergänge. Stuttgart; Weimar 2007. S. 289–304.

Balzer, Berit: Von »Lilienfinger« und »Veilchenaugen« zu »Suppenlogik mit Knödelgründen«: Heines ästhetische Wende in Anbetracht seiner Wortwahl. – In: Ein Mann wie Heine täte uns Not. Barcelona 2007. S. 1–18.

Barner, Wilfried: Der ignorierte ›Maulkorb‹: Heinrich Heines Göttinger ›Schriftstellerei‹. – In: Heinrich Heine: Dichter und Jurist in Göttingen. Göttingen 2007. S. 9–31.

Becker, Sabina: Heinrich Heine und die Moderne. – In: Harry ... Heinrich ... Henri ... Heine. Berlin 2008. S. 289–300.

Becker-Cantarino, Barbara: Bettina von Arnim (1785–1859) und Heinrich Heine (1797–1856) als Zeitgenossen. – In: Harry ... Heinrich ... Henri ... Heine. Berlin 2008. S. 271–280.

Behrends, Okko: Heine und die Rechtswissenschaft. – In: Heinrich Heine: Dichter und Jurist in Göttingen. Göttingen 2007. S. 49–68.

Beutin, Heidi: Frauenbild, Frauenemanzipation und Geschlechterkampf in Heinrich Heines Werk. – In: »Wenn wir es dahin bringen, daß die große Menge die Gegenwart versteht ...«. Frankfurt a. M. 2007. S. 149–171.

Beutin, Wolfgang: Die Emanzipation des Volkes war die große Aufgabe unseres Lebens: zum Leben und Werk Heinrich Heines. – In: »Wenn wir es dahin bringen, daß die große Menge die Gegenwart versteht ...«. Frankfurt a. M. 2007. S. 17–35.

Beutin, Wolfgang: Revolutionen und ›Revolutionen des Geistes‹ in Heinrich Heines Gedankenwelt. – In: »Wenn wir es dahin bringen, daß die große Menge die Gegenwart versteht ...«. Frankfurt a. M. 2007. S. 173–194.

Bianchi, Danilo: Heine – ein Petrarkist?. – In: Francesco Petrarca in Deutschland: seine Wirkung in Literatur, Kunst und Musik. Hrsg. von Achim Aurnhammer. Tübingen 2006. (Frühe Neuzeit; 118). S. 487–503.

Billen, Josef: ›Wer wüsste je das Leben recht zu fassen‹: Entfremdungserfahrung, Weltschmerz und Neuorientierung; Heinrich Heine: ›Mein Herz, mein Herz ist traurig‹. – In: Ders. und Friedhelm Hassel: Undeutbare Welt: Sinnsuche und Entfremdungserfahrung in deutschen Naturgedichten von Andreas Gryphius bis Friedrich Nietzsche. Würzburg 2005. S. 241–265.

Böhm, Alexandra: Groteske Transgression im Medium der Verserzählung am Ende der Romantik: Byron, Heine, Puschkin. – In: Von Sommerträumen und Wintermärchen: Versepen im Vormärz. Bernd Füllner/Karin Füllner (Hrsg.) Bielefeld 2007. (Vormärz-Studien; 12). S. 129–160.

Böttcher, Hans-Ernst: Freiheit, Recht, Gerechtigkeit oder: Einigkeit und Recht und Freiheit: Gedanken eines Juristen, ausgelöst durch den Dichter, Freigeist und Juristen Heinrich Heine. – In: Schleswig-holsteinische Anzeigen/Teil A. Kiel 254, 2007, 11. S. 455–458. – Dass. in: »Wenn wir es dahin bringen, daß die große Menge die Gegenwart versteht ...«. Frankfurt a. M. 2007. S. 63–72.

Borchmeyer, Dieter: Heines Götter. – In: Harry ... Heinrich ... Henri ... Heine. Berlin 2008. S. 141–150.

Bourel, Dominique: Heine aujourd'hui. – In: Documents. Paris 61, 2006, 2. S. 64–66.

Brauer, Wilhelm: Ein Spötter widerruft: die Umkehr des Dichters Heinrich Heine; aus: »Heinrich Heines Heimkehr zu Gott« von Wilhelm Brauer. Stoecker-Buchhandlung. [Wilhelm Brauer. Hrsg. v. Evangelischen Missionsdienst »Der Wegbereiter«]. Oberderdingen-Flehingen 2007. [2 Bl.]

Briegleb, Klaus: Meine Worte erklingen in Deinem Widerhall: H. Heine ist aus Paris gekommen und spricht zu Mozart; eine Collage mit Kommentar und einem Supplement. [Berlin] 2007. 24 S.

Broicher, Ursula: Vitzliputzli – mehr als eine Zeitreise zu den Azteken. – In: HJb 2007. S. 67–89.

Bütow, Wilfried: Gebrochene Erwartung: Heinrich Heine + Robert Gernhardt. – In: Der Deutschunterricht. Stuttgart 58, 2005, 6. S. 28–31.

Calvié, Lucien: À la recherche de l'identité dans les ›Tableaux de voyage‹ (Reisebilder) de Heine, en particulier dans le ›Voyage de Munich à Gênes‹ (Reise von München nach Genua). – In: Construction de l'identité dans la rencontre des cultures chez les auteurs d'expression allemande/RECA, Groupe de Recherche et d'Études sur la Culture Allemande. Sous la dir. de Patricia Desroches-Viallet … Saint-Étienne 2007. S. 31–48.

Cassel, Claude [d. i. Ambroise-Luc]: De Guillevic (1997–1907) Paris-Carnac … à Heine (1856–1797) Paris-Düsseldorf: en remontant – en chaloupe – le cours du Styx … jusqu'au Rhine. – In: Florilège. Dijon 2008, mars = 130. S. 50–59.

Cook, Roger F.: Die Wiederkehr der Religion: Heine aus amerikanischer Perspektive. – In: Übergänge. Stuttgart; Weimar 2007. S. 117–123.

Corbea-Hoisie, Andrei: »es / harzt, will nicht / vernarben«: Paul Celan und Heinrich Heine. – In: Harry … Heinrich … Henri … Heine. Berlin 2008. S. 335–344.

Decker, Jan-Oliver: Selbstreflexion literarischen Wandels: zu Heines ›Nordsee‹-Zyklen im ›Buch der Lieder‹ (1844). – In: Zeitschrift für Semiotik. Wiesbaden 27, 2005, 1–2. S. 45–64.

Decker, Kerstin: Heinrich Heine: Narr des Glücks; Biographie. Berlin 2007. 448 S.: 16 S. Ill.

Deinet, Klaus: Heinrich Heine und Frankreich: eine Neueinordnung. – In: Internationales Archiv für Sozialgeschichte der Deutschen Literatur. Tübingen 32, 2007, 1. S. 112–152.

Deiters, Franz-Josef: Versöhnung von Volk und Literatur: der Dichter als »heruntergekommener Gott« bei Heinrich Heine. – In: Ders.: Auf dem Schauplatz des »Volkes«: Strategien der Selbstzuschreibung intellektueller Identität von Herder bis Büchner und darüber hinaus. Freiburg i. Br. 2006. (Rombach Litterae; 138). S. 99–152.

Deiters, Franz-Josef: Zwischen Identitätsbegehren und Identitätsaufschub: Heines Verortung des Dichters im Prozess der gesellschaftlichen Modernisierung. – In: Übergänge. Stuttgart; Weimar 2007. S. 551–563.

Dienst, Karl: Ohne »Kaddisch« und »christliches Denken«?: Heinrich Heine und die »Marseiller Hymne der Reformazion«. – In: Ebernburg-Hefte. Heidelberg 40, 2006. S. 315 (53)-318 (56).

DiGiammarino, Gabriele: Carducci traduttore di Heine. – In: Rivista di studi italiani. Toronto 22, 2004, 1. S. 25–40.

Drux, Rudolf: Madonnenliebe: zu Heines Gedicht »Im Rhein, im heiligen Strome« und Schumanns Vertonung. – In: Übergänge. Stuttgart; Weimar 2007.

Edgecombe, Rodney Stenning: An allusion to Heine in Proust's ›À la recherche du temps perdu‹. – In: Germanic notes and reviews. Greenville, SC 38, 2007, 1. S. 36–42.

Eggels, Hanneke: Heinrich Heine in de buitenlucht: [literaire studie t.g.v. 150e sterfdag van Heinrich Heine]. [Nachw. v. Martin Amerongen]. Venlo 2006. o. S.

Egger, Irmgard: Italienische Reisen: Wahrnehmung und Literarisierung von Goethe bis Brinkmann. München 2006. 159 S. [Kapitel 3.3: Dekonstruiertes Arkadien: Heinrich Heines italienische ›Reisebilder‹ S. 99–105].

Elfenbein, Heide: Heine in England: zu Heinrich Heines Aufenthalt in England. – In: Verschollener Bruder Heinrich Heine: [der Bundeskongress des FDA 2006 in Bensheim]. Freier Deutscher Autorenverband. München 2007. (FDA Dokumentation). S. 87–108.

Engler, Michael: Heinrich Heine: ein Leben; eine Hörbiografie. Sprecher: Ingo Hülsmann … Klavier: Alexis Poppe. Regie: Alexander Schuhmacher. Berlin 2007. 1 CD.

Esterhammer, Ruth: Heine und die Folgen: die Platen-Attacke als ein Skandal mit Langzeitwirkung. – In: HJb 2007. S. 1–25.

Esterhammer, Ruth: Heines Platen-Attacke als ein Skandal mit Langzeitwirkung. – In: Literatur als Skandal: Fälle – Funktionen – Folgen. Hrsg. v. Stefan Neuhaus und Johann Holzner. Göttingen 2007. S. 190–201.

Esteve Montenegro, María-Luisa: ›Der Rabbi von Bacherach‹, ¿novela o novela corta?. – In: Ein Mann wie Heine täte uns Not. Barcelona 2007. S. 19–32.

Evers, Meindert: De esthetische revolutie in Duitsland, 1750–1950: revolutionaire schoonheid voor en na Nietzsche. Budel 2004. 348 S.: Ill. [Kapitel 1.1.1: Kritische Stemmen: van Heinrich Heine tot Georg Lukács S. 28–37].

Filippi, Paola Maria: Dalla ›Schiksalstragödie‹ romantica di Heinrich Heine alla ›Literaturoper‹ die Pietro Mascagni per la mediazione di Andrea Maffei. – In: La questione romantica. Neapel 11, 2001 (2003). S. 73–84.

Foi, Maria Carolina: Heine e la vecchia Germania: le radici della questione tedesca tra poesia e diritto. Mailand 1990. 214 S. (Strumenti di studio).

Fraiman-Morris, Sarah: Adelbert von Chamissos ›Peter Schlemihl‹ und Heinrich Heines ›Der Doktor Faust‹: ›Faust‹-Parodien zweier Außenseiter. – In: Germanisch-romanische Monatsschrift. Heidelberg NF 56, 2006, 2. S. 185–199.

Freschi, Marino: Die italienische Reise von Winckelmann bis Heine. – In: Ein Mann wie Heine täte uns Not. Barcelona 2007. S. 33–47.

Füllner, Bernd und Karin: Von alten und neuen Liedern. – In: Von Sommerträumen und Wintermärchen: Versepen im Vormärz. Bernd Füllner/Karin Füllner (Hrsg.) Bielefeld 2007. (Vormärz-Studien; 12). S. 7–18.

Fueter, Daniel: Heine und die Musik. – In: Ders.: Kontrapunkte und Koloraturen: über die Unentbehrlichkeit der Musik. Balthasar Zimmermann (Hrsg.) Vorw. von Thomas Hürlimann. Zürich 2007. S. 70–91.

Gad, Max: Wie ich damals das Heine-Jahr ausrief. – In: Harry ... Heinrich ... Henri ... Heine. Berlin 2008. S. 481–484.

Galka, Ewa: »Zuckererbsen für jedermann«?: »Deutschland. Ein Wintermärchen«: Wolf Biermann in der Nachfolge Heinrich Heines. – In: Studia niemcoznawcze. Warschau 34, 2007. S. 211–220.

Gamper, Michael: Aufruhr und Nivellierung: ästhetische und politische Virtuosität im Spätwerk Heines. – In: Übergänge. Stuttgart; Weimar 2007. S. 719–733.

García Adánez, Isabel: »El más grande de los humoristag ...«: sobre la ironía y otros recursos cómicos en la obra de Heinrich Heine. – In: Ein Mann wie Heine täte uns Not. Barcelona 2007. S. 339–357.

Garrett, Leah: Sabotaging the text: Tannhäuser in the works of Heine, Wagner, Herzl and Peretz. – In: Jewish social studies. Bloomington, IN NS 9, 2002. S. 34–52.

Geck, Sabine: Essen (und Trinken) bei Heinrich Heine: Metapher, Verfremdung und konzeptuelle Integration. – In: Ein Mann wie Heine täte uns Not. Barcelona 2007. S. 47–63.

Gelber, Mark H.: Heines jüdischer Wortschatz. – In: Harry ... Heinrich ... Henri ... Heine. Berlin 2008. S. 111–120.

Gidion, Jürgen: Heines Judentum. – In: Heinrich Heine: Dichter und Jurist in Göttingen. Göttingen 2007. S. 33–48.

Gille, Klaus F.: »Ein Märchen aus alten Zeiten ...«: Heines »Loreley«. – In: Der Deutschunterricht. Stuttgart 58, 2005, 2. S. 16–22.

Görner, Rüdiger: Religion im Exil: zu Heines Götterlehre. – In: Harry ... Heinrich ... Henri ... Heine. Berlin 2008. S. 151–162.

Götze, Karl Heinz: Die Frechheit von Heines ›Die Memoiren des Herrn von Schnabelewopski‹: nebst einigen allgemeinen Überlegungen zur literarischen Frechheit überhaupt. – In: L'Allemagne insolente. Études réunies par Michel Vanoosthuyse. Aix-en-Provence 2007. (Cahiers d'études Germaniques; 52 = 2007,1). S. 53–73.
Goltschnigg, Dietmar: Heines Schmerzen. – In: Ein Mann wie Heine täte uns Not. Barcelona 2007. S. 63–77.
Goltschnigg, Dietmar: »Ich will ein Japaner werden«: Heine und der Schmerz. – In: Kulturfaktor Schmerz: Internationales Kolloquium in Tokyo 2005. Hrsg. von Yoshihiko Hirano und Christine Ivanovic. Würzburg 2008. S. 124–134.
Grešnych, Vladimir Ivanovic: Genrich Gejne: osmyslenie romantizma. – In: Ders.: V mire nemeckogo romantizma: F. Šlegel', Ė. T. A. Gofman, G. Gejne. Učeb. izd. Kaliningrad 1995. 88 S.
Guzu, Monica: Nachtgesichte der ›Harzreise‹: zur bewussten Wiedergabe authentischer Traumstrukturen in Heines Traumerzählungen. – In: Zeitschrift der Germanisten Rumäniens. Bukarest 10, 2001, 1. S. 315–321.
Haderer, Michael: Die Analyse der romantischen Metapher: Heines ›Traumbilder‹. – In: Ders.: Wege zum Schatten-Gebräch. Marburg 2007. S. 150–163.
Häfner, Ralph: Gotische Capricen: zur Aufnahme François Villons durch Heinrich Heine, Théophile Gautier und Gérard de Nerval. – In: Arcadia. Berlin 42, 2007, 1. S. 113–131.
Häfner, Ralph: Jüdische Kabbala als politische Theologie: zum Begriff der Unsterblichkeit in Heines ›Romanzero‹-Nachwort. – In: Erzählende Vernunft. Hrsg. von Günter Frank, Anja Hallacker und Sebastian Lalla. Berlin 2006. S. 253–264.
Häfner, Ralph: Zauberlaute und Totengeläut: Heinrich Heine, Pierre-Jean de Béranger und die Tradition der Chansons. – In: Übergänge. Stuttgart; Weimar 2007. S. 125–141.
Halter, Hans: Ich habe meine Sache hier getan: Leben und letzte Worte berühmter Frauen und Männer. Berlin 2007. 263 S. [Heine S. 109].
Hamilton, John T.: »Sinnesverwirrende Töne«: Musik und Wahnsinn in Heines ›Florentinischen Nächten‹. – In: Zeitschrift für deutsche Philologie. Berlin 126, 2007, 4. S. 508–525.
Hanuschek, Sven: Heinrich Heine, 10 Gedichte. Ditzingen 2007. 188 S. (Reclams Universal-Bibliothek; 16059: Erläuterungen und Dokumente).
Harig, Ludwig: Vielleicht das deutscheste aller deutschen Weihnachtslieder [Die heil'gen drei Könige aus Morgenland]. – In: Frankfurter Anthologie. Frankfurt a. M. 30, 2007. S. 51–54.
Harry … Heinrich … Henri … Heine: Deutscher, Jude, Europäer; Grazer Humboldt-Kolleg, 6.–11. Juni 2006. Dietmar Goltschnigg, Charlotte Grollegg-Edler, Peter Reeves (Hrsg.) Berlin 2008. 544 S.: Ill. (Philologische Studien und Quellen; 208).
Hasubek, Peter: Campe – Immermann – Heine: ihre Beziehungen nach den Briefen Julius Campes an Immermann. – In: Carl-Leberecht-Immermann-Circular. Magdeburg 2003, I. (o. S.)
Hauschild, Jan-Christoph: Heine und die Folgenden: eine Umschau. – In: Harry … Heinrich … Henri … Heine. Berlin 2008. S. 395–407.
Hauschild, Jan-Christoph: »Lieber Harry, gut, daß du tot bist.«. – In: Ein Mann wie Heine täte uns Not. Barcelona 2007. S. 233–249.
Hay, Louis: Le cas Heine. – In: Ders.: La littérature des écrivains. Paris 2002. S. 305–330.
Heimann, Bodo: Heinrich Heine und der Streit der Religionen. – In: »Wenn wir es dahin bringen, daß die große Menge die Gegenwart versteht …«. Frankfurt a. M. 2007. S. 105–131.
Heine im Jenseits. – In: Der Spiegel. Hamburg 1997, 28. S. 159.

Heinrich, Klaus: Festhalten an Freud: eine Heine-Freud-Miniatur zur noch immer aktuellen Rolle des Aufklärers Freud. – In: Zeitschrift für psychoanalytische Theorie und Praxis. Frankfurt a. M. 22, 2007, 3. S. 365–397.

Heinrich Heine: der Vergessene und Wiederentdeckte. – In: Brockerhoff, Michael; Hermann, Lutz: Düsseldorf – 21. Arondissement von Paris: unvergleichliche Städte im Vergleich. Photogr. Artur Kittlitz jr. Düsseldorf 2007. S. D8–D11.

Heinrich Heine: Dichter und Jurist in Göttingen. Volker Lipp, Christoph Möllers, Dietmar von der Pfordten (Hrsg.) Göttingen 2007. 68 S.: Ill. (Göttinger juristische Schriften; 1).

Heinrich Heine: eine Einführung in Leben und Werk. Gelesen von Burghart Klaußner und C. Bernd Sucher. Berlin 2007. 1 CD. (Suchers Leidenschaften).

Heinrich Heine: im Exil in Paris. – In: Brockerhoff, Michael; Hermann, Lutz: Düsseldorf – 21. Arondissement von Paris: unvergleichliche Städte im Vergleich. Photogr. Artur Kittlitz jr. Düsseldorf 2007. S. P8–P11.

Heinrich Heine und die Philosophie: vier Beiträge zur Popularität des Denkens. Marc Rölli und Tim Trzaskalik (Hrsg.) Wien 2007. 126 S.: Ill.

Hermand, Jost: Ein Blick von unten: H. Heine und Johann Wolfgang von Goethe. – In: Ders.: Pro und Contra Goethe: dichterische und germanistische Stellungnahmen zu seinem Werk. Oxford [u. a.] 2005. (German life and civilization; 41). S. 119–138.

Hermand, Jost: Unter Genossen: zur Freundschaft zwischen Heine und Marx. – In: »Wenn wir es dahin bringen, daß die große Menge die Gegenwart versteht ...«. Frankfurt a. M. 2007. S. 45–63.

Herwig, Henriette: Intermedialität: Musik, Bild, Tanz und Literatur in Heines »Florentinischen Nächten«. – In: Übergänge. Stuttgart; Weimar 2007. S. 161–183.

Hiebel, Hans H.: Heinrich Heines postromantische Romantik: Thesen zu Heines Liebesgedichten im ›Lyrischen Intermezzo‹ und in der ›Heimkehr‹: »Absolute Liebe« und »Musikalisierung«. – In: Harry ... Heinrich ... Henri ... Heine. Berlin 2008. S. 17–32.

Hinck, Walter: Der »grosse [sic] Jupiter«?: zum Wandel in Heinrich Heines Goethe-Bild. – In: Goethe-Rezeption in Deutschland: Vorträge des 5. Kasseler Goethe-Seminars. Helmut Fuhrmann, Walter Hinck, Karl Robert Mandelkow, Klaus Werner. Hrsg. v. Helmut Fuhrmann. Kassel 2004. (Goethe-Gesellschaft <Kassel>: Jahresgabe; 2003/2004). S. 24–44.

Hirdt, Willi: Sul mito dell'eterno femminino da Goethe a Heine. – In: Il mito nel teatro tedesco: studi in onore di Maria Fancelli. A cura di Hermann Dorowin, Rita Svandrlik, Uta Teder. Perugia 2004. (Università: Letteratura). S. 95–107.

Hirano, Yoshihiko: Heine – Kraus – Adorno: eine Konstellation um die »Wunde« bei Celan im Jahre 1962. – In: Harry ... Heinrich ... Henri ... Heine. Berlin 2008. S. 327–334.

Höckner, Berthold: Schumanns »Dichterliebe« und Heines Liebe zur Dichtung. – In: Übergänge. Stuttgart; Weimar 2007. S. 413–431.

Höhle, Thomas: Heines Streitschriften und ihre Bedeutung. – In: »Wenn wir es dahin bringen, daß die große Menge die Gegenwart versteht ...«. Frankfurt a. M. 2007. S. 37–45.

Höhn, Gerhard: Ein »ganz neues Genre«: Tradition und Innovation in Heines ›Wintermährchen‹. – In: Von Sommerträumen und Wintermärchen: Versepen im Vormärz. Bernd Füllner/Karin Füllner (Hrsg.) Bielefeld 2007. (Vormärz-Studien; 12). S. 225–248.

Höhn, Gerhard und Christian Liedtke: Eine »literarische Ehe« zu Beginn der Moderne: Heinrich Heine und Julius Campe. – In: Heine, Heinrich und Julius Campe: »Der Weg von Ihrem Herzen bis zu Ihrer Tasche ist sehr weit«. Hamburg 2007. S. 9–30.

Höhn, Gerhard: Zur Vorgeschichte der Kulturindustrie: Heines Kritik an der Durchdringung von Kunst und Kommerz. – In: Übergänge. Stuttgart; Weimar 2007. S. 565–581.

Hoffer, Klaus: Die Nähe des Fremden. – In: Harry … Heinrich … Henri … Heine. Berlin 2008. S. 485–492.

Hohendahl, Peter Uwe: Über Musik sprechen: Heine als Musikkritiker. – In: Harry … Heinrich … Henri … Heine. Berlin 2008. S. 209–220.

Hohendahl, Peter Uwe: Zwischen Feuilleton und Geschichtsschreibung: zur Medialität von Literatur- und Kunstkritik bei Heine. – In: Übergänge. Stuttgart; Weimar 2007. S. 457–471.

Homann, Ursula: Die »Wunde Heine«: vor hundertfünfzig Jahren starb der Dichter der Loreley. – In: Tribüne. Frankfurt a. M. 45 = 177, 2006. S. 92–96.

Horst, Christoph auf der: Heinrich Heine and Syphilis. – In: Neurological disorders in famous artists. Basel 2, 2007. (Frontiers of neurology and neuroscience; 22). S. 105–120.

Isham, Howard: Poet of the North Sea: Heinrich Heine. – In: Ders.: Image of the sea: oceanic consciousness in the romantic century. New York, NY [u. a.] 2004. S. 115–137.

Ivanovi, Christine: Die Wunde Erinnerung: zur Aktualität des Gedenkens Heinrich Heine, Jehuda Ben Halevi, Paul Celan. – In: Harry … Heinrich … Henri … Heine. Berlin 2008. S. 345–360.

Jané, Jordi: Heines Gedankengut im ›Traité d'Athéologie‹ von Michel Onfray. – In: Harry … Heinrich … Henri … Heine. Berlin 2008. S. 387–394.

Jané, Jordi: »Wir wollen auf Erden glücklich sein.«: Heines Weg zur Emanzipation. – In: Ein Mann wie Heine täte uns Not. Barcelona 2007. S. 77–91.

Janssen, Thorsten: ›Ausgewählte Lieder‹: eine Heine-Ausgabe der Essex House Press. – In: Aus dem Antiquariat. Frankfurt a. M. 2006, 6. S. 446–450.

Jaśtal, Katarzyna: »Dies Bild gehört nicht in den anatomischen Lehrsaal …«: Anatomie in der ›Harzreise‹. – In: Harry … Heinrich … Henri … Heine. Berlin 2008. S. 197–206.

Jaśtal, Katarzyna: Zur Kontroverse Heine – Herwegh. – In: Baden – Württemberg – Polen: germanistische Annäherungen. [Baden-Württemberg Ministerium für Wissenschaft, Forschung und Kunst.] Artur Pelka, Hrsg. [Fernwald] [2004]. S. 133–143.

John, Eckhard: Heines »Volkslied«: der Dichter und das populäre Lied. – In: Übergänge. Stuttgart; Weimar 2007. S. 359–377.

Kemper, Hans-Georg: »Muse, edle Nekromantin«: zu Heines poetischer Magie und ihrem hermetischen Kontext. – In: Harry … Heinrich … Henri … Heine. Berlin 2008. S. 163–178.

Kesting, Hanjo: Der ferne Wegbereiter: Ludwig Börne. – In: Ders.: Ein bunter Flecken am Kaftan: Essays zur deutsch-jüdischen Literatur. Göttingen 2005. S. 9–26.

Kiefer, Klaus H.: ›Mein Herz, mein Herz ist traurig‹ und ›Ich weiß nicht, was soll es bedeuten‹ – ein Vergleich: Strukturanalyse – Hermeneutik – Ideologiekritik. – In: HJb 2007. S. 107–130.

Klein, Emily: Afanasij Fet in 1847 and 1859: Heine, Jewishness, music, ghasels. – In: Die Welt der Slaven. München 52, 2007, 2. S. 299–311.

Klein, Emily: Homeland security: Afanasy Fet's second book and his translation of Heinrich Heine's »Bergidylle«. – In: Die Welt der Slaven. München 52, 2007, 1. S. 47–56.

Kleinertz, Rainer: Heines Musikberichte im Kontext der zeitgenössischen französischen und deutschen Musikkritik. – In: Übergänge. Stuttgart; Weimar 2007. S. 609–619.

Klüger, Ruth: Der Koffer im Kopf [Heinrich Heine: »Babylonische Sorgen«]. – In: Dies.: Gemalte Fensterscheiben: über Lyrik. 2., erw. Aufl. Göttingen 2007. S. 54–58.

Kolb, Jocelyne: Ästhetische Korrespondenzen: der Brief als Kunstmittel bei Heine und Schumann. – In: Übergänge. Stuttgart; Weimar 2007. S. 67–75.

Koopmann, Helmut: Heine und Schiller. – In: HJb 2007. S. 90–106.

Konrad, Helmut: Heine und die Studentenbewegung von 1968. – In: Harry … Heinrich … Henri … Heine. Berlin 2008. S. 361–366.

Kortländer, Bernd: »Neues Leben« und »neue Kunst«: noch einmal zu Heines Frankreichbildern – mit einem Seitenblick auf Robert Schumann. – In: Übergänge. Stuttgart; Weimar 2007. S. 493–507.

Kovacs, Kalman: Bereiche der Metapher und narrative Ebenen in Heinrich Heines Prosa. – In: Sprache(n) und Literatur(en) im Kontakt: Beiträge der Internationalen Konferenz 6.–7. November 2003. Hrsg. v. Jozsef Toth. Wien 2005. (Acta germanistica Savariensia; 9). S. 21–30.

Kruse, Joseph Anton: Bedeutungsvielfalt: Gedanken aus Anlaß der Fragmente einer Arbeitshandschrift von Heines Versepos »Deutschland. Ein Wintermärchen«. – In: »... das hohe Geistergespräch«: über Literatur im musealen und digitalen Raum. Sabine Brenner-Wilczek/Sikander Singh (Hrsg.) Bielefeld 2008. S. 33–36.

Kruse, Joseph Anton: »Dichterliebe«: über Heines Gedichte »An die Mouche«. – In: Übergänge. Stuttgart; Weimar 2007. S. 685–701.

Kruse, Joseph Anton: Düsseldorfer Spiegelungen: Heinrich Heine und Robert Schumann zum 150. Todesjahr. – In: DOR – 50 Jahre Musik-Theater Deutsche Oper am Rhein 1956–2006. [Hrsg: Tobias Richter, Jochen Grote. Red.: Michael Leinert, Reinhard Manter. Red. Mitarb.: Heidi Manter. Bildchronik 1956–2006, Dokumentation und Fotoausw.: Frank Labussek, Wilfried Schmerbach. Aufführungschronik 1956–2006: Nelly Plümacher, Frank Labussek. Register 1956–2006: Nelly Plümacher, Heidi Manter, Reinhard Manter]. Köln 2006. S. 180–183.

Kruse, Joseph Anton: Heine in Berlin. – In: Museums and young visitors and other subjects: ICLM Annual Conference 2006, 19–23 september in Germany. Ed. by the Board of ICLM. Frankfurt (Oder) 2007. (Proceedings of the ICLM annual conference ...; 2006: ICLM publications; 2). S. 59–60.

Kruse, Joseph Anton: Heines Opium: private Erfahrung und tradierte Religionskritik (z. B. durch Achim von Arnim). – In: Harry ... Heinrich ... Henri ... Heine. Berlin 2008. S. 181–190.

Kruse, Joseph Anton: Heinrich Heine über Schlaf und Traum. – In: Somnologie. Berlin 12, 2008, 1. S. 85–90.

Kruse, Joseph Anton: Heinrich Heine und der Orient. – In: Der Deutschen Morgenland: Bilder des Orients in der deutschen Literatur und Kultur von 1770 bis 1850. Cahris Goer, Michael Hofmann (Hrsg.) Paderborn 2007. S. 165–178.

Kruse, Joseph Anton: Über den verlorenen Posten und das gebrochene Herz. – In: ALG-Umschau. Berlin 2008, 39. S. 5–6.

Kruse, Joseph Anton: Vom Rhein zur Nordsee: zu Heines weiblichen Wasserwesen und ihrer Wirkung bis heute. – In: Die unheimliche Wirkung der Wasserfrauen: [Begleitbuch zur Ausstellung »Lorelei, Undine, Melusine und andere Wassergeister« des Kleist-Museums Frankfurt (Oder) 8.7.–16.9.2007. Hrsg. v. Lothar Jordan. Red.: Barbara Gribnitz. Frankfurt (Oder) 2007. (Katalog des Kleist-Museums; 5). S. 29–36.

Kurdi, Imre: Börne und Heine: der jüdische Intellektuelle aus gutbürgerlichem Haus. – In: Ders.: Reden über den Tod hinaus. Frankfurt a. M. [u. a.] 2007. S. 173–202.

Kurdi, Imre: Literarischer Exkurs: Heines testamentarische Wortmagie. – In: Ders.: Reden über den Tod hinaus. Frankfurt a. M. [u. a.] 2007. S. 203–210.

Labisch, Alfons: Heinrich Heine und seine Düsseldorfer Heimat. – In: Heimat vereint: fünfundsiebzig Jahre Düsseldorfer Jonges. Hrsg.: Heimatverein Düsseldorfer Jonges. Editionskomitee: Hans-Joachim Neisser, Hagen D. Schulte, Franz-Josef Siepenkothen, Rolf Töpfer. Red.: Hans-Joachim Neisser. Düsseldorf 2007. S. 12–20.

Lefebvre, Jean-Pierre: Heine Jazz Inventio. – In: L'Allemagne insolente. Études réunies par Michel Vanoosthuyse. Aix-en-Provence 2007. (Cahiers d'études Germaniques; 52 = 2007,1). S. 75–80.

Liedtke, Christian: »Die Gewalt des fortschreitenden Nachdenkens«: Heinrich Heine und die Philosophie. – In: Heinrich Heine und die Philosophie. Wien 2007. S. 15–40.

Liedtke, Christian: Himmel, Styx und Schattenreich: Heinrich Heines poetische Übergänge zwischen Leben und Tod. – In: Übergänge. Stuttgart; Weimar 2007. S. 661–673.

Liedtke, Christian: »O Autographenwüter!«: Notizen über Heine-Sammler. – In: »... das hohe Geistergespräch«: über Literatur im musealen und digitalen Raum. Sabine Brenner-Wilczek/ Sikander Singh (Hrsg.) Bielefeld 2008. S. 37–44.

Lilienthal, Volker: Journalist unter Zensur: zum 150. Todestag von Heinrich Heine. – In: epd-Medien. Frankfurt a. M. 13, 2006. S. 4–7.

Lohse, Dietrich: »Der erste moderne Dichter«: das Heine-Bild Franz Mehrings; Einblicke und Anregungen. – In: »Wenn wir es dahin bringen, daß die große Menge die Gegenwart versteht ...«. Frankfurt a. M. 2007. S. 79–105.

Lubberger, Bernhard R.: Heinrich Heines »Denk ich an Deutschland in der Nacht ...«: über Freigeister und Geisteskranke. Düsseldorf 2007. [2 Bl.] [Typoskript].

Madl, Antal: Klassisch, aber fremd im eigenen Land: Goethe, Heine, Thomas Mann. – In: Begegnung mit dem Fremden: 7; Sektion 12: Klassik – Konstruktion und Rezeption, Sektion 13: Orientalismus, Exotismus, koloniale Diskurse: Akten des VIII. Internationalen Germanisten-Kongresses, Tokyo 1990. Hrsg. v. Yoshinori Shichiji. München 1991. S. 81–88.

Maldonado Aleman, Manuel: Wider die Tendenzpoesie: la crítica de Heinrich Heine a la poesía política del Vormärz. – In: Ein Mann wie Heine täte uns Not. Barcelona 2007. S. 91–107.

Manegold, Ingemarie und Eckart Rüther: Die epischen und die lyrischen Traumprotokolle Heinrich Heines: Psychopathologie eines Intellektuellen. – In: Der Träume Wirklichkeit: eine Anthologie deutschsprachiger Traumgedichte. Hrsg. und komm. von Ingemarie Manegold und Eckart Rüther. Münster. 4. Teil: Von der Romantik zum Realismus: Heinrich Heine, Clemens Brentano, Joseph von Eichendorff. 2006. S. 23–230.

Ein Mann wie Heine täte uns Not: [III Congrés de la Sociedad Goethe en España; Congrés Internacional commemoratiu del 150è aniversari de la mort del poeta; Tarragona, del 23 al 25 de novembre del 2006]. Hrsg. v. Marisa Siguan, Jordi Jané und Macià Riutort. Editado per: Sociedad Goethe en España. Barcelona 2007. X, 394 S.

Mariño, Francisco Manuel: Heine en el ámbito literario allego. – In: Ein Mann wie Heine täte uns Not. Barcelona 2007. S. 167–183.

von Matt, Peter: Die Kunst, die Freiheit, der Teufel und der Tod: Strategien des Überlebens bei Heine und Schumann. – In: Übergänge. Stuttgart; Weimar 2007. S. 1–15.

Meyer, Ingo: Zwischen Hellas und der Hauptstadt des 19. Jahrhunderts: funktionaler Klassizismus in Heines Kunstverständnis. – In: Übergänge. Stuttgart; Weimar 2007. S. 645–661.

Michajlov, Aleksandr V.: Belinskij i Gejne. – In: Ders.: Obratnyj perevod. Moskau 2000. S. 353–377.

Michaud, Stephane: Heine, die Demokratie und die République des lettres. – In: Die europäische République des lettres in der Zeit der Weimarer Klassik. Im Auftr. der Klassik Stiftung Weimar/Herzogin Anna Amalia Bibliothek hrsg. v. Michael Knoche und Lea Ritter-Santini. Göttingen 2007. S. 255–268.

Midgley, David: Heine bei Nietzsche. – In: Harry ... Heinrich ... Henri ... Heine. Berlin 2008. S. 301–306.

Monahan, Michael: Heinrich Heine. Nachdr. d. Ausg. New York, NY 1911. Whitefish, MT 2007. 47 S. (Kessinger publishing's rare reprints).

Mota Alves, Fernanda: Berlin, London, Paris: der moderne Blick auf die Großstadt in Heines publizistischen Schriften. – In: Harry ... Heinrich ... Henri ... Heine. Berlin 2008. S. 53–66.

Munzar, Jiří: Max Brod, Heinrich Heine und die Distanzliebe. – In: Der Mnemosyne Träume: Festschrift zum 80. Geburtstag von Joseph P. Strelka. Hrsg. von Ilona Slawinski. In Zusammenarb. mit Vahidin Preljevic und Robert Weigel. Tübingen 2007. S. 225–232.

Neuhaus, Stefan: Kreisler und die Folgen: zur Künstlerproblematik bei E. T. A. Hoffmann und Heinrich Heine. – In: Übergänge. Stuttgart; Weimar 2007. S. 391–403.

Nickel, Jutta: Revolutionsgedanken: zur Lektüre der Geschichte in Heinrich Heines »Ludwig Börne. Eine Denkschrift«. Bielefeld 2007. 274 S. [Zugl.: Hamburg, Univ., Diss., 2005].

Niemöller, Klaus Wolfgang: Heine und die Pariser Klaviervirtuosen. – In: Übergänge. Stuttgart; Weimar 2007. S. 25–37.

Nolte, Andreas: »Der Lump sei bescheiden: Ich sag es mit Stolz, Daß von Urvater Heine ich stamme«: literarische und biographische Berührungspunkte bei Mascha Kaléko und Heinrich Heine. – In: »Ich stimme für Minetta Street«: Festschrift aus Anlass des 100. Geburtstags von Mascha Kaléko. Hrsg. von Andreas Nolte. Burlington, VT 2007. S. 93–124.

Oellers, Norbert: »Es will mich bedünken, als sey in schönen Versen allzuviel gelogen worden«: Bemerkungen zur Lyrik Heinrich Heines. – In: Convivium. Bologna 2006. S. 13–30.

Ogawa, Shigeo: Heinrich Heines Rezension der Gemälde von Leopold Robert. – In: Omon-Ronso. Tokyo 48, 1998. S. 121–163.

O. Oliva Herrer, María de la: Heine y Hauptmann: dos reflejos del conflicto de los tejedores de Silesia. – In: Ein Mann wie Heine täte uns Not. Barcelona 2007. S. 249–263.

Oloukpona-Yinnon, Adjaï Paulin: Der »schwarze Bruder« des Atta Troll. – In: Harry … Heinrich … Henri … Heine. Berlin 2008. S. 467–478.

Olschner, Leonard: Heine-Lektüre und Lyrik-Verständnis bei Adorno. – In: Harry … Heinrich … Henri … Heine. Berlin 2008. S. 319–326.

Opitz, Alfred: Reisemythen und selbstreflexive Fremderfahrung bei Ludwig August Frankl (›Cristoforo Colombo‹, 1836) und Heinrich Heine (›Bimini‹, 1852). – In: Von Sommerträumen und Wintermärchen: Versepen im Vormärz. Bernd Füllner/Karin Füllner (Hrsg.) Bielefeld 2007. (Vormärz-Studien; 12). S. 161–178.

Orduña, Javier: Heines metrische Zweideutigkeiten. – In: Ein Mann wie Heine täte uns Not. Barcelona 2007. S. 107–125.

Orechova, Natal'ja Nikolajevna und Zul'fija Mukminovna Cunanova: Politische Lyrik von Heine und ihre Übersetzungen: Probleme und Lösungen. – In: Ein Mann wie Heine täte uns Not. Barcelona 2007. S. 357–370.

Osten, Manfred: Goethes Modernität im ›West-östlichen Divan‹ und ihre Rezeption in Heinrich Heines ›Romantischer Schule‹. – In: Harry … Heinrich … Henri … Heine. Berlin 2008. S. 267–270.

Paessens, David: Heine – »Künstler, Tribun und Apostel« im Zeichen der Menschenrechte. – In: Menschenrechtsmagazin. Potsdam 12, 2007, 1. S. 75–85.

Paul, Fritz: Akromanie: zur Tradition und Innovation eines literarischen Motivs bei Baggesen, Goethe, Heine, Andersen und Ibsen. – In: Ders.: Kleine Schriften zur nordischen Philologie. Hrsg. v. Joachim Grage, Heinrich Detering, Wilhelm Heizmann und Lutz Rühling. Wien 2003. (Wiener Studien zur Skandinavistik; 9). S. 101–122.

Perraudin, Michael: »Denn Nazionalerinnerungen liegen tiefer in der Menschen Brust […]«: ›Deutschland. Ein Wintermährchen‹, ›Atta Troll‹ und Heines frühe Überlegungen zum Epos. – In: Von Sommerträumen und Wintermärchen: Versepen im Vormärz. Bernd Füllner/Karin Füllner (Hrsg.) Bielefeld 2007. (Vormärz-Studien; 12). S. 205–224.

Peters, George F.: Rabbi redux: die schöne Sara und der »Anfang eines Romans«. – In: Harry … Heinrich … Henri … Heine. Berlin 2008. S. 87–100.

Piskorek, Izabela: Zwei geschiedene Geister: zur literarischen Polemik zwischen den Schriften von Heinrich Heine ›Über Polen‹ und Idzi Raabski ›Quousque tandem …‹. – In: Studia Germanica Posnaniensia. Posen 30, 2006. S. 75–97.

Pistiak, Arnold: »… ein Buch, das so traulich, so segnend gütig uns anblickt wie eine alte Großmutter …«: Anmerkungen zur Bibelrezeption Heines. – In: Juden und Judentum in der deutschsprachigen Literatur. Wiesbaden 2006. (Jüdische Kultur; 15). S. 241–264.

Pörsel, Timo: Heines Deutschlandkritik: eine Untersuchung zu ›Deutschland. Ein Wintermärchen‹. Duisburg 2007.

Pornschlegel, Clemens: Die unmögliche Gattung: zu Heines Rabbi von Bacherach. – In: Heinrich Heine und die Philosophie. Wien 2007. S. 113–127.

Pott, Hans-Georg: Die poetische Ökonomie von Heine und Marx. – In: Übergänge. Stuttgart; Weimar 2007. S. 581–597.

Praxis: Sprache & Literatur: [Gymnasium]. Hrsg. von Wolfgang Menzel. Braunschweig. Bd. 8/[Hauptbd.]. [Erarb. von Maria Fuhs …]. Dr. A,1. 2007. 320 S.: Ill. [Kapitel »Heinrich Heine« S. 192–217].

Preuß, Werner H.: Heinrich Heine und das Heine-Haus in Lüneburg. Husum 2008. 156 S.: zahlr. Abb.

Rabelhofer, Bettina: »… ich habe auch todte Frauen geliebt«: zur erotischen Produktivkraft des Todes in Heinrich Heines ›Florentinischen Nächten‹. – In: HJb 2007. S. 26–45.

Rattner, Josef und Gerhard Danzer: Heinrich Heine – ein Sänger der Freiheit, auch für Eros und Sexus. – In: Dies.: Eros und Sexus: ihre Befreier von 1500 bis 2000. Würzburg 2007. S. 81–94.

Rattner, Josef und Gerhard Danzer: Heinrich Heine oder Ein Sänger der Freiheit und der geistigen Unabhängigkeit. – In: Dies.: Die Junghegelianer: Porträt einer progressiven Intellektuellengruppe. Würzburg 2005. S. 201–222.

Reeves, Nigel: »Eine alte Romanze«: Heinrich Heine and the Roland Saga. – In: HJb 2007. S. 158–171.

Reeves, Nigel: Religiöse Disputation und Ermordung: Kräfte und Grenzen der Dichter und der Dichtung in Heines ›Jehuda ben Halevy‹; Betrachtungen über Heines Verhältnis zu jüdischer Dichtung und zum Judaismus. – In: Harry … Heinrich … Henri … Heine. Berlin 2008. S. 101–110.

Reich-Ranicki, Marcel: El artista como critico. – In: Ders.: Los abogados de la literatura. José Luis Gil Aristu (Übers.) Barcelona 2006. (Ensayo). [EST: Die Anwälte der Literatur <span.>]. S. 125–148.

Rissel, Heribert: Höllenfahrt des Heinrich Heines: Anlass und Anliegen einer literarischen Maskerade. – In: HJb 2007. S. 131–147.

Roberts, F. Corey: Heine's ›Lutherbild‹ and the singularity of the historical moment. – In: German studies review. Tempe, AZ 28, 2005, 3. S. 279–594.

Robertson, Ritchie: Der Götterkrieg: ein episches Motiv von Milton bis Heine. – In: Harry … Heinrich … Henri … Heine. Berlin 2008. S. 131–140.

Rölli, Marc: Wer denkt abstrakt?: Heine, Hegel und die Popularphilosophie. – In: Heinrich Heine und die Philosophie. Wien 2007. S. 41–74.

Rose, Margaret A.: The Berlin flaneur: from Heine to Benjamin and Hessel. – In: Flaneurs & Idlers. Bielefeld 2007. S. 45–55.

Rose, Margaret A.: Heine und die europäische Kunst: im Kontext von Alexander von Humboldts Unterstützung der bildenden Künste. – In: Harry … Heinrich … Henri … Heine. Berlin 2008. S. 241–258.

Rose, Margaret A.: Heinrich Heine's parisian flaneur. – In: Flaneurs & Idlers. Bielefeld 2007. S. 10–12.

Rubercy, Eryck de: Heinrich Heine dans la ›Revue des deux mondes‹: en marge du cent-cinquantième anniversaire de sa mort. – In: Revue des deux mondes. Paris 2006, 2. S. 31–40.

Rudtke, Tanja: Schlaraffenland und Teufels Küche: karnevaleske Motive bei Heinrich Heine und Thomas Mann. – In: Bachtin im Dialog: Festschrift für Jürgen Lehmann. Hrsg. von Markus May; Tanja Rudtke. Heidelberg 2006. (Beiträge zur neueren Literaturgeschichte; [3], 241). S. 223–242.

Rüttgers, Jürgen: Pour une Europe de la culture. – In: Documents. Paris 61, 2006, 2. S. 64–66 und 67–69.

Sader, Jörg: »Mein Herz, mein Herz ist traurig …«: Annäherungen an Heinrich Heine. – In: Verschollener Bruder Heinrich Heine: [der Bundeskongress des FDA 2006 in Bensheim]. Freier Deutscher Autorenverband. München 2007. (FDA Dokumentation). S. 15–50.

Sagarra, Eda: Heine und die ›Katholschen‹. – In: Harry … Heinrich … Henri … Heine. Berlin 2008. S. 121–130.

Salmerón, Miguel: La cuestión del género en Heinrich Heine y Richard Wagner. – In: Ein Mann wie Heine täte uns Not. Barcelona 2007. S. 125–139.

Santana Quintana, María Cristina: ›Reise von München nach Genua‹ (1828) de Heinrich Heine: observaciones desde la perspectiva postmoderna. – In: Ein Mann wie Heine täte uns Not. Barcelona 2007. S. 277–293.

Sauerland, Karol: Meine Erfahrungen mit Polen in der deutschen Literatur (Heine, Döblin, Enzensberger). – In: Ders.: Sauerland, Karol: Literatur- und Kulturtransfer als Politikum am Beispiel Volkspolens. Frankfurt a. M. [u. a.] 2006. (Kulturtransfer und Geschlechterforschung; 3). S. 105–118.

Schärf, Christian: Heinrich Heine: ›Ideen. Das Buch Le Grand‹: die Entstehung der artistischen Prosa. – In: Harry … Heinrich … Henri … Heine. Berlin 2008. S. 67–76.

Schmitter, Elke: Spott im Exil, und umgekehrt: mit einer Scharfsicht, die ihresgleichen sucht, sezierte der deutsche Dichter Heinrich Heine von Paris aus die Zustände in seinem Vaterland. – In: Spiegel/Special. Hamburg 2007, 1: Geschichte: die Erfindung der Deutschen. S. 138–140.

Schmitz-Emans, Monika: Jean Paul – Schumann – Heine: Überlegungen zu einer poetisch-musikalischen Konstellation. – In: Jahrbuch der Jean-Paul-Gesellschaft. Tübingen 42, 2007. S. 85–104.

Schönborn, Sibylle: »Die Possenreißer sind längst abgereist«: Heines »Briefe aus Berlin« und die Kulturpoetik der Moderne. – In: Übergänge. Stuttgart; Weimar 2007. S. 507–521.

Schönert, Jörg: Heinrich Heine: »Im Hafen«. – In: Lyrik und Narratologie: Text-Analysen zu deutschsprachigen Gedichten vom 16. bis zum 20. Jahrhundert. Jörg Schönert/Peter Hühn/Malte Stein. Berlin [u. a.] 2007. (Narratologia; 11). S. 131–144.

Schwarz, Egon: Sprachen im und fürs Exil. – In: Harry … Heinrich … Henri … Heine. Berlin 2008. S. 493–500.

Schwarz, Sandra: »Kunstheimat«: zur Begründung einer neuen Mythologie in der klassisch-romantischen Zeit. Paderborn 2007. 612 S. [Zugl.: Augsburg, Univ., Habil.-Schr., 2006]. [Kapitel: »Die Poesie – Heines ›portatives Vaterland‹« S. 463–530].

Segal, Dov: Limits in the therapeutic effect of the act of creation: the case of the Jewish poet Heinrich Heine. – In: Confinia psychiatrica. Basel 21, 1978. S. 183–186.

Sharp, William: Life of Heinrich Heine. Nachdr. d. Ausg. London 1888. Whitefish, MT 2007. 218, XVII S. (Kessinger publishing's rare reprints).

Simm, Hans-Joachim: Massmanns schöne Welt [Unvollkommenheit]. – In: Frankfurter Anthologie. Frankfurt a. M. 30, 2007. S. 55–60.

Singer, Gesa: Von Heine zu Rühmkorf – für uns!: Reimgebrauch und Reimpoetik im 19. und 20. Jahrhundert. – In: Estudios filologicos alemanes. Sevilla 13, 2007. S. 289–296.

Singh, Sikander: »Querelle des Anciens et des Modernes« oder Intermedialität und Metamorphose. – In: Übergänge. Stuttgart; Weimar 2007. S. 207–216.

Singh, Sikander: Spiegelbilder: zur Neukommentierung der »Reisebilder 1824 bis 1828«. – In: HJb 2007. S. 148–157.

Söhnen, Albrecht von: »Ein Freund, ... wie ich seit 25 Jahre in Frankreich keinen besessen«: Heinrich Heine und Gérard de Nerval. – In: Heinrich-Heine-Gymnasium: Schulzeitung. Oberhausen 2007. S. 5–21.

Solbach, Andreas: Die Rolle des Erzählers in Heinrich Heines ›Der Rabbi von Bacherach‹. – In: Harry ... Heinrich ... Henri ... Heine. Berlin 2008. S. 79–86.

Solibakke, Karl Ivan: »Das Geklingel der Kamele«: zur Musikästhetik in Heines »Lutetia«. – In: Übergänge. Stuttgart; Weimar 2007. S. 195–207.

Solibakke, Karl Ivan: Heinrich Heine und das europäische kulturelle Gedächtnis. – In: Europadiskurse in der deutschen Literatur und Literaturwissenschaft – Deutsch-jüdische Kulturdialoge/-konflikte. Betreut v. Claudia Benthien, Paul Michael Lützeler und Anne-Marie Saint-Gille. Bern 2007. 384 S. (Jahrbuch für Internationale Germanistik/A; 88; Akten des ... Internationalen Germanisten-Kongresses; 12). S. 33–42.

Solibakke, Karl Ivan: Jüdische Elemente im Werke Heinrich Heines. – In: Europadiskurse in der deutschen Literatur und Literaturwissenschaft – Deutsch-jüdische Kulturdialoge/-konflikte. Betreut v. Claudia Benthien, Paul Michael Lützeler und Anne-Marie Saint-Gille. Bern 2007. 384 S. (Jahrbuch für Internationale Germanistik/A; 88; Akten des ... Internationalen Germanisten-Kongresses; 12). S. 341–346.

Solibakke, Karl Ivan: Visionen des Urbanen: Heinrich Heines und Walter Benjamins Pariser Schriften. – In: Topographien der Erinnerung: zu Walter Benjamins Passagen. Hrsg. v. Bernd Witte u. Mitarb. v. Claas Morgenroth u. Karl Solibakke. Würzburg 2008. S. 235–247.

Sonino, Claudia: Heine: Sulla Polonia. – In: Dies.: Esilio, diaspora, terra promessa: ebrei tedeschi verso est; con testi di Heine, Lessing, Zweig, Döblin, Roth. Mailand 1998. 262 S.: Ill. (Testi e pretesti). S. 163–165.

Sonino, Claudia: Heinrich Heine: »Ich hab nicht mahl die Kraft, ordentlich Mazzes zu essen.«. – In: Dies.: Exil, Diaspora, gelobtes Land. Berlin 2002. (Wissenschaftliche Reihe; 7). [EST: Esilio, disaspora, terra promessa]. S. 12–27.

Sousa, Karin: Heinrich Heines »Buch der Lieder«: Differenzen und die Folgen. Tübingen 2007. 234 S. (Untersuchungen zur deutschen Literaturgeschichte; 131). [Zugl.: London, Univ., Diss., 2006].

Spies, Bernhard: Satirische Verfremdung als lyrische Produktivkraft. – In: Harry ... Heinrich ... Henri ... Heine. Berlin 2008. S. 39–52.

Stähli, Thomas: Probleme authentischer Vermittlung in Heinrich Heines Schriften über Deutschland und Frankreich. – In: HJb 2007. S. 172–184.

Steegers, Robert: Walpurgisnacht und Opernabend: Heine, Meyerbeer und der »Vitzliputzli« als reinszenierte Grand Opera. – In: Übergänge. Stuttgart; Weimar 2007. S. 631–645.

Steegers, Robert: »Wie weiland Ritter Hüon von Bordeaux«: Christoph Martin Wielands ›Oberon‹ und Heinrich Heines erzählende Versdichtungen. – In: Von Sommerträumen und Wintermärchen: Versepen im Vormärz. Bernd Füllner/Karin Füllner (Hrsg.) Bielefeld 2007. (Vormärz-Studien; 12). S. 179–204.

Stein, Ursula: Heinrich Heine und das Geistige Eigentum: [erweiterte Fassung des Vortrags, den die Verfasserin ... am 26. April 2006 auf dem Kolloquium zum Welttag des Geistigen Eigentums an der Universität Dresden gehalten hat]. Berlin 2007. 37 S.

Steinlein, Rüdiger: »Jünglinge« zwischen »Jungen Leiden«, Bewährung, Erfüllung und Resignation: Inszenierungen männlicher Adoleszenz in der deutschen Literatur der 1820er bis 1840er Jahre; (Heine – Büchner – Laube – Stifter). – In: Jugend im Vormärz. Hrsg. von Rainer Kolk. Bielefeld 2007. (Forum Vormärz-Forschung: Jahrbuch; 12 (2006). S. 163–189.

Swales, Martin: Die Geburt der modernen Poesie aus dem Geist der Banalität: Baudelaire, Byron, Heine. – In: Harry ... Heinrich ... Henri ... Heine. Berlin 2008. S. 281–288.

Takaike, Hisataka: Das Problem ›Nationalismus versus Kosmopolitismus‹ bei Heine. – In: Neue Beiträge zur Germanistik. München 5, 2006, 4: Nation/Nationalismus (Doitsu-bungaku; 132). S. 124–139. [jap. m. dt. Zusammenf.]

Teraoka, Takanori: Ohnmacht der Ästhetik: Heines Einstellung zur zeitgenössischen ›Kunstrevolution‹. – In: Übergänge. Stuttgart; Weimar 2007. S. 541–551.

Thiem, Jon: Isak Dinesen and her precursors: the case of Heine. – In: Karen Blixen, Isak Dinesen: tradition, modernity, and other ambiguities; a University of Minnesota International Symposium; April 17–20, 1985; conference proceedings. [Ed. by Poul Houe and Donna Dacus]. [Minneapolis, MN] [1985?]. S. 23–28.

Thums, Barbara: Ende der Kunstperiode?: Heinrich Heines ›Florentinische Nächte‹. – In: HJb 2007. S. 46–66.

Tichonova, O. B.: Matil'da Gejne: roman zizni i zizn' v romane; po knige V. Val'tera »Matil'da«. – In: Mir romantizma. Tver 9 = 33, 2004. S. 116–118.

Torres Santaella, Carmen: Heine, die Zensur und Christa Wolf. – In: Ein Mann wie Heine täte uns Not. Barcelona 2007. S. 309–321.

Trzaskalik, Tim: Naturlaute und zeitgenössische Musik: Heines poetische Vernunft. – In: Heinrich Heine und die Philosophie. Wien 2007. S. 75–112.

Tunner, Erika: La noblesse de l'adieu: der Sohn des Rabbi Israel – der Sklave Mohamet – der Dichter Heine. – In: Harry ... Heinrich ... Henri ... Heine. Berlin 2008. S. 33–38.

Übergänge: zwischen Künsten und Kulturen; Internationaler Kongress zum 150. Todesjahr von Heinrich Heine und Robert Schumann. Hrsg. v. Henriette Herwig, Volker Kalisch, Bernd Kortländer, Joseph A. Kruse und Bernd Witte. Red.: Wolfgang Delseit unter Mitarb. v. Kumi Dahlke-Oyamada und Florian Trabert. Stuttgart; Weimar 2007. XII, 787 S.: Ill., graph. Darst., Noten.

Unverricht, Astrid: Auf den Spuren von Heinrich Heine in Paris: Radiomitschnitt; Radio France Internationale 9. Oktober 2007. Paris 2007. 1 CD.

Vahl, Heidemarie: »Sohn der Revolution« und »Riese unseres Jahrhunderts«: Heinrich Heine über Napoleon Bonaparte. – In: Napoleon. Köln [u. a.] 2007. S. 521–546.

Verschaffel, Tom: Gegenfigur: Meyerbeer in der Kritik Heines und Schumanns. – In: Übergänge. Stuttgart; Weimar 2007. S. 619–631.

Vilar, Loreto: »Die Schuhe sind das A und O.«: Thomas Rosenlöchers Harzreise 1990. – In: Ein Mann wie Heine täte uns Not. Barcelona, 2007. S. 321–335.

Vychota, Valjancina A.: Gendérnaja prablematyka ŭ paėme Jakuba Kolasa »Novaja Zjamlja« i ŭ tvorach Ë. V. Gëtė, F. Šylera, i G. Gejnė. Minsk 2002. 32 S.

Wagner, Gerhard: »... fortgerissen in die Bewegung«: Heinrich Heines Poetik der Mobilität. – In: »Wenn wir es dahin bringen, daß die große Menge die Gegenwart versteht ...«. Frankfurt a. M. 2007. S. 73–79.

Wallasek, Dobromila: An glatte Frauen und glatte Herren: zum Heine-Jahr. – In: Basta. Mannheim 2006, Nov. = 99. S. 15.

Weigel, Sigrid: »Welch ein großes Drama ist die Passion«: Heines Faszinationsgeschichte der Passion. – In: Übergänge. Stuttgart; Weimar 2007. S. 701–719.

Weissberg, Liliane: Heinrich Heine writes about his life. – In: MLN. Baltimore, MD 122, 2007. S. 563–572.

»Wenn wir es dahin bringen, daß die große Menge die Gegenwart versteht ...«: zum 150. Todestag von Heinrich Heine; Beiträge einer Tagung in Berlin vom 17.–19. März 2006. Heidi Beutin, Wolfgang Beutin, Holger Malterer (Hrsg.) Frankfurt a. M. [u. a.] 2007. 195 S. (Bremer Beiträge zur Literatur- und Ideengeschichte; 49).

Wertheimer, Jürgen: Heinrich Heine zum 150. Todestag: Stadtneurotiker, Dauerexilant, Unruhestifter. – In: Ders.: Sisyphos & Bumerang: Zwischenberichte. Tübingen 2006. S. 30–40.

West, Wilfried B.: Heinrich Heine – homo religiosus: in den Stürmen zwischen Revolution und Restauration. – In: Verschollener Bruder Heinrich Heine: [der Bundeskongress des FDA 2006 in Bensheim]. Freier Deutscher Autorenverband. München 2007. (FDA Dokumentation). S. 109–124.

Winkelnkemper, Stefanie: Der Hass des ›Nazareners‹: Heinrich Heine antizipiert die Psychologie des Ressentiments. – In: Friedrich Nietzsche – zwischen Musik, Philosophie und Ressentiment. Hrsg. von Volker Gerhardt ... Berlin 2006. (Nietzscheforschung; 13). S. 211–218.

Witte, Bernd: Heimat Exil: von Heinrich Heine zu Walter Benjamin. – In: Benjamin und das Exil. Hrsg. von Bernd Witte unter Mitarb. von Claas Morgenroth, Angel Ramirez und Karl Solibakke. Würzburg 2006. (Benjamin-Blätter; 2). S. 19–35.

Witte, Bernd: Jüdische Tradition und literarische Moderne: Heine, Buber, Kafka, Benjamin. München 2007. 270 S.

Witte, Bernd: »Das Volk des Buches«: der Autor Heine und das Judentum. – In: Übergänge. Stuttgart; Weimar 2007. S. 103–117.

Wolf, Hubert: Heinrich Heine: gegen die Religion der Freiheit?. – In: Ders.: Index. München 2006. S. 96–118.

Wolting, Stephan: »Land zwischen Rußland und Frankreich«: mit Heinrich Heine nach Polen und zurück. – In: Oberschlesische Dialoge: Kulturräume im Blickfeld von Wissenschaft und Literatur. Bernd Witte (Hrsg.) Frankfurt a. M. [u. a.] 2000. (Schriften des Eichendorff-Instituts an der Heinrich-Heine-Universität Düsseldorf; 2). S. 163–180.

Youens, Susan: Heinrich Heine and the Lied. Cambridge [u. a.] 2007. XXX, 378 S.: Ill., Notenbeisp.

Zapotoczky, Hans Georg: Heines Verstörung – Heines Zerstörung: Ambivalenz als Programm. – In: Harry ... Heinrich ... Henri ... Heine. Berlin 2008. S. 191–196.

2.2 Literatur mit Heine-Erwähnungen und Bezügen

Aigner, Christoph Wilhelm: Die schönen bitteren Wochen des Johann Nepomuk: Roman. München 2006. 441 S.

Arend, Helga: Die Loreley: Entwicklung einer literarischen Gestalt zu einem internationalen Mythos. – In: Gender und Interkulturalität: ausgewählte Beiträge der 3. Fachtagung Frauen-/Gender-Forschung in Rheinland-Pfalz. Liesel Hermes ... (Hrsg.) Tübingen 2002. (Frauen-, Gender-Forschung in Rheinland-Pfalz; 4). S. 19–28.

Arendt, Hannah: Reflections on literature and culture. Ed. and with an introd. by Susannah Young-ah Gottlieb. Stanford, CA 2007. XXXI, 360 S. (Meridian, crossing aesthetics).

Audioguide Düsseldorf: entdecken Sie Düsseldorf ganz neu mit kurzweiligen Anekdoten, Geschichten und historischen Aufnahmen; ein Reisehörbuch für zu Hause oder unterwegs. Vanity Fair. Sprecher: Juliane Schlosser, Volkram Zschiesche. Berlin 2007. 1 CD. [»Der kleine Heine«].

Balhar, Susanne: Das Schicksalsdrama im 19. Jahrhundert: Variationen eines romantischen Modells. München 2004. 480 S. (Forum deutsche Literatur; 3).

Baumgartner, Karin: Wanderer between the worlds, wanderer between the words: crossing borders as aesthetic approach in the works of Helmina von Chezy (1783–1856). – In: Schwellenüberschreitungen: Politik in der Literatur von deutschsprachigen Frauen 1780–1918. Caroline Bland/ Elisa Müller-Adams (Hrsg.) Bielefeld 2007. S. 209–226.

Beci, Veronika: Joseph von Eichendorff: Biographie. Düsseldorf 2007. 220 S.: Ill.

Beci, Veronika: Musiker und Mächtige. Düsseldorf; Zürich 2001. 383 S.: Ill.

Becker-Cantarino, Barbara: Schriftstellerinnen der Romantik: Epoche – Werke – Wirkung. München 2000. 320 S. (Arbeitsbücher zur Literaturgeschichte).

Beckonert, Eva: Biographisches Erzählen: Peter Härtlings Dichter- und Musikerromane. Berlin; Münster 2007. 355 S. (Zeit und Text; 19). [Zugl.: Münster, Univ., Diss., 2006].

Benjamin, Walter: Gesammelte Briefe. Hrsg. von Christoph Gödde und Henri Lonitz. Frankfurt a. M. Bd. 5: 1935–1937. 1999. 672 S.

Benn, Gottfried: El yo moderno y otros ensayos. Prólogo y versión castellana de Enrique Ocaña. Valencia 1999. 206 S. (Pre-textos; 413).

Bessler, Gabriele: Von Nixen und Wasserfrauen. Köln 1995. 188 S.: Ill.

Beßlich, Barbara: Der deutsche Napoleon-Mythos: Literatur und Erinnerung 1800–1945. Darmstadt 2007. 504 S. [Zugl.: Freiburg i. Br., Univ., Habil.-Schr., 2005].

Beyme, Klaus von: Politische Theorien im Zeitalter der Ideologien: 1789–1945. Wiesbaden 2002. 1001 S.

Die Bibliothek Bertolt Brechts: ein kommentiertes Verzeichnis. Hrsg. vom Bertolt-Brecht-Archiv, Akademie der Künste. Bearb. von Erdmut Wizisla, Helgrid Streidt und Heidrun Loeper. Frankfurt a. M. 2007. 593 S.: Ill., graph. Darst.

Biermann, Wolf: Comeback eines toten Hundes: Wolf Biermann über die Wiederbelebung des Begriffs »Demokratischer Sozialismus« durch Kurt Beck. – In: Der Spiegel. Hamburg 2007, 45. S. 190–191.

Böttger, Dirk: Das musikalische Theater: Oper, Operette, Musical. Düsseldorf; Zürich 2002. 800 S.: Ill.

Borchard, Beatrix: Orte und Strategien der Kulturvermittlung oder: Clara Schumann als »konzertierende Vermittlerin« deutscher Instrumentalmusik in Paris. – In: Übergänge. Stuttgart; Weimar 2007. S. 85–103.

Borgwardt, Angela: Im Umgang mit der Macht: Herrschaft und Selbstbehauptung in einem autoritären politischen System. Wiesbaden 2002. 579 S.

Brenken, Anna und Egbert Kossak: Hamburg: Spaziergänge. 7., veränd. Aufl. Hamburg 2000. 228 S.: zahlr. Ill., Kt.

Brophy, James M.: Popular culture and the public sphere in the Rhineland, 1800–1850. Cambridge [u. a.] 2007. XVI, 365 S.: Ill., Kt.

Bruyn, Günter de: »Ein Traum, was sonst?«: Friedrich der Große hielt deutsche Dichtung für noch größtenteils barbarisch. – In: Spiegel/Special. 2007, 3: Preußen: der kriegerische Reformstaat. S. 100–105.

Bulang, Tobias: Barbarossa im Reich der Poesie: Verhandlungen von Kunst und Historismus bei Arnim, Grabbe, Stifter und auf dem Kyffhäuser. Frankfurt a. M. [u. a.] 2003. 349 S. (Mikrokosmos; 69). [Zugl.: Dresden, Techn. Univ., Diss., 2002].

Čechov, Anton P. und Olga L. Knipper-Čechova: Mein ferner lieber Mensch: ein Liebesroman in Briefen. Ausgew. und hrsg. von Jean Benedetti. Aus dem Russ. und Engl. übers. von Tina Delavre. Frankfurt a. M. 2005. 413 S. (Fischer; 17039). [EST: Dear writer ... dear actress ...]

Cepl-Kaufmann, Gertrude und Antje Johannig: Grenzen im Kopf: literarische Strategien oberschlesischer und rheinischer Autoren in der Weimarer Republik. – In: Oberschlesische Dialoge: Kulturräume im Blickfeld von Wissenschaft und Literatur. Bernd Witte (Hrsg.) Frankfurt a. M. [u. a.] 2000. (Schriften des Eichendorff-Instituts an der Heinrich-Heine-Universität Düsseldorf; 2). S. 125–159.

Cless, Olaf: Heines Urenkelin: vor 100 Jahren wurde die Dichterin Mascha Kaléko geboren. – In: Düsseldorfer Hefte. Düsseldorf 52, 2007, 7. S. 61.

Clough, Patricia: Aachen – Berlin – Königsberg: eine Zeitreise entlang der alten Reichsstraße 1. Aus dem Engl. von Dietmar Zimmer. München 2007. 217 S.

A companion to the classical tradition. Ed. by Craig W. Kallendorf. Malden, MA [u. a.] 2007. XV, 491 S.: Ill., Kt. (Blackwell companions to the ancient world).

A companion to the history of the book. Ed. by Simon Eliot and Jonathan Rose. Malden, MA [u. a.] 2007. XVI, 599 S.: Ill., graph. Darst. (Blackwell companions to literature and culture; 48).

Conter, Claude D.: »denn eine Controverse muß gleich in gehöriger Zahl nach allen Richtungen gehen«: die Inszenierung des Literaturskandals um August von Platen und Karl Immermanns Deeskalationsstrategie. – In: Literatur als Skandal. Göttingen 2007. S. 202–214.

Conter, Claude D.: Personalsatire im Vormärz: Literatursatire und Persönlichkeitsrechtsverletzung. – In: Georg Weerth und die Satire im Vormärz: Referate des Internationalen Kolloquiums im 150. Todesjahr des Autors 16.–18. Juni 2006 in der Lippischen Landesbibliothek, Detmold. Hrsg. von Michael Vogt. Bielefeld 2007. (Vormärz-Studien; 13). S. 37–68.

Cooper, John Michael: Mendelssohn, Goethe and the Walpurgis Night: the heathen muse in European culture, 1700–1850. Rochester, NY 2007. XVI, 284 S.: Ill. (Eastman studies in music).

Danuser, Hermann: Robert Schumann und die romantische Idee einer selbstreflexiven Kunst. – In: Übergänge. Stuttgart; Weimar 2007. S. 471–492.

Dieterle, Bernard: Jenseits des Rheins: Germaine de Staël und August Wilhelm Schlegel. – In: Die europäische Republique des lettres in der Zeit der Weimarer Klassik. Im Auftr. der Klassik Stiftung Weimar/Herzogin Anna Amalia Bibliothek hrsg. v. Michael Knoche und Lea Ritter-Santini. Göttingen 2007. S. 175–192.

Discourses of collective identity in central and southeast Europe. Budapest. Vol. 2: National romanticism: the formation of national movements. Ed. by Balázs Trencsényi and Michal Kopeček. 2007. S. 132–137.

Dolin, Kieran: A critical introduction to law and literature. Cambridge [u. a.] 2007. VIII, 263 S.

Dotzler, Bernhard: Der Zusammenhang der Dinge: Regulation und Dämonologie von Watt bis Maxwell. – In: Kontingenz und Steuerung: Literatur als Gesellschaftsexperiment 1750–1830. Hrsg. v. Torsten Hahn, Erich Kleinschmidt u. Nicolas Pethes. Würzburg 2004. (Studien zur Kulturpoetik; 2). S. 177–190.

Dross, Fritz: Kleine Düsseldorfer Stadtgeschichte. Regensburg 2007. 160 S.: ca. 35 Ill., 1 Kt.

Durkheim, Emile: On suicide. Transl. by Robin Buss. With an introd. by Richard Sennett and notes by Alexander Riley. London 2006. XXVII, 450 S.

Echternkamp, Jörg: Der Aufstieg des deutschen Nationalismus (1770–1840). Frankfurt a. M. [u. a.] 1998. 675 S. [Zugl.: Bielefeld, Univ., Diss., 1996].

Edler, Arnfried: Schumann und die Ästhetik der Skizze. – In: Übergänge. Stuttgart; Weimar 2007. S. 471–493.

Ehrhardt, Damien: Transkulturelle Vermittlung im musikalischen Feld am Beispiel der Schumann-Rezeption in Frankreich (1834–1914). – In: Übergänge. Stuttgart; Weimar 2007. S. 75–85.

Eichendorff wieder finden: Joseph von Eichendorff 1788–1857; [Katalog zur Ausstellung im Freien Deutschen Hochstift; 25. November 2007 – 17. Februar 2008]. Hrsg. v. Anne Bohnenkamp und Ursula Regener. Eichendorff-Gesellschaft. Freies Deutsches Hochstift, Frankfurter Goethe-Museum. Frankfurt a. M. 2007. 180 S.: zahlr. Ill. (Aurora; 66/67).

Eke, Norbert Otto: Orient und Okzident: Mohammed, der Islam und das Christentum; zur Darstellung kultureller Alterität um 1800 (mit einem Seitenblick auf die Bestände der Fürstlichen Bibliothek Corvey). – In: Der Deutschen Morgenland: Bilder des Orients in der deutschen Literatur und Kultur von 1770 bis 1850. Cahris Goer, Michael Hofmann (Hrsg.) Paderborn 2007. S. 85–102.

Eke, Norbert Otto: Politische Dramaturgien des Komischen: Satire im Vormärz (mit Blick auf das Drama). – In: Georg Weerth und die Satire im Vormärz: Referate des Internationalen Kolloquiums im 150. Todesjahr des Autors 16.–18. Juni 2006 in der Lippischen Landesbibliothek, Detmold. Hrsg. von Michael Vogt. Bielefeld 2007. (Vormärz-Studien; 13). S. 13–36.

Elssner, Thomas R.: Sozialistisches Schulwissen über Glaube und Kirche in Erzähltraditionen als Begleiterscheinung des LKU's vor allem in Bereichen der Neuen Bundesländer [»Die schlesischen Weber«]. – In: Kirche unter Soldaten: 50 Jahre katholische Militärseelsorge in der Deutschen Bundeswehr. Hrsg. vom Katholischen Militärbischofsamt Berlin. Heiligenstadt 2006. S. 467–511.

Emrich, Hinderk M.: Identität als Prozeß. Würzburg 2007. 219 S.: Ill., graph. Darst.

Erlesene Buchschätze: die Sammlung Historische und Schöne Bücher der Stadtbibliothek Duisburg. Hrsg. von: Stadt Duisburg Der Oberbürgermeister, Stadtbibliothek. Red.: Hiram Kuemper … Duisburg 2007. 46 S.: Ill.

Espagne, Michel: Kulturtransfer unter Juden in Frankreich in der ersten Hälfte des 19. Jahrhunderts. – In: Kulturtransfer in der jüdischen Geschichte. Wolfgang Schmale; Martina Steer (Hrsg.) Frankfurt a. M. 2006. S. 83–96.

Ferenc, Laszlo: Bartok es dalszövegei. – In: Magyar zene. Budapest 42, 2004, 3–4. S. 415–428.

Flaneurs & Idlers: Louis Huart: Physiologie du flaneur (1841) – Albert Smith: The natural history of the idler upon town (1848). Introd. and ed. by Margaret A. Rose. [Nachdr. der Ausg.] Paris 1841 und London 1848. Bielefeld 2007. (Aisthesis-Archiv; 8).

Fleermann, Bastian: Marginalisierung und Emanzipation: jüdische Alltagskultur im Herzogtum Berg 1779–1847. Neustadt an der Aisch 2007. 456 S.: 44 Ill., graph. Darst., Faks. (Bergische Forschungen; 30). [Zugl.: Bonn, Univ., Diss., 2006].

Franck, Julia: Die Mittagsfrau: Roman. Frankfurt a. M. 2007. 429 S.

Frank, Katherine: Lucie Duff Gordon: a passage to Egypt. London 2007. XIII, 398 S.

Die Frankfurter Judengasse: jüdisches Leben in der frühen Neuzeit. Fritz Backhaus, Gisela Engel, Robert Liberles, Margarete Schlüter (Hrsg.) 2., durchges. Aufl. Frankfurt a. M. 2007. 365 S.: Ill., graph. Darst., Noten. (Schriftenreihe des Jüdischen Museums Frankfurt am Main; 9).

Frost, Alphonso A.: Ernst Dronke: his life and his works. New York, NY [u. a.] 1989. XI, 183 S. (North American studies in nineteenth-century literature; 2).

Füllner, Karin: »so viel zu singen und zu sagen«: von Dachböden, Kellern und Wohnräumen der Literatur oder Literatur und Öffentlichkeit. – In: »... das hohe Geistergespräch«: über Literatur im musealen und digitalen Raum. Sabine Brenner-Wilczek/Sikander Singh (Hrsg.) Bielefeld 2008. S. 55–59.

Fuks, Betty Bernardo: Freud e a judeidade: a vocação do exilio. Rio de Janeiro 2000. 177 S.

Gervink, Manuel: Poesie und Violoncello-Ton in der Musik Robert Schumanns. – In: Robert Schumann, das Violoncello und die Cellisten seiner Zeit: Bericht über das 8. Internationale Schumann-Symposion am 15. und 16. Juli 2004 im Rahmen des 8. Schumannfestes, Düsseldorf; Klaus Wolfgang Niemöller zum 75. Geburtstag gewidmet. Hrsg. von Bernhard R. Appel und Matthias Wendt. Mainz 2007. (Schumann-Forschungen; 12). S. 16–17.

Die Geschichte der Juden in Deutschland. Hrsg. von Arno Herzig und Cay Rademacher. Hamburg 2007. 351 S.: zahlr. Ill., Kt.

Giordano, Ralph: Deutschlandreise: Aufzeichnungen aus einer schwierigen Heimat. 2. Aufl. München 2001. 383 S. (dtv; 36193).

Girivenko, Andrej N.: Iz istorii 1800–1850chudo-estvennogo perevoda pervoj poloviny XIX veka: epocha romantizma; ucebnoe posobie. Moskva 2002. 279 S.

Grabbe, Christian Dietrich: Don Juan y Fausto. Ed. de Regula Rohland de Langbehn. Trad. de Marcelo G. Burello y Regula Rohland de Langbehn. Madrid 2007. 263 S. (Letras universales; 389). [EST: Don Juan und Faust. Eine Tragödie in vier Akten <span.>].

Grenzgänger: Formen des new journalism. Joan Kristin Bleicher; Bernhard Pörksen (Hrsg.) Wiesbaden 2004. 443 S.: Ill.

Gruber, Christian: Literatur, Kultur, Quanten: der Kampf um die Deutungshoheit und das naturwissenschaftliche Modell. Würzburg 2005. 215 S.

Gruber, Sabine Claudia: »Die blasierte Gräfin Hahn-Hahn im Jerusalem der katholischen Andacht«: der Skandal um Ida Gräfin Hahn-Hahns Schrift »Von Babylon nach Jerusalem«. – In: Literatur als Skandal. Göttingen 2007. S. 215–223.

Gülke, Peter: Zur Problematik von Schumanns »konservativer« Wendung in den 1840er Jahren. – In: Übergänge. Stuttgart; Weimar 2007. S. 673–685.

Haasis, Hellmut G.: Kesenai rakuin: yuto yudako jusu koto yozefu oppenhaima no shogai. [Übers. v. Hiroshi Kiba]. Kyoto 2006. 461, 15 S. [EST: Joseph Süß Oppenheimer genannt Jud Süß <jap.>].

Hacke, Axel: Der weisse Neger Wumbaba kehrt zurück: zweites Handbuch des Verhörens. Michael Sowa [Ill.] München 2007. 69 S.

Haderer, Michael: Wege zum Schatten-Gebräch: eine historisch-chronologische Untersuchung zur Anwendbarkeit literatur- und sprachwissenschaftlicher Metapherntheorie. Marburg 2007. XVIII, 326 S. [Zugl.: Düsseldorf, Univ., Diss., 2007].

Härle, Gerhard: Lyrik – Liebe – Leidenschaft: Streifzug durch die Liebeslyrik von Sappho bis Sarah Kirsch. [Darmstadt] [2007]. 275 S.

Hainz, Martin A.: »Kein Schrei kommt aus seiner Kehle, aber ein mächtiger, schwarzer Strahl schießt aus seinem Hals«: zu Binjamin Wilkomirski. – In: Literatur als Skandal. Göttingen 2007. S. 613–623.

Hall, Murray G. und Christian Köstner: »... allerlei für die Nationalbibliothek zu ergattern ...«: eine österreichische Institution in der NS-Zeit. Wien [u. a.] 2006. 617 S.: Ill.

Hamann, Christof: ›Neuer Sinn im Orient‹: Pückler-Muskau und die Europäisierung Ägyptens nach 1800. – In: Der Deutschen Morgenland: Bilder des Orients in der deutschen Literatur und Kultur von 1770 bis 1850. Cahris Goer, Michael Hofmann (Hrsg.) Paderborn 2007. S. 179–198.

Hambach, Vormärz und die Revolution von 1848. Prod. u. Herausgabe: FWU Institut für Film und Bild, Grünwald. DVD-Konzept: Fabio Crivellari. Grünwald 2007. 1 DVD Video (54 Min.) & Beih.

Hamburg: jüdisches Städtebild. Hrsg. von Erika Hirsch und Thomas Sparr. Mit Fotogr. von Jan Reger. Frankfurt a. M. 1999. 287 S.: Ill., Kt.

Hanika, Karin: Wer definiert die Welt und wem gehört die Heimat?: über die Verfügbarkeit des Authentischen. – In: ... und grüßen Sie mir die Welt: reflektierte Heimaten; Texte zu Heimat, Identität und visueller Kultur. Hrsg. v. Karin Hanika und Wiebke Trunk für die KulturRegion Stuttgart. Stuttgart 2007. S. 6–9.

Hartmann, Horst: Faustgestalt – Faustsage – Faustdichtung. Als Ms. gedr. Aachen 1998. 181, 16 S.: Ill. (Berichte aus der Literaturwissenschaft).

Hausmann, Frank-Rutger: »Dichte, Dichter, tage nicht!«: die Europäische Schriftsteller-Vereinigung in Weimar 1941–1948. Frankfurt a. M. 2004. 409 S. & 1 CD-ROM.

Hay, Louis: La littérature des écrivains: questions de critique génétique. Paris 2002. 430 S. (Les essais).

Hecker, Dino: »... weil ich keine ›stumme Sünde‹ gegen die natur begehen darf«: die Anfänge des Autors und Übersetzers Karl Maria Kertbeny. – In: Forum Homosexualität und Literatur. Siegen 49, 2007. S. 59–85.

Heero, Aigi: Robert Schumanns Petrarca-Rezeption. – In: Francesco Petrarca in Deutschland: seine Wirkung in Literatur, Kunst und Musik. Hrsg. von Achim Aurnhammer. Tübingen 2006. (Frühe Neuzeit; 118). S. 453–465.

Hengen, Mireille: Die Rezeption der Exilliteratur in den Zeitschriften der französischen Besatzungszone (1945–1949). – In: Die deutsche Literaturkritik im europäischen Exil (1933–1940). [Veröffentlichung des Centre d'Étude des Périodiques de Langue Allemande, Université de Metz]. Hrsg. von Michel Grunewald. Bern [u. a.] 1993. (Jahrbuch für Internationale Germanistik/A; 34). S. 215–230.

Henisch, Peter: Eine sehr kleine Frau: Roman. Wien 2007. 286 S.

Hess, Jonathan M.: Fiction and the making of modern orthodoxy, 1857–1980: orthodoxy and the quest for the German-Jewish novel. – In: Leo Baeck Institute: Year book. London 52, 2007. S. 49–86.

Hilmes, Carola: Die Femme fatale: ein Weiblichkeitstypus in der nachromantischen Literatur. Stuttgart 1990. XVI, 264 S. [Zugl.: Frankfurt a. M., Univ., Diss.]

A history of Icelandic literature. Ed. by Daisy Neijmann. Lincoln, NE [u. a.] 2006. XII,730 S.: Kt. (Histories of Scandinavian literature; 5).

Höbusch, Harald: Kunst und Kritik beim frühen Thomas Mann: Thomas Manns Ästhetik 1893–1913. Berkeley, CA, Univ., Diss., 1996. 321 S.

Hölter, Achim: »Warum nur immer Petrarca?«: Bemerkungen über einige Dichtergedichte des frühen 19. Jahrhunderts samt einer kurzen Skizze zur objektiven Rezeptionsforschung. – In: Francesco Petrarca in Deutschland: seine Wirkung in Literatur, Kunst und Musik. Hrsg. von Achim Aurnhammer. Tübingen 2006. (Frühe Neuzeit; 118). S. 505–520.

Johnson, Paul: A history of the Jews. Paperback ed., 2. impr. London 1994. X, 643 S.

Joseph Roth: 1894–1939; ein Katalog der Dokumentationsstelle für Neuere Österreichische Literatur zur Ausstellung des Jüdischen Museums der Stadt Wien, 7. Oktober 1994 bis 12. Februar 1995. [Katalog: Heinz Lunzer u. Victoria Lunzer-Talos]. Wien 1994. 180 S.: Ill. (Zirkular/Sondernummer; 42)

Judaken, Jonathan: Jean-Paul Sartre and the Jewish question: anti-antisemitism and the politics of the French intellectual. Lincoln, NE [u. a.] 2006. XI, 390 S. (Texts and contexts).

Juden und Judentum in der deutschsprachigen Literatur. Hrsg. v. Willi Jasper, Eva Lezzi, Elke Liebs und Helmut Peitsch. Wiesbaden 2006. 444 S. (Jüdische Kultur; 15).

Der jüdische Witz: Soziologie und Sammlung. Hrsg. und eingeleitet von Salcia Landmann. Mit einem Vorw. von Valentin Landmann. 14., überarb. Aufl. Düsseldorf 2006. 880 S.

Jünger, Harri: Die Liebe der Literaten und die Philosophie der Liebe. Berlin 2006. 202 S.

Jung, Alexander: Sehnsucht nach dem grossen [sic] Markt: vom Deutschen Zollverein bis zur Deutschen Bank. – In: Spiegel/Special. Hamburg. 2007, 1: Geschichte: die Erfindung der Deutschen. S. 146–150.

Käufer, Hugo Ernst: Lese-Zeichen: ausgewählte Essays, Reden und Rezensionen aus fünfzig Jahren. Mit einer Bibliogr. von Klaus Scheibe. Düsseldorf 2001. 397 S.

Kalisch, Volker: Kunst als Krankheit – Kunst als Therapie. – In: Übergänge. Stuttgart; Weimar 2007. S. 597–608.

Kastner, Peter: Heimat als Sehnsucht. – In: ... und grüßen Sie mir die Welt: reflektierte Heimaten; Texte zu Heimat, Identität und visueller Kultur. Hrsg. v. Karin Hanika und Wiebke Trunk für die KulturRegion Stuttgart. Stuttgart 2007. S. 28–39.

Kermani, Navid: Der Schrecken Gottes: Attar, Hiob und der Aufstand gegen den Allmächtigen. München 2005. 335 S.

Kesting, Hanjo: Ein bunter Flecken am Kaftan: Essays zur deutsch-jüdischen Literatur. Göttingen 2005. 327 S.

Kilcher, Andreas B.: Das Buch als Leitstern: Konstellationen von Karl Wolfskehls Bibliophilie. – In: »O dürft ich Stimme sein, das Volk zu rütteln!«: Leben und Werk von Karl Wolfskehl (1869–1948). Hrsg. von Elke-Vera Kotowski und Gert Mattenklott. Hildesheim [u. a.] 2007. (Haskala; 33). S. 195–218.

King, Francis: The sunlight on the garden: stories. London 2005. 192 S.

Kitchen, Martin: A history of modern Germany, 1800–2000. Malden, MA [u. a.] 2006. XI, 455 S.: Ill., Kt.

König, Mareike: Georg Kibler, Möbelbauer, Rue de Charonne 39: Adreßbuch der Deutschen in Paris für das Jahr 1854. – In: Francia 3. Ostfildern 30, 2003, 3. S. 143–156.

Körte, Mona: Die Uneinholbarkeit des Verfolgten: der Ewige Jude in der literarischen Phantastik. Frankfurt a. M. [u. a.] 2000. 347 S. (Schriftenreihe des Zentrums für Antisemitismusforschung, Berlin; [6]). [Zugl.: Berlin, Techn. Univ., Diss., 1998].

Koopmann, Helmut: Heimat, Fremde und Exil im neunzehnten Jahrhundert. – In: Das verschlafene 19. Jahrhundert?: zur deutschen Literatur zwischen Klassik und Moderne. Hrsg. von Hans-Jörg Knobloch und Helmut Koopmann. Würzburg 2005. S. 25–42.

Kortländer, Bernd: Übersetzungen aus dem Französischen im Vormärz: Erkundung eines untergegangenen Kontinents. – In: Übersetzen im Vormärz. Hrsg. v. Bernd Kortländer und Hans T. Siepe. Red.: Detlev Kopp. Bielefeld 2008. (Forum Vormärz-Forschung: Jahrbuch ; Jg. 13 ; Jahrbuch 2007). S. 13–26.

Kramer, Lawrence: Why classical music still matters. Berkeley, CA [u. a.] 2007. VIII, 242 S.: Ill.

Krauß, Irma: Sonnentaube: Roman. Weinheim; Basel 2004. 264 S.

Kreative Ideenbörse Deutsch Sekundarstufe II. Hrsg. von Roland Reiner. Losebl.-Ausg. Landsberg am Lech. Lfg. 37, 2007.

Kreutzer, Leo: Johann Gottfried Herders ›Geschichtspantheismus‹ als Denkmodell für einen anderen Orientalismus. – In: Der Deutschen Morgenland: Bilder des Orients in der deutschen Literatur und Kultur von 1770 bis 1850. Cahris Goer, Michael Hofmann (Hrsg.) Paderborn 2007. S. 57–66.

Kruse, Joseph Anton: Dem ersten Satz folgt das Tohuwabohu oder Anfang gut, Ende offen. – In: Der schönste erste Satz: eine Auswahl der charmantesten und eindrucksvollsten Beiträge zum internationalen Wettbewerb »Der schönste erste Satz«. Hrsg. von der Initiative Deutsche Sprache und der Stiftung Lesen. [Red. und Texte: Gabriele Stiller-Kern ...] Ismaning 2008. S. 82–109.

Kruse, Joseph Anton: Frieda v. Oppeln: »Die klugen und die thörichten Jungfrauen« (1928): ein Immermann-Roman als Buch über die Gräfin von Ahlefeldt. – In: Immermann-Jahrbuch. Frankfurt a. M. 9, 2008. S. 75–96.

Künzel, Tino: Spurensuche in Moskau: ein ehemaliger deutscher Soldat besuchte noch einmal die Stadt seiner Kriegsgefangenschaft. – In: Moskauer deutsche Zeitung. 2007, 18 = 217, Sept. S. 11.

Kurdi, Imre: Reden über den Tod hinaus: Untersuchungen zum »literarischen« Testament. Frankfurt a. M. [u. a.] 2007. 294 S. (Budapester Studien zur Literaturwissenschaft; 10).

Kurt Tucholsky – Deutschland, Deutschland über alles: die beste Kritik zur Lage der Nation. Neu hrsg. von Timo Rieg. [Bochum] 2006. 173 S.: Ill. (Berliner Konsortium).

La Durantaye, Leland de: Style is matter: the moral art of Vladimir Nabokov. Ithaca, NY 2007. VIII, 211 S.: Ill.

Lachinger, Johann: Wien und die Wiener: Stifters zivilisationskritische Perspektiven auf die Großstadt von oben und unten. – In: History, text, value: essays on Adalbert Stifter; Londoner Symposium 2003. Hrsg.: Michael Minden ... Linz 2006. (Jahrbuch des Adalbert-Stifter-Institutes des Landes Oberösterreich; 11: Publications of the Institute of Germanic Studies; 88). S. 47–55.

Lackmann, Thomas: Das Glück der Mendelssohns: Geschichte einer deutschen Familie. Berlin 2007. 576 S.: 43 Abb. (Aufbau-Taschenbücher; 2390).

Lacoue-Labarthe, Philippe: Heidegger and the politics of poetry. Transl. and with an introd. by Jeff Fort. Chicago, IL 2007. XVIII, 111 S. [EST: Heidegger].

Lancaster, Marie-Jaqueline: Brian Howard: portrait of a failure. With an introd. by D. J. Taylor. San Francisco, CA 2007. XVII, 398 S.

Langhoff, Helmut: Christoph Wilhelm Henrich Sethe (1767–1855): ein preußischer Beamter im Dienst Napoeons. – In: Napoleon. Köln [u. a.] 2007. S. 515–517.

Lantos, Peter: Parallel lines: a journey from childhood to Belsen. London 2007. IX, 246 S.

Leerssen, Joep: National thought in Europe: a cultural history. Amsterdam 2006. 312 S.: Ill., Kt.

Leighton, Angela: On form: poetry, aestheticism, and the legacy of a word. Oxford 2007. VIII, 288 S.

Literatur als Skandal: Fälle – Funktionen – Folgen. Hrsg. v. Stefan Neuhaus und Johann Holzner. Göttingen 2007. 734 S.: Abb.

Longford, Elizabeth: A pilgrimage of passion: the life of Wilfrid Scawen Blunt Longford. London 2007. XI, 567 S.

Looz-Corswarem, Clemens von: Der Besuch Napoleons in Düsseldorf im November 1811. – In: Napoleon. Köln [u. a.] 2007. S. 67–70.

Loreley: Mythos und Verführung; Texte, Bilder, Diskurse, Musik; Allurley. MHSG. Hrsg. von und red. Leitung: Hannelore Scholz-Lübbering unter Mitarb. von Birgit Stötzer und Gregor Ohlerich. Berlin 2007. 1 CD-ROM.

Lottmann, Joachim: Die Jugend von heute: Roman. Köln 2004. 319 S. (KiWi; 843: Paperback).

Mahal, Günther: Faust: Untersuchungen zu einem zeitlosen Thema. Neuried 1998. V, 803 S.

Malz, Eva: Die Loreley-Geschichte und Rezeption einer literarischen Gestalt im 20. Jahrhundert. – In: Volkskunde in Rheinland-Pfalz. Mainz 21, 2007. S. 67–71.

Martin, Ariane: Georg Büchner. Stuttgart 2007. 271 S.: Ill. (Reclams Universal-Bibliothek; 17670).

Matt, Peter von: Verkommene Söhne, mißratene Töchter: Familiendesaster in der Literatur. 3. Aufl. München 2001. 391 S.: Ill. (dtv; 30647).

Matussek, Matthias: Die goldene Horde: ... jetzt werden die Romantiker mit ihren Rebellionsgesten gegen eine ausgenüchterte Welt wiederentdeckt. – In: Der Spiegel. Hamburg 2007, 36. S. 170–175.

Mayer, Hans: Aussenseiter [sic]. Frankfurt a. M. 2007. 523 S.

Mazierska, Ewa: Roman Polanski: the cinema of a cultural traveller. London [u. a.] 2007. IX, 230 S.: Ill.

Mederer, Hanns-Peter: Stoffe aus Mythen: Ludwig Bechstein als Kulturhistoriker, Novellist und Romanautor. Wiesbaden 2002. XI, 249 S. (Literaturwissenschaft).

Mederer, Hanns-Peter: Der unterhaltsame Aberglaube: Sagenrezeption in Roman, Erzählung und Gebrauchsliteratur zwischen 1840 und 1855. Aachen 2005. 312 S. (Berichte aus der Literaturwissenschaft). [Zugl.: Hamburg, Univ., Diss., 2005].

Metz, Petra: Grenzüberschreitungen zwischen Bild und Text: literarische Künstlerbücher im Werk von Marcel Broodthaers. – In: A la croisée des langages: texte et arts dans les pays de langue allemande. Sous la direction de Edwige Brender ... Paris 2006. (Publications de l'Institut d'Allemand; 38). S. 47–57.

Meyerbeer, Giacomo: Briefwechsel und Tagebücher. Hrsg. und kommentiert von Heinz Becker u. Gudrun Becker. Berlin. Bd. 7: 1856–1859. 2004. XXIX, 813 S. – Bd. 8: 1860–1864. 2006. XXXII, 993 S.

Meyersiek, Dietmar: »The business of business is business«: über den Aufstieg und Fall von Unternehmen. Düsseldorf 2007. 27 S. [Vortrag Rotary Club Düsseldorf-Süd 15. August 2007].

Michajlov, Aleksandr V.: Obratnyj perevod: [russkaja i zapadno-evropejskaja kul'tura: problemy vzaimosvjazej]. Moskva 2000. 852 S. (Jazyk, semiotika, kul'tura).

Millan-Zaibert, Elizabeth: Friedrich Schlegel and the emergence of romantic philosophy. Albany, NY 2007. XI, 256 S. (SUNY series intersections – philosophy and critical theory).

Müller, Guido: Die Rheinlande als Grenzland vom 18. Jahrhundert bis heute – aus Sicht des Historikers. – In: Oberschlesische Dialoge: Kulturräume im Blickfeld von Wissenschaft und Literatur. Bernd Witte (Hrsg.) Frankfurt a. M. [u. a.] 2000. (Schriften des Eichendorff-Instituts an der Heinrich-Heine-Universität Düsseldorf; 2). S. 107–124.

Müller, Frank Lorenz: Die Revolution von 1848/49. 2., überarb. Aufl. Darmstadt 2006. VI, 154 S. (Geschichte kompakt).

Münster, Robert: Der junge Robert Schumann 1828 in München. – In: Correspondenz. Düsseldorf 30, 2007. S. 30–59.

Mufti, Aamir R.: Enlightenment in the colony: the Jewish question and the crisis of postcolonial culture. Princeton, NJ 2007. XIII, 323 S.

Mufti, Aamir R.: Jewishness as minority: emergence of a European problematic. – In: Ders.: Enlightenment in the colony. Princeton, NJ 2007. S. 37–90.

Niehof, Reiner: Der Herr und seine Knechte: Stefan George, Karl Wolfskehl und Franz Hessel. – In: »O dürft ich Stimme sein, das Volk zu rütteln!«: Leben und Werk von Karl Wolfskehl (1869–1948). Hrsg. von Elke-Vera Kotowski und Gert Mattenklott. Hildesheim [u. a.] 2007. (Haskala; 33). S. 23–39.

Nikkels, Everdina Agnes und Bart Jacobs: Robert Schumann: Florestan en Eusebius; in wankel evenwicht. Amsterdam [2007]. 86 S.: Ill. & CD. (Componisten & complexen).

Das österreichische Lied und seine Ausstrahlung in Europa. Hrsg. von Pierre Behar und Herbert Schneider. Hildesheim [u. a.] 2007. 423 S.: Ill., graph. Darst., Noten. (Musikwissenschaftliche Publikationen; 28).

Palzhoff, Thorsten: Das Geheimnis der Sphinxe. – In: Übergänge. Stuttgart; Weimar 2007. S. 347–357.

Payk, Theo R.: Robert Schumann: Lebenslust und Leidenszeit. Bonn 2006. 269 S.: Ill.

Perraudin, Michael: Georg Weerths »Das Blumenfest der englischen Arbeiter« und andere England-Skizzen: proletarisches Heldentum. – In: Georg Weerth und die Satire im Vormärz: Referate des Internationalen Kolloquiums im 150. Todesjahr des Autors 16.–18. Juni 2006 in der Lippischen Landesbibliothek, Detmold. Hrsg. von Michael Vogt. Bielefeld 2007. (Vormärz-Studien; 13). S. 215–232.

Pfister, Michael und Stefan Zweifel: Das skripturale Sperma des Marquis de Sade. – In: Bilder der Handschrift: die graphische Dimension der Literatur. Hrsg. von Davide Giuriato und Stephan Kammer. Frankfurt a. M.; Basel 2006. (Nexus; 71). S. 25–58.

Plachta, Bodo: Zensur. Stuttgart 2006. 245 S.: Ill. (Reclams Universal-Bibliothek; 17660).

Preiß, Friederike: Schumann und Wieck – eine kritische Auseinandersetzung?. – In: Übergänge. Stuttgart; Weimar 2007. S. 55–67.

Presner, Todd Samuel: Mobile modernity: Germans, Jews, trains. New York, NY 2007. XI, 368 S.: Ill. (Cultures of history).

Prominente in Berlin-Grunewald und ihre Geschichten. Harry Balkow-Gölitzer, Rüdiger Reitmeier, Bettina Biedermann, Jörg Riedel. Hrsg. v. Burkhardt Sonnenstuhl. Berlin 2006. 312 S.: Ill., Kt.

The reception of Sir Walter Scott in Europe. Ed. by Murray Pittock. London [u. a.] 2006. LXXIV, 396 S. (The Athlone critical traditions series).

Reich-Ranicki, Marcel: Fachleute für menschliche Leiden. – In: Ders.: Herz, Arzt und Literatur. Zürich 2007. S. 5–33.

Reich-Ranicki, Marcel: Das Herz – der Joker der deutschen Dichtung. – In: Ders.: Herz, Arzt und Literatur. Zürich 2007. S. 35–63.

Reininghaus, Frieder: Schumann, die Revolution und das Ende. – In: Übergänge. Stuttgart; Weimar 2007. S. 733–759.

Ridley, Hugh: »Relations stop nowhere«: the common literary foundations of German and American literature 1830–1917. Amsterdam [u. a.] 2007. 317 S. (Internationale Forschungen zur Allgemeinen und Vergleichenden Literaturwissenschaft; 109).

Rigby, Kate: (K)ein Klang der aufgeregten Zeit: romanticism, ecology and modernity in Theodor Storm's »Abseits«. – In: Moderne begreifen: zur Paradoxie eines sozio-ästhetischen Deutungsmusters. Hrsg. Christine Magerski, Christiane Weller, Robert Savage. Wiesbaden 2007. (Literaturwissenschaft/Kulturwissenschaft). S. 145–156.

Rippmann, Inge: »Härings-Salat«: eine Abrechnung. – In: Georg Weerth und die Satire im Vormärz: Referate des Internationalen Kolloquiums im 150. Todesjahr des Autors 16–18. Juni 2006 in der Lippischen Landesbibliothek, Detmold. Hrsg. von Michael Vogt. Bielefeld 2007. (Vormärz-Studien; 13). S. 69–84.

Rippmann, Inge: Ludwig Börne als Übersetzer und Übersetzungskritiker. – In: Übersetzen im Vormärz. Hrsg. v. Bernd Kortländer und Hans T. Siepe. Red.: Detlev Kopp. Bielefeld 2008. (Forum Vormärz-Forschung: Jahrbuch; Jg. 13 ; Jahrbuch 2007). S. 47–66.

Röhrich, Lutz: Von Wasserfrauen und Wassermännern. – In: Märchenspiegel. Baltmannsweiler 2001, 8. S. 73–81.

Rosenkranz, Jutta: Mascha Kaléko: Biografie. Orig.-Ausg., 7. Aufl. München 2008. 299 S.: Ill. (dtv; 24591: Premium).

Roß, Dieter: Fakten und/oder Fiktionen: zur Geschichte der Beziehungen zwischen Journalismus und Literatur in Deutschland. – In: Grenzgänger. Wiesbaden 2004. S. 74–99.

Roth, Ursula und Klaus-Hinrich Roth: »Zu besserem Verständnis«: der literarische Text als Inszenierungsimpuls. – In: »... das hohe Geistergespräch«: über Literatur im musealen und digitalen Raum. Sabine Brenner-Wilczek/Sikander Singh (Hrsg.) Bielefeld 2008. S. 75–89.

Roush, Sheryl L.: Heart of a woman: sparkling inspiration and insights on the strength and wisdom of woman. San Diego, CA 2007. X, 275 S.

RP-City-Guide: Einblick, Kultur, Freizeit, Gastro, Shopping. (Droste regional). Düsseldorf 2007. 231 S.: Ill. & 1 Kt.-Beil.

Safranski, Rüdiger: Romantik: eine deutsche Affäre. München 2007. 432 S.

Die Sammlung Autographa der ehemaligen Preußischen Staatsbibliothek zu Berlin: Autographenkatalog auf CD-ROM. Bearb. von Helga Döhn. Wiesbaden 2005. 336 S.: Ill. + 1 CD-ROM. (Kataloge der Handschriftenabteilung/2: Nachlässe; 7).

Sassenberg, Marina: Düsseldorf. – In: Reisen durch das jüdische Deutschland. Hrsg. v. Micha Brumlik, Rachel Heuberger und Cilly Kugelmann. Projektentw. v. Dodie Volkersen. Köln 2006. S. 73–85.

Schleuning, Peter: Fanny Hensel geb. Mendelssohn: Musikerin der Romantik. Köln 2006. 320 S.: Ill. (Europäische Komponistinnen; 6).

Schlögel, Karl: Im Raume lesen wir die Zeit: über Zivilisationsgeschichte und Geopolitik. Frankfurt a.M. 2006. 566 S.: Ill., graph. Darst., Kt. (Fischer; 16718).

Schmähling, Klaus-Peter: Stumpfe Federn in einer dumpfen Zeit?: deutschsprachige satirische Gedichte zwischen 1871 und 1890. Tarragona, Univ., Diss., 2006. 546 S.

Schmidt, Sabine: Dichterin = Ausgestoßene: weibliches Leben und Schreiben zwischen Vormärz und Deutschem Reich; das Beispiel Kathinka Zitz-Halein (1801–1877). – In: Schwellenüberschreitungen: Politik in der Literatur von deutschsprachigen Frauen 1780–1918. Caroline Bland/Elisa Müller-Adams (Hrsg.) Bielefeld 2007. S. 169–188.

Schmitter, Elke: Kann es denn Neurose sein?: ein Essay über die Liebe. – In: Spiegel/Special. Hamburg 2007, 4: Sehnsucht nach Familie: die Neuerfindung der Tradition. S. 128–129.

Schmitz-Emans, Monika: Seetiefen und Seelentiefen: literarische Spiegelungen innerer und äußerer Fremde. Würzburg 2003. 429 S. (Saarbrücker Beiträge zur vergleichenden Literatur- und Kulturwissenschaft; 22).

Schneider, Wolf: Deutsch!: das Handbuch für attraktive Texte. 2. Aufl. Reinbek bei Hamburg 2007. 316 S. (rororo; 61993: Sachbuch).

Schnell, Ralf: Dichtung in finsteren Zeiten: deutsche Literatur und Faschismus. Reinbek bei Hamburg 1998. 206 S. (Rowohlts Enzyklopädie; 55597).

Schönfels, Brigitte von: »Das Erlebte ist immer das Selbsterlebte«: das Reisefeuilleton in deutschen Zeitungen zwischen der Revolution von 1848 und der Reichseinigung. Bremen 2005. 303 S. (Presse und Geschichte; 19).

Schoor, Kerstin: »O dürft ich Stimme sein, das Volk zu rütteln!«: Karl Wolfskehls literarische Wirkungen im jüdischen Kulturkreis in Deutschland nach 1933. – In: »O dürft ich Stimme sein, das Volk zu rütteln!«: Leben und Werk von Karl Wolfskehl (1869–1948). Hrsg. von Elke-Vera Kotowski und Gert Mattenklott. Hildesheim [u. a.] 2007. (Haskala; 33). S. 93–119.

Schröder, Lothar: Bei Heine an der längsten Theke der Welt. – In: NRW-Stiftung. Düsseldorf 2007, 1. S. 34–35.

Schüttel, Hermann: Heilbad Heiligenstadt: Stadtführer; eine Begegnung mit dem Eichsfeld. 3. überarb. Aufl. Heiligenstadt 2001. 98 S.: zahlr. Ill.
Schumann, Robert und Clara Schumann: Ehetagebücher: 1840–1844. Hrsg. v. Gerd Nauhaus und Ingrid Bodsch. Hrsg. im Auftr. des Fördervereins StadtMuseum Bonn und der Robert-Schumann-Gesellschaft Zwickau. Frankfurt a. M. 2007. 332 S.: Ill.
Schwerter, Werner: Abenteuer mit Geheimagenten in der Altstadt: der Schriftsteller Jörg Schröder erzählt: 1981 nächtigte er in der Mertensgasse 1. – In: Das Tor. Düsseldorf 74, 2008, 3. S. 7.
Schwerter, Werner: Anna Maria ... – und wie weiter?: ein Verwirrspiel; welcher Name gilt für Düsseldorfs einstige Fürstin?; Ludovica und andere Varianten im Google-Test. – In: Das Tor. Düsseldorf 74, 2008, 3. S. 14–16.
Seichter, Carsten: Walther Victor – ein Publizist im Exil. – In: Lippische Mitteilungen aus Geschichte und Landeskunde. Detmold 76, 2007. S. 153–162.
Seiler, Lutz: Turksib: Auszug aus einem langen Prosatext. [Wilhelmshorst] 2007. 14 S. [unveröffentl. Text]
Shapiro, Michael: My wife the metaphysician, or Lady Murasaki's revenge. North Charleston, SC 2006. 355 S.
Sonino, Claudia: Exil, Diaspora, gelobtes Land?: deutsche Juden blicken nach Osten. Aus d. Ital. von Ute Lipka. Berlin 2002. 156 S. (Wissenschaftliche Reihe; 7). [EST: Esilio, disaspora, terra promessa].
Steckmest, Sylvia: Therese Halle geborene Heine (1807–1880): zur Erinnerung an eine Hamburger Stifterin. – In: Hamburgische Geschichts- und Heimatblätter. Hamburg 15, 2007, 8. S. 177–208.
Steer, Martina: Bertha Badt-Strauss (1885–1970): eine jüdische Publizistin. Frankfurt a. M. [u. a.] 2005. 339 S.: Ill. (Campus Judaica; 22). [Zugl.: Wien, Univ., Diss., 2002].
Steigerwald, Robert: »Von Preußen dürfen wir in einem anderen Tone sprechen«. – In: »Wenn wir es dahin bringen, daß die große Menge die Gegenwart versteht ...«. Frankfurt a. M. 2007. S. 131–149.
Steinberg, Jonathan: The Swiss and the Jews: two special cases?. – In: Leo Baeck Institute: Year book. London 52, 2007. S. 195–210.
Stock, Ute: The ethics of the poet: Marina Tsvetaeva's art in the light of conscience. Leeds 2005. 177 S. (Modern Humanities Research Association: Texts and dissertations; 62)
Stutterheim, Kerstin D.: Okkulte Weltvorstellungen im Hintergrund dokumentarischer Filme des »Dritten Reiches«. Berlin 2000. 253 S.: Ill. [Zugl.: Berlin, Humboldt-Univ., Diss., 1999].
Suarez, Juan Antonio: Pop modernism: noise and the reinvention of the everyday. Urbana, IL [u. a.] 2007. X, 321 S.: Ill.
Syfuss, Antje: Nixenliebe: Wasserfrauen in der Literatur. Frankfurt a. M. 2006. 233 S.: Ill.
Synofzik, Thomas: Jean Paulscher Kontrapunkt?: zur neuartigen Klavierpolyphonie in Robert Schumanns Klavierwerken der 1830er Jahre. – In: Übergänge. Stuttgart; Weimar 2007. S. 431–443.
Takaki, Fumio: Zum Spottgedicht ›Kein schöner Ding ist auf der Welt, als seine Feinde zu beißen‹ von Georg Weerth. – In: The Kagawa University economic review. Takamatsu 80, 2007, 3. S. 211–229. [jap.]
Thiele, Johannes: Die großen deutschen Dichter und Schriftsteller. Wiesbaden 2006. 255 S. (Marix Wissen).
Thomson, Philip: Satire and the joke: towards a new theory of the satiric. – In: Moderne begreifen: zur Paradoxie eines sozio-ästhetischen Deutungsmusters. Hrsg. Christine Magerski, Christiane

Weller, Robert Savage. Wiesbaden 2007. (Literaturwissenschaft/Kulturwissenschaft). S. 389–399.

Titanic. Berlin 29, 2008, 1. S. 11 und 66.

Topographien der Literatur: deutsche Literatur im transnationalen Kontext. Hrsg. von Hartmut Böhme. Stuttgart; Weimar 2005. XXIII, 792 S.: Ill., Kt. (Deutsche Forschungsgemeinschaft: DFG-Symposion; 2004: Germanistische Symposien-Berichtsbände; 27).

Traub, Rainer: »Unter der Fahne der Wahrheit und Schönheit«: vor der Politik kam die Kultur. – In: Spiegel/Special. Hamburg. 2007, 1: Geschichte: die Erfindung der Deutschen. S. 82–85.

Troller, Georg Stefan: Dichter und Bohemiens: literarische Streifzüge durch Paris. Düsseldorf; Zürich 2003. 239 S.: Ill.

Tucholsky, Kurt: Gesamtausgabe: Texte und Briefe. Hrsg. von Antje Bonitz, Dirk Grathoff, Michael Hepp, Gerhard Kraiker. Reinbek bei Hamburg. Bd. 16: Briefe 1911–1918. 2008. 1070 S.: Ill.

Van der Laan, James M.: Seeking meaning for Goethe's ›Faust‹. London [u. a.] 2007. X, 202 S. (Continuum literary studies).

Van Vechten, Carl: The tiger in the house. Repr. d. Ausg. New York, NY 1936. New York, NY 1996. IX, 367 S.

Vasil'eva, Tat'jana P.: Ab jetzt zählt jeder Tag: Roman. Aus dem Russ. von Georg Michael Werner. Weinheim [u. a.] 2005. 231 S. (Beltz & Gelberg-Taschenbuch; 695). [EST: Sled bel'vedery].

Vassen, Florian: »Rötlich strahlt der Morgen ...«: Karikatur und Satire in Georg Weerths Szenen und Portraits ›aus dem deutschen Handelsleben‹. – In: Georg Weerth und die Satire im Vormärz: Referate des Internationalen Kolloquiums im 150. Todesjahr des Autors 16.–18. Juni 2006 in der Lippischen Landesbibliothek, Detmold. Hrsg. von Michael Vogt. Bielefeld 2007. (Vormärz-Studien; 13). S. 233–250.

Veltzke, Veit: An der Seite Napoleons: die Abenteuer eines rheinischen Jungen. Köln [u. a.] 2007. 156 S.: Ill.

Viehöver, Vera: »Dies verhüllte Genießen der Musik ohne Töne«: Robert Schumanns Reflexionen über das Medium Schrift. – In: Übergänge. Stuttgart; Weimar 2007. S. 443–457.

Vogel, Matthias: »Melusine ... das lässt aber tief blicken«: Studien zur Gestalt der Wasserfrau in dichterischen und künstlerischen Zeugnissen des 19. Jahrhunderts. Bern [u. a.] 1989. II, 235 S.: Ill. (Europäische Hochschulschriften/28; 101). [Zugl. Zürich, Univ., Diss., 1986].

Vogt, Michael: Biblische Keuschheit im satirischen Gegenlicht: Georg Weerths Gedicht »Herr Joseph und Frau Potiphar«. – In: Georg Weerth und die Satire im Vormärz: Referate des Internationalen Kolloquiums im 150. Todesjahr des Autors 16.–18. Juni 2006 in der Lippischen Landesbibliothek, Detmold. Hrsg. von Michael Vogt. Bielefeld 2007. (Vormärz-Studien; 13). S. 251–268.

Von Freund zu Freund = Navstrecu drug drugu: 15-jährige Städtepartnerschaft Düsseldorf – Moskau = 15-letie sodruzestva gorodov-partnerov Djussel'dorfa i Moskvy. [Hrsg.: Landeshauptstadt Düsseldorf, Der Oberbürgermeister. Text und Red.: Heinrich Heil]. Düsseldorf 2007. 143, (16) S.: zahlr. Ill.

Von Sommerträumen und Wintermärchen: Versepen im Vormärz. Bernd Füllner/Karin Füllner (Hrsg.) Bielefeld 2007. 200 S. (Vormärz-Studien; 12).

Weickmann, Dorion: Der dressierte Leib: Kulturgeschichte des Balletts (1580–1870). Frankfurt a. M. 2002. 398 S.: graph. Darst. (Reihe Geschichte und Geschlechter; 39). [Zugl.: Hamburg, Univ., Diss., 2001].

Weitenhagen, Holger: Das 19. Jahrhundert – die Zeit mit Preußen 1815 bis 1918. – In: Evangelisch am Rhein: Werden und Wesen einer Landeskirche. Im Auftrag des Ausschusses für rheinische

Kirchengeschichte hrsg. von Joachim Conrad, Stefan Flesch, Nicole Kuropka und Thomas Martin Schneider. Düsseldorf 2007. (Schriften des Archivs der Evangelischen Kirche im Rheinland; 35). S. 74–96.

Werner, Michael: Kulturbetrieb und Virtuosentum: zu einigen Strukturveränderungen im Pariser Musikleben der Julimonarchie. – In: Übergänge. Stuttgart; Weimar 2007. S. 15–25.

Wilhelm, Friedrich: Jenseits der Mittelmeerwelt – diesseits des Ganges: die Bayerische Akademie der Wissenschaften und die Indien-Renaissance. – In: Akademie aktuell. München 2007, 2. S. 54–57.

Wilson, Alexandra: The Puccini problem: opera, nationalism and modernity. Cambridge 2007. XII, 321 S.: Ill. (Cambridge studies in opera).

Wistrich, Robert S.: Friedrich Nietzsche, Germany, and the Jewish »Superman«. – In: Ders.: Laboratory for world destruction. Lincoln, NE 2007. S. 175–204.

Wistrich, Robert S.: Laboratory for world destruction: Germans and Jews in central Europe. Lincoln, NE 2007. XIV, 404 S.: Ill., Kt. (Studies in antisemitism).

Witte, Bernd: Politik, Ökonomie und Religion im Zeitalter der Globalisierung. – In: Theologie und Politik: Walter Benjamin und ein Paradigma der Moderne. Hrsg. von Bernd Witte und Mauro Ponzi. Berlin 2005. (Philologische Studien und Quellen; 194: Benjamin-Blätter; [1]). S. 9–19.

Wolf, Hubert: Index: der Vatikan und die verbotenen Bücher. 2., durchges. Aufl. München 2006. 303 S.: Ill., graph. Darst.

Wülfing, Wulf: »Deutschunübertreffliche Gutmüthigkeit«: zur Rhetorik von Karl Immermanns ›Tulifäntchen‹. – In: Von Sommerträumen und Wintermärchen: Versepen im Vormärz. Bernd Füllner/Karin Füllner (Hrsg.) Bielefeld 2007. (Vormärz-Studien; 12). S. 91–128.

Yadgar, Obie: Obie's opus: stories, anecdotes and curiosities behind the classical music radio microphone. Bloomington, IN [u. a.] 2007. XI, 202 S.

Zentrum und Peripherie: Arnold Ruges Korrespondenz mit Junghegelianern in Berlin. Wolfgang Bunzel, Martin Hundt, Lars Lambrecht (Hrsg.) Frankfurt a. M. [u. a.] 2006. 261 S. (Forschungen zum Junghegelianismus; 14).

Zürn, Guntram: Reisebeschreibungen Italiens und Frankreichs im ›Morgenblatt für gebildete Stände‹ (1830–1850). Frankfurt a. M. 2008. XI, 304 S.: zahlr. Tab. (Europäische Hochschulschriften/18; 119). [Zugl.: Stuttgart, Univ., Diss., 2007].

3 Rezensionen

Aufenanger, Jörg: Heinrich Heine in Paris. München 2005. 159 S.: Abb. (dtv premium; 24518). – Rez.: Marcel Krings: Menschliches – allzumenschlich: Jörg Aufenanger berichtet über Heines Leben in Paris in: literaturkritik.de. Marburg 8, 2006, 7. S. 29–31.

Beßlich, Barbara: Der deutsche Napoleon-Mythos: Literatur und Erinnerung 1800–1945. Darmstadt 2007. 504 S. [Zugl.: Freiburg i. Br., Univ., Habil.-Schr., 2005]. – Rez.: Georg Mölich in: HJb 2007. S. 256–259.

Confrontations – accommodations: German-Jewish literary and cultural relations from Heine to Wassermann; [Festschrift für Jeffrey L. Sammons]. Ed. by Mark H. Gelber. Tübingen 2004. VI, 288 S. – Rez.: Larry L. Ping in: German studies review. Kalamazoo, MI 30, 2007, 3. S. 704–705.

Cook, Roger F.: By the rivers of Babylon. Detroit, MI 1998. 399 S. – Rez.: Martin Bidney in: International studies in philosophy. Canton, MS 35, 2003, 4. S. 201–202.

Decker, Kerstin: Heinrich Heine: Narr des Glücks; Biographie. Berlin 2007. 448 S.: 16 S. Ill. – Rez.: Robert Steegers in: Germanistik. Tübingen 47, 2006, 3–4. S. 836–837.
Gernhardt, Robert: Klappaltar. Zürich 1998. – Rez.: Johannes Möller: David und Goliath: Robert Gernhardt mißt sich an Heine, Brecht und Goethe in: literaturkritik.de. Marburg 1, 2005, 5. S. 47–49.
Gernhardt, Robert: Robert Gernhardt entdeckt Heinrich Heine. Hamburg, Wien 2001. – Rez.: Lutz Hagestedt: Zwischen Freund Hein und Freund Heine: Robert Gernhardt und Friends im Wettgesang der Künste in: literaturkritik.de. Marburg 3, 2001, 8. S. 82–86.
Glaßbrenner, Adolf: »Dedication an Apollo« und andere Narrentexte: 1847–1853. Hrsg. von Olaf Briese. Bielefeld 2006. 118 S.: Ill. – Rez.: Bernd Füllner in: HJb 2007. S. 259–261.
Goetschel, Willi: Spinoza's modernity: Mendelssohn, Lessing, and Heine. Madison, WI [u. a.] 2003. 430 S. (Studies in German Jewish cultural history and literature). – Rez.: Jonathan R. Seiling in: The Conrad Grebel review. Waterloo 25, 2007, 3. 90–92. – Rez.: Wulf Koepke in: Lessing Yearbook. Göttingen 36, 2004/2005. S. 252–257.
Gyöngyösi, Maria: A. Blok i nemeckaja kul'tura = A. Blok und die deutsche Kultur: Novalis, Gejne, Nicse, Vagner. Frankfurt a. M. [u. a.] 2004. [Zugl.: Budapest, Diss., 2001]. – Rez.: Zsuzsanna Kalafatics in: Helikon. Budapest 53, 2007, 3. S. 443–445. – Rez.: Zdenka Matyunsova in: Germanoslavica. Prag 15, 2004, 2. S. 232–233.
Hachmeister, Gretchen L.: Italy in the German literary imagination: Goethe's »Italian journey« and its reception by Eichendorff, Platen, and Heine. Rochester, NY [u. a.] 2002. XII, 217 S.: Ill., Kt. (Studies in German literature, linguistics and culture). – Rez.: Joe K. Fugate in: German studies review. Kalamazoo, MI 27, 2004, 3. S. 615–616.
Häfner, Ralph: Die Weisheit des Silen: Heinrich Heine und die Kritik des Lebens. Berlin [u. a.] 2006. XI, 565 S.: Ill. – Rez.: Jeffrey L. Sammons in: Arbitrium. Tübingen 25, 2007, 1. S. 82–87.
Hauschild, Jan-Christoph und Michael Werner: Heinrich Heine. Originalausg. München 2002. 159 S. (dtv; 31058). – Rez.: Ingeborg Gleichauf: Wir Menschen sind Passagiere: ein Heine-Porträt im Deutschen Taschenbuch Verlag in: literaturkritik.de. Marburg 4, 2002, 7. S. 70–71.
Heine à la carte: ein Koch- und Lesebuch nach Heinrich Heine. Zusammenstellung: Cordula Hupfer und Holger Ehlert. Rezepte: Günter Scherrer. Ill.: Thomas Klefisch. Düsseldorf 1997. 143 S.: Ill. – Rez.: Heine, der Gourmet in: TOP Magazin. Düsseldorf 24, 2006, 12 (o. S.)
Heine im Quadrat. Hrsg. Holger Ehlert. Düsseldorf 2005. 72 Ktn. – Rez. in: Buchkultur. Wien 18, 2006, 2/3 (o. S.). – Rez. in: Rheinische Post. Düsseldorf 4. 2. 2006 (o. S.). – Rez. in: AStA-Buchladen, Ankündigung. Düsseldorf 1. 4. 2006 (o. S.)
Heine und die Nachwelt. Berlin. Bd. 1: Geschichte seiner Wirkung in den deutschsprachigen Ländern; Texte und Kontexte, Analysen und Kommentare. Dietmar Goltschnigg und Hartmut Steinecke (Hrsg.). 2006. – Rez.: Jeffrey L. Sammons in: Modern language review. Leeds 102, 2007, 4. S. 1178–1180. – Rez.: Sikander Singh in: HJb 2007. S. 252–263. – Rez.: Martin Bollacher in: Germanistik. Tübingen 48, 2007, 1–2. S. 335.
Heine-Jahrbuch. Stuttgart 39, 2000. 304 S. – Rez.: Anne-Marie Corbin in: Francia. Sigmaringen 29, 2002, 3. S. 204–206.
Heine, Heinrich: Sämtliche Schriften. Hrsg. v. Klaus Briegleb. München 2005. – Rez.: Björn Vedder in: Titel: Magazin für Literatur und mehr. URL: http://www.titel-forum.de/print.php?sid=5140 [02. 11. 2006].
Heine, Heinrich: »... und grüßen sie mir die Welt«: ein Leben in Briefen. Hrsg. Bernd Füllner u. Christian Liedtke. Hamburg 2005. 557 S. – Rez.: Martin Bollacher in: Germanistik. Tübingen

48, 2007, 1–2. S. 334–335. – Rez.: Ulrich Kaufmann: »Nicht für das große Publikum bestimmt«: Heines Leben in Briefen in: Palmbaum. Bucha bei Jena 14, 2006, 2. S. 144–145.

Heine, Heinrich und Julius Campe: »Der Weg von Ihrem Herzen bis zu Ihrer Tasche ist sehr weit«: aus dem Briefwechsel zwischen Heinrich Heine und seinem Verleger Julius Campe. Hrsg. u. m. e. Einl. v. Gerhard Höhn u. Christian Liedtke. Hamburg 2007. 217 S. – Rez.: Markus Joch: Emotion und Einkommen: der Briefwechsel zwischen Heinrich Heine und Julius Campe erzählt von einer einmaligen Autor-Verleger-Beziehung in: literaturkritik.de. Marburg 9, 2007, 6. S. 83–89. – Rez.: Ludwig Harig: Vertrauen weckt Vertrauen: der Schriftsteller Ludwig Harig zum Briefwechsel Heinrich Heines mit seinem Verleger Julius Campe in: Lesart. Rangsdorf 14, 2007, 3. S. 40–41.

Heinrich Heine im Porträt: wie die Künstler seiner Zeit ihn sahen. Hrsg. Christian Liedtke. Hamburg 2006. 159 S.: zahlr. Abb. – Rez.: Sabine Bierwirth in: The German quarterly. Cherry, NJ 80, 2007, 3. S. 395–397.

Heinrich Heine und die Philosophie: vier Beiträge zur Popularität des Denkens. Marc Rölli und Tim Trzaskalik (Hrsg.) Wien 2007. 126 S.: Ill. – Rez.: Popularität des Denkens – Marc Rölli und Tim Trzaskalik geben einen Band über »Heinrich Heine und die Philosophie« heraus in: literaturkritik.de. Marburg 9, 2007, 5. S. 260–261.

Henning, Astrid: Heinrich Heine und Deutschsein in der DDR: wie Literatur Herrschaft sichert. Marburg 2007. 144 S. – Rez.: Erhard Jöst: Schwimmen im Ozean: Astrid Henning auf der Suche nach »Heinrich Heine und Deutschsein in der DDR« in: literaturkritik.de. Marburg 9, 2007, 7. S. 43–47.

Hermand, Jost: Heinrich Heine: kritisch, solidarisch, umstritten. Köln [u. a.] 2007. 250 S. – Rez.: Ursula Homann: Der Champion des Atheismus: Jost Hermand stellt Heinrich Heine aus der Sicht eines Linksintellektuellen vor in: literaturkritik.de. Marburg 9, 2007, 8. S. 263–266.

Hessing, Jakob: Der Traum und der Tod: Heinrich Heines Poetik des Scheiterns. Göttingen 2005. 293 S. – Rez.: Markus Hallensleben in: Germanistik. Tübingen 47, 2006, 3–4. S. 838.

Höhn, Gerhard: Heine-Handbuch: Zeit, Person, Werk. 3. Aufl. Stuttgart 2004. XVII, 590 S. – Rez.: Pontzen, Alexandra: Der kanonisierte Heine: zur dritten Auflage von Gerhard Höhns »Heine-Handbuch« in: literaturkritik.de. Marburg 6, 2004, 10. S. 186–188. – Rez.: Sikander Singh in: Wirkendes Wort. Trier 55, 2005, 3. S. 515–518.

Hupfer, Cordula: »Und Zuckererbsen nicht minder«: die kulinarische Metaphorik im Gesamtwerk Heinrich Heines. Düsseldorf 2005. 200 S. [Zugl.: Düsseldorf, Univ., Diss., 2005]. – Rez.: Reise in die Eßkultur in: TOP Magazin. Düsseldorf 24, 2005, 12 (o. S). – Rez.: Annika Bunse: »Ihr heimischen Stockfische, seid mir gegrüßt«: Interview mit Cordula Hupfer für arte am 26. 1. 2006. URL: http://www.arte.tv/de/kunst-musik/Archiv/Heinrich-Heine/1115818.html. – Rez.: Roland Berbig: Eine Revue zur Heine-Literatur im Gedenkjahr 2006 in: Zeitschrift für Germanistik. Bern [u. a.] 16, 2006, 3 (o. S.). – Rez.: Torsten Gellner in: Die Berliner Literaturkritik. Berlin 3, 2006 vom 6. 3. 2006 (o. S.). – Rez.: Rheinische Post. Düsseldorf 28. 11. 2006.

Joch, Markus: Bruderkämpfe: Zum Streit um den intellektuellen Habitus in den Fällen Heinrich Heine, Heinrich Mann und Hans Magnus Enzensberger. Heidelberg 2000. VII, 483 S. [Zugl.: Berlin, Univ., Diss., 1998]. – Rez.: Torben Fischer in: Heinrich-Mann-Jahrbuch. Lübeck 24, 2006. S. 227–230.

Kuhligk, Björn und Jan Wagner: Der Wald im Zimmer: eine Harzreise. Orig.-Ausg. Berlin 2007. 171 S.: Ill., Kt. – Rez.: Tina Manske in: Titel – Magazin für Literatur und mehr. URL: http://www.titel-forum.de/print.php?sid=5453. [04. 03. 2007]. – Rez.: Enno Stahl. Deutschlandradio. Büchermarkt. 25. 07. 2007. URL: http://www.dradio.de/dlf/sendungen/buechermarkt/650246/.

Kuschel, Karl-Josef: Gottes grausamer Spaß?. Düsseldorf 2002. 359 S. – Rez.: Ursula Homann: Vom großen Heiden zum »todkranken Juden«: Heines Rückkehr zu Gott von exemplarischer Bedeutung in: literaturkritik.de. Marburg 4, 2002, 5. S. 146–149.

Konterbande und Camouflage: Szenen aus der Vor- und Nachgeschichte von Heinrich Heines marranischer Schreibweise. Hrsg. von Stephan Braese und Werner Irro. Berlin 2002. 176 S. – Rez.: Jürgen Egyptien: Marranische Schreibweise: zu einem Sammelband über Heine, Kracauer und Celan in: literaturkritik.de. Marburg 4, 2002, 10. S. 108–110.

Das letzte Wort der Kunst: Heinrich Heine und Robert Schumann zum 150. Todesjahr; [diese Publikation erscheint als Begleitband zur Ausstellung »Das letzte Wort der Kunst« ... in der Kunsthalle Düsseldorf und im Heinrich-Heine-Institut 12. März – 11. Juni 2006]. Hrsg. von Joseph A. Kruse unter Mitarb. von Marianne Tilch. In Zusammenarb. mit Ulrike Groos und Bernhard R. Appel. [Beiträge Joseph A. Kruse, Jörg Engelbrecht, Bettina Baumgärtel, Volker Kalisch, Klaus Briegleb u. a.] Stuttgart 2006. XV, 478 S.: 150 Ill. – Rez.: Robert Steegers in: HJb 2007. S. 263–264.

Maillet, Marie-Ange: Heinrich Heine. Paris 2007. 223 S. (Voix allemandes). – Rez.: Nina Bodenheimer und Norbert Waszek in: HJb 2007. S. 264–266.

Nickel, Jutta: Revolutionsgedanken: zur Lektüre der Geschichte in Heinrich Heines »Ludwig Börne. Eine Denkschrift«. Bielefeld 2007. 274 S. [Zugl.: Hamburg, Univ., Diss., 2005]. – Rez.: Esther Kilchmann: Wanderungen durch zertrümmerte Zahl- und Textlandschaften: Jutta Nickel entwickelt in »Revolutionsgedanken« neue Lesarten der Texte Heinrich Heines in: literaturkritik.de. Marburg 9, 2007, 10. o. S.

Nolte, Andreas: »Ich bin krank wie ein Hund, arbeite wie ein Pferd, und bin arm wie eine Kirchenmaus«: Heinrich Heines sprichwörtliche Sprache; mit einem vollständigen Register der sprichwörtlichen und redensartlichen Belege im Werk des Autors. Hildesheim [u. a.] 2006. 364 S. – Rez.: Jeffrey L. Sammons in: Monatshefte für deutschsprachige Literatur und Kultur. Madison, WI 99, 2007, 4. S. 577–578.

Park, Eun-Kyoung: »... meine liebe Freude an dem Göttergesindel«: die antike Mythologie im Werk Heinrich Heines. Stuttgart 2005. 460 S. – Rez.: Christian Liedtke in: Germanistik. Tübingen 47, 2006, 3–4. S. 839.

Pawel, Ernst: Le poète mourant: les dernières années de Heinrich Heine à Paris. Trad. de l'américain par Philippe Bonnet et Arthur Greenspan. Arles 2006. 331 S. (Le cabinet de lecture). [EST: The poet dying]. – Rez.: Daniel Bermond in: Revue des deux mondes. Paris 2007, 2. S. 179–180.

Perrey, Beate Julia: Schumann's Dichterliebe and early romantic poetics: fragmentation of desire. Cambridge 2002. XX, 242 S. – Rez.: Rebekah Pryor Pare in: Monatshefte für deutschsprachige Literatur und Kultur. Madison, WI 97, 2005, 4. S. 772–773.

Phelan, Anthony: Reading Heinrich Heine. Cambridge 2007. 310 S. – Rez.: Christian Liedtke in: HJb 2007. S. 266–267.

Ruprecht, Lucia: Dances of the self in Heinrich von Kleist, E. T. A. Hoffmann and Heinrich Heine. Aldershot 2006. 158 S. – Rez.: Simon Wortmann in: HJb 2007. S. 267–269.

Sammons, Jeffrey L.: Heinrich Heine: alternative perspectives 1985–2005. Würzburg 2006. 301 S. – Rez.: Robert C. Holub in: Monatshefte für deutschsprachige Literatur und Kultur. Madison, WI 99, 2007, 3. S. 417–419. – Rez.: Marie-Ange Maillet in: Arbitrium. Tübingen 25, 2007, 1. S. 80–82.

Schiffter, Roland: »Sie küsste mich lahm, sie küsste mich krank«: vom Leiden und Sterben des Heinrich Heine. Würzburg 2006. 96 S.: Ill. – Rez.: Horst Nizze in: Deutsches Ärzteblatt. Köln 105, 2008, 9. S. C410. – Rez.: Bernd Holdorff in: HJb 2007. S. 270–271.

Schulz, Nils Björn: Eine Pädagogik des Stils: Überlegungen zu Heines Philosophieschrift. Würzburg 2005. 194 S. – Rez.: Christian Liedtke in: Germanistik. Tübingen 48, 2007, 1/2. S. 336–337.

Schumacher, Meinolf: Ärzte mit der Zunge: leckende Hunde in der europäischen Literatur; von der patristischen Exegese des Lazarus-Gleichnisses (Lk. 16) bis zum ›Romanzero‹ Heinrich Heines. Bielefeld 2003. 87 S.: Ill. – Rez.: Paul Michel in: Mittellateinisches Jahrbuch. Stuttgart 40, 2005, 1. S. 141–143.

Schwabach-Albrecht, Susanne: In Heines Gesellschaft: Heinrich-Heine-Gesellschaft e.V. Düsseldorf; 1956–2006; [eine Publikation der Heinrich-Heine-Gesellschaft zum 50jährigen Bestehen]. Hrsg. von Joseph A. Kruse. Heinrich-Heine-Gesellschaft. Düsseldorf 2006. 88 S.: Ill. – Rez.: Susanne Schramm: Mit Heine in bester Gesellschaft in: Düsseldorfer Nachrichten. Düsseldorf 13. 7. 2007. S. 18. – Rez.: Noch ein Jubiläum: 50 Jahre Heine-Gesellschaft in: Rheinische Post. Düsseldorf 17.02.2006 (o. S.). – Rez.: Susanne Schramm: Niederlagen und Triumphe: Düsseldorfer Heinrich-Heine-Gesellschaft blickt zurück auf 50 Jahre in: General-Anzeiger. Bonn 10. 10. 2006 (o. S.).

Singh, Sikander: Heinrich Heines Werk im Urteil seiner Zeitgenossen. Stuttgart Bd. 11. 2005. – Rez.: Winfried Woesler in: Germanistik. Tübingen 47, 2006, 3–4. S. 837–838.

Synofzik, Thomas: Heinrich Heine – Robert Schumann: Musik und Ironie. Köln 2006. 190 S. – Rez.: Michael Beiche in: HJb 2007. S. 271–272.

Übergänge: zwischen Künsten und Kulturen; Internationaler Kongress zum 150. Todesjahr von Heinrich Heine und Robert Schumann. Hrsg. v. Henriette Herwig, Volker Kalisch, Bernd Kortländer, Joseph A. Kruse und Bernd Witte. Red.: Wolfgang Delseit unter Mitarb. v. Kumi Dahlke-Oyamada und Florian Trabert. Stuttgart; Weimar 2007. XII, 787 S.: Ill., graph. Darst., Noten. – Rez. in: Correspondenz. Robert-Schumann-Gesellschaft. Düsseldorf 2007, 30. S. 118–120.

»... und die Welt ist so lieblich verworren«: Heinrich Heines dialektisches Denken; Festschrift für Joseph A. Kruse. Hrsg. von Bernd Kortländer und Sikander Singh. Bielefeld 2004. 507 S.: Noten. – Rez.: Alexander Joskowicz in: German studies review. Kalamazoo, MI 31, 2007, 1. S. 169–170.

Windfuhr, Manfred: Die Düsseldorfer Heine-Ausgabe: ein Erfahrungsbericht. Düsseldorf 2005. 96 S. – Rez.: Michel Espagne in: Etudes germaniques. Paris 61, 2006, 3. S. 480–481. – Rez.: Erfahrungen mit drei Jahrzehnten Heine in: rp-online vom 11. 10. 2005 http://www.rp-online.de/public/article/regional/duesseldorf/duesseldorf-stadt/nachrichten/duesseldorf/110748. – Rez.: Lothar Schröder: Heine-Ausgabe – eine Sache von zwei Jahren? in: Rheinische Post. Düsseldorf 12. 10. 2005 (o. S.). – Rez.: Petra Kuiper: Heines Geschichte(n) in: Neue Rhein-Zeitung. Düsseldorf 12. 10. 2005. (o. S.). – Rez.: Forscher erwarten von Heinrich Heine keine Überraschungen mehr in: Die Welt. Hamburg 12. 10. 2005 (o. S.). – Rez.: Abenteuer eines Heine-Forschers in: Westdeutsche Zeitung. Düsseldorf 12. 10. 2005 (o. S.). – Rez.: Jeanette Mayer: 33 Jahre auf der Suche nach Heine in: Express. Düsseldorf 12. 10. 2005 (o. S.). – Rez.: Klaus Hübner: Heinrich Heine: 105. Todestag in: Titel. Karlsruhe 7, 2006 (o. S.). – Rez.: Roland Berbig: Eine Revue zur Heine-Literatur im Gedenkjahr 2006 in: Zeitschrift für Germanistik. Bern [u. a.] 16, 2006 (o. S.)

Wirtz, Michaela: Patriotismus und Weltbürgertum: eine begriffsgeschichtliche Studie zur deutsch-jüdischen Literatur 1750–1850. Tübingen 2006. VI, 266 S. [Zugl.: Aachen, Techn. Hochsch., Diss., 2004]. – Rez.: Regina Grundmann in: HJb 2007. S. 275–276.

Wollschläger, Karin: »daß unser Leben nur ein farbiger Kuß Gottes sey«: Heinrich Heines religiöser Sensualismus. Tönning [u. a.] 2005. 350 S. [Zugl.: Münster, Univ., Diss., 2005]. – Rez.: Joseph A. Kruse in: HJb 2007. S. 276–279.

Zu Heinrich Heines Spätwerk »Lutezia«: Kunstcharakter und europäischer Kontext. Hrsg. von Arnold Pistiak und Julia Rintz. Berlin 2007. 390 S.: Ill. – Rez.: Robert Steegers in: HJb 2007. S. 279–281.

4 Rezeption

4.1 Allgemien

Baixeras, Josep A.: La recepció de Heine a la Península: notes sobre Juan Valera. – In: Ein Mann wie Heine täte uns Not. Barcelona 2007. S. 141–150.

Bernhardt, Rüdiger: Die »Störung« Heinrich Heine: vernachlässigte Rezeptionsvorschläge. – In: Studia niemcoznawcze. Warschau 33, 2006. S. 229–246.

Borrero Zapata, Víctor Manuel: De visita por el camposanto de los libros: Heinrich Heine en la historia de la literatura alemana en lengua española (1900–1960). – In: Ein Mann wie Heine täte uns Not. Barcelona 2007. S. 151–166.

Borrero Zapata, Víctor Manuel: Heinrich Heine en las historias de la literatura alemana en lengua española: 1961–2003. – In: Revista de filología alemana. Madrid 15, 2007. S. 47–63.

Brondsted, Mogens: Heine i Danmark. – In: Scandinavian literature in a transcultural context: papers from the XV IASS Conference, University of Washington, August 12–18, 1984; Seattle, USA. Ed. by Svan H. Rossel … Seattle, WA 1986. (Akten der … Studienkonferenz der International Association for Scandinavian Studies; 15). S. 192–195.

Drews, Jörg: Heinrich Heine in den Augen Werner Krafts. – In: Harry … Heinrich … Henri … Heine. Berlin 2008. S. 309–318.

Ebel, Uwe: Heinrich Heine: Werk und Wirkung in Dänemark. – In: Ders.: Gesammelte Studien zur skandinavischen Literatur. Metelen/Steinfurt. 2: Studien zur Literatur der Neuzeit. 1998. (Wissenschaftliche Reihe; 8). S. 81–93.

El-Sharkawy, Nermine Ahmed Galal Hussein: Die Rezeption Heinrich Heines in Ägypten. Kairo, Univ., Magisterarb., 2002.

Gómez García, Carmen: Heine als Wegbereiter einer neuen Dichtkunst in Spanien: Geschichte der ersten Leser von Heine. – In: Harry … Heinrich … Henri … Heine. Berlin 2008. S. 423–434.

Gouveia Delille, Maria Manuela: Die doppelzügige Rezeption Heinrich Heines in der portugiesischen Literatur: von der Jahrhundertwende bis zum Zweiten Weltkrieg. – In: Harry … Heinrich … Henri … Heine. Berlin 2008. S. 435–448.

Hauer, Beate Isabella: Die Heine-Rezeption in Österreich von seinem Tod (1856) bis zur Jahrhundertwende (1900). – In: Ein Mann wie Heine täte uns Not. Barcelona 2007. S. 217–233.

Hermand, Jost: Warum Heine Büchner nie erwähnt: Unkenntnis, Verschweigetaktik oder bewusste Verdrängung?. – In: Georg Büchner: neue Perspektiven zur internationalen Rezeption. Hrsg. von Dieter Sevin. Berlin 2007. (Philologische Studien und Quellen; 201). S. 123–136.

Jaśtal, Katarzyna: »Er war uns immer ein guter Freund gewesen …«: zu Heines Wirkung in Polen an der Schwelle zum 20. Jh. – In: Perspektiven der polnischen Germanistik in Sprach- und Literaturwissenschaft = germanistae poloni studiorum linguae germanicae et historiae littera-

rumgermanicarum excolendorum quas spes alant: Festschrift für Olga Dobijanka-Witczakowa zum 80. Geburtstag. Hrsg. von Antoni Dębski und Krysztof Lipiski. Krakau 2004. S. 221–230.
Kimura, Naoji: Heinrich Heine im Kontext der Weltliteratur. – In: Harry ... Heinrich ... Henri ... Heine. Berlin 2008. S. 457–466.
Pérez, Ana: Heine y el exilio alemán 1933–1945. – In: Ein Mann wie Heine täte uns Not. Barcelona 2007. S. 263–277.
Pelloni, Gabriella: Im Horizontwandel des Verstehens: italienische Rezeption Heinrich Heines im 19. und 20. Jahrhundert. – In: HJb 2007. S. 185–198.
Sammons, Jeffrey L.: Das leichtgewichtige Judentum Heines in der amerikanischen Rezeption des frühen zwanzigsten Jahrhunderts: einige Streiflichter. – In: Harry ... Heinrich ... Henri ... Heine. Berlin 2008. S. 411–422.
Siguan, Marisa: Heine in Spanien: Ideenschmuggel. – In: Ein Mann wie Heine täte uns Not. Barcelona 2007. S. 183–201.
Sigurdardottir, Turid: Goethe, Heine and Schiller in Faroese. – In: Salonkultur und Reiselust: nordische und deutsche Literatur im Zeitalter der Romantik; ein Symposium zum 200. Geburtstag von P. U. Kernell. Hrsg. von Hubert Seelow. [Universitätsbund Erlangen-Nürnberg; Universitätsbibliothek Erlangen]. Erlangen 2000. (Erlanger Forschungen/A; 93). S. 115–138.
Steinecke, Hartmut: »Dichter unbekannt« – »Kaiser« der Emigration: zur Heine-Rezeption 1933–1945. – In: Ein Mann wie Heine täte uns Not. Barcelona 2007. S. 293–309.
Steinecke, Hartmut: Heine – Nachfolger, Nachahmer, Verderber Goethes?: sein Platz in der deutschen Nationalliteratur-Geschichte des 19. Jahrhunderts. – In: Der Mnemosyne Träume: Festschrift zum 80. Geburtstag von Joseph P. Strelka. Hrsg. von Ilona Slawinski. In Zusammenarb. mit Vahidin Preljevic und Robert Weigel. Tübingen 2007. S. 409–418.
Szendi, Zoltán: Zur neueren Rezeption Heinrich Heines in Ungarn. – In: Harry ... Heinrich ... Henri ... Heine. Berlin 2008. S. 449–456.
Tüting, Edeltraut: »Die schlesischen Weber« in der Schule der DDR: Dokumentation zur Wirkungsgeschichte eines Heineschen Gedichtes. Leipzig 2007. 99 S.
Woesler, Winfried: Germanistische Editionen im Spannungsfeld der deutschen Teilung: unter besonderer Berücksichtigung der Schiller-Nationalausgabe und der beiden Heine-Ausgaben. – In: Editionen – Wandel und Wirkung. Hrsg. von Anette Sell. Tübingen 2007. (Editio/Beihefte; 25). S. 167–186.

4.2 Literarische und künstlerische Behandlung von Person und Werk

4.2.1 Literarische Essays und Dichtungen

Büttner, Gerhard: 1000 Schüttelreime ohne Tabu. Gelnhausen 2007. 101 S. [Heine S. 13].
Frey, Alexander: Silvester auf Ex: heiter, satirische Gedichte. Stefanie Frey (Zeichn.). [Leipzig]; Berlin 2006. 104 S.: Ill. [Parodie auf Heine »Frühlingstoll« S. 28].
Gaaikema, Seth: Verliefd & verloren: vrij naar Heinrich Heine; handboek voor verliefden. Amsterdam 2003. 228 S.
Gaaikema, Seth: Een dromerige dag in mei. Seth Gaaikema ontmoet Heinrich Heine. Baarn 1982. 207 S. (De Prom-boeken).
Hoja, Roland: Heine bei Brecht: [Roman]. Norderstedt 2008. 259 S.: Ill.
Kempner, Friederike: Gedichte. Ausgabe letzter Hand. Mit einem Vorw. von Hartmut Lange. Berlin 2004. 319 S.: Ill. [»Heine« S. 271–272].

Merkel, Günter B.: Die Antwort auf die DichtKunst der vergangenen 200 Jahre. Wilhelmsfeld. CD 1: Poesie und Musik. Sprecher: Peter Nassauer, Heinz Gerhardt Piske, Aart Veder, Karin Schroeder und Gabriele Wieland. Komponist: Peter Seiler. 1. Aufl. 1 CD. – Buch 2: 140 Gereimte UnGereimtheiten. 1. Aufl. [2003]. 363 S. [Heine-Gegen-Gedichte S. 47, 57, 77]. – Buch 3: 280 gereimte UnGereimtheiten. 1. Aufl. 2005. 414 S. [Heine-Gegen-Gedichte S. 81, 83].

Merkel, Günter B.: Die Antwort auf die »Letzten TÄNZE« des Literatur-Nobel-Preisträgers Günter Grass: eine nicht so ernst gemeinte, aber an den nackten Tat-Sachen orientierte Schmäh-Schrift. 1. Aufl. Wilhelmsfeld 2004. 235 S. [Heine-Gegen-Gedichte S. 203, 217].

Merkel, Günter B.: Glanz-Lichter: aus der Buch-Reihe: Die Antwort auf die Dichtkunst der vergangenen 200 Jahre Band I-III; »Hai-Leitz« vom »Hai-delberger« Dichter. 1. Aufl. Wilhelmsfeld [2006]. 318 S. [Heine-Gegengedichte S. 159, 171].

Merkel, Günter B.: Große Sprüche vom gnadenlosen Dichter. 1. Aufl. Wilhelmsfeld 2004. 128 S. [Heine-Gegengedicht S. 107].

Merkel, Günter B.: Haupt-Sache Liebe: aus der Buch-Reihe: Die Antwort auf die Dichtkunst der vergangenen 200 Jahre. Wilhelmsfeld. 1. 2005. 215 S. [Heine-Gegengedicht S. 63].

Moser, Achill: Nimm nur mit, was du tragen kannst: auf den Spuren Heinrich Heines durch den Harz. Hamburg 2008. 203 S.

Nordsee ist Wortsee: eine Auswahl moderner Nordsee-Poesie; [eine Anthologie]. Hrsg. von Nicolas Nowack. Neumünster 2006. 223 S.: Ill. [Gedicht nach Heine von Ferdinand Blume-Werry »Heine-Reduktion III« S. 65].

Oliver, Douglas: Arrondissements. Ed. by Alice Notley. Cambridge 2003. XI, 156 S. [»Trink« S. 18–20, »Between Celan and Heine« S. 27–28, »Walnut and Lily« S. 32–33, »Twilight flowers« S. 35–36].

Schwarz-Gardos, Alice: Was Harry heute geschrieben hätte. – In: Dies.: Zeitzeugnisse aus Israel: gesammelte Beiträge der Chefredakteurin der »Israel-Nachrichten«; zum 90. Geburtstag der Autorin. Hrsg. v. Erhard Roy Wiehn. Konstanz 2006. S. 168–170.

Stilett, Hans: Tröstliches Archiv. – In: »… das hohe Geistergespräch«: über Literatur im musealen und digitalen Raum. Sabine Brenner-Wilczek/Sikander Singh (Hrsg.) Bielefeld 2008. S. 13. [Gedicht nach Heine].

4.2.2 Werke der bildenden Kunst

Angela B. Clement, Flying mountain – Kupfer und Himmelseisen. Weltkulturerbe Rammelsberg, Museum und Besucherbergwerk. [Text: Hartmut Böhme]. Goslar 2006. 26 S.: zahlr. Ill. [Heine-Skulptur S. 4–5].

Heine, Heinrich: Die Wanderratten. Illustration der Gedichtsverse v. Max Freyland. Aurich [2007]. o. S.

»Der Heinekopf mal anders«: Kunst am HHG. – In: Heinrich-Heine-Gymnasium: Schulzeitung. Oberhausen 2007. S. 85.

Ich kenne die Weise, ich kenne den Text …: Grafiken von Schülerinnen und Schülern des Gymnasiums Pampow zu Texten von Heinrich Heine; [ein Projekt im Heine-Jahr 2006]. [Projektleitung: Ursula Heysel. Künstl. Leitung für die Gestaltung der Grafiken: Hellmut Martensen]. [Hof Grabow] 2007. 67 S.: zahlr. Ill.

Prüssen, Eduard: Poeten-Porträts. Köln 2007. o. S. (Donkey-Press; 54). [Porträt o. S.]

Spies, Carola: Literatur im Raum: »Schriftstelen – Schriftbilder – Buchobjekte – Künstlerbücher«. – In: Magazin der Heinrich-Heine-Universität. Düsseldorf 2007, 3. S. 12.

Theresia Schüllner: Schriftstelen, Schriftbilder, Buchprojekte, Künstlerbücher; Begleitband zur Ausstellung in der Universitäts- und Landesbibliothek Düsseldorf, 22. November 2007 bis 16. Januar 2008. Hrsg. von Irmgard Siebert und Carola Spies. Düsseldorf 2007. 48 S.: Ill. (Schriften der Universitäts- und Landesbibliothek Düsseldorf; 41).

4.2.3 Werke der Musik, Vertonungen

Der Blumen Rache: Konzertmelodramen der Romantik. Hans-Jürgen Schatz, Rezitator; Holger Groschopp, Klavier. Hamburg [2002]. 2 CDs & Beih. [»Schelm von Bergen«].

Celestini, Federico: Schuberts Heimkehr: Figuren der Verfremdung im Heine-Lied ›Die Stadt‹. – In: Harry ... Heinrich ... Henri ... Heine. Berlin 2008. S. 231–240.

Dichterliebe: vier Musiker lieben ihren Dichter. Wolfgang Engstfeld, Tenorsaxophon; Hendrik Soll, Klavier; Christian Ramond, Bass; Peter Weiss, Schlagzeug. [Wismar] 2005. 1 CD.

Emans, Rainmar und Monika Schmitz-Emans: Schumanns kompositorische Aneignung von literarischen Texten am Beispiel der Heine-Lieder op. 24 und op. 48. – In: Übergänge. Stuttgart; Weimar 2007.

Gesse-Harm, Sonja: »Buchstaben von Feuer«: zur Bedeutung des Dramatischen in Robert Schumanns Romanzen und Balladen nach Texten Heinrich Heines. – In: Übergänge. Stuttgart; Weimar 2007. S. 217–229.

Gimber, Arno: Heines Doppelgänger in Schuberts Vertonung. – In: Ein Mann wie Heine täte uns Not. Barcelona 2007. S. 373–385.

Grimm, Gunter E.: »Die Macht des Gesanges«: Loreleys Verführungskünste in Opern des 19. Jahrhunderts. – In: Übergänge. Stuttgart; Weimar 2007. S. 37–55.

Hallmark, Rufus: Warum zweimal »Dichterliebe«?: Opus 24 und Opus 48. – In: Übergänge. Stuttgart; Weimar 2007. S. 229–249.

Harrandt, Andrea: Ruprechtshofen, 6. und 7. Oktober 2006 »Heinrich Heine in zeitgenössischen Vertonungen«. – In: Die Musikforschung. Kassel 60, 2007, 3. S. 257–258.

Heike Beckmann singt und liest Heinrich Heine: Live-Mitschnitt aus dem Haus des Gastes vom 3. 9. 2006, Bad Laasphe. Gesang, Klavier und Komposition: Heike Beckmann. Produktion: Susanne Morgenstern. Bad Laasphe 2007. 1 CD.

Heinrich Heine in concert: World tour 1997. Anne Bärenz (piano, voice) & Frank Wolff (voice, cello). Frankfurt a. M. 1997. 1 CD. & Beih.

Hillman, Roger: Am Rande der Heine-Rezeption: a) Heine im Film; b) eine Vertonung der ›Wallfahrt nach Kevlaar‹. – In: Harry ... Heinrich ... Henri ... Heine. Berlin 2008. S. 259–264.

Junge Dichter und Denker: Rap trifft Goethe & Co. Konzept: Nicola, Gaby und Addo Casper und Achim Oppermann. Hamburg 2006. 1 CD. [»Loreley«, »Belsazar«, »Der tugendhafte Hund«].

Langgaard, Rued: Lieder. Interpr.: Dahl, Anne Margrethe [Sopran]. Staerk, Ulrich [Klavier]. Kopenhagen 1994. 1 CD. [Fünf Lieder (Eichendorff/Heine), »Aus alten Märchen«, »Lyrisches Intermezzo«, »Wer zum ersten Male liebt«].

Laplenie, Jean-François: Qu'est-ce qu'un cycle?: constitution d'un genre entre rhétorique musicale et logique du texte; l'exemple de ›Dichterliebe‹. – In: À la croisée des langages: texte et arts dans les pays de langue allemande. Sous la direction de Edwige Brender ... Paris 2006. (Publications de l'Institut d'Allemand; 38). S. 169–178.

Lodes, Birgit: Franz Lachners ›Sängerfahrt‹ op. 33 auf Texte von Heine. – In: Franz Lachner und seine Brüder: Hofkapellmeister zwischen Schubert und Wagner; Bericht über das Musikwissenschaftliche Symposium anlässlich des 200. Geburtstages von Franz Lachner, veranstaltet von der Gesellschaft für Bayerische Musikgeschichte und dem Institut für Musikwissenschaft der Universität München, München, 24.–26. Oktober 2003. Hrsg. von Stephan Hörner und Hartmut Schick. Tutzing 2006. (Münchner Veröffentlichungen zur Musikgeschichte; 63). S. 213–246.

Lodes, Birgit: Schubert und Lachner lesen Heinrich Heines ›Ich stand in dunklen Träumen‹. – In: Musikgeschichte als Verstehensgeschichte: Festschrift für Gernot Gruber zum 65. Geburtstag. Hrsg. v. Joachim Brügge, Franz Födermayr, Wolfgang Gratzer, Thomas Hochradner, Siegfried Mauser. Tutzing 2004. S. 279–310.

Ortiz de Urbina Sobrino, Paloma: Heinrich Heine y Robert Schumann: ›Lyrisches Intermezzo‹ versus ›Dichterliebe‹. – In: Ein Mann wie Heine täte uns Not. Barcelona 2007. S. 385–394.

Peters, Paul: »Doppeltgänger«: Schubert und Schumann in »Winterreise« und »Dichterliebe«. – In: Übergänge. Stuttgart; Weimar 2007. S. 305–321.

Schnitzler, Günter: Zyklische Prinzipien in Dichtung und Musik am Beispiel von Heines »Lyrischem Intermezzo« und Schumanns »Dichterliebe«. – In: Übergänge. Stuttgart; Weimar 2007. S. 321–337.

Schubert, Franz: Schwanengesang. Jan Kobow, tenor. Kristian Bezuidenhout, pianoforte. [Montreal] 2007. 1 CD. [Enth. außerdem: Felix Mendelssohn: Six Lieder sur des textes de Heinrich Heine].

Simonis, Annette: Robert Schumanns Heine-Vertonungen: poetische Textur und ästhetische Unbestimmtheitsstellen in der ›Dichterliebe‹. – In: Harry … Heinrich … Henri … Heine. Berlin 2008. S. 221–230.

Strauss, Richard: The complete songs. Interpr.: Brewer, Christine (Sopr). Vignoles, Roger (Kl). London 2005. 1 CD. [»Frühlingsfeier« (Op 56 No 5), »Die heiligen drei Könige« (Op 56 No 6)].

Totenlieder. Interpret: NEW rAGE PROJECT. Rudolstadt 2007. 2 CDs & Beih. (12 S.) [»Geheimnis«, »Die Weber«, »Geheimnis II«].

Wagner, Richard: Sämtliche Lieder. Gundula Schneider (Mezzosopran), Jochen Kupfer (Bariton), Felicitas Strack (Klavier). Württembergischer Kammerchor. Leitung Dieter Kurz. Heidelberg 2006. 1 CD & Beih. [»Les deux grenadiers«].

Wendt, Matthias: Wie »Die alten bösen Lieder« zu »Rübezahl« wurden: zur Rezeption der Schumannschen Heine-Lieder im »Dritten Reich«. – In: Übergänge. Stuttgart; Weimar 2007. S. 141.

4.2.4 Das Werk auf der Bühne

Crăciun, Ioana: »Ich bin ein Kind der Revolution«: zur Gestalt Heinrich Heines in Tankred Dorsts Theaterstück ›Harrys Kopf‹. – In: Harry … Heinrich … Henri … Heine. Berlin 2008. S. 367–386. S. 203–216.

Fernández Bueno, Marta: ›Harrys Kopf‹, un retrato de Heine por Tankred Dorst. – In: Ein Mann wie Heine täte uns Not. Barcelona 2007.

Hillman, Roger: Am Rande der Heine-Rezeption: a) Heine im Film; b) eine Vertonung der ›Wallfahrt nach Kevlaar‹. – In: Harry … Heinrich … Henri … Heine. Berlin 2008. S. 259–264.

Stoletzky, Cyrill: Schräges Überlebenstraining: Gernot Volz und Mathias Tretter servieren brillantes Kabarett im Haus der Freude in Düsseldorf; [Mathias Tretter präsentiert sein neues Programm »Deutschland. Ein Gummibärchen«]. – In: Düsseldorfer Hefte. Düsseldorf 52, 2007, 11. S. 9.

Wagner, Hans-Josef: Heine-Matinee am »Heine« mit dem Künstlerduo Rose & Georgi. – In: Heinrich-Heine-Gymnasium: Schulzeitung. Oberhausen 2007. S. 83–84.

4.2.5 Verweise auf Vergleichbarkeit

Hein, Peter: Geht so: Wegbeschreibungen. Düsseldorf 2007. 125 S.: Ill. [Anlehnung an Heines ›Deutschland. Ein Wintermärchen‹, siehe dem Buch beigel. Kopie].

Saba, Umberto: Canzoniere: Gedichte italienisch/deutsch. Übers. v. Gerhard Kofler, Christa Pock und Peter Rosei. Nachw. v. Peter Rosei. Stuttgart 1997. 229 S. [EST: Il canzoniere].

Schindel, Robert: Zwischen dir und mir wächst tief das Paradies: Liebesgedichte. Mit einem Vorw. von Andre Heller und mit Zeichn. von Christof Subik. Frankfurt a. M. [u. a.], 2003. 76 S.: Ill. (Insel; 1247).

4.3 Denkmäler

Bernhardt, Thomas: HaltestellenGeschichte(n). Düsseldorf 2007. 64 S.: zahlr. Ill. [Heinrich-Heine-Allee, Düsseldorf S. 22–23].

Borchmeyer, Dieter: Brief an den Ministerpräsidenten Dr. Edmund Stoiber: [Aufstellung einer Büste von Heinrich Heine in der Walhalla]. – In: Bayerische Akademie der Schönen Künste: Jahrbuch. München 20, 2007. S. 173–176.

Cornelius, Reiner: Vom Todesstreifen zur Lebenslinie. Niederaula. [Bd. 2]: Der Harz. 2007. 272 S.: zahlr. Ill. (Natur und Kultur am Grünen Band Deutschland; 3). [Heine-Plakette auf dem Brocken und Heinrich-Heine-Weg].

Goltschnigg, Dietmar: Bildkarikaturen zum Kampf ums Heinedenkmal. – In: Revista de filología alemana. Madrid 15, 2007. S. 65–74.

Hartmann, Karl-Martin: Wernerkapelle, Bacharach – Das Fenster: Expose. Wiesbaden 2007. o. S.

Kortländer, Bernd: Kunst und Toleranz: die Wernerkapelle. – In: ... in Rheinkultur. Düsseldorf 2007, 2. S. 52–53.

Neumerkel, Andreas: Stralsunder Straßen und ihre Namen: Gedenkstein erinnert an den deutschen Dichter Heinrich Heine. – In: Stralsunder Blitz. Stralsund 17, 2007, 46 Beil. S. 3.

Niers, Gert: Heines Denkmal in der Bronx. – In: German life. Denville, NJ 2007, June/July. S. 54–56.

Niers, Gert: Heine's monument in the Bronx. – In: German life. Denville, NJ 2007, June/July. S. 54–56.

Wagner, Tanja: Das restaurierte und teilweise rekonstruierte Heine-Uhland-Lanzettfenster der Kunsthalle von Schloss Drachenburg. – In: Denkmalpflege im Rheinland. Köln 24, 2007, 2. S. 80–83.

5 Gedenkstätten und Sammlungen. Vereinigungen. Preise. Ausstellungen. Wissenschaftliche Konferenzen

Brenner-Wilczek, Sabine: Reanimationen des kulturellen Gedächtnisses: Literaturarchive und ihre Traditionslinien. – In: »... das hohe Geistergespräch«: über Literatur im musealen und digitalen Raum. Sabine Brenner-Wilczek/Sikander Singh (Hrsg.) Bielefeld 2008. S. 151–154.

Cepl-Kaufmann, Gertrude: Archiv – Diskurs – Ausstellung: vom Reiz des Entdeckens und Zeigens. – In: »... das hohe Geistergespräch«: über Literatur im musealen und digitalen Raum. Sabine Brenner-Wilczek/Sikander Singh (Hrsg.) Bielefeld 2008. S. 67–70.

Düwell, Susanne: Der Skandal um Peter Handkes ästhetische Inszenierung von Serbien. – In: Literatur als Skandal. Göttingen 2007. S. 577–587.

Füllner, Karin: Politik und Maskerade: von Heine bis heute; 9. Forum Junge Heine Forschung 2006 mit neuen Arbeiten über Heinrich Heine. – In: HJb 2007. S. 223–228.

Füllner, Bernd: Der Leser als Editor: Editionskritik als Möglichkeit digitaler Editionen am Beispiel des Heinrich-Heine-Portals. – In: »... das hohe Geistergespräch«: über Literatur im musealen und digitalen Raum. Sabine Brenner-Wilczek/Sikander Singh (Hrsg.) Bielefeld 2008. S. 109–116.

Heinrich-Heine-Schreibwettbewerb 2006 der Behörde für Bildung und Sport zum 150. Todestag des Dichters: Texte der Preisträgerinnen und Preisträger und weitere ausgewählte Texte. [Red.: Hartmut Deutelmoser; Burkhard Dormagen]. Hamburg 2007. 75 S.

Kortländer, Bernd: »Im Gestern halb und halb im Heute«: Annette-von-Droste-Gesellschaft und Heinrich-Heine-Gesellschaft; eine Konfrontation. – In: Herkunft und Zukunft literarischer Gesellschaften. Hrsg. von der Arbeitsgemeinschaft Literarischer Gesellschaften und Gedenkstätten ALG. Bielefeld 2007. S. 23–40.

Kortländer, Bernd: Rück-, Ein- und Ausblicke: regionalliterarische Forschung im Rheinischen Literaturarchiv des Heinrich-Heine-Instituts. – In: Literatur in der Region: Tagungsband; Tagung des Vereins Literaturhaus Nordhessen e. V. am 30. Juni und 1. Juli 2006 im Schlösschen Schönfeld Kassel. Karl-Heinz Nickel (Hrsg.) Kassel 2007. S. 100–120.

Loos, Renate: Der Schülerwettbewerb im Heine-Schumann-Jahr 2006. – In: HJb 2007. S. 244–254.

Napoleon: Trikolore und Kaiseradler über Rhein und Weser; [Ausstellung Preußen-Museum Nordrhein-Westfalen, Wesel, 11. 02.–09. 04. 2007; Preußen-Museum Nordrhein-Westfalen, Minden, 06. 05.–01. 07. 2007]. Veit Veltzke [Hrsg.] Köln [u. a.] 2007. XIV, 586 S.: Ill.

Nooteboom, Cees: Wo Bücher knurren, grollen, träumen: die Buchhandlung Müller & Böhm in Düsseldorf. Aus dem Niederl. v. Helga van Beuningen. Sonderausg. Düsseldorf 2006. 27 S.: Ill.

Pfister, Eva: Mit Dichtern handeln: die Literaturhandlung Müller & Böhm im Düsseldorfer Heine-Haus. – In: ... in Rheinkultur. Düsseldorf 2007, 2. S. 51.

Richters, Anna: Heinrich-Heine-Jubiläen als deutscher Erinnerungsort: eine vergleichende Analyse der Presseberichte zu ausgewählten Heine-Jubiläen nach 1945. Düsseldorf, Univ., Magisterarb., 2007. 85 Bl.

Sauerland, Karol: Heinrich Heine: »Reisebilder«: Vortrag zur Eröffnung der Reihe »Düsseldorf liest ein Buch«. – In: HJb 2007. S. 229–243.

Schiller, Dieter: Die Heine-Konferenz 1956 in Weimar. – In: HJb 2007. S. 199–211.

Steinecke, Hartmut: Heine, Handke und die Folgen. – In: HJb 2007. S. 212–222.

Süselbeck, Jan: Der Klimasturz: Matthias Matussek schießt sich im ›Spiegel‹ auf den in Frage gestellten Heine-Preisträger Peter Handke ein und serviert die Jury gleich mit ab. – In: literaturkritik.de. Marburg 8, 2007, 7. S. 151–154.

Vahl, Heidemarie: ›Das letzte Wort der Kunst‹ – the last word in art: the 150th anniversary of the deaths of Robert Schumann and Heinrich Heine. – In: Museums and young visitors and other subjects: ICLM Annual Conference 2006, 19–23 september in Germany. Ed. by the Board of ICLM. Frankfurt (Oder) 2007. (Proceedings of the ICLM annual conference ...; 2006: ICLM publications; 2). S. 61–65.

Wißkirchen, Hans: Lebenswerk einer literarischen Gesellschaft: Laudatio auf die Heinrich-Heine-Gesellschaft anlässlich der Verleihung des Hartmut-Vogel-Preises 2006. – In: ALG-Umschau. Berlin 2008, 39. S. 2–4.

Veranstaltungen des Heinrich-Heine-Instituts und der Heinrich-Heine-Gesellschaft e.V.

Januar bis Dezember 2007

Zusammengestellt von Karin Füllner

14. 1. 2007	»Danzig erinnert«. Günter Grass' Roman »Die Blechtrommel«. Prof. Dr. Gertrude Cepl-Kaufmann spricht zur Finissage der Sonderausstellung »Grafiken von Hubertus Giebe zum Roman von Günter Grass«. Veranstalter: Heinrich-Heine Institut.
16. 1. 2007	Partika-Saal der Robert-Schumann-Hochschule Düsseldorf Konzert und Lesung. »Die Freiheit kommt mit Spiel und Tanz«. Frédéric Chopin und Heinrich Heine. Konzert der Jungstudierenden mit Lesung von Düsseldorfer Schülern. Moderation: Dr. Karin Füllner und Prof. Raimund Wippermann, Rektor der Robert-Schumann-Hochschule. Veranstalter: Heinrich-Heine-Institut und Robert-Schumann-Hochschule Düsseldorf.
24. 1. 2007	»Die Tochter. Das Leben der Martha Fontane«. Buchvorstellung mit Dr. Regina Dieterle. Veranstalter: Heinrich-Heine-Gesellschaft und Fontane-Kreis, Niederrhein.
30. 1. 2007	»Ich Musikignorant«. Die Musik in Ludwig Börnes Schriften. Vortrag von Dr. Peter Rippmann, Basel. Veranstalter: Heinrich-Heine-Institut.
31. 1. 2007	»Heine um 11«. Lektürekurs aus Anlass von Heinrich Heines Todestag am 17. Februar. Leitung: Dr. Ursula Roth. Veranstalter: Heinrich-Heine-Institut.
4. 2. 2007	Ausstellungseröffnung. »Zum Andenken jetzt und später«. Neues aus den Sammlungen zur Literatur, Kunst und Musik. Teil I (bis 1900). (4. 2.–18. 3. 2007). Zur Ausstellungseröffnung liest Dieter Prochnow aus Heines Briefen. Veranstalter: Heinrich-Heine-Institut.
10./11. 2. 2007	»Text & Ton«. »Heine, Schumann und die Frauen«. Sektfrühstück in der Bibliothek des Heine-Institus mit musikalisch-literarischem Programm. Moderation und Rezitation: Dr. Karin Füllner und Dr. Ursula Roth. Am Flügel: Helmut Götzinger. Veranstalter: Heinrich-Heine-Institut und Heinrich-Heine-Gesellschaft.
27. 2. 2007	»Sie küßte mich lahm, sie küßte mich krank«. Vortrag zu Heines Todestag von Prof. Dr. Roland Schiffter, Berlin. Heidemarie Vahl führt durch die Heine-Ausstellung zum Thema »Der späte Heine«. Veranstalter: Heinrich-Heine-Institut und Heinrich-Heine-Gesellschaft.

3. 3. 2007 Öffentliches Kolloquium. Forschungsaspekte der Kulturregion Rheinland. Vorträge von Dr. Walter Delabar, Georg Mölich, Dr. Johannes Roskothen, Prof. Dr. Dieter Breuer, Dr. Ariane Neuhaus-Koch, Dr. Karin Füllner, Cristina Parau, Dr. Stefanie Muhr. Das Kolloquium wird veranstaltet zu Ehren des 65. Geburtstages von Prof. Dr. Gertrude Cepl-Kaufmann.
Veranstalter: Heinrich-Heine-Institut und Germanistisches Seminar II der Heinrich-Heine-Universität Düsseldorf.

6. 3. 2007 Auftaktveranstaltung. Fremde, geheime Sprache? – Eine Veranstaltungsreihe zur lyrischen Form. Zum Auftakt der neuen Lyrik-Edition »schwarzes quadrat« im onomato Verlag lesen Franz Josef Czernin, Heinz Czechowski, Ferdinand Scholz und Christian Röse. Klangstücke zur Überleitung von Ferdinand Scholz.
Veranstalter: Heinrich-Heine-Institut und onomato Künstlerverein. Mit freundlicher Unterstützung des Kulturamts der Landeshauptstadt Düsseldorf.

11. 3. 2007 Clara Schumann: »Sonntags am Rhein«. Zum Internationalen Frauentag 2007. Mit Genoveva dos Santos (Sopran), Kazuko Takaishi (am Flügel) und Lena Schweins (Texte). Im Anschluss führt Heidemarie Vahl durch die Ausstellung.
Veranstalter: Heinrich-Heine-Institut.

17./18. 3. 2007 Paris
Mit Heine in Paris. »unter der Bevölkerung des Faubourg Montmartre habe ich mein liebstes Leben gelebt«. Literarische Spaziergänge auf den Spuren Heinrich Heines. Leitung: Dr. Bernd Füllner und Dr. Karin Füllner.
Veranstalter: Maison Heinrich Heine, Paris, in Zusammenarbeit mit Heinrich-Heine-Institut und Heinrich-Heine-Gesellschaft.

19. 3. 2007 Gilles Rozier liest »Abrahams Sohn«. Einführung. Dr. Karin Füllner.
Veranstalter: Heinrich-Heine-Institut, Institut Français und Jüdische Kulturtage 2007.

20. 3. 2007 »Heine um 11«. Lektürekurs. Leitung: Dr. Ursula Roth.
Veranstalter: Heinrich-Heine-Institut.
Mitgliederversammlung der Heinrich-Heine-Gesellschaft.
Veranstalter: Heinrich-Heine-Gesellschaft.

21. 3. 2007 »Heinrich Heine und die Rechtswissenschaft«. Vortrag von Prof. Dr. Okko Behrends, Göttingen.
Veranstalter: Heinrich-Heine-Gesellschaft.

28. 3. 2007 Ausstellungseröffnung. »Zum Andenken jetzt und später«. Teil II (ab 1900). (25. 3.–13. 5. 2007). Zur Ausstellungseröffnung spricht Prof. Dr. Bernd Kortländer. Solisten der Deutschen Oper am Rhein stellen Heine-Vertonungen des 20. Jahrhunderts vor.
Veranstalter: Heinrich-Heine-Institut.

12. 4. 2007 Wolfgang Mock liest »Simplon«.
Veranstalter: Heinrich-Heine-Gesellschaft und Deutsch-Italienische Gesellschaft.

15. 4. 2007 Mahn- und Gedenkstätte Düsseldorf
»Der Rabbi von Bacherach«. Bernt Hahn liest Heine. Die Lesung wird musikalisch begleitet von Theo Jörgensmann (Klarinette).
Veranstalter: Mahn- und Gedenkstätte Düsseldorf, Heinrich-Heine-Institut, Landesverband Nordrhein der Jüdischen Gemeinden, Gesellschaft für Christlich-Jüdische Zusammenarbeit.

21. 4. 2007 »Neues von gestern«. Nacht der Museen im Heine-Institut mit musikalisch-literarischem Programm und Führungen.
Kurzführungen durch die Ausstellung »Zum Andenken jetzt und später« (Heidemarie Vahl); Themenführungen durch die Ausstellung »Heinrich Heine. Nähe und Ferne«: »Heine und die Frauen« (Dr. Karin Füllner), »Der politische Heine« (Dr. Ursula Roth), »Heine und Düsseldorf« (Heidemarie Vahl), »Heine und Frankreich« (Prof. Dr. Bernd Kortländer).
Jazz in den Ausstellungsräumen mit dem Duo Hotz-Schubert (Kontrabass und Saxophon).
»Hurra! Du Schwarz! Du Rot! Du Gold«. Eine Revue mit Texten von Heinrich Heine und Bertolt Brecht. Mit Silke Kunz, Klaus-Lothar Peters, Alexander Steindorf und Laina Schwarz (Junges Schauspielhaus Düsseldorf).
»Neues von gestern«. Kabarett-Soloprogramm mit Niki Ankenbrand (Düsseldorfer Kommödchen). Am Flügel: Jörg Siebenhaar.
Veranstalter: Heinrich-Heine-Institut.

23. 4. 2007 Bücherflohmarkt im Heinrich-Heine-Institut zum »Tag des Buches«.
Veranstalter: Heinrich-Heine-Institut.

24. 4. 2007 Palais Wittgenstein
Ralph Giordano liest »Die Erinnerungen eines Davongekommenen«.
Veranstalter: Heinrich-Heine-Institut, Kulturamt der Landeshauptstadt Düsseldorf und VHS Düsseldorf.

4. 5. 2007 Konzertmelodramen der Romantik. »Der Blumen Rache«. Mit Hans-Jürgen Schatz und Holger Groschopp (am Flügel).
Veranstalter. Heinrich-Heine-Institut und Kulturamt der Landeshauptstadt Düsseldorf.

10. 5. 2007 »Vom musikalischen Träumen«. Konzert-Lesung mit Prof. Dr. Ute Büchter-Römer (Texte), Prof. Michaela Krämer (Sopran) und Soo-Jong Yoo (am Flügel).
Veranstalter: Heinrich-Heine-Institut.

12./13. 5. 2007 »Text & Ton«. »Heine, Paris und die Musik«. Sektfrühstück in der Bibliothek des Heine-Institus mit musikalisch-literarischem Programm. Moderation und Rezitation: Dr. Karin Füllner und Dr. Ursula Roth. Am Flügel: Helmut Götzinger.
Veranstalter: Heinrich-Heine-Institut und Heinrich-Heine-Gesellschaft.

20. 5. 2007 »Grauer, trockener Packpapierstyl«. Führung durch die Heine-Ausstellung zum Internationalen Museumstag. Leitung: Heidemarie Vahl.
Veranstalter: Heinrich-Heine-Institut.

30. 5. 2007 Heines »Buch der Lieder« in Übersetzungen russischer Dichter. Buchvorstellung mit Lesung von Alexander Nitzberg.
Veranstalter: Heinrich-Heine-Institut und Jüdische Gemeinde Düsseldorf.

1./4. 6. 2007 »Gilgamesch« – Ein Theaterabend mit Klaviermusik. Mit Anne-Marie Lux, Franka Johanna Schrörs, Falk Merlin Grossmann, Fabian Koglin, Constanze Molski, Sven Tillmann, Christian Theiß. Regie und Text: Dennis Palmen.
Veranstalter: Heinrich-Heine-Institut und Heinrich-Heine-Gesellschaft.

3. 6. 2007 Palais Wittgenstein
Ausstellungseröffnung. »den sprachn das sentimentale abknöpfn«. Thomas Kling zum 50. Geburtstag. Mit Till Brinkmann (Rezitation) und Frank Köllges (Trommeln).

	Veranstalter: Heinrich-Heine-Institut. Gefördert von der Kunststiftung NRW.
5. 6. 2007	»Ein Mann geht durch die Stadt«. Rolf Bongs zum 100. Geburtstag. Einführung: Prof. Dr. Bernd Kortländer. Daniel Berger liest Gedichte und Prosa. Veranstalter: Heinrich-Heine-Institut.
9./10. 6. 2007	Paris Mit Heine in Paris. »unter der Bevölkerung des Faubourg Montmartre habe ich mein liebstes Leben gelebt«. Literarische Spaziergänge auf den Spuren Heinrich Heines. Leitung: Dr. Bernd Füllner und Dr. Karin Füllner. Veranstalter: Maison Heinrich Heine, Paris, in Zusammenarbeit mit Heinrich-Heine-Institut und Heinrich-Heine-Gesellschaft.
14.–17. 6. 2007	Bücherbummel auf der Kö. Heinrich-Heine-Institut und Heinrich-Heine-Gesellschaft präsentieren sich. Veranstalter: Heinrich-Heine-Institut und Heinrich-Heine-Gesellschaft.
15. 6. 2007	Interdisziplinäre Tagung. Kulturelle Überlieferungen: Regionale Literaturgeschichte, Pflege und Vermittlung von Literatur. Vorträge von Prof. Dr. Otto Dann, Dr. Sabine Brenner-Wilczek, Dr. des. Cornelia Ilbrig, Dr. Bernd Füllner, Jasmin Grande M. A., Dr. Steffi Hummel, Phillipe Beck. Veranstalter: Heinrich-Heine-Institut. Gefördert vom Landschaftsverband Rheinland.
17. 6. 2007	Heine mit einem Hauch Lokalkolorit. Vortrag und Führung: Dr. Ursula Roth, Rezitation: Monika Voss. Veranstalter: Heinrich-Heine-Institut und Heinrich-Heine-Gesellschaft.
19. 6. 2007	Partika-Saal der Robert-Schumann-Hochschule Düsseldorf »viel reisen und viel sehen«. Reisebilder in Literatur und Musik. Konzert der Jungstudierenden mit Lesung von Studierenden der Heinrich-Heine-Universität. Moderation: Dr. Karin Füllner und Prof. Raimund Wippermann, Rektor der Robert-Schumann-Hochschule. Veranstalter. Heinrich-Heine-Institut und Robert-Schumann-Hochschule Düsseldorf.
20.6.2007	Reden über Kling. Vorträge und Diskussion mit Prof. Dr. Hermann Korte, Dr. Enno Stahl und Christian Döring. Musik: Thomas Witzmann. Veranstalter: Heinrich-Heine-Institut.
23. 6. 2007	»Die Freiheit kommt mit Spiel und Tanz«. Heinrich Heine und Frédéric Chopin. Ein Mittsommerabend im Heine-Institut. Am Flügel: Hanni Liang und Paul Ye (Klasse Prof. Barbara Szcepanska). Moderation: Dr. Karin Füllner und Prof. Raimund Wippermann. Veranstalter: Heinrich-Heine-Institut, Heinrich-Heine-Gesellschaft und Robert-Schumann-Hochschule Düsseldorf.
27. 6. 2007	»Heinrich Heine und Eduard Gans«. Vortrag von Prof. Dr. Norbert Waszek, Paris. Veranstalter: Heinrich-Heine-Gesellschaft.
5. 8. 2007	Beyer über Kling. Zur Finissage der Ausstellung »Thomas Kling zum 50. Geburtstag« liest und spricht Marcel Beyer. Veranstalter: Heinrich-Heine-Institut.

18. 8. 2007 Heimspiel. Lange Nacht der Düsseldorfer Literatur. Ein Abend mit Lesungen, Straßenpoesie und Musik. »Mord und Totschlag«: Sandra Dünschede und Sabine Klewe lesen im Heine-Institut; »Mord und Totschlag«: Sabine Klewe und Stephan Peters lesen in der Schumann-Gedenkstätte; »Dichtung und Wahrheit«: Klas Ewert Everwyn und Heide Küsters lesen im Heine-Institut; »Wort und Bühne«: Ingrid Schlüter und Jens Prüss lesen in der Schumann-Gedenkstätte. Am Flügel: Helmut Götzinger.
Veranstalter: Gemeinschaftsprojekt von Literaturbüro NRW, Galerie Tedden, Institut Français, Heinrich-Heine-Institut, Destille und Kulturamt der Landeshauptstadt Düsseldorf.

19. 8. 2007 Literarische Matinee. Käte Reiter zu Ehren ihres 80. Geburtstags. Laudationes: Rolfrafael Schröer und Michael Serrer. Musikalischer Rahmen: Hanni Liang (am Flügel).
Veranstalter: Heinrich-Heine-Institut und Literaturbüro NRW e. V.

1. 9. 2007 »sie sprechen von mir nur leise ...«. Mascha Kaléko zum 100. Geburtstag. Ein literarisch-musikalisches Programm mit Paula Quast und Lech Wieleba (Kontrabass).
Veranstalter: Heinrich-Heine-Institut, Heinrich-Heine-Gesellschaft und Gesellschaft für Christlich-Jüdische Zusammenarbeit Düsseldorf.

3. 9. 2007 Heine Haus
Jürgen Becker liest. Preisträger 2007 des d.lit.-Literaturpreises.
Veranstalter: Heinrich-Heine-Institut und Heine Haus e.V. Mit freundlicher Unterstützung der Kunst- und Kulturstiftung der Stadtsparkasse Düsseldorf.

4. 9. 2007 Auftaktveranstaltung zur Lesereihe »Nähe und Ferne« – Teil 1. Sandra Honnef und Jens Prüss lesen.
Veranstalter: Heinrich-Heine-Institut, Literaturhandlung Müller und Böhm und Literaturbüro NRW e. V. Mit freundlicher Unterstützung des Kulturamtes der Landeshauptstadt Düsseldorf.

6. 9. 2007 Universität in der Stadt. »Die Frau im hohen Mittelalter«. Vortrag von Prof. Dr. Barbara Haupt, Düsseldorf.
Veranstalter: Heinrich-Heine-Institut, Heinrich-Heine-Universität Düsseldorf, Evangelische Stadtakademie, VHS Düsseldorf.

11. 9. 2007 Literaturbüro NRW
»Nähe und Ferne« – Teil 2. Hendrik Rost und Adolf Endler lesen.
Veranstalter: Heinrich-Heine-Institut, Literaturhandlung Müller und Böhm und Literaturbüro NRW e. V. Mit freundlicher Unterstützung des Kulturamtes der Landeshauptstadt Düsseldorf.

13. 9. 2007 Auftaktveranstaltung. Wahrnehmung und Literatur. Gert Loschütz liest »Die Bedrohung«.
Veranstalter: Heinrich-Heine-Institut, Heinrich-Heine-Gesellschaft und Kulturamt der Landeshauptstadt Düsseldorf.

16. 9. 2007 Ausstellungseröffnung. Pop am Rhein: Popliteraturgeschichte(n) 1965–2007. – Texte, Schriften, Bilder, LAUT! Dichtung«. Es spielt Schlammpeitziger (Elektronik).
Veranstalter: Heinrich-Heine-Institut.

20. 9. 2007	Le Livre d'Or – Französische Kultur in Düsseldorf nach 1945. Veranstalter: Heinrich-Heine-Institut und Institut Français.
25. 9. 2007	Heine Haus »Nähe und Ferne« – Teil 3. Barbara Bongartz und Ingrid Bachér lesen. Veranstalter: Heinrich-Heine-Institut, Literaturhandlung Müller und Böhm und Literaturbüro NRW e. V. Mit freundlicher Unterstützung des Kulturamtes der Landeshauptstadt Düsseldorf.
27. 9. 2007	Heinrich Heines »Vitzliputzli«. Vortrag von Dr. Robert Steegers. Veranstalter: Heinrich-Heine-Gesellschaft.
4. 10. 2007	Universität in der Stadt. »Hirnforschung und das Bild vom Menschen«. Vortrag von Prof. Dr. Karl Zilles, Düsseldorf. Veranstalter: Heinrich-Heine-Institut, Heinrich-Heine-Universität Düsseldorf, Evangelische Stadtakademie, VHS Düsseldorf.
6./7. 10. 2007	Paris Mit Heine in Paris. »unter der Bevölkerung des Faubourg Montmartre habe ich mein liebstes Leben gelebt«. Literarische Spaziergänge auf den Spuren Heinrich Heines. Leitung: Dr. Bernd Füllner und Dr. Karin Füllner. Veranstalter: Maison Heinrich Heine, Paris, in Zusammenarbeit mit Heinrich-Heine-Institut und Heinrich-Heine-Gesellschaft.
9. 10. 2007	POP_Poetiken I. »Krude Gesänge«: Der Sound der 90er. Guy Helminger liest »Die Ruhe der Schlammkröte«. Musik: Harald ›Sack‹ Ziegler. Moderation: Dr. Enno Stahl. Veranstalter: Heinrich-Heine-Institut.
16. 10. 2007	Heine Haus Buchvorstellung. »Übergänge. Zwischen Künsten und Kulturen. Internationaler Kongress zum 150. Todesjahr von Heinrich Heine und Robert Schumann«. Mit Prof. Dr. Henriette Herwig, Prof. Dr. Volker Kalisch, Prof. Dr. Bernd Kortländer, Prof. Dr. Joseph A. Kruse, Prof. Dr. Bernd Witte. Veranstalter: Heinrich-Heine-Institut, Heinrich-Heine-Universität Düsseldorf, Robert-Schumann-Hochschule Düsseldorf.
17. 10. 2007	Wahrnehmung und Literatur. Anne Dorn liest »Siehdichum«. Veranstalter: Heinrich-Heine-Institut, Heinrich-Heine-Gesellschaft, Kulturamt der Landeshauptstadt Düsseldorf, Polnisches Institut.
18./19. 10. 2007	Palais Wittgenstein Öffentliche Tagung. Pop in R(h)einkultur. Oberflächenästhetik und Alltagskultur in der Region. Vorträge und Podiumsdiskussionen u. a. von und mit Dr. Jochen Bonz, Prof. Birgit Hein, Helge Malchow, PD Dr. Dirk Matejovski, Hans Nieswandt, Dr. Jörgen Schäfer, Dr. Hubert Winkels. Veranstalter: Heinrich-Heine-Institut und Wissenschaftszentrum NRW. Gefördert vom Landschaftsverband Rheinland.
28. 10. 2007	»Grenzen im Fluss: Oder_Rhein«. Präsentation der Anthologie. Es lesen Tanja Dückers, Urszula Koziol, Roza Domascyna. Veranstalter: Heinrich-Heine-Institut und Kunststiftung NRW.
30. 10. 2007	Heine, Handke und die Folgen. Vortrag von Prof. Dr. Dr. h.c. mult. Hartmut Steinecke. Veranstalter: Heinrich-Heine-Gesellschaft.

31. 10. 2007 POP_Poetiken II. »Zur Detonation der Lage«. Düsseldorf von den 1980er Jahren bis heute. Es liest Peter Glaser. Musik: Thomas Lehn und Marcus Schmickler. Moderation: Dr. Enno Stahl.
Veranstalter: Heinrich-Heine-Institut.

5. 11. 2007 Poesie und Leben. Regine Lutz im Gespräch mit Dr. Lothar Schröder.
Veranstalter: Heinrich-Heine-Institut und Komödie, Düsseldorf.

6. 11. 2007 Universität in der Stadt. »Konfizius: Leben, Werk, Wirkung«. Vortrag von Prof. Dr. Li Xuetao, Düsseldorf.
Veranstalter: Heinrich-Heine-Universität Düsseldorf, Heinrich-Heine-Institut, Evangelische Stadtakademie, VHS Düsseldorf.

8./9. 11. 2007 Vortragssaal der Universitäts- und Landesbibliothek der Heinrich-Heine-Universität Düsseldorf
Öffentliche Tagung. Übersetzen im Vormärz. Erkundung eines untergegangenen Kontinents.
Begrüßung: Prof. Dr. Ulrich von Alemann, Dekan der Philosophischen Fakultät der Heinrich-Heine-Universität Düsseldorf. Vorträge von Prof. Dr. Bernd Kortländer (Düsseldorf), Prof. Dr. Norbert Bachleitner (Wien), Dr. Inge Rippmann (Basel), Dr. Alexander Nebrig (Münchern), Dr. Barbara Tumfart (Wien), Dr. Edgar Maas (Leipzig), PD Dr. Arnd Beise (Magdeburg), Dr. Kerstin Wiedemann (Nancy), Prof. Dr. Günter Berger (Bayreuth), Prof. Dr. Hans T. Siepe (Düsseldorf). Tagungsleitung: Prof. Dr. Bernd Kortländer und Prof. Dr. Hans T. Siepe.
Veranstalter: Heinrich-Heine-Institut und Heinrich-Heine-Universität Düsseldorf, Lehrstuhl Romanistik III.

8. 11. 2007 Neues Europa. Literatur aus Bulgarien. Lesung und Gespräch mit Vladimir Zarev und Thomas Frahm.
Veranstalter: Heinrich-Heine-Institut, Gerhart-Hauptmann-Haus, Literaturbüro NRW, Kulturamt der Landeshauptstadt Düsseldorf.

11. 11. 2007 »Die Pfeffermühle – Vorsicht! Scharf!« Erika Mann zum 100. Geburtstag. Mit Roswitha Dasch (Gesang, Rezitation, Geige) und Ulrich Raue (Klavier, Gesang).
Veranstalter: Heinrich-Heine-Institut, Heinrich-Heine-Gesellschaft, Gesellschaft für Christlich-Jüdische Zusammenarbeit Düsseldorf und Mahn- und Gedenkstätte Düsseldorf.

13. 11. 2007 Wahrnehmung und Literatur. Michael Kleeberg liest »Karlmann«.
Veranstalter: Heinrich-Heine-Institut, Heinrich-Heine-Gesellschaft und Kulturamt der Landeshauptstadt Düsseldorf.

16. 11. 2007 »Geschichten werden Mode«. Burkhard Spinnen liest »Mehrkampf«.
Veranstalter: Heinrich-Heine-Institut und Literaturbüro NRW e.V.

18. 11. 2007 Ausstellungseröffnung. »... wir haben viel füreinander gefühlt ...«. Aquarelle von Alfred Hrdlicka zu Heinrich-Heine. Es spricht Dr. Eckhard Bose.
Veranstalter: Heinrich-Heine-Institut.

20. 11. 2007 Partika-Saal der Robert-Schumann-Hochschule Düsseldorf
»Sehnsüchtig nach dem Norden ...«. Konzert der Jungstudierenden mit Lesung von Studierenden der Heinrich-Heine-Universität. Moderation: Dr. Karin Füllner und Prof. Raimund Wippermann, Rektor der Robert-Schumann-Hochschule.

	Veranstalter: Heinrich-Heine-Institut und Robert-Schumann-Hochschule Düsseldorf.
24./25. 11. 2007	»Text & Ton«. »Heine, Paris und die Musik«. Sektfrühstück in der Bibliothek des Heine-Institus mit musikalisch-literarischem Programm. Moderation und Rezitation: Dr. Karin Füllner und Dr. Ursula Roth. Am Flügel: Helmut Götzinger. Veranstalter: Heinrich-Heine-Institut und Heinrich-Heine-Gesellschaft.
27. 11. 2007	Heine Haus »Poetisches Genie im Beamtenrock«. Franz Grillparzer vorgetragen von Otto Steffl. Veranstalter: Heinrich-Heine-Gesellschaft.
29./30. 11. 2007	»Der Sarg ist fertig«. Ein Theaterabend. Mit Katharina van Tetterode, Dennis Palmen und Magnus Melin. Veranstalter: Heinrich-Heine-Institut.
5. 12. 2007	Vater der Moderne? Heinrich Heines Position in der modernen europäischen Literatur. Vortrag von Prof. Dr. Peter Uwe Hohendahl, Cornell University (USA) Veranstalter: Heinrich-Heine-Gesellschaft.
6. 12. 2007	Universität in der Stadt. »Korruption ist Vertrauenssache«. Vortrag von Prof. Dr. Ulrich von Alemann, Düsseldorf. Veranstalter: Heinrich-Heine-Universität Düsseldorf, Heinrich-Heine-Institut, Evangelische Stadtakademie, VHS Düsseldorf.
8. 12. 2007	10. Forum Junge Heine-Forschung. Neue Arbeiten über Heinrich-Heine. Vorträge und Diskussionen. Begrüßung: Prof. Dr. Joseph A. Kruse. Vorträge von Katrin Becker (Freiburg), Nina Bodenheimer (Paris), Cai Yanqiong und Li Chunxia (Chongqing/ China), Margit Dirscherl (München), Constantin Sonkwé (Yaoundé/Kamerun), Leonhard Hermann (Leipzig) und Dr. Monica Tempian (Wellington/Neuseeland). Konzeption: Holger Ehlert M.A. und Dr. Karin Füllner. Moderation: Dr. Karin Füllner. Veranstalter: Heinrich-Heine-Institut, Heinrich-Heine-Gesellschaft und Heinrich-Heine-Universität Düsseldorf.
9. 12. 2007	Führung durch die Hrdlicka-Ausstellung mit Heidemarie Vahl. Veranstalter: Heinrich-Heine-Institut.
13. 12. 2007	Heines Geburtstag. Poesie und Leben. Deutsch-französische Zeitzeugenschaft. Prof. Louis Hay im Gespräch mit Prof. Dr. Joseph A. Kruse. Einführung: Dr. Agnes Hüfner. Veranstalter: Heinrich-Heine-Institut, Heinrich-Heine-Gesellschaft und Institut Français.

Ankündigung des 12. Forum Junge Heine Forschung 12. Dezember 2009 im Heine-Institut in Düsseldorf

Zum 212. Heine-Geburtstag 2009 veranstalten das Heinrich-Heine-Institut der Landeshauptstadt Düsseldorf, die Heinrich-Heine-Gesellschaft e.V. und die Heinrich-Heine-Universität Düsseldorf gemeinsam das 12. Forum Junge Heine Forschung mit neuen Arbeiten über Heinrich Heine. Es findet statt am Samstag, den 12. Dezember 2009, 11–18 Uhr im Heinrich-Heine-Institut. Für das beste vorgetragene Referat, das von einer Jury ausgewählt wird, stiftet die Heinrich-Heine-Gesellschaft einen Geldpreis.

Zur Information über Konzeption und Ausrichtung des Forum Junge Heine Forschung verweisen wir auf die Berichte in den Heine-Jahrbüchern 2001, 2002, 2003, 2004, 2005, 2006, 2007 und 2008. Anmeldungen für Referate (30 Min.) sind mit einem kurzen Exposé (1 Seite) bis zum 30. September 2009 per Mail zu richten an:

Dr. Karin Füllner
Heinrich-Heine-Institut
Bilker Str. 12–14
40213 Düsseldorf
E-Mail: hhi-hhg@t-online.de

Abbildungen

S. 76–81 Original-Lithographien im Besitz des Autors F. W. May.

S. 118 Abb. 1: Nymphe mit Muschel. Stehende Brunnenfigur, auf Kreta gefunden. – In: Beate Volmari: Die Melusine und ihre Schwestern in der Kunst. Wasserfrauen im Sog gesellschaftlicher Strömungen. In: Sehnsucht und Sirene. Vierzehn Abhandlungen zu Wasserphantasien. Herausgegeben von Irmgard Roebling. Pfaffenweiler 1992, S. 329–350, hier: S. 330.

S. 119 Abb. 2: Odysseus und die Sirenen. Zeichnung von Karl Reichhold nach einem in Etrurien gefundenen, heute im Britischen Museum, London, aufbewahrten Krug aus der Mitte des 5. Jahrhunderts v. Chr. – Aus: www.allposters.com/-sp/Odysseus-and-the-Sirens-Athenian-Red-Figure-Stammos-Vase-by-the-Siren-Painter-Posters_i1585892_htm (Stand: 03. 05. 2007).

S. 121 Abb. 3: Melusine mit zweigeteiltem Fischschwanz. Kapitell, Großmünster, Zürich. – In: Volmari [Abb. 1], S. 332.

S. 123 Abb. 4: Melusine im Bade. Holzschnitt aus dem Buch der Liebe, 1587. – In: Thüring von Ringoltingen: Melusine. In der Fassung des »Buchs der Liebe« [1587]. Stuttgart 1991, S. 3.

S. 125 Abb. 5: Johann Heinrich Füssli d. J.: Undine kommt zum Fischerpaar (Kühleborn bringt Undine zu den Fischersleuten), 1821. Öl auf Leinwand, 63,5 x 76,5 cm (Inv. Nr. 1895). Kunstmuseum Basel.

S. 133 Abb. 6: Joseph Nicolaus Peroux: Die Lureley. Lithographie, 1821. Historisches Museum am Strom, Bingen.
Abb. 7: Carl Joseph Begas: Die Lureley, 1835. Kreismuseum Heinsberg.

S. 134 Abb. 8: Edward Jacob von Steinle: Loreley, 1864. (Inv. Nr. 11542). Bayerische Staatsgemäldesammlungen, Schack-Galerie, München.
Abb. 9: Moritz von Schwind: Der Mittag, um 1860. (Inv. Nr. 11553). Figur im kleinformatigen Zyklus »Die vier Tageszeiten«. Bayerische Staatsgemäldesammlungen, Schack-Galerie, München.

S. 136 Abb. 10: Tanzende Mänade. Römische Marmorskulptur, 4. Jh. v. Chr. In: Manfred Schneider: Hysterie als Gesamtkunstwerk. Aufstieg und Verfall einer Semiotik der Weiblichkeit. – In: Merkur, Jg. 39, H. 437. 1985, S. 879–895, hier: S. 885.

S. 137 Abb. 11: Gustav Klimt: Fischblut. Tuschfeder 1898. – In: Gottfried Fliedl: Gustav Klimt 1862–1918. Die Welt in weiblicher Gestalt. Köln 1998, S. 63.
Abb. 12: Perfekte Ausführung des hysterischen Bogens durch Augustine in der Salpêtrière. Photographie von P. Régnard, um 1878. – In: Schneider [Abb. 10], S. 885.

Hinweise für die Autoren

Für unverlangt eingesandte Texte und Rezensionsexemplare können wir keine Gewähr übernehmen.

Die Autoren werden gebeten ihre Beiträge möglichst als Ausdruck und Diskette einzusenden.

Die Manuskripte sollten folgendermaßen eingerichtet sein:

1. Im Text:

Zitate und Werktitel in doppelte Anführungszeichen.
Größere Zitate (mehr als 3 Zeilen) und Verse einrücken. Sie werden in kleinem Druck gesetzt; eine weitere Kennzeichnung entfällt.
Auslassungen oder eigene Zusätze im Zitat: [ ]
Hochzahlen (für Anmerkungen) ohne Klammer hinter den schließenden Anführungszeichen, und zwar vor Komma, Semikolon und Doppelpunkt, aber hinter dem Punkt.
Unterstreichung bedeutet Kursivsatz.

2. Fußnoten:

Alle Anmerkungen fortlaufend durchnummeriert am Schluss des Manuskriptes. Hochzahlen ohne Klammer oder Punkt.
Literaturangaben in folgender Form:

a) Bücher
   - Monographien: Vorname Zuname des Verfassers: Titel. Ort Jahr, Band (röm. Ziffer), Seite.
   - Editionen: Vorname Zuname (Hrsg.): Titel. Ort Jahr, Seite.
b) Artikel
   - in Zeitschriften: Vorname Zuname des Verfassers: Titel. – In: Zeitschriftentitel Bandnummer. Jahr, Seite.
   - in Sammelwerken: Vorname Zuname des Verfassers: Titel. – In: Titel des Sammelwerks, hrsg. von Vorname Zuname. Ort Jahr, Band, Seite.

Bei wiederholter Zitierung desselben Werkes: Zuname des Verfassers [Anm. XXX], Seite.

c) Heine-Ausgaben und gängige Heine-Literatur
   - Abkürzungen nach dem Siglenverzeichnis (im Heine-Jahrbuch hinter dem Inhaltsverzeichnis) verwenden.
   - Heine-Texte möglichst im laufenden Text unter Verwendung der Abkürzungen in runden Klammern nachweisen [z. B. (B III, 100) oder (DHA I, 850) oder (HSA XXV, 120)].

3. Abkürzungen:

Zeitschriftentitel u. dgl. möglichst nach dem Verzeichnis der »Germanistik« u. Ä.
S. = Seite
hrsg. v. = herausgegeben von
Auflagenziffer vor der Jahreszahl hochgestellt.
(vgl. auch das Verzeichnis der Siglen hinter dem Inhaltsverzeichnis in diesem Jahrbuch).

4. Korrekturen:

Der Verlag trägt die Kosten für die von der Druckerei nicht verschuldeten Korrekturen nur in beschränktem Maße und behält sich vor, den Verfassern die Mehrkosten für Autorkorrekturen zu belasten.

Mitarbeiter des Heine-Jahrbuchs 2008

Nina Bodenheimer, 15, rue Chaudron, F-75010 Paris
PD Dr. Olaf Briese, Dunckerstr. 89, 10437 Berlin
Elena Camaiani, Rochusstr. 13, 40479 Düsseldorf
Dr. Claude D. Conter, Ludwig-Maximilians-Universität, Institut für Deutsche Philologie, Schellingstr. 3, 80799 München
Olga Filatova, Россия, 426050 г. Ижевск, ул. 9-е Января, 237 кв. 89.
Dr. Karin Füllner, Urdenbacher Dorfstr. 30, 40593 Düsseldorf
Dr. Adalbert Grote, Am Konebusch 12, 41469 Neuss
Prof. Dr. Henriette Herwig, Heinrich-Heine-Universität, Germanistisches Seminar II, Universitätsstr. 1, 40225 Düsseldorf
Dr. Raphael Hörmann, Beethovenstr. 37, 18069 Rostock
Dr. Martin Hollender, Staatsbibliothek zu Berlin – Preußischer Kulturbesitz, 10785 Berlin/Tiergarten
Dr. Markus Joch, Humboldt-Universität zu Berlin, Institut für deutsche Literatur, Unter den Linden 6, 10099 Berlin
Hartwig Kersken M. A., Universität Duisburg-Essen, Fachbereich Geisteswissenschaften, Historisches Institut, Universitätsstr. 12, 45117 Essen
Prof. Dr. Joseph A. Kruse, Kaiserswerther Str. 70, 40477 Düsseldorf
Prof. Dr. Liudmila Lokshtanova, Volmerswerther Str. 429, 40221 Düsseldorf
Prof. Dr. Friedrich W. May, Volmerswerther Str. 220, 40221 Düsseldorf
Dr. Bodo Morawe, 16, Allée de la Bonne Vallée, F-78620 L'Étang-la-Ville
Ottmar Pertschi, Kernerstr. 19 A, 70182 Stuttgart
Dr. Peter Rippmann, C. F. Meyer Str. 44, CH-4059 Basel
Dr. Hans-Cord Sarnighausen, Röntgenstr. 56, 21335 Lüneburg
Dr. Nils Björn Schulz, Nehringstr. 12 LHV, 14059 Berlin
Constantin Sonkwé Tayim, Université de Yaoundé 1, Faculté des Arts, Lettres et Sciences Humaines, Département de Langues, Littératures et Civilisations Germaniques, B. P. 15549 Yaoundé, Cameroun
Dr. Robert Steegers, Aloys-Schulte-Str. 3, 53129 Bonn
Prof. Dr. Hartmut Steinecke, Universität Paderborn, Warburger Str. 100, 33098 Paderborn
Simon Wortmann, Stendaler Str. 3, 10559 Berlin
Dr. Edda Ziegler, Rebhuhnweg 27, 81247 München

GPSR Compliance

The European Union's (EU) General Product Safety Regulation (GPSR) is a set of rules that requires consumer products to be safe and our obligations to ensure this.

If you have any concerns about our products, you can contact us on ProductSafety@springernature.com

In case Publisher is established outside the EU, the EU authorized representative is:

Springer Nature Customer Service Center GmbH
Europaplatz 3
69115 Heidelberg, Germany

Batch number: 10578188

Printed by Printforce, the Netherlands